3000个中国人必知的国学知识点

国学常识
国学经典
国学精粹
一本通

（第一卷）

《国学常识 国学经典 国学精粹一本通》编委会　主编

中国华侨出版社

图书在版编目（CIP）数据

国学常识、国学经典、国学精粹一本通／《国学常识、国学经典、国学精粹一本通》编委会主编. —北京：中国华侨出版社，2010.12

ISBN 978-7-5113-1097-2

Ⅰ．①国…　Ⅱ．①国…　Ⅲ．①国学—基本知识　Ⅳ．①Z126

中国版本图书馆CIP数据核字（2010）第256057号

国学常识、国学经典、国学精粹一本通

编　著：张　静　陈陆军　王晓娜　胡雅南　耿　娜　刘雅平
责任编辑：英　琦
封面设计：三石工作室
文字编辑：张荣华
美术编辑：王静波
经　销：新华书店
开　本：710mm×1040mm　1/16　印张：52　字数：780千字
印　刷：北京中创彩色印刷有限公司
版　次：2011年1月第1版　　2011年1月第1次印刷
书　号：ISBN 978-7-5113-1097-2
定　价：296.00元（全四册）

中国华侨出版社　北京市朝阳区静安里26号通成达大厦三层　邮编：100028
法律顾问：陈鹰律师事务所
编 辑 部：(010) 64443056
发 行 部：(010) 58815874　传真：(010) 58815857
网　址：www.oveaschin.com
E-mail：oveaschin@sina.com

前　言

　　"国学"，顾名思义就是中国之学，是中华民族在数千年历史中创造的文化。国学堪称中国人的性命之学，中华文化的学术基础、固本之学，是全面增加传统文化素养的学问。国学汇通思想学术、典籍制度、百行百艺、礼仪民俗，蕴含国脉、国魂、国本，是中国人的根基所在、尊严所依。"国学"一说，最早见于近代思想家章太炎先生的《国故论衡》。在 20 世纪初，随着那一代先进的中国人反思传统，国学也曾复兴。从 20 世纪 90 年代起国学热再次兴起，至今方兴未艾。现在的国学研究和普及，是中华民族走向富强时在寻自己的文化之根，是在增强自己的文化软实力，是中华民族伟大复兴的重要一步。国学之用，重在丰富、淬炼和提升人的精神境界，培养人的道德情操，增长人生智慧，增强民族自豪感和凝聚力。

　　我们的国家历史悠久，文化灿烂。我们的祖先留下了五千年文化遗产，国学博大精深、包罗万象，可以分为天文、历法、地理、历史、职官、服饰、器物、文学、艺术、戏剧、音乐、武术、饮食、民俗、礼仪、百草医药等方面。国学以学科分，可分为哲学、史学、宗教学、文学、民俗学、伦理学、考据学、版本学等；以传统图书类别分，可分为经、史、子、集四部，如《四库全书》所分；具体而言，国学是以先秦经典及诸子学说为根基，涵盖两汉经学、魏晋玄学、隋唐佛学、宋明理学和同时期的汉赋、六朝骈文、唐宋诗词、元曲、明清小说，以及历代史学等内容，其学术源远流长、博大精深。国学从思想体系上又以儒、佛、道三家为主导，兼容诸子百家。儒家讲究"正心、修身、齐家、治国、平天下"；佛家讲究用慈悲心做普渡事，教人做善事、知因果；道家强调"道法自然"，尊重自然规律，讲究天人合一。前人说过"以儒治世，以道治身，以佛治心"，道出了三家的特点与互补之功。国学的复兴，是时代的呼唤与要求。今天，随着国势的上升，我们要让世界了解中国，最佳的途径就是大力弘扬国学。了解国学也就是了解我们的历史和文化传统，也就是了解我们中国人独特的民族文化。在经济全球化背景下，作为一个中国人，我们首先应该深入全面地了解我们自己的国学，决不能够数典忘祖。

本书从国学常识、国学经典、国学精粹三个方面深入讲解国学知识。国学常识，重点介绍中国的天文历法、职官制度、伦理道德、礼仪风俗、饮食服饰、考古发现、小说戏曲、医学养生等方面的常识。国学经典，收罗中华传统文化经典，介绍中国人必知的中国文化典籍，评点经典、解析经典，让读者全面通览中华传统文化之博大、精深，对于国人重建文化自信、重振文化尊严具有重大作用。国学精粹，精心选取国学典籍中最精华的部分，通过经典名句、精彩华章和趣味典故等形式展示出来，让读者在短时间内领略中国传统文化之精髓，顺利完成今日复兴和古老文明内在文脉上的传承与对接，古今贯通，再创文明辉煌。本书荟萃百家，包罗万象，充分体现"国学是中华民族五千年来优秀传统文化的总称"。国学常识、国学经典、国学精粹，通过丰富的知识体系和文化架构，让你一本书学通国学知识。

在我们走向世界的今天，每一个中国人都应该有良好的国学素养，我们要通晓经、史、子、集的基本知识和思想内涵。我们要用经学来加深我们的文化根基，例如：用《易经》的"天行健，君子以自强不息"来激励自己勇敢地接受时代的挑战，走向未来；用"地势坤，君子以厚德载物"的精神来涵养自己，构建和谐的内心世界。我们要用史学来提升自己的智慧，明白过去，知道未来的发展方向。我们要用"子学"来开展思路，用丰富多彩的"集部"文化让自己更加博学文雅。《国学常识国学经典国学精粹一本通》，内容涵盖了国学的所有方面，既有系统的国学理论，又有丰富的国学知识，可谓包罗万象，国学知识无所不有，是一部国学入门和全面提升国学素养的理想读本。

目　录

中国人应知的国学常识

国学经典

精华荟萃　诸子百家

读书门径——《说文解字》

上下五千年　辉煌中华史

国学常识 国学经典 国学精粹一本通

古典文学　含英咀华

中华医药　人生百科

中国书法

中国绘画

"国学"，顾名思义就是中国之学，是中华民族在数千年历史中创造的文化。国学堪称中国人的性命之学，中华文化的学术基础、固本之学，是全面增加传统文化素养的学问。国学汇通思想学术、典籍制度、百行百艺、礼仪民俗，蕴含国脉、国魂、国本，是中国人的根基所在、尊严所依。

中国人应知的国学常识

　　国学就是中国人的传统文化与学术，它记载在我们丰富无比的典籍里，表现在我们源远流长的历史中，存在于我们的生活里，甚至融入了我们的血液当中。国学博大精深，包罗万象，既有精微玄妙的学术思想，也有很多常识，我们要学习国学也应该从常识入手。天文地理、教育科举、法制军事、哲学宗教、语言文字、琴棋书画、建筑园林、体育医药、戏曲娱乐、民生礼俗……这些都包含了我们人人必知的国学常识。

古人丰富的天文历法知识

　　古人的天文知识既发达又普及。明末清初的学者顾炎武说："三代以上，人人皆知天文。'七月流火'，农夫之辞也。'三星在户'，妇人之语也。'月离于毕'，戍卒之作也。'龙尾伏辰'，儿童之谣也。后世文人学士，有问之而茫然不知者矣。"

　　上古时代，大自然对于人们来说是神秘莫测的。日升日落，月晕风起，雨降云飘，都曾经引起古人的震动、惊悸和思考。他们认为头上有个上天——上帝在统治着宇宙。在古人看来，每种自然现象都有它的主人，所以给它们取上名字。例如，古人把日御叫做羲和，月御叫做望舒，风师叫做飞廉，雨师叫做屏翳，云师叫做丰隆，等等。

古时候，没有钟表和计时的工具，也没有月历，要知道时间、季节、方位，都得仰头看天上的日月星辰。"日出而作，日入而息"，人们的作息时间也要看天文天象。

所以，古人的天文知识是很丰富的。殷代的甲骨刻辞中，就已经记载了某些日食、月食现象和星名。又如《尚书》、《春秋》、《诗经》等，也都有多种有关天象的载录。又如《史记》设置了天官志，《汉书》设置了天文志，等等。

古代用土圭立表竿测日影定冬至

七政与星期天

日、月加上金、木、水、火、土五星叫做七政。七政又叫七曜，古代有七曜日，七曜日正好对应现在西历从星期日到下星期六的七天。七曜的学说影响很大，直到现在，在日本和韩国等国家的日历上，还在继续使用日、月、金、木、水、火、土来表示一个星期中的七天。

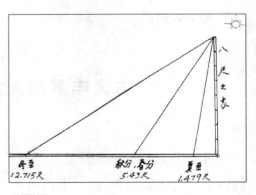

测影图

七曜中的五星金、木、水、火、土，又叫做五纬。古人能够实际观测到的五个行星，就是这五纬。

金星——金星在古代叫启明星，又叫太白，之所以这样称呼，是因为它亮度很强、银白耀眼的缘故。金星黎明时出现在东方，叫启明星，到黄昏时出现在西方，叫长庚星。《诗经》中说："东有启明，西有长庚。"这里的启明和长庚，指的都是金星。

木星——木星在古代叫岁星，简称为岁。古人认为每十二年，岁星就要绕天运行一圈，每一年里，都要经过一个特定的星空区域，古人根据岁星的这个规律进行纪年。

水星——水星又叫做辰星。

火星——火星在古代叫荧惑。《诗经》中说的"七月流火"，指的是恒星中的大火星，而不是行星中的火星。

土星——土星在古代叫镇星，又叫填星。

什么是二十八宿

日月和金木水火土五星，各有各的运行轨道，观察它们时，如果没有一个稳定的参照系，就乱套了。古人经过长期观测，选择以黄道赤道附近的二十八个恒星作为参照系。为什么呢？原来，古人观察星空时，认为恒星相互间的位置是恒久稳定的，如果利用它们做参照系来说明日月和五星的运行，就可以比较清楚直观了。古人发现黄道赤道附近的二十八个星宿位置稳定，就认准它们，把它们先后选了出来，作为"坐标"，称为二十八宿。这二十八宿是：

东方苍龙七宿：角亢氐房心尾箕；

北方玄武七宿：斗牛女虚危室壁；

西方白虎七宿：奎娄胃昴毕觜参；

南方朱雀七宿：井鬼柳星张翼轸。

二十八宿一共划分为东、北、西、南四方，每一方有七宿。四方分别用四种动物相配：东方苍龙、北方玄武（龟蛇）、西方白虎、南方朱雀。为什么会这样相配呢？原来是因为每一方中的七宿联系起来看，正好像是上面所说的动物的样子，于是，古人就把这种相似的动物形象，反过来用作了七宿的象征。

例如东方苍龙，从角宿到箕宿，就像是一条龙的形状，角宿像是

玄武瓦当（北）　　白虎神兽瓦当（西）　　苍龙瓦当（东）　　朱雀瓦当（南）

龙角，氐宿像是龙身，尾宿像是龙尾。又如南方朱雀，从井宿到轸宿，就像是一只鸟的形状，柳宿像是鸟嘴，星宿像是鸟颈，张宿像是嗉，翼宿像是羽翼。这种把天上的星宿想象成地面动物的现象，在古代世界的其他地方，也是比较常见的，如天蝎星座、大熊星座等，就是古代西方人的想象。

二十八宿的应用是多样的，不仅可以作为观察日月和金木水火土五星运行的坐标，当中的某些星宿，还为古人测定时令提供方便。例如上古时代的人们，认为初昏时参宿在正南方是春季正月，就是根据对参宿和气候的观测得出的，认为心宿在正南方是夏季五月，就是根据对心宿和气候的观测得出的。

二十八星宿中，有的星宿伴随着美丽动人的传说，至今脍炙人口。例如牛郎和织女的故事。还有关于参宿和心宿的传说：

昔高辛氏有二子，伯曰阏伯，季曰实沈（chén），居于旷林，不相能也，日寻干戈，以相征讨。后帝不臧，迁阏伯于商丘，主辰（主祀大火），商人是因，故辰为商星（即心宿）；迁实沈于大夏（吾阳），主参（主祀参星），唐人是因，……故参为晋星（见《左传·昭公元年》）。

这个传说作为典故，常被后代诗人引用。阏伯和实沈是因为不和，才被遣去主管参心两宿的，所以后世就把兄弟不和睦，比喻成是参辰或参商；又因为参宿是居于西方的，心宿是居于东方的，出没互不相见，所以参辰或参商又被用来比喻亲朋远别不能重逢。杜甫《赠卫八处士》诗中说："人生不相见，动如参与商。"就是用参商的典故，来表达这种人生别离的哀伤。

古诗对二十八星宿的运用，我们还可以找到很多例子。例如《诗经》中说："三星在户。""三星"就是指参宿说的。参宿中有三枚耀眼的星连成一条线，非常明显，观察参宿三星可以知道季节的变化。

后来，古人以上述二十八星宿作为主体，对黄道赤道附近一周天进行了分区，从西向东分成二十八个不等分。这样一来，二十八个星宿，也就成了二十八个不等分星空区域的表示了。

星空的分区——三垣

古人对星空的分区不止一种分法，除二十八星宿分法之外，还有"三垣"分法。三垣指紫微垣、太微垣和天市垣。

三垣又是怎么划分的呢？生活在黄河流域的古人，在他们常见的北天上空，以北极星为准点，再把北极星周围的其他各星包括进来，划成一区，这就是紫微垣。紫微垣外，在星张翼轸四宿北边的星空区域，就是太微垣；在房心尾箕斗五宿北边的星空区域，就是天市垣。

北斗的作用

北斗在我国是家喻户晓的七星，北斗七星是：天枢、天璇、天玑、天权、玉衡、开阳和摇光，因为这七星连在一起的形状，像是一个舀酒的斗形，所以古人就形象地称它为北斗。天枢、天璇、天玑、天权四星组成斗身，古代叫魁；玉衡、

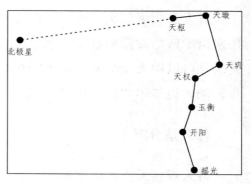

北斗七星

开阳、摇光三星组成斗柄，古代叫杓。北斗七星属于大熊星座的一部分。

北斗最大的作用，是可以辨别方向，确定季节。可见北斗的重要

性。北斗是怎么辨别方向的呢？我们只要把天璇、天枢连成一条直线，并顺势把这条直线延长大约五倍的长度，就是北极星，而北极星是北方的标志，这样北方就找到了。北斗又是怎么确定季节的呢？当季节、夜晚的时段不同时，北斗星出现在天空中的位置也不同，看起来是在围绕着北极星运转，所以初昏时北斗斗柄所指的方向，就成了古人决定季节的依据，斗柄指向东，就是春天，斗柄指向南，就是夏天，斗柄指向西，就是秋天，斗柄指向北，就是冬天。

季节与十二次

十二次是为了方便说明日月和水金木火土五星的运行、节气的变换而产生的。古人按照由西向东的顺序，把黄道附近一周天，平均分成星纪、玄枵、诹訾等十二个等分，这十二个等分，就叫十二次。

由于十二次和二十八宿都是划分黄道附近一周天的，所以十二次中的每一次，都能有二十八宿中的某些宿和它对应，成为它的标志，例如星纪的标志是斗宿和牛宿二宿，玄枵的标志是女宿、虚宿和危宿三宿。不过，由于十二次是等分的，而二十八宿各宿的大小不一，所以十二次各次起始和终止的界限，和二十八宿中宿与宿的分界，就不是完全重合的，某些宿可以跨属相邻两个次。

古人发明十二次，有什么作用呢？主要有两个方面。首先，可以用来指示四季太阳所在的位置，根据太阳的位置，说明节气的变换。其次，可以用来说明岁星每年所在的位置，根据岁星的位置，进行纪年，例如说某年"岁在星纪"，下一年"岁在玄枵"，等等。

什么是分野

古人观察天象，俯察地理，常会把天上和地上的事理联系起来。所谓分野，是古人把地上的州域和天上的星宿联系起来而形成的一个概念。根据资料可知，早在春秋战国时期，人们就已经开始根据地上的州域来划分天上的星宿了。古人把天上的星宿分别指配到地上的州国上，这样，星宿和州国就有了对应关系，古人再根据这种对应关

国学常识 国学经典 国学精粹一本通

Guo Xue Chang Shi Guo Xue Jing Dian Guo Xue Jing Cui Yi Ben Tong

系，说某星是某国的分星，某星宿是某州国的分野。这就是分野的基本内涵。

星宿分野的依据，通常是列国，或者是各州，有时也以十二次作为纲领，把列国逐个相应分配上去。

古代作家常常提到某些星宿，这些星宿，往往是在分野的意义上说的，如王勃《滕王阁序》中的"星分翼轸"，李白《蜀道难》中的"扪参历井"，这里所谓"翼轸"、"参井"，就都是。

话说日、月、年

太阳的东升西落、月亮的阴晴圆缺，这是古人最常见到的天象，所以古人据此划分日、月，确定日、月的概念。昼夜交替的周期形成了"日"的概念，月相变化的周期形成了"月"的概念。

日晷

"年"的概念又是怎么形成的呢？

《说文解字》说："年，谷熟也。"年的本义，是指谷熟，所以年的概念的形成，可能最初和谷物成熟的物候有关。

闰月

阴历是以朔望月作为单位的历法，阳历是以太阳年作为单位的历法。古人的历法，既非纯阴历，更非纯阳历，而是阴阳合历。在古人的历法里，年分为平年和闰年。平年共有十二个月，有六个小月、六个大月，每个小月二十九天，每个大月三十天，这样全年算下来，是354天。而一个太阳年大约是365天，两者比较，前者一年大概要少掉11天，这样累积经过三年，就会相差一个月余的时间，所以古人每三年，就要配置一个闰月，使历年的平均长度能够大致和一个太阳年相当，这样，也方便和自然时令相配合。

三年一闰，那么按理来说，六年两闰，但六年两闰，又少了些，于是古人有时就来个五年两闰。但五年两闰，又多了些，所以后来就规定，十九年里共闰七个月。

早在殷周时代，古人就已经置闰了，当时的闰月一般放在年末，叫做"十三月"，但当时置闰，并没有定制，有时一年再闰，所以甚至会有"十四月"。春秋时，一年再闰的状况就没有再发生了。汉初沿用秦制，把十月作为一年的开头，把九月作为一年的结束，所以汉初置闰，是在九月之后，叫做"后九月"。

如何区分四季

一年十二个月，古人依次把它分成春夏秋冬四个季节，每季三个月。后来又以夏历为依据，从正月开始，依次分为孟春、仲春、季春、孟夏、仲夏、季夏、孟秋、仲秋、季秋、孟冬、仲冬、季冬，直到十二月结束，每个月对应一个名称。《楚辞》上说："方仲春而东迁。"这里的"仲春"，指的就是夏历的二月。

但古人对一年的划分，并非从一开始就是分为春夏秋冬四季的。在商代和西周前期，一年只分为春秋二时，我们常用"春秋"表示一年，就是这么来的。它并不是春夏秋冬的省称。《庄子》上说："蟪蛄不知春秋。"这里的"春秋"，就是指一年。历法逐渐精密以后，古人从春秋二时中再分出冬夏二时，这才有了春夏秋冬。也正因为冬夏是从春秋中再分出来的，所以有时古人排列四时顺序，就不是"春夏秋冬"，而是"春秋冬夏"。

话说二十四节气

古代的农业生产和时令、气候息息相关。随着生产的展开，时令和气候变化的规律，逐渐被人们发现和总结，二十四节气就是古人发现总结的成果。所谓二十四节气，是指古人为了反映物候的变化，把一年365日平分成立春、雨水、惊蛰、春分、清明等二十四个节气。二十四节气系统是阴历的一个重要组成部分，我们只要去翻一翻挂在家中的阴历，就可看到。二十四节气的名目和顺序在下：

正月	立春雨水	二月	惊蛰春分
三月	清明谷雨	四月	立夏小满
五月	芒种夏至	六月	小暑大暑
七月	立秋处暑	八月	白露秋分
九月	寒露霜降	十月	立冬小雪
十一月	大雪冬至	十二月	小寒大寒

二十四节气比较难记，人们为了方便记忆，做过许多关于"二十四节气歌"的总结，广泛流传的一篇是这样的：

春雨惊春清谷天，夏满芒夏暑相连。
秋处露秋寒霜降，冬雪雪冬小大寒。

二十四节气中，最重要的四个节气是二分二至：春分、秋分、夏至、冬至。春分和秋分这两天，昼夜长短是相等的，所以《尧典》把春分称为日中，秋分称为宵中，《吕氏春秋》把它们统一称为日夜分；夏至这天昼最长，夜最短，冬至这天，昼最短，夜最长，所以《尧典》把夏至称为日永，冬至称为日短，《吕氏春秋》把夏至称为日长至，冬至称为日短至。

现代人是用公历和钟表记录时间，古人没有公历和钟表，那么古人是怎么记录时间的呢？

纪日法

古人纪日，用的是干支。干指天干，支指地支。天干有十个：甲、乙、丙、丁、戊、己、庚、辛、壬、癸。地支有十二个：子、丑、寅、卯、辰、巳、午、未、申、酉、戌、亥。十干和十二支一共可以排列组合成六十个单位，叫做六十甲子：

甲子　乙丑　丙寅　丁卯　戊辰　己巳　庚午　辛未　壬申　癸酉

甲戌	乙亥	丙子	丁丑	戊寅	己卯	庚辰	辛巳	壬午	癸未
甲申	乙酉	丙戌	丁亥	戊子	己丑	庚寅	辛卯	壬辰	癸巳
甲午	乙未	丙申	丁酉	戊戌	己亥	庚子	辛丑	壬寅	癸卯
甲辰	乙巳	丙午	丁未	戊申	己酉	庚戌	辛亥	壬子	癸丑
甲寅	乙卯	丙辰	丁巳	戊午	己未	庚申	辛酉	壬戌	癸亥

以上六十个单位，每个单位表示一日。有了这六十个单位，日子就可以记录了。例如昨日是甲子日，那么今日就是乙丑日，明日就是丙寅日，往后的日子依次顺推；甲子日的前一日，就是癸亥日，往前的日子依次逆推。六十个单位轮完一圈后，再周而复始。

古代有些日子，有特定的称呼。例如，每个月的第一天称为朔，最后一天称为晦，小月的十五日、大月的十六日称为望，望后紧挨着的日子称为既望。鲍照《翫月城西门廨中诗》说："三五二八时，千里与君同。"这里的"三五"和"二八"就是指望日，三五等于十五，"三五"指小月的望日，二八等于十六，"二八"指大月的望日。苏轼《前赤壁赋》说："壬戌之秋，七月既望。"这里则说到了"既望"。

一天之内的时间，又是怎么记录的呢？

从大的方面来说，古人是依据天色，以昼夜为单位，分成若干个时段。例如日出时称为旦、早、朝、晨等，日落时称为夕、暮、昏等。太阳升到天空正中时称为日中，将近日中的时辰称为隅中，太阳西斜时称为昃。古人一天两餐，前面的一餐，是在日出之后隅中之前，这一节时间，称为食时；后面的一餐，是在日昃之后日入之前，这一节时间，称为晡时。日入之后，就是黄昏了，黄昏之后，就是人定了，人定之后呢，就是夜半了。夜半以后，就是黎明。天将亮的时间，称为昧旦，昧旦又称昧爽。此外表示天亮的时间的，还有平旦、平明等。至于鸡鸣，是指昧旦前的一段时间。鸡鸣和昧旦先后相续出现。《诗经》说："女曰鸡鸣，士曰昧旦。"这里就说到了鸡鸣和昧旦。

从小的方面来说，随着时辰概念的形成，古人把一天分为十二个时辰，十二个时辰用十二地支表示。每个时辰正好和我们现代的两小时相等。这是能一一对照上的，例如夜半十二点（即二十四点）是子时，所以古人说夜半是子夜；凌晨两点是丑时，四点是寅时，上午六点是卯时，其他依次顺推。

近代时，近人又把古人的十二个时辰中每个时辰细分为初、正。例如原来晚上十一点和十二点都是子时，分出初、正之后，晚上十一点就是子初，夜半十二点就是子正，等等。这样，也就等于用古代的概念，把一昼夜分成和现代相等的二十四小时了。

纪月法

古人纪月，一般用的是序数，从一月开始，一直记到十一月、十二月。一年开始的第一个月份，称为正月。每个月在先秦时代，大约都是有特定的称呼的，例如《楚辞》把正月称为孟陬，《诗经》把四月称为除，十月称为阳，《国语》把九月称为玄，等等。

"月建"是古人的另一种纪月方法。所谓"月建"，就是把十二个月份配上十二地支，一般是把冬至日所在的夏历十一月，配上十二地支中的子，叫做建子之月，由建子之月顺推，就可以记录月份了。

纪年法

古代的纪年法有好几种，有年次纪年法、年号纪年法、星岁纪年法、干支纪年法等，我们在这里，对这几种纪年法逐一作简单介绍。

年次纪年法

古代最早的纪年法，就是年次纪年法。所谓年次纪年法，是指按照王公即位的年次进行纪年，例如公元前770年，古人记为周平王元年、秦襄公八年等。那么公元前769年，就记为周平王二年、秦襄公九年等。这样，按照元、二、三的次序，依次记下去，直到王公出位或死亡了为止。

年号纪年法

汉武帝时开始有年号。以后每个新皇帝即位，都要改年号（称为"改元"），并用年号纪年。后来日本、越南、朝鲜、高丽纪年受到中国影响，也都使用过自己的年号。现在的日本仍然使用自己的年号。年号怎么纪年呢？例如公元前140年，汉武帝立年号为"建元"，所以这一年就记为建元元年，次年就记为建元二年，依此类推。如果年号改了，便按着新的年号，重新纪年。年号被认为是帝王正统的标志，称为"奉正朔"。一个政权使用另一个政权的年号，就是标志着藩属、臣服于对方了。如在中国分裂的时期——五代十国时，吴越国使用唐、后梁、后唐、后晋、后汉、后周和北宋的年号，就都是表示臣服。地方割据势力、少数民族政权以及农民起义建立政权也常常自立年号纪年。

星岁纪年法

这是战国时出现的纪年法。星岁纪年法中的"星"指岁星，"岁"指太岁。星岁纪年法实际是岁星纪年法和太岁纪年法的合称。这里我们就不详细介绍了。

什么是三正

春秋战国时，有夏历、殷历和周历三种历法。三种历法有一个很大的区别，即岁首的月建不同，所以叫做三正。周历的岁首是冬至日所在的建子之月（这时是夏历十一月），殷历的岁首是建丑之月（这时是夏历十二月），夏历的岁首是建寅之月（这时是夏历正月，即后世所说的阴历正月）。比较三者，可知周历比殷历早一个月，比夏历早两个月，殷历比夏历早一个月。三正岁首的月建不同，这样一来，四季也就随之不同了。下面是三正的对照表：

月建	子	丑	寅	卯	辰	巳	午	未	申	酉	戌	亥
周历	正月	二月（春）	三月	四月	五月（夏）	六月	七月	八月（秋）	九月	十月	十一月（冬）	十二月
殷历	十二月（冬）	正月	二月（春）	三月	四月	五月（夏）	六月	七月	八月（秋）	九月	十月	十一月（冬）
夏历	十一月（冬）	十二月	正月（春）	二月	三月	四月（夏）	五月	六月	七月（秋）	八月	九月	十月（冬）

先秦古书用来纪时的历制，三正都有，并未统一，所以了解三正的差异是有必要的，能帮助我们更好地读通古书。

中国的节气和节日

古代的节日很多，有些节日延续迄今，是现代人生活中不可或缺的部分。我们在这里把古代的一些重要节日，依次排列并作简单的介绍。

元旦　阴历正月初一。这是新年开始的第一日。

人日　正月初七。古人传说，正月一日是鸡日，二日是狗日，三日是猪日，四日是羊日，五日是牛日，六日是马日，七日是人日。唐代高适《人日寄杜二拾遗》诗中说："人日题诗寄草堂。"这里就说到了人日。

上元　正月十五。上元即元月元宵。按照旧日的习俗，元宵夜要张灯结彩，火树银花，所以元宵日又叫做灯节。朱淑贞《生查子》中说："去年元夜时，花市灯如昼。"就是对元宵灯夜胜景的描绘。

社日　是农家祭社、祈年的日子，分成春社、秋社。春社在立春后第五个戊日，秋社在立秋后第五个戊日。王驾《社日》诗中说："桑柘影斜春社散，家家扶得醉人归。"这里描绘的是春社的景象。

寒食　清明前一日。寒食节的另一个计算时间，是冬至后一百零五日或一百零六日，所以人们也把"一百五"或"一百六"，当成寒食节的代称。例如温庭筠《寒食节日寄楚望》诗中说："时当一百五。"就是用"一百五"代指寒食节；元稹《连昌宫词》诗中说："初过寒食一百六。"就是用"一百六"代指寒食节。寒食节的初设，据说是为了纪念介之推。

清明 阴历在三月上旬，阳历在四月四日至六日之间。清明即清明节。清明节有踏青扫墓的风俗。

花朝 二月十二。花朝日又叫百花生日。

上巳 三月三。三月三日是曹魏以后才固定下来的日期，起初是定在三月上旬的一个巳日，所以叫"上巳"。旧时人在上巳日这天走出户外，来到水边洗濯污垢，祭祀祖先，叫做修禊。后来上巳日变成了水边饮宴、游春踏青的节日。杜甫《丽人行》诗中说："三月三日天气新，长安水边多丽人。"描绘的就是上巳日的胜景。

浴佛节 四月初八。传说四月初八日是释迦牟尼佛的生日。

端午 五月初五。也叫端阳节，五月初五是屈原投汨罗江的日子，在这一天人们举行竞渡，表示要拯救屈原，后来船被做成龙形，就发展成龙舟竞渡。端午节在唐代以后，被规定为十大节日之一，受到人们的普遍欢迎。

端午节赛龙舟

伏日 有三个。夏至后第三个庚日叫做初伏，第四个庚日叫做中伏，立秋后第一个庚日叫做终伏或末伏，总称三伏。伏是隐伏避暑的意思。

七夕 七月初七。古代传说，七月初七夜，是牛郎和织女在鹊桥一年一度的相会之夜。

中元　七月十五。人们把中元看成是鬼节。

佛教传说，目连的母亲堕入饿鬼道中，食物一吃进嘴巴，就化成了烈火，于是目连向佛求救。佛为他讲说盂兰盆经，叫他在七月十五这天，作盂兰盆来救度他的母亲。由于中元与鬼有关，后来就发展成了鬼节。

中秋　八月十五。这一天的月亮，人们以为是一年中最圆的，而且秋天气候凉爽，也适合外出赏月。月圆象征团圆，所以中秋这天，游子的怀乡情绪往往最浓。古典诗歌中有许多表现。

重阳　九月初九。重阳又叫重九、九日。古人把九看做阳数，九月九日，日月都是九，所以叫做重阳。据说重阳这天，带茱萸囊登高山，饮菊花酒，就可以避祸，所以古人在这天有登高饮酒的习惯。

唐代诗人王维在《九月九日忆山东兄弟》一诗中写道："独在异乡为异客，每逢佳节倍思亲。遥知兄弟登高处，遍插茱萸少一人。"

冬至　阴历在十一月下旬，阳历在十二月二十一日至二十三日之间。冬至即冬至节。古人们认为冬至是节气的起点，从冬至起，日子就开始一天天地长起来了。冬至的前一日叫做小至。

腊日　十二月初八。十二月初八日是一般的解释。汉代的腊日是在冬至后第三个戌日。腊日有吃"腊八粥"的风俗。

小年　十二月二十四。文天祥《二十四日》说："江乡正小年。"可知旧时以二十四日为小年，现在农村以二十三日为小年。小年夜晚有祭灶的习俗。

除夕　一年里最后一日的晚上。除有除旧布新的含义。一年的最后一日叫"岁除"，晚上叫"夕"，所以一年的最后一日叫"除夕"。

古代的乐律

什么是五音、七音

五音指宫、商、角、徵、羽五个乐音。五音是我国古代的基本乐律，大致和现代音乐简谱上的 1（do）2（re）3（mi）5（sol）6（la）相当。根据音从高到低的顺序，把五音从宫到羽排列起来，就是一个五声音阶：

宫　商　角　　徵　羽
1　2　3　　5　6

但五音只有五个音，似乎少些，还不足以满足音乐的需要，于是古人在宫商角徵羽的基础上，再加上变宫、变徵，使五音变成七音。变宫、变徵大致和现代音乐简谱上的 7（ti）和 4（fis）相当，由此，变成了一个七声音阶：

宫　商　角　　变徵　徵　羽　变宫
1　2　3　　4　　5　6　7

但是作为音级，七音只有相对音高，没有绝对音高。换句话说，七音的音高是随着调子的转移而转移的，调子不同，音高也就不同。这是就整个七音系统而言的，如果具体到系统内部，那么在系统中，相邻两音的距离却固定不变，只要第一级音的音高确定了，其他各级的音高也就相应确定了。古人一般以宫作为音阶的起点，宫的音高确定了，五声音阶各级的音高也就都确定了，五声音阶各级的音高确定了，七声音阶各级的音高也就确定了。

什么是六律

古代五音、六律并称，律和音概念不同。什么是律呢？

所谓律，本来是指用来定音的竹管子。据说古人确定乐音的高低，是通过用十二个长度不等的律管，吹出十二个高度不同的标准音，这十二个高度不同的标准音，就称为十二律。十二律的名称是黄钟、大吕、太簇、夹钟、姑洗、仲吕、蕤宾、林钟、夷则、南吕、无射、应钟。十二律中的每一律，都有自己固定的音高，现在都可以和现代西方音乐对照。

古人在十二律的基础上，又有阳律、阴律的概念。奇数的六律是阳律，叫做六律，即黄钟、太簇、姑洗、蕤宾、夷则、无射；偶数的六律是阴律，叫做六吕，即大吕、夹钟、仲吕、林钟、南吕、应钟。六吕和六律合起来，叫做律吕。古人所说的"六律"，通常是指包括了阴律和阳律的十二律。

什么是乐调

一般而言，古人以宫作为音阶的第一级音。但其他各音，实际上也可以作为音阶的第一级音，音阶的第一级音不同，调式自然也就不同了。如果以宫作为音阶的第一级音，乐调就是宫调式；以商作为音阶的第一级音，乐调就是商调式；以角作为音阶的第一级音，乐调就是角调式，其他依此类推。有五音，便有五种不同的调式，有七音，便有七种不同的调式，这就是乐调。

击磬图

什么是八音

古人还有八音的概念。所谓八音，实际是指上古时的八类乐器，这八类乐器是金、石、土、革、丝、木、匏、竹。根据古人的说法，金指钟镈，石指磬，土指埙，革指鼓鼗，丝指琴瑟，木指柷敔，匏指笙，竹指管箫。

钟 古代青铜制乐器，属八音之一，悬挂在架上，用槌击而鸣。单一的钟称为"特钟"，西周中期开始有用十几个大小不等的钟组成的编钟。

磬 古代石制乐器，属八音之一石类。用美石或玉雕成，悬挂在架子上，以槌物击之而鸣。单一的特磬见之于商代，周代出现由十几个大小不等的磬依次组成的编磬。

琴瑟 两种拨弦乐器，古属八音之一丝类。琴，亦称"七弦琴"，俗称"古琴"，周代已有。瑟，形似古琴，春秋时已流行，常与古琴合奏。《史记·司马相如列传》："是时卓王孙有女文君新寡，好音，故相如缪与令相重，而以琴心挑之。""琴心"，以琴声传达心意，用以指爱情的表达。《诗经·秦风·东邻》："既见君子，并坐鼓瑟。""琴瑟"并用比喻夫妇间感情和谐。《诗经·周南·关雎》："窈窕淑女，琴瑟友之。"

历史地理

古代地方区域的划分，情况比较复杂。朝代不同，区域的划分也就往往不同，有时差别还很大。例如区域名称相同，但可能涵义大不一样。有的名称后来废弃不用了，有的名称则是后来发展出来的。我们在这里，主要对古代一些基本地理名称，作简单的介绍。

"国"的概念

古代侯王的封地，指诸侯国。《谋攻》："凡用兵之法，全国为上，破国次之。"意思是使敌国整个降服是上等策略，用兵击破敌国是次等策略。这里的"国"，即指诸侯王国。周代的国，往往指都，迁国就是迁都。

说九州

传说尧帝时，大禹平定洪水后，把天下分成九州，九州是冀州、兖州、青州、徐州、扬州、荆州、豫州、梁州、雍州。

汉代时，中国的疆土范围得以大大拓展，到了东汉，就形成了东汉十三州，十三州是司隶（直辖州）、豫州、兖州、徐州、青州、凉州、并州、冀州、幽州、扬州、益州、荆州、交州。

晋代初期，天下分成十九州。晋代十九州是在东汉十三州基础上进行的再划分。具体是，把凉州分为雍、凉、秦三州；把益州分为梁、益、宁三州；把幽州分为幽、平两州；把交州分为交、广两州。

南北朝时，州的区域逐渐缩小了。到了唐代，全国总计有三百多个州，宋代和元代的州，大体上和唐代一致。明清时，开始改州为府，从而有"扬州府"、"兖州府"这类名称，但是也有少量直隶州和散州被保留下来了，直隶州直辖于省，散州隶属于府。

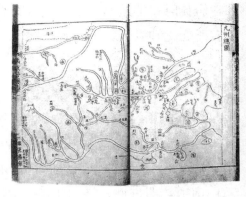

九州总图

郡县制

由春秋、战国到秦代逐渐形成的地方行政体制，始于春秋战国时期，确立完善于秦代。春秋初期，楚、秦、晋等国已经在边地开始设县，后逐渐在内地推行。其长官可以世袭，不尽同于后来的县。春秋末年，各国在边地设县，战国后逐渐形成县统于郡的两级制。秦统一六国后，全面推行郡县制。分全国为三十六郡，郡属行政区域。秦代时，天下分成三十六郡，其中著名的郡有陇西、颍川、南阳、邯郸、钜鹿、渔阳、右北平、辽西、辽东、河东、上党、太原、代郡、雁门、云中、琅琊、汉中、巴郡、蜀郡、长沙、黔中。后来在三十六郡的基础上，又增加了桂林、象郡、南海、闽中，共计四十郡。一郡辖若干县。郡的行政长官为郡守，下置郡尉，辅佐郡守并掌管全郡军事；又置监察史，掌管监察，实际上为中央在地方上的耳目。县分大小，万户以上的县设县令，不满万户的县设县长，掌管全县事务，受郡守节制。另置县尉，辅佐县令、县长并掌管全县军事；置县丞，掌文书、仓储、刑狱。郡、县长官均由中央任命，领取俸禄，不世袭。郡县的行政、军政和监察诸权分立，特别是中央通过考核和监察，加强对地方政权的控制，有利于加强中央集权和巩固国家的统一。

秦代以后，历代都有郡，但是区域却逐渐变小了。隋代时取消了郡，唐代时州郡迭改，宋代又再次废郡。以后历代行政的建制和名称虽有所变化和发展，但所置略同。

什么是道

唐代的道，大致和汉代的州相当，是监察区。太宗贞观年间，全国一共分成十道：1. 关内道，即古雍州；2. 河南道，即古豫、兖、青、徐四州；3. 河东道，即古冀州；4. 河北道，即古幽、冀二州；5. 山南道，即古荆、梁二州；6. 陇右道，即古雍、梁二州；7. 淮南道，即古扬州；8. 江南道，即古扬州的南部（今浙江、福建、江西、湖南等省）；9. 剑南道，即古梁州（剑阁以南）；10. 岭南道，即古荆州的南部（今广东、广西省）。

玄宗开元年间，在十道的基础上，又分为十五道：1. 从关内道分出一个京畿（治长安）；2. 从河南道分出一个都畿（治洛阳）；3. 把山南道分为山南东道、山南西道；4. 把江南道分为江南东道、江南西道和黔中道。

什么是路

宋代的路，最初设置是为了征收赋税、转运漕粮，后来逐渐发展成为带有行政区划和军区的性质。全国最初分成十五路，后来分成十八路、二十二路，大致和今天的省区相似。例如河北路、陕西路、湖北路、湖南路、福建路、广东路、广西路等，都和今天的省名相同，区域大小也大致相当。

元代也有路，不过元代的路比起宋代的路要小，只和州府相当。

什么是省

省本来是称呼官署的。元代时设置中书省，作为中央政府，又在路之上分设行中书省，简称行省。行省到后来，发展成为正式的行政区域名称，简称为省。

什么是行中书省

元代在地方设置行中书省，这是最高的地方行政机构。行中书省也设丞相、参知政事这类官员，体制上和中央类似。

明初沿袭了元朝的这一制度，也设行中书省。后来名称变了，行中书省改称为承宣布政使司，简称布政司，布政司的长官有两个，是左布政使和右布政使。但名称虽然改成了布政司，人们习惯上还是称为"省"。

说说行省制

行省制是元代以后中央集权政体的地方行政体制。元代中央置中书省总理全国政务，除河北、山东、山西等腹里地区直属中书省，吐蕃直辖宣政院外，其他地区划分为十个行中书省，简称为行省或省。有陕西、甘肃、辽阳、河南、四川、云南、湖广、江浙、江西、岭北诸省。行省的长官也称丞相，统管全省的军政要务。行省以下设府、州、县。

明代，撤销行中书省，设承宣布政司掌管民政、财政，另设按察使司掌管刑法，都指挥使司掌管军事，合称"三司"，不相统属，各自直属中央。布政使司下分府（直隶州）、县（州）两级。宣德时，在中关、江南等地专设巡抚，职权驾于三司之上。后来为了军事目的，一些地方增设总督，巡抚也成了他的属下。

清代复行省之名，省下设道、府（直隶州、直隶厅）、县（州、厅）三级。督府制成为各省的常制。巡抚为一省的地方长官，综理军、民、政事，而以主持军事为主。这种地方行政建制是秦以来郡县制的进一步发展，它使中央集权在行政体制上得到保证，有利于巩固国家的统一。

府的建制

唐代时，大州叫做府，这是因为这些州里面，都设置有都督府或都护府的缘故。唐代的府隶属于道，宋代的府隶属于路，元代的府，有隶属于路的，也有直辖于中央的。明清时，开始改州为府。

什么是军

军是宋代时的行政区域，一个军和一个州或府相等，军直辖于路。军和州府是差不多的，宋代的南安军便是清代的南安府，平定军便是清代的平定州。

什么是县

县是地方基层行政区域的名称。秦汉的县隶属于郡，汉代封国以下也置县，后代的县隶属于州或府。

古今地名的变化

有一种常见的情况值得我们注意，就是某些具体的地名，在不同时代，可能指的是不同的地点，例如：

蓟——蓟在南北朝以前，指今天的北京一带，唐以后，蓟州指今河北省蓟县一带。

桂林——桂林在秦代指今天广西贵县南，三国时指今天的梧州市，西晋时指今天的柳州市东，南北朝、唐五代时的桂林，明清两代的桂林府，都指的是今天的桂林市。

历史上的职官和政治制度

宗法制

我国古代按照血统远近以区别亲疏、决定继承权力，宗法制是维护贵族世袭统治的一种制度。它萌芽于原始氏族时期，经过长期演变，到周代逐渐完备。在宗法制度下，周天子是天下的共主，又是同姓贵族的最大族长，即天下的大宗。他既代表社稷，又主持宗庙的祭礼，掌握全国的政权和族权。其王位由嫡长子继承。它与分封制互为表里，建立封建等级政治结构。天子的庶子有的分封为诸侯，对天子为小宗，在其封邑之内又是大宗，他们以国名为氏，其职位由嫡长子继承。诸侯的庶子有的分封为卿大夫，对诸侯为小宗，在本家为大宗，也由嫡长子继承父位，他们以官职、邑名、辈分等为氏，从卿大夫到士，其大宗与小宗的关系与上同。这些世袭的嫡长子成为宗子，他们掌握本族财产，负责本族的祭礼，管理本族成员。同时代表贵族统治人民。宗法制既用于同姓贵族，也用于异姓贵族，同姓贵族之间

周天子　　　　　诸侯　　　　　卿大夫　　　　　士

是兄弟叔伯关系，异姓贵族之间是甥舅亲戚关系，以此来强调贵族之间的血缘关系及等级观念。如此，按照血缘关系的亲疏远近就形成了"周天子—诸侯—卿大夫—士"的宗法等级。宗法制的目的在于保持奴隶主贵族的政治特权、爵位和财产权不致分散或受到削弱，同时也有利于维系统治阶级内部的秩序，加强对奴隶和平民的统治。宗法制对后世产生了极大的影响。

分封制

我国古代国君或皇帝分封诸侯的制度。商、周时期，普遍推行这种制度。商代分封的诸侯有侯、伯等称号。西周灭商和东征胜利后，为了控制幅员辽阔的疆土和统治商代的后裔，在"迁殷顽民"的同时，把周天子的兄弟叔侄及某些有战功的异姓贵族分封到各地为诸

侯，以世袭的形式统治一个地区。古代宗法制是分封制的基础，在家庭范围内是宗法制，在国家范围内是分封制。这种"封邦建国"的做法，是为了达到"以藩屏周"的目的。各地诸侯要服从周天子的命令，要承担镇守疆土、捍卫王室、缴纳贡物、朝觐述职等义务。分封制有利于稳定当时的政治秩序，但后来诸侯国之间出现了强国兼并弱国的形势，使周天子的权威逐渐削弱。通过分封制，周的文化形式因此覆盖了整个黄河中下游地区。春秋战国以后，历代均存在不同程度的分封。

兄终弟及

"兄终弟及"指的是一种王位继承制度：王位由哥哥传给弟弟继承，传弟一般按年龄长幼依次继承。在夏代以前，部落联盟首领普遍采用"举贤不举亲"的禅让制，如尧禅让舜、舜禅让禹。夏商则是父死子继和兄终弟及两种制度并行，但夏代以父死子继为主，商朝以兄终弟及为主。商代后期出现"废嫡而更立诸弟子，弟子或争相代立"的混乱局面，所以逐渐确立以立嫡为主的制度。周初实行宗法制，建立了严格的王位继承制，实行嫡长子继承制。后世的宋朝、元朝也偶尔出现过这种情况。例如大德十一年（1307年），成宗死，前太子真金之孙海山即位于元上都，是为元武宗。并立其弟爱育黎拔力八达为皇太子，约定兄终弟及，同时又约定爱育黎拔力八达死后，帝位复归武宗之子和世剌。

商周官制

商朝，王廷里设有百官（总称"多尹"）辅佐商王进行统治。百官大体有三类：一是政务官，有"尹"、"卿士"；二是宗教官，其中管占卜的叫"多卜"、"占"，充当人神之间媒介的叫"巫"，为国王发布文告命令的叫"作册"（或称"史"）；三是事务官，主要是管理各种奴隶的"小臣"，如王廷中的奴隶总管叫"宰"，管手工业奴隶的叫"司工"等。政务官、宗教官的地位高，权力很大，百官又称"内服"

职官。商王朝中心区以外设置的官吏，有侯、伯、男、甸等，称为"外服"职官。

周朝的官制是在商代基础上发展而来的，形成了一套庞大的管理组织和制度。辅佐周王治理国家的为"三公"：太师、太傅、太保，其职责是总管百官，权力最大。三公之下，朝廷中职级最高的是"卿士"：太宰、太宗、太史、太祝、太士、太卜。周朝还设有"五官"：司徒、司马、司空、司士、司寇，分别掌管土地、军赋、工程、群臣爵禄、刑罚等。在地方机构上，实行的是封建诸侯制。周王、诸侯、卿大夫和各级官吏，都是世袭的，形成世卿世禄制。这一体制对于稳定和巩固中央政权的统治，促进其政治、经济和文化的发展起了积极的作用。但随着社会生产的发展，各诸侯国势力强大，王权相对削弱，终于导致春秋时期诸侯互相兼并争霸的局面，官制也相应地发生了变化。

说"卿"

周代设置的官名，西周制度，宗周和诸侯都有卿，分上中下三级，东周沿用。秦、汉两代有九卿，为太常、光禄勋、卫尉、廷尉、太仆、大鸿胪、宗正、大司农、少府。以后历代相沿，到了清代末期废除此制。

上卿

周代官制，最尊贵的诸侯大臣称为"上卿"，历代多沿此制。例如《史记·廉颇蔺相如列传》："既罢，归国，以相如功大，拜为上卿，位在廉颇之右。"

司马是官职还是姓

历史上"司马"一姓出了很多名人，光是大史学家就有两位：汉代司马迁和宋代司马光。其实，司马是古代的官名，古时候有以官为姓的习惯，司马就成了姓氏之一。

司马一职是西周开始设置的官名，掌管军政和军赋。汉武帝时废除太尉设置大司马，后世用作兵部尚书的别称。隋、唐两代州、郡、府佐吏设司马一人，位在别驾、长史之下。明、清两代称府同知为司马。

洗马的职责是什么

说过了"司马"，我们来说"洗马"，这是古代官名。"洗"不读xǐ，而是通"先"，也称为"先马"。洗马可不是洗刷马匹的意思，而是指在马前驰驱之意。秦汉时期，洗马为太子的侍从官，太子出行就由他来作为前导。晋代时变成为掌管图书的官职，南朝时洗马隶属于典经局，隋唐时设司经局洗马一职，这一官职一直沿袭到清代。清代司经局所设的洗马用满汉各一人，位从五品。在历史上唐代魏徵曾做过太子李建成的洗马；清末重臣张之洞年近中年，还官为洗马。

太傅官有多大

古代三公之一，周代开始设置，地位次于太师（辅佐国君的官）。东汉时期每一个皇帝即位，都设置太傅，参与朝政，为众臣之首。后世多以他官兼领，为优待大臣之荣誉衔，并无职事。明、清两代则以太傅、太师、太保作为赠官，加衔之用，不是实职。还有，历代称辅导太子的官为太傅。

尚书的演变

官名。始置于战国，或称掌书，"尚"是执掌的意思。秦代是少府的属官，掌殿内文书，地位很低。汉武帝时设尚书五人，开始分曹治事。东汉时正式成为协助皇帝处理政务的官员，从此三公权力大为削弱。魏、晋以后，尚书事务愈来愈繁杂。隋代设置尚书省，分为六部，唐代确定六部为吏、户、礼、兵、刑、工，以六部尚书分管六部。宋代以后，三省分立之制渐成空名，行政全归尚书省。明代初期，尚存此制，后来废去中书省，直接以六部尚书分管政务，六部尚书等于国务大臣。清代相沿，清代末期改官制合并六部，改尚书为大臣。

历史上的可汗

我国古代鲜卑、柔然、突厥、回纥、蒙古等少数民族的最高统治者叫可汗。其妻叫可敦。例如《木兰诗》："昨夜见军帖，可汗大点兵。"

天子

秦始皇像

古代君主的称号。《礼记·曲礼下》："君天下曰天子。"古代认为君权是神授的，君主秉承天意治理人民，故称君主为天子。

皇帝

君主制国家的国家元首的名称。公元前 221 年，秦王嬴政统一六国之后，王绾、李斯等根据三皇的名称，上尊号为秦皇。嬴政决定兼采帝号，称为皇帝。从此，历代封建君主都称皇帝，俗称皇上。在这里我们说一说什么是"帝"。"帝"原来是指传说中的部落酋长，如黄帝和炎帝就是传说中上古时的部落首领，"帝"是天帝、上帝的意思。

皇后

皇帝的正妻称皇后。秦、汉以后，历代沿称。这里我们说一说"后"的意思，"后"最初也是君主主宰的意思，其与"帝"的区别是："帝"是传说中的天神，而"后"是大地的统治者。如禹之子启就被称为夏后氏。后来，因为皇帝的正妻主宰六宫所以称为皇后了。

公主

帝王、诸侯之女的称号，周代称王姬，战国时始称公主。汉代，皇帝之女称为公主，皇帝之姊妹称为长公主，皇帝之姑称为大长公主。历代沿称。

丞相

始于战国，为百官之长。到了秦代，在皇帝以下，主要由两府一寺组成中枢机构，两府指丞相府、太尉府，一寺指御史大夫寺。丞相府的首长是丞相，基本职责是辅助皇帝治理国政，丞相被尊称为相国，通称宰相，在大臣中，权力最大，官职最高。西汉初期，称相国，后来改称丞相，与太尉、御史大夫合称三公。西汉末年，改称大司徒；东汉末年，复称丞相。三国、晋、南北朝时，或称丞相，或称司徒，或称大丞相，或称相国。

大夫

殷周时期，有大夫、乡大夫、遂大夫、朝大夫、冢大夫等。春秋时期，晋有公族大夫。秦、汉两代，有御史大夫、谏议大夫、光禄大夫、太中大夫等。品秩自六百石至比二千石不等。多系中央要职和顾问。唐、宋两代，有御史大夫、谏议大夫等。明、清两代不设置。

士大夫

古代指受职居官的人。《周礼·考工记》："坐而论道谓之公，作而行之谓之士大夫。"也作为社会上层人物的通称。《师说》："士大夫之族，曰师曰弟子云者，则群聚而笑之。"

三省六部制

首先来说什么是三省。

东汉光武帝时，政事归尚书台办理，后世逐渐称为尚书省，尚书省的首长是尚书令，副职是尚书仆射。后来，尚书台的权力日益膨胀。魏文帝时，便把尚书台改成外围的执行机构，并且在尚书台之外，另外设置了中书省，参掌中枢机密。中书省的首长是中书监、中书令。后来，中书省的权力也开始膨胀起来。南北朝时，同样因为考虑到中书省权势过大，为了对中书省进行限制，于是又在中书省之外，另外设置了门下省。门下省的首长是侍中。从尚书台变成尚书省，在尚书省上增设中书省，在中书省上又增设门下省，经过这样一番变化，我国古代中央行政机构中著名的三省制度，就逐渐形成了。三省分工合作，其中中书省负责取旨，门下省负责审核，尚书省负责执行。三省的首长都是宰相。

再来说什么是六部。

隋代时，中央设置了吏、民、礼、兵、刑、工六个部门，六个部门都隶属于尚书省。唐代时，因为要避唐太宗李世民的讳，把民部改成户部，其他五部名称不变。从此以后，六部制度作为中央行政机构的基本组成部分，就基本定型了。六部制度对后世有着深远的影响。

六部的分工是怎样的呢？

吏部——主要掌管官吏的考核、升降、任免等。

户部——主要掌管土地、户口、赋税、财政等。

礼部——主要掌管典礼、学校、科举等。

兵部——主要掌管全国的军政。

刑部——主要掌管刑法、狱讼等。

工部——主要掌管工程、营造、屯田、水利等。

六个部门中，每个部的首长，都叫做尚书，每个部的副首长，都叫做侍郎。在六部的下面设置有司，司的首长叫做郎中，司的副首长叫做员外郎。

三省六部制是隋朝创立的。三省在各个时期的历史作用和地位有所不同，在封建社会末期实行封建专制，基本废除了三省制度。隋唐的三省为中书省、门下省、尚书省，长官为宰相。中书省负责定旨出命，长官中书令二人。门下省掌封驳审议，长官侍中二人，中书、门下通过的诏敕，经皇帝裁定交尚书省贯彻。尚书省职责为执行，长官尚书令一人，副长官左、右仆射各一人。尚书省下辖吏、户、礼、兵、刑、工六部，长官尚书，六部分理各种行政事务，每部又领四司，计二十四司。三省长官共议国政，执宰相之职，他们议政的场所叫政事堂。尚书令位高权大，自隋以来，基本不设（炀帝曾封杨素为尚书令），加之唐太宗曾任此职，故此后唐朝不再授人以尚书令之职。左、右仆射代领尚书省事，职为宰相。三省六部制的特点在于分工明确，提高效率；分散了丞相及中央机构的权力，把相权"一分为三"，互相牵制；同时，又将尚书省权分六部，既限制了地方割据势力的产生和发展，又推动了部门机构运转，集中了皇权。

加官

所谓加官，就是朝廷在某个官员的本官之外，另外给他增加官职。加官是汉代的一种职官制度。汉代可以加官的官职，有侍中、给事中、诸吏等。一个官员，如果加官加了侍中，他就可以出入宫禁，接近皇帝了；加了给事中，他就可以掌管顾问应对了；加了诸吏，他就可以监察、甚至弹劾朝廷官员了。

不光彩的斜封官

"斜封官"，也称作"墨敕斜封官"，是唐朝的非正式任命的官员，是当时人们对由非正式程序任命的官员的一种蔑视性称呼。这种官职的任命状是斜封着的，要从侧门交付中书省办理，而且它上面所书"敕"字是用墨笔，这与中书省黄纸朱笔正封的敕命是不一样的，"斜封官"由此得名。

在唐朝，官吏的任命有严格的程序和制度，即先由吏部注官，再经过门下省过官，最后经过中书省对皇帝颁下的任命状进行"宣署申覆"。皇帝和宰相掌管五品以上的高级官员的授职和迁转以及六品以下的一些清要官职的任命权，吏部主要管理六品以下的中低级官员的授职升迁。但是唐中宗、唐睿宗时期，韦后、安乐公主、太平公主等擅权用事，公开卖官鬻爵，破坏正常任官制度，官员由皇帝或以皇帝名义直接用斜封任命。被任命的斜封官有时可达数千人。墨敕斜封官的授官方式导致朝政混乱。直到唐玄宗登基之后，在贤明的宰相姚崇等的协助下，罢免了中宗以来的斜封官，并规定不允许再行斜封官之事，从而结束了长期以来冗官污吏充斥朝廷的局面。

明代的锦衣卫是干什么的

锦衣卫是皇帝身边的侍卫机构，因为他们都穿着在当时是很讲究的锦衣，就称为锦衣卫，其实就是明朝的特务机构。它的前身是明太祖朱元璋所设置的御用拱卫司，1384 年正式改立为锦衣卫，其长官称为指挥使，由皇帝指派亲信心腹担任。锦衣卫下辖 17 个所和南北镇抚司。

锦衣卫的职能有三项：一是协同充当皇帝的禁卫军，执掌侍卫、展列仪仗和随同皇帝出巡。如其中比较著名的为"大汉将军"。大汉将

锦衣卫印

军在锦衣卫中自成一营，初期人数约 1500 人，到明末一度增加到5000 余人。二是充当皇帝亲自指挥的秘密警察。朱元璋为了加强中央集权，直接控制锦衣卫，并且将其功能提升，特令其掌管刑狱，赋予其巡察缉捕之权。他们直接听命于皇帝，可以逮捕任何人。锦衣卫下辖的南北镇抚司从事侦察、逮捕的事情，并且还直接负责审问活动；北镇抚司负责传达、受理皇帝钦定的案件，拥有自己的监狱，可以自行逮捕、刑讯、处决，不必经过司法机构。三是"执掌廷杖"。廷杖制度是皇帝用来教训不听话的官员的一项酷刑，始自明朝，盛行于明朝，行刑者就是锦衣卫校尉，他们受过严格的实施刑法的训练。可以说，锦衣卫是专制皇帝实施残酷的专制统治的爪牙走狗。

员外是什么官

员外是员外郎一职的简称，有"正额之外"增设之意。三国时期魏末最早设置了员外散骑常侍，晋朝初年又设置员外散骑侍郎，都是皇帝的侍从官。南北朝时，新设了殿中员外将军、员外司马等。到了隋朝，员外成为尚书省二十四司内各司的次官，地位又提升了。唐、宋、辽、金、元、明、清沿隋制，以郎中、员外郎为六部各司正副主官，员外已在编制定员之内，成为显赫之位。从明朝以后，员外逐渐演变成为一种闲职，当时地主和商人可以通过捐银两的方式来获取员外一职。后来，"员外"逐渐失去了其本来含义，我们在京剧和明清小说当中常常看到"员外"是专指一些有钱人了。

御史是做什么的

古代的御史，是负责记事的官员，记事之外，还兼任纠察职责。秦代的御史大夫是侍御史之长。

西汉的御史大夫，是副丞相。副丞相的助手，是御史中丞，御史中丞领导监察和弹劾工作。中央另外成立监察机构御史台之后，御史中丞就成了御史台的首长。御史台又叫宪台。因为监察任务是由御史台承担的，所以古人习惯上，把监察官叫做台官。

古代历代监察官的首长，或者是御史大夫，或者是御史中丞等。明清时，中央监察机构叫做都察院，都察院的首长有两个，一个叫做左都御史，一个叫做右都御史。

谏大夫的责任

所谓谏大夫，是指当皇帝有不妥时，对皇帝进行规劝、进谏的官员。西汉时，政府设置有谏大夫，东汉时，谏大夫被称为谏议大夫，谏议大夫是专职的谏官。

唐代时，中央在谏议大夫的基础上，又另外增设了补阙、拾遗。谏议大夫、补阙和拾遗，三者都分别设置有左右两种职位，即左谏议、右谏议，左补阙、右补阙，左拾遗、右拾遗。

宋代时，补阙和拾遗的称呼有所改变，左补阙、右补阙变成了左司谏、右司谏，左拾遗、右拾遗变成了左正言、右正言。

翰林院是什么机构

官署名。唐代设置，宋代以翰林院勾当官总领天文、书艺、图画、医官四局，以至御厨茶酒也有翰林之称。唐玄宗初以翰林待诏起草，批答文书，后又以翰林供奉与集贤学士分掌制书诏敕。宋代称翰林学士院。清代沿用明代制度，设置翰林院，主管编修国史，记载皇帝言行的起居注，进讲经史，以及草拟有关典礼的文件，其长官为掌院学士，以大臣充任，属官如侍读学士、侍讲学士、侍读、侍讲、修撰、编修、检讨和庶吉士等，统称为翰林。

后来，政府另外设置了学士院，入院的人，叫做翰林学士。翰林学士的权力和地位，比起先前的翰林待诏、翰林供奉，都要高出一截，已经能够专门掌管皇帝的各种机密诏令了。

枢密院是什么地方

宋代时，中央设置了枢密院。宋代的中书省和枢密院合起来，称为二府，二府分别掌管中央文、武两种权柄。枢密院类似秦代的太尉府，正首长叫做枢密使，副首长叫做枢密副使。

以上我们说的都是中央官制，地方官制又是怎样的呢？我们选取史上重要的几个方面，简单加以介绍。

节度使的职责有多大

节度使是唐朝时的都督带使持节者的称谓。在唐睿宗景云年间（公元710—公元712年），第一次出现节度使这一称呼，唐玄宗开元年间，正式设立了安西、北庭、河西、陇右、朔方、河东、范阳、平卢、剑南、岭南十个节度使。开始有计划地设置节度使这一官职，节度使是唐朝武官的一种，主要掌管军事，而没有管理州县民政的职责，然而到后来节度使渐渐开始过问民政，以至于到唐朝后期演变成为独揽地方军政大权的地步。"安史之乱"就是节度使权力过大造成的恶果。

太守是怎样的官职

太守这一职位原来是战国时郡守的尊称。西汉景帝时，郡守改称太守。太守是一郡最高的行政长官。到了南北朝时期，新的州、县增加了很多，而各郡之间所管辖境地相对地缩小了，州、郡之间的地域区别也不大了。到了隋初，留州、废郡，州刺史就代替了太守的官职，太守就成为刺史或知府的别称，而不再是正式官名了。到了明清时期，太守则专门用来称呼知府了。

县官的称呼

我国古代县一级的长官的称呼，历代都有所不同。

春秋时代，地方一级的行政单位有邑县，邑县长官的称呼，各国不一，晋国叫做大夫，楚国叫做令尹，鲁国、卫国叫做宰。

战国时，行政单位有县、郡。郡的长官的主要职责是掌管军事，被称为守；县的长官的主要职责是掌管民政，被称为令。发展到后来，郡在上，县在下，郡比县大出一级，地方行政系统也就随之发生改变。

秦汉时，超过一万户人家的县，其长官叫做令；一万户人家以下的县，其长官叫做长。

隋唐时，称佐官代理县令为"知县事"，县的长官的称呼，都是令。

宋代时，县的长官叫做知县事，简称为知县。元代把知县改称为县尹。明代和清代沿袭了宋代的称呼，也称知县。

古代官员的品、阶、勋、爵

品

古代职官制度，是分等级的，这种等级就叫做品。

汉代区别官位的高低，主要是根据禄石的多少。例如禄石在千石到六百石之间的，是县令；禄石是二千石的，是九卿，或者刺史、太守。九卿、刺史、太守的品级比县令的要高。

曹魏时，把职官分成九品，从一品到九品，职位从高到低，一品最高，九品最低。

隋唐时，九品又分正品和从品两种，自正四品起，每品又分上阶和下阶两种，这样总共加起来，分出的级别，就达三十级之多。级别分得太多太细，就产生庞杂繁琐的毛病了，所以明清时，这种分级就被加以简化，九品中的每品，都只分正品和从品两种，不再分阶，这样就从三十级减少到了十八级。

阶

我国隋代时，在政府中担任有职务的官员，被称为职事官，没有担当职务的官员，就被称为散官。

唐代时，政府把这些散官的官号，进行了一番整理、补充，在整理和补充的基础上，重新确立品级，用来作为标志官员身份级别的称号，这些称号，就称为阶。例如文官阶是：从一品称开府仪同三司，正二品称特进，从二品称光禄大夫，等等。六品以下的文官阶，称为郎，例如正六品上，称为朝议郎，正六品下，称为承议郎，等等。

宋、元、明、清四代，都有阶官，不过名称、品级和唐代相比，有的已经有所改变。

勋

勋和阶一样，都是唐代在对前朝某些散官官号整理、补充的基础上，而形成的新的官号。勋号的用途，主要是作为酬赏军功的标志，被加勋的官员，就叫做勋官。勋官一共分成十二级，有上柱国、柱国、上护军、护军、轻车都尉、骁骑尉等等。

明代的勋号，分成文勋、武勋两种，武官的勋号变化不大，基本沿袭前代，文官的勋号则有所发展，除了"柱国"外，另外还增加了正治卿、资治尹等等。

清代时，勋和爵就被统一成一个了。

爵

古代的封爵制度产生很早，周代时就有了。据说周代封爵，共有五等，五等分别是公、侯、伯、子、男。

汉代也封爵，但爵的等级比较简单，事实上只有二等，即王、侯二等。汉代皇子封王，和先秦时的诸侯王相当，所以通称诸侯王。汉代初期异姓也封王，但异姓封王，就不通称诸侯王，而是通称列侯。汉武帝以后，各个诸侯王在自己的王国境内，有权分封自己的庶子为侯，这种封侯也是列侯性质，被封侯的庶子，就叫做王子侯。

三国以后，封爵制度减损补益，不断发展，其中有和前代基本保持一致的，也有变化较大的。同姓封王是基本保持一致的，异姓封王是变化较大的。异姓封王的情况逐渐少见，朝廷对于异姓，通常都只封为公侯伯子男，不再封王了。

晋宋以后，朝廷进行封侯时，有时会在爵号前面，添上含有尊贵意味的"开国"两个字，叫做开国爵；爵号前面没有添上"开国"两个字的，叫做散爵。

古代官员的工资为什么称"俸禄"、"薪俸"

古代官员发的工资称为"俸禄"和"薪俸"。"禄"的本义是上天所赐给的福分。帝王是天子，他们把土地、奴隶等赐予大臣，这些事物就是"禄"。当时只有有爵位的人才有"禄"。所以"禄"是分封制的产物，是统治阶级内部按等级对土地、民众的分配。"俸"是奉引申出来的字，它是中央集权的官僚制度发展的产物。早期的"俸"是按照贤能程度、功劳大小的标准以粮食的形式发放的，有时也将粮食折合成钱发放。可见，"俸"与"禄"最初是不同性质的物质财富分配。到了后来，俸禄常常作为一个词使用，泛指朝廷发给的钱银或粮食。

"薪"的本义是柴草，"薪"和"水"在人们的生活中是不可或缺的，古代的官府除了给官员发"俸"外，也经常以各种名目发些生活费，称为"薪"。据史料记载，发"薪"的形式也不一样，有时是发柴草，有时也折合成钱银，这样，"薪俸"也就成为一个词了。直到现在人们还把"发薪水"和发工资当成同义词。

贝勒是什么官

"贝勒"在《金史》中被称作"孛堇"或"勃极烈"，是部落酋长之意，其复数被称为"贝子"。

在金朝，贝勒是一个有实权的官职，地位仅次于"皇帝"。清太祖努尔哈赤就曾被称为"淑勒贝勒"，意为"聪睿的贝勒"。努尔哈赤也用贝勒称其子侄。努尔哈赤建立后金政权以后，他的次子代善、侄子阿敏、五子莽古尔泰、八子皇太极被封为大贝勒、二贝勒、三贝勒、四贝勒，四大贝勒每月一位轮流执政，处理一切国家大事，取代五大臣议政制度。四大贝勒职位可谓一人（努尔哈赤）之下，万人之上。但是到了崇德元年（1636年），定宗室世爵为九等，第三等为多罗贝勒（多罗，满语，即为国家之意），简称贝勒。乾隆十三年（1748年），又定宗室封爵为十四等，第五等为多罗贝勒，这也用来封蒙古贵族。在清朝前期，贝勒领兵出征，享有政治、经济特权。随着满族统治者不断受到汉族官制的影响，"贝勒"逐渐演变成一个没有实权的爵位名称。

大学士又称"中堂"

"学士"原是唐代开始设置的掌管文学著作的官，因为宰相兼管"学士"，就把宰相称为"大学士"。到了宋代，"学士"中资望特别高的人，被称为"大学士"。在明代，设大学士若干人，替皇帝批答奏章，参议政务，官阶五品。如果兼任尚书、侍郎，还可以加官到一品，成为事实上的宰相，俗称"阁老"。清代的大学士是内阁的主官，官阶为正一品，一般称为"中堂"。

"中堂"之说起于北宋（一说起于唐），唐宋时期把政事堂设置在中书省内，是宰相处理政务的地方，中堂因宰相在中书省内办公而得名，后来把宰相也称为中堂。

明朝统治者为了进一步集中权力而不设宰相、中书省等机构，宰相的权力转移到内阁，由内阁来处理国家政务。明代大学士实际掌握宰相的权力，办公处在内阁，中书居东西两房，大学士居中，所以称大学士为中堂。清朝共设置六部，每部有尚书二人，满汉两族各一人，在大堂上左右对坐，如果某个大臣以大学士的身份管部，就坐在大堂中间，称为"中堂"。不过这只是虚名，并不代表实际权力，军机处掌握着实权。

为什么古代官署称为"衙门"

大家都知道，古代的官署称为"衙门"。其实，"衙门"最初是用来称谓军旅营门的。

古代的衙门

衙门本作"牙门"。在古代，常常用猛兽锋利的牙齿象征武力，军营门外常常放有猛兽的爪、牙。后来为了方便，就用木刻的大型兽牙代替真的猛兽牙齿，还在营中的旗杆顶端装饰兽牙，悬挂的也是齿形的牙旗。由此，营门也就被称为"牙门"了。大约到了唐代，"牙门"逐渐被移用于官府，"牙门"也被误传为"衙门"。正如唐人封演在《封氏闻见记》中所说："近俗尚武，是以通呼公府为'公牙'，府门为'牙门'。音稍讹变，转而为'衙'也。"衙门一词广泛流行开来。宋以后，"衙门"就彻底取代"牙门"，成为官署的代称。

说说九品中正制

九品中正制也叫"九品官人法"，是我国魏晋南北朝时期实行的人才选拔制度。"中正"指的是有名望的推荐官，由他们评定人才的等级。一般各州郡的中正官都由本籍人在中央任职的官员兼任，他们的职责是根据家世、才、德，评定辖区内士人的品级。品级分上、中、下三等，每等又分上、中、下三级，共分成九级，即上上、上中、上下、中上、中中、中下、下上、下中、下下。朝廷根据品级的高低任命官职。

这一制度起始于东汉末年。由于战乱，使过去乡举里选的人才评定方法已难以推行，旧有的人才档案已经失去作用，要想选拔出好的人才，必须建立新的人才档案，因此曹操提倡"唯才是举"，建立了九品官人法作为临时选拔人才的一种方法。延康元年（公元220年），曹丕为了拉拢士族，由魏吏部尚书陈群制定九品官人法，分为九个等级，作为政府选用官吏的依据。其制：由朝廷选择"贤有时鉴"的中央官员，按照他们各自的籍贯，兼任本州本郡的"中正"，负责查访本地的士人，根据家世、道德、才能的标准，对人物作出高下的品定，称为"品"。品共分为九等，即上上、上中、上下、中上、中中、中下、下上、下中、下下。但类别却只有上品和下品。一品无人能得，形同虚设，故二品实为最高品，三品西晋初尚可算高品（上品），以后降为卑品（下品）。此制至西晋渐趋完备，南北朝时又有所变化。公元221年，曹丕让吏部尚书陈群重申和修订并将其正式颁布全国。这一制度创始于曹魏，发展成熟于两晋，衰落于南北朝时期，废除于隋朝，随之科举制形成。由于中正官大多是由当时的豪门大族担任，为了维护他们自己的利益，巩固其统治地位，在评品论级时他们只看门第高下，出现了"上品无寒门，下品无士族"的局面。望族的纨绔子弟平步青云，坐取公卿，而那些有才能的人却受到排挤，难以施展抱负和才干。由此，九品中正制成了保护士族世袭政治特权的官僚选拔制度，远远背离了量才授官、以期公正的初衷。到了隋代，在中国历史上持续了 400 多年的九品中正制被科举制所取代。

南北面官制

辽朝对统治区域内不同社会发展阶段的民族，采取"因俗而治"的统治方法建立的两套行政体制。辽的境内包括许多民族，大体可分为以农业经济为主的汉人和原属于渤海国的部分人民，以及以渔猎经济为主的契丹族及其他游牧民族。为适应不同民族的不同生产和生活方式，在辽太宗耶律德光统治时期，制定了"以国制治契丹，以汉制待汉人"的两套机构。北面官因为办事处所设在皇帝牙帐之北而得名。北面官以契丹固有官制为基础，又称"国制"，多用契丹贵族担任，主管宫帐、部族、属国和兵机、武诠、群牧之政，分朝官、帐官、宫官、部族官、属国官等。南面官办事处所设在皇帝牙帐之南，模拟唐官制而设，又称"汉制"，多用汉族人充任，主管汉族人州县、财赋、文诠、军马之政，分为朝官、宫官、京官、方州官、财赋官、边防官等。南北面官制适应了不同社会发展状况的需要。

八旗制度

清代满族的一种社会组织形式。满族的先世女真人以射猎为业，每年到采捕季节，以氏族或村寨为单位，由有名望的人当首领，这种以血缘和地缘为单位进行集体狩猎的组织形式，称为牛录制。明万历二十九年（1601 年），努尔哈赤为适应满族社会发展的需要，在原有牛录制的基础上，参考猛安谋克制，初建黄、白、红、蓝四旗。四十三年（1615 年），因归附日众，增编镶黄、镶白、镶红、镶蓝四旗，共八旗。八旗制度的特点是以旗统人，即以旗统兵。凡隶于八旗者皆可以为兵，他们"出则为兵，入则为民"，"无事耕猎，有事征调"。清太宗时，又建立蒙古八旗和汉军八旗，旗制与满洲八旗同。八旗由皇帝、诸王、贝勒控制，旗制贯通全清而未改。八旗初建时兼有行政管理、军事征伐和组织生产三项功能模式，适应了当时的社会。把分散的女真各部组织在旗下，进行生产和战斗，既保证了统一战争的胜利，又推动了女真社会经济的发展。入关后，八旗制的生产职能日趋缩小，成为一种纯军事组织。八旗兵额共二十二万，一半驻守在北京附近，其余分驻奉天（沈阳）、吉林、成都等各要地。八旗的行政机构，在某些地区仍和各级衙署州县并存。1912年，清王朝被推翻，八旗组织随之瓦解。

羁縻制

《史记司马相如传》索隐："羁，马络头也；縻，牛蚓也。"《汉宫仪》云："马云羁、牛云縻，言制四夷如牛马之受羁縻也。"所谓"羁縻制度"，指的是历代封建王朝在多民族国家里对社会发展不平衡的少数民族地区所采取的一种民族政策。概而言之，就是利用当地的少数民族首领来治理当地的百姓，与此同时首领要按时向中央政府朝贡。在这个制度产生和发展的整个历史过程中，最基本的实质并未发生变化，只是在不同时期，某些现象或具体措施的形式有所不同而已。例如汉代对所利用的土著贵族封以"王"、"侯"、"邑长"，这个办法被称为"羁縻"。唐代对西南少数民族采用羁縻政策，则是设置羁縻府、州、县，以各族首领为府州长官，统治当地人民，且可世袭，不征赋税。宋代因袭此制。明朝又在西北、东北等地区广置羁縻卫所，以当地首领为指挥使、千户、百户等，以此加强对边疆地区的管理，也密切了中原与边疆的联系。"羁縻制度"是宋、元、明、清几个王朝土官制度之窠臼，实际上"土官制度"也可称为"羁縻制度"。

努尔干都司

明朝设置的管辖黑龙江、乌苏里江流域等地的最高地方军政机构。明政府为加强对东北地区的管理，从永乐元年（1403年）到永乐七年（1409年）相继在黑龙江、乌苏里江流域设置了一百三十二个卫，使海西女真、建州女真、野人女真诸酋长皆来归附。同年，明政府采纳努尔干官员的建议，在元朝努尔干征东元帅府的旧址，即黑龙江附近的特林地方建立努尔干都指挥使司（简称努尔干都司）。努尔干都司为地方最高一级的军政合一建制，直隶于明朝中央政府。明政府颁发"诰敕"，任命当地部族首领担任都司以下各卫所官员，并给予印信、官服等。卫所官员要服从明政府的命令，辖区居民需向明政府交纳赋税。卫所不断增置，至万历年间，增至三百八十四个卫，二十四个所。分布区域甚广，东、南及于海，并越海抵苦夷（库页岛），西至斡难河（今鄂嫩河），北至外兴安岭。明廷经常派遣钦差大臣到努尔干地区巡视，并修建了永宁寺。寺旁树立两块石碑，刻有《敕修永宁寺记》、《重建永宁寺记》，记录了明政府管理和经营努尔干都司的事迹。两碑在寺前挺立达五百年之久，后被沙俄抢走。

土司制度

"土司制度"是元明清王朝效仿唐代的"羁縻制度"，在西南少数民族地区分封各族首领世袭官职，以统治当地人民的行政制度。蒙古宪宗三年（1253 年），忽必烈平定大理政权，欲将西南各少数民族置于自己的统治之下，遂仿效羁縻之法，大量任用当地各部族酋长为各级官员，史称土官。元朝任命各族酋长为宣慰使、宣抚使、安抚使、招讨使等官，又在各族聚居地府、州、县设土官。当时西南地区交通隔绝，难以控制，以土官统治土民，对维护元朝统治确实起了一定的作用。明朝承袭元制，并陆续制定了土官的承袭、等级、贡赋、征调的制度。明中叶时，土官改称土司。土司皆世袭，他们既是朝廷命官，对中央要履行规定的职责和义务，又在辖区内保存传统的统治机构与权力，是"自王其地"的独裁者。在土司统治下，土地和人民都归土司世袭所有，土司各自形成一个个势力范围，造成分裂割据状态，从而使民族之间和民族内部产生仇恨和战争。

改土归流

改土归流是指改土司制为流官制。土司即少数民族世袭首领，流官为中央政府委派的有任期的官员。云南、贵州、广西地区历来为少数民族聚居地。元明以来，实行土司制度进行管理，土司因是世袭制，往往擅作威福，鱼肉乡民，叛服无常。永乐十一年（1413 年），明政府平定思南、思州的叛乱后，废土司，分其地为八府四州，设贵州布政使司，从此贵州成为省一级的行政单位。明朝的改土归流政策因受到反抗而不断反复。清初仍实行土司制度进行管理。雍正四年（1665 年），云贵总督鄂尔泰建议"改土归流"。他对土司采取招抚和镇压两种办法，用五年时间先后在贵州、广西、云南等地基本实现改土归流。乾隆年间，政府平定大小金川叛乱，四川西北部也改土归流。清政府通过收缴土司印信，设置府、厅、州、县，实行和汉族地区相同的政治制度，改善了某些少数民族地区落后闭塞的面貌，有利于消除土司制度的落后性，有利于国内各民族间经济、文化的交流，进一步巩固了统一的多民族国家的统治。

理藩院

理藩院是清朝时处理少数民族事务的部门，始创于清朝皇太极年间，在顺治年间由附属于礼部改为独立部门，并在清初至总理各国事务衙门成立前兼领对俄罗斯事务。清初崇德元年（1636 年），皇太极创立理藩院的前身"蒙古衙门"，负责处理对蒙古的事务。三年后，将蒙古衙门改为理藩院。随着帝国疆土日渐扩张，理藩院成为管理蒙古、西藏、青海、新疆以及西南土司等各个少数民族事务的行政机关，并兼理对俄罗斯帝国的事务。顺治元年（1644 年），顺治将理藩院长官"承政"改名为"尚书"，副长官"参政"易名为"侍郎"，皆由满族人或蒙古族人担任，助理"副理事官"为"员外郎"。顺治十六年（1659 年），理藩院尚书、侍郎兼任礼部官衔。顺治十八年（1661 年），顺治皇帝认为理藩院管理整个少数民族事务，责任重大，不宜附属礼部，便下谕此后理藩院官员不再兼礼部官衔，理藩院各长官又复称理藩院尚书和理藩院侍郎。顺治同时规定，理藩院官制与六部看齐，并授权理藩院尚书可参与中枢议政。光绪三十二年（1906 年），新政改革官制，理藩院改为理藩部。

达赖班禅制度

藏传佛教格鲁派两大活佛达赖和班禅的转世制度。格鲁派创始人宗喀巴最著名的两个弟子就是达赖喇嘛和班禅额尔德尼。他们世世转世，叫"呼毕勒罕"。"达赖"，蒙古语，意为"大海"；"喇嘛"，藏语，意为"上师"。明嘉靖二十五年（1526 年），哲蚌寺的索南嘉措正式称活佛，以继承前世根敦嘉措的地位。明万历八年（1580 年），被蒙古土默特俺答汗赠予"圣识一切瓦齐尔达喇达赖喇嘛"，是为达赖喇嘛名号之始。清政府于顺治十年（1653 年），正式册封达赖喇嘛五世阿旺罗桑嘉措，法定了达赖喇嘛的称号。"班禅"系梵语"班智达"的简称，意为"精通王明的学者"。顺治二年（1645 年），蒙古和硕特部首领固始汗尊宗喀巴的四传弟子罗桑却吉坚赞为"班禅博克多"，是为班禅称号之始。康熙五十二年（1713 年），封班禅五世罗桑意西为"班禅额尔德尼"，并颁金册金印，确认班禅在格鲁派中的地位。"额尔德尼"，满语，意为"珍宝"。从此达赖、班禅转世，均由中央政府册封，遂成定制。

金瓶掣签制度

又称金奔巴制。"奔巴"，藏语，意为"瓶"，"金奔巴"即金瓶。清政府对藏传佛教格鲁大活佛转世（呼毕勒罕）规定的抽签法。按此教说法，达赖、班禅及其他呼图克图（活佛）死后要转世。他们死时出生的男性婴儿被认为是他们的转世，要找来继承其衣钵。这个婴儿称为"灵童"。此制不严密，往往导致数位灵童争夺继承权的斗争。清政府为解决这个矛盾，于乾隆五十七年（1792 年），颁发两金瓶，一置大昭寺，一置北京雍和宫，凡在理藩院注册的大活佛，如章嘉呼图克图、哲布尊丹巴、达赖、班禅等转世时，由驻藏大臣将寻得的"灵童"名字、出生年月日，用满、汉、藏文缮写于牙签上，置金瓶中掣定。中签的"灵童"成为合法继承人。此制度解决了活佛转世由蒙古族和藏族贵族操纵的局面，加强了清廷对西藏地区的管理。

驻藏大臣

清朝政府派驻西藏地方的行政官员。全称是"钦差驻藏办事大臣"，又称"钦命总理西藏事务大臣"。雍正五年（1727年），始置正副二员驻藏大臣，统驻藏官兵，督导藏王颇罗鼐处理藏务。乾隆十五年（1750年），清政府平定西藏贵族珠尔墨特那木扎勒叛乱后，废王爵，设噶厦（地方政府），任命四噶伦（三俗一僧）以分权，在驻藏大臣以及达赖喇嘛统驭下协办藏务。这进一步提高了驻藏大臣的地位，改革了西藏行政体制。乾隆五十八年（1793年），在平定廓尔喀入侵后，清廷颁行福康安所奏《藏内善后章程》，加强了驻藏大臣的权力和地位，并对其职权作了明确规定。此后遂成定制。驻藏大臣之设立是自唐宋以来中央政府对西藏地方管理制度的重大发展。虽人选良莠不齐，但这一制度对于加强国家统一，巩固边防，促进民族团结均起过积极作用。

天朝田亩制度

《天朝田亩制度》是太平天国以土地制度为核心，包括经济、政治、军事、文化等内容的纲领性文献。1853年，太平天国定都天京（今南京）后，经洪秀全批准颁布。它设想了一个改革土地制度的方案，宣布一切土地都属于"皇上帝"所有，实行土地公有制；确定"凡天下田，天下人同耕"的平均分配和使用的原则；把土地按产量高低分为上、中、下三级九等。它规定不论男女，"分田照人口"；还规定县以下设立各级乡官，其体制、称号与军队相同。社会的基层组织为"两"。凡居民二十五家为一"两"，设两司马负责管理生产、分配、行政、教育、礼俗、司法及地方武装等工作。每两设一"国库"、一礼拜堂，均由两司马主持。根据财产共有的原则，每家所得，扣除口粮外，其余全部送缴"国库"。"所有婚娶弥月喜事，俱用国库"。"其余鳏寡孤独残疾免役，皆颁国库以养"。太平天国希望用这个方案，建立"有田同耕，有饭同食，有衣同穿，有钱同使，无处不均匀，无人不饱暖"的理想社会。它所提出的平分土地方案，是对地主阶级土地所有制的否定，反映了当时广大贫苦农民强烈地反对地主阶级残酷剥削的要求，以及获得土地、追求平等平均的理想社会的渴望。《天朝田亩制度》既具有革命性，又具有封建落后性，这个矛盾是由农民小生产者的经济地位决定的。太平天国领袖们绘制的平分土地和社会经济生活的蓝图，实际上是不可能实现的。

走向成熟的官吏选拔制度

先秦的乡举里选

乡举里选是我国先秦时代一种选拔人才的方法。《周礼》上曾经谈到一种具体的选拔方法，叫做"大比"，"大比"每三年举行一次，在大比中，道德高尚、技艺了得的乡民，就会被选拔出来。在《礼记》上，还提到诸侯向天子贡士。

春秋战国的养士

养士是春秋战国时期一种比较独特的选官途径。国君和贵族公子，把才德兼备或者有某方面特殊才能的人才，招揽起来，养在自己身边，时机适合时，就从中挑选人才，选派官职。齐国的孟尝君、魏国的信陵君、楚国的春申君、赵国的平原君，就是当时以养士著名的四大公子。

汉代的察举制

所谓察举制，是指一定级别的官吏，通过对民间士人或下级官吏的考察，把他们推荐给中央的一种选官制度。察举制是汉代的选官制度。通常而言，西汉的察举，主要的标准是贤良，东汉的察举，主要的标准是孝廉。

被荐举上来的吏民，在经过皇帝"策问"之后，如果皇帝认为可取，就可以按照等第高下，直接授予官位职称了。策问的方式有两种，一种是对策，一种是射策。所谓对策，是指把需要应举者回答的问题，写在简策上，发给应举者作答。简策上的问题，通常是与政治、经义有关的问题。射策又是什么呢？射策有点像抽签考试，就是让应举者手拿一支箭，把箭投射向简策，射中哪枚简策，应举者就解释哪枚简策上的疑难问题。

最初策问是比较灵活的，发展到后来，就逐渐形式化了，以至后来变成了一种特定的文体，后世称为"文"。"对策"也变成了一种文体，后世称为"策"。至于射策，后来变成了一个典故，表示应举考试的意思。杜甫《醉歌行》中说："只今年才十六七，射策君门期第一。"就使用了这一典故。

唐代的进士科

隋代时，政府废除了前代的九品中正制，另外设置进士、明经二科，作为取士的途径。

唐代时，政府在沿袭隋代进士、明经二科的基础上，另外增设了明法、明字、明算等科目，扩大取士途径。但在所有考试科目中，最重要的二科，还是进士、明经二科。明经科的考察重点，是在经术；进士科的考察重点，是在文辞。随着时代的发展，进士科的地位逐渐上升。武则天以后，在所有的考试科目中，最被一般读书人所重视的，就是进士科了。一般读书人想要登上仕途，获得富贵，都不得不参加进士科考试。

进士科考些什么呢？主要是考诗赋，此外也考时务策等。诗赋的题目、用韵，都被严格规定，如果考生不切题，或者用错韵，那么考试基本上就可以说是失败了。这种有一定程式的诗赋，人们叫它试帖诗。

唐代的举人、进士、秀才

举人、进士、秀才，都是我们平常所熟悉的概念，不过这实际上是后世的概念。在唐代，有关举人、进士、秀才的概念，跟后世的概念是不一样的。

唐代时，由地方举送读书人到中央进行考试，叫做乡贡，被地方举送应试的读书人，就通称为举人。唐代的进士又指什么呢？我们在唐人的诗文中，有时能看到"举进士"的说法，所谓"举进士"，是指读书人应举参加进士科的考试，这种参加进士科考试的读书人，在唐代就被称为进士。唐代初期，政府设置有秀才科，不久就废了，但唐人后来把参加进士科考试的读书人，也称为秀才。由此可见，唐代关于举人、进士、秀才的概念，确实是跟后世的概念很不一样的。

唐代的制举

唐代选拔人才，除了通过进士、明经等通常的科目，还有制举。所谓制举，就是由皇帝特诏举行的考试，举行这种特殊形式的考试，主要是为了选拔特殊的人才。一个读书人，无论取没取中进士、明经等科，都可以参加制举。制举的考期不固定，考试的科目也不固定，由皇帝临时决定。由皇帝临时决定的制科的科目，就称为制科。

唐代有博学宏词科。博学宏词科原先也是制科，后来改成吏部选拔人才的科目，由此得以固定了下来，每年都举行考试。

宋代的进士科

宋代初期，政府沿袭了唐代的科举制度，取士主要通过进士、明经等科。宋神宗时，王安石变法，把明经等科废除，只保留进士科，同时改变进士科的考试内容，废除诗赋，改试经义。

清代的生员

清人在参加正式的科举考试前，先得通过童试取得资格，这些参加童试考试的读书人，叫做儒童

宋人科举考试图

或者童生。童试成功被录取后，就叫做生员，又叫做庠生，民间俗称秀才。

清代的乡试、会试、殿试

正常的科举考试，一般都分为三级，第一级是乡试，第二级是会试，第三级是殿试。

乡试是定期举行的，一般每三年就要在全国各省的省城举办一次，又称为大比。乡试一般是在秋季举行，因为是在秋季，所以乡试又叫做秋闱。乡试之前，秀才先得参加本省学政的巡回科考，科考成绩优秀的，才有资格被选送参加乡试。秀才乡试取中后，就称为举人，乡试的第一名，称为解元。

乡试考完后第二年的春天，才举行会试。会试是在礼部举行，所以会试又叫做礼闱，或者春闱。考生参加会试被取中后，就叫做贡士，会试的第一名，叫做会元。会试之后，还有复试。

会试的初试、复试都结束之后，就是殿试了。殿试的主考官是皇帝本人，考试内容一般是策问。只有贡士才有资格参加殿试，贡士殿试被取中后，就统称为进士。殿试的发榜分成三甲，第一甲赐进士及第，第二甲赐进士出身，第三甲赐同进士出身。第一甲一共录取三名，第一名，就是俗称的状元，第二名，就是俗称的榜眼，第三名，就是俗称的探花。状元、榜眼、探花三者合起来，叫做三鼎甲。第二甲第一名，就是俗称的传胪。

参加殿试被取中的所有进士，他们的名字，都会被政府用黄纸，按照名次的顺序写出来，布榜向外公告。这张写满进士名字的黄纸，就是我们常说的"金榜"，如果谁的名字出现在黄纸上，就是我们常说的"金榜题名"了。

中国人的姓名字号及称谓

在秦汉以前，人们的姓与氏是不一样的。在以女子为中心的母系氏族社会，姓是一种氏族的族号，是一种血缘关系的标志。因为在母系氏族社会，人们"只知其母，不知其父"，古姓很多都是女字旁，如姬、嬴、姚、姜、姒等。在先秦时代，同姓之间是不能相互通婚的，所以贵族女子无论婚前婚后，都必须带上姓，以防同姓婚配。

氏是姓的分支。一个族的子孙不断繁衍生息，就会逐渐扩大，一个族分成若干支，每个族有自己的一个特殊称号，这就是氏。姓是旧有的族号，氏是后起的族号；姓是用来别婚姻的，氏则是用来别贵贱的。

到了以男子为中心的父系制时代，男子作为氏族的主体，只称氏而不称姓。贵族氏的命名方式有多种，如历史上的郑庄公、齐桓公，"郑"、"齐"都是以受封的国名为氏。屈原是以受封的邑名"屈"为氏。乐正夔、司马牛，则是以周时的官名乐正、司马为氏。孔丘的"孔"是以祖先的字为氏。孔丘姓"子"。

由于封建社会森严的等级制度，先秦时代只有贵族才有姓氏，平民是没有姓氏的。汉以后姓氏合一，通称为姓，没有氏，而且自天子至平民都可以有姓，所以说后世的姓即先秦的氏。

姓有单姓、复姓之分，如张、李、王为单姓；司马、诸葛、欧阳为复姓。我们今天说起姓氏，专指姓，而无姓、氏之别了。《中华姓氏大辞典》收集到的我国古今姓氏已超过八千个。而《百家姓》也并非只有百家之姓，而是四百六十八个，其中单姓四百零八个，复姓六十个。

上古的姓和氏

姓氏是姓和氏的合称。上古时代，姓和氏不尽相同。姓是一种族号，而氏是姓的分支。上古先民经历过母权社会，实行群婚制，孩子一生下来，往往跟着母亲，"姓"的本意是女人生的子女，代表了一种血缘关系，是家族基因的延续，同一个母亲所生的子女就是同姓。不知道父亲是谁，所以子女往往跟母亲取姓。我们从不少古姓，如姒、姚、嬴、姜、姬等都加了女旁，就可以略知一斑。后来子孙逐渐繁衍，到了伏羲氏族社会时期，从一族中，分化成若干个分支，散落到各地居住，这每一个分支，都需要有一个特殊的称号作为标志，以便和别的分支区别开来，而这一区别的标志，就是氏。例如，旧时传说商人的祖先是子姓，后来从子姓中，分化成为殷、来、宋、时、中同等氏。这样一来，殷、来、宋、时、中同等氏，实际上就跟原来的子姓族差不多了。可以说，姓是旧有的族号，而氏是后起的族号。氏族社会时期实行族外婚，同一氏族的人不能结婚，这样，"姓"就起到了"别婚姻"的作用。姓产生后，世代相传，一般不会更改，比较稳定；而氏则会有一个人的后代有几个氏或者父子两代不同氏的情况。另外，不同姓之间可能会以同样的方式命氏，因此会出现姓不同而氏相同的现象。春秋战国时期，姓和氏是有区别的。战国以后，姓和氏的界限开始模糊起来，人们以氏为姓，导致姓氏逐渐走向合一。

周代的姓氏制度

周代的姓氏制度，反映了一定的阶层关系和家庭形式。在周代，姓氏通常只为贵族所独有，一般的庶人，是没有姓氏的。古人认为姓是用来标明婚姻的，氏是用来标明贵贱的，姓和氏的作用有所不同，所以贵族中，女子往往称姓，男子往往称氏。

先秦女子的姓及其辨别

上古时代，在同姓之间，是不进行婚配的。对于贵族妇女来说，姓比名要紧要得多。我们看古书上一些女性的称呼，有时会不知道她的名，却往往能知道她的姓。

待嫁的女子，如果要和家族中的其他人区别开来，往往是在姓上，加上表示排行的孟（伯）仲叔季，通过排行的方式达到区别的目的。例如伯姬、叔姬，同是姬姓，区别的地方就在于表示不同排行的伯、叔。

女子出嫁以后，尤其是从本国出嫁到其他国家的女子，也可以在姓上添上与出嫁有关的一些名目，从而起到区别的作用。办法主要有四种：

1. 在姓上加上本国的国名或氏。例如秦嬴、齐姜、晋姬、国姜，其中秦嬴、齐姜、晋姬中的秦、齐、晋，就都是国名；国姜中的国，是氏。

2. 如果是嫁给其他国家的国君，就在姓上添上夫君所受封的国名。例如芮姜、息妫、秦姬等。

3. 如果是嫁给其他国家的卿大夫，就在姓上添上配偶的氏，或者添上配偶所受封的邑名。例如赵姬、孔姬、棠姜，赵姬是赵衰妻，孔姬是孔圉妻，赵衰、孔圉都是卿大夫，赵、孔是氏；棠姜是棠公妻，棠是邑名。

4. 女子死后，别人或后人在她的姓上添上她的配偶的谥号，或者添上她本人的谥号。如郑武公的妻子被称为武姜，武姜中的"武"，就是郑武公的谥号；又如鲁文公的妃子敬嬴，敬嬴中的"敬"，就是敬嬴本人的谥号。

复姓

汉族是单姓，但我国的少数民族有复姓，如长孙、宇文、慕容、贺兰、独孤、拓跋、尉迟、歌舒等。

名字

据说上古时，婴儿由父亲取名，是在婴儿出生三个月后。除了有名，古人还有字。男子取字，是在二十岁举行冠礼时，女子取字，是在十五岁举行笄礼时。古人的名和字，往往有一定意义上的联系。例如颜回的字，叫子渊，渊是回旋的水流的意思，回是旋转的意思，回和渊有一定的意义上的联系。后来随着词语的发展，语义的演变，古人有些名和字的联系，就不太容易看出来了。

名字是人与人之间的特定称呼，是一个人的符号标志。今天，中国人的名字大多比较简单，都由"姓"和"名"两部分组成。"姓"是沿袭祖辈、代表血缘关系的，"名"则含有长辈的殷切希望。

在中国古代，名和字不是一回事。"名"是指一个人在社会上所用的代表符号，"字"则往往是名的解释和补充，是与"名"互训的，相为表里，所以又称表字。《白虎通·姓名》说："或旁（傍）其名为之字者，闻名即知其字，闻字即知其名。"可见，古人的"名"与"字"在意义上大体相近或有关联。一种情况是名和字意义相同或相近。例如曾点，字皙。《说文》中说"点，小黑也"，而"皙，人色白也"。又如屈原，名平，字原。还有像诸葛亮，字孔明，"亮"与"明"同义。另一种情况是名和字的意思正相反。

古人只有到了成年后才能取字。《礼记·檀弓上》说："幼名，冠字。"这里的"冠"指的是古代男子的成人礼，意思是说，男孩长到二十岁举行"结发加冠"的成人礼的时候，就要取字。这是出于对成年男子的尊重和避讳，对于成人直呼其名是不礼貌的。而女孩到十五岁举行"及笄（jī）"的成人礼时就取字。

先秦的时候称呼一个人的名字，往往是先称字，再称名。例如孔子的先人叫孔父嘉，嘉是名，孔父是字。

古人名、字之外还有号

古人有名字之外，经常还有个"号"。比如，李白姓李，名白，字太白，号青莲居士。

"号"其实就是名字之外的别名。尊称别人的时候要称人家的号，自己称号一般只用于自己的作品中。

早在周朝时，人们就开始取号了。《周礼》说，"号，谓尊其名，更为美称焉。"意思是说，号是人在名、字之外的尊称或美称。古代人物往往以住地和志趣等为自己取号（包括斋名、室名等）。如我们熟知的唐代白居易号香山居士，宋代苏轼号东坡居士，辛弃疾号稼轩居士，清代郑燮号板桥等。宋以后，文人之间大多以号相称，特别是明清时代，人们把取号视为一种时尚，上至皇帝，下至一般黎民百姓，几乎人人都有号可称。

号一般是由本人所起，所以可以更自由地抒发自己的情感，表达自己的意愿，并且表现出自己独特的审美趣味。如有的人自称为"道人"、"山人"、"居士"，就是表示自己像出家人一样鄙视利禄、看透红尘。又如宋代欧阳修晚年号"六一居士"，即所谓的六个"一"：一万卷书、一千卷古金石文、一张琴、一局棋、一壶酒加上他本人一老翁，从这里可以看出他的胸怀和品位。

伯仲叔季

伯仲叔季是古代人表示排行的用词。伯是老大，仲是老二，叔是老三，季是老四。周代时，表示排行的伯仲叔季，常常是加在男子的字的前面，另外在字的后面，加上"父"或"甫"字，以表示性别或尊称。这样，排行、字、尊称三部分，就构成了男子字的全称。例如伯禽父、仲山甫、仲尼父等。

不过排行和尊称，往往是附加的东西，所以也可以省略。有时是省略尊称"父"或"甫"，如伯禽、仲尼等，有时是省略排行，如禽父、尼父等。

周代女子字的全称，跟男子字的全称又有不同。女子字的全称，是在字的前面加姓，在姓的前面加孟（伯）仲叔季表示排行，在字的后面加上"母"或"女"字表示性别尊称。可见女子字的全称和男子字的全称相比，多加了姓。例如中娸义母，等等。

因为女子的尊称和排行也是附加的东西，所以也可以省略。有时是省略"母"字，如季姬牙；有时是省略排行，如姬原母；也有的时候，只是单称"某母"或"某女"，如寿母、帛女。不过女子最常见的称呼，还是在姓上加上排行，如孟姜、叔姬、季芈等。

别号

古人还常常有别号。别号通常是自取的，用以表达自己的思想、态度、爱好等。取别号没有什么限制，可以和名字没有意义上的联系。别号按照字数的多少，大体可以分成两类，一类是两个字的，如陆游别号放翁，王安石别号介甫；另一类是三个字或三个字以上的，如陶渊明号五柳先生，李白号青莲居士，苏轼号东坡居士等。

人们有时为了表示尊敬，往往不直接称呼某个人的名，而是称呼他的别号，例如把苏轼呼为苏东坡，把陆游呼为陆放翁，等等。

"子"的称谓

子是古代男子的尊称。春秋时人取字，最常见的方式，就是在字的前面，加上表示尊称的"子"字。如子产、子胥、子夏、子贡，等等。

官爵、地望相称

古代称呼一个人，也称官爵、地望。例如，李白曾经做过翰林供奉，所以被人称为李翰林；杜甫曾经住过长安城外的少陵，所以被人称为杜少陵。称官爵，称地望，都是表示尊敬的意思。

排行相称

古人除了用官爵相称、地望相称，还用排行相称。在唐代，用排行相称是比较常见的现象。例如，当时人称李绅为李二十侍郎，称白居易为白二十二。唐代的女子中，也有被称为廿几娘之类的。不过需要提醒的是，这种排行并不是按同父所生的兄弟进行排行的，而是按同曾祖兄弟的长幼次序来进行排行的。

谥号指的是什么

古代的君王、诸侯或者高官大臣等，他们去世后，有时会有谥号。所谓谥号，是朝廷以他们的生平道德事迹为根据，给予的一种寓意着善恶褒贬的称号。但实际上，谥号不一定和当事人的生平道德事迹相符。

上古时的谥号，多用一个字，如周平王（平是谥号）、郑武公（武是谥号）。也有用两三个字的，如魏安厘王（安厘是谥号）、赵孝成王（孝成是谥号）、贞惠文子（贞惠文是谥号）。

后世的谥号，除了皇帝之外，通常都是两个字。如诸葛亮被谥为忠武侯（忠武是谥号），欧阳修被谥为文忠公（文忠是谥号）。

除了朝廷谥号，后世还有私谥。所谓私谥，往往是某个大学者或大人物去世后，他的门人或亲友加给他的谥号。例如东晋陶渊明死后，他的朋友颜延年把他谥为靖节徵士；宋代张载死后，他的门人把他谥为明诚夫子。

什么是年号

古时皇帝用来纪年的名号，叫做年号。汉武帝是第一位开始有年号的皇帝。汉武帝即位的第一年，立年号为建元，所以这一年称为建元元年，第二年称为建元二年，其他依此类推。

新皇帝登基，都要改变年号，这叫做"改元"。同一皇帝在位时，当然也可改变年号，如汉武帝就曾改元为元光、元朔、元狩、元鼎、元封、太初等。

明代和清代的皇帝，年号相对稳定，基本不改元。这样久而久之，就出现了用年号来称呼皇帝的现象。如明世宗的年号是嘉靖，便被称为嘉靖皇帝，清圣祖的年号是康熙，便被称为康熙皇帝，等等。

什么是避讳

古时说话或写文章时，遇上君主或尊亲的名字，不直接说出或写出，叫做避讳。避讳大致有改字法、空字法、缺笔法三种，现在简单介绍。

1. **改字法。**改字法是指遇上要避讳的字时，改用同义、近义或意义相关的字。如汉石经碑刻《论语》，为了避汉高祖刘邦的字，把《论语》上"何必去父母之邦"的句子，改为"何必去父母之国"；《史记》中为了避汉景帝刘启的字，把人名"微子启"改为"微子开"，等等。

2. **空字法。**空字法是指遇上要避讳的字时，用"某"字、"讳"字或者"口"代替。如《史记》中说："子某最长，请建以为太子。"

这里的"某"，指"启"，启是汉景帝的字，改为"某"，是为了避讳；许慎《说文解字》为避汉光武帝刘秀的字，把"秀"字空缺不列，只注上"上讳"两字。

3. **缺笔法。**缺笔法是指遇上要避讳的字时，把这字缺掉一两笔。缺笔法是唐时才有的。如避清康熙玄烨的讳，把"玄"写成少最后一笔。

避讳二类

避讳的种类，大体说来，可以分为避君讳、避家讳二类。

1. 避君讳

所谓避君讳，就是避皇帝的讳。在位的皇帝必须避讳；已死的皇帝在七世之内，也要避讳，叫做避"庙讳"。

2. 避家讳

除了避君讳，文人往往还避家讳。如南朝宋范晔的父亲名泰，范晔撰《后汉书》时，就把郑泰改为郑太，郭泰改为郭太。

伦理、礼仪和风俗

中华民族有自己独特的伦理观念，就是仁义道德，也有自己系统的文明礼仪，还有源远流长的风俗习惯，礼俗是中国社会的重要组成部分。它是一个发展、变化的概念，每个时代，都有每个时代的礼俗。古代礼俗比较繁复，我们在这里，选取了某些基本的方面，作简单的介绍。

什么是"仁"

"仁"是儒家学说的核心，对中国社会和中华文化的发展有至关重要的影响。"仁"字始见于儒家经典《尚书金滕》："予仁若考。""仁"指完美的道德，《朱熹集注》释为："仁者，心之德，爱之理。"孔子创立了以"仁"为核心的儒家学说，将"仁"作为最高的道德原则、道德标准和道德境界。

仁的内涵可谓博大精深，核心是"爱人"。"仁"字从"人"从"二"，故其基本涵义是指对他人的友爱、尊重和帮助。

《论语》记载："樊迟问仁，子曰：'爱人'。"颜渊也曾问仁，孔子曰："克己复礼为仁。"孔子还对子贡说过："夫仁者，己欲立而立人，己欲达而达人。"人与人交往要相互尊重、推己及人，将心比心，设身处地为别人着想，学会换位思考。可见，"仁"的含义博大精深，无论是"仁者爱人"，还是"克己复礼"，甚至恭、宽、信、惠、智、勇、忠、孝、悌等传统美德，都囊括在这一字之内。"仁"已经升华为一种道德的极致，成"仁"、成"圣"是儒家的最高追求。

孟子在孔子"仁"的基础上，进一步提出了著名的"仁政"说：强调以仁政统一并治理天下。孟子曾对梁惠王指出："地方百里而可以王。王如施仁政于民，省刑罚，薄赋敛，深耕易耨。壮者以暇日修其孝悌忠信，入以事其父兄，出以事其长上，可使制梃以挞秦楚之坚甲利兵矣。"又指出："五亩之宅，树之以桑，五十者可以衣帛矣；鸡豚狗彘之畜，无失其时，七十者可以食肉矣；百亩之田，勿夺其时，八口之家可以无饥矣；谨庠序之教，申之以孝悌之义，颁白者不负戴于道路矣。老者衣帛食肉，黎民不饥不寒，然而不王者，未之有也。"王，指称王。孟子认为施行仁政能让国富民安进而称霸诸侯，力倡上位者施行仁政，即实行以德服人的"王道"政治，与法家严刑峻法的"霸道"相对，在中国政治思想发展史上产生了深远影响。

什么是"义"

"义"，"五常"之一，属于传统价值范畴。《中庸》曰："义者，宜也。"《朱熹集注》释曰："义者，心之制，事之宜也。"意思是，义就是遵循内心的道德约束，去做正确的、合适的事情。孔子提倡"见得思义"，"义然后取"，"不义而富且贵，于我如浮云"，将"义"作为个人思想行为的重要标准，这一观念深得后人赞赏，作为儒家"五常"之一被继续发扬光大，又随之派生出"忠孝"、"仁义"、"侠义"等。例如关羽自古以来就被作为"义"之典型——他对刘备忠心耿耿，身在曹营心在汉，而华容道上又能念及旧恩义释曹操，他在官方和民间的地位因此不断上升；而诸葛亮既是"智"的代表，又是"义"的楷模——他在刘备逝后尽心辅佐幼主刘禅，兢兢业业，鞠躬尽瘁，死而后已。又如，水浒群豪上至王侯将相，下至贩夫走卒，侠义之士比比皆是。他们除暴安良、劫富济贫、仗义疏财的义举就是对"义"的最佳诠释。"义"虽诞生于封建社会，被统治者大力提倡，但它耀眼的光芒早已冲破了时代界限。

什么是"礼"

"礼"，"五常"之一，属于传统价值范畴。它最初是祭神的仪式，后来泛指社会生活中，由于道德观念和风俗习惯而形成的仪节以及符合统治者整体利益的行为准则。

"礼"涵盖的范围很广，大至祭神、宫寝、服饰、仪仗、车马及婚丧嫁娶，小至一举手、一投足，在"礼"中都有具体规定，以维护等级秩序。据说周公奠定了以礼乐治人伦的教化传统，而孔子将之发扬光大，先以礼修身，然后才能齐家治国平天下，所谓"不学礼，无以立"，"克己复礼为仁"，有其特定的道德内涵。"礼"对人的视听言动均有严格到近乎繁琐苛刻的规定，像老少皆知的"非礼勿视，非礼勿听，非礼勿言，非礼勿动"等，被认为是对人性的摧残、扼杀，颇受诟病。于是，"吃人的礼教"从近代开始享有"盛名"。

"五常"之礼，确实有矫枉过正之嫌。然而，反过来看，人作为社会性动物，注定不可能随心所欲，人与人之间要和谐相处离不开"礼"的规范。当然，随着时代的发展，"礼"的内涵也在与时俱进，比如人们越来越注重待人接物的礼节、上下级之间的礼节及社交场合中的礼仪，传统的礼仪与现代文明接轨了。

什么是"智"

"智"，五常之一，属于传统社会价值范畴。这里的"智"不是佛教所说的顿悟，也非普通意义上的聪明才智，而是道德上的智慧，是正确的决策力、思考力和实践力、行动力的统一，是儒家理想人格的重要品质之一。孟子认为"智"即"是非之心"，人只要不断充实自己的道德智慧，就能知性、知天，进而达到很高的智慧的境界。孔子则将"智"和"仁"、"勇"并提，视其为君子的美德："仁者不忧，智者不惑，勇者不惧。"仁爱的人不会忧愁，明智的人不会困惑，勇敢的人不会恐惧，要达成完美的人格修养，三者缺一不可。《礼记中庸》称"知、仁、勇三者，天下之达德也"。达德，即通行不变的道德，可见对"智"评价之高。

什么是"信"

"信"，五常之一，属于传统价值范畴。"信"，诚实，不欺骗，被儒家视为人际交往的基本准则。

孔子教授弟子时总是"忠"、"信"并提，他说："人而无信，不知其可也。大车无輗，小车无軏，其何以行之哉?"（《论语为政》）人如果没有"信"，就像牛车没有套牛的横木，马车没有套马的横木，车子怎么能行走？曾子每日三省其身，其中一条就是："与朋友交而不信乎?"意即，与朋友交往时守信了吗？"信"还被孔子推广到治理国家的层面上，他认为，在"足食"、"足兵"与"取信于民"三者间，"取信于民"是首要。"自古皆有死，民无信不立。"没有粮食会饿死，但自古以来人总是要死的，而如果老百姓对统治者不信任，就无法立足了。不仅儒家有诚信以立国的观念，法家等亦然，如著名的商鞅变法，"南面立木，下设黄金"，首先就要树立"言必信，行必果"的威信。只是相对于法家的物质诱惑，儒家更注重自身品德修养。汉武帝时罢黜百家，独尊儒术，"信"位列"五常"，从此成为深入人心的社会公德。

什么是"孝"

"孝"，对父母尽心奉养并顺从，包括尊敬、扶养、顺从、送终、守灵等。孔子始终将"孝"作为其人生哲学的基点，他曾这样解释"孝"的具体内容："生，事之以礼；死，葬之以礼，祭之以礼。"对父母始终要以"礼"相待，生养死葬概莫能外。孝作为中国的传统美德，其历史源远流长，可以上溯至商周时期——其时甲骨文中已出现了"孝"字。孝的观念随着西周宗法制的建立不断加强，孔门弟子以"孝"为仁之本。

中国人重孝道，还有深刻的宗教根源在内，因为古人相信灵魂不灭，先祖的在天之灵能保佑或降灾于子孙。

到了汉代，统治者力倡孝道，主张"以孝治天下"，官员选拔"孝"字当头，如选拔科目之一的"孝廉"。此后，历朝历代纷纷制定各种制度以确保这一道德规范的实行，例如，至亲亡故要奔丧守孝；如果不孝，轻者受到舆论谴责、唾弃，重者会被定罪，接受严厉处罚。古代流传下来的像《孝经》、正史中的《孝义传》及《二十四孝》等，记载的都是孝子孝行，大多数至今仍值得学习，不过，像"卖身葬父"、"卧冰求鱼"，乃至为了尽孝而杀死亲子等故事，在今天看来显然是不能效仿。

尽管如此，"孝"作为中华民族的传统美德已经深入人心。虽然随着社会风气的变化，"孝"的观念在现代有所变化，但像祭祖、戴孝、守灵、中秋和过年讲求合家团圆等观念，仍然作为民族文化代代传承。

什么是"悌"

"悌"，儒家伦理范畴，指敬爱、顺从兄长，常与"孝"并称为"孝悌"，《孟子·滕文公下》："于此有焉：入则孝，出则悌。"可见，孝悌本为一体。"孝"的产生是为了维护以嫡长子继承制为核心的封建宗法关系，因而极受儒家重视。《论语·学而》："其为人也孝悌，而好犯上者鲜矣。不好犯上，而好作乱者，未之有也。君子务本，本立而道生。孝悌也者，其为人之本欤？"孝顺父母、尊敬兄长可以最大限度地减少、乃至避免冒犯长辈和上级的行为出现，由此说明，孝悌是"仁"的根本。

什么是"忠"

"忠"，先秦时期泛指人与人之间的一种关系，如曾子每日三省其身，第一条即为："为人谋而不忠乎？"意即，为人做事尽心尽力了吗？"忠"就是"尽己之心"。汉代以后逐渐演变为臣民对君主的绝对服从关系，成为传统社会的一个重要道德标准。韩非子最早把"忠"释为对君王绝对服从，他说，人臣不要称颂尧舜禅让的贤德，不要赞美汤武弑君的功绩，（只有）尽力守法、专心事主，才是忠臣。秦统一全国后，王权至高无上、君王受命于天的思想开始向全国臣民推广，"君为臣纲"、下对上的绝对服从逐步确立。具体地说，就是臣民要对君主崇拜尊敬、忠心不二、绝对服从，必要时还要主动献身等等。随着时代的变化，"忠"的含义也在不断变化，对君王毕恭毕敬诚惶诚恐的时代早已湮灭在漫长的历史长河中。

儒家之"勇"

世人多以为儒者便是皓首穷经手无缚鸡之力的文弱书生，"腐儒"、"书呆子"种种带着嘲讽的称呼便应运而生，至于"勇"，在一般人心中离儒生更是相距十万八千里。其实这是一种不怎么美好的误读。

通常所说的"勇"，大致上分三层来讨论，借用孟子的说法便是："勇德"为贵，"勇气"次之，"勇力"为轻。

先说勇力。古代儒家有六艺：礼、乐、射、御、书、数。其中，"射"指射箭技术，"御"则是驾车技能。射与御都是武略，用于战场。可见早期儒者并非文弱单薄的书生，儒家创始人孔子身材魁梧力能搏牛便是一个很好的例子。

然而"勇"绝不仅指勇力，还要有勇气。墨家在先秦诸子中极特别，"墨子之门多勇士"，"墨子服役百八十人，皆可使赴火蹈刃，死不旋踵"——有足够的勇力、勇气，但这只是勇的表现而已，仍未达到最高境界。

接下来就该说说最主要的"勇德"，它指在正义崇高信念的驱动下，所体现出的无所畏惧的行为及精神。孔子不提倡匹夫之勇，又说："见义不为，无勇也。"（《论语·为政》）

真正的"勇"，应该是"发乎仁，适乎礼，止乎义"。

首先是"发乎仁"。《论语·宪问》："仁者必有勇，勇者不必有仁。"仁爱的人一定很勇敢，而勇猛的人不一定仁爱。

其次是"适乎礼"。《论语·泰伯》："勇而无礼则乱。"勇猛的人如果没有礼的约束，就会犯上作乱。光有勇是不够的，遵循礼的指引，有勇德，才能成为真正的"勇"。

最后是"止乎义"。子路曰："君子尚勇乎？"子曰："君子义以为上。君子有勇而无义为乱，小人有勇而无义为盗。"（《论语·阳货》）君子以义作为最高尚的品德，君子有勇无义就会作乱，小人有勇无义就会偷盗。孔子正是深知子路勇猛有余，才会说君子以义为上，教导他用义来约束勇。

三纲五常

三纲五常，简称纲常，是封建社会的基本道德规范。

"三纲"即"君为臣纲，父为子纲，夫为妻纲"。纲是提网的总绳，目是网眼，与纲相对。目对纲是绝对服从的关系，把君主、父亲、丈夫称为纲，自然决定了臣民、儿子、妻子对他们必须绝对服从。

"五常"即仁、义、礼、智、信，是调整和规范君臣、父子、兄弟、夫妇、朋友等人伦关系的基本行为准则。儒学认为这五条准则是恒常不变的，故称为"常"。

三纲五常联用，始于宋儒朱熹，但其源头则可追溯到先秦。三纲渊源于孔子的"君君、臣臣、父父、子子"，即君主要有个君主的样子，臣子要有个臣子的样子，父亲要有个父亲的样子，儿子要有个儿子的样子，就是说，君、臣、父、子都要按照礼制的规定，忠实履行各自的职责和义务。孟子进而提出"父子有亲，君臣有义，夫妇有别，长幼有序，朋友有信"的"五伦"道德规范。董仲舒则大大抬升了君主、父亲、丈夫的地位，淡化了他们的职责和义务，而把臣民、儿子、妻子置于绝对服从的地位，以此确立了君权、父权、夫权的统治地位，把这种等级秩序神化为根据天意制定的根本法则。五常渊源于孟子的"仁、义、礼、智"，实际上是三纲的具体化，董仲舒认为五常之道是处理君臣、父子、夫妻上下尊卑关系的基本法则，统治者如果认真实行，就一定能得到天地鬼神的保佑和支持，扩大领土疆域，使百姓安居乐业。尽管常常被后人抨击，但它确实在某种程度上起到了维护社会秩序、规范人际关系的作用，并且作为国人心中根深蒂固的道德标准，影响了中国两千多年的文明历史。

君子的行事准则

"己所不欲，勿施于人"是一个耳熟能详的成语，也是孔子坚持的处事原则。

子贡曾经向孔子请教："有没有一句可以终身奉行的话？"孔子说："那大概就是'恕'吧。自己不想做的事情，就不要强加在别人身上。"

孔子曾对学生说过，他所有的主张都贯穿着一个基本原则。所有学生都不理解这个原则，除了曾参，他说，这就是"忠恕"。正如上文孔子所述，"己所不欲，勿施于人"，正是"忠恕"之道的表现之一。

对应此原则，孔子主张，自己想要达到的目标，也要帮助别人达到；不喜欢别人对待自己的方式，也不要用来对别人。

孔子认为这个原则是实行仁义的重要途径，如果从此入手，每个人都可能成为一个具有仁义道德的人。该原则到现在仍具有生命力，主要是指设身处地为别人着想，换位思考才可能使问题得到更妥帖的处理。

什么是克己复礼

"克己复礼"出自《论语·颜渊》："颜渊问仁。子曰：'克己复礼为仁。一日克己复礼，天下归仁焉。为仁由己，而由人乎哉？'颜渊曰：'请问其目。'子曰：'非礼勿视，非礼勿听，非礼勿言，非礼勿动。'"颜渊向孔子请教如何才能做到"仁"，孔子回答说，努力约束自己，使自己的行为符合礼的要求，具体的做法就是，不符合礼的事情，就不要去看、不要去听、不要去说、不要去做。

由此可见，"克己复礼"是达到"仁"的方法。历代学者都承认这是儒家的一种紧要切实的修养方式，然而对其含义的理解却颇有分歧。"克"，克制，也有"战胜"之意。朱熹《四书集注》："仁者，本心之全德也。克，胜也。己，谓身之私欲也。复，反也。礼者，天理之节文也。盖心之全德，莫非天理，而亦不能不坏于人欲。故为仁者必有以胜私欲而复于礼，则事皆天理，而本心之全德复全于我矣。""克己"就是战胜自我的私欲，而这里的"礼"已不仅仅是具体的礼节，而是宋儒所说的"天理"，"复礼"就是应当遵循天理，"克己复礼"的内涵至此被大大扩展了。朱熹认为"仁"是内心完美的道德境界，其实也就是"天理"，因此"仁"就是战胜自己的私欲而复归天理。

古代的世袭制

传说尧退位后，传位给贤人舜，舜退位后，传位给贤人禹，这种传贤的制度，就叫禅让。后来，夏禹退位后，把帝位传给了自己的儿子，传位制度便由禅让制变成了世袭制。

商代王位的继承，是兄死了传给弟，没有弟，然后才传给子。周代的王位是由嫡长子继承，嫡长子以外的其他各子，就分封为诸侯。自周代开始，以后历代，都沿用了王位传嫡长子的世袭制。

士是指哪些人

士是我国古代一个很重要的概念。商周和春秋时，在贵族阶层中，士的地位是很低等的。在周代，天子下面是诸侯，诸侯下面是卿大夫，卿大夫下面才是士。

天子有天下，诸侯有国，卿大夫有家，担任卿大夫的家的官职的，就是士，所以士也往往称为家臣。

士有武士和文士两种，春秋以前的士，大致是武士，春秋以后，就由武士逐渐演变成文士了。再后来，士成了统治阶层知识分子的一个通称。

男子的成年礼——冠礼

古代男子成年时，要举行一种成年仪式，这种成年仪式，就叫冠礼。

据说在氏族社会里，无论男女，到达成年期后，都要参加一种叫做"成丁礼"的礼仪，只有这样，才能成为氏族公社的正式成员。这种"成丁礼"，到了周代，就发展成了冠礼。

周代贵族男子举行冠礼的年龄是二十岁，主持冠礼的是男子的父亲，举行冠礼

古代的冠

的地点是在宗庙。举行冠礼前，先要选定加冠的日期、参加冠礼的宾客。行礼时，由来宾为男子加冠三次。

冠礼是很重要的。据说一般的士子，如果成年时不加冠礼，就会跟重要的官职无缘；帝王不加冠礼，就难以执掌国政。

女子的成年礼——笄礼

古代男子成年有冠礼，女子成年时，也有女子的成年仪礼，叫做笄礼。古代女子举行笄礼的年龄是十五岁。笄是簪子的意思。所谓笄礼，就是把头发盘成发髻，再用簪子，把头发簪住。举行过笄礼，就表示女子已经成年，可以谈婚论嫁了。笄礼的内容和冠礼比起来，要简单容易得多。

古代的笄

婚姻的六礼

婚姻在古人看来是"合二姓之好，上以事宗庙而下以继后世"，"故君子重之"，所以相应就有比较隆重的礼节。古代婚姻中，一个很重要的婚姻礼节，就是六礼。所谓六礼，就是婚姻完成过程中，所经历的六道手续，这六道手续是：

1. 纳采。所谓纳采，就是男家请媒人到女家提亲，提亲顺利后，男方主动向女家送上一点小礼物，表明心迹。

2. 问名。所谓问名，就是男家向女家问清楚女方的名字，然后拿着这个名字，回去进行占卜，看结果是吉是凶，这次婚姻是否合适。问名时也要送礼。

3. 纳吉。所谓纳吉，就是男方在经过问名、占卜，占得吉兆以后，把吉兆报告给女方家，表示这桩婚姻合适。纳吉也要送礼。

4. 纳征。所谓纳征，就是在订婚后，男家向女家送上布帛等比较贵重的聘礼，表示婚姻就这样定下了。

5. 请期。所谓请期，就是男家选定结婚的日期，然后报告给女家，征求女家的同意。

6. 亲迎。所谓亲迎，就是迎亲，男子亲自下到女家，把女方迎娶过门。亲迎是六道手续中的最后一道，亲迎完毕，表示婚礼就算完成了。

丧葬

丧葬礼仪，是古代礼仪中的一个重要组成部分，了解这些丧葬礼仪，是了解古人思想、生活的必不可少的一个步骤。我们在这里，主要从丧和葬两个重要的方面，简单谈谈。

执绋、挽歌

送葬的时候，有一定的规矩。其中一种叫做执绋。所谓执绋，就是送葬的亲友要帮忙拉灵车。后来，人们在出殡时，在送殡人行列的左右两边，一左一右拉上两根带子，这就是执绋的遗制。

送葬时，还有一种仪式，就是唱挽歌。据说原先挽歌就是由挽柩者唱出来的，以表达对死者逝世的沉痛哀悼。古乐府《薤露》、《蒿里》，都是挽歌，通过它们，我们可以窥见古代挽歌的某些具体情形。挽歌发展到后来，又演变出挽词、挽联来。挽词是生者哀悼死者的词章，有多种形式，包括诗、文、歌、词等，一般都是韵文。挽联是哀悼死者的对联。

殉葬

古代有殉葬制度。所谓殉葬，就是死者埋葬时，用活人或者器物从葬。用活人殉葬，叫做人殉。殷代人殉很盛行，天子死时，用来陪殉的奴隶，少的时候有数十个，多的时候，甚至达到数百个。将军或者大夫死时，殉葬的奴隶多的时候有几十个，少的时候也有几个。周代和周代以后，这种残忍的人殉风气，才逐渐衰弱了下来。

殉葬除了用活人，还用器物。后世人殉风气衰落后，主要就是用器物从葬。从葬的物品各种各样，包括玉制、骨制的装饰品，青铜制作的各种器件，等等。一般而言，贵族的从葬品都比较多，而且精致漂亮。也有一些从葬品，是专门为从葬而制作的，这种专门制作的从葬品，叫做明器。

坟和墓的区别

《礼记》上说："古也墓而不坟。"意思是说，古时人的埋葬，只有墓，没有坟，坟是后来才有的。殷代和西周、东周时候的墓，还是没有坟的，后来，一方面是为了给墓树立一个标志，另一方面，也是为了增加盗墓贼盗墓的困难，保护墓的完整，这才在墓上筑起了坟堆。此后，墓就都有坟了。

宗法

宗法制度是一种等级制度。宗法制度以家族作为中心，根据血统的远近，来辨别和区分嫡庶亲疏。宗法制度是历史发展的产物，我们要辩证地看待。

宗法制度的内容有哪些呢？我们在这里，主要就某些基本的知识点，作简单的介绍。

中国人的家族

什么叫族？

所谓族，是指表示亲属关系的宗族、家族。古代有九族、三族的说法。九族指高祖、曾祖、祖、父、自己、子、孙、曾孙、玄孙；另一种说法是，九族指父族四、母族三、妻族二，父族四是指姑之子（姑姑的子女）、姊妹之子（外甥）、女儿之子（外孙）、自己的同族（父母、兄弟、姐妹、儿女），母族三是指母之父（外祖父）、母之母（外祖母）、从母子（娘舅），妻族二是指岳父、岳母。

至于三族，古来有三种说法，一种说法是指父、子、孙，一种说法是指父母、兄弟、妻子，还有一种说法，是指父族、母族、妻族。

昭、穆

什么叫昭、穆?

昭、穆是周代的分辈办法。周代把始祖以下的同族男子,按照代的顺序,先后分成昭、穆两辈,以区别父和子两代。例如从古公亶父算起,古公亶父的下一代是大伯、虞仲、王季,大伯、虞仲和王季是昭辈,那么他们的下一代就是穆辈。王季的下一代是文王、虢仲、虢叔,所以文王、虢仲、虢叔是穆辈。文王的下一代是武王,武王又是昭辈;武王的下一代是成王,成王又是穆辈。各代依此类推。

周代人还用这种昭穆的办法,去规定宗庙的次序、坟地的葬位、祭祀的排列等。规定出来的结果,就是左昭、右穆,即始祖的位次在中间,昭的位次在左边,穆的位次在右边。

亲属关系

封建宗法社会中,凡血缘近的同姓本族和异姓外族,都算是亲属。中国宗法的特点是,第一,亲属的关系拉得远;第二,亲属的名称分得细。

父亲的父亲是祖,古时称为王父;父亲的母亲是祖母,古时称为王母。祖的父母是曾祖父、曾祖母;曾祖父的父母是高祖父、高祖母。

儿子的儿子是孙,孙的儿子是曾孙,曾孙的儿子是玄孙,玄孙的儿子是来孙,来孙的儿子是昆孙,昆孙的儿子是仍孙,仍孙的儿子是云孙。

父亲的兄是世父(伯父),父亲的弟是叔父,伯父和叔父简称为伯叔。世父的妻是世母(伯母),叔父的妻是叔母,后来叔母称为婶。伯叔的儿子(堂兄弟)是从父昆弟,又称为从兄弟,这是同祖父的兄弟。父亲的姊妹是姑。

父亲的伯叔是从祖祖父(伯祖父、叔祖父),伯祖父、叔祖父的妻是从祖祖母(伯祖母、叔祖母),伯祖父、叔祖父的儿子是从祖父,俗称为堂伯、堂叔，这是同曾祖的伯叔。堂伯、堂叔的妻是从祖母（堂伯母、堂叔母），堂伯、堂叔的儿子是从祖昆弟，又称为再从兄弟（从堂兄弟），这是同曾祖的兄弟。

祖父的伯叔是族曾祖父，称为族曾王父；族曾祖父的妻是族曾祖母，称为族曾王母。族曾祖父的儿子是族祖父，称为族祖王父：族祖父的儿子是族父，族父的儿子是族兄弟，这是同高祖的兄弟。

兄的妻是嫂，弟的妻是弟妇。兄弟的儿子是从子，又称为侄；兄弟的女儿是从女，后来又称侄女。兄弟的孙是从孙。

姊妹的儿子是甥，后来又称为外甥。姊妹的丈夫是女婿或子婿，后来省称为婿。

父亲的姊妹的子女是中表（表兄、表弟、表姊、表妹），中表是晋代以后才有的称呼。

母亲的父亲是外祖父，古时称为外王父，母亲的母亲是外祖母，古时称为外王母。外祖父的父母是外曾王父、外曾王母。母亲的兄弟是舅，母亲的姊妹是从母，母亲的从兄弟是从舅。母亲的兄弟姊妹的子女是从母兄弟、从母姊妹，后来也称为中表。

妻又称为妇。妻的父亲是外舅（岳父），妻的母亲是外姑（岳母）。妻的姊妹是姨。

夫又称为婿。夫的父亲是舅，又称为嫜。夫的母亲是姑。连称为舅姑或姑嫜。夫的妹是小姑（中古以后的称呼）。夫的弟妇是娣妇，夫的嫂是姒妇，娣妇和姒妇简称为娣姒，又叫妯娌。

中国古代建筑

宫和室

宫、室早期的概念，是和后世不同的。

我国先秦时代，宫、室都是指房屋，是一般的住宅，宫和室是差不多的。但具体的侧重点不同，宫是总名，是就整所房子而言，包括外面围着的围墙。室呢，只是单指整所房子中的一个居住单位。秦汉以后，宫就不再指一般的住宅，而成为皇帝所住的皇宫、宫殿的专称了。

"房"和"屋"的区别

房，是古代宫室中供人居住的房间，位于堂之后，室之两侧，专指东房、西房，在室之东者为东房，室之西者为西房，又叫右房。东房、西房都有门与堂相通，东房后部还有阶通往后庭。到了后世，住宅内凡是居室皆可称房。

屋，本义是幄，就是指带有木架的帐幕。《说文·木部》："幄，木帐也。"《释名·释床帐》："幄，屋也。以帛、衣、板施之，形如屋也。"由于四面用帐幕围合起来像屋宇，所以称为"幄"。后来"屋"指房屋，另造"幄"字专指帐幄。屋即人来到这里居住

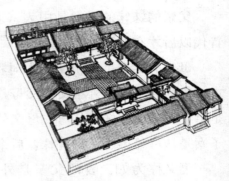

北京四合院

之意。因此，房屋一般指上有屋顶，周围有墙，能防风避雨，御寒保温，供人们在其中生活的建筑物。

何谓"门当户对"

古代宫室的双扇大门称为"门"，内部堂、室、房之间的单扇门称为"户"。《礼记·礼器》中"未有入室而不由户者"，即指室户。布局上，门户是指正门、入口。

"门当"，原本是指在大门前左右两侧相对而置的一对石墩或石鼓，"户对"则是指位于门楣上方或门楣两侧的圆柱形木雕或砖雕。中国建筑学讲究对称的和谐审美原理，大门前有门当的宅院必有户对，而且门当、户对上要雕刻有适合主人身份的图案，"门当"和

"户对"可以反映出宅第主人的身份、地位和家境，所以，"门当户对"逐渐演变成社会观念中衡量男婚女嫁条件的成语。

堂

古代的住宅，方位一般向南。住宅的内部，可以分为堂、室、房三部分。前部分是堂，堂一般不住人，是用来行吉凶大礼的处所。堂的后面是室，室是专门住人的。室的东侧和西侧，是东房和西房。

整所住宅，常常建筑在一个高出地面的台基上，台基太高，这样一来，堂前就要有台阶，人进入堂房，必须先登上台阶，古人常说的"升堂"，就是指登上台阶进入堂房的意思。

上古的堂前，是没有门的。堂上的东边和西边，有两根楹柱，东西两壁的墙，叫做序，堂内靠近序的地方，分别叫做东序、西序。堂的后面有墙和室、房隔开，室、房都有户，户和堂是相通的。古人所说的户，通常指的是室的户。室户偏东，在户的西边相应的位置上，有一个窗口，叫做牖。室还有一个朝北的窗口，叫做向。东房的后部，有阶通往后庭。

古人在堂上坐的时候，通常尊贵的坐向，是室的户牖之间朝向南面的方向，所以古人常说"南面"。不过在室内的坐位，跟在堂上的坐位，又不一样，室内尊贵的坐向，是朝向东面的方向。

阁、厢、殿

古代还有阁和厢的概念。

汉代的阁、厢，指的是堂东西两侧的房子，这些房子和堂毗连平行。堂的东边和西边有墙，叫序，序外东边和西边，分别设置有一个小夹室，东边的小夹室叫做东夹，西边的小夹室叫做西夹，东夹和西夹，这就是所谓的阁了。在东夹、西夹前面的空间地带，叫东堂、西堂，这就是所谓的厢了。阁和厢之间设置有户，阁厢是相通的。在厢的前面，也设置有阶。

汉代的殿又指什么呢？乐府诗《鸡鸣》中说："鸣声何啾啾，闻我殿东厢。"诗中所说的东厢，指的就是东堂，诗中所说的殿，就是上面所说的堂屋。秦汉以前，古人叫堂不叫殿，后来汉代开始叫殿，但汉代的殿，实际上也可以指宫廷和庙宇之外的其他建筑，和后来专指宫廷和庙宇里的主要建筑不同。

台、榭、观、阙

台、榭、观、阙的概念是什么呢？

所谓台，是指高大而平坦的建筑物，一般的用途是瞭望。在台的上面有木构建筑，这个木构建筑就是榭。榭的特点，是只有楹柱没有墙壁。

在宗庙或宫廷大门外两旁，有比较高大的建筑物，这就是观。两个观之间，有一个豁口，所以叫做阙。但观也可以指独立的建筑物，如汉代宫中的白虎观。后来，观的意义进一步扩展，道教的庙宇，也开始叫做观了。

亭

古代有一种建筑在路旁的公家房舍，可以供旅客住宿，这就是亭。建造在边境上的亭，还可以起看守烽火、防备敌人的作用。《史记》上说："筑亭障以逐戎人。"这里的"亭"，指的就是这种军事用亭。

后来，亭的用途发生改变，变成了一种可供欣赏和休息的小型建筑物，常设在园林和风景名胜处，或者设在交通大道上。古诗上常说的长亭、短亭，就是指这种建筑物。

瓦

我国殷代时，可能还没有瓦，当时的屋顶，是用茅草盖的。

瓦的发明，据推测至迟在周初时，但当时虽然发明了瓦，却还没有广泛应用，大多数房子的屋顶，仍然是用茅草盖的。最初的瓦，据说只用在屋脊上，西周中期时，古人才开始用瓦覆盖房屋了。

战国时，制瓦业发展很快，质量也提高了。汉代时，盛行一种由吉祥的语句组成图案的瓦当，如"长乐未央"瓦当等。大概到了北魏时，出现了琉璃瓦。

砖

古人发明砖，比瓦要迟。《诗经》中说："中唐有甓。"诗中的甓，就是砖。战国的遗址里，发现过空心砖，不过那不是筑屋用的，是用在墓中的。古人筑墙最初是用版筑技术，到了后来，才开始用砖砌墙。

版筑

《孟子》中说："傅说举于版筑之间。"可见很早，古人筑墙就已经使用版筑技术了。所谓版筑，就是筑土墙时，把两块木板并列排在一起，左右相夹，使木板中间的宽度，等于墙的厚度，然后再在板外，用木柱把两块木板衬住，往里倒进泥土，用杵捣实，泥土凝固后，把木板、木柱拆除，一座土墙就筑好了。

版筑技术在古代应用很广，甚至流传至今。

斗拱

斗拱是我国木结构建筑特有的一种结构，也是中国传统建筑中主要的造型特征之一。在立柱和横梁的交接处，从柱顶上加的一层层探出成弓形的承重结构叫拱，拱与拱之间垫的方形木块叫斗。

斗拱

斗拱的产生和发展有着非常悠久的历史。两千多年前战国时代采桑猎壶上的建筑花纹图案，以及汉代保存下墓阙、壁画上，都可以看到早期斗拱的形象。

斗拱最初孤立地置于柱上或挑梁外端，起到传递梁的荷载和支撑屋檐重量的作用。唐宋时，它同梁、枋结合为一体，除上述功能外，成为保持木构架整体性的结构层的一部分。明清以后，斗拱的作用蜕化，成为主要起装饰作用的构件。它构造精巧、造型美观，如盆

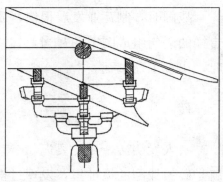

斗拱剖面

景，似兰花，越高贵的建筑，斗拱越复杂、华贵。逐渐成为区别建筑等级的标志。重要建筑物上有斗拱的安置，可以使人产生一种神秘莫测的感觉。无论从艺术或技术的角度来看，斗拱都足以象征和代表我国古典建筑的精神和气质。

长城

万里长城是我国古代一项伟大的防御工程，它绵延起伏，气势雄伟，长达一万多里，凝聚了古代劳动人民的智慧，被誉为"世界第一奇迹"，是中华民族的象征。

根据历史文献记载，春秋时的楚国修筑的长达几百里的"方城"为最早的长城。战国时期，各诸侯国分裂割据，战争频繁，为防御外敌，秦、韩、赵、魏、燕等国纷纷在边界筑起长城。秦始皇统一中国后，为了防御匈奴南侵，以秦、赵、燕三国的长城作为基础，修缮增筑成为西起临洮、东到辽东，长达万里的长城。秦以后的各个朝代的帝王都对长城进行了修葺和增筑，到了明代，又更大规模地修筑长城，形成了如今西起嘉峪关，经过甘肃、宁夏、陕西、内蒙古、山西、河北、辽宁一直到鸭绿江，全长一万四千七百里的防御工程。

长城由城堡、敌楼、关隘、烽火台（俗称烽隧、亭候、烽候、烟墩等）、城墙等建筑物组成。现存长城的十二个关隘中，山海关、居庸关和嘉峪关是最具有代表性的雄关。其中，山海关被誉为"天下第一关"，是长城东段的一个重要关口，自古以来一直是军事上的重要

关隘。居庸关则在北京昌平境内，地形险要，有"一夫当关万夫莫开"之势，是长城的另一重要隘口。嘉峪关位于甘肃嘉峪关市，是古代丝绸之路的交通要冲。

赵州桥

赵州桥又名安济桥，坐落在河北赵县洨河上，建于隋代，由当时著名匠师李春设计和建造。距今已有约 1400 年的历史，是当今世界上现存最早、保存最完善的古代单孔敞肩型石拱桥。

赵州桥

赵州桥采用圆弧拱形式，主拱的上边两端又各加了两个小拱。桥长 64 米，主拱跨径 37 米，桥两侧靠近岸的两小拱净跨 3.81 米，桥中央的两个小拱净跨 2.85 米。此设计结构，一方面可以节省材料，另一方面还减轻大拱券和地脚的载重，增加河水的泄流量，减少水流阻力，构思精巧，在世界桥梁史上是一大创举。桥面用平行而紧密并列的二十八个石券所构成，为了增加石券之间的联系紧密性，在券面上用横向的石板加了一层。在伏和券之间用若干横向的铁条把这些券拉连在一起。为了增加美感，桥券是圆周上一段 60 度弧线的弧形券，桥面坡度相当缓和，再在两肩上用两小券做成敞肩，这六条不同的弧线的关系处理恰到好处。桥的大拱与小拱构成一幅完整的图画，显得更加轻巧秀丽，体现建筑与艺术的完整统一。桥两侧有雕刻精美的拦板、望板。表现了古代工匠非凡的创造力和聪明才智。

故宫

故宫位于北京市中心，旧称紫禁城，是明清两代的皇宫，无与伦比的古代建筑杰作。明永乐四年（1406 年）始建，永乐十八年

故宫

（1420 年）基本建成，经历了五百六十年，二十四个皇帝。它是中国现存规模最大、保存最完好的古建筑群。

故宫南北长 961 米，东西宽 753 米，面积约为 725000 平方米。建筑面积 15.5 万平方米。相传故宫一共有 9999 间半，实际据 1973 年专家现场测量故宫有房间 8704 间。宫城周围环绕着高 12 米，长 3400 米的宫墙，形成一长方形城池，墙外有 52 米宽的护城河环绕，形成一个壁垒森严的城堡。

故宫有 4 个门，正门名午门，东门名东华门，西门名西华门，北门名神武门。面对北门神武门，有用土、石筑成的景山，满山松柏成林。在整体布局上，景山可说是故宫建筑群的屏障。

故宫的建筑物依据其布局与功用分为"外朝"与"内廷"两大部分。"外朝"与"内廷"以乾清门为界，乾清门以南为外朝，以北为内廷。外朝以太和殿、中和殿、保和殿三大殿为中心，是皇帝举行朝会的地方，也称为"前朝"。内廷以乾清宫、交泰殿、坤宁宫后三宫为中心，后有御花园，为封建帝王与后妃的居住之所。

故宫宫殿建筑均是木结构、黄琉璃瓦顶、青白石底座，饰以金碧辉煌的彩画，整体宏伟壮丽。1987 年，故宫被联合国教科文组织列为"世界文化遗产"。

天坛

天坛位于北京永定门内大街东侧，天坛正南偏东，始建于明永乐十八年（1420 年），是明、清两朝历代帝王用以祭天地和祈祷丰年的场所。集明、清建筑技艺之大成，是中国古建珍品，为世界上最大的祭天建筑。

天坛初名"天地坛"，明嘉靖十三年（1534 年）改称"天坛"。

总面积为 273 万平方米。外墙南北 1650 米，东西 1725 米，内墙南北 1243 米，东西 1046 米。围墙的平面接近正方形，但北面两角采用圆形，南面为正角，这是为了附会"天圆地方"之说而设计的。

天坛分为内、外两坛。内坛主要建筑分三组，在中轴线上北端为祈谷的祈年殿，南端至皇穹宇及圜丘，中央由一条 360 米长的高出地面的角道（通称"丹陛桥"）相连。第二重墙西门内南侧是皇帝祭前斋戒时居住的斋宫，斋宫的规模很大，有护城河、围廊和大殿。外坛为林区，广植树木，外坛的西南部有神乐署，是明清时期演习祭祀礼乐及培训祭祀乐舞生的场所。

整个天坛在艺术上最主要的成就，是表现了天的崇高、神圣和皇帝与天之间的密切关系。如圜丘、祈年殿都采用圆形蓝青色琉璃瓦，使建筑物给人一种崇高庄重的感觉。另外，天坛从选位、规划、建筑的设计无不依据古代《周易》阴阳、五行等学说，成功地把古人对"天"的认识、"天人合一"的观念及对上苍的愿望表现得淋漓尽致。

三孔

山东省曲阜市境内的孔府、孔庙、孔林，统称"三孔"。三孔是中国历代纪念孔子，推崇儒学的表征，以丰厚的文化积淀、悠久历史、宏大的规模、丰富的文物珍藏，以及科学艺术价值著称于世。是世界三大圣城之一。

孔府又称"衍圣公府"，位于孔庙东侧，是孔子嫡系子孙居住的地方，也是我国仅次于明、清皇帝宫室的最大府第。现在的孔府基本上是明、清两代的建筑，包括厅、堂、楼、轩等 463 间，共九进院落，占地 240 多亩。分

大成殿

为前厅、中居和后院。前厅为官衙，是处理公务的场所，中居即内宅和后花园，是衍圣公及其眷属居住的地方，最后一进是花园，园内假

山、鱼池、花坞、竹林及各种花卉盆景一应俱全，其中"五柏抱槐"的奇树，为世罕见。

孔庙，坐落在曲阜城内，其建筑规模宏大、雄伟壮丽、金碧辉煌，为我国最大祭孔要地。全庙南北长 1 公里多，占地 327 亩，共有厅堂殿庑 400 多间，包括三殿、一阁、一坛、三祠、两庑、两堂、两斋、十七庭、五十四门坊，前后共九进庭院，布局严谨、气势雄伟，是我国古代仅次于故宫的古建筑群。

孔林是孔子及其后裔的墓地，坐落于曲阜城北，占地 3000 余亩。是我国规模最大、持续年代最长、保存最完整的一处氏族墓葬群和人工园林。孔子去世后，其后代从冢而葬，形成今天的孔林。孔林对于研究中国历代政治、经济、文化的发展以及丧葬风俗的演变都有十分重要的意义。

样式雷

"样式雷"是对清代二百多年间主持皇家建筑设计的雷姓世家的誉称。主要的皇室建筑，如宫殿、皇陵、圆明园、颐和园等，都是雷氏世袭建筑师家族负责的。

祖籍江西永修的样式雷，从第一代样式雷雷发达于康熙年间由江宁来到北京，到第七代样式雷雷廷昌在光绪末年逝世，前后七代为皇家进行宫殿、园囿、陵寝以及衙署、庙宇等设计和修建工程。因为雷家几代都是清廷样式房掌案头目人，即被世人尊为"样式雷"，也有口语"样子雷"的叫法。雷发达被认为是样式雷的鼻祖，但声誉最好、名气最大、最受朝廷赏识的应是第二代的雷金玉。他因修建圆明园而开始执掌样式房的工作，是雷家第一位任此职务的人。康熙在《畅春园记》里曾提到过一位他非常牵挂的杰出匠师，即指雷金玉。

雷氏家族的每个建筑设计方案，都按 1/100 或 1/200 比例先制作模型小样进呈内廷，以供审定。模型用草纸板热压制成，故名烫样。其台基、瓦顶、柱枋、门窗以及床榻桌椅、屏风纱橱等均按比例制成。雷氏家族烫样独树一帜，是了解清代建筑和设计程序的重要资料。留存于世的部分烫样现存于北京故宫。

颐和园

颐和园在北京市西北郊，颐和园原为帝王的行宫和宫苑。始建于清乾隆帝十五年（1740年），历时十五年竣工。1860年被英法联军所焚，光绪十二年（1886年）慈禧太后挪用海军经费重建，光绪十四年（1888年）改名颐和园，作为避暑和游乐的场所。

该园建于1750年，是利用昆明湖、万寿山为基础，以西湖风景为蓝本，吸取江南的某些设计手法和意境而修建成的。它是我国现存古典园林中规模最大、最华丽、保存最完整的一座皇家园林。

全园面积293公顷，约5200亩，其中水面占四分之三约220公顷。园内建筑以佛香阁为中心，有景点建筑物百余座、大小院落二十余处，共有亭、台、楼、阁、廊、榭等不同形式的建筑三千多间，面积七万多平方米。佛香阁、长廊、石舫、苏州街、十七孔桥、谐趣园、大戏台等都已成为家喻户晓的代表性建筑。在总体布局上，主要由北面的万寿山和南面昆明湖两部分构成。园内亭台楼阁等人工景观与自然山峦、开阔的湖面相互和谐、艺术地融为一体。整个园林构思巧妙，是集中国园林建筑艺术之大成的杰作，在中外园林艺术史上地位显著，也是保存最完整的一座皇家行宫御苑。

拙政园

中国四大名园之一，江南园林的代表，位于苏州市内东北侧，始建于明朝正德年间。

最初为唐代诗人陆龟蒙的住宅，元朝时为大弘寺。明正德四年（1509年），被归隐家乡的御史王献臣买下，聘吴门画派代表人物文征明设计蓝图，历时16年建成。此后多次更换园主，又经多次修葺扩建，直到上世纪50年代，才完璧合一，恢复初名"拙政园"，现园面积62亩。

拙政园占地 78 亩,由东部(归田园居)、中部(拙政园)和西部(补园)三部分组成。东部以平冈远山、松林草坪、竹坞曲水为主,配以山池亭榭,风格疏朗明快。中部拙政园为主景区,精华所在。面积约 18.5 亩。其总体布局以水池为中心,亭台楼榭皆临水而建,具有江南水乡的特色。还有微观楼、玉兰堂、见山楼等建筑以及精巧的园中之园——枇杷园。西部原为"补

拙政园

园",面积约 12.5 亩,其水面迂回,布局紧凑,依山傍水建以亭阁。此外,拙政园的建筑还有澄观楼、浮翠阁、玲珑馆和十八曼陀罗花馆等。

拙政园的布局疏密自然,其特点是以水为主,景色平淡天真,疏朗自然。池水与楼阁轩榭、山石花卉构成了一副幽远宁静的画面,代表了明代园林建筑风格。被誉为"天下园林之母"。

《营造法式》

中国第一本详细论述建筑工程的官方著作。北宋李诫编著,刊行于宋崇宁二年(1103 年),是北宋官方颁布的一部建筑设计、施工的规范书,也是我国古代最完整的建筑技术书籍。

《营造法式》主要分为五个部分:释名、制度、功限、料例和图样,三十四卷,前有"看样"和目录各一卷。在内容上,一是制定和采用模数制。这是中国建筑历史上第一次明确模数制的文字记载。二是设计的灵活性。各种制度虽都有严格规定,但在总原则下,又有构件比例尺度的创造性。三是总结了大量的技术经验。如根据传统木构架结构,规定凡柱都有"侧角"及柱"升起",增加构架的稳定性。四是装饰与结构的统一,该书在规定斗、梁、拱等构件结构大小的同

时，也规定了它们的艺术加工方法。

《营造法式》揭示了北宋统治者的宫殿、寺庙、官署、府第等木构建筑所使用方法，该书对于古建筑研究、考察宋及以后的建筑形制、工程装修做法、当时的施工组织管理等方面都具有重要的史料价值。

车　马

车马的概念是什么呢？

我国在战国以前，通常说来，车和马是相连的，没有无马的车，也没有无车的马。当时人所说的御车，也就是御马，所说的乘马，也就是乘车。古代的马车，用来拉车的马有二匹的，有三匹的，还有四匹的，二匹马的马车叫做骈，三匹马的马车叫做骖，四匹马的马车叫做驷。

古代除了马车，还有牛车。古书上说："服牛乘马。"就透露了这个意思。马车一般是贵族使用，供贵族出行或者打仗使用。马车古时叫做小车。至于牛车，贵族和庶人都有使用，一般用来载运货物。牛车古时叫做大车。

古代的车马图

我国春秋时代，可能有过骑马，这是应该作为特例看待的。到了战国时代，汉人才从匈奴那里，学来了骑马，自此以后，骑马的风气逐渐兴盛起来了。

舆、绥、辂、轼

舆、绥、辂、轼都是古代马车上的器件。

舆指古代马车的车厢，这是乘人用的。舆的两旁和前面，设置有用作屏蔽的木板。舆的后面不设屏障，乘车时，人从舆的后面上车。车上有绳子，叫做绥，当人上车时，就是手拉着绥上去的。

上车后，人站在车舆里，这叫做"立乘"。舆的两边设置有木板，人可以把身体倚在上面，叫做轿。舆的前面，有一根横木，是做扶手用的，叫做式，又叫做轼。古人在行车时，如果要向人表示敬礼，就扶着式俯首，这种俯首敬礼的动作，也叫做式。

辋、毂、辐、辖

辋、毂、辐、辖是古代马车车轮上的不同部位。

辋指车轮的边框，毂指车轮中心有孔的圆木，毂是小圆，辋是大圆，毂和辋组成为两个同心圆。车轮中间有一根根笔直的木条，叫做辐，辐的一端

秦始皇帝陵铜车马二号车

连着毂，另外一端连着辋。辐条平均分布，从四周向车毂集中，叫做"辐辏"。春秋时代，马车的一个车轮，大概通常是三十条辐条，《老子》上说："三十辐共一毂。"就透露了这个意思。

马车的车轴，是一根横梁。车轮套在车轴的两端，车轴的两端露在毂外，上面插着销子，这个销子叫做辖，辖能够防止车轮外脱。一旦辖脱落，车轮也就散掉了，可见辖的重要性。

轫、辕、轭

下面我们谈谈轫、辕、轭的概念。

古书上有时说到"发轫"，发轫是启动车子的意思。那么这个轫，指的是什么呢？所谓轫，实际上不是车子的组成部分，而是夹在车轮下，用来阻止车轮转动的一块木头。车要开动时，先要把轫移开，所以叫"发轫"。

辕是驾车时所用的车杠，辕的后端连着车轴，前端伸出在车舆的前面。辕有一个和它相当的词，叫做辀，辀也是指车杠。不同的是，辕指夹在拉车的牲口两旁的两根直木，一般用在大车上；辀指驾在牲口中间的单根曲木，一般用在小车上。

车辕的前面，有一根架在牲口的脖子上的横木，叫做轭。轭也有一个和它相当的词，叫做衡。不同的是，衡一般用在小车上，轭一般用在大车上。

服、骖

古代驾马车时，如果拉车的马是三匹或四匹，那么在中间的马，就叫做服，在左右两边的马，就叫做骖。有的解释又说，服马左边的马，才叫做骖，而服马右边的马，则叫做骓。

骖乘

骖乘指古代驾车时，在主人右边陪乘的人。古人乘车，认为左位是尊位，所以乘车时，主人在左边，驾车的人在中间，另外还有一个陪乘的人，在车的右边。这个陪乘的人，就叫做骖乘，又叫做车右。

骖乘

但换作是兵车，情形又不太一样。如果有主帅，一般是主帅在中间，亲掌旗鼓指挥军队，驾车的人在左边驾驶，有一个保护主帅的人在右边，叫做车右。如果没有主帅，只是一般的兵车时，就是驾车的人在中间，左右两边各站一个士兵，左边的士兵持弓，右边的士兵持矛。

中国人的饮食

五谷

古代有"五谷"的说法，但"五谷"是哪五谷，说法可就有分歧了。通常的说法是，五谷指稷、黍、麦、菽、麻。五谷是古代基本的农产品，是古人的基本粮食。

禾

"五谷"之外，还有"六谷"的说法，六谷是稻、稷、黍、麦、菽、麻。比起五谷来，六谷只多了一种稻。稻为什么不是一开始就在五谷里面呢？原来，水稻本来是南方作物，是到了后来，才传到北方来的。我们下面简单说说五谷的情况。

稷——稷就是谷子，脱壳后是小米。我国古代很长一段时期中，稷都是最重要的粮食之一。古人把稷作为五谷之长，以稷代表谷神，谷神和社神（土神）合起来，叫做社稷。后来，社稷发展成为国家的代称。

黍——黍就是黍子，又叫黄米。黍味道较好，在上古时代，也是重要的粮食作物。

麦——麦分为大麦、小麦、燕麦、黑麦等。种植比较广的是大麦、小麦。古代小麦叫来，大麦叫牟。

菽——菽就是豆。上古时代只叫做菽，汉代以后，才开始叫做豆。

麻——麻指大麻子。麻在古代不是主要的粮食作物，但也供食用。古人常丝麻、桑麻连说，这里的麻，指的是大麻的纤维，不是指麻子。

馒头

古人原先多是用粮食蒸饭、煮粥或者炒成干粮吃，面食还比较少，这主要是因为缺乏粉碎技术。汉魏时，面食逐渐增多起来了。后来，人们掌握了酵母菌的生化反应，从而有了发酵的面食。

西晋时，政府规定太庙祭祀，用一种叫做"面起饼"的食物，这个"面起饼"，就是我们现在常说的"馒头"。不过当时的馒头，是带馅的，跟今天北方不带馅的馒头不同，实际上是一种"包子"。

五菜

五菜指葵、韭、藿、薤、葱。这是我国战国和秦汉时，重要的五种蔬菜。

葵——《诗经》上说："七月亨葵及菽。"诗中就说到了葵。古人把葵尊为百菜之主，可见古代食葵是比较普遍的。唐代以后，葵的种植逐渐减少。明代时，李时珍的《本草纲目》把葵列入草部，已经不再看成是蔬菜了。

韭——韭就是韭菜，是我国原产。汉代时，人们已经懂得了冬季时把韭菜移入温室或者地窖，进行细心栽培。

藿——藿是大豆的嫩叶。《战国策》中说："民之所食，大抵豆饭藿羹。"可见当时的人们，常把藿菜熬汤喝。

薤——薤是多年生草本植物，地下有鳞茎，鳞茎和嫩叶都可以食用。

葱——葱即大葱。

"八珍"

"八珍"，在古代原来是指八种烹饪方法。依照汉代郑玄的说法是指淳熬（肉酱油浇饭）、淳母（肉酱油浇黄米饭）、炮豚（煨烤炸炖乳猪）、炮牂（煨烤炸炖羔羊）、捣珍（烧牛、羊、鹿里脊）、渍（酒糟牛羊肉）、熬（类似五香牛肉干）和肝膋（网油烤狗肝）八种食品

（或者认为是八种烹调法）。《周礼天官膳夫》说："凡王之馈，食用六谷，膳用六牲，饮用六清，羞用百有二十品，珍用八物。"这里的"八珍"成为了珍贵食品的代名词，用这些珍贵食品制作的美食，是只有王侯一级的人才可享用的。需要说明的是，每个时代"八珍"的内容都有变化。明清时期，有"水陆八珍"，即海参、鱼翅、鱼脆骨、鱼肚、燕窝、熊掌、鹿筋、蛤士蟆；有"山八珍"，即熊

古代食器

掌、鹿尾、象鼻（一说犴鼻）、驼峰、果子狸、豹胎、狮乳、猕猴头；有"水八珍"，即鱼翅、鱼唇、海参、鲍鱼、裙边、干贝、鱼脆骨、蛤士蟆。近现代又有"上八珍"、"中八珍"、"下八珍"之分。

三牲

古人进行祭祀时，经常用到的祭品是牛、羊、豕。牛羊豕合称为三牲。祭祀时，如果三牲都齐全了，就叫太牢，如果只用羊、豕，不用牛，就叫少牢。太牢和少牢的区别，是有没有牛。古代牛是很珍贵的，作为肉食，一般的庶人吃不起，只有贵族吃得起。古代肉食中，比较普遍的是羊肉。

鱼

我国大约商代时，就有人工养鱼了。古代第一部讲述养鱼的著作《养鱼经》，传说是春秋末期越国大夫范蠡的著作。

唐宋时，池塘养鱼逐渐普遍化，鱼的品种也在逐渐增加。不少古书上，都对鱼的品种有过记录。《尔雅》记录的鱼的品种有三十三种，《本草纲目》记录有六十种。

古人买鱼图

家禽

上古时，用作食物的家禽，主要是鸡、鹅、鸭。古时有野雁、舒雁之分，舒雁就是鹅，所以古人也把鹅叫做雁。至于鸭，鸭在战国时代叫做鹜，鸭字是后起的字。鸭又叫做舒凫，这是为了和叫做野凫的野鸭区别开来。

羹

上古的羹，据说有两种。

一种羹是供饮用的，是不调五味、不和菜蔬的纯肉汁，《左传》上说："大羹不致。"这里所说的"大羹"，就是指这种羹。另一种羹，是肉羹，就是把肉放进烹饪器里，添上五味，把肉煮烂。哪五味呢？据说是醯、醢、盐、梅和某一种菜，这种菜并不规定，可以是葵，可以是葱，也可以是韭，不同的羹就用不同的菜。

糖

古人吃的糖，主要是麦芽糖，叫做饴。麦芽糖的制造历史悠久。饴添上糯米粉，就熬成了饧。饴是软的，饧是硬的。古时一般人所吃的饴或饧，就是麦芽糖。

我国用甘蔗制糖，也有悠久的历史。南北朝时，蔗糖制造技术发展较大，已经能够制造结晶的蔗糖了。

我国很早的时候，就已经开始种植甜菜了，但用甜菜制糖，却是直到清代末，才在东北地区开始的。

酒

酒在我国已经有几千年的历史。

我们从地下出土的觚、爵等酒器中，可以窥见，早在殷代时，饮酒的风气就已经很流行了。古人很早掌握了酿酒技术。先秦时代，就发明了用曲酿酒的方法，秦汉以后，制曲技术有了很大进步，酒的品种不断增多。

酒可以分为自然发酵的果酒、榨制酒（如黄酒）和蒸馏酒（如烧酒）三类。古代一般所谓的酒，是指把黍煮烂了，添上酒母发酵酿造成的酒，不是烧酒。烧酒的出现比这要晚。

从茶的别名看茶的历史

我国是世界上种茶、制茶、饮茶最早的国家。茶是我国的特产。

茶在最初，只是作为一种药材使用的，清代郝懿行《尔雅·义疏》记载："诸书说茶处，其字仍作荼。"后来逐渐发展成饮料。汉代时的某些地区，茶不但是一种饮料，还是一种商品。南人好饮茶，饮茶的风气，很有可能是从江南传开的。三国时，古人饮茶的习惯已经逐渐形成，南北朝时，饮茶风气渐盛，至唐代陆羽著《茶经》，将"荼"字减一画作"茶"。唐宋以后，茶更是普遍化了，成为了家常饮品。

茶，在古代是一物多名。《茶经》问世以前，除了"荼"以外，茶还有多种称呼，如檟（jiǎ）、蔎（shè）、茗、荈（chuǎn）等。唐代陆羽《茶经》美誉茶为"嘉木"、"甘露"，杜牧《题茶山》诗赞誉茶为"瑞草魁"，施肩吾在诗中称呼茶为"涤烦子"；唐代以后，茶的别称逐渐不使用了。

即使是在唐以后，许多文人还是给茶起了很多别号，如五代郑遨《茶诗》赞称茶为"草中英"；北宋陶谷著的《清异录》一书，对茶有"苦口师"、"水豹囊"、"森伯"、"清人树"、"不夜侯"、"余甘氏"、"冷面草"等多种称谓，苏轼为茶取名"叶嘉"，并著《叶嘉传》，苏易简《文房四谱》称呼茶为"清友"，杨伯岩《臆乘茶名》喻称茶为"酪苍头"；元代杨维桢《煮茶梦记》称茶为"凌霄芽"。

中国最早的厨艺理论

每个行业都有自己的始祖，而厨师的鼻祖就是商朝宰相伊尹。《吕氏春秋·本味篇》中就有他对烹调的论述，堪称烹调艺术的至理名言，虽然古老，至今却仍有参考价值。伊尹认为尽管原料的气味各不相同，甚至有些气味很难闻，但只要能针对它们本身的特点，采取不同的烹饪方法，都能制作成美味佳肴。

酸、甜、苦、辣、咸五种味道和水、木、火三种基本材料都是味道的决定因素，其中，水是最基本的因素。而要消除肉本身的腥味、臊味和膻味，控制食物烧煮过程中味道的变化，最后做出美味，掌握好火候是关键。调味的原理说起来很简单，就是酸、甜、苦、辣、咸五种味道的巧妙配合，然而在烹饪过程中添加调料的顺序和剂量都是有讲究的。至于锅中的变化，那是非常微妙的，主要靠的是个人体验，即使是高明的大厨恐怕也很难用语言表述清楚。只有精通烹饪之道的厨师才能使做出的菜放久了不腐烂、煮熟了却不过烂、甜而不过分、咸而不苦涩、辣而不刺激、虽然淡却不是无味、虽然肥却不油腻。这些理论的核心正体现了中国菜精细美好、和谐适中的特征，因此千百年来一直为厨师们所奉行。

什么是五味

指酸、甘（甜）、苦、辛（辣）、咸五种味道。一般也泛指各种味道或调和众味而成的美味食品。在佛教中是以乳、酪、生酥、熟酥、醍醐五者比喻华严、阿含、方等、般若、法华涅盘五时之教。现代科学证明，人确实是共有五种味觉，即酸、甜、苦、咸和鲜。这和中医所认为的五味是一致的。

中医通过问人的所欲五味，可以知病所起所在。早晨起来，若感觉口有酸甜苦辣咸，分别表示肝胆脾肺肾的病因在何处。而且，五味都有医疗作用，一般说来，多甘味能补虚缓急；多酸味能敛肺涩肠；多苦味能降泄燥湿；多咸味能软坚散结；多辛味能发表行散。

历代的养生强身法

中国有很多养生强身的功法，凡以练"动"为主的功均称为外功，也可称为动功，如易筋经、五禽戏、八段锦、祛病延年功等。马王堆益寿延年导引功、十二段锦等则为内外结合功。外功和内功均能单练，也可同时练。体弱者应选练内功，待病情好转、体质增强后，再增练外功。为保健强身、益寿延年，可单练外功或内、外功结合练。一旦选练某种功法，就应坚持下去。本书选录的《内功图说》是气功养生非常有名的著作，流传很广。原名《卫生要术》，为清代潘霨所辑撰，内收十二段锦、分行内外功、易筋经、祛病延年法等功法，图文并茂，易于摹仿学习。

十二段锦

"十二段锦"又称"文八段锦"，实际内容与一般所说的"八段锦"差别很大，曾被少林寺僧作为主要练功内容之一，此后逐渐被广大练功者采用。十二段锦是由十二节动作组合而成，其全部动作进行时均取坐势。"十二段锦"功法虽然简单，但健身益寿、抗老防衰的功效显著，适合于患慢性、虚弱性疾病者的调摄，有助于神经衰弱、慢性气管炎、食管炎、慢性胃炎、冠心病、肺气肿、溃疡病、胃下垂、腰肌劳损、慢性肾炎、肾虚腰痛等患者的康复。

十二段锦总诀

闭目冥心坐，握固静思神，叩齿三十六，两手抱昆仑；
左右鸣天鼓，二十四度闻，微摆撼天柱，赤龙搅水津；
鼓漱三十六，神水满口匀，一口分三咽，龙行虎自奔；
闭气搓手热，背摩后精门，尽此一口气，想火烧脐轮；
左右辘轳转，两脚放舒伸，叉手双虚托，低头攀足频；
以候神水至，再漱再吞津，如此三度毕，神水九次吞；
咽下汨汨响，百脉自调匀，河车搬运毕，想发火烧身；
旧名八段锦，子后午前行，勤行无间断，万病化为尘。

闭目冥心坐，握固静思神，

第一图

盘腿而坐，紧闭两目，冥亡心中杂念。凡坐要竖起脊梁，腰不可软弱，身不可倚靠。握固者，握手牢固，可以闭关去邪也；静思者，静息思虑而存神也。

叩齿三十六，两手抱昆仑；

第二图

上下牙齿，相叩作响，宜三十六声，叩齿以集身内之神使不散也。昆仑即头，以两手十指相叉，抱住后颈，即用两手掌紧掩耳门，暗记鼻息九次，微微呼吸，不宜有声。

左右鸣天鼓，二十四度闻，

第三图

记算鼻息出入各九次毕。即放所叉之手。移两手掌擦耳。以第二指叠在中指上。作力放下第二指。重弹脑后。要如击鼓之声。左右各二十四度。两手同弹。共四十八声。仍放手握固。

微摆撼天柱，

第四图

天柱即后颈，低头扭颈向左右侧视，肩亦随之左右招摆，各二十四次。

赤龙搅水津；鼓漱三十六，神水满口匀，一口分三咽，龙行虎自奔；

第五图

赤龙即舌，以舌顶上腭，又搅满口内上下两旁，使水津自生，鼓漱于口中三十六次。神水即津液，分作三次，要汩汩有声吞下。心暗想，目暗看，所吞津液，直送至脐下丹田。龙即津，虎即气，津下去，气自随之。

尽此一口气，想火烧脐轮

第七图

闭口鼻之气，以心暗想，运心头之火，下烧丹田，觉似有热，仍放气从鼻出。脐轮即脐丹田。

闭气搓手热，背摩后精门，

第六图

以鼻吸气闭之，用两掌相搓擦极热，急分两手磨后腰上两边，一面徐徐放气从鼻出。精门即后腰两边软处，以两手磨二十六遍，仍收手握固。

左右辘轳转，

第八图

弯曲两臂，先以左手连肩圆转（用摇辘轳状）三十六次，然后再以右手依此法行之。

两脚放舒伸，叉手双虚托，

第九图

放所盘两脚，平伸向前，两手指相叉，反掌向上，先安所叉之手于头顶，作力上托，要如重石在手，托上腰身，俱著力上耸。手托上一次，又放下安手头顶，又托上。共九次。

以候神水至，再漱再吞津。如此三度毕，神水九次吞；咽下汩汩响，百脉自调匀，

第十一图

再用舌搅口内，以候神水满口，再鼓漱三十六。连前一度，此再两度，共三度毕，前一度作三次吞，此两度作六次吞，共九次，吞如前。咽下要汩汩响声，咽津三度，百脉自周遍调匀。

低头攀足频；

第十图

以两手向所伸两脚底作力扳之，头低如礼拜状。十二次，仍收足盘坐，收手握固。

河车搬运毕，想发火烧身；旧名八段锦，子后午前行，勤行无间断，万病化为尘。

第十二图

心想脐下丹田中，似有热气如火，闭气如忍大便状，将热气运至谷道，即大便处，升上腰间，背脊后颈，脑后头顶止。又闭气，从额上两太阳，耳根前，两面颊，降至喉下，心窝肚脐下丹田止。想是发火烧，通身皆热。

中国历代衣饰

衣裳

古代衣裳的概念跟现在不同。

在我国古代服制中，上衣单独称作衣，下衣则称为裳。如果衣、裳两字连用时，就只指上衣。但是古代的裳，并不是我们今天所说的裤子，古代的裳，样子像是裙。衣和裳连在一起的，叫做深衣。

穿在上面的叫衣，穿在下面的叫裳，这样叫是为了取象天地，因为天玄地黄，故上衣的颜色尚玄，下裳的颜色尚黄。古代的布面一般都很狭窄，所以做一件下裳常常得用好几幅布横拼缝制连接起来，形状如同腰围。裳又可称为帬，在汉代以前称裳，汉代以后则常常称为帬。

据考古发现，黄帝时期，我们的祖先就已经开始缝制上衣下裳了。如今我们还用衣裳来泛指衣服。

衮冕

衮冕，是衮衣和冕冠的合称，是古代天子王公穿戴的礼服，早在西周时就已经有专门关于衮衣和冕冠的定制，并为历代所沿用。

天子和最高级官员所穿的礼服，叫做衮。在衮的上面，据说绣着蜷曲形的龙，表示尊贵。后来，从衮发展出了龙袍。衮衣上绣着蜷曲的龙，故又称为"龙袍"。此外衮衣上一般还绘制有日、月、星、山、火、黼、黻、华虫、藻纹等图饰。这些图饰都具有一定的象征意义，如日月星辰表示其照临之意；山取其仰望之意；用火来表示明亮之意；黼为斧形，取其金斧断割之意；黻为亚形，取其臣民背恶向善之意；藻纹、华虫皆取其文采。

冕是最尊贵的礼冠，天子诸侯一般也只有在如祭祀、登基等特定场合下才会佩戴。冕的冠顶是一块长方形的木板，前后有垂旒，旒以玉珠穿成，垂旒的珠子数目的多少因等级不同而有所差别。通常天子垂十二旒，诸侯以下各有差异，其中等级最低的仅垂二旒。这种冕式为历代王朝沿用。

古代的冠冕头像

冕是黑色的。在冕的上面，有一幅长方形的板，叫做延，下面戴在头上。在延的前沿，挂着一串串小的圆形的玉，叫做旒。天子的冕上，共有十二道旒，诸侯以下，旒数各有等差，诸侯有九旒，上大夫有七旒，下大夫有五旒。

到魏晋之后，冕才成为帝王的专属，其他人不得僭越佩戴了。除了帝王之外，其他人都不可以戴冕了，所以"冕旒"就成了帝王的代称。王维《和贾至舍人早朝大明宫之作》中说："万国衣冠拜冕旒。"诗中的"冕旒"，指的就是帝王。

冠

古代贵族男子所戴的帽子，就是冠。古人是蓄发的，头发长了，就用发笄绾住发髻，然后再把冠加在上面，把头发束住。

早期的冠，只有冠梁，冠梁不是很宽，有褶子，两端连在冠圈上，戴起来看，冠梁就像一条弧形的带子一样，从前到后，覆着在头发上。上古的这种冠，结构比较简单，不能把头顶全部盖住，这是跟后世的帽子不同的地方。冠圈两边，有两条小的丝带，叫做缨，缨可以在额下打结。秦汉以后，冠梁逐渐加宽，冠的名称、形状和制作，都有了很大发展。

弁

弁的地位次于冕，也是古代一种比较尊贵的帽子。

弁分成爵弁、皮弁。皮弁是尖顶的，好像后世的瓜皮帽。皮弁的制作材料是白鹿皮，在鹿皮和鹿皮缝合的地方，缀有一行行小玉石，看上去就像是一粒粒星子，闪烁漂亮。《诗经》中说："会弁如星。"指的就是这个意思。至于爵弁，据说就是没有旒的冕，色如雀头，赤色，略微带点黑色。

笄、纮、瑱

笄是古人插头发用的物件。

古人戴冕或弁时，往往要用一根比较长的笄（不同于发笄），横插发髻，使笄穿过发髻，从而把冕或弁别在髻上。别完之后，再在笄的一端，系上一根小小的丝带，丝带绕过额下，再系到笄的另一端。这根小小的丝带，叫做纮。纮和缨是不同的。

在笄的两端，此外还各有一条丝绳，叫做紞，从紞下垂下一颗玉来，这颗玉叫做瑱。因为两颗瑱垂下的位置，正好对着左右两耳，所以瑱又叫做充耳，或者塞耳。

巾

古代贵族带冠，庶人戴什么呢？

和贵族不同，古代普通的庶人，是没有财力制置冠弁的，另一方面，由于冠弁是尊贵的象征，贵族也不会允许庶人使用。《释名》上说："士冠，庶人巾。"可见庶人戴的是巾。庶人的巾，起初可能就是劳作时，用来拭汗的布，一物两用，也可以裹在头上，当成帽子用。《玉篇》上说："巾，佩巾也，本以拭物，后人著之于头。"透露的就是这个意思。

汉代时，头巾还在庶人和隐士中间使用。

帻

帻是包头发的巾，起初也是庶人戴的。庶人帻的颜色，一般是黑或青，从帻的颜色出发，秦代把人民叫做黔首（黔就是黑色），汉代把仆隶叫做苍头（苍就是青色）。

后来，贵族也开始戴帻了，这主要是因为帻可以压发定冠。这种帻前面较高，后面较低，中间露出头发。贵族免冠后，就露出帻来了。

此外，还有一种有帽顶的帻，这种帻比较正式，戴这种帻，就可以不再戴冠了。帻本来是覆盖额头的，如果露出前额，就叫做岸帻，表示洒脱不拘礼节。《晋书》上说谢奕"岸帻笑咏，无异常日"，这里的"岸帻"就表示谢奕洒脱不拘礼节。

绅、鞶

古人使用的带有绅、鞶。

绅是一种是丝织的大带，鞶是一种皮制的革带。大带是用来束衣的。古书上所说的"搢绅"，指的是官员上朝时，把手中所执的手版（笏）插在带间，后来，"搢绅"就成了仕宦的代称。绅又特指束衣后，余下的下垂的那部分大带。

至于鞶，则是用来挂戴玉佩等饰物的。

佩玉

玉是古代的贵物。《礼记》上说："古之君子必佩玉。"可见古时佩玉是很普遍的。玉是怎么装饰衣饰的呢？

古时的礼服，据说有两套佩玉，两套佩玉是相同的，人在腰的左右两旁，各佩戴一套。每套佩玉的上端，是一枚弧形的玉，叫做珩，珩的左右两端，分别悬挂着一枚半圆形的玉，叫做璜，璜中间缀有两块玉，叫做琚和瑀。在两璜之间，还悬挂着一枚玉，叫做冲牙。两璜玉和冲牙挨得很近，当人走路时，两璜玉和冲牙相互发生碰撞，铿锵铿锵地响着，声音清脆动听。

左衽

衽，就是衣襟。在上古时代，人们的上衣大多数为交领斜襟，衣襟向右掩，称为右衽；衣襟向左掩，也就相应地称为左衽。右衽是古代华夏汉民族的传统服饰，传说黄帝在制作衣服时，交领右衽，大意为用左边那片衣襟遮掩包住右边那片衣襟，这样衣服领子的样子看起来就像字母 y 的形状。在中国古代服饰礼仪习俗中，只有尚未开化的蛮夷才穿左衽，显示出华夷有别。因此"披发左衽"往往指不讲礼仪文明的野蛮之邦，如孔子就曾说过一句话："管仲相桓公，霸诸侯，一匡天下，民到于今受其赐。微管仲，吾其被发左衽矣。"意思是管仲辅助齐桓公称霸诸侯，使天下一切得到匡正，人民到今天还受到他带来的好处。如果没有管仲，我们现在还都是披散着头发，衣襟向左掩的未开化的落后民族呀。华夏汉族的发型服饰是"束发右衽"。

深衣

深衣，是古代的一种上衣和下裳相连而合着缝制在一起的长衣。据《礼记·王制》记载，深衣在传说中的有虞氏时代就产生了。人们根据相关文献及考古推测，深衣应该是秦、西汉以前较为普遍流行的服饰。

深衣的上衣一般用四幅布，把左右连缝为一体，然后取横中线折叠为前后两幅。下裳用布六幅，每幅布都用刀交解裁之，使一头狭窄，一头宽，狭头在上，宽头在下，则适合上衣的腰缝，这样前后合成十二幅布。深衣的长度一般到人的脚踝处，这样的长度就不容易被泥土粘污。

深衣

国学常识 国学经典 国学精粹一本通

Guo Xue Chang Shi Guo Xue Jing Dian Guo Xue Jing Cui Yi Ben Tong

深衣是当时社会的常见的服饰。上至文武百官，下至士庶军旅等都可穿着深衣。

弁服

"弁服"是古代的王公贵族所穿的级别仅次于冕服的一种礼服。弁服制度始自夏商周三代，上自天子下至士都可以穿戴。弁是比较尊贵的冠，有用白鹿皮制成的皮弁、没有垂旒形制像冕的爵弁、用熟皮制作染为赤色的韦弁三种。皮弁搭配白衣白裳穿戴；爵弁搭配玄衣纁裳穿戴，用作助君祭祀、迎亲等场合；韦弁则搭配赤衣赤裳穿戴，用作兵事。

品服

品服又称"品色衣"，就是官吏按品级高低所穿的规定服色。古代官制把官级分为九品，一般有品级的官员称为品官。品官的等级不同，其品服的颜色、形制、质地也不同，以区分尊卑。魏晋南北朝时期，实行九品中正制，官员讲究门阀等级，"品色衣"就是在此时出现的。到隋唐以后，品色衣逐步发展且演变为官吏常服。唐朝时，三品以上文武官员穿紫色的衣服，佩带金玉带；四品官穿深绯色衣；五品官穿浅绯色衣，带金带；六品官穿深绿色的衣服；七品穿浅绿，带银带；八品穿深青；九品穿浅青，带瑜石带。以后历代官员的品服虽有些变化，但基本上都以紫、绯、绿、青四色来定官品高低，并形成了相应的制度。

霞帔

霞帔，是明清时期后妃、王公大臣的诰命夫人所常穿礼服的一部分，类似于现在的披肩。帔子最早出现在南北朝时期，得名于隋唐时期，宋代时霞帔变成女子礼服的一部分，也成为女性社会身份地位一种标志；明代时发展成为"霞帔"。因为它的形状如同彩带，宽三寸二分，长五尺七寸，可以绕过脖颈，披挂在胸前，下端垂着金玉制成的坠子，美如彩霞。本来霞帔是宫廷命妇的着装，后来平民的女子在出嫁时也可穿戴霞帔。命妇的品级不一样，霞帔的颜色和图案纹饰也不同。如一、二品命妇的霞帔为蹙金绣云霞翟纹（翟是长尾山雉），三、四品为金绣云霞孔雀纹，五品绣云霞鸳鸯纹，六、七品绣云霞练鹊纹，八、九品绣缠枝花纹。

在福建南宋黄升墓中出土有宋代霞帔的实物，其形制是两条绣满花卉纹的细长带，长带尖角一端相连，形成"V"字形。穿用的方式，是将两条长带搭在肩头，在颈后以线相缝连，而尖角一端垂在身前，下坠一个金或玉的圆形"帔坠"作为装饰。这样的霞帔是宋代内、外命妇常礼服的一部分，如《宋史舆服志》所记："常服，后妃，大袖、生色领、长裙，霞帔、玉坠子。"这里所谓"常服"并非指日常服装，而是在国家大典之外的各种礼仪场合所应着的正式礼服。

襆头

襆头，又称作"折上巾"或"四带巾"。它是裹发巾中的一种，因为它是用黑帛向后幞发，俗称为"幞头"。襆头是在东汉幅巾的基础上发展演变而成的，在北周时形成定制，隋唐之后广为流行。

襆头的佩戴最为普遍，形态多样，在历史发展过程中，变化也最大。从最初的裹发巾一直演变为后来的纱帽，完全脱离了巾帕形式。不同样式的襆头也代表着人

襆头

们的不同身份与职业。在唐代的皇家宫廷里有长脚罗襆头，一般的乐舞伎和平民百姓戴有额上两折上举的"折上巾"。宋代制度规定文武百官公服襆头一概用直脚，而仆从、公差、身份低下的乐人，则用交脚和曲脚。在喜庆宴会时更可特别使用鲜艳的色彩，装饰纱帽，称作"生色销金花样幞头"。

裘

裘是古人秋冬御寒的衣物。古人穿裘，裘毛是向外的，这和现在不同。穿裘接见客人，或者穿裘行礼，都是不礼貌的，所以古人就在裘上，多套上一件罩衣，这件罩衣叫做裼衣，裼衣的颜色，通常要和裘的颜色协调，否则就不美观了。

袍

袍也是古人秋冬御寒的衣物，袍即长袄。袍里面铺有东西，据说是乱麻。由此可见袍并不是什么贵重的衣物。袍和裘相比，地位要低，一般人都是没有财力制置裘时，才去穿袍。

汉代以后，袍的品种增多，出现了绛纱袍、皂纱袍等，袍成了朝服，地位就大大升高了。

布衣

上古的布，是葛织品或者麻织品，而非棉织品，这是因为种植棉花的意识和技术，上古人还没具备。古人常常布帛相称，帛和布是不同的，帛是丝织品的总称，由帛做成的衣服价格昂贵，普通庶人穿不起，只能穿麻织品。所以后来，"布衣"就成了庶人的代称。

褐

褐是古代一种十分粗劣的衣服，用兽毛或粗麻做成。穷人穿褐，所以穷人被叫做"褐夫"。

屦

屦是上古人的一种鞋子。屦分为葛屦、麻履、皮屦等。葛屦是夏天时穿的，皮屦是冬天时穿的。通常，屦用麻绳编做而成，为了使屦结实，编时要边编边砸。

屦有一个别名，叫做舄。屦和舄稍有不同，单底的叫做屦，复底的叫做舄。屦中垫了一片薄木片的，叫做复舄。复舄因为垫了木片，所以即使不小心拐进泥洼里，也不担心渗湿了。

蹻

蹻是古代的一种草鞋。《孟子》上说："舜视弃天下犹弃敝蹻也。"所谓"敝蹻"，就是破草鞋的意思。

屐

屐是木屐。屐的下部是比较厚实的木板，前端和后端有齿。《宋书》上说，谢灵运很爱穿屐，他自制的木屐，屐齿是可以活动的，上山时就去掉前齿，下山时就去掉后齿。

纨、绔

纨是古代的精细有光的单色丝织物（绢），是一种珍贵的衣料，汉代宫廷以纨素为冬服，轻绡为夏服；而以细绢制成的团扇，称纨扇，绔，通"绔"，是裤子的初形，就是胫衣、套裤。《释名·释衣服》云："绔，跨也，两股各跨别也。"纨绔子弟是指衣着华美的年轻人，旧时指官僚、地主等有钱有势人家成天吃喝玩乐、不务正业的子弟。

早在春秋时期，人们的下体已穿着裤，不过那时的裤子不分男女，都只有两只裤管，其形制和后世的套裤相似，无腰无裆，穿时套在胫上，即膝盖以下的小腿部分，所以这种裤子又被称为"胫衣"。古人在绔的外面，往往着有一条围裙状的服饰，那就是裳。衣、裳、绔三者并用，就可以将身体全部遮覆。由于绔都被穿在里面，所以常用质地较次的布制成，而到了六朝时，那些世家子弟居然用白色的丝绸来做裤子，如此之奢靡，所以被称为"纨绔子弟"。《宋史鲁宗道传》中说："馆阁育天下英才，岂纨绔子弟得以恩泽处耶？"

古人的生活用具和什物

席、筵

席是古人的坐具。席有长有短，短的只能坐一个人，长的可以坐几个人。

筵和席一样，也是铺在地上的坐具，不同的是，筵是铺在地上垫席用的，比席长些，席是加在筵上供人坐用的，比筵短些。后来，筵字的意义拓展，表示宴饮上的陈设。陈子昂《春夜别友人》中说："金樽对绮筵。"诗中的绮筵，指的就是宴饮的陈设。

近代时，"筵席"成为一个词，用来代称酒馔。

床

古代的床跟我们今天的床不同，我们今天的床只睡不坐，古代的床除了当卧具，还可以当坐具。《诗经》上说："载寝之床。"这里的床，是指卧具；《孟子》上说："舜在床琴。"这里的床，指的是坐具。

古代的床

几

几是古人坐时凭倚的用具。古人坐时，两膝跪在席上或床上，臀部坐在脚后跟上，这时就可以凭几。几通常比较矮，是长方形的。一般凭几老人最多，老人又常用杖，所以古人常常几杖连称，认为那是养老敬老的用具。

案

案有食案、书案。古代进送食物的托盘，叫做案，也就是食案。食案的形体比较小，形制不一，有圆形的，也有长方形的，圆形的有三个案足，长方形的有四个案足，案足很矮，不用时可以放在地上。《后汉书》上说梁鸿的妻子"举案齐眉"，这里的案，就是食案。

除了食案外，还有书案。书案也不太高，一般是长方形的，两端有宽足，宽足向内曲成弧形。南北朝时，案足逐渐增高，矮曲的形状也逐渐变直了。

烛

上古的烛的概念，是和后世不同的，后世指蜡烛，上古时却是指火炬。《说文》说："烛，庭燎大烛也。"可见烛和庭燎是一样的，都是指火炬。不同的是，火炬拿在手上，就叫烛，火炬立在地上，就叫庭燎。小烛的制作材料是麻蒸，大烛的制作材料是苇薪。

灯

我国战国时代也有镫。当时的镫，形状像是盛食物的登（登是瓦豆），所以就称为镫。古代点镫所用的燃料，是膏，膏是动物的脂肪，不是植物油。到了后来，人们才开始使用植物油点灯。

耒、耜

上古人耕田，使用耒耜。耒是弯曲的木头，起初是选用自然的曲木，后来古人掌握了揉的技术，就可以揉木为耒了。耒的上端是勾曲的，下端分叉；耜的下端是一块圆头平直的木板。

发明冶金技术后，古人在平板中嵌入青铜或者铁片，这就是犁的前身。

犁

犁是由耒耜发展而来的。

战国时代，人们在木犁铧上套上尖头的铁刃，就成了俗称的铁口犁。汉代时，出现了全部用铁制造的犁铧，大幅提高了破土翻土的能力。隋唐时，曲辕犁出现了，这种犁把过去的直辕被改为曲辕，犁架变小，既灵活又轻便。

鼎

鼎是上古人煮肉盛肉的器具。通常的鼎，是圆腹的，有三个鼎足，也有方鼎，方鼎是长方形的，有四个鼎足。鼎口的左右，有鼎耳，鼎耳可以穿铉，铉是抬鼎用的杠子。鼎足的下面可以烧火，食物煮熟后，就在鼎内取食。不同的肉食，可以分成几个不同的鼎来煮，古书上叫做"列鼎而食"。富贵人家进餐，还要鸣钟奏乐，所以后世形容富贵的生活是"钟鸣鼎食"。

鼎

刀、俎

古人常常刀匕、刀俎连称，为什么呢？原来，当鼎煮熟肉后，古人是用匕把肉从鼎中取出来，放在俎上拿刀割着吃的。刀匕、刀俎都是食肉时要用到的工具，所以能连称。匕是一种长柄的汤匙，俎是一块小板，通常是木制的，长方形，小板两端有板足撑着。

鬲、甗

上古的炊具有鬲、甗。

鬲是煮饭用的，有三只空心足，足很短，足下面可以烧火。鬲有陶鬲和青铜鬲。甑是蒸饭用的，分为上下两层，上层的底部有孔。上层里面放上米、谷等，下层装上水，烧火时，水蒸气通过下层弥漫升到上层。上层和下层之间，放着一个横隔，横隔有许多细孔，米谷露不下去，而水蒸气又能透上去，使饭蒸熟。

釜、甑

釜、甑也是古人的炊具。

古人使用釜、甑，一般是配合着用的。釜像锅，敛口圆底，有的还有两个釜耳，煮饭时把釜放在灶口上。甑像盆，甑的底部有许多细孔，用于透气，煮饭时把甑放在釜上。甑和釜之间也加横隔。

豆

这里所说的豆，不是指大豆，是指我国商周时盛行的一种盛食器。

豆有不同的种类，木制的豆叫做豆，竹制的豆叫做笾，瓦制的豆叫做登。豆的一般形状，有点像我们今天的高脚盘，有的有盖子。豆最初是用来盛黍稷的，后来肉酱、肉羹等，也逐渐开始用豆盛放了。

青铜器豆

簋、簠

我们今天盛饭用的是碗，上古时却不是这样的。《说文》上有盌（碗）字，不过和我们今天所说的碗根本不同，实际上是一种盛水器。上古盛饭用什么呢？用的是簋。簋的形状，通常是圆腹，腹下面有足，足成圈状，簋两旁有簋耳。

上古盛饭除了用簋，还用簠。簠的形状通常是长方形，也有两耳。《周礼》上说："凡祭祀，共簠、簋，实之陈之。"这里就说到了簠和簋。

国学常识 国学经典 国学精粹一本通

Guo Xue Chang Shi Guo Xue Jing Dian Guo Xue Jing Cui Yi Ben Tong

箸

先秦人吃饭，一般不用筷子，而是用手，直接拿手送饭进嘴。但当时也有筷子，只是在一定的情况下使用。《礼记》上说："羹之有菜者用梜。"梜就是木头筷子。大约汉代时，筷子才开始普遍使用了。

筷子是后起的名字，古时叫做箸。

觚、觯

觚、觯是上古的饮酒器。

觚是细腰，圈足，喇叭状的口，饮酒所用的觚，通常是青铜制的，也有陶制的，但陶觚多用在随葬上。觯比较小巧轻便，古人说"扬觯"，就是因为觯轻小的缘故。

尊、觥、罍、壶

尊、觥、罍、壶都是上古的盛酒器。

四羊尊

尊的形制比较多样，形状像觚，中部粗，鼓腹，大口，高圈足。觥既可以用作盛酒器，也可以用作饮酒器，腹是椭圆的，有盖和鋬，底部有圈足。罍和壶除了被古人用来盛酒，也被用来盛水。

杯

我国战国以后，出现了一种形状椭圆的杯，在杯的两侧，有两个弧形的杯耳，所以后人把它叫做耳杯，又叫做羽觞。杯除了用来饮酒，还可以用来盛羹。《史记》上刘邦说："幸分我一杯羹。"就说明了杯也能盛羹。汉代杯很常见，通常的制作材料有玉、银、铜、漆等。

"滥觞"

"觞"，是古代的一种酒器，用于盛酒。古代有文化的人在雅集中常玩的一种群体游戏叫"流觞曲水"，是这样的：用酒杯盛上酒，放在上游的河面上，使之循着弯曲的流水顺流而下。文人们列位于两岸，看到酒杯顺着流水到了自己面前了，就端起来一饮而尽。晋代大书法家王羲之的名篇《兰亭集序》："引以为流觞曲水，列坐其次。""一觞一咏，亦足以畅叙幽情。"就是说的这种情形。

"滥"是"浮起"的意思。"滥觞"即"浮起酒杯"。《荀子·子道》曰："昔者江出于岷山，其始出也，其源可以滥觞。及其至江之津也，不放舟，不避风，则不可涉也，非维下流水多邪？"本义指江河发源之处水极少，只能浮起酒杯；引申指事物的起源。如唐刘知几《史通断限》："若《汉书》之立表志……考其滥觞所出，起于司马氏。"我们在文章中看到的"滥觞"一词都是用的它的引申义。

文化交流

徐福渡海

中国有史记载的第一次航海探险。据《史记》记载，秦始皇希望长生不老，徐福（古书多作市）上书说海中有蓬莱、方丈、瀛洲三座仙山，有神仙居住。于是秦始皇派徐福率领童男童女数千人，预备三年粮食、衣履、药品和耕具，还携带了谷种，并有百工等入海求仙，探求长生之术。因此，秦王朝的徐福完成了中国有史记载以来的第一次航海探险和地理大发现。也有人说徐福渡海是秦始皇为了实现自己疆土四至的理想，就打着求仙药的幌子，派徐福出海。司马迁说，徐福到了一个"平原广泽"。《三国志》提到了徐福到达亶洲（一作澶洲），并滞留不归。有人认为"平原广泽"就是日本。考古遗迹和传说证实了徐福漂流到了日本，现代人类学也为此提供了佐证，日本学者还用人体解剖证实，日本人的头盖骨指数大多与中国浙江、江苏、安徽、福建人相同。

丝绸之路

丝绸之路，简称丝路，是指西汉时，由张骞出使西域开辟的以长安（今西安）为起点，经甘肃、新疆，到中亚、西亚，并联结地中海各国的陆上通道。因为由这条路西运的货物中以丝绸制品的影响最大，故得此名。其基本走向定于两汉时期，丝绸之路一般可分为三段，而每一段又都可分为北中南三条线路。另外，还有在南北朝时期形成，在明末发挥巨大作用的海上丝绸之路和西北丝绸之路，在元末取代西北丝绸之路成为陆上交流通道的南方丝绸之路等等。丝绸之路一词最早来自于德国地理学家费迪南冯李希霍芬 1877 年出版的《中国》。早期的丝绸之路并非以丝绸为主要交易物资，在公元前 15 世纪左右，中国商人就已经出入塔克拉玛干沙漠边缘，购买产自现新疆地区的和田玉石，同时出售海贝等沿海特产，同中亚地区进行小规模贸易。其实，在商代帝王武丁配偶坟茔的考古中，人们就曾发现产自新疆的软玉。这说明至少在公元前 13 世纪，中国就已经开始和西域乃至更远的地区进行商贸往来。依照晋人郭璞在《穆天子传》中的记载，公元前 963 年周穆王曾携带丝绸、金银等贵重品西行至里海沿岸，并将和田玉带回中国。虽然丝绸之路是沿线各国共同促进经贸发展的产物，但多数人认为，中国的张骞两次通西域，开辟了中外交流的新纪元。

张骞通西域

"西域"一词，最早见于《汉书·西域传》。公元前 2 世纪，西汉王朝经过文景之治后国力日渐强盛。汉武帝刘彻为打击匈奴，计划联合西域诸国与汉朝夹击匈奴，于是派遣张骞前往此前被冒顿单于逐出故土的大月氏。建元二年（公元前 139 年），张骞带一百多随从从长安出发，日夜兼程西行。张骞一行在途中被匈奴俘虏，遭到长达十余年的软禁。他们逃脱后历尽艰辛又继续西行，先后到达大宛国、大月氏、大夏。公元前126年，张骞几经周折返回长安，出使时带着一百多人，历经十三年后，只剩下他

张骞通西域

和堂邑父两个人回来。张骞回来以后，向武帝报告了西域的情况。元狩四年（公元前119年），张骞第二次出使西域。张骞率领三百人组成的使团，每人备两匹马，带牛羊万头，金帛货物价值"数千巨万"。元鼎二年（公元前115年），张骞回到长安。此后，汉朝派出的使者还到过安息（波斯）、身毒（印度）、犁轩（附属大秦的埃及亚历山大城）等，中国使者还受到安息专门组织的二万人的盛大欢迎。从此，汉与西域的交通建立起来。汉通西域，虽然起初是出于军事目的，但出使西域后汉夷文化交往频繁，中原文明通过"丝绸之路"迅速向四周传播，从西汉的敦煌，出玉门关，进入新疆，再从新疆连接中亚细亚的一条横贯东西的通道，畅通无阻。这条通道，就是后世闻名的"丝绸之路"，它把中国同中亚许多国家联系起来。从此，西域的核桃、葡萄、石榴、蚕豆、苜蓿等十几种植物，逐渐在中原栽培。龟兹的乐曲和胡琴等乐器，丰富了汉族人民的文化生活。此外，大宛的汗血马在汉代非常著名，名曰"天马"。中国蚕丝和冶铁术的西进，也大大促进了人类文明的发展。

昭君和亲

汉宣帝时，北方的匈奴由于内部相互争斗，最后分裂为五个单于势力。公元前54年，呼韩邪单于被他哥哥郅支单于打败，南迁至长城外的光禄塞下，希望同汉廷结好，曾亲自来朝见汉宣帝。汉宣帝死后，元帝即位。公元前33年，呼韩邪单于再入长安，请求同汉朝和

亲。元帝决定挑选一名宫女当作公主嫁给呼韩邪单于。宫女王嫱毅然表示愿意去匈奴和亲。王嫱，字昭君，湖北秭归人，容貌美艳，又很有见识。元帝诏令择定吉日，呼韩邪和王昭君就在长安成了亲。临回匈奴前，王昭君向汉元帝告别。汉元帝见昭君美丽端庄，很想将她留下，但事关大国诚信，悔之晚矣。相传元帝回宫后，越想越懊恼，命人从宫女的画像中再拿出昭君的像来看，才知道画像上的昭君远不如本人可爱。元帝盛怒之下，惩处了许多画工。王昭君到匈奴后，被封为"宁胡阏氏"（阏氏，音焉支，意思是"王后"），后来呼韩邪单于在西汉的支持下控制了匈奴全境，从而使匈奴同汉朝和好达半个世纪。昭君出塞后，汉匈两族团结和睦，国泰民安，"边城晏闭，牛马布野，三世无犬吠之警，黎庶忘干戈之役"，呈现出欣欣向荣的和平景象。她与她的子女后孙以及姻亲们对胡汉两族人民和睦亲善与团结作出了巨大贡献。王昭君去世后，厚葬于今呼和浩特市南郊，墓依大青山，傍黄河水。后人称之为"青冢"。到了晋朝，为避晋太祖司马昭的讳，改称明君，史称"明妃"。

班超出使

班超（公元 32 年—公元 102 年），字仲升，扶风平陵（今陕西咸阳东北）人，东汉著名的军事家和外交家。其父班彪、兄长班固、妹妹班昭都是当时有名的史学家。汉明帝永平十六年（公元 73 年），班超投笔从戎，随窦固征伐北匈奴，深受窦固赏识。为了联络西域各国孤立匈奴，窦固派班超出使西域南道。鄯善国（今新疆若羌）是西域南道的必经之地，班超至此地后首先攻杀匈奴使者，使鄯善国归附汉朝。班超因此深得汉明帝赞赏，并再次受派出使西域。班超出使来到于阗（今新疆和田）。于阗是丝绸之路南道上的大国，已臣属于匈奴，因而对汉使态度冷淡。于阗王听信神巫之言，说汉朝使者有一匹浅黑色的马，必须斩杀用来祭神，才能避免灾祸，便派人向班超索马。班超将计就计，答应须得神巫亲自牵马。等神巫前来时，班超斩杀神巫，并对于阗王晓以利害，使于阗归服了汉朝。在班超的努力下，西域南道上的许多小国，也纷纷与汉朝通好。丝绸之路的南道基本打通，北道的东西两端也为汉朝所控制，西域五十余国重新归于东汉的管辖之下，保障了西北边疆的安全。和帝永元三年（公元 91 年），班超出任西域都护，管辖西域各国，汉和帝下诏褒奖他的功劳，封为定远侯，故后世人称"班定远"。班超为丝绸之路复通和西域人民的安宁奉献了一生，以其非凡的政治和军事才能，在西域的三十一年中，正确地执行了汉王朝"断匈奴右臂"的政策，自始至终立足于争取多数，分化、瓦解和驱逐匈奴势力，因而战必胜，攻必取。不仅维护了国家的安全，而且加强了与西域各族的联系，为我国多民族国家的形成、巩固和发展，作出了卓越贡献。

文成公主入藏

隋唐之际，即公元七世纪前期，藏族历史上的英雄松赞干布崛起于藏河（今雅鲁藏布江）中游的雅隆河谷地区。他统一藏区，成为藏族的赞普（"君长"之意），建立了吐蕃王朝，定都逻些（今拉萨）。唐贞观十四年（公元 640 年），他遣大相（职同宰相）禄东赞至长安，献金五千两，珍玩数百，向唐朝请婚。文成公主（公元 625 年—公元 680 年），唐朝宗室之女，聪慧美丽，自幼受家庭熏陶，学习文化，知书达理，并信仰佛教。相传天竺、大食、仲格萨尔以及霍尔王等同时也派了使者求婚，均希望能迎回贤惠的文成公主做自己国王的妃子。唐太宗李世民为了公平合理，决定让婚使们比赛智慧，胜者迎娶公主，这便是历史上的"六试婚使"（又称"六难婚使"，也有"五试婚使"之说，拉萨大昭寺和布达拉宫内至今完好地保存着描绘这一故事的壁画）。贞观十五年（公元 641 年），文成公主在唐送亲使江夏王太宗族弟李道宗和吐蕃迎亲专使禄东赞的伴随下，出长安前往吐蕃。松赞干布在公主到达西藏之后，为文成公主修建一座华丽的王宫，这就是今天布达拉宫的前身。在文成公主的主张下，藏人创造了三十个藏文字母和拼音造句文法，结束了藏人无文字的历史。当时唐朝盛行佛教，文成公主是一虔诚佛教信仰者，松赞干布在她的影响下，大力提倡佛教，还特地在拉萨修了大昭寺。文成公主本人还亲自传授了刺绣、纺织的技术。文成公主入藏，对加强汉族和藏族的往来，发展藏族的经济文化，作出了巨大的贡献。她曾设计和协助建造大昭寺和小昭寺，藏族人民至今在布达拉宫里还安置了文成公主和松赞干布的塑像。永徽元年（公元 650 年），松赞干布去世后，文成公主一直居住在西藏。永隆元年（公元 680 年），文成公主逝世，吐蕃王朝为她举行隆重的葬礼，唐遣使臣赴吐蕃吊祭。至今拉萨仍保存藏人为纪念她而造的塑像，距今已一千三百多年历史。

玄奘取经

玄奘（公元 602 年—公元 664 年），唐朝著名的三藏法师，汉传佛教史上最伟大的译经师之一，中国佛教法相唯识宗创始人。俗姓陈，名祎，出生于河南洛阳洛州缑氏县（今河南省偃师市南境）。他是中国著名古典小说《西游记》中心人物唐僧的原型。玄奘"博涉经论，尝谓翻译者多有讹谬"，且各派学说分歧，难做定论，于是决心赴天竺探本究源。当时唐朝"国政尚新，疆场未远，禁约百姓不许出蕃"，要出境必须获得朝廷的准许。贞观元年（公元 627 年），玄奘上书请求朝廷准许自己西行求法，但未获太宗批准。史书是这样记载当时情形的：玄奘"结侣陈表，有敕不许，诸人咸退，唯法师不屈"。玄奘决心已定，

玄奘取经

乃"冒越宪章，私往天竺"。公元 627 年，玄奘西出玉门关，长途跋涉，他翻过终年积雪的凌山（今穆索岭），到亲叶（即碎叶），渡过乌游水（阿姆河），登临铁门关（今阿富汗境内的巴达克山），通过吐火罗，进入天竺西北部。公元 631 年，抵达摩揭陀国，并入天竺佛教最

高学府那烂陀寺受学。后又游学天竺各地，著述立论，宣讲大乘，获得较大的声誉。公元643年，玄奘启程回国，携梵文佛经657部和各种佛像回到长安。玄奘在归国之时，行至于阗，先行上表，请求太宗赦其违旨西行之罪。太宗赦免了他的罪责。贞观十九年（公元645年），太宗派大臣迎接，并举行欢迎大会。玄奘在弘福寺、慈恩寺翻译佛经，译书75部，1335卷，并著有《大唐西域记》。玄奘历尽千辛万苦赴西域取经的精神，为后人树立了光辉的榜样，他是坚韧不拔精神的典范。唐高宗麟德元年（公元664年），玄奘圆寂于长安玉华寺，享寿65岁。高宗悲痛万分，叹曰："朕失国宝矣。"并为玄奘举行国葬。

鉴真东渡

鉴真是我国盛唐时期赴日本传播唐代文明和中华佛教文化的高僧。俗姓淳于，扬州人，14岁出家大云寺，18岁时，由应邀来扬州的南山律宗开创人道岸律师授菩萨戒。27岁，回扬州大明寺。在唐天宝年间屡次尝试东渡赴日，10多年间共有6次，直到天宝十二载（公元753年）第六次东渡才获成功。日本奈良时代，荣睿和普照两名年轻僧人，受日本亲王之使命赴唐，希望聘请德高望重的鉴真大师东渡，以学习其戒律。鉴真决定率众弟子东渡。正待启航时，随行的僧徒中出现不和，第一次东渡失败。随后，鉴真揭榜治好了岭南道采访使母亲的病，得到一艘军船，从扬州开航后不幸触礁沉船，在荒岛上忍饥挨饿度过了八天八夜，第二次东渡失败。随后鉴真又觅船东渡，其大弟子灵佑不忍恩师年迈渡海，便发动僧众请官府阻留，官差将鉴真一行截获并押解回扬州。为避风头，荣睿和普照移居他乡，三年后二人再赴扬州与鉴真会合，试图秘密出海东渡。因遭遇狂风怒涛，再次受挫。鉴真因苦心焦虑患了眼疾，双目失明。在接二连三的沉重打击下，鉴真以"不遂本愿，决不罢休"的坚强意志，又回扬州作第六次东渡的准备。公元753年，日本天皇派遣唐使正式提出礼请鉴真赴日本弘法。唐玄宗恩准，66岁高龄且双目失明的鉴真携其弟子搭上了遣唐使船，第六次东渡，终于到达奈良，受到日本举国上下的热烈欢迎，封号"传灯大法师"，安置于东大寺。双目失明的鉴真为天皇、皇后和皇太子等人登坛授戒。鉴真在日本享有国宝级人物的待遇，被日本人民尊称为"盲圣"、"日本律宗太祖"、"日本医学之祖"、"日本文化的恩人"等。鉴真在奈良设计创建的唐招提寺，成为当时日本佛教徒的最高学府，被日本人视为艺术明珠。鉴真在日本生活了十年，于公元 763 年在日本圆寂，享年 76 岁。他对中日文化交流作出了巨大贡献，弟子为他所塑干漆夹像，一千二百余年来，始终受到日本人民的景仰。鉴真东渡在中日文化交流史上写下了光辉的一页，为人类和平、文明和进步作出了重要贡献。

《马可·波罗游记》

马可·波罗（Marco Polo，1254 年—1324 年），世界著名的旅行家、商人。出生于意大利威尼斯一个商人家庭、旅行世家。马可波罗 17 岁时跟随父亲和叔叔，途经中东，历时四年多来到中国，在中国游历了 17 年。回国后出版了《马可波罗游记》（又名《马可波罗行纪》、《东方闻见录》）。该书记述了他在东方最富有的国家——中国的见闻，激起了欧洲人对东方的热烈向往，对新航路的开辟产生了巨大的影响。西方地理学家还根据书中的描述，绘制了早期的"世界地图"。《马可波罗游记》共分四卷。第一卷记载了马可波罗诸人东游沿途见闻。第二卷记载了蒙古大汗忽必烈及其宫殿、都城、朝廷、政府、节庆、游猎等，还有他从北京南行至杭州、福州、泉州及诸海诸洲等事。第三卷记载日本、越南、东印度、南印度、印度洋沿岸及诸岛屿，非洲东部。第四卷记成吉思汗后裔诸鞑靼宗王的战争和亚洲北部情势。每卷分章，每章叙述一地的情况或一件史事，共 229 章。书中记述的国家和城市达 100 多个，关于中国的叙述是全书重点部分。以叙述中国为主的第二卷共 82 章，占全书分量三分之一强。他以热情洋溢的语言，记述了中国无穷无尽的财富，巨大的商业城市，极好的交通设施，以及华丽的宫殿建筑。马可波罗和他的《马可波罗游记》让西方人了解了"东方"，对东方充满向往，大大促进了中西交通和文化交流。

郑和下西洋

郑和（1371年—1433年），原姓马，名和，字三保，云南昆阳（今云南晋宁）人。1381年冬，明朝军队进攻云南，马三保被掳入明营阉割成太监，之后进入朱棣的燕王府。在靖难之变中，马三保在河北郑州（在今河北任丘北）为燕王朱棣立下战功，被提升为内官监太监，赐姓"郑"，官至四品，地位仅次于司礼监。宣德六年（1431年）钦封郑和为三保太监。明成祖继位时，持续三年之久的"靖难之变"及迁都北京，使朝廷财政耗费极其浩大，加上当时中国周边的国际环境不够稳定，直接影响到中国南部的安全。为了弥补财政上的亏损，稳定中国南部，1405年7月11日，明成祖派郑和率船队首下西洋。据史书记载，郑和船队是由240多艘海船、二万七千四百名士兵和船员组成的一支联合舰队，访问了30多个在西太平洋和印度洋的国家和地区，加深了中国同东南亚、东非的友好关系。每次都由苏州刘家港出发，一直到明宣德八年（1433年），他一共远航了七次。最后一次，宣德八年四月回程到古里时，在船上病逝。郑和曾到达过爪哇、苏门答腊、苏禄、彭亨、真腊、古里、暹罗、阿丹、天方（阿拉伯国家）、左法尔、忽鲁谟斯、木骨都束等三十多个国家，最远曾达非洲东海岸，并有可能到过今天的澳大利亚。郑和下西洋，比哥伦布早了87年，比达伽马早了92年，比麦哲伦到达菲律宾早了116年。哥伦布、达伽马、麦哲伦航海的人数、规模、船只的大小等，都无法同郑和相比。郑和下西洋的航线从西太平洋穿越印度洋，直达西亚和非洲东岸，到达南端的好望角，涉及三大洋，是此前的中国航海史上所没有的，在世界航海史上也居于领先地位。

考古发现

元谋人

元谋人，学名元谋直立人，或称元谋猿人。根据古地磁方法测定，元谋人距今 170 万年左右，属于旧石器时代早期的古人类（有争议，或认为约 60 万年到 50 万年前左右），是迄今所知我国境内年代最早的直立人化石。"直立人"是指已能直立行走，并懂得制造石器的人类。1965 年 5 月，考古队在云南元谋县上那蚌村附近元谋盆地边缘沉积层中发现了元谋人化石，包括两枚上内侧门齿，一为左上内侧门齿，一为右上内侧门齿，同属于一个成年个体。后来又发现了石器。考古学家将元谋人所处时期定为旧石器时代早期。在元谋人化石地层中还发现大量炭屑和两小块烧骨，是当时人类用火的遗迹。此后，在这个县的蝴蝶梁子和豹子洞中发现了 160 多颗猿人牙齿，经测定，其中"东方人"的牙齿已有 250 万年，这使得我国人类的历史又向前推进了 80 万年。

蓝田人

蓝田人，曾泛指中国陕西蓝田县的公王岭和陈家窝两地发现的旧石器时代早期的直立人化石。但不少学者主张，这一名称应专用于公王岭的直立人化石，而把陈家窝的直立人化石另称为"陈家窝人"更为恰当。公王岭地点的地质时代为中更新世早期，根据古地磁方法测定，一是距今约一百万年，一是距今约八十万至七十五万年；陈家窝地点的地质时代亦属中更新世，根据古地磁方法测定，一是距今约六十五万年，一是距今约五十万年。在公王岭，与人类化石同层，还出土了以三棱大尖状器为特色的石器，并发现了用火遗迹。公王岭的蓝田人化石有头盖骨、鼻骨、右上颌骨和三颗臼齿，同属于一个成年人，可能是女性。头盖骨低平，额部明显倾斜，吻部向前突出，表现出较为原始的形态。考古研究表明，蓝田人比后来的北京人大脑容量要小一些，大约有 780 毫升。但是他们已经能完全直立行走，是已发现的亚洲北部最早的直立人。公王岭动物群最引人注目的地方，是它具有强烈的南方色彩，如其中的大熊猫、东方剑齿象、华南巨貘、中国貘、毛冠鹿和秦岭苏门羚等，都是华南及南亚更新世动物群的主要成员。陈家窝与公王岭两个地点的直线距离只有 22 公里，却缺少带有强烈南方色彩的哺乳动物，动物群存在巨大的差别，这一事实也印证了时代的不一致。

北京人

又称北京猿人，正式名称为"中国猿人北京种"，科学上常称之为"北京直立人"，距今约 70 到 20 万年。1921 年发现于北京西南房山区周口店龙骨山，1927 年起进行发掘，1929 年发掘出第一个完整的北京人头骨，此后又发现大量的石制品、骨角制品和用火遗迹。这些发现使这里成为世界上材料最丰富、最系统的直立人遗址。在北京人住过的山洞里有很厚的灰烬层，表明北京人已经会使用火和保存火种。烧焦的朴树籽在洞内成层地发现。研究发现，北京人通常几十人结成一群。寿命很短，大多数人在十四岁前就夭亡了。有些学者认为，当时已会制造骨角器。除狩猎外，可食的野果、嫩叶、块根，以及昆虫、鸟、蛙、蛇等小动物也是日常的食物来源。鹿、羚羊，也许还有野猪、水牛等大动物，偶尔也会成为北京人的猎物，它们的骨头常常在洞内出现，上面往往有清楚的砍切痕迹。科学家根据出土的动物和植物化石，推定昔日周口店一带森林茂密、水草丰盛，气候比今日华北温暖。北京人的发现证明了直立人的存在，明确了人类发展的序列，为"从猿到人"的学说提供了有力的证据，意义重大。1987年，北京人遗址被联合国教科文组织确定为世界文化遗产。

山顶洞人

中国华北地区旧石器时代晚期的人类化石，属晚期智人。

1930 年发现于北京周口店龙骨山北京人遗址顶部的山顶洞，地质年代相当于欧洲旧石器晚期。山顶洞人的时代根据放射性碳测定约为 1.8 到 1.1 万年前。同时还出土了石器、骨角器和穿孔饰物，并发现了中国迄今所知最早的埋葬。山顶洞的人类化石共代表八个男女老少不同的个体。由头骨缝的愈合程度和牙齿的生长情况看，其中五个是成年人，包括壮年男女和年逾六十的老人，一个是少年，一个是五岁的小孩，一个为婴儿。山顶洞人的体质已很进步。男性身高约为 1.74 米，女性约为 1.59 米。山顶洞人处于母系氏族公社时期，他们仍使用打制石器，但已掌握了磨光和钻孔技术，会人工取火，靠采集、狩猎为生，还会捕鱼。山顶洞人已用骨针缝制衣服。山顶洞人骨周围散布着红色的赤铁矿粉末，这是古人类有意识埋葬死者的标志。它的出现，表明人类思想意识上的一个进步。学者们推测，山顶洞人认为血液是生命的必要条件，在死者遗物上加上与血液同色的物质，其目的可能是希望提高死者的活力，有利于死者在另一世界中的活动。在山顶洞人的洞穴里还发现了一些有孔的兽牙、海蚶壳和磨光的石珠，大概是他们佩戴的装饰品。山顶洞中还发现了四十八种哺乳动物化石，有落入天然陷阱的熊和虎的骨架，还有现在生活在炎热地带的猎豹和鸵鸟，这些都说明当时的气候相当温暖。

河姆渡文化

河姆渡文化是中国长江流域下游地区新石器时期文化，1973 年夏首次发现于浙江余姚河姆渡，所以被称为河姆渡文化。它主要分布在杭州湾南岸的宁绍平原及舟山群岛。经科学测定，其年代为公元前 5000 年至公元前 3300 年。河姆渡文化的骨器制作比较进步，有耜、鱼镖、镞、哨、匕、锥、锯形器等精心磨制而成的器物，一些器物上有柄，骨匕、骨笄上雕刻花纹或双头连体鸟纹图案。河姆渡文化的农具，最具有代表性的是大量使用的耒耜。稻穗纹陶盆上印有弯弯的稻穗图案，表明河姆渡时期的人们已经开始栽培水稻。1987 年，从遗址中出土了大量的稻壳，总量达到一百五十吨之多。

在已经碳化的稻壳中可以看到稻米，经分析，确认为七千前的稻米。遗址中还出土有许多动植物遗存，如橡子、菱角、桃子、酸枣、葫芦、薏米仁、菌类与藻类等。生活用器以陶器为主，并有少量木器。还出土了我国最早的漆器。河姆渡文化时期人们的居住地已形成大小各异的村落，并发现了我国最早的水井遗迹。在村落遗址中发现有大量房屋建筑基址。河姆渡文化的建筑形式主要是栽桩架板高出地面的干栏式建筑。干栏式建筑是中国长江以南新石器时代以来的重要建筑形式之一，它与北方地区同时期的半地穴房屋有着明显差别。此外，从河姆渡发现的鲸、鲨等海生动物骨骸分析表明，这些东临大海的河姆渡人至迟在七千年前已能借助于原始的水上交通工具，开始从事海洋捕捞活动了，从而为河姆渡文化晚期的居民迁居舟山群岛准备了条件。

仰韶文化

仰韶文化是黄河中下游地区重要的新石器时代文化。1921 年发现于河南省三门峡市渑池县仰韶村，所以被称为仰韶文化。年代约在公元前 5000 年至前 3000 年，主要分布于黄河中下游一带，以河南西部、陕西渭河流域和山西西南的狭长地带为中心，东至河北中部，南达汉水中上游，西及甘肃兆河流域，北抵内蒙古河套地区。已发掘出近百处文化遗址，出土文物均反映出较统一的文化特征。仰韶文化是一个以农业为主的文化，其村落或大或小，比较大的村落的房屋有一定的布局，周围有一条

仰韶文化制陶业发达，陶器上常有彩绘的几何图案。

仰韶文化陶器

围沟，村落外有墓地和窑场，反映出当时有较严密的氏族公社制度。

生产工具以较发达的磨制石器为主，骨器也相当精致。有较发达的农业，农作物为粟和黍。饲养家畜主要是猪，也有狗。也从事狩猎、捕鱼和采集。仰韶文化制陶业发达，较好地掌握了选用陶土、造型、装饰等工序。陶器以红陶为主，灰陶、黑陶次之。红陶器上常有彩绘的几何形图案或动物形花纹，这是仰韶文化的最明显特征，所以仰韶文化也称彩陶文化。后来又在濮阳西水坡发现用蚌壳摆塑的龙虎图案，这是中国迄今所知最完整的原始时代龙虎形象。仰韶文化属于母系氏族公社制繁荣时期的文化。早期盛行集体合葬和同性合葬，几百人埋在一个公共墓地，排列有序。除女子随葬品略多于男子外，各墓规模和随葬品几无差别。

红山文化

红山文化是公元前4000至公元前3000年间一个在燕山以北、大凌河与西辽河上游流域活动的部落集团创造的农业文化。因最早发现于内蒙古赤峰市郊的红山后遗址而得名。其后，在邻近地区发现有与赤峰红山遗址相似或相同的文化特征的多处遗址，遍布辽宁西部地区，几近千处，统称为红山文化。红山文化以辽河流域中辽河支流西拉木仑河、老哈河、大凌河为中心，分布面积达二十万平方公里。这里是衔接东北平原和蒙古高原的三角地带，也是中原农耕文化与北方草原文化的交汇区域，延续时间达两千年之久。红山文化的社会形态初期处于母系氏族社会的全盛时期，晚期逐渐向父系氏族社会过渡。经济形态以农业为主，兼以牧、渔、猎并存。细石器工具发达，还有磨制和打制的双孔石刀、石耜、有肩石锄、石磨盘、石磨棒和石镞等。陶器以压印和篦点的之字形纹和彩陶为特色，种类有罐、盆、瓮、无底筒形器等。彩陶多饰涡纹、三角纹、鳞形纹和平行线纹。已出现结构进步的双火膛连室陶窑。玉雕工艺水平较高，玉器有猪龙形玦、玉龟、玉鸟、兽形玉、勾云形玉佩、箍形器、棒形玉等。其中出土自内蒙古赤峰红山的大型碧玉C型龙，周身卷曲，吻部高昂，毛发飘举，极富动感。还发现相当多的冶铜用坩埚残片，说明冶铜业已经产生。红山文化全面反映了我国北方地区新石器时代文化特征和内涵，是富有生机和创造力的优秀文化，内涵十分丰富，手工业达到了很高的阶段。

大汶口文化

大汶口文化始于公元前 4300 年，延续时间约 2000 年左右，公元前 2500 年左右发展成山东龙山文化。因 1959 年首先发现于山东省泰安县大汶口遗址而得名。在大汶口文化的后期墓葬中，出现了夫妻合葬和夫妻带小孩的合葬，标志着只知其母不知其父的母系社会的结束，开始或已经进入父系氏族社会。大小墓的鲜明对比，表明产生了私有制，并已出现贫富分化。大汶口文化以农业生产为主，兼营畜牧业，辅以狩猎和捕鱼业。生产工具仍以石器为主，兼有一些骨器、角器和蚌器。在三里河遗址的一个窖穴中，发掘出大量牛、羊、猪、狗等家畜骨骼。制陶技术较前已有很大提高，陶质有红、灰、黑和白陶四类。雕塑工艺品不仅数量多，而且有较高的艺术水平，如象牙梳、雕刻骨珠、骨梳、牙雕饰、穿孔玉珠以及陶塑动物等。一个特别有意思的现象是，当时居民中盛行枕骨人工变形和青春期拔除一对侧上门齿，有的长期口含小石球或陶球，造成颌骨内缩变形。此外，还流行在死者腰部放穿孔龟甲，手中放置獐牙或獐牙钩形器。这些现象为中国其他史前文化所罕见。令考古学家和古文字学家特别重视的是，在莒县陵阳河、大朱村、杭头和诸城前寨等遗址，还发现刻在陶尊上的陶文。大汶口文化的发现，使黄河下游原始文化的历史，由 4000 多年前的龙山文化向前推进了 2000 多年，为山东地区的龙山文化找到了渊源，也为研究黄淮流域及山东、江浙沿海地区的原始文化，提供了重要线索。

龙山文化

1928 年春，考古学家吴金鼎在山东章丘市龙山镇发现了举世闻名的城子崖遗址。他在城子崖台地的西面断层上，发掘出了与石器、骨器共存的大量色泽乌黑、表面光滑的陶片。考古学家最初称其为黑陶文化。后来，考古学家把这种以黑陶为主要特征的文化遗存命名为

"龙山文化"。在城子崖之前，中国出土的古陶器大都是含沙量极高的彩陶和红陶，而城子崖出土的以河泥为原料的黑陶可以说是四千多年前东夷民族所独有的创造。城子崖出土的黑陶艺术品蛋壳杯杯壁只有0.5毫米厚，重量只有50克左右，被珍视为黑陶中的极品。自龙山遗址发现以来，考古学家分别在河南、陕西、山西、湖北等地发现了这一时期的文化遗存。但因其文化面貌不尽相同，所以又分别命名为河南龙山文化、陕西龙山文化、山西陶寺类型龙山文化、湖北石家河文化，通称之为龙山时代文化。这一时期文化的最显著的特征便是城址的发现。在山东地区，除城子崖龙山城址之外，还有寿光边线王城址等。其他地区则有淮阳平粮台城址、登封王城岗城址、郾城郝家台城址、辉县孟庄城址等。龙山文化处于中国新石器时代晚期，这个时期陕西地区的农业和畜牧业较仰韶文化已有很大的发展，生产工具的数量及种类均大为增长，大大提高了生产效率。占卜等巫术活动亦较为盛行。因此，从社会形态看，当时已经进入了父权制社会，私有财产已经出现，开始进入阶级社会。

殷墟甲骨

1899 年，清代国子监祭酒、著名金石学家王懿荣在用作中药的"龙骨"上发现契刻符号，由此发现了三千多年前中原人民使用的古文字。经过近代考古学的奠基人罗振玉的查访，始知契刻文字的甲骨出土于河南安阳西北五里的小屯村。罗振玉辨认出甲骨刻辞中有商人先公先王的名号，确认这些甲骨是商王室遗物。商王占卜用的甲骨在洹水南的小屯村出土，证明了此地即《史记项羽本纪》所记项羽与秦章邯军交战时所驻之"洹水南之殷墟"，亦即《括地志》所记"相州安阳本盘庚所都，即北蒙殷墟"。王国维根据卜辞中受祭帝王有康丁、武乙、文丁，确认帝乙之世仍建都于此。经过深入研究，学者们找到了武丁至帝辛的各王祭祀卜辞，据此，证实了《古本竹书纪年》"自盘庚迁殷至纣之灭二百七十三年更不徙都"之说为可信。殷王室占卜记事用的甲骨的发现导致了殷墟的发现，迄今为止，殷墟仍是中国文明社会初创时期可以肯定确切位置的最早都城。

殷墟甲骨文是现今所见中国最早的具有完备体系的文字，殷墟甲骨刻辞是现今所见中国最早的时王纪实文辞，因而成为语言文字学、历史学、民族学、天文学、气象学、农学、医学、历史地理学、考古学等多种学科的重要原始资料。在殷墟，已陆续发掘出了殷代的宫殿、宗庙、王陵，贵族和平民墓葬、祭祀坑、作坊等遗址，以及用青铜、玉石、骨蚌等制作的礼器和生产、生活、作战用具等遗物。所有这些都为研究殷商社会面貌提供了丰富的资料。殷墟甲骨的发现是近

殷墟甲骨文

代学术史上最重要的发现之一。它的发现和研究受到中外学术界极大的关注，很快就在世界范围内形成一个新兴学科——甲骨学。

司母戊大方鼎

司母戊鼎是中国商代后期商王祖庚或祖甲为祭祀其母而铸造的。1939年3月19日在河南安阳武官村一农地中出土，因其腹部著有"司母戊"三字而得名。该鼎形制雄伟，重达八百三十多公斤，是迄今为止世界上发现的最大的青铜器。司母戊鼎初为乡人私自挖掘，出土后因过大过重不易搬迁，私掘者又将其重新掩埋。司母戊

司母戊大方鼎

鼎在1946年6月重新出土，于1959年入藏中国历史博物馆。司母戊鼎的鼎身和鼎足为整体铸成，鼎耳是在鼎身铸好后再浇铸的。铸造这样高大的铜器，所需金属料当在一千公斤以上，且必须有较大的熔炉。经测定，司母戊鼎含铜84.77%、锡11.64%、铅27.9%，与古

文献记载制鼎的铜锡比例基本相符。

鼎为中国古代炊食器，早在七千多年前就出现了陶制的鼎。铜鼎是商周时期最为重要的礼器。司母戊鼎除鼎身四面中央是无纹饰的长方形素面外，其余各处皆有纹饰。在细密的云雷纹之上，各部分主纹饰各具形态。鼎身四面在方形素面周围以饕餮作为主要纹饰，四面交接处则饰以扉棱，扉棱之上为牛首，下为饕餮。鼎耳外廓有两只猛虎，虎口相对，中含人头。鼎耳侧以鱼纹为饰。四只鼎足的纹饰也独具匠心，在三道弦纹之上各施以兽面。据考证，司母戊鼎应是商王室重器，其造型、纹饰、工艺均达到很高的水平，是商代青铜文化顶峰时期的代表作。

侯马盟书

1965 年，山西省文物工作委员会在发掘山西侯马晋城遗址时发现"侯马盟书"，发掘时间为同年 11 月至次年 5 月。侯马盟书是春秋晚期晋定公十五年到二十三年（公元前 497 年—公元前 489 年）晋国世卿赵鞅同卿大夫间举行盟誓的约信文书。当时的诸侯和卿大夫为了巩固内部团结，打击敌对势力，经常举行这种盟誓活动。盟书一式二份，一份藏在盟府，一份埋于地下或沉在河里，以取信于神鬼。侯马盟书是用毛笔将盟辞书写在玉石片上，字迹多为朱红色，少数为黑色。字体近于春秋晚期的铜器铭文。"盟誓遗址"在侯马晋城遗址的东南部，面积约 3800 平方米，分"埋书区"和"埋牲区"两部分。在盟誓遗址内共发现坎（埋牲的土坑）四百余个，坎的底部一般都埋有牺牲，大坎埋牛、马、羊，小坎埋羊或盟书。绝大部分坎的北壁底部还有一个小龛，其中放一件古时称为"币"的祭玉，个别坑放数件。用作祭祀的玉币雕琢纤细，颇为精美。这些玉币和牺牲都是在盟誓时向神或祖先奉献的祭品。书写盟书的玉石片，绝大多数呈圭形，最大的长 32 厘米，宽近 4 厘米，小的长 18 厘米，宽不到 2 厘米。这批文物对研究中国先秦时期春秋战国之交的历史，特别是晋国末期的历史增添了新鲜材料，对研究中国古代盟誓制度、古文字、书法艺术、历法、社会学、风俗习惯等以及晋国历史均有重大意义。

曾侯乙墓

战国初期曾（随）国国君乙的墓葬，位于湖北随州市擂鼓墩。葬于公元前433年或稍后，1978年发掘。整个墓葬分作东、西、中、北四室。东室放置曾侯乙木棺，双重，外棺有青铜框架，内棺外面彩绘门窗及守卫的神兽武士。西室置殉葬人木棺十三具。中室放置随葬的礼乐器。北室放置兵器及车马器等。墓中共出土随葬品一万五千多件，其中有一套曾侯乙编钟，是迄今发现的我国最完整最大的一套青铜编钟。

编钟

钟在我国商朝时就已出现，人们按钟的大小、音律、音高把钟编成组，制成编钟，演奏乐曲。曾侯乙编钟共六十四枚，八组，分三层悬挂在铜、木做成的钟架上。钟架由六个佩剑的青铜武士和几根圆柱承载，总重量达三千五百千克，其重量、体积在编钟中极其罕见。尤为可贵的是，钟体和附件上，还篆刻有两千八百多字的错金铭文，记载了先秦时期的乐学理论以及曾和周、楚、齐等诸侯国的律名和阶名的相互对应关系。这一重大发现，纠正了"中国的七声音阶是从欧洲传来、不能旋宫转调"的说法，被认为是世界音乐史上的重大发现。墓中还出土了编磬、鼓、瑟、笙、排箫等大量乐器，为研究中国古代音乐史提供了珍贵的实物资料。

另外，出土的一件漆木衣箱盖上，绘有包括青龙、白虎、北斗图形及二十八宿名称的天文图像，这说明中国是世界上最早创立二十八宿体系的国家之一。曾侯乙墓出土的漆器有二百二十多件，是楚墓中年代最早也是最为精彩的，集中体现了楚文化的神韵。

郭店楚简

中国湖北荆门市纪山镇郭店一号战国楚墓内的竹简，称郭店楚简，又称郭店楚墓竹简，1993年10月出土。经考证，郭店楚简抄写成书的时间不晚于公元前 300 年（大约相当于战国中期），是迄今为止所发现的中国最早的原装书。

郭店楚简共八百零四枚，经整理，有字竹简共七百零三枚，另残简二十七枚，总字数计一万三千多。竹简内容包括《老子》、《太一生水》、《缁衣》、《五行》等十六篇道家及儒家著作。秦始皇焚书坑儒时焚毁了大量先秦典籍，郭店楚简所保存的历史资料尤为珍贵。郭店楚简所载内容与传世儒道经典颇有不同，比如今本《道德经》第十九章为："绝圣弃智，民利百倍；绝仁弃义，民复孝慈；绝巧弃利，盗贼无有。"竹简《老子》甲却是："绝智弃辩，民利百倍；绝巧弃利，盗贼亡有；绝为弃作，民复孝慈。"从文字到思想，差异巨大，以致于哈佛大学杜维明教授说郭店楚简出土以后，整个中国哲学史、中国学术史都需要重写。

三星堆遗址

距离四川广汉约三四公里，有三座突兀在成都平原上的黄土堆，三星堆由此得名。1929 年春，当地农民燕道诚在宅旁挖水沟时，发现了一坑精美的玉器，由此拉开三星堆文明的研究序幕。1986 年，三星堆发现两个商代大型祭祀坑，上千件稀世之宝赫然显世，轰动了世界，被誉为世界"第九大奇迹"。三星堆文明的来源成为一个谜。这里数量庞大的青铜人像、动物像不归属于已知中原青铜器的任何一类。青铜器上没有留下一个文字，十分奇特。出土的"三星堆人"高鼻深目、颧面突出、阔嘴大耳，耳朵上还有穿孔。三星堆发掘出土的大量青铜器中，基本上没有生活用品，绝大多数是祭祀用品，表明古蜀国的原始宗教体系已比较完整。这些祭祀用品带有不同地域的文化特点，特别是青铜雕像、金杖等，与世界上著名的玛雅文化、古埃及文化非常接近。在祭祀坑中发现了世界最早的金杖，价值连城。在坑中出土了五千多枚海贝，经鉴定来自印度洋。还有六十多根象牙，引起了学者们关于"土著象牙"与"外来象牙"的争议。三星堆遗址的发现，与长期以来历史学界对巴蜀文化的认识大相径庭。三星堆遗址证明，古代巴蜀地区应是中国夏商时期前后、甚至更早的一个重要的文化中心，并与中原文化有着一定的联系，验证了古代文献中对古蜀国记载的真实性，将古蜀国的历史推前到五千年前，证明了长江流域与黄河流域一样同是中华民族的发祥地。

兵马俑

据史书记载：秦始皇嬴政从十三岁即位时就开始营建陵园，直到他五十岁死去，修筑时间长达三十八年，开创历代统治者奢侈厚葬之先例。秦始皇兵马俑坑是秦始皇陵的陪葬坑，位于陵园东侧。1974年3月，在陵东的西杨村村民抗旱打井时，在陵墓以东三里的下和村和五垃村之间，发现规模宏大的秦始皇陵兵马俑坑。经考古发掘，在陵园东1.5公里处发现从葬兵马俑坑三处，成品字形排列，面积达两万平方米以上，出土陶俑八千件、战车百乘以及数万件实物兵器等文物。1980年又在陵园西侧出土青铜铸大型车马二乘。这组彩绘铜车

秦兵马俑

马，是迄今中国发现的体形最大、装饰最华丽、结构最完整和系驾最逼真的古代铜车马，被誉为"青铜之冠"。秦始皇兵马俑陪葬坑，是世界上迄今发现的最大的地下军事博物馆。俑坑布局合理，结构奇特，在深五米左右的坑底，每隔三米架起一道东西向的承重墙，兵马俑排列在墙间空档的过洞中。这支队伍阵容齐整，装备完备，威风凛凛，气势宏壮，是秦始皇当年浩荡大军的艺术再现，具有强烈的艺术感染力。1961年，国务院将秦始皇陵定为全国文物重点保护单位。1987年，秦始皇陵及兵马俑坑被联合国教科文组织批准列入《世界遗产名录》。

金缕玉衣

金缕玉衣，按死者等级分为金缕、银镂、铜缕，是汉代皇帝和贵

族规格最高的殓服，大致出现在西汉文景时期。玉衣也叫"玉匣"、"玉押"。据《西京杂志》载，汉代帝王下葬都用"珠襦玉匣"。汉代人认为玉是"山岳精英"，将金玉置于人身九窍，人的精气不会外泄，尸骨不腐，可求来世再生。玉衣的起源，可以追溯到东周时的"缀玉面幕"、"缀玉衣服"，到三国时魏文帝曹丕下诏禁用玉衣，共流行了四百年。迄今为止，我国共发现玉衣二十余件。1968年，河北满城汉中山靖王刘胜夫妇墓出土的两套金缕玉衣，是其中年代最早、做工最精美的。刘胜的玉衣共用玉片二千四百九十八片，金丝重一千一百克，其妻窦绾的玉衣共用玉片二千一百六十片，金丝重七百克，玉片成衣后排列整齐，对缝严密，表面平整，颜色协调，是旷世难得的艺术瑰宝。外观上看"玉衣"的形状和人体几乎一模一样。头部脸盖上刻制出眼、鼻和嘴的形象。鼻子是用五块长条瓦状玉片合拢而成，惟妙惟肖。在"玉衣"的头部，有眼盖、鼻塞、耳塞和口玲，下腹部有罩生殖器用的小盒和肛门塞，都是玉制品。周缘以红色织物锁边，裤筒处裹以铁条锁边，使其加固成型。从长沙出土的金缕玉衣残片来看，它不仅只是简单磨成玉片而已，上面还雕有花纹。

马王堆汉墓

西汉初期长沙国丞相、轪侯利仓及其家属的墓葬，1972年至1974年，先后在长沙市区东郊浏阳河旁的马王堆乡挖掘出土。一号汉墓出土的女尸，已有二千一百多年，尸体长154厘米，外形完整，全身润泽柔软，部分毛发尚存，部分关节可以弯动，许多软组织丰满柔润而有弹性。古尸内脏器官保持了完整的外形，相对位置基本正常。这是世界上已发现的保存时间最长的一具湿尸，是防腐学上的奇迹，震惊世界。马王堆汉墓的发掘，对我国的历史和科学研究均有巨大价值，其出土文物异常珍贵。马王堆三座汉墓共出土珍贵文物三千多件，绝大多数保存完好。其中五百多件各种漆器，制作精致，纹饰华丽，光泽如新。一号墓的彩绘漆棺，色泽如新，棺面漆绘的流云漫卷，形态诡谲的动物和神怪，体态生动，活灵活现，具有很高的艺术水平。一号墓还有大量丝织品，保存完好，品种众多，有绢、绮、罗、纱、锦等。其中有一件素纱禅衣，轻若烟雾，薄如蝉翼，长 1.28 米，重量仅 49 克，技巧高超，巧夺天工。一号墓发现的帛画，是我国现存最早的描写当时现实生活的大型作品。三号汉墓发现的大批帛书是不可多得的历史文献资料，其内容涉及古代哲学、历史、医学和科学技术许多方面。经整理，共有 28 种书籍，12 万多字。其中，《五十二病方》经考证可能比《黄帝内经》还早，书中提到 100 多种疾病的名称，共载方 280 多个，这是我国现在所能看到的最早的方剂。另外还有几册图籍，绝大多数是古佚书。二号汉墓出土的地形图，其绘制技术及其所标示的位置与现代地图大体近似。一号墓出土有二十五弦瑟，是目前发现的唯一完整的西汉初期瑟。三号墓除出土瑟、竽外，又有七弦琴和六孔箫，这些都是首次发现的西汉实物。马王堆汉墓的发掘，为研究西汉初期手工业和科学技术的发展，以及当时的历史、文化和社会生活等方面，提供了极为重要的实物资料。

敦煌藏经洞

藏经洞是位于古丝绸之路河西走廊的敦煌莫高窟第 17 窟的俗称。光绪二十六年（1900 年）五月，道士王圆篆清除第 16 窟甬道积沙时，偶然发现了这个藏经洞。藏经洞封闭的原因与时间，几十年来，众说纷纭，主要有避难说、废弃说和书库改造说三种。藏经洞封存了四至十一世纪初的文献、绢画、纸画、法器等各类文物，约计五万件，五千余种；其中 90％是宗教文书，非宗教文书占 10％。后者的内容包罗万象，经、史、子、集、诗、词、曲赋、通俗文学、水经、地志、历书、星图、医学、数学、纺织、酿酒、熬糖、棋经等一应俱全，还有大量民间买卖契约、借贷典当、账簿、户籍、信札等。文书除汉语写本外，还有古藏文、于阗文、梵文、回鹘文、突厥文、龟兹文等写本。此外还有一批木版画、绢画、麻布画、粉本、丝织品、剪纸等作品。这些来自丝绸之路的中世纪珍宝，与殷墟甲骨文、居延汉简、明清档案，被誉为中国近代古文献的四大发现。但由于最初发现时的原貌没有一份详细而科学的记录和目录，藏经洞珍宝的确切数量至今众说不一。目前，敦煌学已经形成为一门具有世界意义的学科。

居延汉简

1930 年，瑞典人贝格曼在居延地区发掘汉简一万余枚，称为"居延汉简"。1972 年，发掘汉简两万余枚，称为"居延新简"。在内蒙古额济纳旗和甘肃北部额济纳河流域绵延三百公里，先秦时称"弱水流沙"（匈奴语），秦汉以后称"居延"。西汉武帝时，为了防御匈奴入侵，于太初三年（公元前 102 年）沿弱水（今额济纳河流域）两岸修筑了屯戍要塞，后因缺水而废弃。如今，这里又因雨水奇缺，气候干燥，使大量文物得以幸存，包括居延汉简。居延汉简大多发掘于金塔县境内肩水金关、大湾城、地湾城等汉代烽燧遗址，这些烽燧遗址因此而出名。居延汉简多是汉代边塞屯戍档案，小部分是书籍、历谱和私人信件等。居延汉简数量之多，在全世界范围内，也是首屈一指、无与伦比的。居延汉简多为木简，少数为竹简，书

居延汉简

体为隶书章草。居延汉简纪年简最早者是汉武帝太初三年（公元前102 年），最晚者是汉灵帝建宁二年（公元 169 年），为汉代历史的研究开辟了一个新的领域。居延汉简内容包括了当时社会的政治、经济、军事、科技、文化等方面，具有极高的科学、历史与文物价值。

金石学

拓片

拓片是以纸紧覆在器物上，将原件的纹样用墨拓印出来而得到的纸张。它是一种记录史料的工具，也是记录史料的方法。它是从原物直接印下来的，能够清晰、完整、准确、生动、真实地反映原件的纹

样和神韵。拓片是记录中华民族文化的重要载体之一。凡历史、地理、政治、经济、军事、民族、民俗、文学、艺术、科技、建筑等都可以从中找到有益的材料。

拓片大致可以分为两类：干拓和湿拓。常见的是湿拓，工艺大致如下：制作拓片之前，先把要拓的花纹或文字尽可能剔刷清楚，用大小合适的宣纸盖上，把纸轻轻润湿，然后在湿纸上蒙一层柔软吸水的纸保护宣纸纸面，用毛刷轻轻敲捶，使湿纸贴附在该物表面，随着它的花纹文字而起伏凹凸。再除去蒙上的那层纸，等湿纸稍干后，用扑子蘸适量的墨，使墨敷匀在扑子面上，向纸上轻轻扑打，就会形成黑白分明的拓片。

拓片应用十分广泛，诸如甲骨文字、铜器铭文、碑刻、摩崖、墓志铭、古钱币、画像砖、画像石等，都可以使用这种办法，为研究者提供最接近原貌的准确资料。一般说来，越早期的拓片越珍贵，尤其在原件已经散佚、破坏或者不易见到的时候，拓片的价值就更显重要。若没有拓片，如汉《西岳华山庙碑》，北魏《张玄墓志》，东吴《天发神谶碑》以及唐柳公权《宋拓神策军碑》等等皆为孤本，后人将难睹庐山真容。

《金石录》

北宋金石学著作，赵明诚撰。赵明诚（1081年—1129年），字德甫（又作德父），密州诸城（今山东诸城）人。其妻是宋代著名词人李清照，夫妇二人不仅爱好文学，对金石书画也有相当高的造诣。赵明诚终生致力于金石之学，常与妻子共同出入汴梁的大相国寺，搜集碑帖拓本。夫妇二人节衣缩食，有"穷遐方绝域，尽天下古文奇字之志"，"每获一书，即同共勘校，整集签题；得书画彝鼎，亦摩玩舒卷，指摘疵病"。经过多年的寻访查找，在李清照的帮助下，编成了《金石录》一书。北宋末年金人占领汴京，赵明诚夫妇逃避到江南，所藏金石书画在辗转过程中损失殆尽，赵明诚也在流亡中病故。数年后，李清照重新翻阅《金石录》，写下了千古奇文《金石录后序》，备述一生遭际和文物聚散，令人叹息感慨。《金石录》三十卷，记录了赵明诚夫妇所见到的上自上古三代，下至隋唐五代以来，钟鼎彝器的铭文款识和碑铭墓志等石刻文字，碑刻目录详细，大多注明碑文的撰写人和书写人及立碑时间。全书考订精核，评论独具卓识，是我国最早的碑刻目录和研究专著之一。龙舒宋刻三十卷全本《金石录》，今藏国家图书馆。

小说戏曲

四大民间故事

牛郎织女

《牛郎织女》、《孟姜女》、《梁山伯与祝英台》、《白蛇传》。这四个故事千百年来，在民间流传很广，影响很大，是宝贵的民族文化遗产。牛郎织女的传说始于《诗经·小雅·大东》"跂彼织女"、"睆彼牵牛"的记载，讲的是一则仙人结合的爱情故事。相传织女是天上的仙女，从天宫跑到人间，在河边洗澡，牛郎藏起了织女的衣服并向她求婚，后来两人结婚并生下一双儿女。王母知道后，将织女抓回天上关起来。牛郎用箩筐挑着一双儿女追到天上。王母娘娘在他面前划了一道天河，不让他们见面。牛郎和两个孩子就用水瓢坚持不懈地舀水，誓要舀干银河的水。王母很感动，答应每年的农历七月初七让牛郎织女在喜鹊搭成的桥上见上一面。这就是七夕节的由来。孟姜女的传说起源于《左传》杞梁妻拒绝齐侯郊吊，遵守礼法的记载，讲的是秦始皇为修长城将孟姜女的丈夫杞梁抓走了，多年了无音讯，孟姜女就万里寻夫来到长城，得知丈夫已死，就号啕大哭，哭倒万里长城，并以在尸骨上滴血的方式找到了丈夫的遗骨。梁祝的故事最早见于唐梁载言的《十道四蕃志》，记载了梁、祝"二人尝同学"、"同冢"的故事，讲的是千金小姐祝英台女扮男妆到书院读书，爱上同窗好友梁山伯。后来梁山伯知道了祝英台的身份，二人相爱。但祝家父母已把祝英台许给马家公子。梁山伯郁郁而终，死后要求葬在祝英台出嫁的路上。成亲那一天，祝英台跳出花轿祭拜梁山伯，跳进坟墓与之合葬。后从坟墓里飞出两只色彩斑斓的蝴蝶，谓之化蝶。白蛇的故事形成最晚，说的是白蛇精白素贞和许仙的爱情故事。二者的爱情受到了法海和尚的极力阻挠。后来法海将白娘子收服并镇压在雷峰塔下。二十年后，白娘子的儿子长大得中状元，到塔前祭母，将母亲救出，全家团聚。相传法海后来在雷峰塔倒后，怕被追杀，躲到蟹壳里了。

《窦娥冤》

元代关汉卿作。关汉卿（约1220年—1300年），号已斋（一作一斋）、己斋叟，解州（今山西运城）人。一生创作的杂剧有六十多种，是我国戏剧的创始人，与马致远、郑光祖、白朴并称为"元曲四大家"。《窦娥冤》是关汉卿的代表作，也是我国古代悲剧的代表作。全名《感天动地窦娥冤》，全剧为四折一楔子，它的故事渊源于《列女传》中的《东海孝妇》。剧情说楚州贫儒窦天章因无钱进京赶考，无奈之下将幼女窦娥卖给蔡婆家为童养媳。窦娥婚后丈夫去世，婆媳相依为命。蔡婆外出讨债时遇到流氓张驴儿父子，被其胁迫。张驴儿企图霸占窦娥，见她不从便想毒死蔡婆以要挟窦娥，不料误毙其父。张驴儿诬告窦娥杀人，官府严刑逼讯婆媳二人，窦娥为救蔡婆自认杀人，被判斩刑。窦娥在临刑之时指天为誓，死后将血溅白绫、六月降雪、大旱三年，以明己冤，后来果然都一一应验。三年后窦天章任廉访使至楚州，窦娥鬼魂诉冤，于是重审此案，为窦娥申冤。作品成功地塑造了"窦娥"这个被压迫、被剥削、被损害、善良、坚强、反抗的妇女形象。戏曲语言既本色又当行，具有"入耳消融"的特点，没有艰深晦涩的毛病。关剧在词曲念白的安排上也恰到好处，曲白相生，自然熨贴，不愧是当时戏曲家中一位"总编修师首"的人物。

《琵琶记》

元末南戏，高明撰。高明，生卒年不详，字则诚，号菜根道人，今浙江瑞安人。全剧四十二出。《琵琶记》是根据早期的宋元南戏《赵贞女蔡二郎》改编的。原剧写蔡二郎（即汉代著名文士蔡邕）考中状元后抛弃双亲和妻子，入赘相府，最终被雷劈死的故事。《琵琶记》把人物形象和故事的结局进行重大改造，把蔡伯喈变为一个"全忠全孝"的书生，强调了封建伦理的重要性，希望通过戏曲起到教化作用。《琵琶记》的人物很有个性，其主要人物已成为艺术典型。赵五娘是全剧中最为光辉的人物，贤孝妇形象光彩照人。丈夫进京赶考，她独自一人在家侍奉公婆，承担起家庭的全部重担。饥荒年间，她把少得可怜的粮食留给公婆，自己却在背后偷偷吃糠。公婆死了，无钱买棺材，她剪下头发，沿街叫卖。无钱请人埋葬公婆，她就用麻裙包土筑坟墓。然后描容上路，进京寻夫。在极度艰难的环境中，她含辛茹苦，任劳任怨，自我牺牲，尽心尽力承担起生活重担。全剧典雅、完整、生动、浓郁，显示了文人的细腻目光和酣畅手法。它是高度发达的中国抒情文学与戏剧艺术的结合。《琵琶记》被誉为传奇之祖，是我国古代戏曲中一部经典名著。

《西厢记》

《西厢记》

全名《崔莺莺待月西厢记》。作者王实甫，生卒年不详，大都（今北京）人，元代著名杂剧作家。故事最早起源于唐代元稹的传奇小说《莺莺传》，董解元的《西厢记诸宫调》是王实甫创作的《西厢记》的直接蓝本。全剧五本二十一折，突破了杂剧创作一剧四折的体例。此剧一上舞台就惊倒四座，博得男女青年的喜爱，被誉为"《西厢记》天下夺魁"。剧中叙述了书生张珙游于蒲州，寄宿普救寺。适逢崔相国夫人携女莺莺扶相国灵柩回家乡安葬，途经普救寺，借宿于此。张生游殿，与莺莺相遇，两人一见倾心。在婢女红娘的帮助下，两人在西厢约会，莺莺以身相许。后两人来往之事被老夫人发现，出于无奈，只得答应了张生与莺莺的婚事。但老夫人又以崔家三代不招白衣秀士为由，逼张生赴京应试，待张生应试及第后，才允许他与莺莺成亲。后张生高中皇榜，归来求亲，有情人终成眷属。剧本歌颂了以爱情为基础的结合，否定封建社会传统的联姻方式，正面提出了"愿天下有情的都成了眷属"的主张，具有鲜明的反封建礼教和封建婚姻制度的主题。几百年来，它曾深深地激励过无数青年男女的心。对后来以爱情为题材的小说、戏剧创作影响很大，《牡丹亭》、《红楼梦》都不同程度地从它那里吸取了反封建的民主精神。

《牡丹亭》

全名《牡丹亭还魂记》，也称《还魂梦》或《牡丹亭梦》。作者汤显祖（1550 年—1616 年），字义仍，号若士，江西临川人。《牡丹亭》是他创作的"玉茗堂四梦"（或称"临川四梦"）（其他为《紫钗记》、《邯郸记》和《南柯记》）中最得意之作。全剧五十五出，据明人小说《杜丽娘慕色还魂》改编而成。戏剧写了南安太守杜宝的女儿杜丽娘，冲破约束，私自游园，触景生情，梦中与书生柳梦梅幽会，从此一病不起，怀春而死。杜宝升官离任，在女儿的墓地建造了梅花观。柳生进京赴试，借住观中。他在园内拾得杜丽娘的自画像，情有所钟，百般呼唤，终于和画中人的阴灵幽会。柳生掘墓开棺，杜丽娘起死回生，两人结成夫妇，同往临安。杜丽娘的教师陈最良往临安向杜宝告发柳生盗墓之罪。柳生在临安应试后，恰逢金兵南侵，延迟放榜。安抚使杜宝在淮安被围。柳生受杜丽娘嘱托，送家信传报还魂的喜讯，反被囚禁。金兵退却后，柳生高中状元。杜宝升任同平章军国大事，拒不承认婚事，强迫女儿离异。纠纷闹到皇帝面前，杜丽娘和柳梦梅二人终成眷属。杜丽娘这一人物形象，为中国文学人物画廊提供了一个光辉的形象，她性格中最大的特点是在追求爱情过程中表现出来的坚定执着。她为情而死，为情而生。《牡丹亭》是我国戏曲史上浪漫主义的杰作，特别突出了情（欲）与理（礼）的冲突，强调了情的客观性与合理性；洋溢着追求个人幸福、呼唤个性解放、反对封建制度的浪漫主义理想。沈德符《顾曲杂言》说："《牡丹亭梦》一出，家传户诵，几令《西厢》减价。"其艺术成就也是非常卓越的。

《长生殿》

杨贵妃像

清初洪升作。初名《沉香亭》，继称《舞霓裳》，最后定名为《长生殿》。取材自唐代诗人白居易的长诗《长恨歌》和元代剧作家白朴的剧作《梧桐雨》。全剧共五十出。剧本写唐明皇宠爱贵妃杨玉环，终日与杨贵妃游宴玩乐，不理朝政，朝中大权由杨贵妃的哥哥杨国忠把持。七月七日，杨贵妃与唐明皇在长生殿上情意绵绵，盟誓世世代代结为夫妻。不久，安禄山因与杨国忠争权，发兵叛乱。唐明皇带杨贵妃逃离长安，官军将杨国忠杀死，又逼唐明皇将杨贵妃缢死。安禄山叛乱平息后，唐明皇日夜思念杨贵妃。后来，道士杨通幽运用法术架起一座仙桥，让明皇飞升到月宫，与杨贵妃相会，实现了他们在长生殿上立下的"生生死死共为夫妻"的盟誓。剧本剧本从多方面反映社会矛盾，将百姓的困苦和宫廷的奢华生活作了对比，爱憎分明。同时又表现出对唐玄宗和杨玉环之间爱情的同情。清宫内廷尝演此剧，北京的聚和班、内聚班等班社都以演此剧而闻名。其中片段被各种戏剧剧种改编，梅兰芳的京剧《贵妃醉酒》也是改编自《长生殿》。

《桃花扇》

清初孔尚任作。孔尚任（1648年—1718年），字聘之，又字季重，号东塘，山东曲阜人。《桃花扇》是孔尚任十多年苦心经营，三易其稿写出的一部传奇剧本。全剧共有四十出。剧本写明代末年曾经是明朝改革派的"东林党人"逃难到南京，重新组织"复社"，和曾经专权的太监魏忠贤余党阮大铖进行斗争。其中复社中坚侯方域邂逅秦淮歌妓李香君，两人陷入爱河。阮大铖匿名托人赠送丰厚妆奁以拉拢侯方域，被李香君知晓坚决退回。阮大铖怀恨在心。弘光皇帝即位后，起用阮大铖，他趁机陷害侯方域，迫使其投奔史可法，并强将李香君许配他人。李香君坚决不从，欲自尽未遂，血溅诗扇。侯方域的朋友杨龙友，利用血点在扇中画出一树桃花。南明灭亡后，李香君出家。扬州陷落后，侯方域逃回寻找李香君，最后也出家学道。全剧穿插当时的历史事件，如南明君臣花天酒地，四镇带兵打内战，史可法守扬州，城破后投河自尽等。《桃花扇》是一部最接近历史真实的历史剧，重大事件均属真实，只在一些细节上作了艺术加工。以男女情事来写国家兴亡，是此剧的一大特色。《桃花扇》形象地刻画出明朝灭亡前统治阶层腐化堕落的状态，康熙皇帝专门派内侍向孔尚任索要剧本，看到其中描述南明皇帝耽于声色的情节，常皱眉顿足说："弘光弘光，虽欲不亡，其可得乎！"

医学养生

扁鹊

扁鹊（公元前407年—公元前310年），他本来的名字叫秦越人，是勃海郡郑（今河南郑州）人，但也有人说他是齐国卢邑（今山东济南）人，在战国时代，他就是享有盛誉的名医。年轻的时候，扁鹊虚心向其他名医学习，刻苦钻研医学书籍。同时，他仔细收集各种疑难

国学常识　国学经典　国学精粹一本通

Guo Xue Chang Shi　Guo Xue Jing Dian　Guo Xue Jing Cui Yi Ben Tong

病症，努力寻求解决办法。在后来周游列国的过程中，他积累了精湛的医疗技术和丰富的经验，运用到许多患病群众的身上，很多病者因为他的及时治疗减轻了痛苦、挽救了生命。因为秦越人高明的医术和为百姓治病的赤诚与神话传说中的名医扁鹊非常相近，因此，赵国人就称呼他为"扁鹊"，后世人也沿用这种称呼。战国时代，扁鹊到过齐、赵等国行医救人，后来当他到达秦国以后，他那高超的技术引起太医令李醯的嫉恨，并因此惹来杀身之祸。

在内、外、妇、儿、五官等方面，扁鹊都极为精通。他吸取前人有益的经验，运用砭刺、针灸、按摩、汤液、热熨等方法来给患者治疗。扁鹊是个善于总结和思索的医生，通过多年的总结，他用望、闻、问、切四诊法来给病人把脉诊断。他曾经把自己行医的心血解集为医学著作九卷《内经》、十二卷《外经》，但可惜的是，这些著作都在历史的动荡中丢失了。扁鹊在我国医学史上占有特殊的地位，他继承了远古时代黄帝等先人的医学成果，在自己多年的行医生涯中积累起宝贵的医学财富，为后代的中医们治病救人奠定了基础，因此人们尊称他为"中国的医圣"、"古代医学的奠基者"，扁鹊也成为中国中医的祖师。

张仲景

张仲景（约公元 150 年—公元 219 年），他出生在南郡涅阳（今河南南阳，一说为湖北枣阳），本来的名字叫张机，因为据说他曾当过长沙太守，所以又被称为"张长沙"。

东汉的时候，各种疾病经常大范围地流行，尤其在建安年间，肆虐蔓延的疾病夺走了许多人的生命。在这种种疾病中，会快速传染的伤寒带来最多的伤亡。伤寒使很多人陷入无比的痛苦，更使得不少人家破人亡。看到这些悲惨的景象，张仲景非常难受，他决定彻底攻克伤寒病症。

当时，中医书上也有一些关于伤寒的记载，但大多都很零散，而对如何治愈伤寒更是没有一种可靠确切的说法。于是张仲景在众多的中医书籍中"勤求古训，博采众方"，希望能够吸收前人的有效经验。

在这个基础上，张仲景亲自反复试验各种药材，努力找出最有效的治疗方法。经过多年的刻苦钻研，张仲景逐渐对伤寒症有了深入的了解，他针对不同类型的病症，研究出相应的治疗原则、治疗方案。积累了这些丰富的经验和深刻的医疗知识后，张仲景写出了中医史上杰出的巨著《伤寒杂病论》。

《伤寒杂病论》是中国第一部理论与著作紧密结合的医学著作，书中首次提出了辨证论治的法则。这种法则成为后世的中医们把脉问诊的基本原则，在临床治疗的过程中发挥了很好的作用。《伤寒杂病论》作为研习中医必须要学习的经典医学著作，成为中国医学史上影响最为深远的著作之一，千百年来受到无数人的推崇。张仲景这位伟大的医学家，也当之无愧地成为"医方之祖"、"医圣"。

华佗

华佗（约公元145年—公元208年），是沛国谯（今安徽亳州）人，另外一个名字叫旉，字元化，是东汉末年最著名的医生。东汉末年，战乱频繁，各地经常大规模地暴发各种疾病。华佗在很多地方行医救人，他那高尚的医德和精湛的技术很快就传遍四方。

作为一代名医，华佗在医学上的成就极其突出，具体有以下几个方面：一、运用"麻沸散"给病人施行剖腹术，对患者进行全身麻醉的手术在世界医学史上是第一次，展现了高超先进的中国中医技术；二、强调疾病的预防重于治疗，因此鼓励人们进行体育锻炼来增强体质。在这种观念下，华佗详细观察自然界中的虎、鹿、熊、猿、鸟的

华佗像

动作和姿势，模仿他们创造出一种叫"五禽之戏"的锻炼方法，来强身健体；极其擅长外科，因为他的技术如此精湛，因此被后人尊称为"外科圣手"、"外科鼻祖"；针术和灸法上的造诣很深，运用针灸之法

减轻了许多人的痛苦、挽救了很多人的生命。

华佗的医术高超，精通内、外、妇、儿、针灸各科，解救了无数人的性命，但他那神奇的医术却为他招来了杀身之祸。当时的枭雄曹操头疼难忍，特意找来精通医术的华佗治疗。华佗果然名不虚传，很快就把曹操治好。曹操见华佗医术这样出神入化，就想招他在自己手下为官，但是华佗不肯离开民间，于是拒绝了曹操的要求。曹操担心华佗的医学绝技被竞争对手所用，就将华佗关入监牢。在监狱中，华佗曾把自己的医书交给狱吏，希望平生的医学精华能够在后世流传下去。然而，这个狱吏是个胆小怕事的人，他害怕事情泄露后会惨遭杀身之祸，就将所有的医书都悄悄地烧掉。狱吏的懦弱使得华佗平生的绝学化为灰烬，而这给中国中医带来不可估量的损失。

陶弘景

陶弘景（公元 456 年—公元 536 年），是丹阳秣陵（今江苏镇江）人，字通明，晚年号华阳隐居。陶弘景经历了南朝宋、齐、梁三个朝代，曾长期隐居在永嘉楠溪和瑞安陶山，因此又被称为"山中宰相"。陶弘景兴趣广泛，不仅对天文历算、地理、兵学、铸剑有浓厚的兴趣，而且在医药、炼丹、经学、文学艺术、道教仪典等方面都研究出大量的成果，如他的著作《肘后百一方》，就是谈论中医治疗学。而在本草医学方面，他的贡献更加突出。

早在汉代，我国的第一部本草学著作《神农本草经》就已经出版。随后的几百年里，人们逐渐积累了很多用药的丰富经验，这些有用的成果都被汇集在《名医别录》中。在很多年里，《神农本草经》和《名医别录》成为医生治病救人的重要参考，但是这两本书的体例迥然不同，导致有些医疗内容啰嗦重复，有些又泛泛而谈不够系统、详细。长久地潜心研究两本书后，陶弘景结合自己行医的丰富经验，把这两本书汇编成一部，这部书就是《本草经集注》。

《本草经集注》内容丰富，体例清晰，成为一部优秀的本草学著作。这本书一共记载了药物 730 种，按照药材的来源和它本身独有的属性，被划分成玉石、草、木、虫兽、果菜、米食和有名未用等七类。如此庞杂的内容，促使陶弘景发明了一种新型的药物分类法。这种分类法把治疗某种疾病的药物放在一起，当医生治疗某种疾病时，能迅速地找到许多相关的药物，这就是"诸病通用药"分类法。

《本草经集注》对药物的产地、采集、炮制、鉴别和贮存等有记载，这本书扩大了中医本草学的内容，直接影响了我国古代的第一部药典——唐代的《新修本草》。以后各朝代医生不断丰富发展，到了明代的《本草纲目》，终于到达本草学的一个高峰。

孙思邈

孙思邈（公元 581 年—公元 682 年），京兆东原人（今陕西耀县孙家塬）人，出生于隋开皇元年，卒于唐永淳元年。他是我国乃至世界历史上著名的医学家和药物学家，也是唐朝有名的道士。孙思邈 7 岁时读书，就能"日诵千言"；到了 20 岁，就能侃侃而谈老子、庄子的学说，并对佛家的经典著作十分精通，被人称为"圣童"。但他不愿意走仕途，曾先后拒绝了隋文帝、唐太宗、唐高宗的封赐。

孙思邈在医学上的成就十分突出：他写作的《千金要方》和《千金翼方》两部医学书内容包罗万象，既有临床各科的处方六千五百多个，还有传统中医学中的中医、按摩、针灸，成为中医学上百科大全式的医学佳作；在著书写作的理论以外，孙思邈在长期的医学实践中，获得了很多珍贵而有效的经验，用羊的甲状腺治疗地方性甲状腺肿，用动物的肝脏治疗夜盲症。为了让孕妇临产时能平心静气，他认为孕妇的住所应该干净宁静。给婴儿喂奶要按时定量，不用给婴儿穿太多衣物等。就是在今天，这些实用的医学知识都有一定的借鉴意义。

孙思邈不仅医学才能特别出众，而且医德高尚，为人宅心仁厚。他在《千金要方》里，特意写了一篇"大医精诚"，提倡医生要有不贪名、不夺利、只为患者考虑的道德规范。作为我国第一部论述医德的规范性文章，里面的内容成为后世无数医生的奋斗目标。

孙思邈还是一个注重养生的医生，据说他50多岁的时候容貌气色、身形步态都像少年一样，引得当时的皇帝唐太宗十分惊讶。而他深刻的理论、精湛的医术、高尚的医德更赢得后世人的称赞，因此都称呼他为"药王"。

《灵枢经》

又称《灵枢》、《针经》、《九针》，是我国现存最早、最系统的中医理论著作。约成书于战国时期，共九卷八十一篇。自汉魏后，由于长期抄传，《灵枢》出现不同名称的多种传本。直至南宋医学家史崧，于绍兴二十五年（1155年），将《灵枢》九卷八十一篇参照诸古书，重编为二十四卷，重新校正，并在书后附加校译及音译，镂版刊行。《灵枢》传本基本定型，取代各种传本，一再刊印，流传至今。

《灵枢经》涵盖内容十分丰富，此书以整体观念为指导，分别从阴阳五行、天人相应、五运六气、脏腑经络、病机、诊法、治则、针灸等方面，结合当时哲学和自然科学的成就，对人体生理、病理、诊断、治疗和养生的有关问题，作出了比较系统的理论概括。全面阐述了五脏六腑、精神气血津液、人体气质类型等内容，成为中医基本理论的渊薮，迄今在诊疗学上仍具有指导意义。此书对经络腧穴理论和针刺方法有更为翔实的记载，例如对针法的论述，不仅强调说明了守神、候气的重要性，而且提出了数十种针刺方法，详细介绍了针具使用、针刺部位、深浅、禁忌、针刺与四时的关系等实用内容，为后世针灸学的发展奠定了坚实的理论基础。

《黄帝内经素问》

简称《素问》。原九卷，早散失，后经修订补编为二十四卷，共计八十一篇。大约成书于战国时期，历代医学家对其不断进行一些补充、修改，到西汉才逐渐完成，所以也有人认为成书于西汉。关于本书的作者，说法不一。书名中冠有"黄帝"字样，但由于黄帝时还没有文字，所以后世猜测它可能是由当时一些不知名的医家集体完成。

《素问》涵盖内容丰富、论证科学，以人与自然统一观，阴阳学说、五行学说、脏腑经络学说为主，论述脏腑、经络、病因、病机、治则、药物及摄生、养生防病等各方面的关系，甚至已涉及到现代医学中关于人体发育、生理、解剖、治病原则、时间医学和预防医学等内容，集医理、医论、医方于一体，强调人体内外统一的整体观念，是中医基本理论的渊源。其中，书中提出的人体血液是在脉管内不停地流动，而且是"如环无端"的循环状态，这被世界科技史学界公认为是血液循环概念的萌芽。其他如体内各脏器的解剖结构，以及放腹水术、灌肠法、物理疗法等内容，在世界医学史上，都属于首次记载。《素问》问世后，成为当时乃至后世中医学中影响最大的经典著作。

《神农本草经》

又称《神农本草》，是我国现存最早的药物学专著，是对我国早期临床用药经验的第一次系统总结，被誉为中药理论的经典著作。全书分三卷，载药三百六十五种，其中植物药二百五十二种，动物药六十七种，矿物药四种，分上、中、下三品，文字精练古朴。书中对每味药的产地、性质、采集时间、入药部位和主治病都有详细记载。每味药的药物性味也有详尽的描述。对各种药物怎样相互配合应用，以及简单的制剂，都作了概括。更可贵的是早在两千年前，我们的祖先通过大量的治疗实践，已经发现了许多特效药物。如麻黄可治疗哮喘、大黄可泻火、常山可以治疗疟疾等等，这些都已被现代科学分析方法所证实。

此书作者不详。因为在我国古代，大部分药物都是植物药，所以"本草"成了它们的代名词，这部书也以"本草经"命名。汉代托古之风盛行，人们尊古薄今，为了增强人们的信任感，它借用"神农遍尝百草"的传说，定名为《神农本草经》。其成书年代有多种说法，原书早佚，现行本为后世从历代本草书中集辑而成，又因其中大部分内容反映先秦时期我国药物学的水平，所以一般均认为成书于汉代。

奇经八脉

奇经八脉是除人体十二经脉以外，人体经络走向的一个类别。它包括任、督、冲、带、阴跷、阳跷、阴维、阳维八条经脉。它们与十二正经不同，既不直属脏腑，又无表里配合关系，"别道奇行"，故称奇经。

奇经八脉与十二经脉纵横交互，八脉中的督、任、冲脉皆起于小腹中，同出于会阴，其中督脉行于背正中线，任脉行于前正中线，冲脉行于腹部会于足少阴经。奇经中的带脉横行于腰部，阳跷脉行于下肢外侧及肩、头部，阴跷脉行于下肢内侧及眼，阳维脉行于下肢外侧、肩和头项，阴维脉行于下肢内侧、腹和颈部。

奇经八脉交错地循行分布于十二经之间，它的作用有两方面：其一，沟通了十二经脉之间的联系。奇经八脉将部位相近、功能相似的经脉联系起来，达到统摄有关经脉气血、协调阴阳的作用；其二，奇经八脉对十二经气血有蓄积和渗灌的调节作用。当十二经脉及脏腑气血旺盛时，奇经八脉能加以蓄积，当人体功能活动需要时，奇经八脉又能渗灌供应。

《肘后备急方》

《肘后备急方》，我国第一部临床急救手册。中医治疗学专著。作者东晋葛洪，将其原著《玉函方》，摘录其中可供急救医疗、实用有效的单验方及灸法汇编而成。经南朝梁陶弘景、金代杨用道补录，即现存《肘后备急方》，简称《肘后方》。今本存八卷，分五十一类。

该书主要记述各种急性病症或某些慢性病急性发作的治疗方药、针灸、外治等法。并略记个别病的病因、症状等。书中对于恙虫病、疥虫病之类的寄生虫病的描述，是世界医学史上出现时间最早，叙述最准确的，尤其是倡用狂犬脑组织治疗狂犬病，被认为是中国免疫思想的萌芽。

《肘后备急方》中收载了多种疾病，其中很多成为珍贵的医学资料。例如，这部书上描写的天花症状，以及对天花的危险性、传染性的描述，都十分精确，是世界上最早的记载。书中还对结核病的主要症状做了描述，并提出了结核病"死后复传及旁人"的特性，还涉及到了肠结核、骨关节结核等多种疾病，其论述的完备性可以说并不亚于现代医学。另外，对于流行病、传染病，书中更是提出了"疠气"的概念，否认了以往鬼神作祟的说法，这种科学的认识方法在当今来讲，也是十分有见地的。

《千金方》

全称《备急千金要方》，简称《千金要方》或《金方》，三十卷。我国古代综合性临床医学著作，唐代医学家"药王"孙思邈根据自己数十年的临床实践经验编著而成，集唐代以前诊治经验之大成，对后世医家影响极大。

该书第一卷为总论，内容包括医德、本草、制药等；再后则以临床各科辨证施治为主，计妇科二卷，儿科一卷，五官科一卷，内科十五卷（内中十卷按脏腑分述），外科三卷，解毒急救二卷，食治养生二卷，脉学一卷及针灸二卷，共二百三十三门，方论五千三百首。

《千金要方》总结了唐代以前医学成就，书中首篇所列的《大医精诚》、《大医习业》，是中医学伦理学的基础；其妇、儿科专卷的论述，奠定了宋代妇、儿科独立的基础；其治内科病提倡以脏腑寒热虚实为纲，与现代医学按系统分类有相似之处；其中将飞尸鬼疰（类似肺结核病）归入肺脏证治疗，提出霍乱因饮食而起，以及对附疽（骨关节结核）好发部位的描述、消渴（糖尿病）与痈疽关系的记载，均显示了相当高的认识水平；针灸孔穴主治的论述，为针灸治疗提供了准绳，"阿是穴"的选用、"同身寸"的提倡，对针灸取穴的准确性颇有帮助。因此，素为后世医学家所重视，并流传到国外，产生了一定的影响。

《本草纲目》

中国古代重要的药物学著作，《本草纲目》是明代伟大的医药学家李时珍为修改古代医书的错误而编。全书共五十二卷，一百九十余万字，载有药物一千八百九十二种，收集医方一万一千零九十六个，绘制精美插图一千一百六十幅。是作者在继承和总结以前本草学成就的基础上，结合作者长期学习、采访所积累的大量药学知识、经过实践和钻研，历时数十年而编成的一部巨著。分为十六部六十类。每种药物分列释名（确定名称）、集解（叙述产地）、正误（更正过去文献的错误）、修治（炮制方法）、气味、主治、发明（前三项指分析药物的功能）、附方（收集民间流传的药方）等项。全书收录植物药八百八十一种，附录六十一种，另有具名未用植物一百五十三种，共计达一千多种。占全部药物总数的百分之五十八。

作者李时珍（1518 年—1593 年），字东璧，号濒湖，湖北蕲州（今湖北黄冈市蕲春县蕲州镇）人。他出生于中医世家，其父为当地名医，从小受到家庭熏染，对医学特别是本草学十分热爱。他以毕生精力，亲历实践，广收博采，实地考察，向有实践经验的农夫、渔人、猎户、手工业者了解，亲自解剖动物、观察动物生活习性，分析各种药用植物的形态和培植方法。经过数十年孜孜不倦的努力，终于著成不朽的本草学巨著《本草纲目》。

《本草纲目》不仅考证了过去本草学的若干错误，提出了较为科学的药物分类方法，而且溶入了先进的生物进化思想，并丰富了临床实践经验。是对几千年来祖国药物学的总结，也是我国医药宝库中的一份珍贵遗产，被誉为"东方药物巨典"，对近代科学以及医学影响甚大。

阴阳学说

阴阳学说是我国古代朴素的辩证唯物的哲学思想。古代医学家借用阴阳所学来解释人体生理、病理的各种现象，并指导总结医学知识和临床经验。它以自然界运动变化的现象和规律来探讨人体生理功能和病理的变化，从而说明人体机能活动、组织结构及其相互关系。

阴阳学说认为，自然界任何事物或现象都包含着既相互对立、又互根互用的阴阳两个方面。阴阳是对相关事物或现象相对属性或同一事物内部对立双方属性的概括。它们之间的对立制约、互根互用，始终是处于不断的运动变化之中。

任何事物均可以阴阳来划分，凡是运动着的、外向的、上升的、温热的、明亮的都属于阳。相对静止的、内守的、下降的、寒冷的、晦暗的都属于阴。阴阳是相互关联的一种事物或是一个事物的两个方面。

阴阳学说被广泛用于中医理论体系。中医理论认为，"阳"对人体具有推进、温煦、兴奋等作用，"阴"对人体有凝聚、滋润、抑制等作用。人体正常的生命活动，是阴阳两个方面保持对立统一协调关系的结果。如果阴阳不能互相为用而分离，人的生命也就终止了。因此，在疾病的诊治方面，中医主张用阴阳的属性来分析病情，如以色泽、声音、呼吸、气息来分辨阴阳，还可以以脉象部位分阴阳。在疾病的治疗方面，中医主张调整阴阳，补其不足。

五行学说

五行，即金、木、水、火、土五种物质的运动。五行学说认为，世界上的一切事物，都是由金、木、水、火、土五种基本物质之间的运动变化而生成的。同时，五行之间相生相克，任何事物都是在不断的相生、相克运动之中维持着协调平衡。

中医用五行构成世界上一切物质基础这一概念来说明人体的构成和运行。主要以五脏配五行，并围绕五脏，把全身各种构造、器官组织等，也都分属于五脏。它们之间通过经络互相联系，从而构成一个有机整体。一方面，五行学说把解剖结构到组织、感觉器官、动作、情绪、颜色按五行的属性进行了分类。另一方面，说明了人体脏腑组织之间生理功能的相互联系，如肾（水）之精以养肝，肝（木）藏血以济心；相互制约，如脾（土）的运化，可以制止肾水的泛滥，肾（水）的滋润，可以防止心火的亢烈。

木、火、土、金、水依次为肝、心、脾、肺、肾，形成一个循环，维持人体的运行。同时，它们之间又有互相克制的作用，其相克的顺序依次为木、土、水、火、金。中医正是利用这种关系，来解释内脏之间的相互关系，并且应用它来解释、指导治疗。

气功

气功是中国人独有的一种健身法。以呼吸的调整、身体活动的调整和意识的调整为手段，来达到强身健体、延年益寿、开发潜能的目的。主要分为静功和动功两大类。静功以静为主，静立、静坐或静卧，使精神集中，并且用特殊的方式进行呼吸，增强循环、消化等系统的功能。动功以动为主，一般用柔和的按摩、运动操等方法，坚持经常锻炼以增强体质。

气功在我国有几千年的历史，在古代一般有静坐、调气、行气、服气、练丹、修道、坐禅等内容。原始的气功并没有名称，内涵也与我们现在所说的气功不完全一致。现在所通用的气功，是在 20 世纪 50 年代建立了北戴河气功疗养院后逐渐得到推广的。

从中医学的角度看，气功是我国传统医药学的一个重要组成部分。气功通过调节精神，使自身气机变得协调。主要是通过使用暗示为核心的手段，促使意识进入到自我催眠状态，并通过心理—生理—形态自调机制调整心身平衡，达到健身治病目的的自我锻炼方法。同时，气功针灸、气功按摩等传统疗法，也可提高临床疗效，开创了新的治疗途径。

针灸

针灸是中国特有的治疗疾病的方法。针法和灸法是两种不同的治疗方法。针法是把毫针按一定的穴位刺入患者体内，运用捻转与提插等针刺手法治疗疾病；灸法是把燃烧着的艾绒按一定穴位熏灼皮肤，利用热的刺激来治疗疾病。

针灸术起源于中国，有着悠久的历史。传说针灸起源于三皇五帝时期，1973 年，在长沙马王堆三号汉墓出土的古代典籍中，详细论述了十一条脉的循行分布、病候表现和灸法治疗等，表明我国早在秦汉时期针灸经络学说已渐趋于成熟阶段。

针灸术在施治过程中，以经络学说、脏腑学说等有关理论为指导。在长期的医疗实践中，形成了十四经脉、奇经八脉、十五别络、

针灸图

十二经别等经络理论，发现了人体特定部位之间特定联系的规律，创造了经络学说，并由此产生了一套治疗疾病的方法体系。后来人在传统的针刺、灸疗法的基础上，发展出不同的针刺术和灸疗法。如针术有体针、头皮针、面针、耳针，近现代还有电针、水针、激光针等。灸法也有温针灸等不同品种，在少数民族地区还有富有民族特色的点灸等疗法。

拔罐

拔罐法又名"火罐气"、"吸筒疗法"，古称"角法"。这是一种以杯罐作工具，借热力排去其中的空气产生负压，使吸着于皮肤，造成郁血现象的一种疗法。拔火罐与针灸一样，也是一种物理疗法，而且是物理疗法中最优秀的疗法之一。古代医家在治疗疮疡脓肿时常用它来吸血排脓，后来又扩大应用于肺痨、风湿等内科疾病。

拔罐法，是我国医学遗产之一，最早在晋、唐时代就已在民间广泛流行。在晋朝葛洪的《肘后备急方》中就有角法记载。所谓角法，是把挖空的兽角角内烧热后，吸附在皮肤上，拔除脓疮的方法。后来，角法所用的动物角，逐渐由竹筒、陶瓷所代替，并演化为近代的玻璃罐、抽气罐。

由于它简便，便于操作，不需特殊训练；并且具有行气活血、祛风散寒、消肿止痛的功效，对腰部肌肉劳损、头痛、咳嗽、气喘、腹痛等许多疾病颇具疗效，所以在民间极受欢迎。新中国成立以后，经过不断改进，拔罐疗法有了新的发展，治疗范围进一步扩大，逐渐成为现代中医治疗中的一种重要疗法。

导引

导引是古代一种养生术和健身方法，相当于现在的气功。它通过调整呼吸和活动肢体达到保健的目的。导引术起源于上古，原为古代的一种养生术，春秋战国时期就已非常流行，为当时神仙家与医家所重视。

导引图

后为道教将其继承和发展，使之更为精密，将"真气"按照一定的循行途径和次序进行周流，作为炼身的重要方法，以达到调营卫、消水谷、除风邪血气、疗百病以至延年益寿的功效。1972年—1974年在长沙马王堆汉墓（西汉初期诸侯家族墓地）出土的帛画，是世界现存最早的导引图谱。每图式为一人像，男、女、老、幼均有，或着衣，或裸背，均为工笔彩绘。其术式除个别人像做器械运动外，多为徒手操练。其中涉及动物姿态与华佗的五禽戏相近。导引法作为我国古代医学上一种重要的治疗方法，从医疗意义上来说，它充分发挥、调动内在因素，积极地防病治病；从保健意义上来看，它则可以锻炼身体，增强体质，保持朝气，焕发精神。

子午流注

子午流注是传统中医针灸法的一种操作规程。这种理论是说，人体内气血的周流出入，具有一定的时间规律，用针灸治疗时，要注意所刺激穴位的气血流行盛衰的情况，按照这个时间规律来取穴，则会起到显著的治疗效果；如果取穴不得法，则会对治疗起到反作用。

子午流注在我国历史悠久，其理论基础早在两千多年前的中医经典《黄帝内经》中就已奠定。在中华民族传统医学宝库中，是最具特色的宝贵理论之一。具体方法则形成于金元时期。该法是按照日时干支推算人体气血流注盛衰的时间，选取相应的五输穴和原穴进行针灸治疗的方法，为中医时辰治疗学的内容。现代子午流注抗癌疗法也来源于此理论基础，因时、因病、因人、因地准确地调整患者气血，调理脏腑气血阴阳，在特定的时间内杀灭癌细胞，恢复患者血气运行的正常时间规律，以达到治疗疾病的目的。

正骨

正骨是古代医学诊治损伤的专科，是古代医学"十三科"之一，也称为伤科或骨伤科。所谓正骨是指用摸、接、端、提、按、摩、推、拿等手法治疗骨折、脱臼等损伤，也包括同类原因导致的内脏器损伤。

元代的《世医得效方》最早提到"正骨"这个名称，在官方医疗制度中还设有"正骨兼金镞科"。到唐代就有了关于开放性骨折和关节脱位的治疗方法。清代的《医宗金鉴》一书中，对正骨这门学问作了系统总结，写成"正骨八法"，包括：手摸心会、拔伸牵引、旋转屈伸、提按端挤、摇摆触碰、夹挤分骨、折顶回旋、按摩推拿。这些手法各具特点，比国外的同类方法要早六百年，是我国中医学上宝贵的文化遗产。

纺 织

黄道婆

黄道婆（1245 年—1330 年），元代棉纺织家。又名黄婆、黄母，松江府乌泥泾镇（今上海华泾镇）人。出身贫苦，少年漂泊，以道观为家，从小劳动、生活在黎族姐妹中，勤快聪明。棉花在闽广广泛种植后，黄道婆潜心研究纺棉织布的技艺，后南游学艺，学会运用制棉工具和织崖州被的方法。元成宗元贞年间重返故乡，在松江府的乌泥

黄道婆

泾镇，教人制棉，传授和推广"扎、压、弹、织"、"错纱配色，综线

挈花"等各种织造技术，使乌泥泾和松江一带人民迅速掌握了先进的织造技术，一时"乌泥泾被不胫而走，广传于大江南北"。当时的太仓、上海等县纷纷仿效。黄道婆去世以后，松江府成为全国最大的棉纺织中心，松江布有"衣被天下"的美称。

松江百姓感念她的恩德，于顺帝至元二年（1336 年），为她立祠堂。至正二十二年（1362 年），乡人张守中重建并请王逢作诗纪念。明熹宗天启六年（1628 年），张之象塑其像于宁国寺。黄道婆是我国杰出的纺织家，也是劳动妇女勤奋、聪明、慈爱、无私的代表。

缎

缎是一种利用缎纹组织的各种花素丝织物，比较厚，正面平滑有光泽的丝织品，又称绸缎、锦缎，俗称缎子。缎有很多品种，经浮长布满织物表面的称经缎；纬浮长布满织物表面的称纬缎。

根据文献和出土文物记载，缎纹组织起源于汉代，唐以后，缎织物发展成为和罗、锦、绫、纱等并列的丝织物。宋元之后，不仅有五枚缎和各种变则缎纹，八枚缎也开始被大量应用。

大约在宋代，缎纹组织流传到欧洲。

缎地由于组织点浮线长，故织物质地柔软而有光泽。缎类织物是丝绸产品中技术最为复杂，织物外观最为绚丽多彩，工艺水平最高级的大类品种，是丝织品中最华丽的织物之一。中国著名传统缎织物品种有透背缎、捻金番缎、销金彩缎、暗花缎、妆花缎、宋锦缎、闪缎等多种。可做旗袍、被面、棉袄等。其特点：平滑光亮、质地柔软，花型繁多、色彩丰富、纹路精细、雍华瑰丽，具有民族风格和故乡色彩。

松江布

泛指松江及其附近地区生产的棉布。松江府地处长江下游三角洲，在今上海市境内。宋代，棉花栽培从岭南逐渐传到长江中下游地区。松江气候、土壤适合棉花生产，棉花种植迅速得到推广普及。元朝元贞年间，劳动妇女黄道婆从海南岛带回先进纺织工具和织棉技术，使纺织形成了一个较为完善的、效率大为提高的生产过程，推动了松江地区棉纺织业的发展。经过明朝植棉业的进一步推广，织棉技术的发展，松江成为棉纺织业的中心，产量越来越高，质量越来越好，松江棉布在全国声誉鹊起，产品行销全国，且远销日本和朝鲜，有"衣被天下"之称。

松江棉布质地优良、图案美观，被世人誉为松江美布。松江棉布比较著名的有四种：三梭布、番布、兼丝布、药斑布。三梭棉布幅宽三尺余，光洁细密，比普通白棉布价格高出一倍以上，成为一方特产。番布质优价昂，能织出龙凤、斗牛、麒麟等图案，"一匹有费至白金百两者"。常常被当做礼物送给朝廷大臣。

云锦

盛产于南京，是我国传统丝织工艺中技艺成就较高，具有地方特色的一种提花多彩丝织锦缎。它因绚丽多姿，美如天上云霞而得名。

云锦始于元代，成熟于明代，发展于清代。过去只在南京官办织造局中生产，其产品也仅用于宫廷服饰及赏赐近臣，清代在南京设立了"江宁织造署"，晚清以来，行业中根据其用料考究、织造精细、花纹绚烂如云等特点，称其为"云锦"或"南京云锦"。著名的传统云锦品种有妆花、库锦、库缎几大类。

与蜀锦和宋锦用彩色丝线配置不同，云锦则大量采用金线勾边或金银线装饰花纹，以白色相间或色晕过渡，以纬管小梭挖花装彩。其纹样是用表示尊贵或吉祥的禽兽、花卉、草虫作为主体，各式云纹作陪衬，云纹有行云、流云、朵云、片云、团云、回合云、如意云、和合云等多种变化纹。正是这些模仿自然界奇妙的云势变化，再加以艺术加工的云纹，使云锦图案达到了繁而不乱、疏而不露、层次分明、突出主题的艺术效果。结构严谨、风格庄重、色彩丰富多变。现代云锦在继承明、清时期传统风格的基础上，发展了雨花锦、金银锦、菱锦、装饰锦及台毯、靠垫等许多新品种。

四大名绣

刺绣，古称针绣，是用绣针引彩线，按设计的花纹在纺织品上刺绣运针，以绣迹构成花纹图案的一种工艺。四大名绣，指的是我国刺绣中的苏绣、湘绣、粤绣、蜀绣。四大名绣之称形成于十九世纪中叶，它的产生除了本身的艺术特点外，另一个重要原因就是绣品商业化的结果。由于市场需求和刺绣产地的不同，刺绣工艺品作为一种商品开始形成了各自的地方特色。而其中苏、蜀、粤、湘四个地方的刺绣产品销路很广，影响尤大，故有"四大名绣"之称。

苏绣，是指以江苏苏州为中心的刺绣产品的总称。苏州盛产丝绸，素有妇女擅长绣花的传统，在长期的历史发展中，苏绣在艺术上形成了图案秀丽、色彩和谐、线条明快、针法活泼、绣工精细的地方风格，被誉为"东方明珠"。

粤绣，是以广东省广州市为生产中心的手工丝线刺绣的总称。主要有衣饰、挂屏、裙褂、屏心、团扇、扇套等绣品。粤绣构图繁密热闹，色彩富丽夺目，施针简约，绣线较粗且松，针脚长短参差，针纹重叠微凸。

蜀绣，亦称"川绣"，是以成都为中心的四川刺绣产品的总称。蜀绣以日用品居多，用针工整、平齐光亮、丝路清晰、不加代笔，花纹边缘如同刀切一般齐整，色彩鲜丽。

湘绣，是以湖南长沙为中心的刺绣产品的总称。湘绣主要以纯丝、硬缎、软透明纱和各种颜色的丝线、绒线绣制而成。配色以深浅灰和黑白为主，素雅如水墨画；也不乏色彩艳丽，图案纹饰的装饰性较强的日用品。

缂丝

又称"刻丝"，是一种以生丝作经线，以各色熟丝作纬线，平纹制织纬显花的传统装饰性丝织品。缂丝在海外还有其他名称，如"缀锦"、"缀织"、"织成锦"等。

缂丝的织造与其他织物不同，是采用通经断纬的方法。一般织物花纹为规则变化，其纬线必通过全部之经线。而缂丝每一件所织的内容图形及设色，都没有重复及相同者。其设色纬线仅通过图形部分经线，然后再回转；未通过纬线的经线，由其他图形所需的设色纬线来穿越。

宋元以来，缂丝一直是皇家御用织物之一，常用以织造帝后服饰，因织造过程极其精细，存世精品极为稀少，常有"一寸缂丝一寸金"和"织中之圣"的美誉。与刺绣、玉雕和象牙雕、景泰蓝并称为中国四大特种工艺品，并与云锦合称为中国两大珍品手工丝织物。

手摇纺车

我国古代所用的纺纱机器。手摇纺车由车架、锭子、绳轮、手柄四部分组成。用手起动，绳轮传动，绳轮的直径视所纺纤维而定，如纺不需牵伸的丝麻纤维，轮径可大一些，纺需要牵伸的棉、毛纤维，轮径可小一些。这种纺车可以根据所纺纱线的使用特点，随意加捻，合出粗细要求不同的丝或丝弦。纺车的手摇纺车除用于纺纱外，还可兼作并线、摇纤工具，故纺车古时也称"继车"和"道轨"。

纺车最早出现在什么时候，现在尚无定论。关于纺车的最早文献记载见于西汉扬雄的《方言》。根据湖南长沙曾出土过一块战国时代的麻布，其经纬密度为每厘米 28～24 根，如此细的麻纱，只有在纺车出现之后才有可能。以此推断，纺车大约在战国时期就已出现。关于纺车的结构演变，最早图像则见于西汉帛画和一些汉画像石。汉画像石上纺车的结构，与《天工开物》所载纺车以及近代农村所用纺车相似，说明手摇纺车自出现起，一直没有什么大的改变，并沿用至今。

脚踏纺车

古代纺纱机器。脚踏纺车是在手摇纺车的基础上发展而来的，是利用偏心轮在纺车制造上完成的一次改革。

脚踏纺车的最早发明时间不详，现在能见到的最早的资料是公元四到五世纪我国东晋著名画家顾恺之一幅画上的脚踏三锭纺车。1313

脚踏纺车

年，王祯《农书》上记载了三锭脚踏棉纺车和三锭、五锭脚踏麻纺车，证明脚踏纺车从东晋以后一直在使用。

脚踏纺车是由纺纱和脚踏两部分机构组成。纺纱机构与手摇纺车相似，有三到五个锭子、绳轮和绳等机件。脚踏机构有曲柄、踏杆、凸钉等机件。曲柄装在绳轮的轮轴上，由一短连杆和下边脚踏杆的一端相连，脚踏杆的另一端则和机架上的凸钉衔接在一起。脚踏纺车的动力来自于脚，从而使纺妇将摇动纺车的右手解脱出来，用手操作纺纱或合线。这种脚踏纺车，是当时世界上最先进的纺纱机具。

套染法

层染法的一种，染色方向一致，逐步加染。其工艺原理和多次浸染法基本相同，也是多次浸染织物，利用各种染料之间相互遮盖作用的影响，将织物多次浸入两种以上不同的染液中，以获得各种色彩的中间色。如：用蓝草浸染后，再用黄色染料套染，得到绿色；染黄以后再染红就能得到橙色；染红以后再染蓝能得到紫色。由于颜色的遮盖作用以及染料化学成分的相互作用，不同染料的套染是有规律进行的。以染黄的黄蘗为例，如果先用黄蘗再用其他染料染，黄蘗中所含的小蘗碱会和其他染料反应而失去染色功能，因此，必须先染其他染料，然后再用黄蘗套染。

《淮南子》中说："染者先青而后黑则可，先黑而后青则不可。"表明我国在两千多年前就已经掌握了各种染料之间相互遮盖作用的影响。

媒染法

利用某些金属盐作为媒染剂，使对纤维没有亲和力的媒染染料色素附着在织物上的方法。《周礼钟氏》中有关媒染的记载，证明我国染匠在两千多年前就掌握了媒染染色过程终端的色泽。古代用两种方式利用这种工艺染色：一种是先浸后媒法，先将织物放在染液中浸渍，而后放入媒染剂使之固色；另一种是先媒后染法，先将织物放入只含有媒染剂的溶液中加媒，而后再放进染料染色。媒染法较之其他染色法的上色率、耐光性、耐酸碱性以及上色牢度都要好得多，但其染色过程也比其他染法复杂。同一种媒染染料，加入不同的媒染剂可染出不同颜色。如茜草，加铝媒染剂得红色，加铁媒染剂得暗紫色，加锡媒染剂得桔黄色。所加媒染剂数量如稍微不当，染出的色泽会大大偏离原定标准，而且难以致染。必须正确使用，才能得到想要的染色效果。

国学经典

中国自古以来就注重图书文献的整理，浩如烟海的典籍记载了中华民族历史的兴衰、经济的发展、生活环境和社会状况的变迁，传承了光辉灿烂的中华文明。从周朝就有"金匮"、"石室"藏书，汉代又有石渠阁、天禄阁，称为秘府。宋代有百科全书性质的《太平御览》，史学类的《册府元龟》，文学类的《文苑英华》。明代有《永乐大典》，清代有《四库全书》。

什么是《四库全书》

在唐代，唐玄宗时期的集贤院把国家的藏书分为四类，称为四部，就是：经、史、子、集。以后各朝将这四类书藏在四库，所以也称它们为"四库"。

（1）经，称为甲部。

（2）史，称为乙部。

（3）子，称为丙部。

（4）集，称为丁部。

看看我们国家的藏书的历史，是不断地在积累，又不断地在毁坏，总的来说，图书的数量是在不断地增加，数量多得人们常用"浩如烟海"来形容。书多，它们遭的灾害也多，天下统一时如秦代，为了加强中央集权，推行愚民政策就焚书，天下大乱时，毁于兵火的书就更多。但是，我们毕竟是喜欢文化的民族，每当天下太平时就又收集书籍。就这样屡毁屡修，到了清代乾隆年间编修《四库全书》时，所收的图书达到 3470 部，7918 卷。估计达到八亿多字。从乾隆年间到现在，新发现的文献加上那时禁毁的、存目的图书就更多了。

《四库全书》是在清代乾隆三十七年（1772 年）开始编纂的，经十年之功方告完成。这是中国古代最大的一部丛书，分经、史、子、集四部，故名四库。它基本上囊括了古代绝大部分典籍图书，故称"全书"。

《四库全书》编书的始末

乾隆三十七年（1772 年）十一月，安徽学政朱筠提出《永乐大典》的辑佚问题，得到乾隆皇帝的认可，接着便诏令将所辑佚书与"各省所采及武英殿所有官刻诸书"，汇编在一起，名曰《四库全书》。《四库全书》的底本的四个来源是：1. 内府藏书；2. 清廷官修书；3. 从各地征集的图书；4. 从《永乐大典》中辑出的佚书。

《四库全书》的浩大工程共分四步：第一步是征集图书。为了表彰进书者，清廷还制定了奖书、题咏、记名等奖励办法："奖书"即凡进书 500 种以上者，赐《古今图书集成》一

《四库全书》书影

部；进书 100 种以上者，赐《佩文韵府》一部。"题咏"，即凡进书百种以上者，择一精醇之本，由乾隆皇帝题咏简端，以示恩宠。"记名"即在提要中注明采进者或藏书家姓名。地方政府积极响应，藏书家大力协助，征书工作进展顺利，共征集图书 12237 种，其中江苏进书 4808 种，居各省之首；浙江进书 4600 种，排名第二。私人藏书家马

裕、鲍士恭、范懋柱、汪启淑等也都进书很多。第二步是整理图书。乾隆皇帝为了存放《四库全书》，效仿著名的藏书楼"天一阁"的建筑建造了南北七阁。乾隆四十六年（1781 年）十二月，第一部《四库全书》终于抄写完毕并装潢进呈。接着又用了将近三年的时间，抄完第二、三、四部，分贮文渊阁、文溯阁、文源阁、文津阁珍藏，这就是所谓"北四阁"。从乾隆四十七年（1782 年）七月到乾隆五十二年（1787 年）又抄了三部，分贮江南文宗阁、文汇阁和文澜阁珍藏，这就是所谓"南三阁"。每部《四库全书》装订为 36300 册，6752 函。七阁之书都钤有玺印，如文渊阁藏本册首钤"文渊阁宝"朱文方印，卷尾钤"乾隆御览之宝"朱文方印。

《四库全书》的内容

《四库全书》的内容是十分丰富的。按照内容分类，包括 4 部 44 类 66 属。分经、史、子、集四部，故名四库。经部包括易类、书类、诗类、礼类、春秋类、孝经类、五经总义类、四书类、乐类、小学类等 10 个大类，其中礼类又分周礼、仪礼、礼记、三礼总义、通礼、杂礼书 6 属，小学类又分训诂、字书、韵书 3 属；史部包括正史类、编年类、纪事本末类、杂史类、别史类、诏令奏议类、传记类、史钞类、载记类、时令类、地理类、职官类、政书类、目录类、史评类等 15 个大类，其中诏令奏议类又分诏令、奏议 2 属，传记类又分圣贤、名人、总录、杂录、别录 5 属，地理类又分宫殿疏、总志、都会郡县、河渠、边防、山川、古迹、杂记、游记、外记 10 属，职官类又分官制、官箴 2 属，政书类又分通制、典礼、邦计、军政、法令、考工 6 属，目录类又分经籍、金石 2 属；子部包括儒家类、兵家类、法家类、农家类、医家类、天文算法类、术数类、艺术类、谱录类、杂家类、类书类、小说家类、释家类、道家类等 14 大类，其中天文算法类又分推步、算书 2 属，术数类又分数学、占候、相宅相墓、占卜、命书相书、阴阳五行、杂技术 7 属，艺术类又分书画、琴谱、篆刻、杂技 4 属，谱录类又分器物、食谱、草木鸟兽虫鱼 3 属，杂家类又分杂学、杂考、杂说、杂品、杂纂、杂编 6 属，小说家类又分杂事、异闻、琐语 3 属；集部包括楚辞、别集、总集、诗文评、词曲等 5 个大类，其中词曲类又分词集、词选、词话、词谱词韵、南北曲 5 属。除了章回小说、戏剧著作之外，以上门类基本上包括了社会上流布的各种图书。就著者而言，包括妇女、僧人、道家、宦官、军人、帝王、外国人等在内的各类人物的著作。

收藏《四库全书》的文渊阁

《四库全书》有十分明显的不足之处，那就是乾隆皇帝出于政治需要和私心对古代图书的正文进行了删节或篡改，使得四库本的文献价值大大减弱了。这么多的书，谁也不可能全部读完，也没有必要读完。正像哲学家朱光潜先生所说，现在任何一门学问的图书都可以装满一个图书馆，但是人们不可不读的重要典籍就是那么几十部甚至十几部。

从我国进入现代以来，几位著名的导师都为初学国学的人开列过必读书目，如梁启超先生、胡适先生等。书目其实就是入学的门径。

梁启超《国学必读书及其读法》

这是民国十二年（1923 年），梁氏应《清华周刊》记者之约，所拟定的书目。分五大类，所举图书约一百六十种，每一种说明其内容、重要的注本及读法等，切合今日青年学生的需要。兹列举其书目于下：

修养、应用思想史关系书类

《论语》、《孟子》、《易经》、《礼记》、《老子》、《墨子》、《庄子》、《荀子》、《尹文子》、《慎子》、《公孙龙子》、《韩非子》、《管子》、《吕氏春秋》、《淮南子》、《春秋繁露》、《盐铁论》、《论衡》、《抱朴子》、《列子》、《近思录》、《朱子年谱》、《朱子论学要语》、《传习录》、《宋元学案》、《明儒学案》、《日知录》、《亭林文集》、《明夷待访录》、《思问录》、《颜氏学记》、《东原集》、《雕菰楼集》、《文史通义》、《大同书》、《国故论衡》、《东西文化及其哲学》（梁漱溟著）、《中国哲学史大纲》（上卷）（胡适著）、《先秦政治思想史》（梁启超著）、《清代学术概论》（梁启超著）。

政治史及其他文献学书类

《尚书》、《逸周书》、《竹书纪年》、《国语》、《战国策》、《周礼》、《考信录》（崔述著）、《资治通鉴》、《续资治通鉴》（毕沅著）、《文献通考》、《续文献通考》、《皇朝文献通考》、《通志二十略》、《二十四史》、《廿二史札记》、《国朝先正事略》、《读史方舆纪要》、《史通》、《中国历史研究法》（梁启超著）。

韵文书类

《诗经》、《楚辞》、《文选》、《乐府诗集》（郭茂倩编）、《李太白集》、《杜工部集》、《王右丞集》、《孟襄阳集》、《韦苏州集》、《高常诗集》、《韩昌黎集》、《柳河东集》、《白香山集》、《李义山集》、《王临川集》（诗宜用李壁注本）、《苏东坡集》、《元遗山集》、《陆放翁集》、《唐百家诗选》（王安石选）、《宋诗钞》（吕留良钞）、《清真词》（周美成）、《醉翁琴趣》（欧阳修）、《东坡乐府》（苏轼）、《屯田集》（柳永）、《淮海词》（秦观）、《樵歌》（朱敦儒）、《稼轩词》（辛弃疾）、《后村词》（刘克庄）、《白石道人歌曲》（姜夔）、《碧山词》（王沂孙）、《梦窗词》（吴文英）、《西厢记》、《琵琶记》、《牡丹亭》、《桃花扇》、《长生殿》。

小学书及文法书类

《说文解字注》（段玉裁注）、《说文通训定声》（朱骏声著）、《说文释例》（王筠著）、《经传释词》（王引之著）、《古书疑义举例》（俞樾著）、《文通》（马建忠著）、《经籍纂诂》（阮元著）。

随意涉览书类

《四库全书总目提要》、《世说新语》、《水经注》、《文心雕龙》、《大唐三藏慈恩法师传》（慧立撰）、《徐霞客游记》、《梦溪笔谈》、《困学纪闻》、《通艺录》、《癸巳类稿》、《东塾读书记》、《庸盦笔记》（薛福成）、《张太岳集》（张居正）、《王心斋先生全书》（王艮）、《朱舜水遗集》（朱之瑜）、《李恕谷文集》（李塨）、《鲒琦亭集》（全祖望）、《潜研堂集》（钱大昕）、《述学》（汪中）、《洪北江集》（洪亮吉）、《定盦文集》（龚自珍）、《曾文正公全集》（曾国藩）、《胡文忠公集》（胡林翼）、《苕溪渔隐丛话》（胡仔）、《词苑丛谈》（徐釚）、《语石》（叶昌炽）、《书林清话》（叶德辉）、《广艺舟双楫》（康有为）、《剧说》（焦循）、《宋元戏曲史》（王国维）。

胡适的《一个最低限度的国学书目》

这个书目，是胡先生为一个刚从清华学校毕业，即将出国留学的少年而拟的。

工具之部

《书目举要》（周贞亮、李之鼎）、《书目答问》（张之洞）、《四库全书总目提要》、《汇刻书目》（顾修）、《续汇刻书目》（罗振玉）、《史姓韵编》（汪辉祖）、《中国人名大辞典》（商务印书馆）、《历年名人年谱》（吴荣光）、《世界大事年表》（傅运森）、《历代地理韵编》、《清代舆地韵编》（李兆洛）、《历史纪元编》（陆承如）、《经籍纂诂》（阮元等）、《经传释词》（王引之）、《佛学大辞典》（丁福保等）。

思想史之部

《中国哲学史大纲上卷》（胡适）、《二十二子》（包括：《老子》、《庄子》、《管子》、《列子》、《墨子》、《荀子》、《尸子》、《孙子》、《孔子集语》、《晏子春秋》、《吕氏春秋》、《贾谊新书》、《春秋繁露》、《扬子法言》、《文子缵义》、《黄帝内经》、《竹书纪年》、《商君书》、《韩非子》、《淮南子》、《文中子》、《山海经》）、《四书》、《墨子间诂》（孙诒让）、《庄子集注》（郭庆藩）、《荀子集注》（王先谦）、《淮南鸿烈集解》（刘文典）、《春秋繁露义证》（苏舆）、《周礼》、《论衡》（王充）、《抱朴子》（葛洪）、《四十二章经》、《佛教遗经》、《异部宗轮论述记》（窥基）、《大方广佛华严经》（东晋译本）、《妙法莲华经》（鸠摩罗什译）、《般若纲要》（葛慧）、《般若波罗蜜多心经》（玄奘译）、《金刚般若波罗蜜经》（鸠摩罗什译，菩提流支译，真谛译）、《阿弥陀经》（鸠摩罗什译）、《大方广圆觉了义经》（即《圆觉经》，佛陀多罗译）、《十二门论》（鸠摩罗什译）、《中论》（鸠摩罗什译）、《三论玄义》（吉藏撰）、《大乘起信论》（伪书）、《大乘起信论考证》（梁启超）、《小止观》（一名《童蒙止观》，颛智撰）、《相宗八要直解》（智旭直解）、《因明入正理论疏》（窥基疏）、《大慈恩寺三藏法师传》（慧立撰）、《华严原人论》（宗密撰）、《坛经》（法海录）、《古尊宿语录》、《宏明集》（僧佑集）、《韩昌黎集》（韩愈）、《李文公集》（李翱）、《柳河东集》（柳宗元）、《宋元学案》（黄宗羲、全祖望等）、《明儒学案》（黄宗羲）、《直讲李先生集》（李觏）、《王临川集》（王安石）、《二程全书》（程颢、程颐）、《朱子全书》（朱熹）、《朱子年谱》（王懋竑）、《陆象山全集》（陆九渊）、《陈龙川集》（陈亮）、《叶水心全集》（叶适）、《王文成公全书》（王守仁）、《困知记》（罗钦顺）、

《王心斋先生全集》（王艮）、《罗文恭公全集》（罗洪先）、《胡子衡齐》（胡直）、《高子遗书》（高攀龙）、《学蔀通辨》（陈建）、《正谊堂全书》（张伯行编）、《清代学术概论》（梁启超）、《日知录》（顾炎武）、《明夷待访录》（黄宗羲）、《张子正蒙注》（王夫之）、《思问录内外篇》（王夫之）、《俟解》一卷《噩梦》一卷（王夫之）、《颜李遗书》（颜元、李塨）、《费氏遗书》（费密）、《孟子字义疏证》（戴震）、《章氏遗书》（章学诚）、《章实斋年谱》（胡适）、《崔东壁遗书》（崔述）、《汉学商兑》（方东树）、《汉学师承记》（江藩）、《新学伪经考》（康有为）、《史记探源》（崔适）、《章氏丛书》（章炳麟）。

文学史之部

《诗经集传》（朱熹）、《诗经通论》（姚际恒）、《诗本谊》（龚橙）、《诗经原始》（方玉润）、《诗毛氏传疏》（陈奂）、《檀弓》（《礼记》第二篇）、《春秋左氏传》、《战国策》、《楚辞集注》（附辨证后语）（朱熹）、《全上古三代秦汉三国六朝文》（严可均编）、《全汉三国晋南北朝诗》（丁福保编）、《古文苑》（章樵注）、《续古文苑》（孙星衍编）、《文选》（萧统编）、《文心雕龙》（刘勰）、《乐府诗集》（郭茂倩编）、《唐文粹》（姚铉编）、《唐文粹补遗》（郭麟编）、《全唐诗》（康熙朝编）、《宋文鉴》（吕祖谦编）、《南宋文范》（庄仲方编）、《南宋文录》（董兆熊编）、《宋诗钞》（吕留良、吴之振等编）、《宋诗钞补》（管庭芬等编）、《宋六十名家词》（毛晋编）、《四印斋王氏所刻宋元人词》（王鹏运编刻）、《强村所刻词》（朱祖谋编刻）、《太平乐府》（杨朝英编）、《阳春白雪》（杨朝英编）、《董解元弦索西厢》（董解元）、《元曲选一百种》（臧晋叔编）、《金文最》（张金吾编）、《元文类》（苏天爵编）、《宋元戏曲史》（王国维）、《京本通俗小说》、《宣和遗事》、《五代史平话残本》、《明文存》（薛熙编）、《列朝诗集》（钱谦益编）、《明诗综》（朱彝尊编）、《六十种曲》（毛晋编刻）、《盛明杂剧》（沉泰编）、《暖红室汇刻传奇》（刘世珩编刻）、《笠翁十二种曲》（李渔）、

《九种曲》（蒋士诠）、《桃花扇》（孔尚任）、《长生殿》（洪昇）、《曲苑》、《缀白裘》、《曲录》（王国维）、《湖海文传》（王昶编）、《湖海诗传》（王昶编）、《鲒埼亭集》（全祖望）、《惜抱轩文集》（姚鼐）、《大云山房文稿》（恽敬）、《文史通义》（章学诚）、《龚定盦全集》（龚自珍）、《曾文正公文集》（曾国藩）、《吴梅村诗》（吴伟业）、《瓯北诗钞》（赵翼）、《两当轩诗钞》（黄景仁）、《巢经巢诗钞》（郑珍）、《秋蟪吟馆诗钞》（金和）、《人境庐诗草》（黄遵宪）、《水浒传》、《西游记》（吴承恩）、《三国演义》、《儒林外史》（吴敬梓）、《红楼梦》（曹霑）、《今古奇观》、《水浒后传》（陈枕自署古宋遗民）、《镜花缘》（李汝珍）、《三侠五义》（经俞樾修改，改名《七侠五义》）、《儿女英雄传》（文康）、《九命奇冤》（吴沃尧）、《恨海》（吴沃尧）、《老残游记》（刘鹗）、《五十年来的中国文学》（胡适）。

胡适先生对这个书目，有两点说明，我们摘要如下：

一、这个书目，是我答应清华学校胡君敦元等四个人拟的。他们都是将要往国外留学的少年，很想在短时期中得到国故学的常识。所以我拟这个书目的时候，并不为国学有根底的人设想，只为普通青年人想得一点儿系统的国学知识的人设想。这是我要声明的第一点。

二、这虽是一个书目，却也是一个法门。这个法门可以叫做"历史的国学研究法"。这四五年来，我不知收到多少青年朋友询问"学国学有何门径"的信。十几年的经验，使我不能不承认音韵训诂之学，只可以做"学者"的工具，而不是"初学"的门径。老实说来，国学在今日，还没有门径可说。那些国学有成绩的人，大都是下死工夫笨干出来的。死工夫固是重要，但究竟不是初学的门径。对初学人说法，须先引起他的真兴趣，然后他肯下死工夫。在这个没有门径的时候，我曾想出一个下手方法来，就是用历史的线索，做我们天然的统系。用这个天然继续演进的顺序，做我们治国学的历程。这个书目便是依这个观念做的。这个书目的顺序是下手的法门，这是我要声明的第二点。

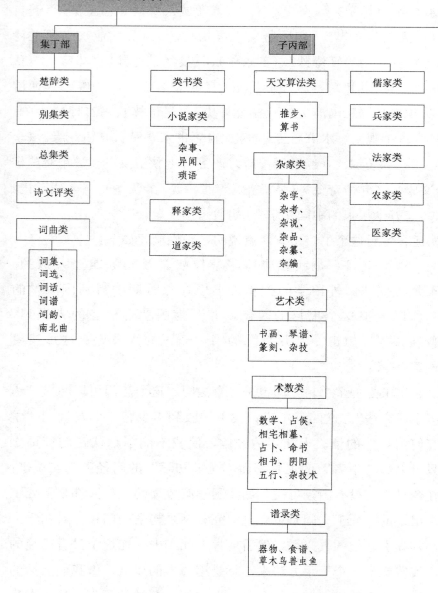

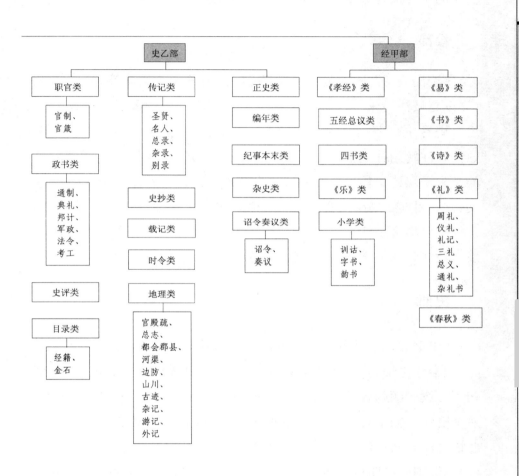

梁启超和胡适先生所开的书目都很多，一般初学者学起来是有困难的。著名学者屈万里教授在《古籍导读》一书中所列举的书目，是公认的比较适合大多数初学国学者选用的书目。书目如下：

经部

《论语》（先读何晏《论语集解》、朱子《论语集注》）、《孟子》（先读赵岐注、朱子《孟子集注》）、《周易》（先读魏王弼与晋韩康伯之《周易注》、朱子《周易本义》）、《尚书》（伏生所传之二十九篇宜熟读，注解用孙星衍之《尚书今古文注疏》）、《诗经》（先读毛传、郑笺及朱子《诗集传》）、《周礼》（先读郑玄注，可参阅孙诒让《周礼正义》）、《礼记》（汉郑玄注）、《春秋左传》（杜预《春秋左传集解》）、《孝经》（唐玄宗注）、《尔雅》（郭璞注）、《说文解字》（汉许慎撰，清段玉裁注）、《经学历史》（清皮锡瑞撰，近人周予同注）。

史部

《史记》（汉司马迁撰。可读三家注本，日本学人泷川龟太郎之《史记会注考证》，最宜初学）、《汉书》（汉班固撰，其妹班昭续成之。初学可读唐颜师古注及清王先谦补注）、《后汉书》（南朝宋范晔撰，唐李贤注。初学可读清王先谦集解）、《三国志》（晋陈寿撰，南朝宋裴松之注）、《资治通鉴》（宋司马光撰，元胡三省注）、《续资治通鉴》（清毕沅撰）、《明史纪事本末》（题清谷应泰撰）、《国语》（旧题周左丘明撰，吴韦昭注）、《战国策》（汉刘向编集，汉高诱注）、《宋元学案》（清黄宗羲撰）、《明儒学案》（清黄宗羲撰）、《考信录》（清崔述撰）。

子部

《荀子》（周荀况撰。初学宜读清王先谦《荀子集解》）、《韩非子》（周韩非子撰。初学可读近人王先慎《韩非子集解》）、《墨子》（旧题周墨翟撰。初学可读清孙诒让《墨子间诂》）、《吕氏春秋》（旧题秦吕不韦撰。初学可读今人许维遹《吕氏春秋集释》)、《老子》(旧题周李耳撰。初学宜读魏王弼注)、《列子》(旧题周列御寇撰。初学宜读晋张湛注)、《庄子》(旧题周庄周撰。晋郭象注,初学可读清王先谦《庄子集解》)。

集部

《楚辞》(汉刘向编集。初学可读汉王逸章句,宋洪兴祖注本。如能再参阅朱子《楚辞集注》及清戴震《屈原赋注》,则更佳矣。)、《陶渊明集》(晋陶潜撰。初学可读清陶澍《陶靖节集注》)、《李太白诗集》(唐李白撰。读者可取元杨齐贤集注、萧士赟补注本)、《杜工部集》(唐杜甫撰。初学可读清仇兆鳌《杜少陵集详注》及杨伦《杜诗镜铨》)、《韩昌黎集》(唐韩愈撰。初学可读宋廖莹中所辑注者)、《白氏长庆集》(唐白居易撰)、《文选》(梁萧统编,初学者可读李善注本)、《文心雕龙》(梁刘勰撰。可读今人范文澜《文心雕龙注》)。

中国自古以来就有为孩童作蒙学教材的好传统,如:秦代李斯的《仓颉篇》,汉代司马相如的《凡将篇》,杨雄、班固的《训纂篇》及其续篇,蔡邕的《劝学篇》,南北朝时周兴嗣的《千字文》,宋代朱熹的《小学》,王应麟的《三字经》,都是古代的大学者们为孩童们量身打造的国学入门读物。

学习国学经典之前,最好是读几本蒙学读物,蒙学读物既提纲絜领,又浅显易懂,实在是很好的入门之阶。

国学入门先读"三、百、千"

著名的国学学者南怀瑾有一段很有见地的话:"我经常告诉来学中国文化的外国人,不要走冤枉路,最直捷的方法是先去读"三百千千",就是《三字经》、《百家姓》、《千家诗》、《千字文》四本书,努力一点,三个月的时间,对中国文化基本上就懂了。三字一句的《三字经》把一部中国文化简要地介绍完了。历史、政治、文学、做人、做事等等，都包括在内。尤其是《千字文》，一千个字，认识了这一千个字以后，对中国文化就有基本的概念。中国真正了不起的文人学者，认识了三千个中国字，就了不起了。假如你考我，要我坐下来默写三千个中国字来，我还要花好几天的时间，慢慢地去想。一般脑子里记下来一千多个字的，已经了不起了。有些还要翻翻字典，经常用的不过几百个字。所以《千字文》这本书，只一千个字，把中国文化的哲学、政治、经济等等，都说进去了，而且没有一个字重复的……四个字一句的韵文，从宇宙天文，一直说下来，说到做人做事，所谓"寒来暑往，秋收冬藏"。不要以为《千字文》简单，现代人，能够马上把《千字文》讲得很好的，恐怕不多。"

中国古代的启蒙教育，对儿童进行的是人文价值的全面教育。启蒙课本里面有文化的基础知识，让孩子集中识字；有人格的培养，让孩子懂得做人的道理和基本的礼节礼貌。很多现代名人经历过蒙学的教育，当他们回忆自己的一生时，都对儿童时期的启蒙教育留下了深深的怀念和感激之情。蒙学教育注重背诵和练习，虽然儿童在幼小的懵懂时期，不可能完全理解到书中的很多道理，但是到他们成年之后，早已深深地印他们脑海中的含义深刻的话语，面对现实时会一次次浮现出来，成为他们为人处事的准则。

《三字经》是最好的蒙学课本

前人评论《三字经》，还都说它有拓展见闻作用，"初入社学，八岁以下者，先读《三字经》，以习见闻。"所以被誉为是"袖里《通鉴纲目》"。《三字经》还是最好的中国历史纲要和系统而简明的中国文化史纲要。

"人之初，性本善。性相近，习相远"，《三字经》中的这些话，在中国可以说是家喻户晓，人人皆知。这本小书广为流行，它不仅被

《三字经》是最好的蒙学课本，为历代学生所传诵。

译成满文、蒙文，还被译成英文、法文等多种文字。

《三字经》内容浅显，音韵和谐，孩童们读和背诵都很容易，能够琅琅上口。它可以为孩子打下良好的文化基础。《三字经》以最简明扼要的、类似格言的语言，最大限度地涵盖了中国文化的各类常识。《三字经》对于儿童的人格培养也有重要作用，这一点已经为越来越多的人们所重视，所以它已被联合国教科文组织列入《世界儿童道德教育丛书》。

《三字经》到今天仍然有独特的魅力，它不仅又走进了学生的课堂，还为广大成年人所喜爱，现在正准备申报国家非物质文化遗产。

姓氏文化大全——《百家姓》

《百家姓》是蒙学的重要读物之一，也是其中流传最广、时间最久的一种。姓氏的起源可以让人更多地了解中华民族的历史、地理和名人轶事，增强民族自尊心。

最初的《百家姓》列出了比较常见的438个姓，有单姓，也有复姓，四字一句，每句都押韵，读起来琅琅上口，十分便于阅读和记忆。关于这本书的作者，目前还没有定论，一般认为是由北宋初年一个杭州人编著的。据南宋学者王明清考证，因为宋朝皇帝姓赵，而杭州是五代十国时期吴越国的都城，吴越王姓钱，所以《百家姓》以"赵钱"开头。

姓氏文化在中华传统文化中占有重要地位。中国人十分重视自己的根，尊敬祖先、重视家族。中国人在初次见面的时候，问的第一个问题通常就是"您贵姓"。

中国的姓氏当中还蕴含着丰富的历史文化，中国人都知道自己是炎黄子孙，五千多年来，中国的历史不断发展，姓氏文化也绵延不断。

《千字文》——一千字包罗万象

《千字文》是我国出现最早的一篇启蒙读物，用了整整一千字，内容包含了上古传说、历史源流、九州地理、文明与制度、名人与典故……很多都已经成为我们常用的成语。

《千字文》创作于南北朝时期（公元 6 世纪），距离现在已经将近1500 年了，是我国最早出现的一篇启蒙读物。它通篇四字一句，每句押韵，音韵和谐，读起来琅琅上口。《千字文》一千字全不重复，可以让学生用最短的时间认识最多的字，是最好的集中识字教材之一。《千字文》也是一部袖珍的中国文化百科知识全书。

直至今天，这部优秀的启蒙读物仍然具有很高的现实应用价值，它不仅可以帮助学生最高效率地集中识字，同时也是帮助学生学习中国文化史的入门。

我们现在常用的成语有很多都见之于《千字文》，如"天地玄黄"、"寒来暑往"、"秋收冬藏"、"云腾致雨"、"吊民伐罪"、"化被草木"、"知过必改"、"空谷传声"、"川流不息"等等。

《千字文》中的很多话还是非常好的格言警句，教给人们做人做事的道理。如"女慕贞洁"、"男效才良"、"信使可复"、"器欲难量"、"祸因恶积"、"福缘善庆"、"尺璧非宝"、"寸阴是竞"等等。

《千字文》中蕴含着丰富的文史知识，如"孟轲敦素，史鱼秉直。庶几中庸，劳谦谨敕"和"耽读玩市，寓目囊箱"等。

3000个中国人必知的国学知识点

国学常识
国学经典
国学精粹
一本通

（第二卷）

《国学常识 国学经典 国学精粹一本通》编委会 主编

中国华侨出版社

读了《幼学》走天下

《幼学》，就是《幼学琼林》，是蒙学读物中编得十分精彩的著作之一。它的内容包含：天文、地舆、岁时、朝廷、文臣、武职、婚姻、人事、饮食、宫室、器用、文事、科第、制作、释道鬼神、鸟兽、花木等32个类目。在20世纪的中国，流行一句话："学会数理化，走遍天下都不怕。"这是大家认识到科学的重要性。我们现在学国学的时候就要重温前人的另一句话："读了《幼学》走天下。"就是说读通了《幼学琼林》，无论走到哪里，在国学知识上就不会闹笑话了。

《幼学琼林》原名《幼学须知》，同时还有过《故事寻源》等异名。它在内容的丰富上可与《艺文类聚》、《太平御览》等名著相媲美，可是在流传之广、作用之大等方面却远远胜过了这些皇皇

孔融让梨

巨著。关于它的最初编写者，历来存在着争议。比较通行的说法，认为是明代的程登吉，但也有人说是明代景泰年间的进士邱睿。而现在通行的本子，则是清代人邹圣脉在原本基础上增补注释的《幼学故事琼林》，简称《幼学琼林》。

十三经、"六经"和五经四书

《说文解字》解释"经"："织纵丝也"。"经"是纺织的时候织物组织中纵向的线（横线叫做纬线，）有经纬才能构成一个织物。由于

"经"是构成织物的最基本的线，我们的祖先就把那些构成我们文化的最基本最重要的书称为"经"了。"典"也是最重要的图书，"典"字在金文中就是两只手捧着一个"册"，是非常恭敬重视的意思，我们现代汉语也说把最重要的图书奉为经典。

中国最基本的经典，也就是经书，是"六经"，也称为"六艺"。最早提出"六经"之说的是庄子，他说："《诗》以道志，《书》以道事，《礼》以道行，《乐》以道和，《易》以道阴阳，《春秋》以道名分。"（《庄子天下》）。

汉代司马迁又谈到六经，也就是六艺，他说："孔子曰：'六艺于治一也。礼以节人，乐以发和，书以道事，诗以达意，易以神化，春秋以道义。'"（《史记滑稽列传》）。

我们现在经常说"五经四书"，

经的本义是指织物的纵向纱线，是织物的主干，引申为指大道，又引申为指常行的道理、原则。

实际上在清代以前人们通常说的是"六经"，明代大学者王夫之曾说："六经责我开生面。"就是说明"六经"对于读书人的重要性。"六经"有两种不同的排列法：一、《易》、《书》、《诗》、《礼》、《乐》、《春秋》；二、《诗》、《书》、《礼》、《乐》、《易》、《春秋》。第一种排列法是依著作的时代先后为序的，认为"六经"是周公的旧典。第二种排列法是依著作本身程度的深浅为序的，认为"六经"是孔子所作。这中间也反映了今文家和古文家对于经学见解的不同，这里我们就不讨论了。

需要说明的是人们始终没有见到《乐经》这部书。历代所说的六经实际上只有五经，就是《诗》、《书》、《易》、《礼》、《春秋》。

从汉以后，又有过"七经"之说、"九经"之说、"十经"和"十二经"之说。

1. 五经：《诗》、《书》、《易》、《礼》、《春秋》（《汉书武帝纪》）。

记载说武帝置五经博士。又东汉灵帝熹平四年（175 年），诏诸儒正定五经，刊之石碑，树之太学，蔡邕著名的隶书《熹平石经》即是指此。

2. 六经：《诗》、《书》、《礼》、《乐》、《易》、《春秋》（《庄子天运》）。

3. 七经：其说有五，最早者为《后汉书张纯传》李贤注，指《诗》、《书》、《礼》、《乐》、《易》、《春秋》、《论语》。

4. 九经：其说有六，最早者为唐所立学官，以《易》、《诗》、《书》、三《礼》、三《传》为九经。唐玄宗开元八年，国子司业李元瓘奏定以九经取士。

至迟到宋代就已经有了"十三经"之说。南宋光宗绍熙年间已有《十三经注疏》的合刊本，成为经部的一部丛书。其内容是：

《易经》、《尚书》、《诗经》、《周礼》、《仪礼》、《礼记》、《春秋左传》、《春秋公羊传》、《春秋谷梁传》、《论语》、《孝经》、《尔雅》、《孟子》。

此外，还有"二十一经"之说，这是清段玉裁于十三经加《大戴礼记》、《国语》、《史记》、《汉书》、《资治通鉴》、《说文解字》、《周髀算经》、《九章算术》为二十一经。

什么是四书呢？四书就是宋代的朱熹从《礼记》中抽出《大学》、《中庸》，加上《论语》、《孟子》，合编为四书，并为之作注，这就是后世有名的"四书"了，也成了宋代以后科举考试的教科书。

中国文学的源头——《诗经》

《诗经》是我国古代第一部诗歌总集，作品产生的时代，上起西周初年（约公元前 11 世纪），下迄春秋中叶（约公元前 7 世纪）。作为一部儒家经书，《诗经》也是中国优秀传统文化中的核心经典之一。它在我国文学史、经学史，以至在人类的文化史中，都占有极其重要的地位。如果想了解中国文化，《诗经》是不可不读的一部要籍，要做一个有文化的中国人，《诗经》更是必读的经典。著名历史学家顾颉刚先生说："《诗经》这一部书，可以算作中国所有书籍当中最有价值的。"

我们人人都爱唱歌，歌声最真实地抒发了我们的感情，记录了我们的心路历程，反映了我们走过的时代。《诗经》就是当时先民的歌声，这些入乐的诗就是当时先民所唱的歌：有男女言情的，有燕乐嘉宾的，有流离疾苦的，有父母爱育孩子的，有朋友之义的。这些诗歌歌颂了亲情、爱情、友情等人类一切美好的感情。而人类的感情也是有继承性的。《诗经》中歌唱的美好的感情通过诵诗培育了一代又一代中国人的感情。古人重视"诗教"，就是这个意思。诗教可以让人的感情"温柔敦厚"，就是把人的感情培育得善良、亲切、诚实、深厚。去掉人的感情中凶恶、冷漠、虚伪、浅薄的东西。

"关关雎鸠，在河之洲。窈窕淑女，君子好逑。"一首诗两千多年来启发、培育了多少人对于美好爱情的意识啊！《蓼莪》诗中说："哀哀父母，生我劳瘁……父兮生我，母兮鞠我。拊我畜我，长我育我。顾我复我，出入腹我。欲报之德，昊天罔极。"这几句话，远远胜过长篇大论的孝道的说教，永远感动着做子女的人，不忘父母生育、养育、教育之恩。

"昔我往矣，杨柳依依。今我来思，雨雪霏霏"的乡愁和悲伤，"一日不见，如三秋兮"的相思的痛苦与甜蜜……这些浓重的诗情影响了汉魏六朝诗、唐诗、宋词、元曲，一直到现当代的文学。

《诗经》不仅记录了我们民族的感情之源，还是我们的语言之源。现代汉语中的许多词汇、成语、典故、谚语、格言都是出自《诗经》。如"切磋"、"琢磨"、"寤寐以求"、"巧笑倩兮，美目盼兮"等等举不胜举。我们要学会古代汉语，必得学《诗经》，我们要学好现代汉语，也必得熟悉《诗经》。春秋战国时代的贵族有一种风气，在宾朋聚会、外交宴会上都要诵《诗》（《诗经》原称《诗》），正像现代人的点歌，所不同的是那时候更讲究"诗言志"，要通过诗句来表达自己的心意，不仅仅是为了娱乐。

《诗经》全面反映了当时的社会生活，可以说是先秦时代的生活文化百科全书，它记叙了山川风貌、物产状况，是现代历史地理学的必读资料；它记叙花草 105 种，树木 75 种，禽鸟 39 种，兽类 67 种，昆虫 29 种，鱼类 20 种，俨然是我国最早的动植物名录；它还记载了大量的古代器物，以及家庭、氏族、政治制度等各种当时的社会状况，是历史学的重要经典。此外，还有很多学者从天文、音乐等方面研究《诗经》，也卓有成绩。

伟大的孔子最喜欢说诗，也十分重视让人学诗。他对儿子说："小子何莫学夫诗？诗可以兴、可以观、可以群、可以怨。迩之事父，远之事君，多识于鸟兽草木之名。"他还说："不学诗，无以言。"

《诗经》共有 305 篇，按乐调和作品体制分为"风"、"雅"、"颂"三部分。"风"指"国风"，就是西周春秋时期周南、召南、邶风等 15 个地区的民歌，共 160 篇。"雅"是周王畿的乐歌，分为"大雅"、"小雅"，共 105 篇。"颂"是朝廷乐歌，共 40 篇。

这部两千七百多年的诗歌集——《诗经》，是中国文学的源头，是奠定一个人中国文化基础的重要基石。

《诗经》的来源

《诗经》来源于民间歌谣，上古的时候，没有文字，只有唱的歌谣，"一个人高兴的时候或悲哀的时候，常愿意将自己的心情诉说出来，给别人或自己听。日常的言语不够劲儿，便用歌唱；一唱三叹的叫别人回肠荡气"（朱自清语）。这就是《诗》中《国风》的来源了。

《诗经》中的《雅》、《颂》是宴会、祭祀的乐章，出自贵族之手。

《诗经》的时代和地区

最早作于西周初期，最晚约在春秋中期。
大部分产生于黄河流域，小部分在江汉之间。

《诗经》的六义

《诗经》的六义是风、雅、颂、赋、比、兴。

风、雅、颂指的是《诗经》的内容和体裁。

1. 风：《诗经》有十五国风，共收录 160 首诗，都是民间歌谣，歌唱男女恋情，描述各地风土人情。

2. 雅：《诗经》中的雅诗分为《小雅》与《大雅》，共收录 105 首，都是宴会、郊庙的乐章。

3. 颂：包括《周颂》、《商颂》、《鲁颂》，是敬天祭主的乐章。"颂"就是"容"，是载歌载舞的意思。

赋、比、兴指的是《诗经》的作法。

1. 赋：就是叙述和描写，直接叙述或描写那件事。

2. 比：就是比喻，在《诗经》中用得很广泛，有明喻、隐喻、借喻等。

3. 兴：是启发，也称为起兴。它是诗人见到一种景物，触动了他的心事和感情而发出的歌唱。

《诗经》的价值

1. 《诗经》可以表达理想、志向，涵养性情，净化心灵（"诗三百，一言以蔽之，曰'思无邪'"）。可以使人的感情真实、善良、美好，人格厚道，就是温柔敦厚。其实，人们常说的个人素质修养，不应该光是指处世技巧，更应该是指人自身心灵——情感世界的升华，这才是人自身的完善。

2. 《诗经》教给人们通晓人情世态，这是人们做事、从政的基础。

3. 读《诗经》可以使人们文才博雅，辞令美善，很好地应对人生万事。

4. 《诗经》是中国文学之祖，学习中国文化的必读之书。是研究古代文字、历史、地理、政治、社会、经济、风土人情、爱情婚姻、宗教道德、名物名胜的重要资料。

三家《诗》及《毛诗》

大家都知道秦始皇焚书坑儒，包括《诗经》在内的先秦旧典，以及诸侯史记档案，大多都被化为灰烬了。汉代建国以后，恢复文教，

《诗经》开始又流行于社会。民间涌现了鲁人浮丘伯、申培和辕固、韩婴、毛亨、毛苌等《诗经》学大家。他们研治《诗经》形成了汉代四家《诗》。

1.《鲁诗》

鲁申培为《诗训故》，号曰《鲁诗》（亡于晋）。

2.《齐诗》

齐辕固作《诗传》，号曰《齐诗》（亡于魏）。

3.《韩诗》

燕人韩婴作《内外传》数万言，号曰《韩诗》（亡于北宋，仅存《韩诗外传》）。

4.《毛诗》

由孔子弟子子夏，六传至鲁人毛亨（时人称为大毛公），作《诗训诂传》，传授赵人毛苌（时人称为小毛公），号曰《毛诗》。

后汉郑玄为《毛诗》作笺号曰，从此"毛诗郑笺"传布天下，成为汉代《诗》学留给后人的唯一一部完整的经典。

唐代孔颖达奉唐太宗之命为科举考试制定标准的经本解说，主持编撰了《毛诗正义》，此书集前人之大成，开后世《诗》学之道路，是《诗经》学史上的里程碑，是研究《诗经》的必读书。

《诗经》精华

【有匪君子，如切如磋，如琢如磨】出自《诗经·卫风·淇奥》。意思是：有文采的君子，做学问能不断切磋，不断琢磨。

【投我以木桃，报之以琼瑶】出自《诗经·卫风·木瓜》。意思是：投送给我桃子，我就回报你美玉。

【手如柔荑，肤如凝脂，领如蝤蛴，齿如瓠犀。螓首蛾眉，巧笑倩兮，美目盼兮】出自《诗经·卫风·硕人》。意思是：素手纤纤好像柔嫩的荑草，皮肤白皙好像凝结的油脂，脖颈修长粉白似蝤蛴，牙洁白整齐好像瓠瓜的种籽，有着宽宽的额头和弯弯的眉毛，巧笑的两龐多好看呵，水灵灵的眼睛多么顾盼生辉！

【女也不爽，士贰其行。士也罔极，二三其德】出自《诗经·卫风·氓》。意思是：我没有什么错，是你的行为变得不同了。你的行为变化无常，三心二意让人捉摸不透。

【静女其姝，俟我于城隅。爱而不见，搔首踟蹰】出自《诗经·邶风·静女》。意思是：文静娴雅的姑娘真漂亮，在城角下面等候我；她故意躲起来不出现，急得我是抓耳挠腮来回走动。

【我心匪石，不可转也。我心匪席，不可卷也。威仪棣棣，不可选也】出自《诗经·邶风·柏舟》。意思是：我的心不是石头，不能任人搬搬转转。我的心不是席子，不能任人开开卷卷。我的尊严崇高伟大，不能任人欺侮践踏。

【燕燕于飞，差池其羽。之子于归，远送于野。瞻望弗及，泣涕如雨】出自《诗经·邶风·燕燕》。意思是：燕子飞在天上，参差地舒卷着翅膀。这位姑娘今日要远嫁了，我在郊野远远送她。踮起脚尖来看不见人影了，我的眼泪就像雨水一样流下来。

【忧心悄悄，愠于群小。觏闵既多，受侮不少】出自《诗经·邶风·柏舟》。意思是：忧心忡忡，被群小惹恼了。遭受的灾祸真是多，所受的欺侮也不少。

【死生契阔，与子成说。执子之手，与子偕老】出自《诗经·邶风·击鼓》。意思是：不管是生死还是离别，我和你说定了，我要牵着你的手，和你一起白头偕到老。

【不忮不求，何用不臧】出自《诗经·邶风·雄雉》。意思是：不妒忌不贪求，这还有什么不好的呢？

【青青子衿，悠悠我心。纵我不往，子宁不嗣音】出自《诗经·郑风·子衿》。意思是：青青的是你的衣领，悠悠的是我的牵挂。纵然我没去找你，你难道就忍心这样断了音信？

【人之多言，亦可畏也】出自《诗经·郑风·将仲子》。意思是：别人的闲话，也是能让人害怕的。

【风雨如晦，鸡鸣不已】出自《诗经·郑风·风雨》。意思是：风雨飘摇天地一片昏暗，群鸡叫个不停。

【既见君子，云胡不喜】出自《诗经·郑风·风雨》。意思是：已经见到丈夫了，我又怎么会不欢喜呢?

【汉之广矣，不可泳思；江之永矣，不可方思】出自《诗经·周南·汉广》。意思是：汉水茫茫真宽啊，不能泅渡空惆怅。汉水悠悠真长啊，纵有木排渡不得。

【采采卷耳，不盈顷筐。嗟我怀人，置彼周行】出自《诗经·周南·卷耳》。意思是：采呀采呀采卷耳，半天不满小筐儿。我啊怀念心上人，菜筐丢在大路边。

【言之者无罪，闻之者足以戒】出自《诗经·周南·关雎·序》。意思是：提意见的人不管提得对不对，都是无罪的；听取意见的人要引以为戒。

【关关雎鸠，在河之洲。窈窕淑女，君子好逑】出自《诗经·周南·关雎》。意思是：雎鸠鸟关关地叫着，在河中的小洲上嬉戏。身心美丽的女子，是君子的好配偶。

【求之不得，寤寐思服。悠哉悠哉，辗转反侧】出自《诗经·周南·关雎》。意思是：努力追求却没成功，睡着醒着都在想着她。夜晚真漫长啊，我想她想得翻来覆去睡不着。

【桃之夭夭，灼灼其华。之子于归，宜其室家】出自《诗经·周南·桃夭》。意思是：桃树一片繁茂，桃花美丽灿烂。这位姑娘就要出嫁了，愿你们夫妻和睦是一家。

【知我者，谓我心忧；不知我者，谓我何求】出自《诗经·王风·黍离》。意思是：懂得我的人，说我是心里烦忧；不懂我的人，问我求的是什么。

【彼采萧兮，一日不见，如三秋兮】出自《诗经·王风·采葛》。意思是：那个采蒿的姑娘啊，一天不见你，就像是过了三年一样啊。

【髧彼两髦，实维我仪，之死矢靡它】出自《诗经·鄘风·柏舟》。意思是：那个头发下垂的少年，是我心仪的对象，我死也不会改变和他在一起的念头！

【相鼠有皮，人而无仪；人而无仪，不死何为】出自《诗经·鄘风·相鼠》。意思是：看那老鼠都有皮，作为人的却没有礼仪；做人没有礼仪，不去死还能干什么？

【蒹葭苍苍，白露为霜。所谓伊人，在水一方】出自《诗经·秦风·蒹葭》。意思是：芦苇密密苍苍，白露凝成了霜。我的那个心上人，正在水的另一方。

【岂曰无衣？与子同袍】出自《诗经·秦风·无衣》。意思是：怎么能说没有衣服穿呢？我要和你同穿一件战袍。这句诗表现了士兵们团结战斗的精神。

【如何如何？忘我实多】出自《诗经·秦风·晨风》。意思是：如何是好、如何是好？他把我实在是忘得差不多了！

【月出皎兮，佼人僚兮】出自《诗经·陈风·月出》。意思是：月亮出来真皎洁啊，漂亮的姑娘多动人啊。

【彼君子兮，不素餐兮】出自《诗经·魏风·伐檀》。意思是：那些君子呵，可不能白吃饭呵！

【不稼不穑，胡取禾三百廛兮】出自《诗经·魏风·伐檀》。意思是：大老爷们又不播种又不收割，凭什么拿别人那么多的粮食啊？

【河水清且涟漪】出自《诗经·魏风·伐檀》。意思是：河水清清，水波荡荡。

【硕鼠硕鼠，无食我黍】出自《诗经·魏风·硕鼠》。意思是：大老鼠啊大老鼠，不要再吃我的粮食啦！这里老鼠比喻剥削阶级。

【逝将去女，适彼乐土。乐土乐土，爰得我所】出自《诗经·魏风·硕鼠》。意思是：我决定要离开这里了，去寻找快乐的地方。快乐的地方、快乐的地方，那才是我向往的地方！这句话表现了劳动者饱受压迫，以至无法在故乡生活下去了，要逃离故乡到别处去。

【摽有梅，其实七兮。求我庶士，迨其吉兮】出自《诗经·召南·摽有梅》。意思是：梅子落地纷纷了，树上还留有七成。追求我的小伙子，请不要耽误良辰了啊。

【未见君子，我心伤悲。亦既见止，亦既觏止，我心则夷】出自《诗经·召南·草虫》。意思是：见不到心上人，我的心真是悲伤。已经见到心上人了，终于在这时相遇了，我的心才平静下来。

【伐柯伐柯，其则不远】出自《诗经·豳风·伐柯》。意思是：用斧子砍木头来做斧柄，斧柄的样子就近在眼前。

【予室翘翘，风雨所飘摇】出自《诗经·豳风·鸱鸮》。意思是：我的房子很危险，在风吹雨打中飘摇着。

【战战兢兢，如临深渊，如履薄冰】出自《诗经·小雅·小旻》。意思是：要小心谨慎，谨慎到就像是在深渊旁边走动，就像是在薄冰上面行走。

【谋夫孔多，是用不集】出自《诗经·小雅·小旻》。意思是：帮助谋划的人太多了，事情反而不会成功。

【如匪行迈谋，是用不得于道】出自《诗经·小雅·小旻》。意思是：只知道计划却不去行动，这就像是想去远方却不迈步走路一样。

【如筑室于道谋，是用不溃于成】出自《诗经·小雅·小旻》。意思是：在大路边上盖房子，行人的意见建议分歧很多，结果房子反而很难盖成。

【高山仰止，景行行止】出自《诗经·小雅·车辖》。意思是：古有崇高德行的人，让人像高山一样仰慕他；有行为光明磊落的人，让人循着他的道路而行。

【巧言如簧，颜之厚矣】出自《诗经·小雅·巧言》。意思是：舌头像簧片一样发出动听的乐音，花言巧语的人，脸皮真是厚啊。

【式夷式己，无小人殆】出自《诗经·小雅·节南山》。意思是：为政要把公平作为自己的原则，不要亲近小人。

【赫赫宗周，褒姒灭之】出自《诗经·小雅·正月》。意思是：显赫的周朝宗室，是褒姒将它毁灭的。

【营营青蝇，止于樊。岂弟君子，无信谗言】出自《诗经·小雅·青蝇》。意思是：营营叫着的黑头苍蝇，停在篱笆上；平和厚道的君子啊，不要听信它的谗言。

【哀哀父母，生我劬劳】出自《诗经·小雅·蓼莪》。意思是：可怜啊我的父母，生养我辛苦极了。

【父兮生我，母兮鞠我。拊我畜我，长我育我，顾我复我，出入腹我。预报之德，昊天罔极】出自《诗经·小雅·蓼莪》。意思是：父亲啊生养了我，母亲啊抚育了我。抚摸我保护我，生养我教育我，不停地照顾我，出门进门都把我抱在怀中。如今我想回报父母的恩情，而您的恩德像苍天一样宽广，永远报答不完。

【无父何怙？无母何恃】出自《诗经·小雅·蓼莪》。意思是：没有了父亲，我该依靠谁呢？没有了母亲，我该依赖谁呢？

【昔我往矣，杨柳依依。今我来思，雨雪霏霏】出自《诗经·小雅·采薇》。意思是：当初我出征的时候，杨柳轻轻飘动着。如今我罢战归来，雪花纷纷飘落。

【君子无易由言，耳属于垣】出自《诗经·小雅·小弁》。意思是：君子不要随便发表意见，别人的耳朵就贴在墙上偷听呢。

【将恐将惧，维予与女，将安将乐，女转弃予】出自《诗经·小雅·谷风》。意思是：在你担惊受怕的时候，只有我给了你帮助；到了安逸享乐的时候，你却要抛弃我了！

【兄弟阋于墙，外御其侮】出自《诗经·小雅·棠棣》。意思是：兄弟们虽然会在家里闹矛盾，但是能够团结起来一致对外。

【中心藏之，何日忘之】出自《诗经·小雅·隰桑》。意思是：心里藏着那个人，什么时候能够忘得掉他呢！

【它山之石，可以攻玉】出自《诗经·小雅·鹤鸣》。意思是：别的山上的石头，可以用来打磨玉器。后比喻他人的做法或意见能够帮助自己改正错误缺点或提供借鉴。

【辟言不信，如彼行迈，则靡所臻】出自《诗经·小雅·雨无正》。意思是：合理的话不去相信，就像是漫不经心地走路，是到不了目的地的。

【呦呦鹿鸣，食野之苹。我有嘉宾，鼓瑟吹笙】出自《诗经·小雅·鹿鸣》。意思是：野鹿呦呦叫着呼唤同伴，在那野外吃艾蒿。我有贤能的宾客，要鼓瑟吹笙来招待他们。

【秩秩斯干，幽幽南山】出自《诗经·小雅·斯干》。意思是：潺潺流着的山涧水，深远幽静的南山。

【无怨无恶，率由群匹（臣）】出自《诗经·大雅·假乐》。意思是：身为君主要做到没有人埋怨，没有人憎恨，要常常和群臣共同商量。

【不解于位，民之攸塈】出自《诗经·大雅·假乐》。意思是：官

国学常识 国学经典 国学精粹一本通

Guo Xue Chang Shi Guo Xue Jing Dian Guo Xue Jing Cui Yi Ben Tong

吏不懈怠自己的职责，百姓才能生活安乐。

【刑于寡妻，至于兄弟，以御于家邦】出自《诗经·大雅·思齐》。意思是：身为君主，要做到用礼法来对待自己的妻子，以及兄弟，以便治理好整个国家。

【既明且哲，以保其身】出自《诗经·大雅·烝民》。意思是：既要清楚善恶，又要辨明是非，这样才能保全自己。

【哲夫成城，哲妇倾城】出自《诗经·大雅·瞻卬》。意思是：聪明的男子足以建起一个国家来，聪明的女子却可以毁掉一个国家。

【庶民攻之，不日成之】出自《诗经·大雅·灵台》。意思是：如果百姓都能来做这件事，那是用不了多长时间就会成功的。

【鸢飞戾天，鱼跃于渊】出自《诗经·大雅·旱麓》。意思是：老鹰在天上飞翔，鱼儿在水下游着。

【匪面命之，言提其耳】出自《诗经·大雅·抑》。意思是：不仅是在他面前教诲他，还要提起他的耳朵来叮咛他。

【投我以桃，报之以李】出自《诗经·大雅·抑》。意思是：人家丢送给我桃子，我就拿李子来回报他。

【白圭之玷，尚可磨也，斯言之玷，不可为也】出自《诗经·大雅·抑》。意思是：有瑕疵的白玉，还是值得打磨成玉器的。但是说错了话，就很难办了。

【靡不有初，鲜克有终】出自《诗经·大雅·荡》。意思是：没有什么事情是没有开头的，但很少是能做完的。告诫人们要善始善终。

【刍荛之言，圣人择焉】出自《诗经·大雅·板》。意思是：就算是割草打柴之人说的话，贤明的圣者也会从中择取有道理的。

【予其惩，而毖后患】出自《涛经周颂小毖》。意思是：我要吸取教训，使以后不致再犯错误。

【日就月将，学有缉熙于光明】出自《诗经·周颂·敬之》。意思是：日积月累地进步，不断地学习，最后就能学有所成了。

【天命玄鸟，将而生商，宅殷土芒芒】出自《诗经·商颂·玄鸟》。意思是：上天命令玄鸟，降临人间生下商人的祖先，商人定居在广阔的殷地。

最早的史书——《尚书》

　　《尚书》在战国时代只称为《书》，就像《诗经》在先秦就称为《诗》一样，到了汉代才称为《尚书》，以表尊崇。《尚书》是中国最古的记言的历史。这里的"尚"是上古的意思，也有崇尚之意，这里的"书"是公文的意思，它的性质相当于后世的档案，不是泛指图书。《尚书》可以说是中国古代"元典"中最重要的"元典"，它记载了中华民族文化形成初期的历史，按虞、夏、商、周四代顺序编辑，已经典型地反映出先秦时代民族历史意识的成熟。

《尚书》的内容和体例

　　《尚书》的内容包含虞、夏、商、周四代。

　　《尚书》的体例可以分为六种，称为六体，即典、谟、训、诰、誓、命。

　　1. 典：就是常法、常典。是指先王的政绩可以作为常法尊奉，大致相当于现代的成文宪法。如《尧典》、《舜典》就是记载尧、舜的嘉言善政。

　　2. 谟：就是谋略、计划。君有典，臣有谋，就是施政的方针计划。如《皋陶谟》就是大禹、皋陶、伯益向舜所进的嘉言善策。

　　3. 训：说教、训戒的言辞，一般是贤良之臣训诫君主的。大致相当于现代的意见、建议书。如《伊训》、《太甲》等篇。

　　4. 诰：就是告知，使人晓喻，有告诫、慰勉之意。诰可以对民众、神祇、君王，也可以同官相诰。如《汤诰》、《大诰》。

　　5. 誓：条约、誓文，用以告诫民众、将士或约束敌人。如《甘誓》、《汤誓》。

　　6. 命：命令。指君王对属下口发命令。如《微子之命》、《王侯之命》、《顾命》。《顾命》是成王将崩时，留下的遗命。

《尚书》的主要观点和价值

1. 《尚书》记载了唐尧、虞舜、夏禹及皋陶、益稷四代圣贤君臣的嘉言懿行，成为中华民族品德文明的重要来源，为后世力求上进的人们修身、行事提供了理论基础和言行典范。

2. 《尚书》记载了上古的历史资料，涉及周公摄政、成王即位、穆王改制等重要的历史事件、古代典制，还有上溯大禹治水、分述九州的古代地理，所以《尚书》成为了解上古历史的必读经典。根据《尧典》、《舜典》的追述，将中华文明社会的起源和华夏国家政治体制的初创上推到尧舜时代。《禹贡》篇，将中华本土划分为"九州"，一向被视为最早的历史地理著作。

3. 《尚书》中记载了古代的政教合一、神权政权合一及民间风俗的情况。《洪范》有箕子告诫武王"天锡禹洪范、九畴之事"，《酒诰》记载殷商酗酒，周代严刑的情况。尤为可贵的是提出了轻刑思想。《尚书》中贯穿了最早的德治思想、民本思想、任人唯贤的思想和中道的思想。

4. 《尚书·大禹谟》中有"人心惟危，道心惟微，惟精惟一，允执厥中"的十六字富有哲理的箴言，成为宋代理学的重要思想基础。《尚书》中大量关于社会生活、人情事理、心性修养等方面的格言警语，意蕴极为丰富，为后人立下了典则。

《尚书》精华

【德惟善政，政在养民】出自《尚书·虞书·大禹谟》。意思是：美好的品德表现在善于治理政事上，政治的目的在于教养百姓。

【任贤勿贰，去邪勿疑】出自《尚书·虞书·大禹谟》。意思是：任用贤人不可怀有二心，铲除恶人不可犹豫不决。

【汝惟不矜，天下莫与汝争能；汝惟不伐，天下莫与汝争功】出自《尚书·虞书·大禹谟》。意思是：如果你不自夸自傲，天下就没有人能和你争高下；如果你不自高自大，天下就没有人能和你争功劳。

【克勤于邦，克俭于家】出自《尚书·虞书·大禹谟》。意思是：治理国家要勤恳；管理家庭要节俭。

【满招损，谦受益】出自《尚书·虞书·大禹谟》。意思是：自满招致损害，谦虚获得益处。

【人心惟危，道心惟危，惟精惟一，允执厥中】出自《尚书·虞书·大禹漠》。意思是：人心是危险难测的，天理又是精微难明的，治理天下最怕人心动荡，根本思想搞不清楚，最好的办法是全心全意地治理天下，执行中庸的原则。

【若网在纲，有条而不紊】出自《尚书·商书·盘庚上》。意思是：就像把网结在纲上，条理分明而不紊乱。

【人惟求旧，器非求旧，惟新】出自《尚书·商书·盘庚上》。意思是：用人要用有经验的旧人，器具就不是这样，往往不用陈旧的，只用新的。

【若火之燎于原，不可向迩，其犹可扑灭】出自《尚书·商书·盘庚上》。意思是：就像大火焚烧草原一样，不可靠近，又怎么能够扑灭呢？

【居上克明，为下克忠】出自《尚书·商书·伊训》。意思是：在上位的人要体察下情，在下位的人要尽忠职守。

【与人不求备，检身若不及】出自《尚书·商书·伊训》。意思是：对别人不求全责备，检点自己要惟恐不及。

【德日新，万邦惟怀。志自满，九族乃离】出自《尚书·商书·仲虺之诰》。意思是：德行天天进步，就会万国归顺。心志骄傲自满，就会亲戚叛离。

【好问则裕，自用则小】出自《尚书·商书·仲虺之诰》。意思是：爱好请教就会使学识丰富，刚愎自用只会使学识短浅。

【能自得师者王，谓人莫己若者亡】出自《尚书·商书·仲虺之诰》。意思是：能够自觉找老师学习的人可以成事，叫嚷着别人都不如自己的人不会成功。

【惟事事，乃其有备，有备无患】出自《尚书·商书·说命中》。

意思是：做事情，要有预备，有预备才没有后患。

【惟治乱在庶官，官不及私昵，惟其能】出自《尚书·商书·说命中》。意思是：国家治乱的关键在于官吏。官吏不能任用与自己私好亲昵的人，要根据才能任用。

【无耻过作非】出自《尚书·商书·说命中》。意思是：不要觉得过错是羞耻，就文过饰非。

【旁求俊彦，启迪后人】出自《尚书·商书·太甲上》。意思是：多方寻求人才，以此来教育后人。

【德惟治，否德乱】出自《尚书·商书·太甲下》。意思是：只有行德政国家才能大治，不行德政国家就会大乱。

【弗虑胡获，弗为胡成】出自《尚书·商书·太甲下》。意思是：不谋虑，哪来收获呢？不行动，哪来成功呢？

【任官惟贤才，左右惟其人】出自《尚书·商书·咸有一德》。意思是：任用官吏要选择贤才，在身旁服侍的人也要是这种人。

【德无常师，主善为师】出自《尚书·商书·咸有一德》。意思是：培养道德没有固定的老师，凡是坚守善道的人都可以成为自己的老师。

【君子所其无逸。先知稼穑之艰难乃逸，则知小人之依】出自《尚书·周书·无逸》。意思是：做君主的不该贪图安逸。如果他先去了解耕作的艰难再去享受安逸，那么就可以懂得小民们的疾苦了。

【小人怨女詈女，则皇自敬德】出自《尚书·周书·无逸》。意思是：如果小人怨恨你辱骂你，那就说明你还需要谨慎自己的德行。

【以公灭私，民其允怀】出自《尚书·周书·周官》。意思是：以公正的态度消灭偏私，百姓就会信服他。

【功崇惟志，业广惟勤】出自《尚书·周书·周官》。意思是：功绩巨大是因为志向远大，事业宽广是因为勤勉不懈。

【制治于未乱，保邦于未危】出自《尚书·周书·周官》。意思是：制定制度要赶在动乱产生之前；保卫国家要赶在危机出现之前。

【玩人丧德，玩物丧志】出自《尚书·周书·旅獒》。意思是：玩弄别人就会丧失道德；迷恋玩物就会迷失心志。

【不矜细行，终累大德。为山九仞，功亏一篑】出自《尚书·周书·旅獒》。意思是：不谨慎对待小节的修养，最终会拖累大德行的成就。堆筑九仞高的山，却只差一筐土没有完成。

【不做无益害有益】出自《尚书·周书·旅獒》。意思是：不做无益的事，以免损害有益的事。

【非知之艰，行之惟艰】出自《尚书·周书·旅獒》。意思是：知道不难，难的是付诸行动。

【无稽之言勿听，弗询之谋勿庸】出自《尚书·周书·旅獒》。意思是：没有根据的话不要听信，没有咨询请教就定下的计谋不要使用。

【不役耳目，百度惟贞】出自《尚书·周书·旅獒》。意思是：如果不被声色所奴役，各种事情就能处理得当。

【德盛不狎侮】出自《尚书·周书·旅獒》。意思是：道德高尚的人懂得自重，不会侮辱别人。

【天子作民父母，以为天下王】出自《尚书·周书·洪范》。意思是：如果天子做到了就像是百姓父母的境界，就可以成为天下人的君王。

【无偏无党，王道荡荡】出自《尚书·周书·洪范》。意思是：处事不偏袒，不结党营私，君主的统治就会顺畅。

【貌曰恭，言曰从，视曰明，听曰聪，思曰睿】出自《尚书·周书·洪范》。意思是：外貌要恭敬，言谈要正当，观察要明白，听闻要广远，思考要通达。

【人之有能有为，使羞其行，而邦其昌】出自《尚书·周书·洪范》。意思是：对于那些有才能、有作为的人，要让他们贡献出他们的力量，使你的国家昌盛。

【民之所欲，天必从之】出自《尚书·周书·泰誓上》。意思是：百姓的愿望，上天一定会顺从它。

【树德务滋，除恶务本】出自《尚书·周书·泰誓上》。意思是：树立德行务求滋长发展；去除恶行务求杜绝根本。

【惟日孜孜，无敢逸豫】出自《尚书·周书·君陈》。意思是：天天都勤勉不懈，不敢贪图逸乐。

【必有忍，其乃有济；有容，德乃大】出自《尚书·周书·君陈》。意思是：一定要能忍耐，才能有成就；能宽容，道德才能提高。

【建官惟贤，位事惟能】出自《尚书·周书·武成》。意思是：任用官吏以贤德为准，晋升官位以能力为准。

【偃武修文，归马于华山之阳，放牛于桃林之野】出自《尚书·周书·武成》。意思是：停止武力战争，推行文化礼仪，放战马回到华山南面，放牛回到桃林原野。

【绳愆纠谬，格其非心，俾克绍先烈】出自《尚书·周书·同命》。意思是：纠正过失，改正错误的思想，使他能继承先祖的事业。

【皇天无亲，惟德是辅；民心无常，惟惠之怀】出自《尚书·周书·蔡仲之命》。意思是：上天没有亲疏远近的偏袒，只辅助有德的人；民心不会固定不变，只会归附对自己有恩惠的人。

【受有亿兆夷人，离心离德；予有乱臣十人，同心同德】出自《尚书·周书·泰誓中》。意思是：商纣王受辛虽然有亿万臣民，思想、信念却不能保持一致；我（周武王）只有十位治国能臣，思想、信念却能保持一致。

【王敬作所，不可不敬德】出自《尚书·周书·召诰》。意思是：（成王）也要谨慎恭敬，以身作则，不可不敬重德行。

【辞尚体要，弗惟好异】出自《尚书·周书·毕命》。意思是：文辞看的是是否充实概括，不是追求怪异。

【为善不同，同归于治；为恶不同，同归于乱】出自《尚书·周书·蔡仲上》。意思是：为善的方式各不相同，但都会达到统治安定；作恶的方式也是各有不同，但都会导致动乱。

【诗言志，歌永言，声依永，律和声】出自《尚书·虞书·舜典》。意思是：诗是表达人的志意的，歌通过语言把这种志意咏唱出来，乐音根据志意表达，律吕用来调和乐音。

【百姓不亲，五品不逊】出自《尚书·虞书·舜典》。意思是：百姓之间不亲和，君臣、父子、夫妻、长幼、朋友之间也不会恭顺。

【天聪明，自我民聪明；天明畏，自我民明威】出自《尚书·虞书·皋陶谟》。意思是：上天之所以能视听、聪明，是从百姓的视听、聪明而来；上天之所以能明鉴惩处，是从百姓的意见和好恶而来。

【克明俊德，以亲九族】出自《尚书·虞书·尧典》。意思是：他能够举用族人中德才兼备的人，从而使族人亲密团结。

【元首丛脞哉，股肱惰哉，万事堕哉】出自《尚书·虞书·益稷》。意思是：一国之主处事杂芜没有计划，辅佐他的臣子就会懈怠，万事就会失败。

【火炎昆冈，玉石俱焚】出自《尚书·夏书·胤征》。意思是：熊熊大火烧了昆仑山，美玉和劣石都被烧没了。

【民可近，不可下，民惟邦本，本固邦宁】出自《尚书·夏书·五子之歌》。意思是：百姓可以亲敬，不可以怠慢，百姓是国家的根本，百姓安居乐业了，国家才会安定。

【责人斯无难，惟受责俾如流，有惟艰哉】出自《尚书·秦书·泰誓》。意思是：指责别人并不难，让自己像流水一样从容地接受别人的指责，才是最难的啊。

【贤君无私怨】出自《尚书·商书·伊训》。意思是：贤德的君主没有私怨。

【木从绳则正，后从谏则圣】出自《尚书·商书·说命上》。意思是：木头按照墨线来裁就能裁成直木；君主接受劝谏就能成为圣明之主。

【人无于水鉴，当于民鉴】出自《尚书·周书·酒诰》。意思是：人不要把水作为自鉴的镜子，应当把百姓作为自鉴的镜子。

《周易》

《易》有三种

《周官春官太卜》云："《太卜》掌三《易》之法。一曰《连山》，二曰《归藏》，三曰《周易》。"

1. 《连山》，夏之《易》，以艮卦为首。
2. 《归藏》，商之《易》，以坤卦为首。
3. 《周易》，周之《易》，以乾卦为首。

《易》有三义

郑玄《易赞》云：“《易》之为名也，一名而含三义：易简一也，变易二也，不易三也。”

“易”的“三义”：就是，（一）简易；（二）不易；（三）变易。这“三义”可以说包含了中国文化的全部智慧，也是人类文明中的大智慧。

我们先说“简易”：

我们研究宇宙万物的真理，就是要在纷繁错杂的万事万象中发现其中的基本规律。对任何一件事物的研究都是要从复杂的现象中找出其最基本的规律，这就是智慧。《周易》用阴阳和六十四卦来象征宇宙的万事万物，以简驭繁，这种“简易”，是大智慧。

再说“不易”：

“不易”，就是永恒不变的道理。可以说，从人类有思想以来，就一直在寻求永恒不变的道理，《周易》就讲了很多永恒不变的道理，如天地乾坤的结构，宇宙的变化。

最后说“变易”：

宇宙万物，永远变动不居，世界上的一切都在变化之中，这也是《周易》告诉我们的一个大道理。

《周易》的内容

1. 八卦

相传是伏羲氏所画。

《周易系辞传》云：“古者庖牺氏之王天下也，仰则观象于天，俯则观法于地，近取诸身，远取诸物，于是始作八卦。”

2. 重为六十四卦

所谓“重为”，就是排列组合，八卦排列组合为六十四卦。是谁“重”的呢？古来共有四种说法：

（1）以为伏羲所重（魏王弼说）；

（2）以为神农所重（汉郑玄说）；

（3）以为夏禹所重（晋孙盛说）；

伏羲氏八卦治天下图

（4）以为文王所重（汉司马迁说）。

四种说法都见孔颖达《周易正义》。

3. 爻

每卦有六爻，六十四卦，一共有三百八十四爻。

4. 卦辞

每卦都有卦辞，用以解释一卦的含义。

5. 爻辞

每一爻都有爻辞，用以解释一爻的含义。

6. 十翼爻辞

十翼是与《周易》并传的研究、解释、发挥《周易》的十篇文章，历来多认为是孔子所作，但也有不同看法。十翼是：《彖上传》、《彖下传》、《象上传》、《象下传》、《文言》、《系辞上传》、《系辞下传》、《说卦传》、《序卦传》、《杂卦传》。

7.《周易》六十四卦的基本内容结构

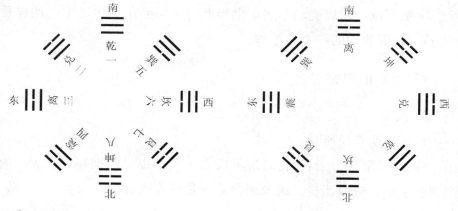

先天八卦方位

八卦表示八方：乾正南，坤正北，离正东，坎正西，震东北，兑东南，艮西北，巽西南。这种方位排列法称"先天八卦方位"，又称"伏羲八卦方位"。

后天八卦方位

离正南，坎正北，震正东，兑正西，艮东北，巽东南，乾西北，坤西南。这种方位排列法称"后天八卦方位"，又称"文王八卦方位"。

《周易》的派别

1. 术数派

三国时魏国的管辂、宋代的陈抟、邵雍都是术数派。

2. 象数派

西汉的孟喜、焦延寿、京房，东汉的马融、郑玄、荀爽，清代的胡煦、焦循都是象数派。

3. 义理派

三国时魏国的王弼（玄理）、宋代的程颐、朱熹（性理）都是义理派。

《周易》的价值

1. 《周易》是群经之首，中国哲学的源头

《周易》是古代卜筮用书，它是据现象和事理来预测事物发展变化的大智慧之书，不能以"迷信的书"来看它。其中有深奥宏大的哲理可以推测宇宙自然的变化，也可以推知社会人事的治乱兴衰。对于人生境遇好坏、事功成败、吉祥凶咎都有深刻的启发价值。所以孔子说："五十以学《易》，可以无大过矣。"

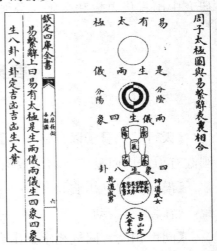

太极图

2. 《周易》是研究古代历史的必备之书

《周易》里面记载了很多古代的历史事实，都是迄今在其他史书中所未见的。如"既济九三爻辞"：高宗伐鬼方；"泰六五爻辞"：帝乙归妹；"明夷六五爻辞"：箕子之明夷；"晋卦辞"：康侯用锡马蕃庶。

3. 《周易》是研究古代文学诗歌必备之书

《周易》里面记有很多古代的诗歌谣谚。如"中孚九二"："鹤鸣在阴，其子和之，我有好爵，吾与尔靡之。""明夷初九爻辞"："明夷于飞，垂其翼。君子于行，三日不食。"

4.《周易》的思想贯通于中国古代科学、文化、艺术及诸子百家学说。中国的天文、历法、算术都深受《周易》的影响。

在地理方面，中国的罗盘、方位、地理九州之说也与《周易》紧密相关。

在医学方面，医、《易》同源，《易》为理，医为表，《周易》实为中医的理论基础。

在武术、养生保健方面，《周易》也是其基础理论。

在书法、绘画、建筑、园林等方面，《周易》也是其指导思想。

总之，《周易》与中国历代人的生活息息相关。

老子、庄子的思想与《周易》密不可分，孙子的军事智慧也与《周易》相通。儒家的中庸、天命思想也由《周易》衍生出来。所以研究中国古代思想和文化，必须读《周易》。

《周易》精华

【天行健，君子以自强不息】出自《周易·乾卦》。意思是：天道刚健有力，周而复始，君子效法天道自强不息努力向上，永无休止。

【潜龙勿用】出自《周易·乾卦》。意思是：龙藏在水中养精蓄锐，暂时不宜妄动。

【同声相应，同气相求】出自《周易·乾卦》。意思是：同类的声音互相应和，同种的气息互相觅求。形容志同道合的人自然会凑到一起。

【地势坤，君子以厚德载物】出自《周易·坤卦》。意思是：地势柔顺，君子效法大地用宽厚的德行包容万物。

【积善之家，必有余庆；积不善之家，必有余殃】出自《周易·坤卦》。意思是：积善的人家，一定多福庆；积不善的人家，一定多灾殃。

【臣弑其君，子弑其父，非一朝一夕之故，其所由来者渐矣，由辩之不早辩也】出自《周易·坤卦》。意思是：臣弑君，儿弑父，不是一朝一夕就能变成这样的，它之所以变成这样是逐渐的，是由可以察觉却没有早点察觉而造成的。

【天地变化，草木蕃；天地闭，贤人隐】出自《周易·坤卦》。意思是：天地顺时变化，草木就能旺盛；天地闭塞昏暗，贤人就会退隐。

【以贵下贱，大得民也】出自《周易·屯卦》。意思是：身份尊贵却能谦待卑贱的人，才能够大获民心。

【发蒙，利用刑人，用说桎梏，以往吝】出自《周易·蒙卦》。意思是：去除蒙昧得利用制度刑律来约束并用礼乐来诱导；甚至要用刑罚以规范人的行为，但当蒙昧已除，严刑酷罚就要免除，否则就不利。

【困蒙，吝】出自《周易·蒙卦》。意思是：如果人被愚昧无知所困扰，就会有灾祸。

【不利为寇，利御寇】出自《周易·蒙卦》。意思是：去做盗贼是不利的，但防御盗贼是有利的。

【君子以作事谋始】出自《周易·讼卦》。意思是：在开始做事之时就进行周密谋划，制定必要的行为准则和规章制度，使人们有所遵循，以防止争讼。

【长子帅师，以中行也】出自《周易·师卦》。意思是：长子率领军队出征会获胜，因为长子能够秉行正道。

【小人勿用，必乱邦也】出自《周易·师卦》。意思是：小人不可信用，一旦信用就一定会导致邦国动乱。

【比之匪人，不亦伤乎】出自《周易·比卦》。意思是：去亲近恶人，这难道不是可悲的么？

【夫妻反目，不能正室也】出自《周易·小畜卦》。意思是：夫妻反目成仇——这一爻辞说明家庭关系没有处理好。

【有孚挛如，富以其邻】出自《周易·小畜卦》。意思是：要凭诚信和人交往，自己富裕的同时也使邻居富裕起来。

【君子以辨上下定民志】出自《周易·履卦》。意思是：君子要通过分清上下尊卑来安定民心。

【履道坦坦，幽人贞吉】出自《周易·履卦》。意思是：大路宽阔平坦——这一爻辞说明囚犯占卜会获得吉利。

【视履，考祥，其旋元吉】出自《周易·履卦》。意思是：回顾过去，考察得失积善行，无愧于心则可得元吉。

【无平不陂，无往不复】出自《周易·泰卦》。意思是：没有只平不坡的，没有只往而不返的。

【翩翩，不富以其邻，不戒以孚】出自《周易·泰卦》。意思是：那人做事游移，因为邻居的掠夺而变得不再富裕，因为不加戒备而被俘虏了。

【君子以检德辟难，不可荣以禄】出自《周易·否卦》。意思是：君子要通过检点自己的行为来避免灾难，不能把获得福禄当成是一种荣耀。

【拔茅，茹以其汇】出自《周易·否卦》。意思是：拔起茅草，连茅草的根一起拔出来了。因为它们全聚集在一起。比喻铲除朝中小人也要如此。

【休否，大人吉，其亡其亡，系于苞桑】出自《周易·否卦》。意思是：停止上下不通的局面，品德高尚的大人才能受到重用，从而施展其才能，不然就将衰亡啊衰亡啊，就像被系在脆弱的苞草和桑条上一样危险。

【君子以类族辨物】出自《周易·同人卦》。意思是：君子运用物以类聚、人以群分的道理来明辨事物。

【同人于宗，吝道也】出自《周易·同人卦》。意思是：只赞同或亲近同宗族的人，（不能团结其他人），这是导致危险的根源。

【公用亨于天子，小人害也】出自《周易·大有卦》。意思是：公卿向天子献礼致敬，这种事让小人来做就有害了。

【谦尊而光，卑而不可逾】出自《周易·谦卦》。意思是：谦卑的人如果身居尊位，他的道德就能光大；就算身处卑贱，他的品行也不会被冒犯。

【谦谦君子，卑以自牧也】出自《周易·谦卦》。意思是：极其谦虚的君子，能够通过谦卑的方式来自我修养。

【鸣豫，凶】出自《周易·豫卦》。意思是：如果安逸享乐，就会有凶险。

【冥豫，成有渝，无咎】出自《周易·豫卦》。意思是：就算是达到了昏聩荒淫的地步，如果仍能够及时改过，还是可以避免灾祸的。

【裕父之蛊，往见吝】出自《周易·蛊卦》。意思是：纵容父亲的过失，这样发展下去会导致灾祸的。比喻弊乱需及时改变才可以拯救逆势。

【甘临，无攸利】出自《周易·临卦》。意思是：用花言巧语来治理百姓，是得不到什么好处的。

【童观，小人无咎，君子吝】出自《周易·观卦》。意思是：幼稚的观察方法，对小人来说是没什么害处的，对君子来说可就有害处了。

【观我生，进退】出自《周易·观卦》。意思是：观察自己的所作所为，以便决定是进还是退。

【君子尚消息盈虚，天行也】出自《周易·剥卦》。意思是：君子按自然消长盈虚的规律决定行动，这就是天道。

【剥床以足，以灭下也】出自《周易·剥卦》。意思是：床脚剥落了——这是说根基变坏了。

【不远复，无祗悔】出自《周易·复卦》。意思是：刚迷失不远就能返回正道，这样才不会酿出大的悔恨。

【不耕获，不菑畬，则利有攸往】出自《周易·无妄卦》。意思是：不耕种不收获，不开荒不种地，（因为不会有什么收获），但外出（经商）是有利的。

【无妄之灾，或系之牛，行人得之，邑人之灾】出自《周易·无妄卦》。意思是：没有胡来却遭了灾如同（邑人）拴牛在外，路人顺手把牛牵走了，这就是邑人的灾殃。

【无妄之药，不可试也】出自《周易·无妄卦》。意思是：意外患病不能乱服药。

【观颐，自求口实】出自《周易·颐卦》。意思是：观察颐养之道，应该明白用正当方式自立更生，自食其力。

【虎视眈眈，其欲逐逐，无咎】出自《周易·颐卦》。意思是：像老虎那样紧盯着猎物，对它的猎物紧追不舍，这是不会造成什么危害的。

【枯杨生华，何可久也】出自《周易·大过卦》。意思是：枯杨树开出花朵来，这种现象怎么能够长久呢。

【天险不可升也，地险山川丘陵也】出自《周易·坎卦》。意思是：天险，是指天高不可攀；地险，是指地面山川丘陵密布。

【来之坎坎，险且枕，入于坎窞，勿用】出自《周易·坎卦》。意思是：险象环生，坑险且深，落入坑中，掉进深处——这种卦象意味着不能盲目行动。

【日月得天而能久照，四时变化而能久成】出自《周易·恒卦》。意思是：日月顺应天道（自然规律），所以能够长久照耀；四季更替有序，所以能够长久养物。

【小人用壮，君子用罔】出自《周易·大壮卦》。意思是：小人恃强而盛气凌人为所欲为，君子则行止有节。

【父父，子子，兄兄，弟弟，夫夫，妇妇，而家道正。正家而天下定矣】出自《周易·家人卦》。意思是：如果父有父样，子有子样，兄有兄样，弟有弟样，夫有夫样，妇有妇样，家道就端正了。家道端正了，天下也就安定了。

【闲有家，悔亡】出自《周易·家人卦》。意思是：在家时多加防范，这样就不会酿出什么悔恨来了。

【家人嗃嗃，未失也；妇子嘻嘻，失家节也】出自《周易·家人卦》。意思是：家人尽管嗷嗷叫苦但言行并未失当；妇人子女嘻哈作乐——这种卦象说明家中失去了家规礼数。

【有孚威如，终吉】出自《周易·家人卦》。意思是：治家诚信而有威严，终究是会获得吉利的。

【君子以同而异】出自《周易·睽卦》。意思是：君子要在同的前提下，保留一定的不同。（求同存异）

【负且乘，亦可丑也。自我致戎，又谁咎也】出自《周易·解卦》。意思是：背着贵重的东西坐在车上，这是不对的（因为会招来盗贼）。自己招来了盗匪，又能怪谁呢？说明人不能轻易暴露自己拥

国学常识　国学经典　国学精粹一本通

Guo Xue Chang Shi Guo Xue Jing Dian Guo Xue Jing Cui Yi Ben Tong

有的东西，以免给自己带来祸害。

【解而拇，朋至斯孚】出自《周易·解卦》。意思是：解开你的脚，（让你到外面经商，）钱财就会到来，于是就有收获了。

【已事遄往，无咎。酌损之】出自《周易·损卦》。意思是：如有要紧的事，要停止自己的事马上去做紧要事，这没什么坏处，不过要适当斟酌减损自己的部分利益。

【三人行则损一人；一人行则得其友】出自《周易·损卦》。意思是：三人共同行事其中一人会因为牵肘而受到损害；一人独行，反而会因为一心一意而赢得朋友帮助获得成功。

【有孚惠心，勿问，元吉】出自《周易·益卦》。意思是：如果做人有诚信，百姓就会顺从我的心，不必占问也一定会大吉的。

【见善则迁，有过则改】出自《周易·益卦》。意思是：看见好的要效法，有了过失要改正。

【不胜而往，咎也】出自《周易·夬卦》。意思是：不能取胜还要贸然前往，这是有危险的。

【惕号，莫夜有戎，勿恤】出自《周易·夬卦》。意思是：如果能时刻警惕、呼号，那么就算夜间出现敌兵，也不用担心会失败。

【有孚不终，乃乱乃萃】出自《周易·萃卦》。意思是：有俘虏（跑了），俘虏不会有好下场的，因为他们聚集闹事造成了混乱。

【萃如嗟如，无攸利】出自《周易·萃卦》。意思是：大家聚集在一起颓丧叹气——这是没什么好处的。

【有言不信，尚口乃穷也】出自《周易·困卦》。意思是：话是有的，却不能取信于人，这是因为他只看重空谈，这样做会导致穷途末路。

【臀困于株木，入于幽谷，三岁不觌】出自《周易·困卦》。意思是：身处困境，如屁股卡在树木中间，也有的如深隐于幽谷之内，几年都不见天日。

【井泥不食，旧井无禽】出自《周易·井卦》。意思是：井里积了淤泥，没有水喝了；破旧的井边没有鸟禽飞来。形容人只有不断自我反省完善，才能避免被淘汰。

【鸿渐于木，或得其桷，无咎】出自《周易·渐卦》。意思是：大雁飞到树上，有的选择停在像方形椽子一样的树枝上；这样就没有危险了。说明在不利的环境中，要懂得因地制宜找到自己栖身的地方，这样才能避免危险。

【君子以永终知敝】出自《周易·归妹卦》。意思是：君子应当使婚姻白头到老，而不是出现弊端。

【女承筐，无实；刲羊，无血；无攸利】出自《周易·归妹卦》。意思是：女子捧着筐子，筐里却没有东西；男子用刀刺羊，（是空刺，）刺不出血来——这一卦象说明如果急于出嫁，过于匆忙，是不会有什么好处的。

【日中则昃，月盈则食；天地盈虚，与时消息，而况于人乎】出自《周易·丰卦》。意思是：太阳升到了正中就会西斜，月亮满了就会亏缺，天地的盈缺，都是随着时间而消长的，何况是人呢？

【说以先民，民忘其劳；说以犯难，民忘其死。说之大，民劝矣哉】出自《周易·兑卦》。意思是：用和悦的政策来引导百姓，百姓就会忘掉劳苦；用和悦的政策来宣扬赴难，百姓就会舍生忘死。和悦的政策光大了，百姓就都能奋勉不息了。

【节以制度，不伤财，不害民】出自《周易·节卦》。意思是：统治者要通过制度来节制自己，不要浪费资财，不要妨害百姓。

【鸣鹤在阴，其子和之。我有好爵，吾与尔靡之】出自《周易·中孚卦》。意思是：鹤在树荫里鸣叫，它的小鹤来应和；我有美酒，要和你共饮。说明人只有互相沟通才能产生共鸣。

【翰音登于天，何可长也】出自《周易·中孚卦》。意思是：鸡飞到高天上（鸡高飞会跌死的），这种现象怎么会长久呢。说明说话必须切合实际，调子不可唱得太高，不能言过其实。

【君子以思患而预防之】出自《周易·既济卦》。意思是：君子要考虑好祸患并及时预防它。

【仁者见之谓之仁，知者见之谓之知】出自《周易·系辞上》。意思是：仁爱的人从他的角度出发，把它叫做仁；睿智的人从他的角度出发，把它叫做智。

【君子之道，或出或处，或默或语】出自《周易·系辞上》。意思是：君子处世的原则是，该出仕的时候就出仕，该隐退的时候就隐退，该沉默时要沉默，该说话时要说话。

【二人同心，其利断金；同心之言，其臭如兰】出自《周易·系辞上》。意思是：两人同心，就会像锋利的刀一样能切断金属；同心同德的言论，它的气味就像兰花一样幽香。

【君子安而不忘危，存而不忘亡，治而不忘乱】出自《周易·系辞下》。意思是：君子安逸时能不忘危险，安定时能不忘灭亡的存在，太平时能不忘变乱的威胁。

"三礼"

我们中华民族有着五千年灿烂辉煌的文化，其核心之一就是"礼"，而"三礼"集中表述了"礼"的思想。

"三礼"是指《仪礼》、《礼记》和《周礼》这三部儒家经典。

"礼"本来是指祭祀鬼神时的一种仪式，后来引申指社会上的一切礼仪。

"礼"，就是身体力行，是一种脚踏实地的实践活动。

《礼记》是这样解释"礼"的："夫礼者，所以定亲疏，决嫌疑，别同异，明是非。"（《礼记·曲礼》）这是说"礼"可以区别人们不同的地位、作为是非的标准。也就是说，人在社会上要找到自己合适的坐标。《礼记》还说："礼节民心。""礼者，天地之序也。""中正无邪，礼之质也。庄敬恭顺，礼之制也。过制则乱，胜质则伪。"（《礼记·乐记》）

礼制图

"礼"是节，节就是掌握一定的度，凡事过了度肯定不好。"礼"既要防止破坏秩序的祸乱，也要防止流于形式的虚伪。人都是有欲望的，欲望的需求是没有止境的。人的欲望，即是社会发展的动力，但如果失去节制，就变成了巨大的破坏力。

中华自古号称"礼仪之邦"。"礼"是中国古代传统文化的主题内容，也是中国古代儒家思想的核心价值观念。"礼"是中国古代社会生活的规范、制度和思想观念。

《周礼》

《周礼》，是一部记述国家王室制度的书，通过对三百多种职官掌管的具体事物的记述，阐明了社会制度的思想。

《周礼》共六篇，每篇一官，配以天、地、春、夏、秋、冬四时，分述周代六官的职守。它的内容是

（1）天官：冢宰，掌邦治。

（2）地官：司徒，掌邦教。

（3）春官：宗伯，掌邦礼。

（4）夏官：司马，掌邦政。

（5）秋官：司寇，掌邦刑。

（6）冬官：司空，掌邦事。

《周礼》的出现

汉武帝时民间的一位姓李的人，从山岩屋壁中发现了古《周礼》，呈献给了河间献王，全书只缺少《冬官》一篇，于是悬赏千金，向民间征求，但没有得到，只好取《考工记》补进去。河间献王将这部《周礼》献给了汉武帝，藏于秘府。

《仪礼》

《仪礼》十七篇，先秦儒家所传授的六经《诗》、《书》、《礼》、《乐》、《易》、《春秋》中的《礼》就是指《仪礼》。

《仪礼》是有关祭天、祀祖、区分尊卑上下、维护社会等级制度的礼节和行为规范。《仪礼》的内容有冠、昏、丧、祭、乡、射、朝、聘八种，是记载古代宗教仪式和风俗习惯的礼仪之书，也是研究古代社会生活和文化的必读书。

我们简单介绍一下《仪礼》的内容：

《士冠礼》第一古时候，男子 20 岁就算成年人了，要加冠，加冠时要举行冠礼，这是成年礼，加冠命字。

《士昏礼》第二士以上的贵族娶妻成婚的礼仪。昏（婚）礼有六项内容，所以也叫六礼：纳采、问名、纳吉、纳徵、请期、亲迎。

《士相见礼》第三是士初次相见的礼仪。

《乡饮酒礼》第四记载乡（古代基层行政组织）定期举行酒会的仪式。

《乡射礼》第五记载乡（古代基层行政组织）定期举行射箭比赛大会的礼仪。

《燕礼》第六讲述诸侯与其大臣举行的宴饮之礼。宴会上有歌舞表演。

《大射礼》第七是讲君王主持射箭比赛的礼仪。

《聘礼》第八这是国君派遣使节到其他诸侯国进行友好访问的礼节。

《公食大夫礼》第九这是讲国君举行宴会招待外国使节的礼仪。

《谨礼》第十记述诸侯朝见天子的礼节。

《丧服》第十一讲的是古代人们根据亲疏关系为去世的亲属穿不同丧服、服不同丧期的礼仪制度。

《士丧礼》第十二、《既夕礼》第十三这两篇讲的是士死后的丧葬过程和礼仪。

《士虞礼》第十四讲述士埋葬父母后回家为父母举行的安魂礼仪。

《特牲馈食礼》第十五士定期在家庙中以豕（猪）祭祖的礼仪。

《少老馈食礼》第十六、《有司彻》第十七这两篇讲述诸侯的卿大夫定期在家庙中用少牢祭祖的礼仪（用羊和猪两牲为祭品称为"少牢"）。

《礼记》

《礼记》49篇，共约90000字。内容主要是记述先秦的礼仪制度，阐释《仪礼》，记录孔子与弟子的言论等等。

《礼记》流传到现在的有38篇《大戴记》和49篇《小戴记》，我们现在说的《礼记》就是《小戴记》。

乡射有礼

《礼记》中的《礼运》篇讲述了大同社会的政治原理，康有为著的《大同书》其理论渊源就在这里。孙中山先生曾亲笔书写《礼运》篇，三民主义也从《礼记》中吸取了合理成分。我们现在讲的"小康社会"，其概念也源于此。

《礼记》中的《学记》讲的是教育原理。《礼记》中的《大学》讲的是"修身、齐家、治国、平天下"一套完整的社会政治原理。《礼记》中的《中庸》讲的是宇宙观和人生哲学。《大学》、《中庸》两篇被宋代的朱熹从《礼记》中抽出来，与《论语》、《孟子》合编为"四书"。

中国的礼乐文化

孔子说："绘事后素。"画画要有素净的底子。一切的"礼"，都是以真实、质朴为基础的。真挚的"礼"是对人的尊重。由于有了"礼"，人们互相尊重，有尊重才可能有爱，大家才能和谐相处。

司马迁在《史记滑稽列传》里面引孔子的话说："六艺于治一也，《礼》以节人，《乐》以发和。"这句话高度概括了中国礼乐文化的性质和作用。《论语学而》提出"礼之用，和为贵"的社会和谐思想，这在今天具有普世的价值。

我们知道，周公制礼是以民众为治国重心的，他曾说："人无于水鉴，当于民鉴。"这种以人为鉴的思想（鉴就是镜子，用以检验自己）对后世产生了深远的影响，唐太宗就注意以人为鉴开创了贞观盛世。周公制礼标志着中国在西周时代就有了"人本主义"思想，走出了神话时代。

礼乐教化的"乐"是指人的心声，表达的是人的感情。按照儒家的说法，自然界的各种声响（包括动物叫声）都是属于"声"，而人创造的乐曲则称为"音"，人能欣赏音乐，超越了天籁之声，这是人与动物的区别之一。《礼记·乐记》中有"禽兽知声而不知音"。而这些"音"当中能够提升人的道德，有益于人的身心健康的，就称为"乐"，所以说"德音之谓乐"，这就是礼乐的"乐"。

礼乐文化的本质是尊重人，其教化作用是让社会和谐，让人快乐而有节制，有益于人的身心健康。

《礼记》精华

【君子乐得其道，小人乐得其欲】出自《礼记·乐记》。意思是：君子喜欢音乐是为了获得道义，小人喜欢音乐只是为了满足私欲。

【人化物也者，灭天理而穷人欲者也】出自《礼记·乐记》。意思是：一旦人物质化了，就会泯灭天性，而无穷尽地追求私欲。

【学然后知不足，教然后知困】出自《礼记·学记》。意思是：通过学习然后才知道自己学识的不足，通过教学然后才知道自己学识的贫乏。

【人之学也，或失则多，或失则寡，或失则易，或失则止】出自《礼记·学记》。意思是：人们学习，有的失在贪多，有的失在孤陋寡闻，见识短浅，有的失在浅尝辄止，有的失在中途辍止。

【君子如欲化民成俗，其必由学乎】出自《礼记·学记》。意思是：君子想要教化人民养成良好的习俗，一定要从教育入手。

【古之教者，家有塾，党有庠，术有序，国有学】出自《礼记·学记》。意思是：古时的教学，闾（二十五家为一闾）有私塾，党（五百户为一党）有庠，遂（一万两千五百家为遂）有序，国有太学。

【一年视离经辨志，三年视敬业乐群，五年视博习亲师，七年视论学取友，谓之小成。九年知类通达，强立而不反，谓之大成】出自《礼记·学记》。意思是：学习满一年，要考察他断句的能力，辨别他志向的邪正；满三年，要考察他是否敬重学业、和同学和睦相处；满五年，要考察他是否饱览群书、亲近师长；满七年，要考察他论断学术、选择朋友的能力，以上都通过了，这就称得上小成了。九年后，能够触类旁通，明辨不疑，这就称得上大成了。

【凡学之道，严师为难。师严然后道尊；道尊然后民知敬学】出自《礼记·学记》。意思是：一切求学的道理中，尊重师长是最难做到的。尊重师长然后才能尊重师道；尊重师道然后百姓才知道去恭敬地学习。

【记问之学，不足以为人师】出自《礼记·学记》。意思是：只懂得教学生死记硬背的老师，不足以担当老师的职位。

【君子既知教之所由兴，又知教之所由废，然后可以为人师也】出自《礼记·学记》。意思是：君子既清楚教育成功的原因，又清楚教育失败的原因，然后他就可以做别人的老师了。

【教学相长】出自《礼记·学记》。意思是：教和学要相互促进提高。

【知其心，然后能救其失也。教也者，长善而救其失者也】出自《礼记·学记》。意思是：知道了他的心思，然后才能纠正他的过失。所谓教育，就是为了发扬他的长处，纠正他的过失。

【力不能问，然后语之】出自《礼记·学记》。意思是：当学生根据实力确实回答不出问题时，然后老师才去启发他。

【道而弗牵；强而弗抑；开而弗达】出自《礼记·学记》。意思是：教学要讲究引导而不是强行灌输；要讲究鼓励而不是抑制；要讲究开导而不是直接告诉答案。

【虽有佳肴，弗食不知其旨也；虽有至道，弗学不知其善也】出自《礼记·学记》。意思是：就算有佳肴，但是不去品尝的话就不能知道它的滋味；就算有顶级的学问，但是不去学习的话就不能知道它的好处。

【时过然后学，则勤苦而难成】出自《礼记·学记》。意思是：时机错过了才去学习，那么就算勤勉刻苦也很难有所成就。

【不学操缦，不能按弦】出自《礼记·学记》。意思是：不先学调弦，就不能弹奏。

【独学而无友，则孤陋而寡闻】出自《礼记·学记》。意思是：孤自学习而没有切磋的朋友，那么就会导致见识短浅见闻狭窄。

【不兴其艺，不能乐学】出自《礼记·学记》。意思是：如果对那种技艺没兴趣，就不可能快乐地去学习它。

【善学者师逸而功倍，又从而庸之；不善学者师勤而功半，又从而怨之】出自《礼记·学记》。意思是：对擅长学习的人来说，即使老师轻松教学也能事半功倍，并且还把功劳归在老师身上；对不擅长学习的人来说，即使老师勤勉教学也会事倍功半，并且还抱怨老师。

【玉不琢，不成器；人不学，不知道。是故古之王者，建国君民，教学为先】出自《礼记·学记》。意思是：玉石不打琢，就成不了玉器；人不学习，就不懂得道理。所以古代的君主，建立国家管理百姓，都把教育和学习摆在首位。

【入境而问禁，入国而问俗，入门而问讳】出自《礼记·曲礼》。

意思是：进入他国境内，要问清该国的法禁；进入他国都城，要问清该地的习俗；进入他人家里，要问清他家的忌讳。

【夫礼者，自卑而尊人。虽负贩者，必有尊也】出自《礼记·曲礼》。意思是：所谓礼，就是要求人自我谦卑又能尊重他人，就算是挑担子的小贩，也必定有值得尊敬之处。

【修身践言，谓之善行，行修言道，礼之质】出自《礼记·曲礼》。意思是：修身养性、践行诺言，这就叫做善行。行为端正、言谈符合道义，这就是礼的本质。

【道德仁义，非礼不成】出自《礼记·曲礼》。意思是：道德仁义，没有礼义就不能实行。

【很毋求胜，分毋求多】出自《礼记·曲礼》。意思是：争辩不求胜利，分钱不求太多。

【凡为人子之理，冬温而夏清，昏定而晨省】出自《礼记·曲礼》。意思是：凡为人子的道理，就是使父母冬天感到温暖夏天感到凉爽，晚上铺床，早上请安。

【爱而知其恶，憎而知其善】出自《礼记·曲礼》。意思是：喜欢的同时要看到他不好的一面，厌恶的同时也要看到他好的一面。

【临财毋苟得，临难毋苟免】出自《礼记·曲礼》。意思是：面对财物不要随便拿用，面对危难不要随便逃避。要见利思义，不苟且偷生。

【礼尚往来。往而不来，非礼也；来而不往，亦非礼也】出自《礼记·曲礼》。意思是：礼义规定有往就有来。有往没有来，是不符合礼义的；有来没有往，也是不符合礼义的。

【敖不可长，欲不可纵，志不可满，乐不可极】出自《礼记·曲礼》。意思是：骄傲不可以助长，欲望不可以放纵，志向不可以自满，享乐不可以过度。

【不苟訾，不苟笑】出自《礼记·曲礼》。意思是：不可随便诋毁他人，不可随便笑话他人。

【鹦鹉能言，不离飞鸟；猩猩能言，不离禽兽。今人而无礼，虽能言，不亦禽兽之心乎?】出自《礼记·曲礼》。意思是：鹦鹉虽然会说话，终究还是飞鸟；猩猩虽然会说话，终究还是禽兽。贵为人却毫无礼义，就算会说话，不也一样是禽兽的心性么？

【苟利国家，不求富贵】出自《礼记·儒行》。意思是：如果能对国家有利，就是不追求自己的富贵也愿意。

【儒有博学而不穷，笃行而不倦】出自《礼记·儒行》。意思是：儒士要广泛学习而不停止，坚定实践而不疲倦。

【儒有可亲而不可劫也，可近而不可迫也，可杀而不可辱也】出自《礼记·儒行》。意思是：儒士可以亲近而不可以被利用，可以靠近而不可以逼迫，可以杀死而不可以侮辱。

【戴仁而行，抱义而处，虽有暴政，不更其所】出自《礼记·儒行》。意思是：抱着仁德行事，抱着道义自处，即便面对暴政，也不改变自己的原则。

【内称不避亲，外举不避怨】出自经《礼记·儒行》。意思是：举荐人才，向内要不避讳亲属，向外要不避讳冤家。

【贵有德，贵贵，贵老，敬长，慈幼】出自《礼记·祭义》。意思是：尊重有道德的人，尊重高贵的人，尊重年迈的人，尊敬长辈，爱护后辈。

【立爱自爱始，教民睦也；立教自长始，教民顺也】出自《礼记·祭义》。意思是：建立友爱的局面要从爱自己的亲人开始，从而教导百姓和睦；建立礼仪教化的局面要从尊敬长辈开始，从而教导百姓恭顺。

【父母有过，谏而不逆】出自《礼记·祭义》。意思是：父母有过失的地方，子女劝谏时要顺着父母，不要忤逆父志。

【夫孝，置之而塞乎天地，溥之而横乎四海，施诸后世而无朝夕】出自《礼记·祭义》意思是：孝道，放它在天地之间，它就能充满天地；推广它到四海之内，它就能横贯四海；推行它到后世，后世的人们就会日夜遵奉它。

【君子不失足于人，不失色于人，不失口于人。是故君子貌足威矣，色足惮矣，言足信矣】出自《礼记·表记》。意思是：君子对人，要举止不失体统，仪表不失庄重，言谈不失谨慎。所以君子的举止足以使人敬畏，仪表足以使人肃然，言谈足以使人信服。

【虞帝弗可及也已矣！君天下，生无私，死不厚其子，子民如父母】出自《礼记·表记》。意思是：舜帝真是让人想比也比不上呵！他治理天下，在世的时候没有私心，逝世时没有特别厚待儿子，将百姓当成父母一样来爱护。

【下之事上也，虽有庇民之大德，不敢有君民之心】出自《礼记·表记》。意思是：臣子侍奉君主，虽然有庇护百姓的功德，但却不可以有君临百姓的念头。

【君子之接如水，小人之接如醴。君子淡以成，小人甘以坏。】出自《礼记·表记》。意思是：君子之交淡如水，小人之交甜如酒。君子淡交却能互相成就，小人密交只会互相败坏。

【口惠而实不至，怨灾及其身】出自《礼记·表记》。意思是：嘴上答应给人实惠，实际利益却不去兑现，怨恨、祸患就会降临到他的身上。

【小人溺于水，君子溺于口，大人溺于民，皆在其所亵也】出自《礼记·缁衣》。意思是：百姓被水淹没，士大夫溺身于言语不谨慎，天子诸侯被百姓怨愤所淹没，这都是因为玩忽不敬重所致。

【言有物而行有格也，是以生则不可夺志，死则不可夺名】出自《礼记·缁衣》。意思是：因为君子能做到说话有根据、行事有原则，所以活着时不能剥夺他的志向，死去了也不能剥夺他的名誉。

【君以民存，亦以民亡】出自《礼记·缁衣》。意思是：君主因得到民心而存续，也会因失去民心而败亡。

【轻绝贫贱而重绝富贵，则好贤不坚而恶恶不著也】出自《礼记·缁衣》。意思是：轻易地和贫贱的人绝交，郑重地和富贵的人绝交，都是喜爱贤人不够坚定、憎恶恶棍不够明显的表现。

【言必虑其所终，而行必稽其所敝】出自《礼记·缁衣》。意思是：说话必定考虑后果，做事必定考察弊端。

【下之事上也，不从其所令，从其所行】出自《礼记·缁衣》。意思是：臣子侍奉君王，不是顺服他的强令，而是顺服他的行为。

【一人有庆，兆民赖之】出自《礼记·缁衣》。意思是：如果君主一人德行高尚，百姓就都会甘心依赖他。

【政不正，则君危；君位危，则大臣倍，小臣窃】出自《礼记·礼运》。意思是：搞政治不走正道，君主的地位就危险了；君主的地位危险了，大臣就会背叛，小官就会乘机窃取国家财物。

【刑肃而俗敝，则民弗归也，是谓疵国】出自《礼记·礼运》。意思是：刑罚严酷峻急而又风俗破败，那么百姓就会不顺服，这叫做有毛病的国家。

【大道之行也，天下为公，选贤与能，讲信修睦】出自《礼记·礼运》。意思是：在实施大道的时候，要注意天下是大家共有的，要选用贤德能干的人，使人人讲求信用、崇尚和睦。

【饮食男女，人之大欲存焉】出自《礼记·礼运》。意思是：吃饭（引申为物欲）和男女情爱，是人的两个基本欲望。

【用人之知去其诈，用人之勇去其怒，用人之仁去其贪】出自《礼记·礼运》。意思是：用人要用他的才智而不用他的机诈；用他的勇气而不用他的躁怒，用他的仁德而不用他的贪婪。

【有其言，无其行，君子耻之】出自《礼记·杂记》。意思是：有那样的话，却没那样的行动，君子认为这是可耻的。

【一张一弛，文武之道】出自《礼记·杂记》。意思是：宽松的政策和严厉的政策相互配合使用，这是周文王、周武王治理国家的方法。

【地有余，而民不足，君子耻之】出自《礼记·杂记》。意思是：土地有多余的，而百姓人口却很少，君子认为这是可耻的。

【凡官民材，必先论之；论辨，然后使之；任事，然后爵之；位定，然后禄之】出自《礼记·王制》。意思是：凡是选用人才，必须首先考察他的才德，考察明白，然后才试用他，能任事的，然后才给他官位，官位确定了然后才给他相应的俸禄。

【无三年之蓄，曰国非其国也】出自《礼记·王制》。意思是：如果没有足够使用三年的储备物资，可以说这个国家就算不上国家。

【古之为政，爱人为大】出自《礼记·哀公问》。意思是：古人从政，爱护百姓是最大的责任。

【政者，正也。君为正，则百姓从政矣】出自《礼记·哀公问》。

意思是：为政的原则，就是要公正。君主做到了公正，那么百姓就会顺从他的统治了。

【谋人之军师，败则死之；谋人之邦邑，危则亡之】出自《礼记·檀弓》。意思是：为人统帅军队，打败了就要以死殉职；为人管理邦邑，危乱了就要自我放逐。

【予唯不食嗟来之食，以至于斯也】出自《礼记·檀弓》。意思是：我就是因为不吃嗟来之食，以至于落到这个地步啊。

【苛政猛于虎也】出自《礼记·檀弓》。意思是：苛酷的政治比老虎还要凶猛呵！

【生有益于人，死不害于人】出自《礼记·檀弓》。意思是：活着时要对他人有益，死后也不妨害到他人。

【礼之教化也微。其止邪也于未形，使人日徙善远罪而不自知也】出自《礼记·经解》。意思是：礼义的教化是不易察觉的，它使邪恶还没形成时就遏制住了，使人天天接近善良、远离罪恶而毫不觉察。

【恭俭庄敬，《礼》教也】出自《礼记·经解》。意思是：恭顺节俭、端庄谨慎，这都是由《礼记·》教化得来的啊。

【德配天地，居处有礼，进退有度】出自《礼记·经解》。意思是：道德要配得上天地，起居要讲究礼仪，进退要有尺度。

【贵人而贱禄，则民兴让；尚技而贱车，则民兴艺】出自《礼记·坊记》。意思是：敬重人才而轻视俸禄，民间就会兴起谦让之风；崇尚技艺而轻视车马，民间就会兴起学艺之风。

【小人贫斯约，富斯骄，约思盗，骄思乱】出自《礼记·坊记》。意思是：小人贫困了就会感到难熬，富裕了就会变得骄奢。难熬时就会想盗窃，骄奢时就会想作乱。

【从命不忿，微谏不倦，劳而不怨，可谓孝矣】出自《礼记·坊记》。意思是：遵从父母的意见不能有丝毫忿戾之色；用委婉的言辞劝谏父母的过失毫不疲倦，辛勤照顾父母毫不抱怨，这就可以称得上是孝了。

【善则称亲，过则称己，则民作孝】出自《礼记·坊记》。意思是：做了好事要归功于父母，有了过失要归咎于自己，那么百姓之中就会兴起孝顺之风。

【长民者，朝廷敬老，则民作孝】出自《礼记·坊记》。意思是：为官的人，在朝廷上能尊敬老人，那么百姓之中就会兴起孝顺之风。

【君子贵人而贱己，先人而贱己】出自《礼记·坊记》。意思是：君子看重别人而把自己看得很轻，首先想到别人然后才想到自己。

【十目所视，十手所指，其严乎】出自《礼记·大学》。意思是：十只眼睛都在瞪着你，十个手指都在指着你，这难道还不够严厉吗？

【人莫知其子之恶】出自《礼记·大学》。意思是：人往往因为溺爱而不能知道自己孩子的缺陷。

【苟日新，日日新，又日新】出自《礼记·大学》。意思是：如果能每天更新，就天天更新、再更新。本句是督促人要不断进步，更新自己。

【心不在焉，视而不见，听而不闻，食而不知其味】出自《礼记·大学》。意思是：如果人心不在这里，思想不集中，就算他睁着眼睛也会看不见什么，竖起耳朵也会听不见什么，嘴里吃着也不会知道什么滋味。

【礼义之始，在于正容体，齐颜色，顺辞令】出自《礼记·冠义上》。意思是：礼义的第一步，就在于使仪容端正，使态度恭谨，使言辞和顺。

【人之所以为人者，礼义也】出自《礼记·冠义》。意思是：人之所以是人，是因为人有礼义。

【孝子之养老也，乐其心，不违其志；乐其耳目，安其寝处】出自《礼记·内则》。意思是：孝子奉养父母，要使父母心里快乐，不忤逆他们的想法；要使父母耳目愉悦，住所舒适。

【君子远庖厨】出自《礼记·玉藻》。意思是：君子应该远离杀生的厨房。

【富贵而知好礼，则不骄不淫；贫贱而知好礼，则志不慑】出自《礼仪·曲礼上》。意思是：富贵了而仍能懂得并爱好礼义，就会不骄傲不淫逸；虽贫贱而仍能懂得并爱好礼义，就是有志气而不糊涂。

【为人臣下者，有谏而无讪，有亡而无疾】出自《礼记·少仪》。

意思是：做臣子的人，可当面劝谏而不可背后讥讽；可远离君王而不可心怀怨恨。

【孝子之事亲也，有三道焉：生则养，没则丧，丧毕则祭。养则观其顺也，丧则观其哀也，祭则观其敬而时也】出自《礼记·祭统》。意思是：孝子侍奉父母，有三条标准：活着时就赡养，逝世后就服丧，服丧完了就祭祀。赡养的时候就看他是否孝顺；服丧的时候看他是否悲伤；祭祀的时候就看他是否恭敬而及时。

【德成而教尊，教尊则官正，官正而国治】出自《礼记·文王世子》。意思是：道德养成了，就可以通过教化赢得百姓的尊敬；赢得百姓的尊敬，手下的官吏就会正直起来；官吏正直起来了，国家就会大治。

《春秋》

《春秋》是世界上最早的编年体史书，记载了上自公元前722年，下至公元前481年，合计242年鲁国的历史。

《春秋》是鲁国史记的名字，也是我国现存最早的一部编年体史书。为什么叫《春秋》呢？因为，说到春，就兼及了夏，说到秋，就可以想见冬，所以用"春秋"两个字，就包括了春夏秋冬四时，万物繁育，尽在其中。四时之事，无物不包，无事不记，所以当时把一国的历史称为《春秋》。在西周，"春秋"是各国国史的通称，当时有"周之春秋"、"晏之春秋"、"齐之春秋"……有所谓"百国春秋"。

现在我们所读的《春秋》是鲁国的编年体国史，经过孔子的修订，成为了儒家的经典，《春秋》成了这部经典的专用名称。

《春秋》的内容

《春秋》是记述鲁国自隐公元年（公元前722年），至哀公十四年（公元前481年）（共242年）间的鲁国及所关系于各国的大事。

《春秋》的价值

1. 保存了史料

司马迁《史记太史公自序》云："万物之散聚皆在《春秋》。《春秋》中，弑君三十六，亡国五十二，诸侯奔走不得不保其社稷者不可胜数。"

2. "寓王法"——提出建立稳定的社会秩序

我们知道在古代，史官是一个重要的职位，其作用非常重要，凡君王的言行，都要由史官记下来，作为国家臣民的法典和榜样，这样君王就必须言行谨慎。

孔子在修订鲁《春秋》时，用"微言"寄托了"大义"："上明三王之道，下辨人事之纪，别嫌疑，明是非，定犹豫，善善恶恶，贤贤贱不肖，存亡国，继绝世，补敝起废，王道之大者也……拨乱世，反之正。""故《春秋》者，礼义之大宗也。"

孔子在修订《春秋》时候所用的"微言"，就是微妙精深而又含蓄的言辞，发挥的是治国的大道，社会的秩序，是非的标准，目的是扬善去恶，拨乱反正。

孔子的这种《春秋》"笔法"，对后世产生了深远的影响，让人们明是非，知善恶，守正不移，把对理想的坚持，对人格的保持，对荣誉的珍视，对正义的维护，看得比生命都重要。

春秋三传

孔子作的《春秋》被称为"经"，后来为这些"经"作传注的叫"传"，现在我们能读到的给《春秋》做传的有三种：《左传》、《公羊传》、《谷梁传》。

《左传》，是《春秋》三传之一，又名《左氏春秋》，是编年纪事的史书，记事自鲁隐公元年（公元前 722 年）至鲁哀公二十七年也就是周贞定王元年（公元前 468 年），共 254 年。

　　《左传》的作者，一般认为是左丘明，孔子根据鲁春秋而著成《春秋》，左丘明根据《春秋》而著成《左传》。唐宋以后有人怀疑《左传》的作者，但是也承认是出自战国中期的散文大家之手。

　　《左传》是为《春秋》作传，它以精妙的文字阐发《春秋》的微言大义。《左传》的记事是直书其事，简明扼要。《左传》与《春秋》互为表里，详略互见，《春秋》简要的地方，《左传》为它详尽，《春秋》明细的地方，《左传》往往就简约。

　　《左传》融经学于史学，寓褒贬于记事，是一部不朽的史书，也是重要的经书。

《左传》的价值

　　1.《左传》贯通经学，可供我们考证先秦很多经典著作的源流，明白这些经典在当时社会的作用和影响。《左传》中记载了《易》占17次，引赋《诗》28次，引《诗》156处。

　　2.《左传》继承《春秋》，把历史家的境界提升到一个新的高度，让历史变成后人有益的戒鉴。

　　3.《左传》在文学上有极高的价值，"其言简而要，其事详而博"（刘知几）。

　　《公羊传》也是为《春秋》作传。它的特点是解经每句一解，这点不同于《左传》。

　　《公羊传》相传是子夏的弟子公羊高所作。孔子的门人子夏传授此学与公羊高，当时是口传心授，五传到了公羊寿、胡毋生始著之竹帛成书。此书有三个特点：

　　1.《公羊传》的记事，多用问答式，并且记载事件的始末。

　　2.《公羊传》重在传《春秋》中的大义，就是阐发扬善去恶的思想，强调国家的"大一统"。

　　3.《公羊传》提出了著名的"三世说"，对后世影响很大。

　　《穀梁传》同样阐发《春秋》大义，侧重礼仪教化。

　　《穀梁传》也是出自孔子的门人子夏，据传周末鲁人穀梁赤与公羊高同师于子夏，学习《春秋》传授弟子，作成《春秋穀梁传》。

《穀梁传》和《公羊传》相似，也是用每句问答的方式来阐发《春秋》的含义。在三传当中，《穀梁传》的文字最为质朴、清简。

三《传》的价值

《春秋》是历史大纲，内寓微言大义。《左传》用简练而又极为生动的文笔，详实地记述史实。《公羊传》、《穀梁传》则阐发其中的历史意义。从此《春秋》和三《传》成为重要的中华文化经典。

三《传》精华

【不义而强，其毙必速】出自《左传·昭公元年》。意思是：通过不义的行为强大起来的，他灭亡也一定很快。

【非宅是卜，惟邻是卜】出自《左传·昭公三年》。意思是：（选择住所）不是要选择好的屋子，而是要选择好的邻居。

【为政者，不赏私劳，不罚私怨】出自《左传·昭公五年》。意思是：从政的人，不应该擅自奖赏为自己私人利益效劳的人，不应该擅自惩罚与自己有私怨的人。

【故政不可不慎也，务三而已：一曰择人，二曰因民，三曰从时】出自《左传·昭公七年》。意思是：因此为政不可以不慎重，不过是力行这三条原则罢了：一是要选用德才兼备的人才；二是要遵循百姓的意愿；三是要根据节令来生产。

【凡有血气，皆有争心，故利不可强，思义为愈，义，利之本也】出自《左传·昭公十年》。意思是：凡是血气旺盛的人，都有争强好胜的心思，所以利益不可以强求，心怀道义就能获得胜利，道义，是利益的根本。

【末大必折，尾大不掉】出自《左传·昭公十一年》。意思是：枝末太粗就一定会折断；尾巴太大就会掉转不灵。

【数典而忘其祖】出自《左传·昭公十五年》。意思是：历数过去的典制，斥责他忘记了历史上的事迹、典章制度。后比喻为忘了事物的本源，或对本国历史的无知。

【君子非无贿之难，立而无令名之患】出自《左传·昭公十六年》。意思是：君子没有无钱财的担忧，只有成人后还没有树立名声的担忧。

【宽以济猛，猛以济宽，政是以和】出自《左传·昭公二十年》。意思是：使宽松的政策和严厉的政策相济相成，政治就会变得和谐起来。

【近不失亲，远不失举，可谓义矣】出自《左传·昭公二十八年》。意思是：提拔人才时近不遗落亲族，远不遗落值得提拔的人，这就可以称得上是符合道义了。

【君子动则思礼，行则思义，不为利回，不为义疚】出自《左传·昭公三十一年》。意思是：君子行动时就要想到礼义，做事时就要想到道义；不为利益而违反礼义，不为抛弃了道义而愧疚。

【人谁无过？过而能改，善莫大焉】出自《左传·宣公二年》。意思是：人谁不会犯错呢？但是犯了错能够及时改正，就没有比这更好的了。

【董狐，古之良史也，书法不隐；赵宣子，古之良大夫也，为法受恶】出自《左传·宣公二年》。意思是：懂狐，是古时的好史官，记载史事时从不隐讳；赵宣子，是古时的好大夫，为了维护法度宁愿承受恶名。

【鼎之轻重，未可问也】出自《左传·宣公三年》。意思是：鼎（代表国家）的轻重，（诸侯）是不可以僭越去打听的。

【筚路蓝缕，以启山林】出自《左传·宣公十二年》。意思是：驾着陋车、穿着破烂的衣服去开辟山林。形容创业的艰苦。

【先人有夺人之心】出自《左传·宣公十二年》。意思是：先发制人可以挫败敌人的志气。

【宁我薄人，无人薄我】出自《左传·宣公十二年》。意思是：（打仗靠的是气势，）所以宁愿让我军先逼近敌军，先发制人也不要让敌军先逼近我军。

【虽鞭之长，不及马腹】出自《左传·宣公十五年》。意思是：虽然鞭子很长，但也打不到马肚子上。比喻力量不够。

【君能制命为义，臣能承命为信】出自《左传·宣公十五年》。意思是：君主能够正确制定命令就叫做义，臣子能够认真奉行命令就叫做信。

【天反时为灾，地反物为妖，民反德为乱】出自《左传·宣公十五年》。意思是：上天违反时令就会酿成灾难，土地违反万物生长的本性就会产生妖异，百姓违反道德就会导致祸乱。

【饥者歌其食，劳者歌其事】出自《公羊传·宣公十五年》。意思是：饥饿的人自然歌唱出他们要吃饭的愿望，劳累的人自然歌唱出他们艰苦的劳动。

【君不君，臣不臣，此天下所以倾也】出自《穀梁传·宣公十五年》。意思是：君主没有遵守君主的本分，臣子没有遵守臣子的本分，这就是国家倾覆的原因。

【君子见人之厄则矜制之，小人见人之厄则幸之】出自《公羊传·宣公十五年》。意思是：君子见人受困了人会感到悲悯，小人见人受困了只会幸灾乐祸。

【多行不义必自毙】出自《左传·隐公元年》。意思是：干多了不道义的事就一定会自取灭亡。

【爱子，教之以义方，弗纳于邪】出自《左传·隐公三年》。意思是：爱护子女，就要拿道义和正直教化他，不要让他染上邪恶。

【师直为壮，曲为老】出自《左传·隐公三年》。意思是：如果出师打仗的理由正当，士气就会强盛；如果出师打仗的理由不正当，士气就会衰退。

【不备不虞，不可以师】出自《左传·隐公五年》。意思是：事先没有为难以意料的情况做足准备，就不可以出师打仗。

【善不可失，恶不可长】出自《左传·隐公六年》。意思是：善良不可以丢掉，邪恶不可以滋长。

【为国家者，见恶如农夫之务去草焉，芟夷蕴崇之，绝其根本，勿使能殖】出自《左传·隐公六年》。意思是：治理国家的人，见到恶行，就要像农夫去除杂草一样，铲除后把杂草堆起来，沤烂了肥田，断绝了它的根茎，让它不能再繁殖。

【礼，经国家，定社稷，序人民，利后嗣者也】出自《左传·隐公十一年》。意思是：礼义，是管理国家、安定社稷、使百姓有序、利于后代的工具。

【政以治民，刑以正邪。既无德政，又无威刑，是以及邪】出自《左传·隐公十一年》。意思是：德政用来治理百姓，刑罚用来改正邪恶。既没有德政，又没有威刑，这样就会滋长邪恶了。

【君使民慢，乱将作矣】出自《左传·庄公八年》。意思是：君主役使百姓，对人对事态度轻浮傲慢，叛乱就会发生了。

【夫战，勇气也。一鼓作气，再而衰，三而竭。彼竭我盈，故克之】出自《左传·庄公十年》。意思是：战斗，看的是勇气。第一次击鼓时，战士们勇气十足，第二次击鼓时，战士们的勇气就衰退了；到第三次击鼓时，勇气就都消失了。敌军勇气消失了，我军却正当勇气十足的时候，所以能打败他们。

【肉食者鄙，未能远谋】出自《左传·庄公十年》。意思是：当大官的人见识短浅，不能做深远的计划。

【人无衅焉，妖不自作】出自《左传·庄公十四年》。意思是：人如果没有过失，反常的现象就不会出现。

【俭，德之共也；侈，恶之大也】出自《左传·庄公二十四年》。意思是：节俭，是所有德行中所共有的品质；奢侈，是所有恶习中的大恶习。。

【国将兴，听于民，将亡，听于神】出自《左传·庄公三十二年》。意思是：国家的振兴取决于百姓，国家的败亡是愚昧于神的结果。

【达心则其言略】出自《穀梁传·僖公二年》。意思是：（宫之奇）看事情透彻，明白，说话也简单明了。

【一薰一莸，十年尚犹有臭】出自《左传·僖公四年》。意思是：就算把臭的莸草和香的薰草放在一起，莸草十年后仍然会有臭味。

【辅车相依，唇亡齿寒】出自《左传·僖公五年》。意思是：颊骨和齿床相互依存；嘴唇没有了，暴露在外面的牙齿就会觉得寒冷。

【一国三公，吾谁适从】出自《左传·僖公五年》。意思是：如果一个国家有三个君主，我听谁的好呢？

【欲加之罪，其无辞乎】出自《左传·僖公十年》。意思是：想要给人妄加罪名，又怎么会找不到借口呢？

【君处北海，寡人处南海，唯是风马牛不相及也】出自《左传·僖公十三年》。意思是：你住在北海，我住在南海，（齐楚两国）距离远得就算是牛马走失了，也走不到各自的境内去啊。后比喻两件事毫无关联。

【皮之不存，毛将焉附】出自《左传·僖公十四年》。意思是：皮都不在了，毛还能往哪里依附呢？

【一夫不可狃，况国乎】出自《左传·僖公十五年》。意思是：一个普通人尚且不能轻侮，何况国家呢？

【德厚者流光，德薄者流卑】出自《穀梁传僖公十五年》。意思是：道德深厚的人影响也就深远；道德浅薄的人影响也就浅近。

【量力而动，其过鲜矣）出自《左传·僖公二十年》。意思是：估量清楚实力之后再采取行动，过失就会减少了。

【言之所以为言者，信也。言而不信，何以为言】出自《穀梁传僖公二十一年》。意思是：话之所以被称为话，是因为有信用。说话没有信用，怎么能算是说话呢？

【国无小，不可易也；无备，虽众不可恃也】出自《左传·僖公二十二年》。意思是：国家再小，也不可以轻视；没有做好准备，就算人多势众，也不可靠。

【报者倦矣，施者未厌】出自《左传·僖公二十四年》。意思是：报恩的人都觉得厌烦了，施恩的人竟还没有觉得满足。

【信，国之宝也，民之所庇也】出自《左传·僖公二十五年》。意思是：信用，是国家的宝贝、百姓所庇护的。

【允当则归，知难而退，有德不可敌】出自《左传·僖公二十八年》。意思是：两军力量相当，无必胜把握，就应当适可而止。在敌强我弱，无战胜敌人可能时，主动避让，不逞一时之勇。有道德的人不可战胜。

【因人力而敝之，不仁；失其所与，不知；以乱易整，不武】出自《左传·僖公三十年》。意思是：依赖别人的力量反而去损害别人，这不是仁；撇弃了自己的同盟者，这是不明智的；把同盟关系变成斗争，这不是英武。

【不以一眚掩大德】出自《左传·僖公三十三年》。意思是：不要因为一点小错误就抹杀别人的大功绩。

【违强凌弱，非勇也】出自《左传·定公四年》。意思是：躲开强者、欺凌弱者，这算不上勇敢。

【臣义而行，不待命】出自《左传·定公四年》。意思是：做臣子的按照道义行事就可以了，不必等待命令下来。

【大德灭小怨，道也】出自《左传·定公五年》。意思是：由于他的大恩大德，就不计较对他的小怨恨了，这是做人的道理。

【三折肱，为良医】出自《左传·定公十三年》。意思是：多次摔断胳膊的人，都能懂得医治断臂的方法，比喻某事经历得多自能造诣精深。

【非我族类，其心必异】出自《左传·成公四年》。意思是：和我们不同族的，他的心思一定和我们不同。

【恃陋而不备，罪之大者也；备豫不虞，善之大者也】出自《左传·成公九年》。意思是：装备简陋又不准备，这是最错误的行为；为难以意料的情况做足准备，这是最正确的行为。

【唯圣人能外内无患，自非圣人，外宁必有内忧】出自《左传·成公十六年》。意思是：只有圣人能够使内外都没有祸患，如果不是圣人，就算没有了外患也一定会有内忧。

【上下和睦，周旋不逆；求无不具，各知其极】出自《左传·成公十六年》。意思是：上下之间和睦相处，相互之间互不叛逆；只要是需要的东西没有不具备的，人人都懂得处事的原则。

【国之兴也，视民如伤，是其福也；其亡也，以民为土芥，是其祸也】出自《左传·哀公元年》。意思是：国家之所以能兴盛，是因为君主把百姓当成伤者一样爱护，这是国家和百姓的福气；国家之所以会灭亡，这是因为君主把百姓当成草芥一样对待，这是国家和百姓的灾祸。

【拨乱世，反诸正，莫近诸《春秋》】出自《公羊传·哀公十四年》。意思是：拨正乱世，使乱世回归正道，没有比得上《春秋》这本书的了。

【国家之败，由官邪也。官之失德，宠赂章也】出自《左传·桓公二年》。意思是：国家衰败，是因为官吏作风不正。官吏丧失道德，是因为受宠的官员受贿公然成风明目张胆。

【杀人以自生，亡人以自存，君子不为也】出自《公羊传·桓公十一年》。意思是：通过毁灭别人换得自己的生存，这种事君子是不做的。

【衡而委蛇，必折】出自《左传·襄公七年》。意思是：为人专横还洋洋自得，就一定会受挫。

【君子劳心，小人劳力】出自《左传·襄公九年》。意思是：君子从事脑力劳动，小人从事体力劳动。

【众怒难犯，专欲难成】出自《左传·襄公十年》。意思是：民众的愤怒不要触犯，专断的态度难以成就事情。

【居安思危，思则有备，有备无患】出自《左传·襄公十一年》。意思是：身处安乐时要想到危险，想到了危险就要去防备，防备了就可以没有祸患了。

【我以不贪为宝，尔以玉为宝，若以与我，皆丧宝也，不若人有其宝】出自《左传·襄公十五年》。意思是：我把不贪婪这种品德当成宝贝，你把美玉当成宝贝，如果你把宝玉送给了我，我们就都丧失了各自的宝贝，还不如各自收藏各自的宝贝。

【上之所为，民之归也】出自《左传·襄公二十一年》。意思是：上流人的所作所为，百姓会纷纷仿效。

【祸福无门，唯人所召】出自《左传·襄公二十三年》。意思是：祸和福都没有定数，不是注定的，都是人自己招来的。

【大上有立德，其次有立功，其次有立言，虽久不废，此之谓不朽】出自《左传·襄公二十四年》。意思是：人生最大的事就是树立圣人之德，其次是建功立业，再其次是著书立说，这三者即使很久以后也不会被埋没，这就叫不朽。

【有德则乐，乐则能久】出自《左传·襄公二十四年》。意思是：有了道德才能快乐，有了这种道德的快乐国家才能长久。

【象有齿以焚其身】出自《左传·襄公二十四年》。意思是：大象有值钱的牙齿，所以这才导致了杀身的祸害。

【言之无文，行而不远】出自《左传·襄公二十五年》。意思是：言辞没有文采，就不能长久流传。

【举棋不定，不胜其耦】出自《左传·襄公二十五年》。意思是：执着棋子犹豫不决，是赢不了对手的。

【夙兴夜寐，朝夕临政，此以知其恤民也】出自《左传·襄公二十六年》。意思是：君主早起晚睡，朝夕处理万机，这样人们才能知道君主是体恤民情的。

【与其杀不辜，宁失不经】出自《左传·襄公二十六年》。意思是：与其错杀无辜，宁可失职不遵法令。

【虽楚有才，晋实用之】出自《左传·襄公二十六年》。意思是：虽然楚国拥有众多人才，但实际上却是晋国在使用他们。说明人才外流严重。

【松柏之下，其草不殖】出自《左传·襄公二十九年》。意思是：松树和柏树的下面，小草不能生长。用来说明弱者在强者的阴影下难以生存。

【侈将以其力毙，专则人实毙之】出自《左传·襄公二十九年》。意思是：奢靡会导致自我毁灭，专制会导致外人起来毁灭。

【今吾子爱人则以政，犹未能操刀而使割也】出自《春秋·左传·襄公三十年》。意思是：现在你喜欢谁就把军政大权交给谁，这就好像让一个不懂操刀的人硬去拼杀一样。

【礼，国之干也。杀有礼，祸莫大焉】出自《左传·襄公三十年》。意思是：礼仪，是国家的主干。（即最重要的）杀害追求礼仪的人，没有比这更大的祸患了。

【其所善者，吾则行之；其所恶者，吾则改之】出自《左传·襄公三十一年》。意思是：人们喜欢的，我就去实行它；人们讨厌的，我就去改换它。

【然犹防川，大决所犯，伤人必多，君不克救也。不如小决使道】出自《左传·襄公三十一年》。意思是：（预防百姓议政，）就像预防洪水，洪水决堤了，受伤的人必定很多，这时你是没法挽救的。不如开个小口子让水慢慢流掉。

【闻忠善以损怨，不闻作威以防怨】出自《左传·襄公三十一年》。意思是：只听说过忠诚善良能够削弱怨恨，没听说过作威作福能够防止怨恨。

【闻学而后入政，未闻以政学者也】出自《左传·襄公三十一年》。意思是：只听说过经过学习之后才从政的，没听说过通过从政做官来学习的。

【孝敬忠信为吉德，盗贼藏匿为凶德】出自《左传·文公十八年》。意思是：孝顺、尊敬、忠诚和信用是好的品德；偷盗、抢劫、窝藏、逃匿是坏的品德。

《大学》

《大学》原来就是《礼记》中的一篇。在宋代之前并没有独立成篇，直到宋理学家程颢、程颐始称"《大学》，孔氏之遗书而初学入德之门也"。虽然只有两千多字，但却讲了齐家、治国、平天下的大道理。

朱熹自《礼记》中取出《大学》一篇，分经一章，传十章，并且做了注。

（1）大学有三个纲领：明明德、亲民、止于至善。

（2）六个历程。知止、定、静、安、虑、得。

（3）八个条目。格物、致知、诚意、正心、修身、齐家、治国、平天下。

儒者的终极理想

"大学之道，在明明德，在亲民，在止于至善。"这就是《大学》

的第一句话，它讲的正是儒家学者的终极理想。

儒家认为成人学习的根本有三点：

首先是要"明明德"，就是要把原本人自身所具备的善良通明的品德展现出来。虽然每个人都有这样的品德，但它有时会被人的欲望所蒙蔽。所以儒家首先倡导把蒙蔽人们的欲望除去，彰显自身光明的德行，从而光明整个社会。

其次是要"亲民"，就是要身躬力行地与周遭人相亲近，知其所难，助其所危。这是一个很广义的说法，后面我们可以知道每个儒家学者都有治国平天下的理

互乡与洁

想，所以所谓亲民，大的是指要亲近治下的民众，小的则是指要关心周遭的每个人，无论为官还是为民，都要有为民着想、关心社会的心，这样才可以创造一个和谐的社会环境。还有一种解释把"亲"理解为"新"，即使自己无时不在善途上进步，不断完善自己的德性再推己及人，使他人也能像自己一样去除旧弊，不断达到新的境界。

最后是要"止于至善"，就是将明明德，亲民做到尽善尽美而不动摇。也就是达到仁、忠、孝、敬、慈、信的最高理想境界。

儒家心目中有一个理想的大同世界，在这个世界里，人们单纯善良，不欺互助，和谐无间。而要实现这样的大同，无疑需要每个人的努力。"明明德"、"亲民"、"止于至善"，统称为《大学》的三纲目，是儒家希望每个儒者应该具备的人生终极目的。

《大学》精华

【大学之道，在明明德，在亲民，在止于至善】意思是：《大学》

国学常识 国学经典 国学精粹一本通

Guo Xue Chang Shi Guo Xue Jing Dian Guo Xue Jing Cui Yi Ben Tong

的宗旨，在于弘扬人光明正大的道德，在于亲近民众（或解释为在于不断完善自己的德性，再推己及人，使他人也能像自己一样达到新的境界）在于使人达到最完善的境界。

【国不以利为利，以义为利也】意思是：治理国家不把财货视为国家的利益，而是把仁义视为国家的利益。

【见贤而不能举，举而不能先，命也；见不善而不能退，退而不能远，过也】意思是：发现贤才而不能举荐，举荐了而不能首先任用，这是怠慢轻忽的行为；发现坏人而不能黜退，黜退了而不能黜退到远地，这是错误的行为。

【欲明明德于天下者，先治其国；欲治其国者，先齐其家；欲齐其家者，先修其身；欲修其身者，先正其心；欲正其心者，先诚其意；欲诚其意者，先致其知；致知在格物】意思是：希望弘扬自己光明正大的德性于天下的人，先要治理好自己的国家；希望治理好自己的国家，先要管理好自己的家庭；希望管理好自己的家庭，先要修养自己的品性；希望修养自己的品性，先要端正自己的心思；希望端正自己的心思，先要使自己的心意诚实；希望使自己的心意诚实，先要使自己获得知识；获得知识的途径在于认识、研究事物的道理。

【民之所好好之，民之所恶恶之，此之谓民之父母】意思是：百姓所喜欢的为政者便喜欢，百姓所厌恶的为政者便厌恶，这样才称得上是百姓的父母官。

【一家仁，一国兴仁；一家让，一国兴让；一人贪戾，一国作乱】意思是：假如君主的家庭和睦仁爱，整个国家将兴起和睦仁爱之风；假如君主的家庭礼让谦和，整个国家将兴起礼让谦和之风；假如君主一个人贪婪暴戾，整个国家就将发生动乱。

【惟命不于常，道善则得之，不善则失之矣】意思是：天命是不会恒常不变的，遵循善道就会得到天命，不遵善道就会失去天命。

【生财有大道，生之者众，食之者寡，为之者疾，用之者舒，则财恒足矣】意思是：创造财富有正确的途径：让创造财富的人多，消费财富的人少；让创造财物的人勤奋，使用财物的人节省。那么财富便会经常充足了。

【财聚则民散，财散则民聚】意思是：君王聚敛财富，百姓就会离散；君王施散财富，百姓就会聚集归顺。

【楚国无以为宝，惟善以为宝】意思是：楚国没有什么可以当作宝贝的，只是把"善"当作宝贝。

【长国家而务财用者，必自小人矣】意思是：治理国家却还一心想着聚敛财货的人，必定是有小人在诱导。

【仁者以财发身，不仁者以身发财】意思是：仁德的君主通过施散财富取得称誉；不仁德的君主利用自己的地位聚敛财富。

【一言偾事，一人定国】意思是：一句错话就能坏事，国君谨慎就能安邦定国。

【其为父子兄弟足法，而后民法之也】意思是：如果一个人的行为能使父子兄弟都来效法，此后百姓就会效法他。

【道得众，则得国；失众，则失国。是故君子先慎乎德】意思是：谨守道德便会获得百姓拥护，这样便能治好国家；失去百姓拥护，这样便失去了国家。所以君子先要注重修养德行。

【有德此有人，有人此有土，有土此有财，有财此有用】意思是：有德行才会有人拥护，有人拥护才会有土地，有土地才会有财富，有财富才能供给使用。

【德者本也，财者末也。外本内末，争民施夺】意思是：道德是治国的根本，财富只是枝末。君主如果把根本当成了外在的枝末，把枝末当成了内在的根本，就会导致和百姓争夺利益。

【唯仁人，为能爱人，能恶人】意思是：只有仁德的人，能够真正爱护好人，能够真正憎恶坏人。

【小人闲居为不善，无所不至，见君子而后厌然，掩其不善，而善其善】意思是：小人独处的时候做坏事，没有什么是做不出来的，一见到高尚的君子就沮丧惭愧，掩盖他的恶行，而表现他好的一面。

【自天子以至于庶人，壹是皆以修身为本】意思是：从天子到平民，都要以修身养性作为人的根本。

【君子有诸己而后求诸人，无诸己而后非诸人】意思是：君子首先要求自己做到，然后才要求别人做到；自己首先不这么做，然后才要求别人不这么做。

【诚于中，形于外，故君子必慎其独也】意思是：内心的真实，总会在外表显现出来，所以君子哪怕是在一个人独处时，也一定要谨慎。

【富润屋，德润身，心广体胖，故君子心诚其意】意思是：有钱的人家可以很好地装饰房子，一个有道德修养的人从他的行为身体就能看得出来，心胸宽广而身体舒泰安康。所以君子一定要使自己的意念真诚。

【为人君，止于仁；为人臣，止于敬；为人子，止于孝；为人父，止于慈；与国人交，止于信】意思是：作为君主，要做到仁德；作为臣子，要做到恭敬；作为子女，要做到孝顺；作为父母，要做到慈爱；与百姓交往，要做到诚信。

【好人之所恶，恶人之所好，是谓拂人之性，菑必逮夫身】意思是：喜欢众人所讨厌的，讨厌众人所喜欢的，这可说是违背了众人的意愿，灾祸一定会降到他身上。

【所恶于上，弗以使下；所恶于下，弗以事上】意思是：对上司的行为感到厌恶，就不要用同样的行为对待你的下属；对下属的行为感到厌恶，就不要用同样的行为对待你的上司。

【货悖而入者，亦悖而出】意思是：违背道义得到财富的人，也会因为违背道义而失去财富。

【所谓诚其意者，毋自欺也】意思是：所谓使心意诚实，就是说不要自己欺骗自己。

【好而知其恶，恶而知其美】意思是：喜欢某东西，也要看到它不好的一面；厌恶某东西，也要看到它优秀的一面。

【物有本末，事有始终】意思是：万物都有根本和枝末，万事都有开始和结束。

《中庸》

宋代朱熹说，《中庸》是"孔门"传授心法。《中庸》的内容，论述了人性、社会、政治、哲学，提出了具有普遍意义的中庸之道。

《中庸》的作者一般认为是孔子之孙子思。

所谓中庸，宋代程颐解为："不偏之谓中，不易之谓庸。"《中庸》云："喜怒哀乐之未发，谓之中；发而皆中节，谓之和。中也者，天下之大本；和也者，天下之达道也。致中和，天地位焉，万物育焉。"这是《中庸》的核心思想，写出了天地和谐的自然天性，是宇宙的本来状态，而天地之间的人一旦拥有这样的和谐状态，就达到了很高的境界。天地万物达到一种和谐无碍的境界，人与天地合为一体，行事自在，万物欣欣向荣，人则可以得到可持续的发展。

《中庸》还提出了"诚"的概念。人要想与天地并列，达到天人合一的境界，就必须要"至诚"。曾子也把"诚"作为达到最高理想的必要修养，子思把诚发挥到极致。只有诚，才能充分发挥自己固有的天性，才能发挥事物最大的能力，才能参与天地化育。

《论语》

《论语》是记载孔子和他的弟子们言行的典籍，一般认为，《论语》是由孔子弟子所辑录。

孔子是中国古代伟大的思想家、教育家。由他开创的儒家学派在历史上产生过深远影响，儒家文化一直为封建时代中华民族的主体文化。但是孔子"述而不作"，没有留下完整、系统的学术专著。两千多年间，只有一部记录了孔子及其学生的言论与事迹的语录体著作流传了下来，这就是《论语》。

此书现存共二十篇，四百九十二章，其中记录孔子与弟子及时人谈论之语约四百四十四章，记录孔门弟子相互谈论之语四十八章，总约一万余字。这些文字，是我们今天研究孔子思想最宝贵的材料。

何以书名《论语》，诸家说法不一。一般认为，"论"是"论纂"，"语"是"语言"，因此，"论语"就是把孔子及其弟子的对话"论纂"起来的意思。《论语》各篇都以每篇开始的两字或三字为篇名。如第一篇的第一章以"学而时习之，不亦说乎"为首句，于是第一篇便定名为"学而篇"；第二十篇以"尧曰"开头，因而第二十篇便称为"尧曰篇"。

《论语》的编纂，约始于春秋末年，而成书于战国初年。

孔子，名丘，字仲尼，春秋时鲁国陬邑（今山东曲阜东南）人。历史上对孔子的生卒年月一直争论不休，但意见相差也不过一两年。大多学者认为是生于公元前551年（周灵王二十一年，鲁襄公二十二年），死于公元前479年（周敬王四十一年，鲁哀公十六年），享年七十三岁。

孔子是殷商的苗裔。周武王灭殷商后，封殷商的微子启于宋。孔子的祖先便是宋国的宗室。后来家世衰微，失掉了贵族的地位。孔子的父亲叔梁纥，曾做过鲁国鄹地（今山东曲阜县境内）的地方长官，在他三岁那年就去世了。孔子从小

治任别归

与寡母相依为命。孔子曾说："吾少也贱，故多能鄙事。"（《论语·子罕》）他不得不从事各种劳动，广泛地接触了下层社会。

三十岁左右，孔子开始收徒讲学，创办了中国历史上第一所私学，孔子以"学而不厌，诲人不倦"的精神，培养了"贤人七十，弟子三千"。五十岁时，孔子在鲁国做官，先后做过中都宰（中都的长官）、司空和大司寇（主管司法），但时间不长，终因鲁国的动乱而离开了鲁国。此后他周游列国，到过卫、曹、宋、陈、蔡等国，向各国君主宣传自己建立社会秩序、尊重人爱护人的主张，但都没有被采用。六十八岁，又返回鲁国，开始专心于教育和整理、传授古代文化的工作。中华上古文化因为有了孔子才流传、普及开来，前人说："天不生仲尼，万古长如夜。"孔子的光辉永远不会熄灭。

《论语》的内容非常丰富，涉及社会与人的各个方面，有人誉之为"东方的圣经"，并不为过。《论语》的核心内容是"仁"。它既是孔子理想中最高的政治原则，又是最高的道德准则。"仁"的根本的

涵义则是"仁者爱人"（《论语·颜渊》）。

"忠恕"是由"仁"派生出来的，忠恕之道的基本要求是以诚待人，推己及人。具体内容是：己立立人，己达达人；己所不欲，勿施于人（《论语·卫灵公》）。由此中国人形成了"四海之内皆兄弟"（《论语·颜渊》）的宽广情怀。

"仁"推广到政治就是"仁政"。孔子认为治理好国家，君主一定要重视人品、道德，要讲究信用，爱护民众，这是治国的基本原则。子曰："道千乘之国，敬事而信，节用而爱人，使民以时。"（《论语·学而》）。

《论语》中，讲到"仁"109次，讲到"礼"75次。孔子认为有了"仁"的本质还要通过"礼"的实践而达到全社会的遵守。

我们从《论语》中看到了一个心怀仁爱之心，"知其不可而为之"的圣人形象——这是一个真实的圣人，活生生的圣人。

宋代宰相赵普说："半部《论语》治天下。"是称赞孔子的伟大，认为只要把他的学说实行一半，就可以使天下安定了！从这一句美好的颂词，便可以看出《论语》的社会价值和历史影响。

《论语》的价值

1. 奠定了中华文明基本的价值观。

孔子继承了尧、舜、禹、汤、文、武、周公的道统，完整地提出了"仁"，奠定了中国社会人与人之间的基本道德准则，也是政治伦理的基本观念。孔子提出了一整套的建立和谐社会的价值观，如孝、悌、恭、敬、信、宽、惠等。

2. 创造了人格的典范。

怎样做人，怎样做一个具有完善人格的"仁者"，《论语》做了最好的讲述。《论语》中所表现的真实孔子的伟大人格，两千多年来成为中华民族的榜样，说孔子是"万世师表"，是恰如其分的。

3. 提出了理想社会的秩序。

4.《论语》有极高的文学价值，是学习文言文的最好的基础性读物。《论语》的记事非常生动，刻画精细入微，连孔子与学生谈话时的不同的神情都能生动地传达出来。

《论语》精华

【学而时习之，不亦说乎？有朋自远方来，不亦乐乎？人不知而不愠，不亦君子乎】出自《论语·学而篇》。意思是：学了而能按时温习，不是很愉快吗？有志同道合的人从远方来，不也是很令人快乐吗？别人不了解自己却能不抱怨，不也是君子吗？

【巧言令色，鲜矣仁】出自《论语·学而篇》。意思是：花言巧语、满脸堆笑，这种人是很少有仁德的。

【吾日三省吾身：为人谋而不忠乎？与朋友交而不信乎？传不习乎】出自《论语·学而篇》。意思是：我每天多次反省自己，检查自己替别人谋事是否做到忠实尽心了呢？与朋友交往是否做到真诚了呢？老师传授的知识是否温习了呢？

【君子食无求饱，居无求安，敏于事而慎于言，就有道而正焉，可谓好学也已】出自《论语·学而篇》。意思是：君子饮食不求饱足，居住不求安逸，办事灵敏，言谈谨慎，向有道德的人学习而改正自己的错误，可以说得上是好学的人了。

【不患人之不己知，患不知人也】出自《论语·学而篇》。意思是：不应担心人家不了解自己，应该担心自己不了解人家。

【《诗》三百，一言以蔽之，曰："思无邪。"】出自《论语·为政篇》。意思是：《诗经》三百篇，一句话可以概括它，就是"思想纯正"。

【吾十有五而志于学，三十而立，四十不惑。五十而知天命，六十而耳顺，七十而从心所欲，不逾矩】出自《论语·为政篇》。意思是：我十五岁有志于学问；三十岁立身处世确定自己人生的选择处世原则；四十岁能不怀疑自己的人生选择；五十岁懂得了自然的规律法则；六十岁能正确对待各种言论；七十岁能随心所欲而不越出规矩。

【温故而知新，可以为师矣】出自《论语·为政篇》。意思是：温习旧知识从而有新领悟，这样的人就可以当老师了。

【学而不思则罔，思而不学则殆】出自《论语·为政篇》。意思是：只读书学习而不深入思考，就会糊涂；只凭空思考而不读书学习，就会困惑。

【知之为知之，不知为不知，是知也】出自《论语·为政篇》。意思是：知道的就是知道，不知道就是不知道，这种态度是明智的。

【人而无信，不知其可也。大车无輗，小车无軏，其何以行之哉】出自《论语·为政篇》。意思是：一个人没有信用，不知能干成什么，好比大车没有輗、小车没有軏，它靠什么行走呢？

【成事不说，遂事不谏，既往不咎】出自《论语·为政篇》。意思是：做过的事不必再提了，完成的事不用再阻拦了，过去的事也不必再追究了。

【举直错诸枉，则民服；举枉错诸直，则民不服】出自《论语·八佾篇》。意思是：提拔正直的人，把邪恶的人晾一旁，百姓就会服从了；提拔邪恶的人，把正直的人晾一旁，百姓就不会服从了。

【八佾舞于庭，是可忍，孰不可忍也】出自《论语·八佾篇》。意思是：（他）用八列的阵势在自家庭院里舞蹈，这种事情都能容忍，还有什么事情不能容忍呢？

【子谓《韶》："尽美矣，又尽善也。"谓《武》："尽美矣，未尽善也。"】出自《论语·八佾篇》。意思是：孔子称《韶》这一乐舞说："美到极致了，也善到极致了。"称《武》这一乐舞说："美到极致了，但还没善到极致。"（《韶》为舜乐，舜以禅让得天下，所以和平中正。《武》为周武王的音乐，武王以伐纣得天下，音乐里有杀伐之声，所以未达到尽善的境界。）

【朝闻道，夕死可矣】出自《论语·里仁篇》。意思是：早上懂得了真理，就是当晚死去也值得了。

【君子怀德，小人怀土；君子怀刑，小人怀惠】出自《论语·里仁篇》。意思是：君子渴求德行，小人渴求田宅；君子做事考虑是否合乎典刑，小人做事只贪图眼前的小惠。

【放于利而后行，多怨】出自《论语·里仁篇》。意思是：根据私利谋事，会招致更多的怨恨。

【君子喻于义，小人喻于利】出自《论语·里仁篇》。意思是：君子晓得道义，小人只知小利。君子于事必辨其是非，小人于事必计较利害。

【见贤思齐焉，见不贤而内自省也】出自《论语·里仁篇》。意思是：见到贤人，应该向他看齐；见到不贤的人，应该自我反省。

【父母在，不远游。游必有方】出自《论语·里仁篇》。意思是：父母在世，不离乡远游；离乡远游也一定有一定的去处。

【父母之年，不可不知也。一则以喜，一则以惧】出自《论语·里仁篇》。意思是：父母的年纪，不可不知道。一方面为他们的长寿而欢喜，一方面又为他们的年老而忧心。

【君子欲讷于言而敏于行】出自《论语·里仁篇》。意思是：君子希望自己言谈谨慎、不会夸夸其谈，行动敏捷。

【德不孤，必有邻】出自《论语·里仁篇》。意思是：有德者不会孤立，一定会有志同道合的人。

【不患无位，患所以立；不患莫己知，求为可知也】出自《论语·里仁篇》。意思是：人不该烦恼自己没有地位，该烦恼的是自己没有真才实学，无法立足；不该烦恼没人了解自己，只要能不断充实完善自我自然有人会了解自己。

【朽木不可雕也，粪土之墙不可圬也】出自《论语·公冶长篇》。意思是：烂木头没法雕刻，粪土似的墙壁没法粉刷。

【敏而好学，不耻下问】出自《论语·公冶长篇》。意思是：他（孔文子，卫大夫）聪敏又好学，不把向比自己地位低的人请教当成是耻辱。

【有颜回者好学，不迁怒，不贰过】出自《论语·雍也篇》。意思是：有一个叫颜回的很好学，不迁怒于人，也从不重犯同样的过失。

【君子周急不继富】出自《论语·雍也篇》。意思是：君子救济急需救济的穷人而不救济富人！

【子曰："贤哉，回也！一箪食，一瓢饮，在陋巷。人不堪其忧，回也不改其乐。贤哉，回也！"】出自《论语·雍也篇》。意思是：多有修养的颜回呵！一箪饭，一瓢水，住在简陋的房子里，别人熬不住这种穷苦，颜回却毫不改变他的志向和乐趣。多有修养的颜回呵！

【质胜文则野，文胜质则史。文质彬彬，然后君子】出自《论语·雍也篇》。意思是：朴质胜过文采就会显得粗野，文采胜过朴质就会显得浮华。只有朴质和文采配合适当，才是君子。

【知之者不如好之者，好之者不如乐之者】出自《论语·雍也篇》。意思是：知道它的人不如喜爱它的人，喜爱它的人不如以它为乐的人。

【知者乐水，仁者乐山；知者动，仁者静。知者乐，仁者寿】出自《论语·雍也篇》。意思是：聪明的人喜欢水，仁德的人喜欢山；聪明的人喜欢动，仁德的人喜欢静。聪明的人快乐，仁德的人长寿。

【默而识之，学而不厌，诲人不倦，何有于我哉】出自《论语·述而篇》。意思是：默默记住所学的知识，学习时不感到厌烦，教导人不知道疲倦，这三方面我做到了哪些呢？

【不愤不启，不悱不发。举一隅而不以三隅反，则不复也】出自《论语·述而篇》。意思是：教导学生，不到他冥思苦想时不去开导他；不到他想说说不出时不去启发他。教会他一种事情却不能据此推知更多类似的事情，就不再教他了。

【饭疏食饮水，曲肱而枕之，乐在其中矣。不义而富且贵，于我如浮云】出自《论语·述而篇》。意思是：吃粗饭，喝白水，弯着胳膊作枕头，即使贫困如此，对自己的志趣仍旧乐而忘返。通过不正当的途径获得的富贵，对我来说就像浮云一样没有意义。

【其为人也，发愤忘食，乐以忘忧，不知老之将至】出自《论语·述而篇》。意思是：他（孔子）的为人啊，就是发愤用功时会忘了吃饭，学问上有所获益就会满心欢乐忘了忧愁，甚至不知道老年就要到来了。

【子不语怪，力，乱，神】出自《论语·述而篇》。意思是：孔子不谈论怪异、暴力、悖乱、鬼神这类事情。

【三人行，必有我师焉。择其善者而从之，其不善者而改之】出自《论语·述而篇》。意思是：三个人走路，一定有能做我老师的人。选择他的优点学习他，看到他的缺点对照自己改正自己的缺点。

【君子坦荡荡，小人常戚戚】出自《论语·述而篇》。意思是：君子心胸坦荡不计较个人利害得失，小人经常忧愁。

【鸟之将死，其鸣也哀；人之将死，其言也善】出自《论语·泰伯篇》。意思是：鸟将死时，它的叫声是悲哀的；人将死时，他的话是善意的。

【可以托六尺之孤，可以寄百里之命，临大节而不可夺也】出自《论语·泰伯篇》。意思是：他的才华可以辅佐幼君，可以将国家的命运托付给他，他面临重大考验而气节却不可改变。

【士不可以不弘毅，任重而道远】出自《论语·泰伯篇》。意思是：读书人不可以不宽容刚毅，因为他责任重大、道路长远。

【笃信好学，守死善道，危邦不入，乱邦不居。天下有道则见，无道则隐。邦有道，贫且贱焉，耻也；邦无道，富且贵焉，耻也】出自《论语·泰伯篇》。意思是：人要坚定信念和喜爱学习，用生命捍卫好的道义，危机四伏的国家不进去，纲纪紊乱的国家不居住。天下政治清明就出来做官，天下政治黑暗就隐居不仕。国家安定太平而自己竟贫贱，这是耻辱；国家民不聊生，而自己竟富贵，也是耻辱。

【不在其位，不谋其政】出自《论语·泰伯篇》。意思是：不在那个位置上，就不插足那位置上的事。

【君子居之，何陋之有】出自《论语·子罕篇》。意思是：只要是君子住的地方，怎么会闭塞落后呢？

【子在川上曰："逝者如斯夫！不舍昼夜。"】出自《论语·子罕篇》。意思是：孔子在河边叹道："消逝的时光就像这河水呵，日夜不停地流走！"

【吾未见好德者如好色者也】出自《论语·子罕篇》。意思是：我没见过喜欢道德就像喜欢女色一样的人。

【后生可畏，焉知来者之不如今也？四十，五十而无闻焉，斯亦不足畏也已】出自《论语·子罕篇》。意思是：年轻人是可敬畏的，怎能知道后一辈比不上我们现在这一辈呢？人活到四五十岁还默默无闻，这也就不值得敬畏了。

【主忠信。毋友不如己者，过则勿惮改】出自《论语·子罕篇》。意思是：做人重要的是忠信。不要和比不上自己的人交朋友，犯了过错不要怕改正。

【三军可夺帅也，匹夫不可夺志也】出自《论语·子罕篇》。意思是：三军可以被剥夺统帅，但人不可以被剥夺志气。

【岁寒，然后知松柏之后凋也】出自《论语·子罕篇》。意思是：季节变冷了，然后才知道松柏是长青不凋落的。

【知者不惑，仁者不忧，勇者不惧】出自《论语·子罕篇》。意思是：有智慧的人不会迷惑，仁爱的人不会忧愁，勇敢的人不会畏缩。

【食不厌精，脍不厌细】出自《论语·乡党篇》。意思是：粮食不怕舂得精，鱼肉不怕切得细。形容饮食要精制细做。

【食不语，寝不言】出自《论语·乡党篇》。意思是：吃饭时就不再说话，睡觉后就不再谈天。

【寝不尸，居不客】出自《论语·乡党篇》。意思是：睡觉时不要像摆死尸那样不雅观，居家时不必像作客或接待客人那样客套。

【未能事人，焉能事鬼】出自《论语·先进篇》。意思是：不能侍奉好人，怎能侍奉得好鬼呢？

【未知生，焉知死】出自《论语·先进篇》。意思是：不能懂得生的道理，怎能懂得死呢？

【夫人不言，言必有中】出自《论语·先进篇》。意思是：人要么不讲话，讲话就必定符合道理。

【过犹不及】出自《论语·先进篇》。意思是：事情做得过头就像做得不够，都是不足取的。

【非礼勿视，非礼勿听，非礼勿言，非礼勿动】出自《论语·颜渊篇》。意思是：不符合礼的不要看，不符合礼的不要听，不符合礼的不要说，不符合礼的不要做。

【己所不欲，勿施于人】出自《论语·颜渊篇》。意思是：自己不想的，不要强加给人。

【死生有命，富贵在天】出自《论语·颜渊篇》。意思是：死和生有命数，富和贵看天意。

【君子敬而无失，与人恭而有礼，四海之内皆兄弟也。君子何患乎无兄弟也】出自《论语·颜渊篇》。意思是：君子敬业而不犯过失，对人恭敬有礼，那么四海之内就都是自己的兄弟了。君子为什么要担心没有兄弟呢？

【自古皆有死，民无信不立】出自《论语·颜渊篇》。意思是：人自古以来都不免一死，国家失去了人民的信任就站不住了。

【君子成人之美，不成人之恶。小人反是】出自《论语·颜渊篇》。意思是：君子成全别人的好事，不助长别人的坏处。小人相反。

【君子以文会友，以友辅仁】出自《论语·颜渊篇》。意思是：君子通过文章学问结交朋友，通过朋友提高自己的仁德。

【名不正，则言不顺；言不顺，则事不成；事不成，则礼乐不兴；礼乐不兴，则刑罚不中；刑罚不中，则民无所措手足】出自《论语·子路篇》。意思是：名分不正，说话就不顺当；说话不顺当，事情就办不成；事情办不成，礼乐就无法兴盛；礼乐不兴盛，刑罚就不会得当；刑罚不得当，百姓就会茫然无措。

【其身正，不令而行；其身不正，虽令不从】出自《论语·子路篇》。意思是：君主自身正直，不下命令百姓也会执行；君主自身不正，即使下命令百姓也不会服从。

【欲速则不达，见小利则大事不成】出自《论语·子路篇》。意思是：贪求快速反而达不到目的，贪图小利就干不成大事。

【言必信，行必果】出自《论语·子路篇》。意思是：说话必须诚信，做事必须果断，言出必行。

【君子和而不同，小人同而不和】出自《论语·子路篇》。意思是：君子和谐共处而不盲目附和，小人盲目附和而不能和谐共处。

【君子易事而难说也。说之不以道，不说也；及其使人也，器之。小人难事而易说也。说之虽不以道，说也；及其使人也，求备焉】出自《论语·子路篇》。意思是：君子容易侍奉，但很难取悦，不以道义取悦他，他是不会喜悦的；但当君子用人时，仍然能量才而用。小人不容易侍奉，但容易取悦，即使不以道义取悦他，他也能喜悦；但当小人用人时，却是求全责备。

【君子泰而不骄，小人骄而不泰】出自《论语·子路篇》。意思是：君子安泰而不骄肆，小人骄肆而不安泰。

【可与言而不与之言，失人；不可与言而与之言，失言。知者不失人，亦不失言】出自《论语·卫灵公篇》。意思是：可以和他交谈却不和他交谈，会错过朋友；不可和他交谈却和他交谈，会说错话。智慧的人既不错过值得相交的人，也不会说错话。

【志士仁人，无求生以害仁，有杀身以成仁】出自《论语·卫灵公篇》。意思是：有志气和仁义的人，不会贪生而损害仁义，只会牺牲生命来成全仁义。

【工欲善其事，必先利其器】出自《论语·卫灵公篇》。意思是：工匠想要做好他的活儿，必须先使工具锋利。比喻做好一件事必须做好充分的准备。

【人无远虑，必有近忧】出自《论语·卫灵公篇》。意思是：人没有长远的考虑，就必定会有近在眼前的忧虑。即指现在面临的忧虑是肇因于以前没有深思熟虑的作为。因此人要能深谋远虑。

【君子求诸己，小人求诸人】出自《论语·卫灵公篇》。意思是：君子苛求自己，小人却苛求他人。

【君子不以言举人，不以人废言】出自《论语·卫灵公篇》。意思是：君子不因为谁擅长说好话就提拔他，也不因为谁品行不好就废弃他的好建议。

【小不忍，则乱大谋】出自《论语·卫灵公篇》。意思是：小事不隐忍，就会败坏大事。

【过而不改，是谓过矣】出自《论语·卫灵公篇》。意思是：犯了错误却不改正，这就真叫错误了。

【当仁，不让于师】出自《论语·卫灵公篇》。意思是：在仁这个问题上，不必谦让老师。

【有教无类】出自《论语·卫灵公篇》。意思是：无论哪类人都可以受到教育。

【道不同，不相为谋】出自《论语·卫灵公篇》。意思是：目标不同，就不必一起谋事。

【君子耻其言而过其行】出自《论语·宪问篇》。意思是：君子视说得多做得少的行为为耻辱。

【不患寡而患不均，不患贫而患不安】出自《论语·季氏篇》。意思是：不忧心财富少，而是忧心财富不均；不忧心人口少，而是忧心国家不安定。

【既来之，则安之】出自《论语·季氏篇》。意思是：既然招徕了他们，就让他们安心住下。

【益者三友，损者三友。友直，友谅，友多闻，益矣；友便辟，友善柔，友便佞，损矣】出自《论语·季氏篇》。意思是：有三种有益的朋友，有三种有害的朋友。和正直的人交友，和诚信的人交友，和见多识广的人交友，是有益的；和习于邪门歪道的人交友，和擅长阿谀的人交友，和惯于花言巧语的人交友，是有害的。

【侍于君子有三愆：言未及之而言谓之躁，言及之而不言谓之隐，未见颜色而言谓之瞽】出自《论语·季氏篇》。意思是：陪君子说话有三种错误：还没问到你却先说了，这叫急躁；已经问到你了你还不言语，这叫隐瞒；不看君子的脸色而擅自说话，这叫瞎眼。

【生而知之者上也；学而知之者次也；困而学之，又次也；困而不学，民斯为下矣】出自《论语·季氏篇》。意思是：生来就知道的是上等人；通过学习知道的是次等人；遇到困难才学习的是又次一等的人；遇到困难却还不学习，这样的百姓就是下等人了。

【见善如不及，见不善如探汤】出自《论语·季氏篇》。意思是：见到善的行为，就像生怕来不及追求一样，马上去学习，见到不善的行为，就像碰到烫水一样避之唯恐不及。

【日知其所亡，月无忘其所能，可谓好学也已矣】出自《论语·子张篇》。意思是：每日懂得一些他所不懂得的，每月不忘那些他已经掌握的，这就可以叫做好学了。

【仕而优则学，学而优则仕】出自《论语·子张篇》。意思是：做官优秀也要学习以求更好，学习优秀可以去做官以便更好地推行仁道。

【纣之不善，不如是之甚也。是以君子恶居下流，天下之恶皆归焉】出自《论语·子张篇》。意思是：纣王的恶行，其实不像世人说的那么严重。所以君子厌恶处在下等品类，那样的话天下恶事都会归在他的身上。

【君子之过也，如日月之食焉：过也，人皆见之；更也，人皆仰之】出自《论语·子张篇》。意思是：君子的过错，就像日蚀月蚀一样：犯下过错，人们都看得见；改正过错，人们就都仰望他。

【不知命，无以为君子也；不知礼，无以立也；不知言，无以知人也】出自《论语·尧曰篇》。意思是：不知道天命，就无法成为君子；不知道礼仪，就无法立身处世；不知道辨别言论，就无法了解人。

《孟子》

《孟子》一书虽然只有 7 篇 34000 余字。但是对中国社会、中国人有着极其深远的影响，而且早已是世界文化遗产的一部分。孟子不仅在哲学论理上发展了孔子的思想，而且建立了以"民本"为基础的政治思想体系——"仁政"学说。

孟子，名轲，战国时邹国人。《孟子》一书记述了孟子所从事的政治活动，阐发了他把孔子"仁"的思想发展成的"仁政"学说，并建立了以"性善论"为理论基础的养性、养气、养心的哲学论理。特别是他提出的"民为贵君为轻"的政治思想，像一把火炬，两千多年来在历史中闪耀着光辉。

孟子根据战国时期的经验，总结各国治乱兴亡的规律，提出一个富有民主精神的著名命题："民为贵，社稷次之，君为轻。"认为君主应以爱护人民为先，要保障人民权利。主张保国爱民，礼贤下士，提出要让人民有基本的生活保障，还要为民制产，藏富于民。而且人民有权决定君主的名义与地位。孟子这一思想在中国思想界是破天荒的，首次提出的。

《孟子》所阐述的要勇于担当道义的思想造就了许许多多富贵不

淫、威武不屈、贫贱不移的大丈夫。

后世学者总结孟子对经学有四大贡献：

1. 提出以民为本的思想，主张仁政，人民是可贵的，国家社稷应该是为人民的，君主所做所为应该是为了国家社稷和人民的。孟子的这一思想在中国历史上影响极为深远，有民主思想精华的思想家们都从这里得到理论的支持，而坚持专制的统治者如朱元璋则痛恨孟子的学说。

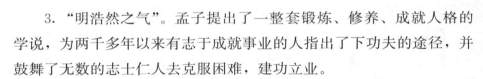

孟子像

2. "道性善"。孟子解析心的内容为四端，即"恻隐之心"、"羞恶之心"、"辞让之心"、"是非之心"。这仁、义、礼、智"四端"，证明人性的本善，这为儒家的人文主义思想奠定了基础。孟子以"心"论"性"，宋代的陆九渊、明代的王阳明就是在孟子论心、论性的基础上发展出了"心即理"的心学理论。

3. "明浩然之气"。孟子提出了一整套锻炼、修养、成就人格的学说，为两千多年以来有志于成就事业的人指出了下功夫的途径，并鼓舞了无数的志士仁人去克服困难，建功立业。

4. "黜五霸而尊三王"。孟子继承孔子学说和先圣先王的道统，发扬周公"制礼作乐"的精神，他提出"辟杨、墨"，提出了一整套做人做事和社会生活的价值判断标准，他强调义利之辨、人兽之辨和取予之道。为中华民族建立礼乐型的教化系统作出了贡献。

《孟子》精华

【权，然后知轻重；度，然后知长短】出自《孟子·梁惠王上》。意思是：称一称，然后才能知道轻重；量一量，然后才能知道长短。此句说对事物的判断要经过仔细思考才能知道他们的内在本质。

【庖有肥肉，厩有肥马，民有饥色，野有饿莩，此率兽而食人也】

出自《孟子·梁惠王上》。意思是：厨房有肥美的肉食，马厩有肥壮的马匹，百姓却面有饥色，荒野却有饿死的人，这种行为无异于驱赶着野兽来吃人。

【保民而王，莫之能御也】出自《孟子·梁惠王上》。意思是：通过保护百姓来称王，就没有谁能够阻挡他称王了。

【老吾老，以及人之老；幼吾幼，以及人之幼】出自《孟子·梁惠王上》。意思是：孝敬自己的长辈，并把这种感情推及到他人的长辈身上；爱护自己的后辈，并把这种感情推及到他人的后辈身上。

【五十步笑百步】出自《孟子·梁惠王上》。意思是：逃跑了五十步的嘲笑逃跑了一百步的。

【古之人与民偕乐，故能乐也】出自《孟子·梁惠王上》。意思是：古时候的贤德君王和百姓同乐，所以能真正快乐。

【苟为后义而先利，不夺不餍。未有仁而遗其亲者也，未有义而后其君者也】出自《孟子·梁惠王上》。意思是：如果为人把义摆后面而把利摆前面，那么他不夺去君位是不会满足的。没有追求仁德却抛弃自己父母的人，没有求道义却怠慢君主的人。

【以大事小者，乐天者也；以小事大者，畏天者也。乐天者保天下，畏天者保其国】出自《孟子·梁惠王下》。意思是：以大国的身份服事小国的，是顺应上天的人；以小国的身份服事大国的，是畏惧上天的人。顺应上天的可以安定天下，畏惧上天的可以保存他的国家。

【乐民之乐者，民亦乐其乐；忧民之忧者，民亦忧其忧。乐以天下，忧以天下，然而不王者，未之有也】出自《孟子·梁惠王下》。意思是：把百姓的快乐当做自己的快乐的君主，百姓也会把他的快乐当做自己的快乐；把百姓的忧愁当做自己的忧愁的君主，百姓也会把他的忧愁当做自己的忧愁。能和天下百姓共同欢乐，和天下百姓共同忧愁，做到这样还不能使天下人归附的，还从来没有过呢。

【独乐乐，与人乐乐，孰乐】出自《孟子·梁惠王下》。意思是：自个欣赏音乐是快乐，与人一起欣赏音乐也是快乐，哪一个是真正的快乐呢？

【戒之戒之！出乎尔者，反乎尔者也】出自《孟子·梁惠王下》。意思是：警惕！警惕！你怎样对待人家，人家就会怎样对待你。

【王顾左右而言他】出自《孟子·梁惠王下》。意思是：齐宣王回过头来看东看西，岔到其他不相干的话题上去了。

【以力服人者，非心服也，力不赡也；以德服人者，中心悦而诚服也，如七十子之服孔子也】出自《孟子·公孙丑上》。意思是：靠武力使人顺服的，不是真心顺服，而是别人力量不够；靠道德使人顺服的，是内心快乐真正顺服，就像七十多个弟子顺服孔子一样。

【祸福无不自己求之者】出自《孟子·公孙丑上》。意思是：是祸是福没有不是自找的。

【子路，人告之以有过，则喜；禹闻善言，则拜】出自《孟子·公孙丑上》。意思是：子路这人，别人把他的过错指出给他，他就欢喜；大禹听到善意的话，他就拜谢。

【恻隐之心，仁之端也；羞恶之心，义之端也；辞让之心，礼之端也；是非之心，智之端也。人之有是四端也，犹其有四体也】出自《孟子·公孙丑上》。意思是：恻隐（同情别人）之心，是仁的开端；羞耻之心，是义的开端；礼让之心，是礼的开端；是非之心，是智的开端。人有了这四种开端，就像他有了四肢。

【天时不如地利，地利不如人和】出自《孟子·公孙丑下》。意思是：对于作战而言，好的气候条件比不上好的地理形势，好的地理形势比不上人心所向。

【得道者多助，失道者寡助。寡助之至，亲戚畔之；多助之至，天下顺之】出自《孟子·公孙丑下》。意思是：获得道义的人就会得到很多帮助，失去道义的人只会得到很少帮助。帮助少到极点时，亲戚也会背叛他；帮助多到极点时，天下百姓都会归顺他。

【固将大有为之君，必有所不召之臣；欲有谋焉，则就之】出自《孟子·公孙丑下》。意思是：所以说将要大有作为的君主，一定会有无法召唤的臣子；要是有事商量，那么就亲自前往臣子那里。

【古之君子，过则改之……其过也，如日月之食，民皆见之；及其更也，民皆仰之】出自《孟子·公孙丑下》。意思是：古代的君子，犯错了就改正……他的过错，就像日蚀月蚀一样，百姓都看得见；等到他改正过错了，百姓就都仰望他。

【如欲平治天下，当今之世，舍我其谁也】出自《孟子·公孙丑下》。意思是：想要使天下太平，当今世上，除了我还能有谁能担当这份重任呢？

【君子不怨天，不尤人】出自《孟子·公孙丑下》。意思是：君子不抱怨天，不责怨他人。

【父子有亲，君臣有义，夫妇有别，长幼有序，朋友有信】出自《孟子·滕文公上》。意思是：父子之间要讲亲爱，君臣之间要讲礼义，夫妇之间要讲内外有别，长幼之间讲尊卑有序，朋友之间要讲诚信。

【人之有道也，饱食、暖衣、逸居而无教，则近于禽兽】出自《孟子·滕文公上》。意思是：人明白要做人的道理，有伦理道德，吃饱、穿暖、安居却没受到教育，便近于禽兽。

【富贵不能淫，贫贱不能移，威武不能屈，此之谓大丈夫】出自《孟子·滕文公下》。意思是：富贵不能使他放纵，贫贱不能使他变节，威武不能使他屈服，这就叫大丈夫。

【枉己者，未有能直人者也】出自《孟子·滕文公下》。意思是：自己不正直的人，是不能使别人正直的。

【不以规矩，不能成方圆】出自《孟子·离娄上》。意思是：不用圆规和曲尺，就不能准确画出方和圆。

【天下之本在国，国之本在家，家之本在身】出自《孟子·离娄上》。意思是：天下的根本在于国，国的根本在于家庭，家庭的根本在于个人。

【道在迩而求诸远，事在易而求诸难。人人亲其亲，长其长，而天下平】出自《孟子·离娄上》。意思是：道路近在眼前却向远处寻找；事情本来容易却向难的去找。如果人人能爱自己的亲族，尊敬自己的长辈，就会天下太平了。

【行有不得者皆反求诸己，其身正而天下归之】出自《孟子·离娄上》。意思是：做事没有结果的，都要自我反省。他的品行端正了，天下百姓就会归顺他。

【夫人必自侮，然后人侮之；家必自毁，而后人毁之；国必自伐，而后人伐之】出自《孟子·离娄上》。意思是：一个人一定是自己先有招致侮辱的言行，然后人家才侮辱他；一个家庭一定是自己先有招致毁败危机，然后人家才毁败它；一个国家一定是自己先有招致讨伐的借口，然后人家才讨伐它。

【君仁，莫不仁；君义，莫不义；君正，莫不正。一正君而国定矣】出自《孟子·离娄上》。意思是：如果君主仁德，将没有人不仁德；如果君主正义，将没有人不正义；如果君主正直，将没有人不正直。君主端正了国家就安定了。

【事，孰为大？事亲为大。守，孰为大？守身为大。不失其身而能事其亲者，吾闻之矣；失其身而能事其亲者，吾未之闻也。孰不为事？事亲，事之本也。孰不为守？守身，守之本也】出自《孟子·离娄上》。意思是：侍奉什么最紧要？侍奉父母最紧要。守护什么最紧要？守护自身的良善最紧要。不丧失自身良善而能侍奉父母的，我听说过；丧失了自身良善还能侍奉父母的，我从没听说过。谁不做侍奉的事呢？侍奉父母，这是侍奉的根本。谁不做守护的事呢？守护自身的良善，这是守护的根本。

【不得乎亲，不可以为人；不顺乎亲，不可以为子】出自《孟子·离娄上》。意思是：不能取悦父母，不足以做人；不能顺从父母，不足以做儿子。

【有不虞之誉，有求全之毁】出自《孟子·离娄上》。意思是：有意想不到的赞誉，有过于苛求的毁谤。

【男女授受不亲，礼也；嫂溺，援之以手者，权也】出自《孟子·离娄上》。意思是：男和女不亲手递接东西，这是礼数；嫂子落水了，用手去拉起她，这是权变。

【恭者不侮人，俭者不夺人】出自《孟子·离娄上》。意思是：恭敬的人不侮辱他人，节俭的人不掠夺他人。

【君之视臣如手足，则臣视君如腹心；君之视臣如犬马，则臣视君如国人；君之视臣如土芥，则臣视君如寇仇】出自《孟子·离娄下》。意思是：如果君主把臣下当成自己的手足，臣下就会把君主当成自己的心脏；如果君主把臣下当成犬马，臣下就会把君主当成路人；如果君主把臣下当成泥土草芥，臣下就会把君主当成强盗仇人。

【人有不为也，而后可以有为】出自《孟子·离娄下》。意思是：人应该有放弃不做的事，然后才可以有所作为。

【博学而详说之，将以反说约也】出自《孟子·离娄下》。意思是：广泛学习并且详细阐说，为的是融汇贯通回归到言简意赅地阐说的境界。

【大人者，言不必信，行不必果，惟义所在】出自《孟子·离娄下》。意思是：正人君子，说话不必都守信用，行为不必都果断，关键看是否符合道义。

【世俗所谓不孝者五：惰其四支，不顾父母之养，一不孝也；博弈好饮酒，不顾父母之养，二不孝也；好货财，私妻子，不顾父母之养，三不孝也；从耳目之欲，以为父母戮，四不孝也；好勇斗狠，以危父母，五不孝也】出自《孟子·离娄下》。意思是：世间所说的不孝的行为有五种：四肢懒散，不赡养父母，这是一种不孝；赌博下棋好酗酒，不赡养父母，这是第二种不孝；贪好财物，私下只对老婆孩子好，不赡养父母，这是第三种不孝；纵情声色，给父母招致羞辱，这是第四种不孝；喜欢斗勇斗狠，以至危害到父母，这是第五种不孝。

【故说诗者，不以文害辞，不以辞害志。以意逆志，是为得之】出自《孟子·万章上》。意思是：所以解释《诗经》的人，不能拘泥文字而损害辞义，不能拘泥辞义而损害诗的含义，通过作品的含义探求作者的本意，这样就能真正理解诗。

【孝子之志，莫大乎尊亲】出自《孟子·万章上》。意思是：孝子的志向，没有比尊敬父母这志向更大的。

【莫之为而为者，天也；莫之致而至者，命也】出自《孟子·万章上》。意思是：没人让他这么干，他却这么干了，这是天意；没人给他，而他却得到了，这是命运。

【友也者，友其德也，不可以有挟也】出自《孟子·万章下》。意思是：交朋友，是结交他的道德，不可以有其他目的。

【天下之善士，斯友天下之善士。以友天下之善士为未足，又尚论古之人】出自《孟子·万章下》。意思是：天下的善士，结交天下的善士。感到结交天下的善士还不够，就又上溯古代讨论古人。

【性，犹杞柳也，义，犹桮棬也。以人性为仁义，犹以杞柳为桮棬】出自《孟子·告子上》。意思是：人性，就像杞柳树，仁义，就像杯盘。使人性符合仁义，就像是用杞柳树制成杯盘一样。

【性犹湍水也，决诸东方则东流，决诸西方则西流。人性之无分于善不善也，犹水之无分于东西也】出自《孟子·告子上》。意思是：人性就像急流，东面决了就向东流，西面决了就向西流。人性是不分善和不善的，就像水流的方向不分东西一样。

【富岁，弟子多赖；凶岁，弟子多暴，非天之将才尔殊也，其所以陷溺其心者然也】出自《孟子·告子上》。意思是：丰年里，青年子弟大多懒散；荒年里，青年子弟大多暴戾。不是因为上天使他们的资质如此不同，而是因为外界事物影响了他们的心性。

【鱼我所欲也，熊掌亦我所欲也，二者不可得兼，舍鱼而取熊掌者也。生亦我所欲也，义亦我所欲也，二者不可得兼，舍生而取义者也】出自《孟子·告子上》。意思是：鱼是我想得到的，熊掌也是我想得到的，一旦两者不能同时得到，我就放弃鱼而选择熊掌。生命是我想珍惜的，道义也是我想珍惜的，一旦两者不能同时得到，我就宁可牺牲性命而得到道义。

【虽有天下易生之物，一日暴之，十日寒之，未有能生者也】出自《孟子·告子上》。意思是：即使有天下最容易生长的植物，如果晒它一日，又冻它十日，也是不能够再生长的。比喻求学无恒心是不会成功的。

【心之官则思，思则得之，不思则不得也】出自《孟子·告子上》。意思是：心的作用是思索，思索才能获得，不思索就不能获得。

【体有贵贱，有小大。无以小害大，无以贱害贵。养其小者为小人，养其大者为大人】出自《孟子·告子上》。意思是：人的各部分有重要和次要之别，小大之分。不可因为小的部分而妨害了大的部分，不可因为次要的部分而妨害了重要的部分。只知保养小的部分的是小人，知道保养大的部分的是君子。

【人皆可以为尧舜】出自《孟子·告子下》。意思是：人人都可以成为尧舜。

【为人臣者怀仁义以事其君，为人子者怀仁义以事其父，为人弟者怀仁义以事其兄。是君臣、父子、兄弟去利，怀仁义以相接也，然而不王者，未之有也】出自《孟子·告子下》。意思是：身为臣子的抱着仁义侍奉君主，身为儿子的抱着仁义侍奉父亲，身为弟弟的抱着仁义侍奉哥哥，这样就能使君臣、父子、兄弟去除利欲之心，而抱着仁义之心相待了。做到这样还不能称王天下的，还从未有过。

【天将降大任于斯人也，必先苦其心志。劳其筋骨，饿其体肤，空乏其身，行拂乱其所为，所以动心忍性，增益其所不能】出自《孟子·告子下》。意思是：上天将要降落重大使命在这样的人身上时，必定首先磨砺他的心志，使他的筋骨劳累，使他的身体饥饿，使他的财物匮乏，使他的行为受到阻挠、干扰，以使他的心志撼动、性情坚韧，增加他原来所没有的能力。

【生于忧患而死于安乐也】出自《孟子·告子下》。意思是：在忧患中生存，在逸乐中死亡。

【人恒过，然后能改；困于心，衡于虑，而后作；征于色，发于声，而后喻】出自《孟子·告子下》。意思是：人常常犯错，然后才改正；心志受困，思虑受阻，然后才能奋起；一个人的想法表现在脸上，表达在话中，然后才能使你的心思被人了解。

【人不可以无耻，无耻之耻，无耻矣】出自《孟子·尽心上》。意思是：人不可以没有羞耻之心，没有羞耻之心的羞耻，是真正的无耻。

【有为者辟若掘井，掘井九轫而不及泉，犹为弃井也】出自《孟子·尽心上》。意思是：做事就像凿井，凿井凿到九轫深了还没凿出泉水，井就还是个废井。

【穷则独善其身，达则兼善天下】出自《孟子·尽心上》。意思是：穷困时就修身养性，得志时就造福天下。

【君子之所以教者五：有如时雨化之者，有成德者，有达财者，有答问者，有私淑艾者】出自《孟子·尽心上》。意思是：君子教育人的方式有五种：有的要像及时雨那样教化，有的要培养他的品德，有的要培养他的才能，有的只要回答他的问题，有的要用自己的品德学问影响他人自学获益。

【其进锐者，其退速】出自《孟子·尽心上》。意思是：前进太快的人，后退也快。

【孔子登东山而小鲁，登泰山而小天下。故观于海者难为水，游于圣人之门者难为言】出自《孟子·尽心上》。意思是：孔子登上东山就感到鲁国变小了，登上泰山就感到天下变小了。所以看过海的人就感到其他的水很难算作水了，在圣人门下受过教的人就感到普通的言论很难算作言论了。

【士穷不失义，达不离道】出自《孟子·尽心上》。意思是：士即使穷困也不会丧失道义；即便显达也不会偏离正道。

【人之所不学而能者，其良能也；所不虑而知者，其良知也】出自《孟子·尽心上》。意思是：人不用学习就会做，这是天赋的能力；不用思考就能知道，这是天赋的道德。

【知者无不知也，当务之为急；仁者无不爱也，急亲贤之为务】出自《孟子·尽心上》。意思是：聪明人没有什么是不知道的，但眼下的事是最紧迫的；仁爱的人没有什么是不爱的，但爱护贤人是最紧要的。

【君子有三乐，而王天下不与存焉。父母俱存，兄弟无故，一乐也；仰不愧于天，俯不怍于人，二乐也；得天下英才而教育之，三乐也。君子有三乐，而王天下不与存焉】出自《孟子·尽心上》。意思是：君子有三种快乐，而称王天下却不在其中。父母健在，兄弟没有祸患，是第一种快乐；上无愧于天，下无愧于他人，是第二种快乐；得天下英才并教育他们，是第三种快乐。君子有三种快乐，而称王天下却不在其中。

【杨子取为我，拔一毛而利天下，不为也。墨子兼爱，摩顶放踵利天下，为之】出自《孟子·尽心上》。意思是：杨子主张为我，就算拔下一根汗毛以便利于天下，他也不做。墨子主张兼爱，就算头顶脚跟都磨秃了，只要能利于天下，他也要做。

【大匠不为拙工改废绳墨，羿不为拙射变其彀率】出自《孟子·尽心上》。意思是：高明的工匠不会因为拙劣的工匠而修改或废弃做工的尺度，后羿不会因为拙劣的射手而改变射箭的标准。

【尽信书，不如无书】出自《孟子·尽心下》。意思是：完全相信《尚书》，还不如没有《尚书》。

【梓匠轮舆能与人规矩，不能使人巧】出自《孟子·尽心下》。意思是：木匠和车匠能教给人圆规和曲尺的使用方法，但不能使人手艺灵巧。

【民为贵，社稷次之，君为轻】出自《孟子·尽心下》。意思是：百姓最紧要，国土次之，君主又次之。

【贤者以其昭昭使人昭昭；今以其昏昏使人昭昭】出自《孟子·尽心下》。意思是：贤人先使自己明白，才去使别人明白；今天的人自己都稀里糊涂，却想去使别人明白。

【山径之蹊，间介然用之而成路，为间不用，则茅塞之矣】出自《孟子·尽心下》。意思是：山上很窄的小路，人们经常在上面走就走成了路；有一段时间不走的话，茅草就塞住了。

【养心莫善于寡欲】出自《孟子·尽心下》。意思是：修养心性没有比减少欲望更好的方法了。

《孝经》

《孝经》仅有近1800字。关于《孝经》的作者，历来众说纷纭，宋代朱熹认为是孔子的弟子曾子的门人所记。

《孝经》内容分为十八章，依次为：《开宗明义章》第一，论孝的根本意义与孝行的终始；《天子章》第二至《庶人章》第六是论天子以至于庶人的行孝；《三才章》第七，论孝是人性之本、天经地义，所以政治要以孝为本，才能成

孝经传曾

功；《孝治章》第八，论政治的目的，就在顺天理，得民心；《圣治章》第九，论行道以事天；《纪孝行章》第十，论孝行的本质是一种庄敬的道德行为；《五刑章》第十一，严斥不孝是为人的大罪恶；《广要道章》第十二，论以孝敬治民之功；《广至德章》第十三，论推广孝敬之德；《广扬名章》第十四，论孝亲的态度，可推扩至从事一切政治活动。《谏净章》第十五，论父有不义，子应当谏净；《感应章》第十六，论行孝的功效，可以通于神明，光于四海；《事君章》第十七，论事君当以将顺其美，匡救其恶为主；《丧亲章》第十八，论新

丧孝子孝行。

上述的十八章，第一章《开宗明义章》是全书的纲领，以下十七章都是据此发挥义理或加以补充说明的。所以后人也有称第一章为"经"，下面十七章是"传"。

"孝"是中国最重要的传统道德之一，也是最基本的政治伦理观念之一，历代王朝都注重以"孝"治天下。历代推崇《孝经》，是看到了忠、孝在家庭、社会和国家中的重要作用。

《孝经》精华

【夫孝，德之本也，教之所由生也】出自《孝经·开宗明义》。意思是：孝，是德行的根本要求，也是教化得以产生的根源。

【身体发肤，受之父母，不敢毁伤，孝之始】出自《孝经·开宗明义》。意思是：人的身体和头发肌肤，都是父母给予的，做儿女的要珍惜爱护它，因为健康的身体是做人做事的最基本条件，这是孝顺的第一步。

【立身行道，扬名于后世，以显父母，孝之终也】出自《孝经·开宗明义》。意思是：人人在立身处世时遵循仁义道德，扬名后世，从而使父母显赫荣耀，使后人知道自己的父母教导有方，这是孝的最终目标。

【夫孝，始于事亲，中于事君，终于立身】出自《孝经·开宗明义》。意思是：孝，是从侍奉父母开始的，长大成人后要忠于国家与君主，最后是自己功成名就。

【爱亲者，不敢恶于人；敬亲者，不敢慢于人】出自《孝经·天子》。意思是：爱护自己父母的人，是不会憎恶别人父母的；敬重自己父母的人，是不会怠慢别人父母的。

【在上不骄，高而不危，制节谨度，满而不溢】出自《孝经·诸侯》。意思是：身居高位却能不骄傲，那么就算位置再高也不会有危险；懂得节俭、谨守法度，那么就算财富再多也不会有损失。

【非先王之法服不敢服，非先王之法言不敢道，非先王之德行不敢行】出自《孝经·卿大夫》。意思是：担任国家行政的官员，不是前代明君所认同的符合礼法的衣饰，就不敢穿戴；不是前代明君所认同的符合礼法的思想，就不敢谈论；不是前代明君所认同的符合道德的行为，就不敢去做。指为官者要按国家的法规制度行事。

【资于事父以事母而爱同，资于事父以事君而敬同】出自《孝经·士》。意思是：用侍奉父亲的心去侍奉母亲，侍奉父亲和侍奉母亲的爱是相同的；用侍奉父亲的心去侍奉君主，侍奉父亲和侍奉君主的崇敬之心也是相同的。

【谨身节用，以养父母，此庶人之孝也】出自《孝经·庶人》。意思是：保重自己的身体，爱护个人的名誉，节俭使财物充足衣食不缺，以此来孝养父母。这就是普通百姓表达孝顺的方式了。

【自天子至于庶人，孝无终始而患不及者，未之有也】出自《孝经·庶人》。意思是：从天子到老百姓，不论贵贱贫富，孝道对世人来说是没有始终、永远存在的，有人担心自己来不及孝顺，这是没有的事。

【夫孝，天之经也，地之义也，民之行也】出自《孝经·三才》。意思是：孝道，是天经地义的事，其慈爱恭顺是人们做事的准则。

【天地之性，人为贵。人之行，莫大于孝】出自《孝经·圣治》。意思是：从天地万物的本性看来，人是最尊贵的。而人的行为中，没有什么是比孝顺更重大的德性了。

【父子之道，天性也，君臣之义也。父母生之，续莫大焉；君亲临之，厚莫重焉】出自《孝经·圣治》。意思是：父子之间的亲情，体现的是人的天性，父子之爱里还包含敬意，父如严君，也体现出君臣之间的义理关系。父母生下儿女来，没有什么比传宗接代更重要的了；父亲对子，既是严君又是慈亲，没有什么比这样的厚爱更重的了。

【不爱其亲，而爱他人者，谓之悖德；不敬其亲，而敬他人者，谓之悖礼】出自《孝经·圣治》。意思是：自己的父母不爱护，却去爱护别人，这是违反道德的；自己的父母不尊敬，却去尊敬别人，这是违反礼法的。

【孝子之事亲也，居则致其敬，养则致其乐，病则致其忧，丧则致其哀，祭则致其严，五者备矣，然后能事亲】出自《孝经·纪孝行》。意思是：孝子侍奉父母，日常家居时，要表现出恭敬之心，奉养饮食生活时，要表现出愉快和悦的颜色；照顾生病的父母时，要表现出忧虑之情；为父母奔丧时，要表现出悲伤之情；祭祀父母在天之灵时，要表现出庄重之情。这五个方面都做好了，才算得上是尽了对父母的责任。

【事亲者，居上不骄，为下不乱，在丑不争】出自《孝经·纪孝行》。意思是：侍奉父母，要做到身居高位对待部属庄敬而不骄傲，身为下属而不做悖乱不法的行为，身在百姓中间而不和人争斗。（因为以上三种行为都会招致祸端而危及父母）

【五刑之属三千，而罪莫大于不孝】出自《孝经·五刑》。意思是：五刑所属的犯罪类型有三千种那么多，但没有哪种犯罪比不孝更大。

【要君者，无上；非圣人者，无法；非孝者，无亲，此大乱之道也】出自《孝经·五刑》。意思是：要挟君主的人，是眼中没有君主；毁谤圣人的人，是眼中没有法纪；非议孝子的人，是眼中没有父母。这三种行为是天下大乱的根源所在。

【教民亲爱，莫善于孝；教民礼顺，莫善于悌。移风易俗，莫善于乐；安上治民，莫善于礼】出自《孝经·广要道》。意思是：教导百姓互相亲爱，没有比倡导孝道更好的了；教导百姓礼貌顺服，没有比教导他们顺服自己的兄长更好的了。转移风气、改变旧习，没有比音乐手段更好的了；使君主安心、百姓顺服，没有比礼教手段更好的了。

【君子之教以孝也，非家至而日见之也。教以孝，所以敬天下之为人父者也】出自《孝经·广至德》。意思是：君子教人孝顺，并不是挨家挨户地、天天去当面教导。教人孝顺，使天下为人子的都知道尽侍奉父亲的责任，这等于让天下做父亲的人都得到尊敬。

【君子之事亲孝，故忠可移于君；事兄悌，故顺可移于长；居家理，故治可移于官】出自《孝经·广扬名》。意思是：君子懂得侍奉、孝顺父母，所以可以把对父母的孝心转变成对君主的忠心；君子懂得侍奉、尊敬兄长，所以可以把对兄长的敬顺转变成对一般长辈的敬顺；君子懂得理家，所以可以把理家的方法转变成治国的方法。

【父有争子，则身不陷于不义】出自《孝经·谏诤》。意思是：做父亲的，如果能够拥有明礼达义的儿女常常劝谏他，那么他就不会干出不义的事情了。

【故当不义，则子不可以不争于父】出自《孝经·谏诤》。意思是：所以如果父亲干出了不义的事，做儿子的就不能不婉言劝谏父亲了。

《尔雅》

《尔雅》是中国最早的一部词书，是对古今语言和名物命名演变进行词义研究的一部词典。

《尔雅》共有 19 篇，前 3 篇是会通古今语言，后 16 篇是训诂名物。《尔雅》收词语 4300 多，分为 2091 个条目。如果说《说文解字》是中国最早的字典，那么《尔雅》就是中国最早的词典了。

《尔雅》是阅读古籍的一把钥匙，奠定了训诂的基础，开创了类书的先河。《尔雅》的《释草》、《释木》、《释虫》、《释鱼》、《释鸟》、《释兽》、《释畜》等各篇，精要诠释博物的名称，详细描述它们的形貌、性能及类别，是后人研究古代文化和博物学的宝藏，是研究中国古代语言文字的必读经典之一。

精华荟萃　诸子百家

　　子，是古代对男士的尊称，先秦诸子就是指先秦的各位创立学说的士大夫知识分子。"子"义的源流是：西周的爵位分为公、侯、伯、子、男五等，"子"是爵位之一。到了春秋时代，执政的卿大夫开始称为"子"。到了春秋末年，一般的为学者所宗的师长都称为"子"。汉代刘歆把诸子分为十家：儒家、道家、阴阳家、法家、名家、墨家、纵横家、杂家、农家、小说家。先秦时代，诸子争胜，百家争鸣，表现了中华民族卓越的思想文化的创造力，是中国文化史上的黄金时代。这一时期创造出来的诸子百家的学问，影响了我们的历史，还将影响我们的未来。

　　春秋战国时代，社会处于巨大的变革之中，旧的社会秩序解体，所谓礼崩乐坏，而人们思想却萌发了蓬蓬勃勃的生机，出现了一些有创见的杰出人物，有谋求匡时救世的，有发挥天地社会之玄思、主张出世的，有倡导王霸之术主张治世的。他们都言之成理，自成一家，对后世影响极其深远，这些人就是先秦诸子。

儒　家

1.《论语》（见前）。
2.《孟子》（见前）。

3.《大学》（见前）。

4.《中庸》（见前）。

5.《荀子》

儒学大师荀子

荀子（约公元前313—公元前238年），名况，赵国人，又称孙卿子。荀子是儒家有创见的承先启后的人物。荀子是著名的性恶论者，他在《性恶篇》里说："人之性恶，其善者伪也。"

他认为，经过良好的教育，人才可以为善。

荀子书中的《礼乐》、《乐论》、《劝学》，讲的都是教育和礼乐的事，内容被大、小戴《礼记》所采用，足见他在儒家学派中地位的重要，然而，自宋代以后，宋儒尊孟黜荀，很少有人研究荀子了。

荀子像

荀子主张利用自然，他说："大无而思之，孰与物畜而制之，从天而颂之，孰与制天命而用之？"他还认为大自然（或是天道）有自己的运行规律，他说："天行有常，不为尧存，不为桀亡。"

荀子以实（存在）为名（概念）作主导，凭借比较进步的逻辑，和"别墨"及诡辩家作斗争。与他有关的书有清王先谦《荀子集解》。

《荀子》精华

【学不可以已】出自《荀子·劝学》。意思是：为学不可以停止。

【青，取之于蓝，而青于蓝；冰，水为之，而寒于水】出自《荀子·劝学》。意思是：靛青，是从蓼蓝中提取出来的，颜色却比蓼蓝更青；冰，是水凝结成的，却比水更寒冷。

【木直中绳，輮以为轮，其曲中规，虽有槁暴，不复挺者，輮使之然也】出自《荀子·劝学》。意思是：一根木材笔直得合乎拉直的墨线，但如果把它烤弯做成车轮，就会合乎圆的标准了。这样就算再烘烤暴晒，也不会再挺直，这是熏烤使它变成这样的啊。

【木受绳则直，金就砺则利，君子博学而日参省乎己，则知明而行无过矣】出自《荀子·劝学》。意思是：木材经过墨线量过才能取直，金属在磨刀石上磨过才会锋利，君子广泛地学习又能每天自省，那么就会变得见识高明、行为没有过错了。

【吾尝终日而思矣，不如须臾之所学也；吾尝跂而望矣，不如登高之博见也】出自《荀子·劝学》。意思是：我曾经整天地思考，但却比不上片刻学习学到的东西多；我曾经踮起脚跟眺望，但却比不上登上高处望见的天地广阔。

【蓬生麻中，不扶而直；白沙在涅，与之俱黑】出自《荀子·劝学》。意思是：蓬草长在大麻中，不去扶持它也能长直；白沙子混在黑土里，就会和黑土一样黑。

【强自取柱，柔自取束】出自《荀子·劝学》。意思是：过于刚强就会自找折断，过于柔弱就会自找约束。

【不积跬步，无以至千里；不积小流，无以成江海】出自《荀子·劝学》。意思是：不积累小步行程，就不能走到千里远；不汇聚细流的水，就不能成为江海。

【骐骥一跃，不能十步；驽马十驾，功在不舍】出自《荀子·劝学》。意思是：骏马一跃，不会超过十步；劣马跑十天照样能跑完千里，它的成功在于坚持不懈。

【锲而舍之，朽木不折；锲而不舍，金石可镂】出自《荀子·劝学》。意思是：雕刻东西，如果雕刻一下就放弃了，就是腐烂的木头也不能刻断；如果一直雕刻不放弃，就是金石都能雕空。

【目不能两视而明，耳不能两听而聪】出自《荀子·劝学》。意思是：眼睛不能同时把两种东西都看清楚，耳朵不能同时把两种声音都听明白。

【真积力久则入】出自《荀子·劝学》。意思是：学习如果能踏实积累，长期努力，就能深入。

【君子居必择乡，游必就士】出自《荀子·劝学》。意思是：君子居住时必会选择好的环境，交游时必会接近贤德的人。

【君子生非异也，善假于物也】出自《荀子·劝学》。意思是：君子并不是生来就与众不同的，只是善于倚借外物。

【君子之学也，入乎耳，箸乎心，布乎四体，形乎动静】出自《荀子·劝学》。意思是；君子学习，要听在耳里，记在心中，贯彻全身，表现在举止上。

【学者，固学为圣人也，非特学为无方之民也】出自《荀子·礼论》。意思是：学习，自然要学习做圣人、君子、士，而不是学习做没有品德的人。

【事死如事生，事亡如事存，状乎无形影，然而成文】出自《荀子·礼论》。意思是：对待死者就像对待生者一样，对待消亡了的就像对待还活着的一样，所祭祀的虽然无形无影，然而这么做却是符合礼义的。

【庸众驽散，则劫之以师友】出自《荀子·修身》。意思是：平庸而又散漫的人，就要用良师益友来改造他。

【人无礼则不生，事无礼则不成，国家无礼则不宁】出自《荀子·修身》。意思是：人没有礼义就不能生存，事不遵循礼义就不能做成，国家没有礼义就不能安定。

【良农不为水旱不耕，良贾不为折阅不市，士君子不为贫穷怠乎道】出自《荀子·修身》。意思是：好农夫不会因为水旱灾害就不耕种了，好商人不会因为亏损就不做生意了，君子不会因为贫穷就懈怠了对学问的追求与德性的修养。

【道虽迩，不行不至；事虽小，不为不成】出自《荀子·修身》。意思是：路就算近，但不走就不能到达；事就算小，但不做就不会成功。

【是是、非非，谓之知，非是、是非谓之愚】出自《荀子·修身》。意思是：以是为是，以非为非，这叫做明智；是的认为不是，不是的认为是，这叫做愚蠢。

【非我而当者，吾师也；是我而当者，吾友也；谄谀我者，吾贼也】出自《荀子·修身》。意思是：非难我非难得恰当的，就是我的老师；赞同我赞同得恰当的，就是我的朋友；谄媚阿谀我的，就是害我的恶贼。

【君子行不贵苟难，说不贵苟察，名不贵苟传，唯其当之为贵】出自《荀子·不苟》。意思是：君子做事不以不正当的行为为贵；做学问不看重没有价值的探索；扬名不看重不正当的传颂。只有当行为、学问、名声符合了礼义才是宝贵的。

【操弥约而事弥大】出自《荀子·不苟》。意思是：方法越简约，事业就越能办大。

【见其可欲也，则必前后虑其可恶也者；见其可利也，则必前后虑其可害也者；而兼权之，孰计之，然后定其欲恶取舍，如是则常不失陷矣】出自《荀子·不苟》。意思是：见到可以追求的东西了，就一定要前后想清楚它可厌的一面；见到可以谋利的东西了，就一定要前后想清楚它有害的一面；两方面权衡权衡，仔细考虑考虑，然后再决定好恶取舍，像这样就不会失误了。

【短绠不可以汲深井之泉，知不几者不可与及圣人之言】出自《荀子·荣辱》。意思是：短绳没法用来汲取深井中的水，知识不到家的人没法和他谈论圣人的思想。

【自知者不怨人，知命者不怨天；怨人者穷，怨天者无志】出自《荀子·荣辱》。意思是：有自知之明的人不怨人，知道命运的人不怨天；怨人的人会碰壁，怨天的人是没有见识。

【好荣恶辱，好利恶害，是君子、小人之所同也，若其所以求之之道则异矣】出自《荀子·荣辱》。意思是：爱荣誉而讨厌耻辱，爱利益而讨厌祸害，是君子和小人相同的地方，至于他们用来索取荣誉、利益的途径可就不同了。

【先义而后利者荣，先利而后义者辱】出自《荀子·荣辱》。意思是：先考虑道义再考虑利益是光荣的，先考虑利益再考虑道义是可耻的。

【相形不如论心，论心不如择术。形不胜心，心不胜术】出自《荀子·非相》。意思是：看一个人的相貌不如看内心，看内心不如看他立身处世的方法。相貌不如内心来得准确，内心不如立身处世的方法来得准确。

【人之所以为人者，何已也？曰：以其有辨也】出自《荀子·非相》。意思是：人之所以是人，为什么呢？答：是因为人有亲疏上下之分，各种事物的界限有区别。

【以近知远，以一知万，以微知明】出自《荀子·非相》。意思是：从近世来了解远古，从一件事看出万件事，从隐微处看出明显的东西。

【欲观千岁，则数今日】出自《荀子·非相》。意思是：要想知道过去的情形，那就看看现在。

【圣人者，以己度者也】出自《荀子·非相》。意思是：圣人，是通过自己设身处地来理解别人的。

【赠人以言，重于金石珠玉；观人以言，美于黼黻文章；听人以言，乐于钟鼓琴瑟】出自《荀子·非相》。意思是：赠人善言，这比金石珠玉更贵重；拿善言鼓励人，这比花纹色彩更华美；使人听从善言，这比听钟鼓琴瑟更快乐悦耳。

【福事至则和而理，祸事至则静而理】出自《荀子·仲尼》。意思是：福事来时要平和看待，祸事来时要冷静处理。

【知者之举事也，满则虑嗛，平则虑险，安则虑危，曲重其豫，犹恐及其祸，是以百举而不陷也】出自《荀子·仲尼》。意思是：聪明人办事，完美时就会想到不足，顺当时就会想到艰难，平安时就会想到危险，千方百计地加以防范，还是会担心有祸，以这种谨慎的态度办事，所以聪明人办了上百件事也没有失误。

【位尊则必危，任重则必废，擅宠则必辱，可立而待也，可炊而傹也】出自《荀子·仲尼》。意思是：（愚蠢的人）就算位高也一定会招来危险，职务重要也一定会被罢免，独受宠爱也一定会招来耻辱，这种后果很快就会到来的，烧一顿饭的工夫就到来了。

【言必当理，事必当务】出自《荀子·儒效》。意思是：说话一定要有道理，做事一定要符合要求。

【君子无爵而贵，无禄而富，不言而信，不怒而威，穷处而荣，独居而乐】出自《荀子·儒效》。意思是：君子没有爵位也能尊贵，没有俸禄也能富裕，不辩说也会被信任，不发怒也能威严，穷困也会觉得荣耀，独居也能快乐。

【用国者，义立而王，信立而霸，权谋立而亡】出自《荀子·王霸》。意思是：治国的人，树立道义就能称王，树立信用就能称霸，玩弄权术谋略就只会灭亡。

【善择者，制人；不善择者，人制之】出自《荀子·王霸》。意思是：善于选择的，就能制服别人；不善于选择的，就会被别人制服。

【聪明君子者，善服人者也】出自《荀子·王霸》。意思是：聪明的君子，善于赢得别人的钦佩。

【君者，民之原也；原清则流清，原浊则流浊】出自《荀子·君道》。意思是：君主，就像百姓的源头；源头清了流水也就会清；源头浊了流水也就会浊。

【伯乐不可欺以马，而君子不可欺以人】出自《荀子·君道》。意思是：不可能用马骗得了伯乐，不可能用人骗得了君子。

【夫耀蝉者，务在明其火、振其树而已；火不明，虽振其树，无益也】出自《荀子·致士》。意思是：点着火把捕蝉的人，他的任务在于点亮火把、摇动树木而已；如果火把不亮，就算摇动树木，也没用。

【赏不欲僭，刑不欲滥】出自《荀子·致士》。意思是：赏赐不要过分，刑罚不要泛滥。

【弓矢不调，则羿不能以中微；六马不和，则造父不能以致远；士民不亲附，则汤、武不能以必胜也】出自《荀子·议兵》。意思是：如果弓和箭不协调，后羿就没法靠它射中小目标；如果驾车的六条马不协调，造父就没法靠它们到达远处；如果百姓不亲近归顺，商汤、周武王就没法必胜。

【政令信者强，政令不信者弱】出自《荀子·议兵》。意思是：政令有信用的国家会强大，政令没信用的国家会衰弱。

【虑必先事而申之以敬，慎终如始，终始如一，夫是之谓大吉】出自《荀子·议兵》。意思是：事前一定要深思熟虑，反复告诫自己要慎重，就像慎待结束一样去慎待开始，始终如一，这样就会大吉了。

【大天而思之，孰与物畜而制之？从天而颂之，孰与制天命而用之】出自《荀子·天论》。意思是：崇尚天思慕天，哪里比得上把它当作物资积蓄起来从而控制它呢？顺从自然颂扬天，哪里比得上掌握它的规律从而利用它呢？

【水行者表深，表不明则陷；治民者表道，表不明则乱】出自《荀子·天论》。意思是：过河的人要根据标明水深的标记走，标记不清楚，就会沉没；治理百姓的人要用标准来表明政治原则，标准不清楚，就会动乱。

【天行有常，不为尧存，不为桀亡】出自《荀子·天论》。意思是：自然运行有固定的规律，不是因为有了尧才存在，也不会因为出现了桀就消亡。

【强本而节用，则天不能贫】出自《荀子·天论》。意思是：强化农业生产，节约财用，这样上天就没法使人穷困。

【德不称位，能不称官，赏不当功，罚不当罪，不祥莫大焉】出自《荀子·正论》。意思是：德行和爵位不相称，能力和官职不相称，赏赐和功劳不相当，惩罚和罪过不相当——没有什么比这些更不吉利的事了。

【乐者，治人之盛者也】出自《荀子·乐论》。意思是：音乐，是治理百姓的一种重要工具。

【凡人之患，蔽于一曲，而暗于大理】出自《荀子·解蔽》。意思是：大凡人的毛病，是易受偏见或事物某个局部的蒙蔽，不能明白全局性的大道理。

【精于物者以物物，精于道者兼物物】出自《荀子·解蔽》。意思是：精通具体事物的人，只能主宰这一方面；精通道的人，能主宰各个方面。

【宣而成，隐而败】出自《荀子·解蔽》。意思是：开诚布公而成事，隐瞒真相而败事。

【曲知之人，观于道之一隅，而未之能识也】出自《荀子·解蔽》。意思是：认识片面的人，只看到道的一个方面，未能真正地认识它。

【名无固宜，约之以命，约定俗成谓之宜，异于约则谓之不宜】出自《荀子·正名》。意思是：名称没有天生就适当的，而是人们相互约定命名得来的，约定俗成了就可以说它是适当的，和约定俗成不同的就是不适当的。

【以仁心说，以学心听，以公心辨】出自《荀子·正名》。意思是：用仁爱的心去说服别人，用好学的心去听取意见，用公正的心去辨别是非。

【心之所可失理，则欲虽寡，奚止于乱】出自《荀子·正名》。意思是：心里的欲望违背了礼义，就算这种欲望很少，又哪里是搞乱国家这么简单呢？

【人之性恶，其善者，伪也】出自《荀子·性恶》。意思是：人的本性是恶的，那些善良的品性，是后天培养起来的。

【不知其子视其友，不知其君视其左右】出自《荀子·性恶》。意思是：不了解他的儿子的，就去看他的朋友，不了解他的君主的，就去看他身边的臣子。

【凡性者，天之就也，不可学，不可事】出自《荀子·性恶》。意思是：大凡本性，是天生这样的，是学不到的，是没法通过做去获得的。

【薄愿厚，恶愿美，狭愿广，贫愿富，贱愿贵】出自《荀子·性恶》。意思是：财富少的渴望财富多，丑陋的渴望美丽，房子小的渴望房子宽，贫穷的渴望富裕，卑贱的渴望高贵。

【人主无贤，如瞽无相，何伥伥】出自《荀子·成相》。意思是：君主没有贤臣辅佐，就像盲人没有人帮助，多么迷惘！

【下臣事君以货，中臣事君以身，上臣事君以人】出自《荀子·大略》。意思是：下等的臣子拿财货来侍奉君主，中等的臣子拿生命来侍奉君主，上等的臣子通过推荐人才来侍奉君主。

【人之于文学也，犹玉之于琢磨也】出自《荀子·大略》。意思是：一个人学习古代文献典籍，就要像玉被打磨一样要精益求精。

【流丸止于瓯臾，流言止于知者】出自《荀子·大略》。意思是：圆球滚到低凹的地方就停止了，流言碰到明智的人就被平息了。

【迷者不问路，溺者不问遂，亡人好独】出自《荀子·大略》。意思是：迷路的人因为不问路，溺水的人因为不问深浅，亡国的君主独断专行。

【君子之学如蜕，幡然迁之】出自《荀子·大略》。意思是：君子的学习就像蛇、蝉等蜕皮一样，迅速地变化着。

【不足于行者，说过；不足于信者，诚言】出自《荀子·大略》。意思是：行事不够踏实的人，说话往往夸大；不够诚信的人，说话往往夸夸其谈。

【善学者尽其理，善行者究其难】出自《荀子·大略》。意思是：善于学习的人能够弄透道理，善于做事的人能够彻底解决困难。

【知者明于事，达于数】出自《荀子·大略》。意思是：明智的人明察事物，晓得根本的道理。

【学者非必为仕，而仕者必如学】出自《荀子·大略》。意思是：学习的人不一定都要做官，但做官的人一定要去学习。

【君子能为可贵，不能使人必贵己；能为可用，不能使人必用己】出自《荀子·大略》。意思是：君子能够做到品德高尚，但不能保证别人一定尊重自己；君子能够做到成为可用之才，但不能保证别人一定任用自己。

【吾闻宥坐之器者，虚则欹，中则正，满则覆】出自《荀子·宥坐》。意思是：我听说这种放在座位右边的器具，空着时会倾斜，灌上一半水就会端正，灌满了就会翻倒。

【贤不肖者，材也；为不为者，人也；遇不遇者，时也；死生者，命也】出自《荀子·宥坐》。意思是：德行可造还是不可造，看的是资质；去做还是不去做，看的是人自己；被任用还是不被任用，看的是时机；是死还是生，看的是命运。

【无身不善而怨人，无刑已至而呼天】出自《荀子·法行》。意思是：不要自己不好就埋怨人家，不要惩罚来了才呼叫上天。

【少而不学，长无能也；老而不教，死无思也】出自《荀子·法行》。意思是：年少时不学习，长大了就会没有才能；年老时不教化别人，死了后就会没人怀念。

【君者舟也，庶人者水也。水则载舟，水则覆舟】出自《荀子·哀公》。意思是：君主就像船；百姓就像水。水能浮起船只，也能使船只翻倒。

【为人下者乎？其犹土也】出自《荀子·尧问》。意思是：要谦逊待人吗？那就像土地一样吧。

【田野荒而仓廪实，百姓虚而府库满，夫是之谓国蹶】出自《荀子·富国》。意思是：田野荒芜，官仓却充实，百姓家里空空荡荡，官仓却满满当当，这可以说得上是国家垮了。

老子与道家

道家的代表人物是老子、庄子。

在春秋时期，大约与孔子同时，出现了一位中国乃至世界文化史上的重要人物——老子。

老子（约公元前571—公元前471年）姓李，名耳，字聃，春秋时楚国苦县厉乡曲仁里（今河南鹿邑县）人。曾当过东周史官，管理王室藏书。周室衰微后，他辞官隐去。晚年，传说他西出函谷关，不知所终。

据说，当年函谷关的守关官员尹喜，有一天望见一团紫色的云气从东方飘来，料定将有圣人路过此处，于是便在关口专心守候。不多时，只见一须发皆白、仙风道骨的老者骑青牛悠然而来。尹喜心想此人就是他要等的圣人，便请求老者留下著作。老子原本并不想留下什么文字，在尹喜的诚恳要求下，只好写了五千余字，这就是流传千古的《道德经》。

《道德经》又名《老子》。通行本为三国魏王弼注本，分为八十一章，前三十七章为《道经》，后四十四章为《德经》，故合称《道德经》。1973年在长沙马王堆发现的帛书《老子》，为现存最古的抄本。

《道德经》五千言是道家的最高经典。

道、德和自然是《老子》中最为重要的哲学概念。

道是指宇宙自然的其所以然的法则和规律，是天地万物生生不息的根源，它是先天地而生的，无形无相、超越人的感官之上的，但却有用之不竭的深妙。德是道发生作用的方式和成果，也可以说是道的外用。人们理解道的功用，就是通过德。

老子哲学有很高的思辨智慧。他指出祸福无常，互相倚伏；物极必反，相反相成；知人者智，自知者明。老子的思想在历史上有重要作用，前人说古代政治"内用黄老，外示儒术"，是因为老子深刻地透视了宇宙自然和人类社会的内在规律。在中国历史上，每当社会在长期动乱之后，拨乱反正、休养生息时都是采用黄老之术，实际就是《老子》的思想。中国古代的军事经典——《孙子兵法》，充满了老子哲学。中国古代养生术、书画艺术等都蕴藏着《老子》的智慧。

清代纪晓岚以"综罗百代，博大精微"来说明《老子》对中国历史文化的巨大影响。鲁迅也说："道教是中国文化的根柢。"

《老子》精华

【道可道，非常道；名可名，非常名】出自《老子·第一章》。意思是：道可以用语言来表达，就不是永恒的"道"；名可以用语言来表达，就不是永恒的"名"。

【天下皆知美之为美，斯恶已；皆知善之为善，斯不善已】出自《老子·第二章》。意思是：天下人都知道美之所以成为美，这是因为有丑；都知道善之所以成为善，这是因为有恶。

老子骑牛图

【有无相生，难易相成】出自《老子·第二章》。意思是：有和无是相伴产生的，难和易是相伴形成的。

【天地不仁，以万物为刍狗】出自《老子·第五章》。意思是：天地无所谓仁爱，把万物当成刍狗一样看待，任其自生自灭。

【天地之间，其犹橐龠乎！虚而不屈，动而愈出】出自《老子·第五章》。意思是：天地之间，不就像是一个风箱么！空虚而不穷竭，越鼓动风就越多。比喻天地无为，圣人不作。

【天地之所以能长且久者，以其不自生，故能长生】出自《老子·第七章》。意思是：天地之所以能够长久，是因为它不为自己而生，所以能够长生。

【上善若水。水善利万物而不争，处众人之所恶，故几于道】出自《老子·第八章》。意思是：善的最高境界就像是水一样，水懂得滋养万物，不和万物相争，流动在人们所厌恶的地方，所以接近"道"。

【持而盈之，不如其已。揣而锐之，不可长保。金玉满堂，莫之能守。富贵而骄，自遗其咎。功遂身退，天之道也】出自《老子·第九章》。意思是：所拥有的够多了，不如就此罢手。利器锻造得很尖利，反而不能长久维持。财富满屋，但没人能守得住。富贵又骄横，就会给自己惹来灾祸。功成身退，这才是自然的法则。

【五色令人目盲；五音令人耳聋；五味令人口爽；驰骋畋猎，令人心发狂；难得之货，令人行妨。是以圣人为腹不为目，故去彼取此】出自《老子·第十二章》。意思是：色彩繁多会导致人眼花缭乱；音乐杂乱会导致人耳朵不灵；饮食丰美会导致人味觉迟钝；驰骋狩猎，会导致人心思放荡；稀有的东西，会导致人品行恶化。所以圣人只求饱肚不求逸乐，追求无欲的生活，摈弃多欲的生活。

【夫物芸芸，各复归其根】出自《老子·第十六章》。意思是：万物纷繁复杂，最终都会回到它们的根本上来。

【太上，下知有之；其次亲而誉之；其次畏之；其次侮之】出自《老子·第十七章》。意思是：最好的统治者，（无为而治从不张扬，）所以百姓只知道有那么一个人而已；次一等的统治者，是能获得百姓的爱戴和赞誉的统治者；再次一等的统治者，是让百姓畏惧的统治者；再次一等的统治者，是会受百姓轻侮的统治者。

【信不足焉，有不信焉】出自《老子·第十七章》意思是：统治者对百姓轻诺寡信，失信于众，导致社会信用不够，所以有诚信的人也不能使人信任。

【大道废，有仁义；智慧出，有大伪；六亲不和，有孝慈；国家昏乱，有忠臣】出自《老子·第十八章》。意思是：大道废弛了，才会强调仁义礼教以此端正人们的言行；有智慧，才会出现欺诈；父子、兄弟、夫妇六亲不和，才会倡导孝慈；君主昏庸、国家混乱，才会突显忠臣。

【见素抱朴，少私寡欲，绝学无忧】出自《老子·第十九章》。意思是：保持人的本性和内心的质朴，减少私欲，抛弃人为的学问，这样才会没有忧虑。

【唯之与呵，相去几何？美之与恶，相去若何】出自《老子·第二十章》。意思是：唯唯诺诺与严正呵斥，能相差多少呢？善良和丑恶，又能相差多少呢？

【不自见，故明；不自是，故彰；不自伐，故有功；不自矜，故长】出自《老子·第二十二章》。意思是：不自我张扬，所以才会使德行更加彰显；不自以为是，所以才能明察；不自我夸耀，所以才能做出成绩；不自我矜持，所以才能显示长处。

【同于道者，道亦乐得之；同于德者，德亦乐得之；同于失者，失亦乐得之】出自《老子·第二十三章》。意思是：能够使自己的言行符合大道的人，大道也会回报他；能够使自己的言行符合道德的人，道德也会回报他；抛弃大道和道德的人，将终以失败而告终。

【企者不立，跨者不行；自见者不明；自是者不彰；自伐者无功；自矜者不长】出自《老子·第二十四章》。意思是：踮起脚跟想强高人一头的人会站不稳；大步跨行想先人一步的人反而走不快；固执己见的人不能明察；自以为是的人会难以显名；自我夸耀的人不会成功；自高自大的人不会长进。

【重为轻根，静为躁君】出自《老子·第二十六章》。意思是：厚重是轻率的基础，静定是躁动的主宰。说明人行事不能轻举妄动。

【善人者，不善人之师；不善人者，善人之资】出自《老子·第二十七章》。意思是：善于遵循道行事的人，是不善于循道而行的人的老师；后者又是前者的借鉴。

【知其雄，守其雌，为天下溪】出自《老子·第二十八章》。意思是：知道刚强，却甘守柔顺，甘做世上的一条沟溪。

【知止可以不殆】出自《老子·第三十二章》。意思是：知道适可而止，就能避免危险了。

【譬道之在天下，犹川谷之于江海】出自《老子·第三十二章》。意思是：大道能使天下人归服，就像是小河小溪都归向大海一样。

【知人者智，自知者明。胜人者有力，自胜者强】出自《老子·第三十三章》。意思是：能理解别人的人是聪明的，有自知之明的人是高明的，能战胜别人的人是有力量的，能战胜自己的人是强大的。

【以其终不自为大，故能成其大】出自《老子·第三十四章》。意思是：因为他最终能不自以为伟大，所以能成就伟大。

【道之出口，淡乎其无味，视之不足见，听之不足闻，用之不足既】出自《老子·第三十五章》。意思是：道如果用嘴巴说出来，那是平淡而无味的，看它也看不着，听它也听不到，但它的作用却是不会穷尽的。

【将欲歙之，必固张之，将欲弱之，必固强之；将欲废之，必固举之；将欲夺之，必固与之。是谓微明，柔弱胜刚强】出自《老子·第三十六章》。意思是：想要合上它，一定要暂且先打开它；想要削弱它，一定要暂且先增强它；想要废止它，一定要暂且先抬举它；想要夺得它，一定要暂且先给予它。这是成功的隐秘先兆，是柔弱战胜刚强的道理所在。

【鱼不可脱于渊，国之利器，不可以示人】出自《老子·第三十六章》。意思是：鱼不能离开水，国家的优势，不能随便暴露给人看。

【上德不德，是以有德；下德不失德，是以无德】出自《老子·第三十八章》。意思是：品德崇高的人，不注重形式上的品德，追求获取有德的美誉所以是真正有品德；品德低下的人，注重形式上的品德，又沽名钓誉以博取有德的美名，所以反而是没有真正的品德。

【至誉无誉，不欲碌碌如玉，珞珞如石】出自《老子·第三十九章》。意思是：真正的荣誉是无须赞誉的，不是像美玉一样华丽，而是像石块一样实在。

【天下万物生于有，有生于无】出自《老子·第四十章》。意思是：天下万物都是从有（看得见的具体事物）中产生的，而有又产生于无（看不见的"道"）。

【大白若辱；大方无隅；大器晚成；大音希声；大象无形】出自《老子·第四十一章》。意思是：最洁白的东西，反而像是含有污垢；最方正的东西，反而是没有棱角的；最贵重的器具，是最晚制作成的；最大的声响，听来反而是没有声响的；最大的形状，看上去是没有形状的。

【强梁者不得其死】出自《老子·第四十二章》。意思是：强横的人是会不得好死的。

【天下之至柔，驰骋天下之至坚】出自《老子·第四十三章》。意思是：天下最柔弱的，能够在天下最坚硬的东西中穿梭。

【甚爱必大费，多藏必厚亡。故知足不辱，知止不殆】出自《老子·第四十四章》。意思是：过度吝惜，就一定会耗费更多；过度积敛财富，就一定会惹来更惨重的损失。所以说知足才能不受屈辱，懂得适可而止才能避免危险。

【大直若屈，大巧若拙，大辩若讷】出自《老子·第四十五章》。意思是：最正直的东西，反而像是枉曲的；最灵巧的东西，反而像是笨拙的；最善辩的人，反而像是木讷的。

【知足之足，常足矣】出自《老子·第四十六章》。意思是：知道满足而止步的人，永远是满足的。

【不出户，知天下；不窥牖，见天道】出自《老子·第四十七章》。意思是：不出家门，就能推知天下大事；不察探窗外，就能懂得自然的规律。

【圣人无常心，以百姓之心为心】出自《老子·第四十九章》。意思是：圣人是没有私心的，把百姓的愿望当成自己的愿望。

【道之尊，德之贵，夫莫之命而常自然】出自《老子·第五十一章》。意思是：道之所以被尊崇，德之所以被珍视，是因为道和德不干涉万物生长、顺其自然。

【善建者不拔，善抱者不脱，子孙以祭祀不辍】出自《老子·第五十四章》。意思是：根基牢固再营建屋宇，建筑不易倒，不贪心，量力而行，得到的不会失去。子孙们如果能做到这样，那么香火就不会断绝了。

【以身观身，以家观家，以乡观乡，以邦观邦，以天下观天下】出自《老子·第五十四章》。意思是：用个人的观点来观察个人，用家庭的观点来观察家庭，用乡的观点来观察乡，用国的观点来观察国，用天下的观点来观察天下。

【含德之厚，比于赤子】出自《老子·第五十五章》。意思是：道德涵养深厚的人，就像婴儿一样纯朴。

【知者不言，言者不知】出自《老子·第五十六章》。意思是：智慧的人不表现自己，表现自己的人其实无知。

【以正治国，以奇用兵，以无事取天下】出自《老子·第五十七章》。意思是：要用正当的方法来治理国家，用诡奇的方法用兵，用清静无为的方法来治理天下。

【其政闷闷，其民淳淳；其政察察，其民缺缺】出自《老子·第五十八章》。意思是：如果政治清明宽闵，百姓就会淳厚忠诚；如果政治苛酷，百姓就狡黠变坏。

【祸兮福之所倚；福兮祸之所伏】出自《老子·第五十八章》。意思是：灾祸啊，是幸福潜伏的地方；幸福啊，是灾祸隐藏的地方。

【治大国若烹小鲜】出自《老子·第六十章》。意思是：治理大的国家，就像是煎小鱼一样不能经常翻动。比喻政策要有连贯性，不能总朝令夕改。

【美言可以市尊，美行可以加人】出自《老子·第六十二章》。意思是：好的言辞可以赢得人们的尊重，好的行为可以赢得人们的赞誉。

【图难于其易，为大于其细】出自《老子·第六十三章》。意思是：处理难题要从容易的地方入手，干大事业要从小事做起。

【夫轻诺必寡信，多易必多难】出自《老子·第六十三章》。意思是：轻易许诺，容易使信用受到损伤；把事情看得简单，一定会遭遇很多困难。

【合抱之木，生于毫末；九层之台，起于累土；千里之行，始于足下】出自《老子·第六十四章》。意思是：合抱粗的大树，是从苗儿生长起来的；九层高的台子，是用一筐一筐的土堆起来的；千里的远行，是从第一步开始的。

【圣人无为故无败，无执故无失】出自《老子·第六十四章》。意思是：圣人不去作为，所以没有失败；没有执着，所以不会失去。

【以智治国，国之贼；不以智治国，国之福】出自《老子·第六十五章》。意思是：用机巧治理国家，是国家的危害；不用机巧治理国家，才是国家的福气。

【以其不争，故天下莫能与之争】出自《老子·第六十六章》。意思是：因为他不和百姓相争，（从而获得百姓的拥戴，）所以天下没有人能和他相争。

【善为士者，不武；善战者，不怒；善胜敌者，不与；善用人者，为之下】出自《老子·第六十八章》。意思是：懂得做将帅的人，不会逞武勇；擅长打仗的人，不会动辄发怒；擅长打胜仗的人，不会和敌人刀刃相见；擅长用人的人，态度是谦下的。

【祸莫大于轻敌，轻敌几丧吾宝】出自《老子·第六十九章》。意思是：最大的祸患莫过于轻敌，轻敌几乎导致我丧失了"三宝"。

【圣人被褐而怀玉】出自《老子·第七十章》。意思是：圣人穿粗布衣服，外表朴素无华，内在却高洁豁达。

【知不知，尚矣；不知知，病也】出自《老子·第七十一章》。意思是：知道自己还有不知道的，是最好的；不知道却自以为知道，是毛病。

【圣人自知不自见，自爱不自贵】出自《老子·第七十二章》。意思是：圣人知道自己知道就够了，不会去自我炫耀；知道自爱就够了，不会去自显高贵。

【天网恢恢，疏而不失】出自《老子·第七十三章》。意思是：自然规律的适用范围宽广无边，虽然有宽疏的时候，但不会漏失。

【兵强则灭，木强则折】出自《老子·第七十六章》。意思是：用兵逞强就会导致灭亡，树木太坚实了就会遭砍伐。

【天下莫柔弱于水，而攻坚强者莫之能胜，以其无以易之】出自《老子·第七十八章》。意思是：天下没有什么是比水更柔弱的了，但攻击坚强的东西，却没有能胜过水的，因为没有什么可以代替得了它。

【和大怨，必有余怨；安可以为善】出自《老子·第七十九章》。意思是：去和解巨大的怨恨，一定还会有残余的怨恨留下来；这怎么能算是好的解决办法呢？

【信言不美，美言不信。善者不辩，辩者不善。知者不博，博者不知】出自《老子·第八十一章》。意思是：可信的话是不好听的，好听的话是并不可信的。善良的人不狡辩，狡辩的人不善良。真正有知识的人不炫耀博学，炫耀博学的人不是真正有知识的。

庄子其人其书

《庄子》是庄子及其后学的著作集，为先秦道家经典之一。全书原有 52 篇（见《汉书·艺文志》记载），现仅存 33 篇。

《庄子》包括内篇 7 篇、外篇 15 篇、杂篇 11 篇。一般认为内篇是庄子本人自著，外篇和杂篇中的部分作品出自其门人或后学之手。

庄子（约公元前 369 年—公元前 286 年），名周，战国中期宋国蒙（今河南商丘市东北）人，约与梁惠王、齐宣王同时。生平行事，略见于《史记·老子韩非列传》及《庄子》中有关篇目。他曾做过蒙邑漆园吏，职位低微，不久便辞官了。家境清贫，"衣大布而补之"（《山木》），并曾经"往贷粟于监河侯"（《庄子·外物》）。虽处境如此，他也不肯追逐利禄，楚威王闻其贤，以厚礼聘为相，被他拒绝。他自甘贫贱，著"谬悠之说，荒唐之言"（《庄子·天下》）以自适。他是先秦道家的代表人物，后世将他与老子并称，唐玄宗时封庄子为"南华真人"，所以《庄子》一书又名为《南华真经》。

庄子生活的时代，战乱频繁，社会动荡不安，人民生活艰苦。他不满于现实，以消极的态度对抗现实。他在思想上承继了老子的哲学，正如司马迁所说"其要本归于老子之言"，"明老子之术"（《史记·老子韩非列传》），但是在哲学观、政治观、人生观等方面，庄子都有自己的思想特点。庄子在老子"天道自然无为"的思想基础上发挥出了"安之若命"、否认是非标准、否认客观真理的思想，他主张"无所用天

庄子像

下为"，追求自由与超脱的人生态度，他的哲学思想有相对主义和虚无成分。

　　庄子有着卓越的文学成就，《庄子》散文不仅"晚周诸子之作，莫能先也"，而且在整部中国文学史上都是出类拔萃的，庄子出人意表的想象，恢弘奇幻的构思，汪洋恣肆的文风，都对后世产生了极为深远的影响。正如郭沫若所说"秦汉以来的每一部中国文学史，差不多大半是在他的影响之下发展起来的"（《鲁迅与庄子》）。从嵇康、阮籍、陶渊明，到李白、苏轼，再到汤显祖、金圣叹、曹雪芹，都可以寻觅到《庄子》的痕迹。

　　《庄子》的注本，现存最早的是晋郭象的《庄子注》，其后著名的有清代郭庆藩的《庄子集释》和王先谦的《庄子集解》。今人注评的《庄子》亦有多种。

《庄子》精华

　　【哀莫大于心死，而人死亦次之】出自《庄子·田子方》。意思是：最大的悲哀莫过于心死了，而人身的死亡倒还在其次。

　　【安时而处顺，哀乐不能入也】出自《庄子·养生主》。意思是：

安于时势、顺从自然，那么无论是哀伤还是欢乐便都不能侵扰人了。人可以无所牵挂而逍遥自在。

【吾生也有涯，而知也无涯。以有涯随无涯，殆已】出自《庄子·养生主》。意思是：我们的生命是有限的，但知识是无限的。用有限的生命去追逐无限的知识，是会身心交瘁的。

【直木先伐，甘井先竭】出自《庄子·山木》。意思是：长得笔直的树木会首先被砍伐掉，甘甜的井水人人来取，因此会首先干涸。

【观于浊水而迷于清渊】出自《庄子·山木》。意思是：面对浑水能照面，面对清水反倒眼花缭乱了。比喻沉醉于利害而忘却了天性。

【方舟而济于河，有虚船来触舟，虽有惼心之人不怒，有一人在其上，则呼张歙之，一呼而不闻，再呼而不闻，于是三呼邪，则必以恶声随之。向也不怒而今也怒，向也虚而今也实。人能虚己以游世，其孰能害之】出自《庄子·山木》。意思是：把两条船连起来并行渡河，如果有空船碰了过来，就算是心地褊狭的人也是不会动怒的。但如果有人在撞过来的船上，就会大声叫他把船撑开。叫一次没有回应，叫两次还没有回应，叫第三次的时候，就一定会骂起来了。刚才不动怒而现在动怒了，这是因为刚才船上没人，现在船上有人。所以如果人能内心无我地生活，那么谁还能伤害到他呢！

【君其涉于江而浮于海，望之而不见其崖，愈往而不知其所穷。送君者皆自崖而反，君自此远矣】出自《庄子·山木》。意思是：大王您渡过江河，在大海上浮游，一眼望去望不到大海的边际，越向前浮游就越不知道它的边际。送您的人都从岸边回去了，而您从此也远离世俗的困扰了！

【好面誉人者，亦好背而毁之】出自《庄子·盗跖》。意思是：爱当面赞人的人，也爱在背地里诋毁人。

【人上寿百岁，中寿八十，下寿六十，除病瘦死丧忧患，其中开口而笑者，一月之中不过四五日而已矣】出自《庄子·盗跖》。意思是：人高寿是一百岁，中寿是八十岁，低寿是六十岁，除掉疾病、死亡、忧患的日子，其中开口欢笑的日子，一月之中不过是四五天而已。

【鉴明则尘垢不止，止则不明也。久与贤人处则无过】出自《庄子·德充符》。意思是：如果镜子明亮，就不会有灰尘蒙上，有灰尘蒙上镜子就不明亮了。比喻人心纯洁就不会有龌龊的想法，有了龌龊的想法说明心地不够纯洁。长期和贤人呆在一块就不会犯过失了。

【人莫鉴于流水而鉴于止水】出自《庄子·德充符》。意思是：人不会对着流动的水照面，只会对着静止的水照面。

【德有所长而形有所忘，人不忘其所忘而忘其所不忘，此谓诚忘】出自《庄子·德充符》。意思是：人的德性崇高了，他外表的缺陷就会被人淡忘。人不能淡忘那应该淡忘的东西（即形体的缺陷），却淡忘了那不应该淡忘的东西指道德的不足，这才是真正的淡忘。

【鹪鹩巢于深林，不过一枝；偃鼠饮河，不过满腹】出自《庄子·逍遥游》。意思是：鹪鹩在森林中筑巢，占用的不过是一根树枝；鼹鼠在河边饮水，不过是喝满肚子。

【庖人虽不治庖，尸祝不越樽俎而代之矣】出自《庄子·逍遥游》。意思是：厨师哪怕不下厨房了，主持祭祀的人也不会超越自己祭神的职责而代理他的工作。

【朝菌不知晦朔，蟪蛄不知春秋】出自《庄子·逍遥游》。意思是：朝生暮死的菌类不会知道早晚是什么（因为这些菌类活不过一个早上），寒蝉也不会知道一年是什么样（因为寒蝉活不过一年）。

【瞽者无以与乎文章之观，聋者无以与乎钟鼓之声。岂唯形骸有聋盲哉？夫知亦有之】出自《庄子·逍遥游》。意思是：瞎子是没法欣赏纹饰的，聋子是没法聆听钟鼓的乐声的。岂止是形骸上有聋和瞎的情形呢？人的思想上也有聋和瞎的情形啊！

【水之积也不厚，则其负大舟也无力。覆杯水于坳堂之上，则芥为之舟；置杯焉则胶，水浅而舟大也】出自《庄子·逍遥游》。意思是：水积聚得不深，它浮起大船就没有力量。把一杯水倒在厅堂的低洼处，那么小小的芥草也能像一只船一样浮起来；但放上一只杯子的话就会粘住了，因为水太浅而船太大了。

【宋人资章甫而适诸越，越人断发文身，无所用之】出自《庄子·逍遥游》。意思是：宋国有人购取帽子到越国卖，但越国人不蓄头发，纹身，没有用得着帽子的地方。

【其耆欲深者，其天机浅】出自《庄子·大宗师》。意思是：那些欲望太深的人，他们天生的资质是浅薄的。

【泉涸，鱼相与处于陆，相呴以湿，相濡以沫，不如相忘于江湖】出自《庄子·大宗师》。意思是：泉水干涸了，鱼儿一块被困在陆地上，彼此用湿气湿润着——与其在陆地上彼此用湿气湿润，不如在江湖里互相忘记。

【死生，命也，其有夜旦之常，天也】出自《庄子·大宗师》。意思是：生和死，是定数，就像黑夜和白天的永恒循环，是自然的规律一样。

【窃钩者诛，窃国者为诸侯】出自《庄子·胠箧》。意思是：窃夺腰带环钩一类小东西的人被诛杀，窃夺整个国家的人却成了诸侯。

【彼亦一是非，此亦一是非】出自《庄子·齐物论》。意思是：在这里是对的，在那里就是错的了。这是庄子的一种带有诡辩色彩的相对主义论调。

【大知闲闲，小知间间；大言炎炎，小言詹詹】出自《庄子·齐物论》。意思是：那些绝顶聪明的人自以为是，对别人的意见根本不听；那些才智低浅的人则只能在枝节问题上和别人计较。善于雄辩的人则猛如烈火，气势凌人；言不达意的则啰啰嗦嗦。

【道行之而成，物谓之而然】出自《庄子·齐物论》。意思是：道路人们去走它，它就出来了，事物人们去叫它，它就是人们叫的那个名字了。

【道隐于小成，言隐于荣华】出自《庄子·齐物论》。意思是：大道会被各自的主观意识所掩蔽，这些思想虽也有道理但只是一管之见，言论会被浮华的辞藻所掩盖。

【方其梦也，不知其梦也。梦之中又占其梦焉，觉而后知其梦也。且有大觉而后知此其大梦也】出自《庄子·齐物论》。意思是：正在做梦的时候，人是不晓得自己正在做梦的。梦中又梦见卜问所做的梦的吉凶，醒来后才知道那是梦。只有大醒大悟领悟了大道之后，人才能知道这人生就是一场大梦。此前一直没有觉悟。

【狙公赋芧，曰："朝三而暮四。"众狙皆怒。曰："然则朝四而暮三。"众狙皆悦】出自《庄子·齐物论》。意思是：养猴人分橡子给猴子，说："早上分三枚，晚上分四枚。"猴子听了都很愤怒。养猴人于是说："那么就早上四枚晚上三枚吧。"猴子听了就都很高兴。

【天下莫大于秋毫之末，而大山为小；莫寿于殇子，而彭祖为夭】出自《庄子·齐物论》。意思是：天下没有比秋天鸟兽身上新长的细毛的末端更大的了，而泰山反而是小的；世上没有什么谁比夭折的孩子更长寿的了，而传说中长寿的彭祖反而是短命的。大小、长短都是相对比较而言的，抛弃了比较的对象，或者转换了比较的对象论大小、长短，就是一种诡辩。

【物无非彼，物无非是。自彼则不见，自知则知之】出自《庄子·齐物论》。意思是：各种事物无不存在着和它自身所对立的那一面，各种事物也无不存在着和它自身所对立的这一面。从事物相对立的那一面看便看不见这一面，从这一面看才能对事物有所认识。

【昔者庄周梦为胡蝶，栩栩然胡蝶也。自喻适志与！不知周也。俄然觉，则蘧蘧然周也。不知周之梦为胡蝶与，胡蝶之梦为周与】出自《庄子·齐物论》。意思是：从前庄周梦见自己变成了蝴蝶，是翩翩翔舞的一只蝴蝶，他感到心里惬意，竟然不知道自己原来是庄周了。突然醒来了，惊惶间才发现自己是庄周。不知道是庄周梦见自己变成了蝴蝶呢，还是蝴蝶梦见自己变成了庄周？

【一受其成形，不亡以待尽。与物相刃相靡，其行尽如驰而莫之能止，不亦悲乎？终身役役而不见其成功，苶然疲役而不知其所归，可不哀邪】出自《庄子·齐物论》。意思是：人一旦形成人身，就一直活着直到死亡。人和外界互相竞争，摩擦，不知停止地奔驰在死亡的道路上，这不是很可悲吗！他们终身忙碌却看不到成功，终身困顿疲于劳役却不知道归宿，这能不悲哀吗？

【不能自胜而强不从者，此之谓重伤。重伤之人，无寿类矣】出自《庄子·让王》。意思是：不能控制自己却又硬要那样去做，心情更增烦恼，使心性受到更多伤损，这样的人，就不能进入长寿的人的行列了。

【身在江海之上，心居乎魏阙之下】出自《庄子·让王》。意思

国学常识 国学经典 国学精粹一本通

Guo Xue Chang Shi Guo Xue Jing Dian Guo Xue Jing Cui Yi Ben Tong

是：身在江湖上，心却流连朝廷。

【以随侯之珠弹千仞之雀，世必笑之，是何也？则其所用者重而所要者轻也】出自《庄子·让王》。意思是：用珍贵的随侯珠做成的弹丸去射飞得很高的麻雀，世人一定会讥笑他，为什么呢？因为他用来射击的东西是很珍贵的，而要射的东西反而是无足轻重的。

【知止乎其所不能知，至矣】出自《庄子·庚桑楚》。意思是：知识达到了所不能知道的境域，这就是达到了极点啊。

【吹呴呼吸，吐故纳新，熊经鸟申，为寿而已矣。此道引之士，养形之人，彭祖寿考者之所好也】出自《庄子·刻意》。意思是：一呼一吸，吐出体内的浊气，吸进新鲜的空气，模仿熊悬挂身子、鸟伸展翅膀，只是为了延寿罢了。这是从事导引和养身的、像彭祖一类长寿的人所爱干的。

【形劳而不休则弊，精用而不已则劳，劳则竭】出自《庄子·刻意》。意思是：身体操劳不歇就会衰弊，精神操劳不止就会疲乏，精神疲乏就会导致衰竭。

【得之于手而应于心，口不能言，有数存焉于其间】出自《庄子·天道》。意思是：得心应手，嘴里说不出来，但分寸大小心中有数。

【东西之相反而不可以相无】出自《庄子·秋水》。意思是：东和西是方向相反的，但两者又相互依存，不会有东没有西，有西没有东。如同大小，有无。

【盖师是而无非】出自《庄子·秋水》。意思是：怎么能把自己认为是正确的就认为没有错误的一面呢？

【独不闻夫寿陵余子之学行于邯郸与？未得国能，又失其故行矣，直匍匐而归耳】出自《庄子·秋水》。意思是：你难道没听说过那个寿陵的少年到邯郸学习走路的故事么？既没学着邯郸人走路的本领，又忘了他原来是如何走路的，只好匍匐爬着回家了。

【精粗者，期于有形者也；无形者，数之所不能分也；不可围者，数之所不能穷也。可以言论者，物之粗也；可以致意者，物之精也。言之所不能论，意之所不能察致者，不期精粗焉】出自《庄子·秋水》。意思是：所谓精细、粗大，都是限于有形的东西；而无形的东西，是没法计算划分它的大小精粗的；无限大的东西，也不是数字能把它完全表达的。可以用语言来表达的，是事物的粗浅面；可以意会的，是事物的精细面。至于语言所无法表达的、无法意会的，也就不是精或粗的概念可以概括得了的了。

【井蛙不可以语于海者，拘于虚也；夏虫不可以语于冰者，笃于时也；曲士不可以语于道者，束于教也】出自《庄子·秋水》。意思是：井里的青蛙，没法和它谈论大海，是因为它受到居住地方的局限；夏天的虫子，没法和它谈论冰冻，是因为它受到存活时间的局限；见识浅薄的人，没法和他谈论大道，是因为他受到过去教育的局限。

【梁丽可以冲城，而不可以窒穴，言殊器也；骐骥、骅骝一日而驰千里，捕鼠不如狸狌，言殊技也；鸱鸺夜撮蚤，察豪末，昼出瞋目而不见丘山，言殊性也】出自《庄子·秋水》。意思是：梁木可以撞破城墙，却没法堵住小孔，这说的是器物作用是各各不同的；骏马一天驰骋千里，捉老鼠却比不上野猫和黄鼠狼，这是说技能是各各不同的；猫头鹰在夜里能抓跳蚤、看清毫毛的末梢，但如果白天出来睁大眼睛，也看不见山丘，这是说天性是各各不同的。

【无以人灭天，无以故灭命，无以得殉名】出自《庄子·秋水》。意思是：不要用人为去摧毁天性，不要用人事去推翻命运，不要为追逐名利而丢掉性命。

【以道观之，物无贵贱；以物观之，自贵而相贱】出自《庄子·秋水》。意思是：从自然的观点来看事物，事物是没有贵贱的分别的；从一人一物的观点来看事物，事物总是自认为尊贵，认为他人或他物是卑贱的。

【知道者必达于理，达于理者必明于权，明于权者不以物害己】出自《庄子·秋水》。意思是：懂得大道的人一定通达事理，通达事理的人一定懂得机变，懂得机变的人是不会因为追求外物而损害自己的。

【吾在于天地之间，犹小石小木之在大山也】出自《庄子·秋水》。意思是：我存在天地之间，就像是小石子、小树木存在泰山之中一样。

【庄子与惠子游于濠梁之上。庄子曰："儵鱼出游从容，是鱼之乐也。"惠子曰："子非鱼，安知鱼之乐？"庄子曰："子非我，安知我不知鱼之乐？"惠子曰："我非子，固不知子矣；子固非鱼也，子之不知鱼之乐，全矣。"庄子曰："请循其本。子曰'汝安知鱼乐'云者，既已知吾知之而问我。我知之濠上也。"】出自《庄子·秋水》。意思是：庄子与惠子在濠河堰上游乐。庄子说："儵鱼自在地游来游去，这就是鱼的快乐呀。"惠子说："你又不是鱼，怎么能知道那是鱼的快乐？"庄子说："你又不是我，怎么能知道我不知道那是鱼的快乐？"惠子说："我不是你，确实是不知道；但你也确实不是鱼，你不知道鱼的快乐，是完全可以肯定的！"庄子说："还是回到开头的话上来。你所说的是'你在哪里知道那是鱼的快乐'，在哪里表明你是已经知道我知道鱼的快乐了才来问我的。（至于我知道鱼的快乐）我是在濠河堰上知道鱼的快乐的。"

【凡人心险于山川，难于知天；天犹有春秋冬夏旦暮之期，人者厚貌深情。故有貌愿而益，有长若不肖，有慎懁而达，有坚而缦，有缓而釬】出自《庄子·列御寇》。意思是：人心比险峻的山川还要险恶，比了解天还要困难；天尚且有春夏秋冬和早晚的一定的周期，人却外表老实而内心深隐。有的人外表谨慎却内心骄溢，有的人外表友善却心术不正，有的人外表固执保守实际却能通情达理，有的人外表强硬却内心软弱，有的人外表柔弱却内心强悍。

【吾以天地为棺椁，以日月为连璧，星辰为珠玑，万物为赍送。吾葬具岂不备邪】出自《庄子·列御寇》。意思是：我把天地当成棺材，把日月当成连璧，把星辰当成珠玑，万物都是我的陪葬品。我的陪葬品难道还不够完备么？

【古之所谓得志者，非轩冕之谓也，谓其无以益其乐而已矣。今之所谓得志者，轩冕之谓也。轩冕在身，非性命也，物之傥来，寄者也】出自《庄子·缮性》。意思是：古代所谓得志的人，不是说获得高官厚禄，而是说自己的快乐无以复加而已。现在所谓的得志的人，说的却是获得高官厚禄。获得高官厚禄，并不符合人的本真，而是偶然得来的东西，暂时寄存在人身上罢了。

【丧己于物，失性于俗者，谓之倒置之民】出自《庄子·缮性》。意思是：因为追求外物患得患失而丧失自我、迎合世俗而丧失本性的人，是本末倒置的人。

【绝迹易，无行地难】出自《庄子·人间世》。意思是：人不走路是容易的，走了路还能不在地上留下痕迹就难了。比喻人绝世容易，但涉世无心，不留形迹就难以做到了。

【其作始也简，其将毕也必巨】出自《庄子·人间世》。意思是：开始时是简单的，将要结束时可就变得纷繁难搞了。

【为人使易以伪，为天使难以伪】出自《庄子·人间世》。意思是：为他人所驱使，就容易导致作假；为天性所驱使，就很难伪装了。

【无听之以耳，而听之以心】出自《庄子·人间世》。意思是：不要用耳朵去听，要用心去听。

【以巧斗力者，始乎阳，常卒乎阴，泰至则多奇巧；以礼饮酒者，始乎治，常卒乎乱，泰至则多奇乐。凡事亦然，始乎谅，常卒乎鄙】出自《庄子·人间世》。意思是：斗智斗力的人，开始时是明着来的，但常常到了最后就会搞起诡计来，达到极致时就会出现很多阴谋诡计；遵着礼节去饮酒的人，开始时是规规矩矩的，但常常到了最后就会因喝醉酒失礼，达到极致时就变成荒淫逸乐了。凡事都是这样的：开始时是互相体谅，但常常到了最后就会互相欺诈起来了。

【意有所至，而爱有所亡】出自《庄子·人间世》。意思是：无微不至地照看所爱的东西，反而会导致所爱的东西受到损害。

【此果不材之木也，以至于此其大也】出自《庄子·人世间》。意思是：这确实是没用的树木，以至于长得这么高大。

【荃者所以在鱼，得鱼而忘荃；蹄者所以在兔，得兔而忘蹄；言者所以在意，得意而忘言】出自《庄子·外物》。意思是：荃是用来捕鱼的，捕到了鱼，荃就可以忘掉了；兔网是用来捕兔子的，捕到了兔子，兔网也就可以忘掉了；语言是用来表达意思的，领会了意思，语言也就可以忘掉了。

【人有畏影恶迹而去之走者，举足愈数而迹愈多，走愈疾而影不离身，自以为尚迟，疾走不休，绝力而死。不知处阴以休影，处静以息迹，愚亦甚矣】出自《庄子·渔父》。意思是：有人害怕自己的影子、讨厌自己的足迹，为了避开它们就走动起来，结果抬脚的次数越频繁足迹就越多，跑得越快影子就跟得越紧，还自以为跑得慢，于是不停地快跑，结果耗尽力气死了。他不知道停在阴暗处自然就没影子了，停止时自然就没足迹了，真是愚蠢至极啊！

【饮酒以乐，不选其具矣；处丧以哀，无问其礼矣】出自《庄子·渔父》。意思是：喝酒求的是快乐，不必挑选什么杯具；居丧为的是致以哀伤，不必拘泥于什么礼节。

【饮酒以乐为主，处丧以哀为主，事亲以适为主】出自《庄子·渔父》。意思是：喝酒看重的是欢乐，居丧看重的是悲哀，侍奉双亲看重的是顺合父母的心意。

【真者，精诚之至也。不精不诚，不能动人。故强哭者，虽悲不哀；强怒者，虽严不威；强亲者，虽笑不和。真悲无声而哀，真怒未发而威，真亲未笑而和】出自《庄子·渔父》。意思是：所谓真，就是最高的精诚。不精诚，就不能感动人。所以勉强哭泣的人，虽然外表哀伤实际却并不哀伤；勉强发怒的人，虽然外表威严实际却并不威严；勉强表示亲近的人，虽然满脸堆笑实际却并不和善。真正的悲伤是就算没有哭声也是哀痛的，真正的愤怒是就算不发作也是威严的，真正的亲近是就算没有笑容也是和善的。

【水行莫如用舟，而陆行莫如用车。以舟之可行于水也，而求推之于陆，则没世不行寻常】出自《庄子·天运》。意思是：在水上行走最好是用船，在陆上行走最好是用车。如果认为船可以在水上行走，而想把它推行到陆地上，那么走一世也不能走出二丈四尺远。

【天地有大美而不言，四时有明法而不议，万物有成理而不说】出自《庄子·知北游》。意思是：天地有着最大的美德却不吹嘘，四季有着显明的运行规律却不张扬，万物有着生成的道理却一言不发。

【天下尽殉也，彼其所殉仁义也，则俗谓之君子；其所殉货财也，则俗谓之小人。其殉一也，则有君子焉，有小人焉】出自《庄子·骈拇》。意思是：天下人都在为着某种东西牺牲，那些为仁义牺牲的，世俗就称之为君子；那些为货财牺牲的，世俗就称之为小人。他们都要牺牲，但有的是君子，有的却是小人。

【小惑易方，大惑易性】出自《庄子·骈拇》。意思是：小迷惑会使人迷失方向，大迷惑会改变人的本性。

【小人则以身殉利，士则以身殉名，大夫则以身殉家，圣人则以身殉天下。故此数子者，事业不同，名声异号，其于伤性以身为殉，一也】出自《庄子·骈拇》。意思是：小人为利而牺牲自己，士人为名而牺牲自己，大夫为国家而牺牲自己，圣人为天下而牺牲自己。所以这四种人，事业不同，名声也各有不同，但为了某种东西而损害本性、牺牲自己却是一样的。

【以瓦注者巧，以钩注者惮，以黄金注者殙。其巧一也，而有所矜，则重外也。凡外重者内拙】出自《庄子·达生》。意思是：拿瓦去赌博的，会感到轻松；拿银锞去赌博的，就有些顾虑；拿黄金去赌博的，就会心慌乱了。他们赌博的技巧是一样的，但却有所顾虑，这就是把身外的东西看得太重了。凡是把身外的利害得失看得太重的人，内心往往是愚拙的。

【养形必先之以物，物有余而形不养者有之矣；有生必先无离形，形不离而生亡者有之矣】出自《庄子·达生》。意思是：保养身体一定要先准备各种物质条件，但是物质条件有余而身体保养不成的人还是有的；保住生命一定要先使身体不死去，但是身体未死去而生命却已经如同死去的人也是有的。

【以贤临人，未有得人者也；以贤下人，未有不得人者也】出自《庄子·徐无鬼》。意思是：标榜自己贤人的身份盛气凌人，是不会赢得人心的；有贤人的身份却能谦待比自己卑贱的人，就没有得不到人心的。

【寓言十九，藉外论之。亲父不为其子媒。亲父誉之，不若非其父者也。非吾罪也，人之罪也。与己同则应，不与己同则反；同于己为是之，异于己为非之】出自《庄子·寓言》。意思是：寓言占了十分之九，这是说寓言是借助外在的事物来论述道理。做父亲的不该给自己的儿子做媒。做父亲的赞誉儿子，总比不上别人赞誉来得真实可信；这不是做父亲的过错，而是世人太容易产生猜疑的过错。世人往往是和自己看法一致的就附和，和自己看法不一致的就反对；和自己看法相同的就肯定，和自己看法不相同的就否定。

【与其誉尧而非桀，不如两忘而闭其所誉】出自《庄子·外物》。意思是：与其赞誉尧而非议桀，不如把这两人都忘掉，把赞誉和非议都杜绝。

【孝子不谀其亲，忠臣不谄其君，臣子之盛也。亲之所言而然，所行而善，则世俗谓之不肖子；君之所言而然，所行而善，则世俗谓之不肖臣】出自《庄子·天地》。意思是：孝子不去讨好他的父母，忠臣不去谄媚他的君主，这就是最好的臣子、儿子。如果父母说的就都认为是对的，父母做的就都认为是好的，那么世人就会称这样的儿子是不肖子；如果君主说的就都认为是对的，君主做的就都认为是好的，那么世人就会称这样的臣子是不肖臣。

【庄子妻死，惠子吊之，庄子则方箕踞鼓盆而歌。惠子曰："与人居，长子、老、身死，不哭亦足矣，又鼓盆而歌，不亦甚乎?"庄子曰："不然。是其始死也，我独何能无概！然察其始而本无生，非徒无生也，而本无形，非徒无形也，而本无气。杂乎芒芴之间，变而有气，气变而有形，形变而有生，今又变而之死，是相与为春秋冬夏四时行也。人且偃然寝于巨室，而我嗷嗷然随而哭之，自以为不通乎命，故止也。"】出自《庄子·至乐》。意思是：庄子的妻子死了，惠子去吊丧，看见庄子正盘坐着敲击瓦盆唱歌。惠子说："你和你的妻子过活，孩子大了，她也老了，如今她死了你不哭也就算了，却又敲击瓦盆唱起歌来，不是太过分了么！"庄子说："不是这样的。她刚死的那阵，我难道能不概叹么！但是推究根本，人本来就是没有过生命的，岂止是没有过生命，而且本来就是没有过形体的；岂止是没有过形体，而且本来就是没有过元气的。混茫之中产生变化而有了元气，元气产生变化而有了形体，形体产生变化而有了生命。现在生命又从生变回到死，这和春秋冬夏四季循环是一样的。如果有人安睡在天地之间，而我却因此而哭泣，我自认为这是不通天命的表现，所以我就停止哭泣了。"

墨家和名家

国学常识 国学经典 国学精粹一本通

Guo Xue Chang Shi Guo Xue Jing Dian Guo Xue Jing Cui Yi Ben Tong

墨子像

墨家开派大师是墨翟。现在的著作只有《墨子》一书，编著者是其门徒。

墨家是春秋战国时下层民众与商人中间的一个组织。带有宗教性质，墨家学派中的人，大都不畏艰险，不辞劳苦，不尚空谈，都积极地从事社会活动，其领袖人物对其徒众可以施行严格的纪律。

墨子（约公元前 468 年—公元前 376 年）名翟，鲁国（一说宋国）人，也有一说是，墨非其姓，发勤劳瘠黑得号，墨家学派创始人，我国先秦时期重要的思想家之一。其生平事迹不详，大约生于孔子之后，活动于战国初期。他出身于手工业者家庭，当时的工匠是世袭的，地位十分低下。墨子勤学苦练，并以他的聪明巧思，成为一名高明的木匠和杰出的机械制造家。他还通晓军事，曾率同弟子们帮助宋国防御楚国的进攻。他早先曾学过儒家学说，后来自创墨家学派。

《墨子》一书，非一人一时之作，也不是墨子自己写的，它是一部包括墨子言论及墨家各派学说的著作，由墨子弟子及以后墨家学者记录、整理、汇编而成。《墨子》一书据《汉书·艺文志》著录为 71 篇，到了宋代已经失传了 9 篇。今存"道藏"本，是 53 篇；"四库"本，63 篇。研究者比较一致的看法是：《尚贤》、《尚同》、《兼爱》、《非攻》、《非命》、《节用》、《节葬》、《天志》、《明鬼》、《非乐》、《非儒》等篇比较集中、完整地保存了墨子思想，是墨学的纲要。

墨子是中国历史上第一个深入研究数学、物理、机械制造的中国思想家，他提出了一系列的数学概念，其命题和定义都具有高度的抽象性和严密性。墨子对杠杆、斜面、重心、滚动摩擦等力学问题的研究和小孔成像实验都取得了重要成就。

《墨子》的科学成就，在古代杰出科学家中都是十分出色的。但是，随着墨家的衰落，墨子的思想和科技成就很少有人研究，直到近代，人们才又重新发现了墨子的价值。

需要指出的是《墨子》书中有数篇为墨家中"别墨"一派的著作。有《经上》、《经下》、《经说上》、《经说下》、《大取》、《小取》诸篇等。"别墨"派的著作内含论理学（名学）、数学等科学知识，通常称为《墨经》。因为"别墨"专门研究名学，我们把它和惠施、公孙龙等"名家"一同看待。

墨家除《墨经》所讲的以外，还有"三表法"，是他们论证问题的方法。惠施和公孙龙是"名家"中纯粹讲逻辑学的。惠施的学说从《庄子·天下》篇里能够看到一点，他本人的书已失传。《公孙龙子》、《汉志》载有十四篇，现只存六篇，为仅存的名家有系统的著作。公孙龙以《白马论》著名，他推论道："马者所以命形也；白者所以命色也。命色者非命形也，故曰白马非马。"他还有《坚白论》。

战国时名家分"离坚白"、"合同异"两派，公孙龙属于前一派，惠施属于后一派。当时名家已具有辩证法观点，如惠施认为，一切空间或时间的区别都非实有，一切同异都非实有等。《庄子天下》篇所谓"南方有穷而无穷"等命题，《墨经》上也有。

《墨子》精华

【兼相爱，交相利】出自《墨子·兼爱》。意思是：人人平等不分亲疏，贵贱，贫富，一视同仁地爱所有人。人人互相帮助，共谋福利。

【若使天下兼相爱，爱人若爱其身，犹有不孝者乎】出自《墨子·兼爱》。意思是：如果天下能人人平等相爱，爱别人就像爱自己一样，还会有不孝的人吗？

【天下兼相爱则治，交相恶则乱】出自《墨子·兼爱》。意思是：

如果天下能人人平等相爱，国家就会安定，人人相互憎恨，国家就会动乱。

【若使天下兼相爱，国与国不相攻，家与家不相乱，盗贼无有，君臣父子皆能孝慈，若此则天下治】出自《墨子·兼爱》。意思是：如果天下人人平等相爱，国家和国家之间互不攻打，封邑和封邑之间互不侵扰，盗和贼没有了，君臣父子都能尽孝尽慈，如果能这样那么天下就安定了。

【仁人之所以为事者，必兴天下之利，除去天下之害】出自《墨子·兼爱》。意思是：仁人处理事务的原则，一定是为了使天下获利，除去对天下有害的东西。

【天下之人皆不相爱，强必执弱，富必侮贫，贵必敖贱，诈必欺愚】出自《墨子·兼爱》。意思是：如果天下的人不平等相爱，强大的一定会奴役弱小的，人口多的一定会劫掠人口少的，富裕的一定会侮辱贫穷的，尊贵的一定会蔑视卑贱的，狡诈的一定会欺骗愚钝的。

【凡天下祸篡怨恨，其所以起者，以不相爱生也】出自《墨子·兼爱》。意思是：大凡天下的灾祸、篡夺、怨责、仇恨，它们之所以会产生，是因为不能平等相爱。

【爱人者，人必从而爱之，利人者，人必从而利之；恶人者，人必从而恶之；害人者，人必从而害之】出自《墨子·兼爱》。意思是：爱别人的人，别人也一定会跟着爱他；使别人获利的人，别人一定也会跟着使他获利；厌恶别人的人，别人也一定会跟着厌恶他；损害别人的人，别人也一定会跟着损害他。

【备者，国之重也】出自《墨子·七患》。意思是：防备，是一个国家的要紧事。

【食者，国之宝也；兵者，国之爪也】出自《墨子·七患》。意思是：粮食，是国家的珍宝，兵器，是国家的工具。

【财不足，则反之时，食不足，则反之用】出自《墨子·七患》。意思是：财货不足时，就要注重农时，粮食不足时，就要节俭。

【无不让也，不可，说在殆】出自《墨子·经下》。意思是：什么都能礼让，这是不可以的。例如到了危险的境地时就不能礼让了。

【君子不镜于水而镜于人。镜于水，见面之容；镜于人，则知吉与凶】出自《墨子·非攻》。意思是：君子不用水做镜子，而是用人做镜子。用水做镜子，可以看见仪容；用人做镜子，却可以预知吉凶。

【以攻战亡者，不可胜数】出自《墨子·非攻》。意思是：由于攻战而亡国的，不计其数。

【谋而不得，则以往知来，以见知隐】出自《墨子·非攻》。意思是：如果谋虑却无所得，那么可以试试根据过去推知未来，根据明显的推知隐微的。

【繁为攻伐，此实天下之巨害也】出自《墨子·非攻》。意思是：频繁地攻伐打仗，这其实是天下的大灾祸。

【今小为非，则知而非之；大为非攻国，则不知非，从而誉之，谓之义。此可谓知义与不义之辩乎】出自《墨子·非攻》。意思是：如今人干出一点小坏事，人们就知道去反对；但出现了进攻别人国家那样的大坏事，人们却不知道去反对，反而去赞扬，并把它叫做"义"。这能算是懂得了"义"和"不义"的区别么？

【万事莫贵于义】出自《墨子·贵义》。意思是：天下万事中，没有比道义更可贵的。

【尽天下之卵，其石犹是也，不可毁也】出自《墨子·贵义》。意思是：用光天下的鸡蛋去碰石头，石头还是石头，并不能被打碎。

【贫家而学富家之衣食多用，则速亡必矣】出自《墨子·贵义》。意思是：贫穷的人家，如果去效仿富贵人家穿吃花费，那么快速败亡就是必然的了。

【名不可简而成也，誉不可巧而立也，君子以身戴行者也】出自《墨子·修身》。意思是：美名不是轻易可以获得的，荣誉不是巧诈可以树立的，君子要身体力行做到名副其实。

【志不强者智不达；言不信者行不果】出自《墨子·修身》。意思是：意志不坚的人智慧是高不起来的；讲话没信用的人行动是果敢不起来的。

【贫则见廉，富则见义，生则见爱，死则见哀】出自《墨子·修身》。意思是：贫穷时要展现出廉洁，富裕时要展现出道义，对活着的人要表示仁爱，对逝世了的人要表示哀痛。

【君子战虽有陈，而勇为本焉；丧虽有礼，而哀为本焉；士虽有学，而行为本焉】出自《墨子·修身》。意思是：君子打仗虽然讲究阵法，但战士的勇敢才是根本；服丧虽然讲究礼仪，但哀痛才是根本；当官虽然讲究才学，但德行才是根本。

【置本不安者，无务丰末；近者不亲，无务求远；亲戚不附，无务外交；事无终始，无务多业；举物而暗，无务博闻】出自《墨子·修身》。意思是：基础奠定得不牢靠，就谈不上去使枝节繁盛；近处的人都亲近不了，就谈不上去招徕远处的人；连亲戚都不能使他们顺服，就谈不上去结纳外人；做事有始无终，就谈不上去从事多种事业；一件东西还弄不清楚，就谈不上广见博闻。

【见毁，而反之身者也，此以怨省而行修矣】出自《墨子·修身》。意思是：被人诋毁了，就要反省自己，这样人们的怨悔就会减少，品行也会变得美好起来了。

【谮慝之言，无入之耳；批扞之声，无出之口；杀伤人之孩，无存之心，虽有诋讦之民，无所依矣】出自《墨子·修身》。意思是：谗害毁谤的话，不要随意听信；攻击人的话，不要乱说；伤害人的念头，不要产生，这样就算碰到好毁谤、好攻击的人，他也无从施展了。

【钓者之恭，非为鱼也；饵鼠以虫，非爱之也】出自《墨子·鲁问》。意思是：钓鱼人端坐水边，不言不语，并不是对鱼恭恭敬敬；用虫子做诱饵来捕捉老鼠，并不是喜欢老鼠。

【俭节则昌，淫佚则亡】出自《墨子·辞过》。意思是：节俭才能昌盛，淫逸只会败亡。

【义人在上，天下必治】出自《墨子·非命》。意思是：有道义的人坐上了高位，天下就一定会安定。

【天子为善，天能赏之；天子为暴，天能罚之】出自《墨子·天志》。意思是：天子如果行善，上天会赏赐他；天子如果作恶，上天也能惩罚他。

【善为政者，远者近之，而旧者新之】出自《墨子·耕柱》。意思是：擅长从政的人，要亲近疏远的人，对待旧故要像对待新交一样，不厌弃他们。

【政者，口言之，身必行之】出自《墨子·公孟》。意思是：为政者，嘴里说了，还得身体力行。

【子不能治子之身，恶能治国政】出自《墨子·公孟》。意思是：你连你自己都管不好，怎么能管好国家政务呢？

【夫尚贤者，政之本也】出自《墨子·尚贤》。意思是：重视人才，是政治的根本所在。

【若苟赏不当贤而罚不当暴，则是为贤者不劝而为暴者不沮矣】出自《墨子·尚贤》。意思是：如果奖赏的不是真正贤能的人，惩罚的不是真正作恶的人，那么贤能的人就会得不到勉励，而作恶的人就会得不到阻止了。

【国有贤良之士众，则国家之治厚】出自《墨子·尚贤》。意思是：国家如果有很多贤良的人，国家的治绩就会很大。

【有能则举之，无能则下之】出自《墨子·尚贤》。意思是：有能力的，就要举用他，没有能力的，就要罢免他。

【得意，贤士不可不举；不得意，贤士不可不举】出自《墨子·尚贤》。意思是：国家安定的时候，不能不去举用贤能；国家不安定的时候，也不能不去举用贤能。

【善人赏而暴人罚，则国必治】出自《墨子·尚同》。意思是：如果能做到好人就奖赏，坏人就惩罚，那么国家就一定能安定。

【一目之视也，不若二目之视也；一耳之听也，不若二耳之听也；一手之操也，不若二手之强也】出自《墨子·尚同》。意思是：一只眼睛看到的，比不上两只眼睛所看到的可靠；一只耳朵听到的，比不上两只耳朵听到的可信；一只手拿住的，比不上两只手拿住的稳当。

【江河之水，非一源之水也；千镒之裘，非一狐之白也】出自《墨子·亲士》。意思是：江河里深广的水，不是一个水源流下的水可以形得成的；贵重的狐白裘，不是一只狐狸腋下的毛可以集得成的。

【归国宝，不若献贤而进士】出自《墨子·亲士》。意思是：赠送国宝，比不上举荐贤能、引进人才更有价值。

【良弓难张，然可以及高入深；良马难乘，然可以任重致远；良才难令，然可以致君见尊】出自《墨子·亲士》。意思是：良弓很难张开，但张开后就可以射得高、钻得深；良马很难驾驭，但驾驭后就可以载重物、走远路；优秀的人才很难控制，但控制后就可以使君主赢得尊重。

【入国而不存其士，则亡国矣】出自《墨子·亲士》。意思是：治国而不注意爱惜贤士，就会亡国啊。

【江河不恶小谷之满已也，故能大】出自《墨子·亲士》。意思是：江河不嫌弃山间小溪用水来灌注它，所以能变得深阔。

【诐谀在侧，善议障塞，则国危矣】出自《墨子·亲士》。意思是：诐谀奉承的人围在君主身边，好的意见被阻断，这样国家就危险了。

【见贤而不急，则缓其君矣】出自《墨子·亲士》。意思是：见到贤士不去马上起用，那么贤士就会怠慢君主了。

【君子自难而易彼，众人自易而难彼】出自《墨子·亲士》。意思是：君子能够严格要求自己，宽容对待别人，而一般人却放松自己，苛求别人。

【染于苍则苍，染于黄则黄，所入者变，其色亦变】出自《墨子·所染》。意思是：丝染了青颜料就是青色的，染了黄颜料就是黄色的。所用的染料不同，丝的颜色也就跟着不同。

【民有三患：饥者不得食，寒者不得衣，劳者不得息。三者民之巨患也】出自《墨子·非乐》。意思是：百姓有三种忧患：挨饿的人得不到食物，挨冻的人得不到衣服，劳苦的人得不到休息。这三种忧患是百姓最大的忧患。

【去无用之费，圣王之道，天下之大利也】出自《墨子·节用》。意思是：除去无用的耗费，推行圣人和帝王的道义，这才是天下最大的利益。

【天下从事者不可以无法仪，无法仪而其事能成者无有也】出自《墨子·法仪》。意思是：天下办事的人不能没有法则，没有法则却能成事，这种情况从来没有过。

【天欲人相爱相利，而不欲人相恶相贼也】出自《墨子·法仪》。

意思是：上天希望人们平等相爱、互相获利，不希望人们相互憎恶、互相残害。

【爱人利人者，天必福之；恶人贼人者，天必祸之】出自《墨子·法仪》。意思是：爱人利人的人，上天一定会降福给他；憎恶人残害人的人，上天一定会降祸给他。

【杀不辜者，得不祥焉】出自《墨子·法仪》。意思是：诛杀无辜百姓的人，会有不祥。

【爱人不外己，己在所爱之中】出自《墨子·大取》。意思是：爱别人并非是不爱自己，自己也在所爱之中。

【爱人非为誉也，其类在逆旅】出自《墨子·大取》。意思是：去爱别人并不是为了沽名钓誉，而是像客店接待旅人一样，是为了利人。

【爱众众世与爱寡世相若。兼爱之有相若。爱尚世与爱后世，一若今之世人也】出自《墨子·大取》。意思是：爱世间多数人和爱世间少数人相同，兼爱就是这样。爱前代的人和爱后代的人，就像是爱现代的人一样。

法家及其主张

法家起源于春秋时期，但形成学派是在商鞅、韩非时代。

法家思想兼收了诸子的一些理论，并形成了自己的特色。法家的哲学基础是道家的自然主义。因为自然界有一定的规律，法家据此认为人的行为也应有一定的制约，这种制约就是与自然法相仿的人为法——法治。

法家认为有了法，人们的行为便有标准可依，统治者以法驭众，不必花费太多心思，大可无为而治。这和道家旨趣有相通的地方。

管仲和子产是早期法家代表人物。但《汉志》将《管子》列在道家。实际上法家与其他诸子有着千丝万缕的联系，如：儒家的礼治，讲的是给人们欲望以统制，也就是把物质分配，按照智愚、能不能的区别分级规定，这和法治不是很接近吗？再如，墨家主张中央集权，主张思想上同于天子，也是法家所提值的。

历史上，法家分"术治"、"势治"、"法治"等流派，一般以法治派为正统。法家的思想和著作对后世影响都很大。汉代的萧何、贾谊和三国时的诸葛亮等，都是服膺法家的。法家著作以《韩非子》为最重要，其次是《管子》、《商君书》等。

《商君书》精华

【疑行无成，疑事无功】出自《商君书·更法》。意思是：行动犹豫就不会成功，办事犹豫不决就不会成事。

【当时而立法，因事而制礼】出自《商君书·更法》。意思是：要根据时势来确立法度，依据国家的具体情况来制定礼制。

【法者，所以爱民也】出自《商君书·更法》。意思是：法度，是用来爱护百姓的。

【拘礼之人，不足与言事；制法之人，不足与论变】出自《商君书·更法》。意思是：拘泥于古礼的人，不值得和他谋事，受制于旧礼法的人，不值得和他谈论改革。

【论至德者，不和于俗；成大功者，不谋于众】出自《商君书·更法》。意思是：崇尚至高道德的人，不会和俗人同流，成就大功业的人，不会和庸众谋划。

【苟可以强国，不法其故；苟可以利民，不循其礼】出自《商君书·更法》。意思是：如果可以使国家强大，就不必仿效旧制；如果可以使百姓受益，就不必遵循旧礼。

【利不百，不变法；功不十，不易器】出自《商君书·更法》。意思是：如果没有百倍的利益，不要改变原来的法度；如果没有十倍的功效，不要更换使用的器具。

【穷巷多怪，曲学多辩】出自《商君书·更法》。意思是：穷街陋巷出来的人容易少见多怪，学识浅薄的人往往喜欢狡辩。

【爱人者不阿，憎人者不害，爱恶各以其正，治之至也】出自

《商君书·慎法》。意思是：爱护人但不偏袒，憎恶人但不贬抑，无论喜欢厌恶都要正确对待，才能治好国家。

【故有道之国，治不听君，民不从官】出自《商君书·说民》。意思是：所以实行法治的国家，治国根据法制而不根据君主意志，百姓依从法制而不依从官吏。

【治明则同，治暗则异】出自《商君书·说民》。意思是：政治清明就会人心同一；政治黑暗就会人心涣散。

【法者，国之权衡也】出自《商君书·修权》。意思是：法度，是国家衡量是非的标准。

【蠹众则木折，隙大则墙坏】出自《商君书·修权》。意思是：蛀虫多了，树木就会折断；墙缝大了，墙壁就会崩塌。说明做事要防微杜渐。

【不以私害法，则治】出自《商君书·修权》。意思是：如果能做到不拿个人私利来妨碍法治，就能治好国家。

【出一令可以止横议，杀一犯可以儆百众】出自《商君书·赏刑》。意思是：颁布一个法令，就可以制止肆意的议论，严惩一个罪犯，就可以使许多人得到警诫。

【事不中法者，不为也】出自《商君书·君臣》。意思是：事情不符合法度，就不要去做。

【法令者，民之命也，为治之本也】出自《商君书·定分》。意思是：法令，是百姓的生存的根本，是治国的基础。

【过举不匿，则官无邪人】出自《商君书·垦令》。意思是：如果有过失而不去隐瞒，那官吏中就不会产生奸人了。

【善治者，使跖可信；不能治者，使伯夷可疑】出自《商君书·画策》。意思是：擅长治国的人，连大盗跖都变得有诚信；不擅长治国的人，就算是高尚的伯夷也会令人怀疑。

【以战去战，虽战可也】出自《商君书·画策》。意思是：如果能用战争来制止战争，就算发动战争也是可以的。

【胜而不骄，败而不怨】出自《商君书·战法》。意思是：胜利了但不骄傲，失败了但不抱怨。

【今夫飞蓬遇飘风而行千里，乘风之势也】出自《商君书·禁使》。意思是：现在飞蓬遇到风就能飘千里远，是借助了风势啊。

【以日治者王，以夜治者强，以宿治者削】出自《商君书·去强》。意思是：白天就能处理完政务的君主，可以称王天下；当晚能处理完政务的君主，能使国家强大；直到第二天才能处理完政务的君主，只会让国家衰弱。

【刑生力，力生强，强生威，威生惠】出自《商君书·去强》。意思是：有刑罚才能形成力量，有力量才能强大，强大了才能有威力，有威力才能带来恩惠。

【地诚任，不患无财】出自《商君书·错法》。意思是：如果能够把土地真正利用起来，就不用担心财货贫乏。

【技艺之士资在于手】出自《商君书·算地》。意思是：对手工业者来说，他们的资本就是他们的手艺。

【善为国者，仓廪虽满不偷于农，国大、民众，不淫于言，则民朴一】出自《商君书·农战》。意思是：擅长治国的人，即使粮仓满了，也不会放松农业生产；即使国家强大、人口众多，也不会让百姓肆意议政，这样百姓才能朴直专一。

【圣人不法古，不修今。法古则后于时，修今则塞于势】出自《商君书·开塞》。意思是：圣人治国不仿效古制，也不拘泥现状，仿效古制就会落后于时代，拘泥现状就会阻碍社会发展。

法家的智慧——《韩非子》

韩非（公元前 280 年？—公元前 233 年），他的生年不详，而卒年是可以确定的。我们从《史记·老子韩非列传》可以知道他的出身、爱好、学问渊源、个性特征、非凡的才干及悲剧结局。

《韩非子》一书是先秦法家集大成的重要典籍，共 20 卷，55 篇，基本上都是韩非子亲自所著，其中或有后学辑录之文，但基本上完整表现了韩非子的思想。

《韩非子》继承、总结了前辈法家人物，包括慎到、吴起、商鞅、申不害等的理论和实践，创造性地形成了一套完整的思想体系，为专制的中央集权的封建王朝提供了理论根据，开创了自秦至清的法治观。

韩非提出了以"法"为中心，结合"术"与"势"的系统的法制思想，他强调以法治国，认为一个国家的强盛，必定与其法律的制定和实施有莫大的关系。只要拥有了"法、术、

韩非子像

势"，即使是一个平庸的君主，也能把国家治理好。韩非认为仁义无用，他继承荀子人性本恶的思想，不相信"为政以德"的效果。他提出的"循名责实"的思想，就是"实践是检验真理的标准"。韩非反对复古，主张革新，在文艺上他重质轻文，反对虚华。

《韩非子》的散文冷峻峭刻，锋芒毕露，直言畅论，个性鲜明。更创作了大量脍炙人口的寓言故事，以丰富的语言、生动的比喻、多彩的文辞、风发的议论，对后世文学产生了深远的影响。

《韩非子》精华

【虚则知实之情，静则知动者正】出自《韩非子·主道篇》。意思是：清空内心不抱成见，就能了解事情的真相；保持静的状态，就能明白做事的标准。

【国无常强，无常弱】出自《韩非子·有度篇》。意思是：一个国家没有永久的强大，也没有永久的衰弱。

【天有大命，人有大命】出自《韩非子·扬榷篇》。意思是：自然有它的客观规律，人也有他的定数。

【用一之道，以名为首】出自《韩非子·扬榷篇》。意思是：运用

道的方法，首先是要确定名称。

【夫妻持政，子无适从】出自《韩非子·扬榷篇》。意思是：如果丈夫和妻子共同主持家政，儿女们就不知道应该听谁的了。

【明主之为官职爵禄也，所以进贤材劝有功也】出自《韩非子·八奸篇》。意思是：明智的君主之所以要安排官职、爵位和俸禄，是为了选拔贤才、勉励有功劳的人。

【行小忠，则大忠之贼也】出自《韩非子·十过篇》。意思是：奉行对人的小忠小诚，那是对大忠诚的损害。

【顾小利，则大利之残也】出自《韩非子·十过篇》。意思是：只顾小利益，那是对大利益的残害。

【贪愎好利，则灭国杀身之本也】出自《韩非子·十过篇》。意思是：贪婪固执、贪图好处，是亡国灭身的祸根。

【凡法术之难行也，不独万乘，千乘亦然】出自《韩非子·孤愤篇》。意思是：大凡法令的难以推行，不光是拥有万乘兵车的大国是这样，就是只拥有千乘兵车的小国也是这样。

【凡说之难，在知所说之心，可以吾说当之】出自《韩非子·说难篇》。意思是：通常游说的难点，在于摸清被游说的君主的心思，用我的游说去迎合这种心思。

【夫事以密成，语以泄败】出自《韩非子·说难篇》。意思是：事情是要机密才能成功的，讲话泄露了就会失败。

【凡人之大体，取舍同者则相是也，取舍异者则相非也】出自《韩非子·奸劫弑臣篇》。意思是：大凡人的通性就是，取舍相同的人就互相附和，取舍不同的人就互相非难。

【凡人主之国小而家大，权轻而臣重者，可亡也】出自《韩非子·亡征篇》。意思是：凡是君主的国家弱小，而卿大夫的封邑却强大，君主权轻，而臣下却权重的，这种国家就可能败亡。

【亡征者，非曰必亡，言其可亡也】出自《韩非子·亡征篇》。意思是：有亡国征兆的国家，并不是说它必定败亡，而是说它可能败亡。

【人臣之于其君，非有骨肉之亲也，缚于势而不得不事也】出自《韩非子·备内篇》。意思是：臣子对于他们的君主，并不是因为有什么骨肉亲情才去效劳的，而是因为受制于权势不得不去效劳罢了。

【丈夫年五十而好色未解也，妇人年三十而美色衰矣】出自《韩非子·备内篇》。意思是：男人到五十岁时，好色的本性还没有减弱，而女人才到三十岁，美色就衰退了。

【相爱者比周而相誉，相憎者朋党而相非】出自《韩非子·南面篇》。意思是：相互交好的臣子就会勾结一块，彼此吹捧，相互憎恨的臣子就会各自结成朋党，彼此毁谤。

【小知不可使谋事，小忠不可使主法】出自《韩非子·饰邪篇》。意思是：玩弄小聪明的人，不可让他谋事，只对个人效忠的人，不可让他主管法制。

【德者，内也；得者，外也】出自《韩非子·解老篇》。意思是：道德，是人内在的东西；得到的物质，是人身外的东西。

【仁者，谓其中心欣然爱人也】出自《韩非子·解老篇》。意思是：所谓仁，是说人从心底里快乐地爱人。

【义者，君臣上下之事，父子贵贱之差也，知交朋友之接也，亲疏内外之分也】出自《韩非子·解老篇》。意思是：道义，是君臣上下之间的办事原则所在，是父子、贵贱等级差别，是朋友交往的原则所在，是亲疏远近、内外有别的原则所在。

【礼者，所以貌情也，群义之文章也，君臣父子之交也，贵贱贤不肖之所以别也】出自《韩非子·解老篇》。意思是：礼，是体现情志的，是规定人际关系的准则所在，是君臣父子相处的准则所在，是区别贵贱、贤和不肖的准则所在。

【礼为情貌者也，文为质饰者也】出自《韩非子·解老篇》。意思是：礼是人的情志的体现，文采是本质的装饰。

【人有祸，则心畏恐；心畏恐，则行端直；行端直，则思虑熟；思虑熟，则得事理】出自《韩非子·解老篇》。意思是：人有祸了，心里就会畏惧；心里畏惧，行为就会端正起来；行为端正，考虑问题就能深思熟虑；考虑问题深思熟虑，就可以认识到事理了。

【聪明睿智，天也；动静思虑，人也】出自《韩非子·解老篇》。意思是：听力、视力、聪明，是天生的；动静、思考，是人为的。

【人无毛羽，不衣则不犯寒；上不属天而下不著地，以肠胃为根本，不食则不能活】出自《韩非子·解老篇》。意思是：人没有羽毛，不穿衣服就不能抵御寒冷；人上不属天，下不属地，以肠胃为根本，不吃东西就不能活命。

【人始于生而卒于死。始之谓出，卒之谓入】出自《韩非子·解老篇》。意思是：人的生命从出生开始，到死亡结束。开始时叫做出生，结束时称为入地。

【故万物必有盛衰，万事必有弛张，国家必有文武，官治必有赏罚】出自《韩非子·解老篇》。意思是：所以万物必然会有盛有衰，万事必然会有张有驰，国家必然会有文有武，政治必然有奖有罚。

【重，则能使轻；静，则能使躁】出自《韩非子·喻老篇》。意思是：权重的，就能驱使权轻的；虚静以待的，就能控制浮躁不安的。

【有形之类，大必起于小；行久之物，族必起于少】出自《韩非子·喻老篇》。意思是：有形的东西，大的一定是从小的发展起来的；经久的事物，多的一定是从少的发展起来的。

【夫物有常容，因乘以导之】出自《韩非子·喻老篇》。意思是：事物都有它一般的规律，因而可以拿它的这种规律来引导它。

【空窍者，神明之户牖也】出自《韩非子·喻老篇》。意思是：耳朵、眼睛等孔穴，是精神的门窗。

【知之难，不在见人，在自见】出自《韩非子·喻老篇》。意思是：认识的困难，不在于看清别人，而在于看清自己。

【是以志之难也，不在胜人，在自胜也】出自《韩非子·喻老篇》。意思是：因此确立志向的困难，不在于超过别人，而在于超越自己。

【常酒者，天子失天下，匹夫失其身】出自《韩非子·说林上篇》。意思是：经常喝酒的人，如果是天子就会失去天下，如果是普通人就会喝掉性命。

【失火而取水于海，海水虽多，火必不灭矣，远水不救近火也】出自《韩非子·说林上篇》。意思是：失了火却跑到大海中去取水，海水虽然很多，火却一定灭不掉啊，远处的水是救不了近在眼前的火的。

【故势不便，非所以逞能也】出自《韩非子·说林下篇》。意思是：所以形势不利的话，不能逞强。

【利之所在，皆为贲、诸】出自《韩非子·说林下篇》。意思是：有利可图的地方，就人人都可以成为孟贲、专诸那样的勇士。

【千里之马时一，其利缓；驽马日售，其利急】出自《韩非子·说林下篇》。意思是：千里马很久才能出现一匹，所以鉴定千里马的收益来得慢；普通的马天天都有买卖，所以鉴定普通马的收益来得快。

【事有举之而有败，而贤其毋举之者】出自《韩非子·说林下篇》。意思是：事情有做了却不成功的，这比不去做它要好。

【行身亦然，无涤垩之地则寡非矣】出自《韩非子·说林下篇》。意思是：为人也是这样，到了不需要洗涤和粉饰的境界时，过错就很少了。

【古之人目短于自见，故以镜观面；智短于自知，故以道正己】出自《韩非子·观行篇》。意思是：古人因为眼睛不能看到容貌，所以用镜子来照脸；因为智力不足以发现自己的过失，所以用道来端正自己。

【时有满虚，事有利害，物有生死】出自《韩非子·观行篇》。意思是：天时是有盈有虚的，事情是有利有害的，万物是有生有死的。

【治世，使人乐生于为是，爱身于为非，小人少而君子多】出自《韩非子·安危篇》。意思是：治理社会，要使人们生活快乐而去做合法的事、爱护自身而不去做非法的事，使小人变少而君子多起来。

【安危在是非，不在于强弱】出自《韩非子·安危篇》。意思是：国家的安危，关键是看政治上能否明辨是非，不是看国力的强弱。

【善之生如春，恶之死如秋，故民劝极力而乐尽情】出自《韩非子·守道篇》。意思是：因为善能像春草春木一样不断生长，恶能像秋草秋木一样不断枯亡，所以百姓能互相劝勉为国家尽力，也乐意为君主尽心。

【闻古之善用人者，必循天顺人而明赏罚】出自《韩非子·用人篇》。意思是：听说古代善于用人的人，一定是遵循着天道、顺应着人情，而且是严明赏罚的。

【非天时，虽十尧不能冬生一穗；逆人心，虽贲、育不能尽人力】出自《韩非子·功名篇》。意思是：如果违背了天时，就算有十个唐尧也不能使冬天的土地长出一个穗子；如果违背了人心，就算是孟贲、夏育这样的勇士也不能使百姓尽力服务。

【夫有材而无势，虽贤不能制不肖】出自《韩非子·功名篇》。意思是：如果有才能却没有权势，那么就算是贤人也不能治服不肖的人。

【上不天则下不遍覆，心不地则物不毕载】出自《韩非子·大体篇》。意思是：如果顶上没有了天空，地面就不能被覆盖；如果心胸不能像大地一样宽广，就不能包容一切。

【观听不参，则诚不闻，听有门户，则臣壅塞】出自《韩非子·内储说上七术篇》。意思是：君王观察臣子举止、听取臣下进言，如果不多加参照，就不能了解真实情况；如果抱着偏见去听取，就会受臣下蒙蔽。

【子之服亲丧者，为爱之也】出自《韩非子·内储说上七术篇》。意思是：子女给父母服丧，是因为爱他们。

【事起而有所利，其尸主之；有所害，秘反察之】出自《韩非子·内储说下六微篇》。意思是：某事发生了而有好处，往往是捞到了好处的那方主谋干下的；有害处，就要不动声色地从反面来察看思考这个害处。

【赏罚者，利器也】出自《韩非子·内储说下六微篇》。意思是：赏罚，是一种有力的统治手段。

【利之所在，民归之；名之所彰，士死之】出自《韩非子·外储说左上篇》。意思是：有利可图的地方，百姓就会跑去那里；能使名声得到彰显的事情，士人就会不惜性命去做。

【小信成则大信立】出自《韩非子·外储说左上篇》。意思是：小的诚信树立了，大的诚信才能树立。

【夫良药苦于口，而智者劝而饮之，知其入而已己疾也】出自《韩非子·外储说左上篇》。意思是：良药喝下口是苦的，但聪明的人还是勉励自己喝下去，他知道喝下去能治愈疾病。

【誉所罪，毁所赏，虽尧不治】出自《韩非子·外储说左下篇》。

意思是：称赞本来应该惩罚的，诋毁本来应该奖赏的，这样的话就算是尧也不能治理好国家。

【明主者，不恃其不我叛也，恃吾不可叛也；不恃其不我欺也，恃吾不可欺也】出自《韩非子·外储说左下篇》。意思是：英明的君主，依靠的不是别人不背叛他，而是他不可以被别人背叛；凭借的不是别人不欺骗他，而是他不可以被别人欺骗。

【国者，君之车也；势者，君之马也】出自《韩非子·外储说右上篇》。意思是：国家，就像是君主的大车；权势，就像是君主用来拉车的马。

【爵禄生于功，诛罚生于罪】出自《韩非子·外储说右下篇》。意思是：爵位和俸禄从功劳中得来，诛杀和惩罚源自犯罪。

【欲利而身，先利而君；欲富而家，先富而国】出自《韩非子·外储说右下篇》。意思是：要想自己得利，先要让君主得利；要想自家富裕，先要使国家富裕。

【摇木者——摄其叶，则劳而不遍；左右拊其本，而叶遍摇矣】出自《韩非子·外储说右下篇》。意思是：摇树木的人，如果一枚一枚地去摇它的叶子，这样就算累乏了，也不能使一树叶子全都晃动；如果左右拍打它的树干，那么树叶就会全都晃动了。

【忠，所以爱其下也；信，所以不欺其民也】出自《韩非子·难一篇》。意思是：忠诚，是君主拿来爱护他的臣下的；信用，是君主拿来不去欺骗他的百姓的。

【人情莫不爱其身】出自《韩非子·难一篇》。意思是：人的本性是，没有不爱护他自己的。

【明主赏不加于无功，罚不加于无罪】出自《韩非子·难一篇》。意思是：英明的君主不赐赏给没有功劳的人，惩罚不施加于没有罪过的人。

【言语辩，听之说】出自《韩非子·难二篇》。意思是：说话动听，听了就让人高兴。

【好利恶害，夫人之所有也】出自《韩非子·难二篇》。意思是：爱好好处、厌恶祸患，这是人人具有的本性。

【凡人于其亲爱也，始病而忧，临死而惧，已死而哀】出自《韩非子·难三篇》。意思是：一般来说，人对于他所亲爱的人，刚生病时会担忧，快死时会恐惧，逝世了会悲哀。

【观人之所肃，非行情也】出自《韩非子·难三篇》。意思是：在公开场合看到人一本正经，那不是他的真实面目。

【千金之家，其子不仁，人之急利甚也】出自《韩非子·难四篇》。意思是：富裕的家庭，他们的儿女是不会和睦相爱的，这是因为人都是求利心切的。

【仁贪不同心】出自《韩非子·难四篇》。意思是：仁爱的人和贪婪的人，心思是不一样的。

【夫日兼照天下，一物不能当也】出自《韩非子·难四篇》。意思是：那阳光普照天下，世间万物一个都挡不住它的光芒。

【人之情性，贤者寡而不肖者众】出自《韩非子·难势篇》。意思是：就人的天性看起来，世上贤能的人少，不肖的人多。

【令者，言最贵者也；法者，事最适者也】出自《韩非子·问辩篇》。意思是：君命，是所有言论中最尊贵的；法律，是做事时最应当遵循的。

【凡治之大者，非谓其赏罚之当也】出自《韩非子·说疑篇》。意思是：一般说来，政治中最重要的问题，不是指赏罚得当不得当的问题。

【立法令者，以废私也】出自《韩非子·诡使篇》。意思是：建立法令，是为了杜绝私利。

【母之爱子也倍父，父令之行于子者十母】出自《韩非子·六反篇》。意思是：母亲对子女的爱是父亲的两倍，但父亲的话被子女所奉行的，却是母亲的十倍。

【人皆寐，则盲者不知；皆嘿，则喑者不知】出自《韩非子·六反篇》。意思是：如果人人都睡着了，那么就是瞎子也不可能被看出来；都沉默了，那么就是哑巴也不可能被发现。

【法所以制事，事所以名功也】出自《韩非子·八说篇》。意思是：法律是用来约束人们办事的，办事是为了取得功绩。

【书约而弟子辩，法省而民讼简】出自《韩非子·八说篇》。意思是：书策简约，学生就容易理解；法律明确，百姓的诉讼就会减少。

【凡治天下，必因人情】出自《韩非子·八经篇》。意思是：大凡治理天下，一定要从人之常情下手。

【世异则事异，事异则备变】出自《韩非子·五蠹篇》。意思是：世道变了处世行事的方法也就不一样了；事情不一样了，那么措施也就要随之改变。

【夫严家无悍虏，而慈母有败子】出自《韩非子·显学篇》。意思是：管教严厉的家庭，不会出现凶悍的奴仆，慈母的溺爱，却可能出现败家子。

【治也者，治常者也；道也者，道常者也】出自《韩非子·忠孝篇》。意思是：所谓治理，是说治理的对象是普通人的；所谓治理的方式，是说治理的方式是为人熟知的。

【任功，则民少言；任善，则民多言】出自《韩非子·饬令篇》。意思是：任用踏实有功劳的人，百姓就会踏实不空谈；任用空谈仁义的人，百姓就会空谈而不踏实。

【夫民之性，恶劳而乐佚】出自《韩非子·心度篇》。意思是：百姓的本性，就是讨厌劳苦、喜欢安逸。

【夫治法之至明者，任数不任人】出自《韩非子·制分篇》。意思是：对法律整饬得极其严明的君主，依靠的是法律条文而不是个人。

百科全书式的巨著——《管子》

《管子》先秦诸子时代百科全书式的巨著。是齐国名相管仲（约公元前 723 年—公元前 645 年）的学生收集、记录管仲生前思想、言论，于战国初年齐都临淄（今山东淄博）稷下学宫，由管仲学派的继承者编撰成书。

《管子》原书 564 篇，除去重复的 478 篇，实为 86 篇。汉刘向编定 86 篇，后亡佚 10 篇，故今本《管子》仅 76 篇。全书 16 万言，是

《论语》的 10 倍，《道德经》的三十多倍，其价值可与《商君书》并列。《韩非子·五蠹》说："今境内之民皆言治，藏商、管之法者家有之"，《汉书·艺文志》将《管子》列入道家类，《隋书·经籍志》改列法家类。

管仲像

司马迁著《史记》时曾说："读管氏《牧民》、《山高》、《乘马》、《轻重》、《九府》，……其书世多有之"。足见《管子》成书之早，流传之广。

《管子》内容丰富而精彩。著名史学家罗根泽在《管子探源》中指出："《管子》86 篇，今亡者才 10 篇，在先秦诸子，衷为巨轶，远非他书所及。《心术》、《白心》诠释道体，老庄之书未能远过；《法法》、《明法》究论法理，韩非《定法》、《难势》未敢多让；《牧民》、《形势》、《正世》、《治国》多政治之言；《轻重》诸篇又多为理财之语；阴阳则有《宙合》、《侈靡》、《四时》、《五行》；用兵则有《七法》、《兵法》、《制分》；地理则有《地员》；《弟子职》言礼；《水地》言医；其它诸篇亦皆率有孤诣。各家学说，保存最伙，诠发甚精，诚战国秦汉学术之宝藏也。"

《管子》是我国少有的政治经济学著作，注重民生，指出"夫霸王之所始也，以人为本，本治则国固，本乱则国危"（《霸言》）。主张"凡治国之道，必先富民"，《管子》提出刺激消费和侈靡消费的理念，把消费方式和消费结构当做发展经济的杠杆，这在今天也是很"现代"的理念。在具体治理国家的方法上，《管子》设计了一整套国家基本管理体制和制度。如"金字塔"式的基层编制设置，成为秦始皇帝国的郡县制的参考，并为后世所借鉴和应用。

"仓廪实则知礼节，衣食足则知荣辱。"《管子》认为必须富民，在此基础上重视教育，教育是国家治乱兴废的关键，而经济是教育的基础。但只有当礼义廉耻在社会上得到普遍认同时，国家才能得到长治久安。

管仲（公元前 725 年—公元前 645 年），名夷吾，又名敬仲，字仲，春秋时期齐国著名的政治家、军事家，颍上（今安徽颍上）人。早年经商。最初事齐国公子纠，助纠和公子小白争夺君位，小白得胜，即位为齐桓公，管仲被囚。齐桓公不计前嫌，经鲍叔牙保举，任其为相。辅佐齐桓公（小白）成为春秋时代的第一个霸主。他秉政三年，齐国大治，成为"五霸之首"。

《管子》精华

【止怒莫若诗，去忧莫若乐】出自《管子·内业》。意思是：克制愤怒，没有比诗歌更有效的；排遣忧愁，没有比音乐更有效的。

【节欲之道，万物不害】出自《管子·内业》。意思是：如果能控制欲望，万物就伤害不了他了。

【全心在中，不可蔽匿，和于形容，见于肤色】出自《管子·内业》。意思是：念头在心里，是藏不住的，举止上会表现出来，外表上会显露出来。

【敬守勿失，是谓成德，德成而智出】出自《管子·内业》。意思是：敬慎自守不要堕落，这样才称得上是养成了道德，养成了道德，智慧就产生了。

【可而不为，殆】出自《管子·法法》。意思是：可以去做而不去做，事情就会失败。

【不法法，则事毋常；法不法，则令不行】出自《管子·法法》。意思是：不推行合法的政策，国事就没有常规；推行不合法的政策，政令就不能施行。

【矜物之人，无大士焉】出自《管子·法法》。意思是：骄傲自负的人，不是有出息的人。

【钓名之人，无贤士焉】出自《管子·法法》。意思是：沽名钓誉的人，不是贤人。

【君人也者，无贵如其言】出自《管子·君臣》。意思是：作为百姓的君主，没有什么比他的言论更重要的了。

【墙有耳，伏寇在侧】出自《管子·君臣》。意思是：隔墙有耳，潜伏的敌人就在身旁。

【所求于己者多，故德行立】出自《管子·君臣》。意思是：对自己要求严格，所以德行能够树立。

【治国无法，则民朋党而下比，饰巧以成其私】出自《管子·君臣上》。意思是：治国没有法制，那么百姓就会结成朋党凑到一起，靠巧诈来谋取私利。

【财匮而令虐，所以失其民也】出自《管子·君臣下》。意思是：财物缺乏、政令暴虐，这是失去百姓支持的原因所在。

【不能兆其端者，灾及之】出自《管子·侈靡》。意思是：不能预测灾难端倪的人，灾难就会降临到他身上。

【为国者，反民性，然后可以与民戚。民欲佚而教以劳，民欲生而教以死】出自《管子·侈靡》。意思是：治国的君主，要敢于违反百姓的劣习来教化他们，然后才能和百姓亲近。百姓贪求安逸，就要教导他们勤恳；百姓贪生怕死，就要教导他们视死如归。

【得人者，卑而不可胜】出自《管子·侈靡》。意思是：得人心的人，就算地位卑贱也是难以战胜的。

【君之所以卑尊，国之所以安危者，莫要于兵】出自《管子·参患》。意思是：君主之所以有尊卑的不同，国家之所以有安危的差别，没有什么是比军队这个原因更重要的了。

【疑今者察之古，不知来者视之往】出自《管子·形势》。意思是：对当世有疑问的，就要考察历史，对未来糊涂的，就要回溯过去。

【伐矜好专，举事之祸也】出自《管子·形势》。意思是：自我夸耀、喜好专断，是处事的祸患。

【惰而侈，则贫；力而俭，则富】出自《管子·形势》。意思是：懒惰又奢侈，就会贫困；勤劳而又节俭，就会富足。

【海不辞水，故能成其大；山不辞土石，故能成其高；士不厌学，故能成其圣】出自《管子·形势解》。意思是：大海不拒绝细流，所以能变得广阔；大山不拒绝土石，所以能变得高大；读书人对学习不知满足，所以能变得圣明。

【必得之事，不足赖也；必诺之言，不足信也】出自《管子·形势解》。意思是：自以为一定能成功的事，是靠不住的；满口答应的话，是信不得的。

【蛟龙待得水而后立其神，人主待得民而后成其威】出自《管子·形势解》。意思是：蛟龙等到有水了，然后才能展现它的神威；君主等到赢得百姓了，然后才能树立他的威信。

【毛嫱西施，天下之美人也，盛怨气于面，不能以为可好】出自《管子·小称》。意思是：毛嫱、西施，是天下的美人，但当她们怒容满面时，就说不上是美了。

【民之观也察矣，不可遁逃以为不满】出自《管子·小称》。意思是：百姓的观察是雪亮的，不可能躲得开它去干不善的事。

【审去之身，虽兄弟父母，可化而使之恶】出自《管子·小称》。意思是：不思审慎的人，就算是兄弟父母，也会被他毒化从而交恶。

【身不善之患，毋患人莫己知】出自《管子·小称》。意思是：只需要去忧心自己修为不够好，不要去忧心别人不理解自己。

【善罪身者，民不得罪也；不能罪身者，民罪之】出自《管子·小称》。意思是：懂得自我责罚的，百姓不会责罚他；不能自我责罚的，百姓才会责罚他。

【任势守数以为常，周听远近以续明】出自《管子·七臣七主》。意思是：要顺应时势、按照道理来建立常法，要广泛听取远近的意见来保持明察。

【上好本则端正之士在前，上好利则毁誉之士在侧】出自《管子·七臣七主》。意思是：君主崇尚道德，品行端正的人就会辅佐在前；君主贪图私利，毁谤虚夸的人就会伴随左右。

【私道行则法度侵】出自《管子·七臣七主》。意思是：如果谋求私利政策被推行，法度就会受到侵害。

【事者，生于虑，成于务，失于傲】出自《管子·乘马》。意思是：世上的事，都是在谋虑中产生，在辛勤努力中成功，因骄傲而失败。

【今日不为，明日亡货】出自《管子·乘马》。意思是：今天不劳动，明天就没有收获。

【昔之日已往而不来矣】出自《管子·乘马》。意思是：过去的时光已经一去不复返了啊。

【市者可以知治乱，可以知多寡】出自《管子·乘马》。意思是：通过市场，可以看出国家是治是乱，可以知道物资是多是少。

【俭则伤事，侈则伤货】出自《管子·乘马》。意思是：过度节俭就会有害生产，过度奢侈就会浪费物资。

【授有德者则国安】出自《管子·牧民》。意思是：任用有贤德的人，那么国家就会安定了。

【不偷取一世，则民无怨心】出自《管子·牧民》。意思是：君主不去苟安一时，那么百姓就不会产生怨恨。

【不为不可成，不求不可得，不处不可久，不行不可复】出自《管子·牧民》。意思是：不做完成不了的事，不追求得不到的东西，不呆在不可久居的地方，不走回不了头的路。

【政之所兴，在顺民心；政之所废，在逆民心】出自《管子·牧民》。意思是：政治的兴旺，在于要顺应民心；政治的衰废，只因违背了民心。

【仓廪实则知礼节，衣食足则知荣辱】出自《管子·牧民》。意思是：粮仓充实了，百姓才会懂得礼义；丰衣足食了，百姓才会懂得荣辱。

【观国者观君，观军者观将】出自《管子·霸言》。意思是：看一个国家的命运如何就看君主；看一支军队的实力如何就看将领。

【尧舜之人，非生而治也；桀纣之人，非生而乱也，故治乱在上也】出自《管子·霸言》。意思是：尧舜时的百姓，并非生来就好管的；桀纣时的百姓，也不是生来就是叛乱的。所以可见治乱与否看的是君主。

【夫争天下者，必先争人。明大数者得人，审小计者失人】出自《管子·霸言》。意思是：争天下的人，一定要首先争得人心。懂得识大局，顾大体的人得人心，计较小利，拘泥于小节的人失人心。

【一年之计，莫如种谷；十年之计，莫如树木；终身之计，莫如树人】出自《管子·权修》。意思是：一年的计划里，没有比种庄稼更重要的；十年的计划里，没有比种树更重要的；一生的计划里，没有比培养人才更重要的。

【审其好恶，则其长短可知也】出自《管子·权修》。意思是：摸清了一个人的好恶，那么他的长处和短处就可以知道了。

【微邪不禁，而求大邪之无伤国，不可得也】出自《管子·权修》。意思是：小的不合法行为不去禁止，却妄想要求大的恶行不危害国家，这是不可能的。

【观其交游，则其贤不肖可察也】出自《管子·权修》。意思是：看他交游的对象，那么他本人是有德无德也就可以看出来了。

【取于民有度，用之有止，国虽小必安；取于民无度，用之不止，国虽大必危】出自《管子·权修》。意思是：征敛百姓要适度，使用民力要适可而止，这样国家虽小也一定能够安定；如果征敛百姓无度，使用民力不知止息，这样国家虽大也一定会危亡。

【言是而不能立，言非而不能废，有功而不能赏，有罪而不能诛，若是而能治民，未之有也】出自《管子·七法》。意思是：意见正确却不被采纳，意见错误却不被废止，有功劳却不去奖赏，有罪却不去惩罚，像这样也能管好百姓的，这种事还从未有过。

【草茅弗去，则害禾谷；盗贼弗诛，则伤良民】出自《管子·名法解》。意思是：杂草不除，就会危害庄稼；盗贼不诛，就会危害百姓。

【谄谀饰过之说胜，则巧佞者用】出自《管子·立政九败解》。意思是：如果谄媚谗毁、文过饰非的言论占上风了，那么阿谀奉承的人就会被任用。

【金玉货财之说胜，则爵服下流】出自《管子·立政九败解》。意思是：如果贪图财富的言论占上风了，那么卖官鬻爵的现象就会出现。

【全生之说胜，则廉耻不立】出自《管子·立政九败解》。意思是：如果苟全性命的言论占上风了，那么廉耻的风气就不能形成。

【请谒任举之说胜，则绳墨不正】出自《管子·立政九败解》。意思是：如果干谒保举的言论占上风了，那么选官的标准就会不正。

【言不周密，反害其身】出自《管子·宙合》。意思是：如果说话不够周密，就会反过来损害自己的利益。

【耳司听，听必顺闻，闻审谓之聪】出自《管子·宙合》。意思是：耳朵是管听的，听了之后一定要去察看，察看清楚了就叫做聪明。

【名满于天下，不若其已也。名进而身退，天之道也】出自《管子·白心》。意思是：名满天下时，不如赶快停手。名声显赫时就退隐，这是天道。

【强而骄者损其强，弱而骄者亟死亡】出自《管子·白心》意思是；强大而骄傲的，就会损害他的强大，弱小却骄傲的，只会快速灭亡。

【博学而不自反，必有邪】出自《管子·戒》。意思是：博学却不知道反省，就一定会干出不正当的事。

【道德当身，故不以物惑】出自《管子·戒》。意思是：道德在心中，所以能不受外物诱惑。

【邪行亡乎体，违盲不存口】出自《管子·戒》。意思是：邪恶的事不去做，没道理的话不去说。

【善人者，人亦善之】出自《管子·霸形》。意思是：对别人好的人，别人也会对他好。

【夫人必知礼然后恭敬，恭敬然后尊让】出自《管子·五辅》。意思是：人一定是先知道了礼义，然后才能恭敬，恭敬然后才能谦让。

【古之良工，不劳其知巧以为玩好】出自《管子·五辅》。意思是：古代的好工匠，不会用他们的智慧灵巧来炮制玩物。

【名不得过实，实不得延名】出自《管子·心术》。意思是：名头不能超过事实，事实不能滥用名头。

【善气迎人，亲如兄弟；恶气迎人，害于戈兵】出自《管子·心术》。意思是：和气待人，就会换来兄弟般的亲热；恶颜向人，就会导致兵戈相向。

【凡治国之道，必先富民】出自《管子·治国》。意思是：大凡治国的根本原则，就是必须先使百姓富起来。

【治国常富，而乱国必贫】出自《管子·治国》。意思是：安定的国家往往是富足的，而动乱的国家一定是贫困的。

【人有非上之所过，谓之正士】出自《管子·桓公问》。意思是：批评君主过失的人，这样的人称得上是正直的人。

【少而习焉，其心安焉，不见异物而迁焉】出自《管子·小匡》。意思是：如果年少时就学习这些东西，他们的心就会安于这些东西，就不会因为见到别的东西而改变志向了。

【使能之谓明，听信之谓圣】出自《管子·四时》。意思是：去任用有才能的人，就叫做明智，去听信有才能的人的意见，就叫做圣明。

【一夫不耕，民或为之饥；一女不织，民或为之寒】出自《管子·轻重甲》。意思是：一个农夫不劳作，百姓中就会有人挨饿；一个妇女不纺织，百姓中就会有人挨冻。

【举事而不时，力虽尽，其功不成】出自《管子·禁藏》。意思是：如果做事不看准时机，力量就算用尽了，事情也不会成功。

【明赏不费，明刑不暴】出自《管子·枢言》。意思是：公开的赏赐不是浪费；公开的刑罚不是暴戾。

《晏子春秋》精华

【近臣嘿，远臣暗，众口铄金】出自《晏子春秋·内篇谏上》。意思是：朝廷内的臣子缄口不言，朝廷外的臣子沉默，老百姓却敢于对国君同声指责，他们众口一词，连铁都要熔化了。

【列士并学，能终善者为师】出自《晏子春秋·内篇谏上》。意思是：士子在一起学习，能坚持到底的，就可以成为大伙的老师。

【贤君饱而知人之饥，温而知人之寒，逸而知人之劳】出自《晏子春秋·内篇谏上》。意思是：贤明的君主，自己吃饱了还能知道有百姓在挨饿；自己穿暖了还能知道有百姓在挨冻；自己安逸了还能知道有百姓在劳苦。

【利于国者爱之，害于国者恶之】出自《晏子春秋·内篇谏上》。意思是：对国家有利的人就爱护他，对国家有害的人就憎恶他。

【（景公）召晏子而问曰："今日寡人出猎，上山则见虎，下泽则见蛇，殆所谓不祥也？"晏子对曰："国有三不祥，是不与焉。夫有贤而不知，一不祥；知而不用，二不祥；用而不任，三不祥也】出自《晏子春秋·内篇谏下》。意思是：齐景公召见晏子问道："今天我外出打猎，上山就撞见老虎，下泽就撞见水蛇，这恐怕就是人们所说的不祥吧？"晏子回答说："国家有三种不祥，这些却不在其中。明明有贤人却不知道，是第一种不祥；知道了却不任用，是第二种不祥；使用了却不信任，是第三种不祥。

【伐木不自其根，则蘖又生也】出自《晏子春秋·内篇谏下》。意思是：砍树时不挖掉树根，树苗就还会再长出来。

【下无言则吾谓之喑，上无闻则吾谓之聋。聋喑，非害国家而如何也】出自《晏子春秋·内篇谏下》。意思是：下面的人不发表意见，我称之为哑；上面的人不听取意见，我称之为聋。又聋又哑，不是危害国家又是什么呢？

【上士难进而易退也，其次易进易退也，其下易进难退也】出自《晏子春秋·内篇问上》。意思是：上等人才难引进而易引退，次等人才易引进也易引退，最差的易引进而难引退。

【谋度于义者必得，事因于民者必成】出自《晏子春秋·内篇问上》。意思是：遵循道义来谋事的一定会有所收获，为百姓办事的一定会成功。

【权有无，均贫富】出自《晏子春秋·内篇问上》。意思是：权衡有无，均摊贫富。

【上无骄行，下无谄德】出自《晏子春秋·内篇问上》。意思是：上面的人不做出骄纵的行为，下面的人就不会形成谄媚的恶习。

【不掩贤以隐上，不刻下以谀上】出自《晏子春秋·内篇问上》。意思是：不要埋没贤人而隐瞒君主，不要苛待下属而谄媚君主。

【进不失廉，退不失行】出自《晏子春秋·内篇问上》。意思是：进仕时不要丧失廉洁，隐退时不要丧失节操。

【任人之长，不强其短；任人之工，不强其拙】出自《晏子春秋·内篇问上》。意思是：用人要用他的长处，不要对他的短处斤斤计较；用人要用他所擅长的，不要对他所不擅长的斤斤计较。

【不因喜以加赏，不因怒以加罚】出自《晏子春秋·内篇问上》。意思是：不要因为一时兴起就增加奖赏，也不要因为一时恼火就加重惩罚。

【言无阴阳，行无内外】出自《晏子春秋·内篇问上》。意思是：说话无论当面还是背后都要一样，做事不要内外有别要一视同仁。

【富贵不傲物，贫穷不易行】出自《晏子春秋·内篇问下》。意思是：富贵时不去轻视别人，贫穷时不会改变品行。

【称身居位，不为苟进；称事受禄，不为苟得】出自《晏子春秋·内篇问下》。意思是：权衡清楚自己的才能后再去担当职务，不要随便攀升；权衡清楚自己的功劳后再去领受俸禄，不要随便索取。

【一心可以事百君，三心不可以事一君】出自《晏子春秋·内篇问下》。意思是：只要做事一心一意，就算变换一百个君主也能继续留在朝中，做事三心二意，就算侍奉一个君主也不能至终。

【衣莫若新，人莫若旧】出自《晏子春秋·内篇杂上》。意思是：衣服，没有比新的更好，朋友，没有比旧故更好。

【不出尊俎之间，而折冲于千里之外】出自《晏子春秋·内篇杂上》。意思是：不必离开筵席，就能把千里之外的敌人打败了。

【为者常成，行者常至】出自《晏子春秋·内篇杂下》。意思是：不停苦干的人往往成功，不断向前的人往往会到达。

【服之于内，而禁之于外，犹悬牛首于门，而卖马脯于内也】出自《晏子春秋·内篇杂下》。意思是：宫内的女子允许穿男装，宫外的却去禁止，这就好像在门上挂着牛头，里面卖的却是马肉。

【橘生淮南则为橘，生于淮北则为枳】出自《晏子春秋·内篇杂下》。意思是：橘树生在淮南，结出的就是橘子；在淮北结果，结出的就是酸苦的枳。

【华而不实】出自《晏子春秋·外篇》。意思是：花很漂亮却不结果实。

【君好之，则臣服之；君嗜之，则臣食之】出自《晏子春秋·外篇》。意思是：君主好穿什么，臣子也就会穿什么；君主爱吃什么，臣子也就会吃什么。

【藏大不诚于中者，必慎小诚于外，以成其大不诚】出自《晏子春秋·外篇》。意思是：心里藏着大奸大恶的人，表面一定会谨守小忠小信，以便达成他的大奸大恶。

兵家及其他诸子

《汉志》没有将兵家列入诸子，后代的目录学家则把兵家列为诸子。其实，汉以后，只要能成一家之言，不是注解儒经的，也被列为诸子，如《孙子》、《吕氏春秋》、《淮南子》。

兵家的书以《吴子》、《孙子》、《尉缭子》等为重要。汉以后的诸子，比较有见解的有扬雄等。扬雄颇值得注意的是他在阴阳家谶纬之学盛行时，自觉抵制并加以驳斥，他将儒家学说与阴阳家分离，而与道家结合，开创了魏晋玄学之路。以后道家书有晋朝的《抱朴子》（葛洪），颇足注意。此书分内、外篇，虽号称道家言，但已是道家的变种了。杂家书有《吕氏春秋》、《淮南子》等，这里不一一赘述。

《鬼谷子》精华

【筹策万类之终始，达人心之理，见变化之朕焉，而守司其门户】出自《鬼谷子·捭阖》。意思是：谋划各类事件的始终，通晓人心的变化规律，观察事物变化的征兆，从而抓住关键之处。

【度权量能，校其伎巧短长】出自《鬼谷子·捭阖》。意思是：用人要衡量他的才智，考察他技艺的短长。

【开而示之者，同其情也；阖而闭之者，异其诚也】出自《鬼谷子·捭阖》。意思是：开诚布公的，是因为志趣相同；隐瞒心迹的，是因为志趣相异。

【口者，心之门户也；心者，神之主也】出自《鬼谷子·捭阖》。意思是：口，是心的门户；心，是灵魂的主宰。

【反以观往，复以验来；反以知古，复以知今；反以知彼，复以知己】出自《鬼谷子·反应》。意思是：追溯过去的经验，再来验证未来；回头认识了古代，再来认识当今；认识了他人，再来认识自己。

【故知之始己，自知而后知人也。其相知也，若比目之鱼】出自《鬼谷子·反应》。意思是：所以要了解情况，先要从了解自己开始，了解了自己然后才能了解别人。这样才能相知，就像比目鱼一样。

【君臣上下之事，有远而亲，近而疏；就之不用，去之反求；日进前而不御，遥闻声而相思。事皆有内楗，素结本始】出自《鬼谷子·内楗》。意思是：君臣上下的关系，有时离得远却很亲近，离得近却很疏远，近在身边却不任用，离任了反而诏求，天天出入君前却不被信赖，远离的却听到声音就思念。这些都是有内在原因的，任何平常的现象都有深刻本源。

【欲说者务隐度，计事者务循顺】出自《鬼谷子·内楗》。意思是：游说的一定要事先揣摩君主的心思；献策的一定要顺应时势。

【见其谋事，知其志意】出自《鬼谷子·内楗》。意思是：看到君主所谋划的事，就要知道他的动机。

【近而疏者，志不合也。就而不用者，策不得也】出自《鬼谷子·内楗》。意思是：离得近却被疏远的，是因为志趣不合；在任上却不被重用的，是因为计策不行。

【欲合者用内，欲去者用外】出自《鬼谷子·内楗》。意思是：想招揽的人就委以重任，想炒掉的人就委以虚职。

【物有自然，事有合离】出自《鬼谷子·抵巇》。意思是：物是有自然的规律的，事是有对立的两个方面。

【经起秋毫之末，挥之于太山之本】出自《鬼谷子·抵巇》。意思是：事物是由细微发展壮大的，壮大起来就像泰山的根基一样宏大。

【凡度权量能，所以征远来近】出自《鬼谷子·飞箝》。意思是：一般说来，用人时考察人的才智，是为了招揽远近的人才。

【是以圣人居天地之间，立身、御世、施教、扬声、明名也，必因事物之会，观天时之宜，因知所多所少，以此先知之，与之转化】出自《鬼谷子·忤合》。意思是：所以圣人生在天地之间，就是要立身、掌握世事、施教、扩大影响、扬名，都必须遵循事物的发展变化，看清时机，分析优劣势，通过这样来事先掌握情况，适时采取行动。

【世无常贵，事无常师】出自《鬼谷子·忤合》。意思是：世上没有永远高贵的东西，做事没有固定不变的老师。

【常有事于人，人莫先事而至，此最难为】出自《鬼谷子·揣篇》。意思是：人们往往感到某些事突然，是因为事先不能预测。能预测，这是最难的。

【古之善摩者，如操钩而临深渊，饵而投之，必得鱼焉】出自《鬼谷子·摩篇》。意思是：古时擅长揣摩的人，就像拿着钓钩来到深水边上，装上鱼饵投进水里，一定能钓得到鱼。

【谋莫难于周密，说莫难于悉听，事莫难于必成】出自《鬼谷子·摩篇》。意思是：谋划最难的是做到周密；游说最难的是让人全盘赞同；办事最难的是必定成功。

【抱薪趋火，燥者先燃；平地注水，湿者先濡】出自《鬼谷子·摩篇》。意思是：拿木柴往火里投，干燥的先烧着；往平地上注水，低洼的地方先湿。

【口者，机关也，所以关闭情意也】出自《鬼谷子·权篇》。意思是：口，是一个机关，是用来宣扬或隐瞒心思的。

【无目者不可示以五色，无耳者不可告以五音】出自《鬼谷子·权篇》。意思是：没有视力的人，没必要向他展示各种色彩；没有听力的人，没必要给他听各种声音。

【人之情，出言则欲听，举事则欲成。是故智者不用其所短，而用愚人之所长；不用其所拙，而用愚人之所工，故不困也】出自《鬼谷子·权篇》。意思是：人的性情就是，说出话来就希望别人听从，做事就希望成功，所以聪明人不用自己的短处，宁愿去用愚人的长处；不用自己不擅长，宁愿去用愚人所擅长的，所以聪明人做事不会困难。

【听贵聪，智贵明，辞贵奇】出自《鬼谷子·权篇》。意思是：听觉贵在灵敏，智慧贵在高明，言辞贵在标新立异。

【墙坏于其隙，木毁于其节，斯盖其分也】出自《鬼谷子·谋篇》。意思是：墙壁损坏是从裂缝开始的，树木折断是从节疤开始的，这大概是因为它们都有分裂的趋势吧。

【愚者易蔽也，不肖者易惧也，贪者易诱也，是因事而裁之】出自《鬼谷子·谋篇》。意思是：愚人容易被蒙蔽，不肖的人容易恐惧，贪婪的人容易诱惑，所以要根据情况使用不同手段。

【外亲而内疏者，说内；内亲而外疏者，说外】出自《鬼谷子·谋篇》。意思是：外面亲近而心里疏远的人，要说服他改变自己的想法；心里亲近而外面疏远的人，要说服他使他表里如一。

【其身内，其言外者，疏；其身外，其言深者，危】出自《鬼谷子·谋篇》。意思是：关系亲近却交谈见外的，就会被疏远；关系疏远却交谈深入的，因为知道内情太多就会有危险。

【事贵制人，而不贵见制于人】出自《鬼谷子·谋篇》。意思是：做事看的是先发制人，而不是被人所制。

【夫决情定疑，万事之机】出自《鬼谷子·决篇》。意思是：判断实情、解决疑问，是处理各种事情的关键。

【目贵明，耳贵聪，心贵智】出自《鬼谷子·符言》。意思是：眼睛贵在明亮，耳朵贵在敏锐，心智贵在聪明。

【辐辏并进，则明不可塞】出自《鬼谷子·符言》。意思是：如果人心就像辐条向中心聚集一样归顺，那么君主的眼睛就不会被蒙蔽。

【高山仰之可极，深渊度之可测】出自《鬼谷子·符言》。意思是：高山再高，仰望它是可以望见顶的；水再深，测量它是可以测到底的。

【用赏贵信，用刑贵正】出自《鬼谷子·符言》。意思是：运用赏赐贵在守信，使用刑罚贵在公正。

【心为九窍之治，君为五官之长】出自《鬼谷子·符言》。意思是：心脏是九窍的主宰，君主是百官的首长。

【人主不可不周，人主不周，则群臣生乱】出自《鬼谷子·符言》。意思是：君主考虑事情不可不周到，君主不周到，那么群臣就会发生动乱。

【循名而为，实安而完】出自《鬼谷子·符言》。意思是：按照名分去做事，情况就能安全而完好。

【志者，欲之使也。欲多则心散，心散则志衰，志衰则思不达也】出自《鬼谷子·养志》。意思是：意志，是欲望的奴仆，欲望太多就会心思涣散，心思涣散就会意志衰弱，意志衰弱就会思路不畅。

《孙子》

《孙子兵法》又称《孙子》，为我国最早的古代兵法要籍，《四库全书总目》称之为"百代谈兵之祖"。此书问世于 2500 年前的春秋时期，既是中国军事学的奠基之作，也是全世界公认的军事名著。

孙子像

《孙子》讲述的战略和战术原理，十分精到，即使在当代，不少依然有用。

《孙子兵法》的作者孙武，字长卿，就是人们所称的孙子。他是吴国的大将，著《兵法》82 篇，魏武帝曹操选辑其中最精粹的十三篇，加以注释，书名《孙武子》，后来又有注本《孙子十家注》较通行。

孙子是中国军事学的奠基人，古人称他为"兵圣"，孙子或孙武子都是他的尊称。孙武的生卒年月在历史上没有明确记载，我们只知道他生于春秋晚期的齐国，活动于公元前 6 世纪末至公元前 5 世纪初，大约和孔子同时期。后来，孙武从齐国到了南方的吴国，经吴国名将伍子胥推荐，和伍子胥一同辅助吴王治国修兵。他率领吴军西破强楚，北威齐晋，对吴国的崛起起了重要作用。

在中国，熟读《孙子兵法》是历代将帅的必修课，将帅们运用它创造了历史上一个个闪耀着智慧光芒的军事杰作。而《孙子兵法》也以其无比的军事科学价值和战争实用价值，一直居于"兵经"的崇高地位。

《孙子兵法》在国际军事史上也有极其重要的地位，在全世界产生了巨大影响。早在公元八世纪的唐玄宗时代，《孙子兵法》就已东传日本；1772 年则西传法国；1910 年英译本在伦敦出版。到今天为止，《孙子兵法》在世界上已被译成英、日、俄、法、德、意、捷、西班牙、荷兰、希腊、阿拉伯、朝鲜、希伯来……等 20 种以上文字出版。

《孙子》精华

【兵者，国之大事，死生之地，存亡之道，不可不察也】出自《孙子兵法·计篇》。意思是：战争，是国家的大事、百姓生死存亡的关键，不可不认真考察对待。

【兵者，诡道也】出自《孙子兵法·计篇》。意思是：用兵，是一种诡诈之术。

【攻其不备，出其不意】出自《孙子兵法·计篇》。意思是：在敌人没有准备时去攻击，在敌人意想不到处出手。

【兵闻拙速，未睹巧之久也】出自《孙子兵法·作战篇》。意思是：用兵只听说过战术宁笨拙但力求速胜，没见过战术求灵巧而要久拖的。

【兵贵胜，不贵久】出自《孙子兵法·作战篇》。意思是：用兵贵在速战速决，不宜拖延过久。

【知兵之将，生民之司命，国家安危之主也】出自《孙子兵法·作战篇》。意思是：知道用兵的将领，是百姓性命的掌握者，国家安危的决定者。

【百战百胜，非善之善者也；不战而屈人之兵，善之善者也】出自《孙子兵法·谋攻篇》。意思是：百战百胜，并不是高明中的高明，不战就能使敌人屈服的，才是高明中的高明。

【上兵伐谋，其次伐交，其次伐兵，其下攻城】出自《孙子兵法·谋攻篇》。意思是：最好的军事策略是运用谋略取胜，其次是运用外交手段，再次是运用军事手段，最下是攻占敌人的坚城。

【兵不顿而利可全，此谋攻之法也】出自《孙子兵法·谋攻篇》。意思是：使军力不受损失却能全胜，这就是用兵谋攻的原则所在。

【用兵之法，十则围之，五则攻之，倍则分之，敌则能战之，少则能逃之，不若则能避之】出自《孙子兵法·谋攻篇》。意思是：用兵的原则是，有十倍于敌的绝对优势的兵力就包围它；有五倍于敌的兵力就进攻它；有一倍于敌人的兵力就设法分散敌人，势均力敌时就全力应战；兵力比对方少时就摆脱它；打不过敌人就回避它。

【小敌之坚，大敌之擒也】出自《孙子兵法·谋攻篇》。意思是：弱小的兵力还一味硬拼，就会成为强敌的俘虏。

【不知三军之事，而同三军之政者，则军士惑矣】出自《孙子兵法·谋攻篇》。意思是：不了解军队情况，硬要干预军政，那么将士就会迷惑。

【以虞待不虞者胜】出自《孙子兵法·谋攻篇》。意思是：以有准备应对没准备的敌人就会获胜。

【知彼知己者，百战不殆】出自《孙子兵法·谋攻篇》。意思是：如果能既了解敌方情况又了解我方情况，打起仗来就不会有危险。

【善战者，先为不可胜，以待敌之可胜】出自《孙子兵法·形篇》。意思是：擅长打仗的人，首先创造出使敌人难以战胜的有利条件，等待可以战胜敌人的时机。

【守则不足，攻则有余】出自《孙子兵法·形篇》。意思是：防守，是因为取胜条件不足，进攻，是因为取胜条件足够了。

【举秋毫不为多力，见日月不为明目，闻雷霆不为聪耳】出自《孙子兵法·形篇》。意思是：举得起毫毛算不上力气大，看得见日月算不上眼睛明亮，听得见雷鸣算不上耳朵灵敏。

【善战者，立于不败之地，而不失敌之败也】出自《孙子兵法·形篇》。意思是：擅长打仗的人，总能立于不败之地，并且不放过打败敌人的任何机会。

【兵之所加，如以碬投卵者，虚实是也】出自《孙子兵法·势篇》。意思是：采取军事行动，能做到像拿石头去打鸡蛋一样一举摧毁敌人的，这是运用了虚实策略。

【凡战者，以正合，以奇胜。】出自《孙子兵法·势篇》。意思是：大凡打仗，多是以正兵当敌，以奇兵制胜。

【乱生于治，怯生于勇，弱生于强】出自《孙子兵法·势篇》。意思是：军政过分死板就会产生混乱，过分勇猛反而易生怯弱，过分强势反而易致衰弱。

【凡先处战地而待敌者佚，后处战地而趋战者劳】出自《孙子兵法·虚实篇》。意思是：凡是先占领战地等待敌人来的就会从容，主动，晚到战地而仓促应战的就会未战先疲。

【形人而我无形，则我专而敌分】出自《孙子兵法·虚实篇》。意思是：要诱使敌情暴露而我方不露，这样我方就能知道如何集中力量，而敌方就会力量分散。

【夫兵形象水，水之形，避高而趋下；兵之形，避实而击虚】出自《孙子兵法·虚实篇》。意思是：用兵的原则就像流水，水的习性，是避开高处而流向低处；用兵的原则，就是避实就虚。

【五行无常胜，四时无常位，日有短长，月有死生】出自《孙子兵法·虚实篇》。意思是：五行相克，没有哪一行总是胜过其他四行的；四季交替，没有哪一个季节是固定不变的；白天有长有短，月亮也有圆有缺。

【凡用兵之法，将受命于君，合军聚众，交和而舍，莫难于军争】出自《孙子兵法·军争篇》。意思是：通常用兵的法则，是将帅领受君主的旨意，然后征集士兵组成军队，开赴前线与敌对阵，这个过程中最艰难的是和敌军争夺作战的制胜条件。

【以迂为直，以患为利】出自《孙子兵法·军争篇》。意思是：通过迂远曲折的途径达到近直的目的，化不利为有利。

【故不知诸侯之谋者，不能豫交；不知山林、险阻、沮泽之形者，不能行军；不用乡导者，不能得地利】出自《孙子兵法·军争篇》。意思是：所以不了解诸侯的意图的，就不能事先和他结交；不了解山林、险阻、沼泽等地形状况的，就不能行军；行军不用向导的，不能获得地形的有利条件。

【其疾如风，其徐如林，侵掠如火，不动如山，难知如阴，动如雷震】出自《孙子兵法·军争篇》。意思是：急行军时要像一阵狂风，慢行军时要像严整的树林，进攻时要像燎原的烈火，坚守时要像纹丝不动的大山，埋伏时要像浓云遮蔽日月一样很难被发现，出动是时要像雷霆一样迅猛。

【三军可夺气，将军可夺心】出自《孙子兵法·军争篇》。意思是：军队的士气可以使它衰弱，将帅的意志可以使它动摇。

【以治待乱，以静待哗】出自《孙子兵法·军争篇》。意思是：用严整来应对敌人的混乱，用镇静来对付敌人的躁动。

【锐卒勿攻，饵兵勿食，归师勿遏，围师遗阙，穷寇勿追】出自《孙子兵法·军争篇》。意思是：精锐的敌兵不要硬攻，作诱饵的敌兵不要出击，回撤本土的敌兵不要拦击，包围敌人要留出缺口，走投无路的敌人不要追迫。

【涂有所不由，军有所不击，城有所不攻，地有所不争，君命有所不受】出自《孙子兵法·九变篇》。意思是：有的道路不要去走，有的敌人不要去打，有的城池不要去攻，有的地方不要去争，有的不合理的君主的命令不要去执行。

【智者之虑，必杂于利害】出自《孙子兵法·九变篇》。意思是：聪明的将领考虑问题，一定是利害兼顾的。

【用兵之法，无恃其不来，恃吾有以待也】出自《孙子兵法·九变篇》。意思是：用兵的原则是，不要寄希望于敌人不来，要依靠自己做好准备严阵以待。

【兵非益多也，唯无武进，足以并力、料敌、取人而已】出自《孙子兵法·行军篇》。意思是：兵力并非越多越好，只要不武断冒进，做到集中兵力、判明敌情，战胜敌人就足够了。

【令不素行以教其民，则民不服】出自《孙子兵法·行军篇》。意思是：平时不通过严格贯彻军令的行为来教化士兵，打仗时士兵就会不服从。

【进不求名，退不避罪，唯人是保，而利合于主，国之宝也】出自《孙子兵法·地形篇》。意思是：进军不是为了求胜利的功名，撤兵也不是为了逃避失败的罪名。如果将领只求保全百姓，能和君主的利益相符，他就是国家的宝物。

【视卒如婴儿，故可与之赴深谿；视卒如爱子，故可与之惧死】出自《孙子兵法·地形篇》。意思是：如果将领对待士兵就像对待婴儿一样，那么士兵就会和他共患难；如果将领对待士兵就像对待自己心爱的儿子一样，那么士兵就会与他同生死。

【知彼知己，胜乃不殆；知天知地，胜乃不穷】出自《孙子兵法·地形篇》。意思是：如果能既了解敌方情况又了解我方情况，打起仗来就不会有危险，如果懂得天时、地利、人和，就能不断取得胜利。

【合于利而动，不合于利而止】出自《孙子兵法·九地篇》。意思是：有利就行动，不利就停止。

【兵之情主速，乘人之不及，由不虞之道，攻其所不戒也】出自《孙子兵法·九地篇》。意思是：用兵的关键在神速，要瞅准敌人猝不及防的时机，采取敌人意想不到的行动，走敌人意料不到的道路，攻击敌人毫无戒备的地方。

【善用兵者，携手若使一人】出自《孙子兵法·九地篇》。意思是：擅长用兵的人，提挈三军像使用一人那样容易。

【凡为客之道：深则专，浅则散】出自《孙子兵法·九地篇》。意思是：通常越境作战的规律是，进入敌境越深，士兵越能团结一心，进入得浅，反而会逃散。

【投之亡地然后存，陷之死地然后生】出自《孙子兵法·九地篇》。意思是：把部队推到绝境中去，反而能够使部队转死为生。

【始如处女，敌人开户。后如脱兔，敌不及拒】出自《孙子兵法·九地篇》。意思是：刚开始时要像深闺处女那样不动声色，使敌人放松警惕；一旦行动起来就要像狂奔的兔子那样迅速，使敌人来不及抵抗。

【昼风久，夜风止】出自《孙子兵法·火攻篇》。意思是：白天风刮久了，晚上风就容易停止。

【主不可以怒而兴师，将不可以愠而致战】出自《孙子兵法·火攻篇》。意思是：君主不可因为一时愤怒就挑起战争，将帅不可因为一时怨愤就与人交战。

【亡国不可以复存，死者不可以复生】出自《孙子兵法·火攻篇》。意思是：灭亡了的国家没法再兴起，死了的人不会再生。

【三军之事，莫亲于间，赏莫厚于间，事莫密于间】出自《孙子兵法·用间篇》。意思是：打仗这事，没有比间谍更能亲信的人了，赏赐也没有比赏赐给间谍的更优厚的了，凡事也没有比间谍的事更机密的了。

《三十六计》精华

【备周则意怠，常见则不疑】出自《三十六计·瞒天过海》。意思是：防备做得周全时反而容易麻痹大意；习以为常的反而不容易引起怀疑。

【夜半行窃，僻巷杀人，愚俗之行，非谋士之所为也】出自《三十六计·瞒天过海》。意思是：半夜去偷窃，在僻巷里杀人，是愚蠢和粗俗的行为，不是谋士的作为。

【共敌不如分敌，敌阳不如敌阴】出自《三十六计·围魏救赵》。意思是：攻打兵力集中的敌人不如分散他的兵力再攻之；迎击气势旺盛的敌军不如等敌人弱点暴露后再歼击。

【治兵如治水：锐者避其锋，如导疏；弱者塞其虚，如筑堰】出自《三十六计·围魏救赵》。意思是：打仗就像治水：对精锐的敌人要避开它的锋芒，就像疏导洪水一样；对弱小的敌人要攻堵它消灭它，就像筑堤围堰不让水流走一样。

【以不变应变，以小变应大变】出自《三十六计·以逸待劳》。意思是：用关键性条件来应付环境的变化，用小的变化措施来应付环境的大变化。

【围敌之势，不以战，损刚益柔】出自《三十六计·以逸待劳》。意思是：敌人受困时，不必非要直接攻取，消耗敌人的有生力量敌人自然会由强变弱，自己则由劣势转为优势。

【敌害在内，则劫其地；敌害在外，则劫其民；内外交害，败劫其国】出自《三十六计·趁火打劫》。意思是：敌人有内忧时，就趁机掠夺他的土地；敌人外部被侵时，就趁机争夺他的百姓；敌人内外交困时，就可以吃掉他的国家了。

【声东击西之策，须视敌志乱否为定】出自《三十六计·声东击西》。意思是：声东击西的计策，必须要看对手意志混乱与否来决定。

【无而示有，诳也】出自《三十六计·无中生有》。意思是：没有却装成有，这就是欺骗。

【诳也，非诳也，实其所诳也】出自《三十六计·无中生有》。意思是：制造假象欺骗对方，但不要一假到底，而是要适时变虚为实。

【奇出于正，无正不能出奇】出自《三十六计·暗度陈仓》。意思是：奇效是借助常规显示出来的，没有常规做外壳，就不能显出奇效。

【不明修栈道，则不能暗度陈仓】出自《三十六计·暗度陈仓》。意思是：不通过公开地修复栈道来避人耳目，就不能暗中偷袭陈仓。

【暴戾恣睢，其势自毙】出自《三十六计·隔岸观火》。意思是：敌方穷凶极恶、任意胡为时，必然会自取灭亡。

【乖气浮张，逼则受击；退则远之，则乱自起】出自《三十六计·隔岸观火》。意思是：对方暴躁张扬时，直接进逼他，就会受到拼命反击；但退避远离他，又会导致自乱阵脚。

【顺以动豫，豫顺以动】出自《三十六计·隔岸观火》。意思是：要依据敌情来策划，要顺应敌情变化来行事。坐观敌人内部变化，不急于采取行动，待敌人内乱时一举消灭敌人。

【信而安之，阴以图之】出自《三十六计·笑里藏刀》。意思是：促使敌人相信我没有疑心，然后就可以暗中图谋他。

【凡敌人之巧言令色，皆杀机之外露也】出自《三十六计·笑里藏刀》。意思是：凡是敌人的花言巧语，都是暗藏杀机的迹象。

【势必有损，损阴以益阳】出自《三十六计·李代桃僵》。意思是：当情势对我方的损害不可避免时，要舍弃局部利益来换取全局利益。

【微隙在所必乘，微利在所必得】出自《三十六计·顺手牵羊》。意思是：哪怕敌人再微小的漏洞也要利用；哪怕再微小的利益也要争取。

【疑以叩实，察而后动】出自《三十六计·打草惊蛇》。意思是：有疑点就要先探清情况，探清楚了再行动。

【有用者，不可借；不能用者，求借。借不能用者而用之，匪我求童蒙，童蒙求我】出自《三十六计·借尸还魂》。意思是：有用的东西，往往很难利用，无用的东西，往往可以借助它发挥其作用。掌握不能用的东西来使用它，不是说别人支配了我，而是我支配别人。

【所谓纵者，非放之也，随之，而稍松之耳】出自《三十六计·欲擒故纵》。意思是：所谓纵，不是放跑他，而是放他跑时跟踪他，稍稍让他轻松一下罢了。

【龙战于野，其道穷也】出自《三十六计·擒贼擒王》。意思是：龙不在水中却跑到陆地上和敌人作战，是会失败的。

【全胜而不摧坚擒王，是纵虎归山也】出自《三十六计·擒贼擒王》。意思是：大获全胜时却不消灭敌兵的精锐部分、捉住将领，这是放虎归山。

【夺气之法，则在攻心】出自《三十六计·釜底抽薪》。意思是：削弱敌兵士气的方法，是使用心理战。

【乘其阴乱，利其弱而无主】出自《三十六计·混水摸鱼》。意思是：趁着对手内乱，利用他孱弱群龙无首的缺点打败他。

【远不可攻，而可以利相结；近者交之，反使变生肘腋】出自《三十六计·远交近攻》。意思是：距离远的不可攻打，要用好处来结交他；如果和距离近的结交了，反而使变故近在身边了。

【假地用兵之举，非巧言可诳】出自《三十六计·假道伐虢》。意思是：向别人借道用兵的行为，不是花言巧语可以骗成功的。

【频更其阵，抽其劲旅，待其自败，而后乘之，曳其轮也】出自《三十六计·偷梁换柱》。意思是：频繁搅乱盟军的阵势，目的是抽走他的精锐，等到他自己衰颓了，再去控制他，就像控制车子一样。

【大凌小者，警以诱之】出自《三十六计·指桑骂槐》。意思是：强大的想控制弱小的，可以通过警戒的办法去诱导他服从。

【宁伪作不知不为，不伪作假知妄为。假作不知而实知，假作不为而实不可为，或将有所为】出自《三十六计·假痴不癫》。意思是：宁愿假装不懂不干，也不假装聪明而轻举妄动。假装不懂实际上懂得很，假装不干实际上是干不了，或者是就要干了。不露锋芒麻痹敌人，等待有利时机，或者在不利于自己时，装作碌碌无为以避祸。

【唆者，利使之也。利使之而不先为之便，或犹且不行】出自《三十六计·上屋抽梯》。意思是：唆使，是要用好处来引诱的。如果用好处引诱却不先给敌人方便，可能敌人就会怀疑而不上钩。

【假之以便，唆之使前，断其援应，陷之死地】出自《三十六计·上屋抽梯》。意思是：假装给敌人方便，唆使他前进，接着切断他的后援，置他于死地。

【借局布势，力小势大】出自《三十六计·树上开花》。意思是：借助某种局势摆出威武的阵势，这样虽然实力弱小却可以显出强大来。

【为人驱使者为奴，为人尊处者为客，不能立足者为暂客，能立足者为久客，客久而不能主事者为贱客，能主事则可渐握机要，而为主矣】出自《三十六计·反客为主》。意思是：被人驱使的是奴隶，受人尊重的是客人。不能在主人家里立足的是暂时的客人，能在主人家里立足的是长久的客人。客人能长住但不能主事的，只能是"贱客"，能主事并逐渐掌握机要事务的，就是事实上的主人了。

【兵强者，攻其将；将智者，伐其情。将弱兵颓，其势自萎】出自《三十六计·美人计》。意思是：兵力强大的，就要对付他的将帅；将帅有智谋的，就要动摇他的意志。将帅的意志衰弱了，兵士颓废了，这支队伍就会自己萎靡不振了。

【虚虚实实，兵无常势】出自《三十六计·空城计》。意思是：虚虚实实，用兵是没有固定的套路的。

【虚者虚之，疑中生疑；刚柔之际，奇而复奇】出自《三十六计·空城计》。意思是：虚的就让它再虚一些，让疑惑的敌人更加疑惑；敌强我弱的时候，更能显出用兵的奇特。

【疑中之疑，比之自内，不自失也】出自《三十六计·反间计》。意思是：疑局之下再设疑局，迷惑敌方间谍为我所用，这样自己就没有损失了。

【人不自害，受害必真；假真真假，间以得行】出自《三十六计·苦肉计》。意思是：人不会伤害自己，自己受害了一定是真的；假戏真做，真戏假做，两相运用就会唬住敌人了。

【将多兵众，不可以敌，使其自累，以杀其势】出自《三十六计·连环计》。意思是：敌人兵将众多的时候，不可硬拼，要设法使他被什么东西拖累，从而消除他的优势。

【全师避敌，左次无咎，未失常也】出自《三十六计·走为上》。意思是：全军退避敌人时，左边扎营以退为进，这种做法并不违反通常的用兵法则。

先秦诸子学说的贡献

先秦诸子时代，也就是从春秋末年到战国时代，这是一个出现伟大进步和变革的时代，是一个需要"巨人"而且产生了"巨人"的时代。当时百家争鸣，学术空前自由，教育开始普及，诸子百家应运而生。

先秦时代的诸子，互相辩论，互相影响，相反相成，形成了精神解放、思想活跃的极为生动的局面。那时的哲学思想，高深精妙，成为深刻影响后世的思想之源、文化之根。用现代德国思想家雅思贝斯的话来说，那是一个文明的"轴心时代"，那个时代所创造的文明的财富，永远为后世所享有。现代哲学家冯友兰说："周秦是中国哲学最发达的时期"，十分中肯。不但如此，中国的社会科学与自然科学许多门类，也都在那时萌芽。

诸子学说开创的学风，前无古人，后无来者。一是创造性极强，不相抄袭，当时诸子所创的学说一直为后世所继承、所应用，而且取之不尽，用之不竭；诸子百家争鸣时期，后学阐扬前哲，敢于不为旧说限制，易于进步，勇于创新；特别是各派互相辩驳，有利思想发展，思维趋于精密；还有，诸子之学，都是专家之学，易于求精，传之后世，经的起时间和空间的考验。

清代整理研究诸子学说，曾一时成风，但是，清代思想箝锢十分严酷，大兴文字狱，严重地限制了国人思想的创新，所以在文艺复兴以后西方出现了许多对世界文明有重大的贡献的"巨人"的同时，在中国的清朝，大多数学者却埋头科举考试学八股文，有些学者研究诸子学说也大都限于训诂、考订、校勘，极少有义理的发挥。因此，根据新时代的需要，整理诸子学说，挖掘其新内涵，是新时代国学研究的光荣使命。

《淮南子》精华

【君人之道，处静以修身，俭约以率下。静则下不扰矣，俭则民不怨矣】出自《淮南子·主术》。意思是：君主的标准，是要在宁静中修身养性，勤俭节约为臣下表率。宁静了就不会侵扰臣民，节俭了百姓就不会有怨恨。

【循流而下易以至，背风而驰易以远】出自《淮南子·主术》。意思是：船只顺流而下就容易到达目的地，马匹乘风奔驰就容易跑得很远。说明做事要善于利用外部条件。

【非淡薄无以明德，非宁静无以致远】出自《淮南子·主术》。意思是：不能恬淡寡欲，就彰显不出自己的美德；不能宁心静气，就实现不了远大的理想。

【华骝、绿耳，一日至千里，然其使之搏兔，不如豺狼，伎能殊也】出自《淮南子·主术》。意思是：华骝、绿耳这两匹骏马可以日行千里，但是叫它们去捕捉兔子的话，就比不上豺狼了，因为它们的技能是不一样的。

【公道通而私道塞】出自《淮南子·主术》。意思是：公正的道路顺畅了，私利的门道也就被堵住了。

【不涸泽而渔，不焚林而猎】出自《淮南子·主术》。意思是：不要抽干了泽里的水来捕鱼，不要焚烧树林来捕猎野兽。

【肥酏甘脆，非不美也，然民有糟糠菽粟不接于口者，则明主弗甘也】出自《淮南子·主术》。意思是：佳肴美酒，不是不可口，只是如果有百姓连糟糠都吃不上，那么英明的君主也就不会觉得可口了。

【其计乃可用，不羞其位；其言可行，而不责其辩】出自《淮南子·主术》。意思是：如果谁的计策可用，就不必因为他的地位低下而觉得采纳他的意见羞耻；如果谁的意见可行，就不必责怪他是巧言善辩。

【凡人之论，心欲小而志欲大，智欲员而行欲方】出自《淮南子·

主术》。意思是：一般来说，人应该野心小，志向高远，思想圆通，行为正直。

【有大略者，不可责以捷巧；有小智者，不可任以大功】出自《淮南子·主术》。意思是：有雄才大略的人，不要把太过简单的事交给他做；只有小聪明的人，不要把重任交给他担负。

【臣不得其所欲于君者，君亦不能得其所求于臣也】出自《淮南子·主术》。意思是：如果臣子不能从君主那里得到他想要的东西，那么君主也不能从臣子那里得到他想要的东西。

【人无善志，虽勇必伤】出自《淮南子·主术》。意思是：人如果没有好的理想，就算很勇敢，也一定会遭到挫伤。

【圣人之于善也，无小而不举；其于过也，无微而不改】出自《淮南子·主术》。意思是：圣人对于善举，就算再小也会去做；对于过失，就算再微不足道也会去改正。

【刑罚不足以移风，杀戮不足以禁奸】出自《淮南子·主术》。意思是：社会的不良风气不是单单靠刑罚就可以改变的；坏人坏事也不是单单靠杀戮就可以杜绝的。

【百星之明，不如一月之光；十牖之开，不如一户之明】出自《淮南子·说林》。意思是：群星加起来的光辉，也比不上一轮皓月的光辉；十扇窗户都打开，也比不上打开一扇大门来得明亮。

【短绠不可以汲深，器小不可以盛大】出自《淮南子·说林》。意思是：短井绳汲不了深井中的水，小器皿装不下大东西。

【见虎一文，不知其武；见骥一毛，不知善走】出自《淮南子·说林》。意思是：如果看到的只是老虎的一个花斑，就无从判断它是否威猛；看到的只是骏马的一根毫毛，就无从判断它是否擅长奔跑。

【璧瑗成器，礛诸之功；镆邪断割，砥砺之力】出自《淮南子·说林》。意思是：玉能够成为玉器，靠的是礛诸的功劳；宝剑会变得锋利，靠的是砥砺的力量。

【不能耕而欲黍粱，不能织而喜采裳，无事而求其功，难矣】出自《淮南子·说林》。意思是：不会耕种，却想收获粮食；不会织布，却爱穿美丽的衣裳，不会做事，却想成功——这是很难的。

【决千金之货者不争铢两之价】出自《淮南子·说林》。意思是：

买卖贵重货物的人，不会在小价钱上斤斤计较。

【行一棋不足以见智，弹一弦不足以见悲】出自《淮南子·说林》。意思是：只走一步棋，不足以看出一个人的棋艺；只弹一下琴，不足以听出琴里蕴藏的悲喜。

【人莫欲学御龙，而皆欲学御马；莫欲学治鬼，而皆欲学治人，急所用也】出自《淮南子·说林》。意思是：人没有想去学习怎样驾驭龙的，想的都是去学习怎样驾驭马；没有想去学习怎样整治鬼的，想的都是去学习怎样治理人，这是因为这些技能是很快可以用上的。

【公正无私，一言而万民齐】出自《淮南子·修务》。意思是：如果能做到公正无私，一句话就能够使百姓齐心协力起来。

【不耻身之贱，而愧道之不行；不忧命之短，而忧百姓之穷】出自《淮南子·修务》。意思是：不必为自己的身份低贱而感到羞耻，而要为大道不能施行感到惭愧；不必为生命短暂而感到忧虑，而要为百姓生活穷苦感到忧虑。

【服剑者期于钴利，而不期于墨阳镆邪】出自《淮南子·修务》。意思是：用剑的人只看剑锋利不锋利，而不看它是不是"墨阳"、"镆邪"。

【禾稼春生，人必加功焉，故五谷得遂长】出自《淮南子·修务》。意思是：禾苗在春天萌生，但农民还得根据天时来进行耕耘，这样庄稼才能长势良好。

【知无务，不若愚而好学】出自《淮南子·修务》。意思是：聪明却不学习，这还比不上愚钝却好学。

【稻生于水，而不能生于湍濑之流；紫芝生于山，而不能生于盘石之上】出自《淮南子·说山》。意思是：水稻是生在水里的，但却不能生在水流湍急的浅滩上；灵芝是生在山上的，但却不能生在巨石上。

【上求材，臣残木；上求鱼，臣干谷】出自《淮南子·说山》。意思是：君主想要木材了，臣子就会去毁坏树林；君主想要鱼了，臣子就会去抽干河谷。

【鸡知将旦，鹤知夜半，而不免于鼎俎】出自《淮南子·说山》。意思是：鸡有知道几时天亮的本事，鹤有知道几时夜半的本事，但仍免不了被人宰杀的命运。

【亡国之法有可随者，治国之俗有可非者】出自《淮南子·说山》。意思是：导致了国家败亡的治国政策，也有值得学习的地方；促成了国家安定的习俗，也仍然有可堪批评的地方。

【欲致鱼者先通水，欲致鸟者先树木】出自《淮南子·说山》。意思是：要想招来鱼儿，先要开通水源；要想招来鸟儿，先要种上树木。

【登高使人欲望，临深使人欲窥，处使然也】出自《淮南子·说山》。意思是：登上高处会使人想要眺望远处，临近深渊会使人想要窥探深处，这是人所处的位置造成的。

【春贷秋赋民皆欢，春赋秋贷民皆怨】出自《淮南子·说山》。意思是：在播种的春季向农民借贷，在收获的秋天回收赋税，农民就会都欢喜；但如果在播种的春季向农民收税，在收获的秋天放贷，农民就会都抱怨。

【得万人之兵，不如闻一言之当】出自《淮南子·说山》。意思是：得到众多兵马，也比不上听到一句有用的话来得有价值。

【走不以手，缚手走，不能疾；飞不以尾，屈尾飞，不能远】出自《淮南子·说山》。意思是：人跑是不用手的，但如果捆住了手，就跑不快了；鸟飞是不用尾巴的，但如果缩起尾巴，就飞不远了。

【割而舍之，镆邪不断肉】出自《淮南子·说山》。意思是：如果割一下就停下来，就算是镆邪也不能把肉割断。

【百川异源，而皆归于海；百家殊业，而皆务于治】出自《淮南子·氾论》。意思是：众多水流有着不一样的源头，但都最终归入了大海；百家分属不同的流派，但都是为了使天下安定。

【失之不忧，得之不喜】出自《淮南子·氾论》。意思是：失去了也不忧虑，得到了也不得意忘形。

【存在得道而不在于大；亡在失道而不在于小】出自《淮南子·氾论》。意思是：事业能存在，不在于事业大，而在于事业是正义的；事业会败亡，不在于事业小，而在于事业是非正义的。

【治国有常，而利民为本；政教有经，而令行为上】出自《淮南子·氾论》。意思是：治理国家有一定的法则，而使百姓受益是最根本的；政治教化有一定的途径，而政令畅通是最关键的。

【牛蹄之涔，无尺之鲤；块阜之山，无丈之材】出自《淮南子·俶真》。意思是：在牛蹄印大小的积水中，长不出一尺长的鲤鱼来；在块状大小的土丘上，长不出一丈高的树木来。

【圣人不求誉，不辟诽，正身直行，众邪自息】出自《淮南子·缪称》。意思是：圣人不贪求名誉，不躲避毁谤，端正品行，这样各种恶意的议论自然就平息了。

【释正而追曲，倍是而从众，是与俗俪走，而内行无绳】出自《淮南子·缪称》。意思是：抛弃正道而去追求邪道，背叛正当的而去从众，这是随波逐流、心里没有原则的缘故。

【两心不可以得一人，一心可得百人】出自《淮南子·缪称》。意思是：怀有二心就会交不到一个朋友，一心一意才会交到很多朋友。

【君子能为善，而不能必得其福；不忍为非，而未能必免其祸】出自《淮南子·缪称》。意思是：君子可以行善举，却不一定会获得福泽；不忍心做恶事，却不一定能躲过灾祸。

【心哀而歌不乐，心乐而哭不哀】出自《淮南子·缪称》。意思是：心里哀伤时，唱歌就会显不出快乐；心里快乐时，就算假装哭泣也会显不出哀伤。

【世治则以义卫身，世乱则以身卫义】出自《淮南子·缪称》。意思是：世道安定时，就用正义来守护自身；世道动乱时，就要通过自身来维护正义。

【见一叶落而知岁之将暮，睹瓶中之冰而知天下之寒】出自《淮南子·说山训》。意思是：看见一枚树叶凋落，就知道一年将要到头了，看见瓶中的水结了冰，就知道天气要变冷了。

【仓颉做书，而天雨粟，鬼夜哭】出自《淮南子·本经》。意思是：仓颉创造了文字，上天为此降下谷雨，鬼神被惊得在夜里啼哭。

【齿坚于舌而先之敝】出自《淮南子·原道》。意思是：牙齿比舌头坚硬，却也往往比舌头先受损。

【善游者溺，善骑者堕】出自《淮南子·原道》。意思是：擅长游泳的人，反而可能会被淹死，擅长骑马的人，反而可能会堕马。

【函牛之鼎沸而蝇蚋弗敢入，昆山之玉瑱而尘垢弗能污】出自《淮南子·诠言》。意思是：足以装下一头牛的大鼎里的水沸腾着，苍蝇蚊子不敢飞进去；产自昆仑山的美玉，尘垢玷污不了它。

【有百技而无一道，虽得之弗能守】出自《淮南子·诠言》。意思是：如果拥有众多技能却没有一种德行，就算有所收获也会保不住。

【见雨则裘不用，升堂则蓑不用】出自《淮南子·齐俗》。意思是：下雨的时候，皮衣就用不上了；进了屋子里，蓑衣也就用不上了。

【窥面与盘水则元，于杯则隋】出自《淮南子·齐俗》。意思是：照脸用盘子里的水，照出来的脸就是圆的；用杯子里的水，照出来的脸就是椭圆的。

【天下有三危：少德而多宠，一危也；才下而位高，二危也；身无大功而受厚禄，三危也】出自《淮南子·人间》。意思是：天下有三种危险：缺乏德行却获得太多恩宠，是第一种危险；才能低下却身居高位，是第二种危险；没有立过大功却享受优厚俸禄，是第三种危险。

【百寻之屋，以突隙之烟焚】出自《淮南子·人间》。意思是：一百寻高的房子，也可能会因为烟囱的一个小缝隙而被焚烧。

【百言百当，不如择趋而审行也】出自《淮南子·人间》。意思是：就算很多话都说得头头是道，也比不上选定一句去慎重地行动起来。

【或誉之，而适足以败之；或毁之，而乃反以成之】出自《淮南子·人间》。意思是：有人赞誉别人，却恰恰坏了他的事；有人毁谤别人，却反而助他成了功。

【焚林而猎，愈多得兽，后必无兽】出自《淮南子·人间》。意思是：烧掉树林来打猎，获得猎物越多，以后就越没有猎物可捕了。

【圣人先忤而后合，众人先合而后忤】出自《淮南子·人间》。意思是：圣人往往是先不顺从他人坚持自己的原则，然后才和他交好；通常人则是先和他交好，然后才和他变得不合起来。

【兵之胜败，本在于政】出自《淮南子·兵略》。意思是：军事的输赢，根本的原因在于政治。

【千人同心，则得千人之力；万人异心，则无一人之用】出自《淮南子·兵略》。意思是：如果一千个人同心，就会得到一千个人的力量；虽然有一万个人却不能同心，那就一个人也没有用。

【能分人之兵，疑人之心，则锱铢有余；不能分人之兵，疑人之心，则数倍不足】出自《淮南子·兵略》。意思是：如果能够切分敌兵，迷惑对方军心，那么就算只有小团兵力应战也是有余的；如果不能切分敌兵，迷惑对方军心，那么就算兵力比对方多数倍也会显得不够。

【多闻博辩，守之以陋】出自《淮南子·道应》。意思是：就算博学多识，也要以浅陋无知的自我定位来警醒自己。

【夫惟能无以生为者，则所以修得生也】出自《淮南子·精神》。意思是：只有不贪图生活享受，这样才能真正做到养生。

【不益其厚，而张其广者毁；不广其基，而增其高者覆】出自《淮南子·泰族》。意思是：不增加它的厚度，只是拉伸它的广度就会毁坏；不拓深建筑的地基，却增加它的高度就会倾覆。

【人莫不知学之有益于己也，然而不能者，嬉戏害之也】出自《淮南子·泰族》。意思是：人没有不知道学习是对自己有利的，但却没能去学，这是贪玩导致的。

【良匠不能斫金，巧冶不能铄木】出自《淮南子·泰族》。意思是：优秀的木匠也劈不开金属，灵巧的铁匠也熔化不了木头。

【五指之更弹，不若卷手之一挃；万人之更进，不如百人之俱至】出自《淮南子·兵略》。意思是：五个手指一个一个轮着去弹打，比不上握住拳头一击；一万个人一个一个轮着去进攻，比不上一百个人共同进攻。

特殊的思想家——王充

自从孔子成为偶像以后，数千年来，没有人敢批判孔子的言论。汉代的王充和明朝的李卓吾是两个例外。

王充（公元27—约公元97年），字仲任，会稽上虞（今属浙江）人，东汉哲学家。王充在哲学上属于道家一派。他的代表著作《论衡》，即根据道家自然主义的观点，来批评当时社会上的谶纬迷信学说。他认为人死后是没有灵魂的，驳斥阴阳家天人感应、灾异示警的学说。他持今优于古的进化观，反对一般人贵古贱今的观念。他在

王充像

《问孔》、《刺孟》篇中，揭示孔、孟学说中的矛盾。对《论语》中孔子数子贡去食存信一点，提出反对意见道："让生于有余，争起于不足，今言去食，信安有成?……夫去信存食，虽不欲信，信自生矣；去食存信，虽欲为信，信不立矣"。

王充还有丰富的自然科学知识和追求科学的精神，与阴阳家和今文派儒家比，他是十分先进的。他在《论衡·说日》篇中说："日之长短，不以阴阳，……夏时日在东井，冬时日在牵牛。牵牛去极远，故日道短；东井近极，故日道长。"他还说："云雾、雨之征也。夏则为露，冬则为霜，温则为雨，寒则为雪。"这些都证明了王充的科学精神。

王充的学谈及书籍在汉代尊崇六经为官学的环境中，未被禁止，说明汉代民间的学术思想仍然自由。宋明以来，儒家思想专制，变本加厉，学者并不敢阐扬诸子绝学，与儒家分庭抗礼。

魏晋时代的玄学

魏晋时期称《老子》、《庄子》、《周易》为三玄，称道家之学为玄学。《周易》虽是儒家经典，也经老庄派学者注解变得道家化。

魏晋南北朝是中国历史上极为动荡和混乱的时期，但是在文化思想方面却是极为活跃极富于创造精神的时期。

魏晋南北朝时期，凝固的社会秩序解体，儒学衰微，道家思想占据统治地位，玄学的兴起使老庄哲学普遍为当时的文人所接受。

何晏、王弼当时注解老庄著作甚有名。王弼有《易注》和《老子注》，何晏有《老子道德论》及《论语集解》。何晏和王弼的思想都是继承庄子而不是老子的，都是以超脱现实、虚无幻灭为主。阮籍、嵇康、刘伶等人的"清谈派"即在此种思潮影响下产生的。

"清谈派"的哲学思想，看起来很乐观，实际上是消极、厌世的。阮籍《达庄论》、《大人先生传》等，鼓吹"万物一体"，攻击"君子之礼法"。嵇康作《释私论》，指明"君子不以是非为念，……率性而行……"。刘伶《酒德颂》表现一种放荡不羁的情怀。这一派发展下去，便成葛洪一派的神仙修炼术。

六朝时玄学著作当然以郭象的《庄子注》最有份量。郭象对庄子所有学说，都有充分的发挥。他说，天地万物都是"块然而自生"，万物彼我"相反而不可以相无"，又说"天地万物，无时而不移"。

《颜氏家训》精华

【教妇初来，教儿婴孩】出自《颜氏家训·教子》。意思是：教导妇女，最好是在她刚嫁过来的时候，教育孩子，最好是在他是婴孩的时候。

【上智不教而成，下愚虽教无益，中庸之人，不教不知也】出自《颜氏家训·教子》。意思是：智力上等的人，不必教导也能成才；智力低下的人，就算教导也没用；智力中等的人，不教导就不会知道事理。

【凡人不能教子女者，亦非欲陷其罪恶；但重于诃怒，伤其颜色，不忍楚挞惨其肌肤耳】出自《颜氏家训·教子》。意思是：一般人不能教好子女，也并不是存心要使子女落进罪恶里，只是不愿意他们因为受到责怒而神色沮丧，不忍心他们因为挨打而身体痛苦罢了。

【父子之严，不可以狎；骨肉之爱，不可以简。简则慈孝不接，狎则怠慢生焉】出自《颜氏家训·教子》。意思是：父子之间要严肃，不能过于亲密而不庄重了；骨肉之间要相爱，不能忽略了。忽略了就会造成父不慈子不孝，不庄重了怠慢就产生了。

【人之爱子，罕亦能均】出自《颜氏家训·教子》。意思是：人们爱自己的孩子，但很少能做到一视同仁的。

【上智不教，而成下愚】出自《颜氏家训·教子》。意思是：高天分的人不去教育，也会变成愚蠢的人。

【父母威严而有慈，则子女畏慎而生孝矣】出自《颜氏家训·教子》。意思是：如果父母能做到威严又慈爱，那么子女就会敬畏谨慎、变得孝顺起来了。

【上士忘名，中士立名，下士窃名】出自《颜氏家训·名实》。意思是：高尚的人会无视名声，普通人会努力树立名声，下等的人却会去欺世盗名。

【巧伪不如拙诚】出自《颜氏家训·名实》。意思是：做人机巧虚伪，不如老实真诚。

【名之与实，犹形之与影也】出自《颜氏家训·名实》。意思是：名声与实际才能的关系，就像是形和影的关系一样。

【至诚之言，人未能信，至洁之行，物或致疑，皆由言行声名，无余地也】出自《颜氏家训·名实》。意思是：太过诚实的话，别人不会相信；太过高洁的行为，别人会怀疑，这都是因为这类言行名声太好了，没有留下余地。

【世人，清名登而金贝入，信誉显而然诺亏，不知后之矛戟·毁前之干橹也】出自《颜氏家训·名实》。意思是：世上有些人·清名张扬了，就聚敛财物信誉显赫了，就不再信守诺言，不知道这是后面的矛戟在击毁前面的盾牌啊！

【治点子弟文章，以为声价，大弊事也】出自《颜氏家训·名实》。意思是：通过修改子弟的文章来为他哄抬声价，这是一件弊端很大的事。

【四海悠悠，皆慕名者，盖因其情而致其善耳】出自《颜氏家训·名实》。意思是：世间众多的庶民，都是爱慕名声的人，要按着这种性情来引导他们达到美善的境界。

【夫修善立名者，亦犹筑室树果，生则获其利，死则遗其泽】出自《颜氏家训·名实》。意思是：通过行善举来树立名声的人，就像是建房种树，活着时能够得到好处，死了还可以给后代留下惠泽。

【夫圣贤之书，教人诚孝，慎言检迹，立身扬名】出自《颜氏家训·序致》。意思是：圣贤的著述，是要教导人们忠诚孝顺，说话谨慎，行为检点，树立人格，显耀名声。

【多为少善，不如执一】出自《颜氏家训·省事》。意思是：同时做很多事，但做得好的很少，还不如一心一意做一件事。

【为善则预，为恶则去】出自《颜氏家训·省事》。意思是：是做好事的，就要积极参与，是干坏事的，就要避开不做。

【谏净之徒，以正人君之失尔，必在得言之地，当尽匡赞之规，不容苟免偷安，垂头塞耳】出自《颜氏家训·省事》。意思是：担任谏净的人，是为了纠正君主的过失，他无疑处在能够讲话的位置上，应当尽他匡正君主的责任，不容许苟且偷安、装聋作哑。

【君子当守道崇德，蓄价待时】出自《颜氏家训·省事》。意思是：君子应该谨守正道，重视德行，积蓄声望，等待时机的到来。

【为善则预，为恶则去，不欲党人非义之事也】出自《颜氏家训·省事》。意思是：是做好事的，就要积极参与，是干坏事的，就要避开不做，不要去干拉帮结派的、不道义的事。

【凡损于物，皆无与焉】出自《颜氏家训·省事》。意思是：凡是对人有害的，都不要参与其中。

【兄弟者，分形连气之人也】出自《颜氏家训·兄弟》。意思是：兄弟，是形体分离了却血脉相连的人。

【人之事兄，不可同于事父，何怨爱弟不及爱子乎？是反照而不明也】出自《颜氏家训·兄弟》。意思是：有的人敬事兄长，不像敬事父亲，这样的话，他又何必埋怨兄长对自己不如对他的孩子好呢？以此反观，就可以知道自己缺乏自知之明了。

【兄弟不睦，则子侄不爱；子侄不爱，则群从疏薄；群从疏薄，则僮仆为雠敌矣】出自《颜氏家训·兄弟》。意思是：如果兄弟之间不和睦，子侄之间就会不相爱；子侄之间不相爱，族里的子侄辈就会疏远薄情；族里的子侄辈疏远薄情，那么僮仆之间也会变成仇敌了。

【学若牛毛，成如麟角】出自《颜氏家训·养生》。意思是：学习的人就像牛毛一样多，但学成的人却像凤毛麟角一样少有。

【夫养生者先须虑祸，全身保性，有此生然后养之，勿徒养其无生也】出自《颜氏家训·养生》。意思是：养生的人，先要考虑祸患，保全性命，有了这条命了，然后才可以去保养它，不要徒劳地去保养不存在的生命。

【夫生不可不惜，不可苟惜】出自《颜氏家训·养生》。意思是：

生命不可不爱惜，但不可苟且偷生。

【凡庸之性，后夫多宠前夫之孤，后妻必虐前妻之子】出自《颜氏家训·后娶》。意思是：通常人的习性，就是后夫往往宠爱前夫的孩子，后妻必定虐待前妻的孩子。

【夫风化者，自上而行于下者也，自先而施于后者也】出自《颜氏家训·治家》。意思是：教化，是由上而下推行的，是从先世向后世施行影响的。

【如能施而不奢，俭而不吝，可矣】出自《颜氏家训·治家》。意思是：如果能够做到肯施舍却不奢侈，俭省却不吝啬，那就好了。

【笞怒废于家，则竖子之过立见；刑罚不中，则民无所措手足】出自《颜氏家训·治家》。意思是：家里的发怒、鞭打没有了，那么童仆的过错马上就出现了；刑罚不当，那么老百姓就茫然无措了。

【妇人之性，率宠子婿而虐儿妇，宠婿则兄弟之怨生焉，虐妇则姊妹之谗行焉】出自《颜氏家训·治家》。意思是：女人的习性，就是往往宠爱女婿而虐待儿媳，宠爱女婿，那么女儿的兄弟就会产生怨恨，虐待儿媳，那么儿子的姐妹就容易进谗。

【借人典籍，皆须爱护，先有缺坏，就为补治，此亦士大夫百行之一也】出自《颜氏家训·治家》。意思是：借人家的书籍，一定都要爱护好，原来就有缺坏的，便给他修补好，这也是士大夫的种种善行之一。

【世人多不举女，残行骨肉，岂当如此而望福于天乎】出自《颜氏家训·治家》。意思是：世人往往生了女儿不去养育，残害亲生骨肉，这样怎么能期待上天会降下福泽来呢？

【俭者，省约为礼之谓也；吝者，穷急不恤之谓也】出自《颜氏家训·治家》。意思是：俭，就是指节俭得符合礼数；吝，就是指对困苦急难的人不去周济。

【治家之宽猛，亦犹国焉】出自《颜氏家训·治家》。意思是：治家是宽松还是严厉，就像是治国一样的。

【婚姻勿贪势家】出自《颜氏家训·止足》。意思是：婚姻，不要贪图有权势的人家。

【宇宙可臻其极，情性不知其穷，唯在少欲知止，为立涯限尔】

出自《颜氏家训·止足》。意思是：广阔的天地尚且可以到达它的边缘，人的欲望却不知道哪里是尽头，只有少欲而知道适可而止，才能划出一个界限来。

【仕宦称泰，不过处在中品，前望五十人，后顾五十人，足以免耻辱，无倾危也】出自《颜氏家训·止足》。意思是：做官做到最高位置，不要超过中间等级，向前面看有五十个人，向后面看也有五十个人，这样就足以避免耻辱，没有丢官的危险了。

【凡避讳者，皆须得其同训以代换之】出自《颜氏家训·风操》。意思是：大凡避讳的字，都得用它的同义词来替换。

【凡名子者，当为孙地】出自《颜氏家训·风操》。意思是：一般来说，为儿子取名的人，最好为孙辈留点余地。

【言及先人，理当感慕】出自《颜氏家训·风操》。意思是：谈到先人的名字，自然应该抱着哀念之情。

【别易会难，古人所重】出自《颜氏家训·风操》。意思是：离别容易而相会艰难，所以离别是古人所重视的。

【凡亲属名称，皆须粉墨，不可滥也】出自《颜氏家训·风操》。意思是：大凡亲属的称呼，都要扮饰，不能随便叫。

【名以正体，字以表德，名终则讳之】出自《颜氏家训·风操》。意思是：名用来表示人自己辨正名分，字用来表示德行志向，名在人死之后要避讳。

【人有忧疾，则呼天地父母，自古而然】出自《颜氏家训·风操》。意思是：人有了忧患疾病的时候，就会呼天喊地、叫爹叫娘，自古以来都是这样的。

【兵凶战危，非安全之道】出自《颜氏家训·风操》。意思是：兵器、战争，是危险的东西，都不是安全之道。

【四海之人，结为兄弟，亦何容易，必有志均义敌，令终如始者，方可议之】出自《颜氏家训·风操》。意思是：五湖四海的人，结成兄弟，也不是容易的事，必须志同道合、始终如一的，这才可以考虑。

【积财千万，无过读书】出自《颜氏家训·勉学》。意思是：积累众多的钱财，也比不上读书来得有用。

【自古明王圣帝，犹须勤学，况凡庶乎】出自《颜氏家训·勉学》。意思是：自古以来就连圣明的帝王，尚且须要勤学，何况是普通人呢！

【有学艺者，触地而安】出自《颜氏家训·勉学》。意思是：有学问、手艺的人，走到哪里都能有饭吃。

【若能常保数百卷书，千载终不为小人也】出自《颜氏家训·勉学》。意思是：如果能经常拥有数百卷书籍，就永远不会沦为平民百姓了。

【伎之易习而可贵者，无过读书也】出自《颜氏家训·勉学》。意思是：种种技艺中容易学会而又值得推崇的，莫过于读书了。

【夫命之穷达，犹金玉木石也；修以学艺，犹磨莹雕刻也】出自《颜氏家训·勉学》。意思是：命运的穷困和显达，就好像金玉和木石一样；研究学问，就好像雕磨金玉木石一样。

【生而知之者上，学而知之者次】出自《颜氏家训·勉学》。意思是：生来就明白事理的人是最优秀的人，通过学习而知道的人是次一等的人。

【夫所以读书学问，本欲开心明目，利于行耳】出自《颜氏家训·勉学》。意思是：人之所以要读书学习，本是为了开发心智、提高辨识能力，从而利于自己的行动。

【学之所知，施无不达】出自《颜氏家训·勉学》。意思是：从学习中学到的东西，在哪里都用得上。

【博士买驴，书券三纸，未有"驴"字】出自《颜氏家训·勉学》。意思是：博士去买驴，写完了三页纸契约，也没有出现一个"驴"字。现在常用来讽刺文章不得要领、繁冗空洞。

【夫学者所以求益耳】出自《颜氏家训·勉学》。意思是：学习，是为了有所收获。

【古之学者为己，以补不足也；今之学者为人，但能说之也】出自《颜氏家训·勉学》。意思是：古时候学习的人是为了充实自己，来弥补不足；现在学习的人却是为了向人炫耀，只是能夸夸其谈。

【光阴可惜，譬诸逝水】出自《颜氏家训·勉学》。意思是：时间是值得爱惜的，它就像流水一样一去不返了。

【人有坎壈，失于盛年，犹当晚学，不可自弃】出自《颜氏家训·勉学》。意思是：人总有困顿的时候，年轻时失去了学习的机会，也应该在晚年时抓紧去学，不能自己放弃了。

【涉百家之书，纵不能增益德行，敦厉风俗，犹为一艺，得以自资】出自《颜氏家训·勉学》。意思是：涉猎百家的著述，就算不能提高德行，使世风变得纯朴，却毕竟是一种才艺，可以充实自我。

【夫学者是犹种树也，春玩其华，秋登其实】出自《颜氏家训·勉学》。意思是：学习就像种树一样，春天时可以赏玩它的花朵，秋天时就可以采摘它的果实。

【人生小幼，精神专利，长成已后，思虑散逸，固须早教，勿失机也】出自《颜氏家训·勉学》。意思是：人年幼时，精神专注敏锐，长大成人后，思想就分散了，所以对孩子要趁早教育，不要错过时机了。

【幼而学者，如日出之光；老而学者，如秉烛夜行，犹贤乎瞑目而无见者也】出自《颜氏家训·勉学》。意思是：如果从小就学习，这就像太阳升起时的光芒一样条件有利；晚年时才去学，这就像手拿着蜡烛走夜路一样条件不利，但总比闭上眼睛什么也看不见的人强。

【学之兴废，随世轻重】出自《颜氏家训·勉学》。意思是：学习的风行和衰败，是随社会风气的变化而变化的。

【孝为百行之首，犹须学以修饰之，况余事乎】出自《颜氏家训·勉学》。意思是：孝顺是各种事情中最重要的事，尚且须要通过学习来培养提高，何况是其他的事情呢！

【盖须切磋相起明也】出自《颜氏家训·勉学》。意思是：学习要相互切磋、相互启发。

【谈说制文，援引古昔，必须眼学，勿信耳受】出自《颜氏家训·勉学》。意思是：说话写文章，援引古代的东西，必须要亲眼看到古籍经典，不要轻信道听途说得来的。

【夫文字者，坟籍根本】出自《颜氏家训·勉学》。意思是：文字，是典籍得以存在的根本因素。

【夫学者贵能博闻也】出自《颜氏家训·勉学》。意思是：学习的人，贵在能见识广博。

【观天下书未遍，不得妄下雌黄】出自《颜氏家训·勉学》。意思是：没有读遍天下的书籍，就不能妄意断定任意改动书籍的文字。

【夫老庄之书，盖全真养性，不肯以物累己也】出自《颜氏家训·勉学》。意思是：老子、庄子的书，教导人的是如何保持本真、修养品性，不让身外的东西拖累自己。

【人生在世，会当有业，农民则计量耕稼，商贾则讨论货贿，工巧则致精器用，伎艺则沉思法术，武夫则惯习弓马，文士则讲议经书】出自《颜氏家训·勉学》。意思是：人生在世，应当有事业专长：是农民就要计划耕作，是商贩就要商谈买卖，是工匠就要制作精巧的器具，是技艺之士就要深入研究技艺，是武士就要熟悉射箭骑马，是文人就要讲论儒家经典。

【山中人不信有鱼大如木】出自《颜氏家训·归心》。意思是：局限在山里的人，是不相信会有鱼能够像树木一样粗大的。

【凡人之信，唯耳与目；耳目之外，咸致疑焉】出自《颜氏家训·归心》。意思是：通常人只是相信亲耳听到的和亲眼见到的东西，除此之外，都会感到怀疑。

【学者之不勤，岂教者之为过】出自《颜氏家训·归心》。意思是：学习的人不勤奋，难道是教育的人的过错么？

【君子处世，贵能克己复礼，济时益物】出自《颜氏家训·归心》。意思是：君子处世，贵在能约束自己、使自己的言行符合礼义，能救济世道、有益世人。

【含生之徒，莫不爱命；去杀之事，必勉行之】出自《颜氏家训·归心》。意思是：世上的生物，没有不爱惜生命的；因此杀生的事，一定要尽量避免去做。

【是以与善人居，如入芝兰之室，久而自芳也；与恶人居，如入鲍鱼之肆，久而自臭也】出自《颜氏家训·慕贤》。意思是：和好人共处，就像走进养着芝兰的花房，久了自己也会芬芳起来；和坏人共处，就像走进卖鲍鱼的店铺，久了自己也会腥臭起来。

【世人多蔽，贵耳贱目，重远轻近】出自《颜氏家训·慕贤》。意思是：世人多有一种偏见，往往看重听到的而轻视看见的，看重远在天边的而轻视近在身边的。

【窃人之财，刑辟之所处；窃人之美，鬼神之所责】出自《颜氏家训·慕贤》。意思是：偷取人家的财产，这是刑罚所处置的行为；窃取人家的成果，这是鬼神所谴责的行为。

【凡有一言一行，取于人者，皆显称之，不可窃人之美，以为己力】出自《颜氏家训·慕贤》。意思是：大凡一言一行，是得益于人家的，都应该公开称扬人家，不该窃取人家的成果，把它当成是自家的功劳。

【君子必慎交游焉】出自《颜氏家训·慕贤》。意思是：君子一定要谨慎交友。

【文章当从三易：易见事，一也；易识字，二也；易读诵，三也】出自《颜氏家训·文章》。意思是：写文章应该遵从"三易"原则：一是要内容清楚，二是要文字容易认识，三是要容易诵读。

【至于陶冶性灵，从容讽谏，入其滋味，亦乐事也】出自《颜氏家训·文章》。意思是：至于用文章来陶冶性情、婉言劝谏、体验文章的味道，也是一件快乐的事。

【学问有利钝，文章有巧拙。钝学累功，不妨精熟；拙文研思，终归蚩鄙】出自《颜氏家训·文章》。意思是：做学问分敏捷和愚钝，写文章有精巧和拙劣之别。做学问愚钝的人坚持不懈，也能变得精熟；但写文章拙劣的人反复钻研，可能最终还是免不了粗鄙。

【学为文章，先谋亲友，得其评裁，知可施行，然后出手；慎勿师心自任，取笑旁人也】出自《颜氏家训·4文章》。意思是：学习写文章，先要去征求亲友们的意见，得到他们的鉴别判断后，知道足以流传社会了，然后再脱稿，千万不要自以为是，免得被人家笑话了。

【君子之交绝无恶声。一旦屈膝而事人，岂以存亡而改虑】出自《颜氏家训·文章》。意思是：君子之间的绝交，是不会恶语相向的。一旦臣子屈膝侍奉别的君主去了，又怎么会因为自己的存亡而改变对原来君主的态度呢？

【凡为文章，犹人乘骐骥，虽有逸气，当以衔勒制之，勿使流乱轨躅，放意填坑岸也】出自《颜氏家训·文章》。意思是：大凡做文章，就像是骑骏马，虽然马骏逸奔放，但还是应当拿衔勒来控制它，不要让它放肆奔驰，以至掉进了沟壑里。

【文章当以理致为心肾，气调为筋骨，事义为皮肤，华丽为冠冕】

出自《颜氏家训·文章》。意思是：文章要以义理情致作为心肾，以气韵声调作为筋骨，以内容作为皮肤，以华丽的辞藻作为装饰。

【文章地理，必须惬当】出自《颜氏家训·文章》。意思是：文章中的地理知识，一定要使用恰当。

【凡代人为文，皆作彼语，理宜然矣】出自《颜氏家训·文章》。意思是：大凡替人写文章，都要用他的口吻，这是理所当然的。

【士君子之处世，贵能有益于物耳，不徒高谈虚论，左琴右书，以费人君禄位也】出自《颜氏家训·涉务》。意思是：士君子处世，贵在能对社会有益，而不是光是高谈阔论，抚琴作文章，浪费了君主给他的俸禄官位！

【夫食为民天，民非食不生矣】出自《颜氏家训·涉务》。意思是：温饱是百姓的生命所系，百姓没有粮食就没法活命了。

【国之兴亡，兵之胜败，博学所至，幸讨论之】出自《颜氏家训·诫兵》。意思是：国家的兴亡、战争的输赢这类问题，在学问达到渊博的时候，希望你们可以讨论它们。

【汝曹宜以传业扬名为务，不可顾恋朽壤，以取湮没也】出自《颜氏家训·终制》。意思是：你们应该把继承我的事业、弘扬名声当成重要的事，不要在我死后顾恋我的朽骨坟土，以至埋没了你们自己的前程。

【四时祭祀，周、孔所教，欲人勿死其亲，不忘孝道也】出自《颜氏家训·终制》。意思是：一年四季祭祀先人，这是周公、孔子所教导的，是希望人们不要忘了他们逝世的亲人，不要忘了孝道。

【若文章著述，犹择微相影响者行之，官曹文书，世间尺牍，幸不违俗也】出自《颜氏家训·书证》。意思是：如果是写文章做学问，还是要选择影响较小的俗字来用，如果是官府文书、社会上的信函，就希望不要去违反世俗习惯。

【弧矢之利，以威天下，先王所以观德择贤，亦济身之急务也】出自《颜氏家训·杂艺》。意思是：弓箭的好处，是能够用来威震天下，所以古代的帝王通过射箭来考察人的德行、选择贤良，同时这也是保护性命的要紧事。

【微解药性，小小和合，居家得以救急，亦为胜事】出自《颜氏家训·杂艺》。意思是：略微知道些药物的性能，稍稍懂得如何配药，这样居家过日子就可以用来救急，也是好事。

【南方水土和柔，其音清举而切诣，失在浮浅，其辞多鄙俗。北方山川深厚，其音沉浊而敛钝，得其质直，其辞多古语】出自《颜氏家训·音辞》。意思是：南方水土柔和，语音清亮、高昂而真切，短处是浅浮，南方的言辞往往鄙陋粗俗；北方山高水深，语音低沉浊重而圆钝，长处是朴实直率，北方的言辞往往保留了许多古语。

【古今言语，时俗不同；著述之人，楚、夏各异】出自《颜氏家训·音辞》。意思是：古代的语言和今天的语言，是随着时代风俗的不同而有所不同的。进行著述的人，如果地处南、北两方就会显出语音上的差异来。

《世说新语》精华

【支道林因人就深公买印山，深公答曰：未闻巢、由买山而隐】出自《世说新语·排调》。意思是：支道林通过他人向竺道潜买山隐居。竺道潜回答说："没听说过巢父、许由是买了山再去隐居的。"

【郝隆七月七日日中仰卧。人问其故，答曰："我晒书。"】出自《世说新语·排调》。意思是：郝隆在七月七日那天躺在太阳底下。有人问他在干什么，他回答说："我在晒书。"

【山不高则不灵，渊不深则不清】出自《世说新语·排调》。意思是：山峰不高就不神灵，潭水不深就不清澈。

【盲人骑瞎马，夜半临深池】出自《世说新语·排调》。意思是：瞎子骑着瞎马，半夜来到了深池旁。形容人对自己所处的险境一无所知，令人担心。

【王因谓曰："簸之扬之，糠秕在前。"范曰："洮之汰之，沙砾在后。"】出自《世说新语·排调》。意思是：王文度于是对范荣期说："在簸箕中把米翻扬，糠和秕就会移到前面。"范文期回敬说："把米加以淘洗，沙砾就会留在最后。"

【枫柳虽合抱，亦何所施】出自《世说新语·言语》。意思是：枫树、柳树虽然粗大，又有什么用处呢？

【既有凌霄之姿，何肯为人作耳目近玩】出自《世说新语·言语》。意思是：既然有飞上云霄的本事，为什么会肯让人当成是供耳目观赏的玩物呢？

【会心处不必在远】出自《世说新语·言语》。意思是：使人心领意会的东西，不一定是远方才会有。

【战战惶惶，汗出如浆】出自《世说新语·言语》。意思是：战战兢兢，汗水像水浆一样不停流出来。

【小时了了，大未必佳】出自《世说新语·言语》。意思是：小时候聪明伶俐，长大了未必优秀。

【鼻如广莫长风，眼如悬河决溜】出自《世说新语·言语》。意思是：涕如大漠中刮起的北风，眼泪就像瀑布急流河流决口。形容哭得很厉害。夸张悲恸的情状。

【穷猿奔林，岂暇择木】出自《世说新语·言语》。意思是：走投无路的猿猴逃向树林，哪里还有空闲去选择该爬的树木呢？

【内举不失其子，外举不失其雠】出自《世说新语·言语》。意思是：对内不故意避开举荐自己的儿子，对外也不故意避开举荐自己的仇人。

【蒲柳之姿，望秋而落；松柏之质，经霜弥茂】出自《世说新语·言语》。意思是：水杨身姿秀丽，但秋天一来就凋落了；松柏品性坚强，经历寒霜之后却更加茂盛了。人们常用"蒲柳之姿"形容体质的孱弱。

【宁为兰摧玉折，不作萧敷艾荣】出自《世说新语·言语》。意思是：宁愿做兰草、玉器而被摧残，也不愿做旺盛的萧草、艾草。形容人宁可因为高洁死去，也不愿庸庸碌碌地过一生。

【夜光之珠，不必出于孟津之河】出自《世说新语·言语》。意思是：发光的夜明珠，不必一定是孟津旁边的黄河出产的。

【何尝见明镜疲于屡照，清流惮于惠风】出自《世说新语·言语》。意思是：哪里见过明亮的镜子因为多次照映就疲惫不明了，清澈的流水因为风的吹拂而浑浊了的！

【子适知邪径之速，不虑失道之迷】出自《世说新语·言语》。意思是：你只知道邪魔歪道是捷径，却不想想迷途的痛苦。

【覆巢之下，复有完卵乎】出自《世说新语·言语》。意思是：颠倒的鸟巢下面，还会存在完整的鸟蛋么？比喻主体倾覆，依附之物不能幸免，一定会受到诛连。

【一饮一斛，五斗解酲】出自《世说新语·任诞》。意思是：一饮就是一斛，饮了五斗才能解除酒瘾。

【使我有身后名，不如即时一杯酒】出自《世说新语·任诞》。意思是：让我死了以后享有盛名，还不如让我此刻就拥有一杯美酒。

【胸中垒块，故须酒浇之】出自《世说新语·任诞》。意思是：胸中抑郁不平，所以必须拿酒来浇淡它。

【名士不必须奇才，但使常得无事，痛饮酒，熟读《离骚》，便可称名士】出自《世说新语·任诞》。意思是：做名士不一定要有特殊的才能，只要能够在平时没有工作任务的时候，痛快喝酒，熟读《离骚》，就称得上是名士了。

【一手持蟹螯，一手持酒栖，拍浮酒池中，便足了一生】出自《世说新语·任诞》。意思是：一手抓着螃蟹的脚，一手端着酒杯，浸泡在酒池——这一生就足够了。

【日莫倒载归，酩酊无所知】出自《世说新语·任诞》。意思是：太阳落下去了才醉倒在车上回来，醉到什么都不知道了。

【天地为栋宇，屋室为裤衣】出自《世说新语·任诞》。意思是：把天地当成房子，把房子当成衣裤。

【丈人不悉恭，恭作人无长物】出自《世说新语·德行》。意思是：您老人家不了解我，我生活上是简朴得没有多余的东西的。

【谢公夫人教儿，问太傅："那得初不见君教儿？"答曰："我常自教儿。"】出自《世说新语·德行》。意思是：谢安的妻子教导孩子，问丈夫说："怎么从来没看见你教导孩子呢？"谢安回答说："我平常的行为就是在教导孩子。"

【贫者，士之常，焉得登枝而捐其本】出自《世说新语·德行》。意思是：安于清贫是读书人的本份，人怎么能爬上高枝之后，就舍弃了原来的根本呢？

【损有余，补不足，天之道也】出自《世说新语·德行》。意思是：拿出多余的，来补充不足的，这是自然的法则啊！

【元方难为兄，季方难为弟】出自《世说新语·德行》。意思是：（论起功德来，）元方很难算得上是哥哥，季方很难算得上是弟弟。

【桂树焉知泰山之高，渊泉之深】出自《世说新语·德行》。意思是：泰山之阿的桂树哪里能知道泰山的高度，水潭的深度呢？

【人生贵得适意尔，何能羁宦数千里以要名爵】出自《世说新语·识鉴》。意思是：人生在世贵在自得而已，为什么要千里迢迢来做官追求功名爵位呢？

【君蜂目已露，但豺声未震耳】出自《世说新语·识鉴》。意思是：你的"蜂目"已经显露，只是"豺声"还没有响起来而已。"蜂目豺声"形容一个人极为凶残。

【官本是臭腐，所以将得而梦棺尸；财本是粪土，所以将得而梦秽污】出自《世说新语·文学》。意思是：官位本来就是臭腐的玩意，所以如果快要升官了，就会梦到棺材尸体；财富本来就是粪土，所以如果快要获得财富了，就会梦到污秽的东西。

【卿试掷地，要作金石声】出自《世说新语·文学》。意思是：你把这篇文章试着摔到地上去，是要发出金石般的声音来的。成语"掷地有声"就来源于此，常用来比喻文章铿锵有力。

【本是同根生，相煎何太急】出自《世说新语·文学》。意思是：本来是同根所生的，煎烤何必这么着急呢？

【未知文生于情，情生于文】出自《世说新语·文学》。意思是：真不知是文章制造感情，还是感情产生文章！

【闻所闻而来，见所见而去】出自《世说新语·简傲》。意思是：为听到所听到的而来，看到了想看到的而回去。

【今见鬼者云，着生时衣服，若人死有鬼，衣服复有鬼邪】出自《世说新语·方正》。意思是：现在见过鬼的人说，鬼穿着生前的衣服。如果说人死了是有鬼的，难道衣服也是有鬼的吗？

【管中窥豹，时见一斑】出自《世说新语·方正》。意思是：从竹管中看豹子，只能看到豹子身上的一个斑纹。成语"管中窥豹"就来源于此，形容看问题只看到局部而看不到全貌。

【生纵不得与郗郎同室，死宁不同穴】出自《世说新语·贤媛》。意思是：活着时虽然没法和郗郎共住一室，死了难道还不能埋在同一个墓穴吗？

【明主可以理夺，难以情求】出自《世说新语·贤媛》。意思是：英明的君主，可以拿道理来说服他，但很难拿感情来请求他。

【情之所钟，正在我辈】出自《世说新语·伤逝》。意思是：重视感情的，正是我们这一种人。

【闻床下蚁动，谓是牛斗】出自《世说新语·纰漏》。意思是：听到床下蚂蚁爬动，竟然认为是牛在打架。形容人病重到了出现虚幻的地步。

【珠玉在侧，觉我形秽】出自《世说新语·容止》。意思是：容姿出众的人就站在我旁边，我不禁自惭形秽。

【潘岳妙有姿容，好神情】出自《世说新语·容止》。意思是：潘岳有英俊的容颜，美好的神态风度。

【床头捉刀人，此乃英雄也】出自《世说新语·容止》。意思是：坐榻边上那位持刀的人，这才是真正的英雄人物。"捉刀"后来成为替人做事的代称，尤其常见的是指替别人作文字。

【卓卓如野鹤之在鸡群】出自《世说新语·容止》。意思是：就像一只野鹤站立在一群鸡当中。比喻一个人的仪表或才能出众。

【以小人之虑，度君子之心】出自《世说新语·雅量》。意思是：用小人的私心，来度量君子的气度。

【四体妍蚩，本无关于妙处，传神写照，正在阿堵中】出自《世说新语·巧艺》。意思是：四肢的画法，是谈不上有什么妙处的，要表达出人物的神情意态，就在眼睛上。

【手挥五弦易，目送归鸿难】出自《世说新语·巧艺》。意思是：画出"手挥五弦"的场景是容易，画出"目送归鸿"的境界可就困难了。

【犯上难，摄下易】出自《世说新语·品藻》。意思是：冒犯上面的人是困难的，威慑下面的人就容易些。

【富与贵是人之所欲，不以其道得之不处】出自《世说新语·尤悔》。意思是：富和贵是人人都想得到的东西，但不是通过正当方法得到的就不能接受。

【上人著百尺楼上，儋梯将去】出自《世说新语·黜免》。意思是：把人送上百尺高的楼上后，又把梯子撤走了。

【我以第一理期卿，卿莫负我】出自《世说新语·宠礼》。意思是：我拿最伟大的贤才的标准来期待您，您不要辜负了我。

【后来领袖有裴秀】出自《世说新语·赏誉》。意思是：后起的领军人物是裴秀。

【老骥伏枥，志在千里。烈士暮年，壮心不已】出自《世说新语·豪爽》。意思是：年迈的千里马趴在马槽里，却仍然志在千里；壮士老了，雄心壮志依然不减。

《抱朴子》精华

【执志不绝群，则不能臻成功铭弘勋】出自《抱朴子·广譬》。意思是：意志的坚定不能超过一般人，就不能功成名就。

【有始者必有卒，有存者必有亡】出自《抱朴子·论仙》。意思是：有开始就一定会有结束，有生存就一定会有死亡。

【坚志者，功名之主也；不惰者，众善之师也】出自《抱朴子·广譬》。意思是：坚定的志向，是建立功名的根本；不懒惰，是各种优点中的优点。

【上为下效，君行臣基】出自《抱朴子·审举》。意思是：上面的人干出什么，下面的人就会效仿，君主做出什么，臣子就会把它作为基础更进一步。

【超俗拔萃之德不能立功于未至之时】出自《抱朴子·广譬》。意思是：就是出类拔萃的人，也没法在时机不成熟的时候成事。

【目察百步，不能了了，而欲以所见为有，所不见为无，则天下之所无者，亦必多矣】出自《抱朴子·论仙》。意思是：眼睛看百步以内的东西，尚且没法看得一清二楚，而要把自己看见的就认为是实际有的，没有看见的就认为是没有的，这样的话天下所没有的东西，可就多了。

【病困乃重良医，世乱而贵忠贞】出自《抱朴子·广譬》。意思是：病到很急的时候就会觉得良医是重要的了，世道动乱的时候就会觉得忠贞的臣子是重要的了。

【不饱食以终日，不弃功于寸阴】出自《抱朴子·勖学》。意思是：不要吃饱了饭整天无所事事，不要因为偷懒不用功而浪费了光阴。

【饰治之术，莫良乎学。学之广在于不倦，不倦在于固志】出自《抱朴子·崇教》。意思是：修养的方法，没有比学习更好的。学识要广博，贵在不怕疲倦；要不怕疲倦，贵在坚定志向。

【登山不以艰险为止，则必臻乎峻岭矣。积善不以穷否而怨，则必永其令闻矣】出自《抱朴子·广譬》。意思是：攀登山峰，不要因为艰险就放弃了，这样就一定能到达险峰。行善举，不要因为穷困潦倒就抱怨，这样就一定能流芳后世。

【烈士之爱国也如家】出自《抱朴子·广譬》。意思是：有抱负、有作为的人热爱国家，就像是热爱自己的家庭一样。

【白石似玉，奸佞似贤】出自《抱朴子·祛惑》。意思是：白色的石头看上去像是玉，奸佞小人看上去像是贤人。这警醒我们要看实质，不要被假象迷惑。

【奔骥不能及既往之失，千金不能救斯言之玷】出自《抱朴子·广譬》。意思是：就算是快马也追不回过去的过失，就算有再多的金钱也补救不回说错的话。

【鼻之所喜不可任也，口之所嗜不可随也】出自《抱朴子·酒戒》。意思是：鼻子爱闻（酒）的气味，但却不能因此就去酗酒；嘴巴嗜好（酒）的滋味，但却不能因此就去滥饮。

【必死之病，不下苦口之药；朽烂之材，不受雕镂之饰】出自《抱朴子·博喻》。意思是：是一定救不了的病了，就不必用良药去医治了；是朽烂了的木头，就不必去精雕细镂地装饰它了。

【沧海混漾，不以含垢累其无涯之广】出自《抱朴子·博喻》。意思是：大海茫茫，是不会因为含有污垢就影响了它的广阔的。这提醒我们对人不能苛求完美。

【非诚心款契，不足以结师友】出自《抱朴子·微旨》。意思是：

不能坦诚相见的话，就不足以结交成为师友。

【粉黛至则西施以加丽】出自《抱朴子·勖学》。意思是：施上了粉黛，西施就会更加靓丽了。形容聪明的人如果通过学习，可以变得更聪明。

【崇一篑而弗休，必钧高乎峻极矣】出自《抱朴子·勖学》。意思是：把一筐一筐的土不停地堆上去，就一定能堆成高大的山峰。形容做事要坚持才会成功。

【寸火能焚云梦，蚁穴能决大堤】出自《抱朴子·备阙》。意思是：一点火苗就足以烧掉整个云梦地区；一个蚁洞就足以摧毁大堤。这警醒我们做事要防微杜渐。

【大川不能促其涯，以适速济之情；五岳不能削其峻，以副陟者之欲】出自《抱朴子·广譬》。意思是：大河不会自己变窄，以去体谅渡河人的急切心情；高山不会自己变矮，以来满足登山人的愿望。

【大厦既燔，而运水于沧海，此无及也】出自《抱朴子·广譬》。意思是：大厦已经烧起来了，再到大海里去取救火的水，这就来不及了！

【胆劲心方，不畏强御；义正所在，视死犹归；支解寸断，不易所守】出自《抱朴子·行品》。意思是：胆大心定，就不会害怕强敌；正义在心，就能视死如归；就算是粉身碎骨，也不会改变这样的品质。

【弹鸟，则千金不如丸泥之用】出自《抱朴子·备阙》。意思是：用弹弓打鸟，千两的黄金也比不上一个泥丸管用。

【虎尾不附狸身，象牙不出鼠口】出自《抱朴子·清鉴》。意思是：狸猫身上长不出老虎的尾巴，老鼠嘴里长不出大象的牙齿。

【丰草不秀瘠土，巨鱼不生小水】出自《抱朴子·审举》。意思是：贫瘠的土地长不出肥草，浅小的水洼出不了大鱼。

【常才不能别逸伦之器】出自《抱朴子·博喻》。意思是：普通人辨别不出出类拔萃的人才。

【得人者，先得之于己者也；失人者，先失之于己者也】出自《抱朴子·广譬》。意思是：能赢得人心，是因为首先是具备了应该具备的修养；会失去人心，是因为首先失去了自己不该失去的品质。

【登峻者戒在于穷高，济深者祸生于舟重】出自《抱朴子·博喻》。意思是：登高的人，要警惕的是爬高了会摔下来，渡深水的人，往往是因为船太重才出了祸。要适可而止，不要过于贪婪。

【修学务早，及其精专，习与性成，不异自然也】出自《抱朴子·勖学》。意思是：儿童启蒙教育务必要趁早，等到学成之后，习性也就随之形成了，和天生的就会没有什么分别了。

【众力并则万钧不足举也，群智用则庶绩不足康也】出自《抱朴子·务正》。意思是：把众人的力量都集中起来，这样就算是万钧重的东西也会显得不值一举了；把众人的智慧都运用起来，这样就算是艰难的事情也会显得不值一做了。

【世有雷同之誉而未必贤也，俗有欢哗之毁而未必恶也】出自《抱朴子·广譬》。意思是：世界上有众口称赞却未必就是贤能的人，有众口诋毁却未必就是邪恶的人。

【睹百抱之枝，则足以知其本之不细；睹汪涉之文，则足以觉其人之渊邃】出自《抱朴子·博喻》。意思是：目睹了百抱粗的树木，就足以知道它的根不会细到哪里去；读了汪洋恣肆的文章，就足以看出作者学识的广博深邃。

【多闻而体要，博见而善择。偏修一事，不足必赖也】出自《抱朴子·微旨》。意思是：养生时要多听、多体会它的要点，多看、并且要善于择取。多种养生方法要尝试只是死钻一种方法，是不足以信赖的。

【芳藻春耀不能离柯以久鲜，吞舟之鱼不能舍水而摄生】出自《抱朴子·博喻》。意思是：鲜艳的花朵不可能在离开花枝之后，还能长久鲜艳；足以吞下船只的大鱼也不可能在离开水源之后，还能活命。

【卉茂者土必沃，鱼大者水必广】出自《抱朴子·清鉴》。意思是：花草茂盛的，土地一定肥沃；鱼只肥大的，水域一定广阔。

【风不辍，则扇不用；日不入，则烛不明】出自《抱朴子·广譬》。意思是：凉风不停的时候，扇子就用不上；太阳还没落山的时候，蜡烛就不会被点亮。

【缝缉，则长剑不如数分之针】出自《抱朴子·备阙》。意思是：

如果是缝制衣服，那么长剑就不如几分长的针来得有用了。

【干将不可以缝线，巨象不可以捕鼠】出自《抱朴子·用刑》。意思是：宝剑缝制不了衣物；大象捕捉不了老鼠。形容事物既有优点，也有缺点，没有任何时候都合用的东西。

【与妒胜己者而谋举嫉恶之贤，是与狐议治裘也】出自《抱朴子·博喻》。意思是：和嫉贤妒能的人商量举荐疾恶如仇的贤才，就像是和狐狸商量制作狐皮大衣一样可笑。

【播种有不收者矣，而稼穑不可废】出自《抱朴子·广譬》。意思是：播种也会有没有收获的时候，但却不能因此就废止了耕作。

【不学而求知，犹愿鱼而无网焉，心虽勤而无获矣】出自《抱朴子·勖学》。意思是：不去学习却想有知识，这就像想捕鱼却没有渔网一样，心情虽然急切，还是会一无所得。

【所见少，则所怪多，世之常也】出自《抱朴子·论仙》。意思是：见识少，感到奇怪的事情就多，这是世上的常理。

【云厚者，雨必猛；弓劲者，箭必远】出自《抱朴子·喻蔽》。意思是：云厚重，雨水就一定会猛烈；弓强劲，箭就一定会射得远。

【钩曲之形无绳直之影】出自《抱朴子·广譬》。意思是：弯曲的东西，不会有笔直的影子。

【小善虽无大益，而不可不为；细恶虽无近祸，而不可不去】出自《抱朴子·君道》。意思是：小的善事虽然没有太大的益处，但却不能不做；小的恶事虽然暂时没有近在眼前的灾祸，但却不能不除去。

【闻荣誉而不欢，遭忧难而不变】出自《抱朴子·行品》。意思是：听到了赞誉也不会沾沾自喜，碰上了忧难也不会改变行操。

【劳谦虚己，则附之者众；骄慢倨傲，则去之者多】出自《抱朴子·刺骄》。意思是：勤奋谦虚，归附他的人就会多；骄傲轻慢，离弃他的人也会多。

【金以刚折，水以柔全；山以高移，谷以卑安】出自《抱朴子·广譬》。意思是：金属是因为刚硬才折断的，流水是因为柔和才得到保全的；高山是因为高大才被夷平的，山谷是因为低下才获得安全的。

【君子无以貌取人】出自《抱朴子·刺骄》。意思是：君子是不会以貌取人的。

【让爵辞禄，以钓虚名，则不如本无让也】出自《抱朴子·诘鲍》。意思是：故意辞让官爵、俸禄，以便沽名钓誉，那样还不如根本不去辞让。

【治身养性，务谨其细，不可以小益为不平而不修，不可以小损为无伤而不防】出自《抱朴子·极言》。意思是：修身养性，一定要注意细处，不要因为小的进步没有作用，就不再修养了，也不要因为小的不良行为没有影响，就不加提防了。

【广车不能胁其辙以苟通于狭路，高士不能樽其节以同尘于隘俗】出自《抱朴子·广譬》。意思是：宽大的车子，不会为了适应窄路而收起自己的车轮；品德高尚的人，也不会为了投合世俗而屈抑自己的操守。

佛 学

佛教的形成、传入与发展

在印度，从来一切觉者，通称为佛。"佛"是佛陀（Buhda）的省称，原义是大觉及觉他的意义。印度有四种姓：第一等为婆罗门族，即僧侣；第二等为王族；第三等为农商；第四等为贱族。释迦出身在王族，他反对婆罗门教，于是便成立了佛教。

汉明帝时，佛教从印度传入中国。据晋袁宏《后汉纪》的记载："初，明帝梦见金人，长大，项有日月光，以问群臣，或曰：'西方有神，其名曰佛，陛下所梦得无是乎！'于是遣使天竺，问其道术，而图其形像焉。"于是汉明帝就派人去印度取经，用白马驮着经书回来，这就是著名的"白马驮经"。

为了接待陆续从印度赶来的僧人，汉明帝在洛阳城外修建了一座供他们居住的国宾馆，命名为"白马寺"，是为纪念那些因驮经而累死的白马；与此同时，"白马寺"也成为中国寺庙的雏形。

在白马寺中，印度僧人翻译出了中国最早的佛教经典——《四十二章经》。

从此，佛教开始在中国传播。此后，又陆续有四次取经活动。

三国时期的沙门朱士行发觉《般若》经的文义难于讲解，他听说西域的《大品经》更为完备，便立志寻求，几经辗转，终于到达今天的和田，抄回《大品般若经》。

东晋时期的法显为寻求完整律藏，远赴印度求取戒律，历经十一年，游历三十多国，最终取得《摩诃僧祇律》等梵本，而后到达狮子国，即今天的斯里兰卡，又获得《弥沙塞律》等梵本。回国后，他不仅写出了《佛国记》，而且翻译了《大般泥洹经》、《摩诃僧祇律》等5部49卷佛经。

同期，僧人宝云也到印度取经，回国后翻译了《新无量寿》、《佛本行》等4部17卷经。此外，僧人智严、智猛也分别组织人员出国取经。

到了南北朝时期，中国佛教的发展进入高潮，西行取经的新高潮赫然出现。首先，南朝高僧昙无竭取回并翻译了《观世音受记经》一卷；然后，道普、法献、道药陆续西行；接着，北魏的惠生、宋云取回了170部梵本；最后，北齐沙门宝、道邃、僧昙、智周等十多人西行，获取梵本260部。

白马寺

直至隋唐，中国佛教的发展进入最活跃期。因取经而出名的僧人玄奘就是这一时期涌现的先行者。他不仅带回经律论等梵本526部，而且翻译了75部1335卷经。此后，佛门弟子义净、悟空等人远赴印度求取经文。

历经这五次取经浪潮，印度佛经不仅传入中国，而且基本被译成汉文，在这些经书的基础上，中国佛教发展起来了。在中国，佛教在被保留精髓的同时，还被传入日本、韩国和东南亚等地。

国学常识 国学经典 国学精粹一本通

Guo Xue Chang Shi Guo Xue Jing Dian Guo Xue Jing Cui Yi Ben Tong

《四十二章经》

《四十二章经》是佛教众多典籍中最通俗易懂、便于记忆的一部。由东汉时期的迦叶摩腾、竺法兰共同翻译。

全经由 42 个小故事组成，以两千多字的短小篇幅生动叙述了释迦牟尼成佛的过程，其中重点阐述的教义有：沙门正果、善恶诸业、心证、远离诸欲、人命无常等。除了生动活泼的叙述，《四十二章经》里还充满了富有说服力的论述，主要是通过各种形象的比喻来体现。比如说修道人必须专一，心无旁骛，经文中把这种专一比喻为一根顺流而下的木头，只有它始终如一地保持在水流中央，既不被人拿走，也不被回流阻挡，才能顺利抵达大海。又如讲人贪求财色的欲望，经文里把这种贪婪状态比喻为小孩子舔食刀刃上的蜜糖，尽管有危险，但是小孩子流连忘返、不知疲倦。再如经文里把恶人害好人比喻为仰头吐唾沫，那吐出去的唾沫掉下来正好落在恶人自己身上。

之后的诸多经书都离不开《四十二章经》这部经典。再者，这部由很多小故事构成的经书开宗明义、直截了当，在众多经书中独树一帜，从而获得了相当广泛的流传。总之，《四十二章经》以短小篇幅、精妙比喻点明了出家学佛的重要意义，是宣扬佛教思想的工具书。中国佛教思想的诞生也正是立足于这本佛教经典。

大乘佛教

因为自称能运载无量众生从生死大河的此岸到达菩提涅槃的彼岸，成就为佛，所以大乘佛教由此得名。

由于大乘佛教宣扬人法无我，强调菩萨理想胜过阿罗汉，并且人人都有菩提心，可以成佛，所以大乘佛教以"普度众生"为修行宗旨，以成佛作为最高修行目标。汉传佛教与藏传佛教都属于大乘佛教。

大乘佛教也要进行禅定的修行，这是为了成佛的一种修炼。大乘佛教鼓励被称作般若智慧的理性活动，其目的是为了导向对空的认知。

大乘佛教中的涅槃是一种佛的境界，即法身、佛性、真如等，是人性中最本真的部分，它超越了寂灭不生或超越轮回流转的原始概念，它反映世间一切生灭而本无的诸相，却不为其所染。这样一种对空的认知，即主张宇宙万有，均为心之所度。本质上是纯粹的主观唯心论。也就是密宗的修持者在本心里去寻求的那个空，并且一切有形的物体均诞生于这个空。

甘肃敦煌莫高窟

大乘佛教的经典大多出现比较晚。据说，大乘佛教最初的那些经典是释迦牟尼佛或别的佛为天人讲述的，待机缘成熟时，人们才能听到。所以，尽管大乘佛教出现时间晚，但是具有相当的可信度。

在传播的过程中，大乘佛教形成了侧重点各有不同的宗教派别，这也是大乘佛教在汉地繁荣的表象之一。

第一，中观派。它的思想依据是般若经类，龙树及提婆是其代表。龙树的《中论》等论著形成了中国的三论宗。

第二，唯识宗。它又叫瑜伽行派，是用瑜伽观想和琐细心理分析将万法唯识转化为智，其思想是由《楞伽经》系统化而来的，玄奘是中国唯识宗的创始人。

第三，华严宗。又名贤首宗，创始者系杜顺禅师，到唐代法藏（贤首大师）达于完成。此宗经典以《华严经》为主。该宗立一恒常不变的真心，为一切现象的根本，其说为一种客观的唯心论。

第四，天台宗。萌芽在南北朝北齐时期。开创者为隋智大师。此宗以《法华经》为本经，对于《大品般若经》亦引用《法华经》解释之，故又称"法华宗"。他宗专主性善，天台宗兼主性恶，是与他宗不同的地方。

第五，净土宗。该派依《无量寿经》而成，它宣扬对无量寿佛的信仰和果报，并认为解脱之道不在读经和习禅，而在念佛法门。

第六，禅宗。禅即梵语"禅那"的音译，其意义为坐禅或静虑。该派是汉传佛教最重要的宗派。原分南宗、北宗，

彩塑一铺

后以南宗为正统，达摩为初祖，慧能为该宗创始人。禅宗不立文字，著作很少，今所传者有《六祖坛经》等。禅宗强调顿悟成佛的修行方法，并以"无念"为主，禅宗注意实行，不大谈什么宇宙论。唐以后禅宗在中国影响极大。

《金刚经》

在中国文化中，《金刚经》是影响力最大的一部佛经。其特殊之处在于它既超越又包含了一切宗教性。《金刚经》里指出，古往今来一切圣贤，一切有作为的宗教教主，都是得道成道之人，他们之间的差别仅在于个人得道程度的深浅不同。再者，因为时间和地域不同，他们各自传播教化人的方式不同。总之，彻底破除一切宗教的局限是《金刚经》的伟大意义之所在。

《金刚经》成书于公元前994年（即中国的周朝），它最初传入中国是在东晋时期。由印度的龟兹高僧鸠摩罗什翻译而成。

《金刚经》是释迦牟尼的前身如来世尊在世时和众弟子、长老须菩提等人对话的记录，由弟子阿难记载。

今本《金刚经》共三十二章，由梁武帝的昭明太子编定而成。尽管全篇没一个"空"字，却都是在讲述关于空的原理和空的智慧，关于如何排遣世间一切痛苦和烦恼而修炼成佛的方法。

《般若波罗密多心经》

《般若波罗密多心经》（以下简称为《心经》）是佛教经论中文字

最为简炼，而内容又极为丰富的一部典籍，它作为般若教义的枢要，简短而概要地讲述了般若真义。由于它极其方便诵读，所以更成为了帮助信徒明心见性的一部咒语，让无数信徒在喃喃自语的诵读中，驱烦静心。《心经》由此成为流传民间最普遍、最深入的一部经。

《心经》的译者玄奘就是那个《西游记》中去西天取经的大唐和尚。但是玄奘不像书中的唐僧那么"窝囊"，他在取经没有获准的前提下，私自出关，孤身跋涉于西域的蛮荒地带，为了真理不向威胁和利诱屈服，与印度群僧展开雄辩，最终取得真经，回国后致力于翻译事业，终成一代翻译大家，并开创了唯识宗派。他所撰写的《大唐西域记》成为佛教史学及古代西域、印度、中亚、南亚的史地、文化，乃至中西交通史上的重要文献资料。而他翻译的《心经》则是最通俗、最流行的版本。

因为《心经》是在般若教义的传播中不断修改形成的，所以梵本出现的具体时间不可考，汉文译本最早的出现在唐朝。

篇幅短小的《心经》只有 260 字，是般若经类的精要之作，它阐述了五蕴、三科、四谛、十二因缘等皆空的佛教义理，并认为般若能排遣一切烦恼与苦痛，到达脱离生死而涅槃的彼岸，从而修成正果。

"般若波罗蜜多"，是梵文的音译，因为中文里没有可与之对等的词语来表述，所以沿用原音。但它的总体含义是能达到脱离生死而涅槃的彼岸的智慧。"心"本指心脏，是百髓五脏之主。由于这部经是般若言论的心髓，是七百余卷般若经的精要，所以用"心"来命名。

相传在菩提树下修成正果后的佛陀，说法 49 年，其中有 22 年是用来说般若的，可见般若经的重要意义。而《心经》作为阐述般若真义的要典，它既是入门佛法的关键，又是指引众生的指南。

《妙法莲华经》

《妙法莲华经》简称为《法华经》，共 7 卷 28 品，它在中国佛教界流传最广，深受中国古代僧人重视，被誉为"经中之王"。根据《高僧传》记载，众多僧人以最虔诚的姿态专门念诵《法华经》，有些信徒甚至刺血书写它。信徒们对《法华经》的态度，与经文中关于受持该经就会受到诸佛护念，而诋毁该经必遭恶报的说法密切相关。所以不少信徒修练功德必定诵读书写《法华经》，并且虔诚地奉行它。

《法华经》的译者鸠摩罗什在中国翻译出《中论》、《百论》、《十二门论》、《般若》、《大智度论》、《阿弥陀经》、《维摩经》、《十诵律》等大乘佛教的重要典籍，它们对中国佛教的发展有极大影响。虽然在他之前也有人翻译过《法华经》，但直到他翻译完成《法华经》，才最终有了天台宗的开端。

《华严经》

《华严经》全称为《大方广佛华严经》，传说这部经篇幅很长，有上中下三本。其中，下本就有十万偈，相传是龙树菩萨从龙宫请出来的。中国现在传译的版本是这下本中的四万五千偈的抄略本。

《华严经》对十方成佛的大力强调，对大乘佛学的发展影响深远。隋唐时期，《华严经》广泛流传；与此同时，华严宗诞生。身为新罗人的义湘，他既是华严二祖的弟子，也是朝鲜华严宗的初祖；东渡日本传播《华严经》的唐僧道璇，成为日本华严宗的初祖。

《华严经》最初形成于公元2至4世纪间，东晋的佛陀跋陀罗是《华严经》的第一个译者。到了唐朝，高僧实叉难陀于公元695年在洛阳大遍空寺开始翻译。武则天亲临译场，首题品名。历时四年翻译完成。这个《华严经》译本，文义最通达、品目最完备、流传最广泛。

《华严经》，全经八十卷，分三十九品，由九会组成。全经倡导一种客观唯心论，认为恒长不变的真心是一切现象的根本。

《华严经》的九会，具体内容如下：

第一会：在菩提场中，佛初成正觉（一至六品）。

第二会：在普光明殿莲花座上，佛显现神变，十万菩萨都来集会（七至十二品）。

第三会：从菩提树下，佛上升到须弥山帝释宫殿，帝释和诸天颂赞佛，法慧菩萨说十住法门（八至十八品）。

第四会：佛升到夜摩天宫，天王跟功德林菩萨等十大菩萨都来赞佛，功德林菩萨说十行法门（十九至二十二品）。

第五会：佛升到兜率天，天王及金刚幢等十大菩萨颂赞佛，金刚幢说十回向法门（二十三至二十五品）。

第六会：佛在他化自在天宫摩尼宝殿，诸方世界诸大菩萨都来集会，金刚菩萨说十地法门（二十六品）。

第七会：佛在普光明殿，普贤菩萨回答疑问并说法（二十七至三十七品）。

第八会：佛在普光明殿，普贤演说二千法门（三十八品）。

第九会：佛在逝多园林，和文殊普贤等五百大菩萨、大声闻并无量世主聚会，佛显神力，文殊等南行说法，普贤颂赞佛的功德（三十九品）。

《华严经》的重要意义

在佛教里有种说法：假如通晓了《楞严经》，就意味着明白了佛的顶；假如通晓了《法华经》，就意味着明白了佛的身；假如通晓了《华严经》，就意味着明白了佛的全身和慧命。

《华严经》的主要内容

就是成道后的释迦牟尼佛给文殊、善贤等上品菩萨讲授法界的状况。什么是法界？就是佛眼中的世界。因此，我们说《华严经》表达了佛教最完整的世界观。

讲述佛的世界观是《华严经》的根基，以此为基础，讲解菩萨怎样对佛有信心、菩萨道的出发点何在、怎样坚持拥有一颗菩萨心、如何利他、怎样将自己的功德给予众生。

《华严经》的世界广大无边。在这个世界中，因中有果，果不离因，因果相承。明白这个道理，便能在《华严经》的广大世界中事事无碍，尽显神通。

《华严经》中有这样的名句："三界虚妄，但是心作。"这是在讲，因为心的活动，使得我们对于身处的三界，产生虚妄感。因为心的虚妄，三界才显现出来。在这个虚妄之心中，世间的十二因缘被包含在内。由此，成就了生死流转，这些都缘于虚妄之心。假如这个虚妄之心静止下来，生死轮回也就不复存在，这便是脱离三界的羁绊而得道成佛了。

能懂得心的虚妄，就能明白世界的真相。我们所见的大千世界，佛所谓的无量无数的世界，其实它们都是佛的真实不二的本体所表现出来的现象。河流虽然有区别、瓦片虽然有不同，但是河流中的水是相同的、制造瓦片的泥土是一样的。佛性就如同蕴含在河流中的水、制造瓦片用的泥。据此，在这个世界上，一切即是一，一即是一切。

所以这个貌似无量无数的世界，在本质上却是一致的。它们看似广大，那只是丰富多彩的现象。实质上这些现象是由一个真实不二的本体映射出来的。

《六祖坛经》

自佛教传入中国以来，最为重大的一次宗教革命就是禅宗。它的出现意味着来自西域的宗教具有了中国特色。横空出世的禅宗，以最快的速度成为中国佛教的主流和代表，风靡朝廷，流行民间，形成了"妇人孺子抵掌嬉笑，争谈禅悦"的昌盛局面。直到现在，汉地佛教寺院十有八九都属于禅宗。

六祖斫竹图

我们知道禅宗印证心法的重要经典有《楞伽经》和《金刚经》，但是真正算得上是禅宗宗经的，当属《六祖坛经》。作为佛教史上唯一出自中国的经书，《六祖坛经》出现，标志着禅宗的形成，使得传统佛教趋于衰落。

《六祖坛经》成书于唐代。总体而言，《六祖坛经》表达了惠能的思想，是由他的门人法海收录的惠能语录及后世禅宗语录。具体而言，《六祖坛经》记载了惠能一生得法传宗的事迹和启导门徒的言教，其中心思想是"见性成佛"，为修禅者提供"无念为宗，无相为体，无住为本"的实践方法，并引导其发挥唯心净土的思想。本经以金陵刻经处本为最流行的版本，有自序、般若、决疑、定慧、妙行、忏悔、机缘、顿渐、护法、付嘱等十品。

《六祖坛经》的作者惠能不仅是中国禅宗的创始人，也在世界上拥有极高地位，他与孔子、老子并称为"东方三大圣人"，还被欧洲学界列为"世界十大思想家"之一。其实，惠能本人创立禅宗思想时，还是不会写字的教外人。惠能少年时代家境贫寒，以卖柴度日。有一次，他听到别人念《金刚经》，心灵被极大震撼，便主动到达摩传下的五祖处的寺庙当了一个杂役。在五祖挑选继承人的考试中，他以"菩提本无树，明镜亦非台；本来无一物，何处惹尘埃？"的偈子，得到五祖的赏识，获得密传的衣钵，成为汉地佛教的六祖。为了防范其他众多竞争者的加害，惠能遵照五祖的叮嘱，孤身来到广东，躲藏十五年之久。最终，法性寺的印宗法师发现了惠能，他才剃发受戒，成为开宗立派的禅宗祖师。

《碧岩录》

作为禅文学典范的《碧岩录》，以独特的诗化方式，收集了一百个禅门公案，其中不仅有故事，还有点评，它被誉为"禅门第一书"。

因为禅宗的关键是注重顿悟，所以它经常使用当头棒喝或言语机锋等方式来帮助修行者悟道，而这些棒喝和机锋，恰好成为一个个有意思的故事，这种故事在禅门中又叫"公案"。

总之，汇集了禅门公案的《碧岩录》与禅宗宗经《六祖坛经》一起被称为合璧之作。但是《碧岩录》中的那些公案，过于专业、禅机太浓，所以不易被人读懂。悟性好的人，可能会因这本书进入了禅悟之门，但更多悟性差者却因这本书而堕入歧途。所以对于《碧岩录》推崇备至或者付之一炬，这是因人而异的。

《碧岩录》的作者圆悟克勤禅师出身儒学世家，少年时十分聪慧，后来接触佛经，顿感自己前世为佛门弟子，于是出家为僧。为求得真法，他遍访高僧大德，最后拜禅宗五祖为师，悟道后为成都昭觉寺主持。由于他悟道广博精深，讲法口才绝佳，能达到纵横无碍、融会贯通，常常让听法的人感动至极。就在他奉皇命到镇江金山寺当主持之时，宋高宗曾召见他，向他询问佛法，他说："陛下你用孝心治理天下，佛教是用一心来统御万种差别，真俗虽有差异，但这最初发的一心是没有差别的。"宋高宗听后非常高兴，就赐给他圆悟禅师的称号。

《碧岩录》是克勤禅师在澧州夹山灵泉院时对雪窦的《颂古百则》的评唱。夹山是唐朝善会禅师开辟的道场，善会禅师以浓郁的禅意诗句来描绘夹山的境界："猿抱子归青嶂里，鸟衔花落碧岩前"，这在当时传诵一时，从此夹山又被称为是"碧岩"。夹山灵泉院方丈室的匾额上就题着"碧岩"二字，《碧岩录》的书名由此而来。

为根据雪窦重显的颂古百则，《碧岩录》讲述禅门百则公案，共十卷，每节的结构一致：

一、垂示，对该则的案例提示纲要，加以引介。

二、列出公案案例，其中夹注注语或评语。

三、对该则案例加以评唱。

四、列出雪窦重显的颂古诗，其中亦夹注注语或评语。

五、对颂古诗作解说性评述。

理　学

宋明理学产生的背景

前文提到的盛唐佛家思想抢占了支配地位，各学说受到影响，儒学当然不例外。儒学继承者韩愈等，一方面吸收儒家理论，另一方面又要辟佛，这便是新儒学——理学产生的先声。

新儒学即理学，它建立于宋代。理学特点是兼收佛家道家的思想成分而融合儒家的政治哲学和伦理思想。

理学产生的社会背景是：当时手工业和商业有相当的发展，金融流通领域出现了纸币，经济生活活跃，民间文化颇为发达，如印刷术的成熟，图书出版的繁荣，官学之外民间书院的出现，自然科学中的罗盘针和火药的发明，都显现了宋代文化的高度发展。人们追求向外发展的同时追求内心的发现。

宋明理学产生的另一原因是，汉唐时期训注疏之学已经为有思想的儒生所厌恶。一些有学问的文人如范仲淹、欧阳修、王安石、苏轼等，都是留心政治，期望拿经史的事理来解决实际问题的。训诂学满足不了需要，就不得不寻找革新学术的路子。

在这些背景下，一种新的哲学思想自然产生，它就是理学，又称为道学。因陆象山说"心即理"，人们又称陆王一派的理学为"心学"。理学代表的是宋明儒家的学术。

早期理学大家

周敦颐（1017 年—1073 年），字茂叔，道州（今湖南道县）人。理学的开山之祖。又称濂溪先生。他直接和先秦儒家相呼应，进一步阐明天道，以及宇宙万物的生化历程。代表作有《太极图说》、《通书》等。认为宇宙发生是由无极而太极，太极动静而生阴阳五行，阴阳五行化生万物。他由太极宇宙论导出"主静，立人极"的人生哲学，这是吸收道教经典的一方面，另一方面他又以"寂然不动"的佛说来解释《中庸》，主张"无思""无欲"的修养方法。他用《通书》阐发以"诚"为主要的观点，说明天道化生，人道践履，则"天道、性命通而为一"了。

邵雍（1011 年—1077 年），字尧夫，谥康节，是与周敦颐同时的大理学家。著有《皇极经世书》等，以象数之学闻世。邵雍学说的宇宙观部分是先天学，认为万事万物生于心，心为太极。他说《周易》中的八卦方位，是文王的后天八卦，而他自己得之于道家的八卦方位是伏羲的先天八卦。他将他所理解的万物万事之理都画在了《先天图》中。邵雍用阴阳五行学说结合佛家成、住、坏、空四大劫的思想生发出了世运之说。他运用先天《易》图经纬万变，笼罩宇宙万物，完成了系统的"一元宇宙开辟论"。他还发挥了性善说，认为性是无我的。

张载（1020 年—1078 年），字子厚，长安人，世称横渠先生。著作有《正蒙》等，他的学说可分为几点：太虚一元之气的宇宙论。认为宇宙本体是一元之气，万事万物都由此生。他用这种唯物的理论来解释"金铁有时而腐，山岳有时而摧，凡有形之物即易坏"的自然现象。性说及天人合一观。他讲性，分天地之性和气质之性，似乎很自然地转入二元论。他有一段名言："为天地立心，为生民立命，为往圣继绝学，为万世开太平"，其哲学基础就是天人合一。

周敦颐、邵雍、张载都是理学的开创者，至河南程氏兄弟，理学方才宣告确定成立。

程颢（1032 年—1085 年）字伯淳，世称明道先生，比程颐长一岁。程颐（1033 年—1107 年），字正叔，世称伊川先生。二人著作，后人揖为《二程遗书》。两兄弟同属理学，但观点相异。程颢是唯心一元论者，他的学说为陆王一派先声。程颐是心物二元论者，他的哲学成为朱熹思想的源头。

程颢思想的特征：对于"仁"与"性"的解释。类似于孟子"万物皆备于我"的道理。确立了"理"或"天理"在道学上的地位。程颢的"理"是宇宙万物的普遍法则，由主观推出，属于客观范畴。分别了人心和道心。道心是指心的本性、是元气，人们加强修养的目的是去掉人欲的蔽障。他认为言性（心）的动静皆定，则能普万物，顺万事，达到"物我"一体的境界。

程颐学说要点：认为阴阳是气，阴阳是道，道即是理，气是形而下学，道或理是形而上者。他提出了动静、阴阳、善恶等相反有相需的观念。他的格物致知说和知行合一说都是主知的哲学。他的性即理说和居敬说是提出了居敬与致和并重的修养方法，主张功夫论，说"涵养须用敬，进学则在致知"。

朱熹与陆九渊

朱熹（1130 年—1200 年），字晦庵，徽州婺源（今属江西）人。曾任枢密院编修。宋学中四大门派，朱为闽派（朱出生在闽）。宋学其他三个门派是濂、洛、关。濂是周敦颐，洛是二程，关是张载。朱熹重要著作有《大学中庸章句》、《论语孟子集注》、《诗集传》、《易本义》、《通鉴纲目》等。他的宇宙论是以周敦颐的太极图说做骨干，以邵雍所讲的数，张载所讲的气以及程氏兄弟所说形上形下及理气的分别融合在一起，所以是集以前各理学家的大成。理在气先说，他说未有这事，先有这理。冯友兰曾用比喻解释：如尚未有舟车之时，舟车

朱熹像

之理已先在。理全气偏说。他认为理是完全的，但具体的事物所禀受之气，则每每偏而不全。格物致知说。这是讲修养方法。格物致知，即是穷理。探究真理的关键，在于读书。他认定理在事物中，非探究而不能明白，这是朱熹科学的一面。另一面，他认为万物之理具备于人心之中，圣人可以生而知之，这是违反科学处。朱熹观点上这种矛盾现象，一直为陆王学派所诟病。

陆象山（1139年—1192年），名九渊。是和朱熹同时而自创一新学派的理学家。象山十余岁即说过"宇宙即是吾心，吾心即是宇宙"的话。陆象山之学是主观唯心论的，因为他认为宇宙万物，都在自己心中。他是注重"思"而不注重"学"的，曾说"六经皆我注脚"。陆九渊传世著作有《象山先生全集》。承继学说有他的门人杨简等。

陆九渊曾被人邀约，与朱熹论辩理学问题于鹅湖，意见多不相合，无结果而散。

明代理学大家王阳明

宋朝理学，到朱熹已达到高峰，体系完备。陆九渊虽有新说，但未成体系，所以在王阳明产生之前，还不能和朱学分庭抗礼。因此，宋末到明初这一段时间，还是朱熹学说占绝对优势的时期。到了明代的王阳明出来，理学的面貌有了重大的变化。

王阳明（1472年—1529年），名守仁，浙江余姚人。其学派又称姚江学派。王阳明远接宋朝理学朱熹、陆九渊的传统，加以自创，形成了自己的理学体系，对当时和后世，影响都很大。

王阳明在文治武功方面都建立了功业。他巡抚南赣，定宸濠之变，平定思田、大藤峡之乱，表现了非凡的政治和军事才干。在哲学思想上他也有重大建树，他在贬龙场驿时，悟透"格物致知"说，根据《孟子》致良知的思想加以发挥，形成了自己的核心思想，提出以"良知"代替本心。他的"致良知"说所说的"良知"，一方面是先验的知识，另一方面是宇宙的本题。阴阳所谓良知，是直觉，有时又是本能或反射。他的心即理说，是直接继承陆象山主张的。他称"心外无理，心外无事"，反对在心外"即物穷理"。知行合一说。他认为"知是处即是行，行之明觉"，又说"知之真切务实处即是行，行之明觉精察处即是知，知行工夫本不可离，只为后世分作两截用功，失却知行本体，故有合一并进之说"。

王阳明的核心思想"致良知"说、"心即理"说，发而成为道德行为的"用"，体用圆融就是"知行合一"。他的"心学"思想与佛说"三界唯心，万法唯识"相似；尤其和禅宗的"顿悟"相似。

王阳明之学，后来分成两派。左派有极浓的空想浪漫色彩，李卓吾是其代表。李卓吾反儒者，反名教，著作在当时数次被焚，本身也被杀。王阳明的后继者要么太近于禅，要么太独狂而不守礼法，所以引起一些人不满。

理学批判与新理学

清初学界，产生了实用派与考证派，它们都对整个宋明理学持否定态度。当时攻击理学的多半指责其无补于实际政治，以致于"武人俗士"专权，弄得"天下鱼烂河决，生民涂炭"。还指责理学在研究方法上不实际，理学家虽主张实行三代的王道，而不能从古籍中发掘三代政治的真相。

清代学术思想的奠基者是顾炎武。顾炎武（1613年—1682年），本名继坤，明亡后改为炎武，字宁人，号亭林，是江苏昆山人。他的思想最大的特点是，客观实证主义加以经世救时的实用主义。他对王阳明派的学说深恶痛绝，指出其脱离现实政治的危害。他的"天下兴亡，匹夫有责"，数百年来，已成名言。代表作有《日知录》。

与顾炎武同时的王夫之（1619年—1692年）字而农，湖南人，因晚年隐居湘西的后船山，被称为船山先生。王夫之也批评王阳明的理学观，但不是站在实用主义立场上，而是从方法论和本体论的角度来驳斥王阳明的"恍惚空明之见"，尤见深刻。王夫之推崇朱熹，说明他对旧理学也是辨证看待。他的学说中，还涉及对佛教中一些不合理思想的批判，博大精深。其在中国哲学史上有重要地位，有专家认为不仅比朱熹、王阳明们高，也比后来的戴震来得重要。代表作《船山遗书》。

这一时期尚有学术大家黄宗羲，是从实用主义角度修正王阳明理学观的。重要著作有《宋元学案》、《明夷待访录》等。

清代对理学批判形成高潮的，有三个代表人物，即颜习斋、李恕谷和戴震。

颜习斋（1635年—1704年），名元。长期在农村生活，三十岁后形成自己的思想系统，他有《存学》、《存性》、《存治》、《存人》四小册书留世。在哲学上，他宗孟子性善论，而反对宋儒变化气质之说，但仍不脱理学家范畴。

李恕谷（1659年—1733年），名塨，字刚主。颜习斋弟子。名垛。他在老师"习事见理"的主张之外，又强调"理在事中"及道理出于事实的两点，反对理学家"离在事上"、"理在事先"的说法。

戴震（1724年—1777年），字东源，安徽休宁（今黄山市）人。继颜李派而起的理学批判者。批判精神可比颜李，本体论思想可比王夫之。戴震重视自然科学，精通考证学，不为考证而考证，用考证来阐明哲学体系。戴震反对程、朱理学于气的世界之外另立一理的世界的二元论。主张理客观存在于事物之中。他还认为人类求生存的欲望，正是道德产生的基础，反对宋儒"去人欲而存天理"的说法。戴震又认为理是客观的，意见是主观的，指出宋儒常常以意见为理，其结果是以理杀人。戴震思想虽博大精深，但仍不能构成一定的体系，故在哲学史上难与朱熹、王阳明等抗衡。

晚清今文学派盛行天下，宋明理学家沉寂得更无人注意了。今文学派谈的问题，大半是政治方面的，与理学家谈的性理天道不相联系。直至现代，继承旧宋学传统，并能推陈出新的，有冯友兰先生。冯是现代学者，对西洋哲学做过系统研究，并用现代科学知识对宋学传统加以修正，使旧理学脱胎换骨，代之以"新理学"面目出现。冯的这方面研究集中在《新理学》著作中。

国学常识
国学经典
国学精粹
一本通

（第三卷）

《国学常识 国学经典 国学精粹一本通》编委会　主编

中国华侨出版社

读书门径——《说文解字》

　　历来的大学者都强调"读书必先识字"，这个"识字"，不是指会读音而已，而是指要认识字的本义，我们现在所使用的现代汉语工具书一般讲的都是现代意义，不是字的本义。系统讲解汉字本义的最经典的工具书就是《说文解字》。朱自清先生告诉我们："现在学问的范围是广了，但要研究古典、古史、古文化，也还得从文字学入手。《说文解字》是文字学的古典，又是一切古典的工具或门径。"

东汉和帝时，有个许慎，作了一部《说文解字》。这是一部划时代的字书。现在我们要认识商周文字，探寻汉以来字体演变的轨迹，都得凭这部书。而且不但研究字形得靠它，研究字音字义也得靠它。研究文字的形音义的，以前叫"小学"，现在叫文字学。从前学问限于经典，所以说研究学问必须从小学入手。

《说文》正文 14 卷，叙目 1 卷。现存为宋初徐铉校定本，每卷分为上下，共 30 卷。全书收字 9353 个，重文 1163 个。《说文》收录了汉代所能见到的古文字，是研究古汉语和古文字学极为重要的资料。

《说文》同它以前的《史籀篇》《仓颉篇》《凡将篇》等字书不同，它分析字形、考究字源、说解字义、辨识读声，是我国第一部系统比较完备的字典。

造字的方法——六书

　　方块儿的汉字像建筑一样是有结构的，结构的形式也就是造字的方法与条例。历代学者讲造字法必讲"六书"，实际上我们今天的现代汉语中新创了不少字，早已超出了"六书"的范围。汉字的造字方法体现了汉字的性质。

我们今天使用的汉字大多数已沿用了几千年，如"人、天、日、月、山、水、田"等等。我们称之为传统汉字。传统汉字的造字和使用有六种方法和条例，就是"六书"：象形、指事、会意、假借、转注、形声。下面我们分别说一说：

1. 象形。象形就是象实物之形，是用线条勾画客观事物的形状来表示字义的造字方法。但是象形字从本质上来说已经不是图画，而是文字符号了。

描绘的太阳，逐渐演变成了"日"字。

象形字表现方式有表现全体的、用局部代表全体的和连带附加一起表现的三种：

表现物体的全体的象形字，如：日、月、人、目、山、水等。

是表现物体的局部的象形字，如：牛、羊、又（右手）等。

 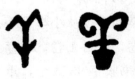

描绘的是一个羊头，逐渐演变成了象形字"羊"。

连带着有关物体一起画出，如：瓜、果、眉等。

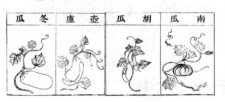 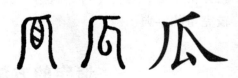

果实和藤蔓都表现出来了，这就是象形字"瓜"。

象形字象实物之形，易记好记，但语言有很多抽象的概念是无形可象的，就只好另用别法，所以象形字不多，在《说文解字》中收的

9353 个汉字中，只有 264 个象形字。

2. 指事。指事是用抽象的指示符号来表现字义的造字方法。

指事字有两种表现方法：

一种是使用抽象符号来表现指事字。如：一、二、三、上、下等。

"上"、"下"是指事字，"一"表示位置的界线。线的上面点一点，表示一个事物的位置在上面，线下点一点，表示一个事物的位置在下面。

还有一种指事字是在象形字上面增加一个指事符号来表现的，如：刃、本、末、寸等。

前面是甲骨文的"刀"，后面两个是"刃"字。刀口上点一点表示"刃"。

《说文解字》一书中，指事字只有 129 个，后世几乎没有创造出指事字。

3. 会意。会意是把两个或两个以上的字组合在一起以表示一个新的字义的造字法。它是两个或两个以上的字的意义的会合。如"林"字，是由两个"木"（树）组成的，它表示不止一棵树；而"森"字由三个"木"字合成，表示树木丛生，很多树木长在一片原野上，在我国古代，"三"是可以代表很多事物的数字，三个木（树）就表示很多的木（树）。休也是一个会意字，"休"字由"人"和"木"合成，表示人倚在树旁休息。

我们再来看"相"字，"相"字是一个木的旁边有一只大眼睛在看，这是表示有人在看一棵树，看看它是什么材料，这就是"相"字的本义。会意是突破象形和指事的局限而产生的，进一步表达了复杂一些的抽象概念，丰富了汉字，《说文解字》中的会意字达到了1167个。

4. 形声。形声字是由形符（义符）和声符（音符）两部分组成的。一个形声字的形符是该字表意的部分，声符是该字表音部分。如"铜"，"金"是形符，表示金属一类的，"同"是音符，表示读"同"的音，有些形声字的声符既有表音的作用，又有表意的作用，如"娶"。

形声字打破了单纯靠字形表达字义的局限，成为组字能力最强的方法。在《说文解字》一书中，形声字占80％。

5. 假借。假借是借一个已有的字来表示与其读音相同的词，也就是说，口语中已经有了这个词，而笔下却没有这个字，于是就借用声音相同的来表示。《说文解字》的作者许慎给假借的定义是"本无其字，依声托事"，可以说这是一种象声用字法，严格地说"假借"不是造字法。

如："来"字象麦穗之形，为象形字，本义指麦子，后来被假借来指"来去"的"来"。"汝"原本是一条河流的名字，后来被假借为第二人称的代词用了，这个第二人称的代词"汝"与"汝水"（淮河支流）毫无关系。

假借字是我们祖先经过"依类象形"的创造"初文"时期，进入到"形声相益"的造字时期的现象。假借字在上古时代普遍使用，这与当时的字少有关。甲骨文和金文中有很多假借字（据统计，甲骨文假借字占了三分之二），给后世的阅读和理解带来很大困难。

6. 转注。转注究竟确指何法，历来众说纷纭。《说文解字》定义为："转注者，建类一首，同意相受，'考'、'老'是也。""建类一首"，是说转注出来的字和本字属于同一个部首；"同意相受"，是说转注字和本字意义相同；从"考"、"老"的举例可见，转注字与本字的读音也相近。我们认为，转注就是"互训"，就是两个字可以相互解释，严格说它也不是造字法，只是用字法。

从文和字谈到汉字的性质

"文"是图画的意思，象形字叫"文"，"字"的本义是生育孩子，后来引申指在"文"的基础上孳生所得的合体字。《通志·六书略》上说："象形、指事，文也；会意、谐声（形声）、转注，字也。"中国文字最早的产生是处于表意文字时期，在这一时期是象形、指事、会意三种造字法综合使用的，后来汉字随着字形、字义和语音方面的变化出现了假借、形声字，逐渐发展成为是用义符、音符和记号的文字。所以说汉字是兼表音、义的文字，但是总的体系仍属于表意文字。

新造字的造字法

汉字一个字一个音节，每个字基本上是方形的，又叫方块字。

《康熙字典》收字 47035 个，《新华字典》和《现代汉语词典》都是收字 10000 多个。《汉语大字典》共收汉字 56000 多个，现代通用的约 7000 个，常用字 3500 左右。但是《新华字典》和《现代汉语字典》都收了一些《康熙字典》里没有的新造字。新造字基本上还是使用了形声、会意的造字法。形声造字法造的新造字有很多，例如：垃、叨、搞、炸、氧、氢、镁、钙、碘、咖、啡、啤、哩、咔、哎、呦、嗬、咚、嗨等。会意造字法造的新造字也有一些，如："不"、"用"合为"甭"，三"金"合为"鑫"等。

汉字字体的演变

中国的汉字从诞生之日起就一直处在不断的演变之中，总的趋势是越来越便于人们用来交流使用，其发展的规律是"因、革、损、益"。

汉字字体演变的主要历程是：以甲骨文开始，历经金文、小篆、隶书、草书到楷书、行书。下面我们以"日""月""车""马"四个字为例，来说明汉字字体的演变情况。

甲骨文是殷代刻在龟甲和兽甲上的文字。甲骨文出土于河南安阳县小屯村（商王朝后期都城遗址，也叫殷墟，所以甲骨文也称为殷墟文字），在今天可识的汉字中，以甲骨文为最古。

金文是铸刻在殷、周到秦、汉代青铜器上的文字。

篆书是大篆和小篆的统称。

隶书是由篆书简化演变而成的一种字体。

草书是为了书写便捷而简略笔画，连笔书写的一种字体。

楷书是现代通行的字体。字形方正，点画严谨，堪为楷模和法式，所以名为楷书。

什么叫训诂学

在文字学中，有一门专讲字义的学问，叫训诂学。训，与顺字同音，意思是顺着语义法解释。诂，是用现代的语言解释古语。

古代训诂学的权威著作是周代的字书《尔雅》。《尔雅》中，有以今语解释古语的《释诂》篇；有以雅言解释方言的《释言》篇；有以现代通用语解释文字的《释训》篇。后代仿照《尔雅》编写的书有《小尔雅》、《广雅》、《骈雅》等。

训诂学的内容分三个部分。其一，用现代语言解释古代语言；其二，用雅言解释方言；其三，用俗语解释文言。

训诂学在历代的发展中，存留著作颇多。汉代训诂专书有扬雄的《方言》、班固等的《白虎通》、刘熙的《释名》以及许慎的《说文解字》。其中，《说文》一书，被奉为训诂学的第一部古典名著。因为，它能从字形、字义、字音三项，全面解释文字，而又能打通三者的关系。后来，《说文》的注解本就有不少，有段玉裁、桂馥、朱骏声、王筠等的注解本，最完备的是丁福保的《说文解字诂林》。

刘熙《释名》一书，以字音解释字义。《白虎通》是解释典礼的著作，兼字义的解释。

唐代的训诂学注重义疏方面。义疏是对汉人的经义再作一下解释。顺便提示一下，注疏的要领是"注"服从"经"，"疏"服从"注"。《十三经注疏》这本书，就是合汉代的注与唐代的疏而说的。

训诂学发展到宋代，有偏离古说的倾向。朱熹望文生义，说"中心为忠，如心为恕"，又常常引用佛教典籍解释古代经典。

训诂，作为一门独立的学问，发展到清代的时候，渐趋鼎盛。理学到了明代末年，流于空疏、狂诞。清朝建立之后，大兴文字狱，学者们一因厌于空疏，更因惧祸，于是转向考据学。清初考据学重考音义、辨伪讹。清中期经史参互验证，探微补缺，或引史说经，清晚期以小学为纲，作典章训诂，整理群集，或以经典新考为时政之变找根据。当时的阮元，有《经籍纂诂》一书，搜集材料最多，成了训诂学集大成的著作。王引之父子精于训诂，王引之父亲王念孙有著作《广雅疏证》，王引之则有《经义述闻》、《经传释词》等。其中王引之的《经传释词》与俞樾的《古书释义举例》同为清代训诂学的最重要的著作。近现代训诂学代表作品有：刘师培的《古书疑义举例补》、杨树达的《古书疑义续补》及《词诠》。

古代也有语法学著作

我国研究古汉语文法或称语法的著作，在清代正式出现。最早的是王引之的《经传释词》和刘淇的《助字辨略》。清朝末年，马建忠著《马氏文通》，宣告语法学的成立。

《经传释词》研究的是古汉语中语词"虚字"的用例以及古人说话的词气。词气的表达方式就是语法（或文法），所以，我们说王引之的这本《经传释词》是中国语法学的开山之作。刘淇的研究工作虽稍晚，但比王氏较系统些。马建忠是用西方语言的义例解释我国古汉语的语法，有些牵强附会，但也的确道破了古汉语中不少文法的奥妙，使其变得平常易懂。

其实，在正式的语法（文法）著作出现之前，我国的语法研究，在古代的训诂学著作中，已零星出现，但不如今天的精密而已。《尔雅》一书，在解释各类名物之外，尚有《释诂》、《释言》、《释训》诸篇，所包含的字，就有不同的语法性质。许慎《说文解字》中，解释虚字，都称为词。宋代开始，训诂家对于文字已有虚与实的分别。

马建忠之后，我国研究古汉语语法的队伍逐渐壮大。有名家章士钊、杨树达、王力等出现。王力写的《中国文法学初探》成果颇丰，影响也较大。

语法学也是我们读古书所必需的工具。

什么是音韵学

　　文字和语言分家的现象，是我国古书不容易读的最大原因，因此，不但古书难以读懂，即使是现代的浅近文言文也不是一般老百姓在短时间内能够弄通的。

　　前文已说，汉字的读音，随着语言的发展而变化。但有些字音，语言里面并没有变，而文字变了，如"之"字、"夫"字，其古音和"的"字，"吧"字相近，足见口语中的"的"、"吧"原是"之"、"夫"古音的遗留，只因为文字上的"之"、"夫"已经变化了读音，所以就另用"的"、"吧"两字来代替了。

　　古时候，没有ㄓㄔㄕㄈ（zh ch sh f）等声母，把轻唇音读如重唇音，如：望读如茫，冯读如凭，无读如模，封读如邦；把舌叶音读如舌尖音，如：陈读如田，沈读如潭，直读如特。

　　轻唇音和舌叶音出现在中古时期。这时期一部分重唇音与舌尖音的字，在口语上变成了轻唇音与舌叶音，另一部还没有变化，如"之"、"夫"等字。然而，在古音还没有发生大量改变的时候，有人创造出了用两个字拼合来注第三个字的音（即反切）。反切的上一个字代表声母，假如后来反切第一字的语音变了，那么，所注的字音，即使在口语上没有变，在文字上也会跟着变。古代有文化的人对书本上的注音是很迷信的，这就造成了字音和语言的歧异。久而久之，文字的语音和字音隔离，后代的人们哪里还知道口语中的"的"、"吧"等音就是"之"、"夫"等字的口头读法呢？

　　再举一例。现在我们读古书上的"鸟"字，文字音是（niǎo），口语音是（diǎo），也是字音变了，语音没有变，好在鸟儿还在我们的大自然中飞翔，民间还有古音的遗留，所以今天我们还能搞清它们的联系。至于古汉语中的虚字，在语言和文字分离以后，就不容易找到联系的地方了。所以我们说，文字和语言的分家是读懂古书的最大障碍。

双声字与叠韵字

双声字就是声母相同的两字。叠韵字是韵母相同的两字。双声字，训诂学家称为一声之转，声母学家称为同母之字。叠韵字，训诂学字称为音近之字，声母学家称为同韵之字。

古书上物名、人名以及复音的形容词、动词等，大多数都是双声字或叠韵字。例如双声字"蒹葭"、"蜘蛛"、"高冈"、"参差"等，叠韵字"辗转"、"优游"、"缭绕"、"螳螂"等。

双声字的叠韵字，意义相同或相近的很多。对于转注或假借字，常常可以从双声叠韵的关系上去观察。如"复"与"返"是互训的双声同义字（互训就是两个字可以互相作为解释）；"离"与"丽"是叠韵的同义字，以上都是转注。又如：双声假借字，借"利"为"赖"（赖以贝字得形，从刺字得声，本义是赢利；利字从刀，是铁器，现在拿它代替赖）。叠韵假借字，例：《易经》借"羊"为"祥"。懂得这些有利于帮我们读懂古书。

反切注音法

反切是古代汉字常用的注音方法。反切注音法正式运用是从东汉孙叔然的《尔雅音义》开始，发明比应用稍早些。反切注音之前，中国的汉字注音是用"直音法"，实际就是用同音字来注音。

"直音法"这种用同音字注字音的方法在《说文解字》中就已经使用了，如"某字读如某"。但遇到没有同音字的情况，就不能注了。所以后人发明了反切注音法。合两个字来拼成一个字的音。反切的原理是：上一字与所注的字为双声，下一字与所注的字为叠韵。例如："公，姑翁切"，公姑双声，公翁叠韵。

"反切"最初叫"反"，后来叫做"切"，再后来合起来称，便是

"反切"。

　　古代的反切注音法缺点也比较明显。因为反切所用的汉字，与拼音使用的字母不一样，不是代表音素的，是代表音节的，因而大半不能连续用两个字来拼读成一个音。直到后来国语注音符号产生，用注音符号来拼注一个字，这种局面才得到改变。例如"东"的注音是ㄉㄨㄥ（dong），"姑"是ㄍㄨ（gu）。"都"用"东"、"姑"来做反切，那么，"都"的音就变成ㄉㄨㄥㄍㄨ（dong gu），中有韵母ㄨㄥ（ong）及声母ㄍ（g）的障碍，现在我们取"东"的声母ㄉ（d）和"姑"的韵母ㄨ（u）来相切，得到ㄉㄨ（du），就没有任何障碍了。

　　反切注音法还有一个缺点就是双声叠韵字可以有很多，比如"都"字可以用多姑切，还可以用大孤切等等。这样会产生很多混乱，古代读书往往需要人直接带着阅读也是因为没有好的注音法。

音有"四声"

　　读六朝以后的诗文词典，如果不懂汉字的四声说，就势必失去抑扬顿挫的味道。我国的语文，单音字特别多，常常要用声调的抑扬高低来区别同音字。

　　古人解释《左传》中的"伐"字，说"伐人者为客，读伐长言之，见伐者为主，读伐短言之"，就是用长短音来区别主动与被动的意义。这是汉代以前用字的声调长短来分别字义的例子。

　　南北朝时期，字的声调有了"平、上、去、入"四种分别。代表性理论著作是周顒著的《四声切韵》、沈约著的《四声韵谱》。

　　平、上、去、入四声的分别是：（一）平声长，上去较短，入声最短；所以上去入又统称仄声。（二）平声始终如一，没有升和降。上声由低升高，去声由高降低；入声短，无所谓升降。因此唐《元和韵话》说："平声哀而安，上声厉而举，去声清而远，入声直而促。"至于阴阳或清浊的分别是：阳浊较高，阳清较低。

　　需要说明的是，古代汉语的四个声调和今天普通话的声调是不完全一样的。主要是古代的四声中有入声，入声这个声调是一个短促的调子。现代中国的南方江浙、福建、广东、广西、江西等处都还保存着入声。北方也有一些地方如山西、内蒙古等保存着入声。但是在北方的大部分和西南的大部分的口语里，入声已经消失了。

音韵学本来是小学的一部分，后来独立成科。音韵学起源于对汉字字音的分析，其着眼点是整个汉语语音各个时期的声、韵、调系统及其演变规律。

汉语每一个字的音，可以分为发声、收声两部分，发声为"声"，可以用声母代表，收声为"韵"，可以用韵母代表。声母的音在通过喉咙（声门后），被阻于口腔内，因其被阻的部分而形成种种不同的音，如双唇阻形成ㄅㄆㄇ（bpm）韵母的音，在口腔内是不受阻碍的，但由口的开合，舌的升降而形成不同的音，如丨ㄨㄩㄚㄛㄜㄝ（iuüaoeê）等，是单韵母，合ㄚ丨（ai）成了复合韵母。现代中国语言发音如前所述，但是，古时候的发音，是比较复杂的。如带声韵母还有带ㄇ（m），ㄆ（p），ㄊ（t）或ㄎ（k）的。音韵学就是要把这些情况研究清楚。

我国古代没有适当表音的符号，只拿汉字来当作表音符号。用现代音韵学的观点来看，这很不精密。现在使用的国语注音符号比古时候的汉字表音前进了一大步，并有万国音标、外文字母做注音的补注，使现代中国的音韵学，可资运用的工具精密多了。从而也能发现古代音韵学并不神秘，而且有许多不够严谨、不够正确的地方。

我国音韵的变化，经历了三个时期。第一个时期是古音时期，就是秦汉以前时期。第二个时期是所谓今音时期，就是魏晋以至唐宋诸朝，这时期的音韵研究，即所谓广韵之学。这时期其实应当改叫中古音韵的时期。第三个时期是元明清以后，这时期口语的通行音韵以北方为标准，比起中古音韵简单不少。清代有《五方元音》，所分的韵目，已和汉语注音符号接近。

我国音韵学在音韵变迁中，也产生了几个分支。一支是研究古音时期的音韵的，叫古韵之学。一支是研究中古音韵（今音）时期音韵的，叫广韵之学。广韵成于宋朝。一般认为，元明清时期所用的平水韵，也有抄袭广韵的嫌疑。还有一支是研究元明以来音韵的，叫等韵学。等韵学是当代的，这时期的学者注重研究的是怎样用声母和韵母来拼切字音，使反切更精密。

韵　部

在声母产生以前，韵母就有了。隋朝陆法言《切韵》是这方面第一本系统的讲韵母的书。

《唐韵》和《广韵》都是根据《切韵》编成。

在《广韵》一书中，韵母有 206 个。到南宋时平水韵，合并韵母为 107 个。明朝有《洪武正韵》，韵母变成 76 个。后期的等韵学家又将它们归纳为 15 个韵摄。

在十五韵摄中，第一个韵摄分开、齐、合、撮四呼。下面，我们以汉语注音符号代替韵摄，将《广韵》韵目（以平声为代表）列在下面，用以说明韵母的开口呼、齐齿呼、合口呼与撮口呼的不同。

丨（i）　　脂支

ㄨ（u）　　模虞

ㄩ（ü）　　鱼虞

ㄚ（a）　　麻

ㄜ（e）　　歌戈

ㄝ（ê）　　麻（该韵中车遮者蛇等字）

ㄟ（ei）　　灰

ㄞ（ai）　　佳皆咍泰夬

ㄠ（ao）　　萧宵肴豪

ㄡ（ou）　　尤侯幽

ㄢ（an）　　元寒桓删山先仙覃谈盐添咸衔严凡

ㄤ（ang）　江阴唐

ㄣ（en）　　真谆臻文殷魂痕侵

ㄥ（eng）　东冬钟庚耕清蒸登

儿（r）　　支脂之（诸韵中儿耳二诸字）

怎样确定古字本音

研究古音的学问，起始于宋代，到了清代有了很大的发展。明末清初顾炎武作"音学五书"，对古音研究起了承先启后的作用。

确定古字本音对研习古籍十分重要。但古音处于变迁之中，具体情况此较复杂。研究古音之学，要掌握反切的基本原理，进而掌握中古的声母、韵部、声调系统和它们的配合规律，在熟练掌握中古音的基础上，上溯考定古音，下推今音。

从清代顾亭林根据古代韵文推断古字的本音，推翻前人叶韵改读的讲法开始，到近代章太炎与他的学生黄侃，对音韵学都有推进，尤其近人汪荣宝贡献较大。我们要读一些音韵学的入门教科书和基本经典，就能学会推定古字音，音韵学是口耳之学，并不神秘。

上下五千年　辉煌中华史

中国文明，卓尔不群、屹立东方，与西方文明交相辉映。"周虽旧邦，其命惟新"，中国在过去的历史进程中兴盛、中衰、复兴的奥秘，古往今来，日新又日新的故事，都必将启示今人的前进。读史可以让我们登高望远，回顾与前瞻，从全部的中国史可以看出它指向的光明道路，尽管仍然曲折，但能给人以宽宏的心胸和广阔的眼界，增加历史的责任感和信心。

史部研读的方法及二十四史

我国的史籍，极为完备，史料无比丰富。《四库全书总目》中说"夫学者研理于经，可以正天下之是非，征事于史，可以明古今之成败。"

读史首先是了解历史事实和历代制度的演变。

读史第一是要了解和考证历史事实，在时间的经线上和历史事件及历史人物的纬线上一一进行推原求真的研究。还要着眼历代制度，如治国之道、天文、历法、地理、官制、兵法、财政等方面的史实及源流本末的演变。

其次，读史要明了历史的时代背景与治乱兴衰的规律。

读史故然要熟悉史实，多识前言往行，但更重要的是要研究出每一历史时期的时代背景及时代潮流，当时的历史变化的线索是什么？

支配历史前进的动力是什么？这些规律性的东西都隐藏在史料之中，是需要认真研究发现的。历史的治乱兴衰必然有其原因，然后发生其结果，因果之间要在比较长的一个历史时期才能看清楚，要进行系统的科学的研究才能找出内在的规律。

还有，读史可以学习先贤的事迹与嘉言宏思，增长智慧。

历史是人的历史，历史的兴衰、事业的成败都关系到当时人的思想和作为。历代优秀人物，推动了历史前进的人物和创造了可歌可泣的事迹的人物，都给我们留下了可资学习的榜样和智慧。

所谓正史是历代编撰的（主要是官修的）记载上一代或几代全史的纪传体的史书。从《史记》开始每一朝政府都要编撰这样的历史，到了清朝，已经有了24部，世称《二十四史》。

我们现在来说《二十四史》。《二十四史》的第一部就是《史记》，《史记》是纪传体的史书，司马迁开创了我国古代史书的体制与规模，成为汉以后历代官修史书的"极则"。把《史记》的体例熟悉了，《二十四史》的体例也就明白了。

《史记》

《史记》，原文《太史公书》，汉司马迁著，是我国第一部上自传说中的黄帝，下至汉武帝的纪传体通史。此书不仅仅是"网罗天下旧闻"、记载史实，更是努力贯通古今，总结历史"成败兴衰"规律的通史，还是"究天人之际，通古今之变，成一家之言"的历史哲学。司马迁继承先秦史家秉笔直书的传统，有胆有识，注重调查研究，去伪存真，尊重事实，故历代学者"皆称迁有良史之材，服其善序事理，辨而不华，质而不俚，其文质，其事核，不虚美，不隐恶，故谓之实录"（《汉书司马迁传》）。

《史记》还有极高的文学艺术价值。《史记》以人物活动为中心。在特定的历史环境中，展现了众多个性鲜明的历史人物典型，千载以下令人如闻其声如见其人。《史记》的文章也成为后世学习文学的典范。

《史记》的作者是司马迁（公元前 145 年—公元前 74 年），字子长，夏阳（今陕西韩城县）人。

司马迁"年十岁则诵读古文"，接受了系统的文化教育。长大后，又"西至空峒，北过涿鹿，东渐于海，南浮江淮"，走遍大江南北，有广博的学识见闻，且在皇帝身边做郎中二十余年，这一切都为他修撰《史记》做了充足的准备。司马迁的父亲司马谈就是太史令（掌天文、测候、图书之搜集整理以及历史之编纂），司马谈在临终时，遗嘱命司马迁修撰《史记》。司马谈卒，三年后，司马迁为太史令（38 岁），开始搜集资料，发愤修撰。天汉三年（公元前 98 年），遭李陵之祸。武帝征和二年（公元前 91 年，司马迁 55 岁），书成，修撰《史记》达 18 年。

《史记》的内容

《史记》上起黄帝（公元前 2674 年），下迄武帝元狩元年（公元前 122 年），共 2553 年。

全书一百三十篇，526500 字，分为：

1. 本纪，十二卷。

2. 年表，十卷。

3. 书，八卷。

4. 世家，三十卷。

5. 列传，七十卷。

共一百三十卷。

我们在这里以《史记》为例，说说纪传的体例。

本纪

司马贞《史记·五帝本纪索隐》云：

纪者，记也。本其事而记之，故曰本纪。

刘知几《史通》说的最为详细：

盖纪之为体，犹《春秋》之经，系日月以成岁时，书君上以显国统。

可见本纪就是以历代君王的大事活动为纲，编年为体的记事纲要。

世家

刘知几《史通》曰：

司马迁之记诸国也，其编次之体与本纪不殊；盖欲抑彼诸侯，异天子，故假以他称，名为世家。

可见"世家"就是记述王侯封国的人物，因为王侯是开国世袭子孙，所以称为"世家"。

需要特别指出的是，司马迁把孔子写入世家，表现了他充分尊崇人的价值的卓越历史观，他要说明孔子在中国历史、中华文化上的极为深远的影响。

表

《史记》所创的"年表"体例，是源于古书中的"谱牒"。"表"是以时间为中心，编排同类性质的大事。因为历史人物太多了，如果每个人都立一传，是不可能，所以用"表"来统系年代、世系及人物，可以提纲絜领，补本纪、世家的不足。

书

"书"以事类为纲，记载国家的刑法、礼乐、风土、山川等大政大法。《史记》中的"八书"，如礼书、乐书、律书、历书、天官书、卦禅书、河渠书、平准书等，朝章国典，得以备录，开后世政书的先河。

列传

"列传"记人物、民族及外国事物。凡是社会各阶层有价值的人物都可以立传。

最后说一下《史记》的评论，书中称为"太史公曰"，这一部分是司马迁对历史及人物所下的论断，表现了司马迁卓越的史"识"。这部分到班固《汉书》改称"赞"，陈寿《三国志》称"评"，范晔《后汉书》称"论"。

学精粹一本通

Guo Xue Chang Shi Guo Xue Jing Dian Guo Xue Jing Cui Yi Ben Tong

《史记》的注本

《史记》注释本最著名的有南朝宋裴骃《史记集解》、唐司马贞《史记索隐》、张守节《史记正义》、清代钱大昕《史记考异》、梁玉绳《史记志疑》，《读书杂志》载王念孙研究成果四百六十余条，日人泷川龟太郎有《史记会注考证》。

《汉书》

《汉书》又称《前汉书》，东汉班固著，是我国第一部断代史纪传体史书。

由于司马迁的《史记》，终于汉武帝元狩年间，自太初以后，缺而不录，西汉末年的学者，如刘向、刘歆、扬雄……都有所续作。然而对王莽的新朝多有美言，深为东汉学者所不满。于是司徒掾班彪，乃致力续《太史公书》，采集旧事，继元狩之后，作传六十五篇。建武三十年（公元54年），班彪卒，其子班固则取《史记》及其父班彪之资料，接续著作，历二十余年，书未成，永平五年（公元62年）有人上书明帝，告其私改国史，被捕下狱，书被抄没，幸赖其弟班超上书辩白，获释，明帝征班固为著作郎，令完成父业。和帝永元三年（公元91年），随大将军窦宪出征匈奴，为中护军。次年，宪谋反弑帝，失势自杀，班固受到株连，死于洛阳狱中，当时《汉书》书稿还没有整理完毕，和帝乃命班固之妹班昭整理班固的书稿，并续撰八表。但《天文志》未成，和帝复令待诏马续完成之。前后历40年，经4人之手，才完成。

班固（公元32年—公元92年）字孟坚，扶风安陵（陕西咸阳）人。附带说几句：后世对《汉书》颇有剽窃之讥，理由是，《汉书》中有班固承其父所作之传六十五篇，可是没有说明。还有在《汉书》中，从汉高祖至汉武帝，大多采用了《史记》的材料，也没有说明。但是《汉书》毕竟是继《史记》之后的一部杰出的史学巨著，其记述历史，比《史记》更为精详。

《汉书》的内容

上起汉高祖（公元前 206 年），下迄王莽之诛（公元 23 年），共二百三十年。

计十有二世，230 年，80 余万言。是一部断代史。《汉书》的体例：

1. 帝纪，十三卷。

2. 表，十卷。

3. 志，十八卷。

4. 列传，七十九卷。

废世家为列传，共一百二十卷。

《汉书》的注释本

《汉书》注释最著名的本子，当属唐代颜师古《汉书注》和清代王先谦的《汉书补注》。

《后汉书》

在《汉书》之后，用纪传体修撰后汉历史的人很多，如后汉刘珍等所修《东观汉记》、三国时吴人谢承修《后汉书》、晋人薛莹修《后汉记》等。曾任彭城王义康冠军参军、尚书吏部郎的范晔因事被贬谪为宣城太守，在郁郁不得志之时发愤修《后汉书》。范晔集以前众家之长，增删取舍，润饰而成《后汉书》。此书叙事精详，而且言简意赅，有卓越的史识，持论平正，褒贬公允。特别是《后汉书》的文章是"正史"中有数的佳作，人们把它和《史记》、《前汉书》、《三国志》并列，称为汉之"四史"或"前四史"。

范晔（公元 398 年—公元 445 年），字蔚宗，南朝宋顺阳（河南淅川）人。范晔性情"轻躁"，恃才傲物，在当时颇遭人忌，他的死是因为参与孔熙先密谋迎立彭城王义康为帝而被杀。他死时《后汉书》的"志"未终篇，至梁刘昭，乃取司马彪之"志"，附入范晔的书，《后汉书》才成为完整的著作。

《后汉书》的内容

上自光武帝建武元年（公元 25 年），下迄献帝建安二十四年（公元 219 年），共 195 年。

1. 帝纪，十二卷。

2. 志，三十卷。

3. 列传，八十八卷。

共一百三十卷。

《后汉书》的注释本

《后汉书》注释本最著名的有梁刘昭的《后汉书集注》、唐章怀太子《后汉书注》、清惠栋《后汉书补注》和清代王先谦《后汉书集解》。

《三国志》

在《三国志》成书之前，魏、吴两国都已经有了官修和私修的本国史书，蜀亡后谯周曾修《蜀本纪》。作为蜀人的陈寿，在入晋之后修撰《三国志》。因为晋朝是继承魏祚而统一全国，所以陈寿以《魏书》列为三国之首，用本纪来记述魏国的帝王，但对吴、蜀二主却称为"传"。当然，在记载吴、蜀两国历史时也是按年叙事，同于本纪体例。

《三国志》在史料取舍剪裁上严谨审慎，忠于史实，精于考订。行文简洁峻朗，有很高的史学价值和文学价值。

陈寿（公元 233 年—公元 297 年），字承祚，巴西安汉（今四川南充县）人，享年 65 岁。陈寿曾师事史学家谯周，在蜀汉时为观阁令史，因为不肯屈身俯事宦官黄皓，郁郁不得志。蜀亡入晋，任著作郎，治书侍御史。

《三国志》的内容

上起魏文帝黄初元年（公元 220 年），下迄西晋武帝太康元年（公元 280 年），共 61 年。

1. 魏志，帝纪四卷，列传二十六卷。
2. 蜀志，列传十五卷。
3. 吴志，列传二十卷。

无表志，共六十五卷。

《三国志》的注释本

由于《三国志》行文过于简洁，于史实或有疏略，南朝宋文帝刘义隆病其简略，乃命裴松之作注。裴松之即广搜资料，详为注释，他不仅仅是注释，更重在增广异闻、增补史实，篇幅较原书多出三倍，为我国古代典籍名注之一。

《晋书》

修晋史者，自晋至唐，已有二十余家。到了唐初，社会上流行有十八《晋书》，但时人认为"制作虽多，未能尽善"，于是唐太宗诏房玄龄、褚遂良重修《晋书》，贞观十八年（公元 644 年）开始修撰。参与其事者，还有颜师古、孔颖达（担任纪传）、李淳风（担任诸志）、敬播（担任叙例）、令狐德棻、上官仪等 21 人（据《新唐书·艺文志》），唐太宗亲自撰写了《宣帝纪》（司马懿）、《武帝纪》（司马炎）和《陆机传》、《王羲之传》，这些都称为"御撰"。

房玄龄（公元 578 年—公元 648 年），名乔，字玄龄，临淄人。居相位十五年，辅佐唐太宗致贞观之治。褚遂良（公元 596 年—公元 658 年），字登善，钱塘人。

《晋书》有很多特点，如为五胡十六国立世家，司马懿、司马师、司马昭均未即位，而为立《宣帝纪》、《景帝纪》、《武帝纪》。因六朝文风影响，《晋书》行文常用骈俪，而且间有采取《世说新语》之类的小说题材。

《晋书》有众多专家参与修撰，能各尽所长。如李淳风长于天文、律历；令狐德棻长于文学叙事。但也因为成于众手，历时又短，缺误较多。

《晋书》的内容

上自晋武帝太始元年（公元 265 年），下迄东晋恭帝元熙元年（公元 419 年），共 155 年。

1. 帝纪，十卷。

2. 志，二十卷。

3. 列传，七十卷。

4. 载记，三十卷。

共一百三十卷。

《宋书》

沈约撰《宋书》，继承了先前的很多成书，自文帝元嘉中以后，已有何承天、山谦之、苏宝生、徐爰诸家陆续修撰《宋书》，齐武帝永明五年春（公元 487 年），沈约奉命修撰《宋书》，第二年（公元 488 年）二月便告完成，历时仅一年，这是自古以来修史书成书最快的。

《宋书》的《八志》包括律历、礼、乐、天文、州郡、百官等，可补前史之缺。所以历来论《宋书》价值，都首推其志，如《四库提要》云：

乐志详述八音众器，及鼓吹铙歌诸乐章，以存义训。……有声而词不可解者，每一句为一断，以存其节奏，义例尤善。

所以自魏晋以后的乐府诗得以保存下来，全赖《宋书》之志。

《宋书》还有一特点是：列传叙事多用"带叙法"，即将某人之事附于某人之传中，而叙述其履历，此法有如小说中的"插叙"。

《宋书》的修撰者沈约，字休文，吴兴武康（今浙江武康县）

人，生于南朝宋元嘉十八年（公元 441 年），卒于梁武帝天监十二年（公元 513 年），享年 73 岁。沈约历仕宋、齐、梁三朝，为著名文学家。

《宋书》的内容

上自宋武帝永初元年（公元 420 年），下迄顺帝升平二年（公元 478 年），共 59 年。

1. 帝纪，十卷。

2. 志，三十卷。

3. 列传，六十卷。

共一百卷。

《南齐书》

先说书名，本书据《梁书·萧子显传》、《隋书·经籍志》、《唐书·艺文志》都称《齐书》，宋人为别于李百药的《北齐书》，乃称之为《南齐书》。

萧子显修撰《南齐书》，主要根据齐高帝建元二年（公元 480 年）江淹、檀超等修撰的国史，并参考沈约所撰《齐纪》二十篇。清人赵翼评论《南齐书》说：

齐书比宋书较为简净……如《刘善明传》所陈十一事，皆櫽其语载之；《张欣泰传》所陈二十事，只载其一条……《孝义传》用类叙法，尤为得法。……传不多而人自备载。

《南齐书》是修撰者萧子显为其祖父作本纪，所以于宋齐革易之际，每多回护，只是说到宋顺帝逊位而已。《南齐书》没有"表"的体例和内容。

萧子显（公元 489 年—公元 537 年），字景阳，享年 49 岁。萧子显为齐高帝萧道成之孙，豫章文献王嶷第八子。少时好学，工于文章。入梁，累迁吏部尚书，加侍中。大同三年，为吴兴太守。

《南齐书》的内容

上自齐高帝建元元年（公元 479 年），下迄和帝中兴元年（公元 501 年），共 23 年。

1. 本纪，八卷。

2. 志，十一卷。

3. 列传，四十卷。

共五十九卷。

《梁书》

梁史在梁武帝时已有沈约、周兴嗣、鲍行卿、谢昊等相继修撰。梁亡之后，都已遭焚毁。其后，何之元、刘璠又合撰《梁典》三十篇。陈的吏部尚书姚察（姚思廉之父）在综合以前史料的基础上重加修撰，书未成而卒。临终，乃以体例嘱咐其子思廉继续修撰。

在唐太宗贞观三年（公元 629 年）的时候，魏徵与姚思廉一同奉命修撰《梁书》，但魏徵仅为监修，除撰《总论》二篇，并参定《论赞》外，未预实务，所以独题姚思廉之名，而姚思廉是本着其父姚察之嘱博采各家而成此书，其不敢夺父之美，在纪传之末，有二十五篇题"陈史部尚书姚察"。

《梁书》作者唐姚思廉（? —公元 637 年），字简之，乃陈吏部尚书姚察之子，原吴兴武康（今浙江武康）人，陈亡迁关中，为万年（今陕西西安）人，唐初史学家。

《梁书》的内容

上自梁武帝天监元年（公元 502 年），下迄梁敬帝太平元年（公元 556 年），共 55 年。

1. 本纪，六卷。

2. 列传，五十卷。

无书志、年表，共五十六卷。

《陈书》

姚思廉，唐万年人。初仕遂为代王侍读，入唐，累官弘文馆学士，拜散骑常侍。

陈史，先有吴郡顾野王修《陈书》三卷，继有傅縡修撰《陈书》三卷，陆琼之续撰《陈书》四十二卷。姚察（姚思廉之父）乃兼采三家所作续修之，未成，察卒。贞观之初，姚思廉受唐太宗之诏，在其父旧稿的基础之上，修梁、陈历史。

《陈书》的内容

上自陈武帝永定元年（公元 557 年），下迄后主祯明二年（公元 588 年），共 32 年。

1. 本纪，六卷。
2. 列传，三十卷。

无表、志，共三十六卷。

《魏书》

本书，为别于曹魏，又有《北魏书》之称。

《魏书》在体例上略有变化，各帝纪之前，别列《序纪》，追述武帝开国前二十八君。其首创《释老志》，记载佛教发展源流较详。但《魏书》因有借修史酬恩报怨且受贿之讥，历来号为"秽史"。因此，当书成公布之后，遭到舆论群起攻击。于是孝昭帝、武成帝两度诏命更审。但由于魏收在其书成之后，即将前人所修魏史的资料悉数焚毁，以致隋文帝令魏澹、隋炀帝令杨素重修，都因资料不足而未果。就其内容而言，因为冗杂，受到批评较多。

作者魏收（公元 506 年—公元 572 年），字伯起，北齐人，享年

67 岁。魏收在北魏时任散骑常侍，编修国史，北齐时任中书令兼著作郎，北齐文宣帝高洋天保二年（公元 551 年）奉敕修撰《魏书》，魏收奏请房延佑、辛元植、刁柔、裴昂之、高孝干等协助完成。

《魏书》的内容

上自魏道武登国元年（公元 386 年），下迄东魏孝静帝（公元 550 年），共 165 年。

1. 帝纪，十四卷。
2. 列传，九十六卷。
3. 志，二十卷。

共一百三十卷。

《北齐书》

先说书名，《齐书》到了宋代才加上"北"字，以别于萧子显所撰的《南齐书》。本的作者李百药之父李德林，在仕齐时曾预修国史，藏之秘府。唐太宗贞观初年，下诏李百药继承父业，修史，百药兼采前人史料，修成此书。但是此书在北宋以后，大半亡佚，后人取《北史》成编。

李百药（公元 565 年—648 年），字重规，博陵安平（今河北安平）人，隋内史令德林之子，享年 84 岁。

《北齐书》的内容

上自北齐文宣元年（公元 550 年），下迄北齐之亡（公元 577 年），共 28 年。

1. 本纪，八卷。
2. 列传，四十二卷。

共五十卷。

《周书》

　　周史，于周大统年间，本有秘书丞柳虬之撰述，隋开皇中又有秘书监牛弘之撰述。唐高祖入关后，时任大丞相府记室的令狐德棻向高祖建议修撰梁、陈、齐、周、隋正史，奉诏与诸臣论撰，历年不成而罢。太宗贞观二年（公元 628 年），奉诏与岑文本、崔师仁、陈叔达、唐俭等共成《周书》。此书主要是依据隋开皇中秘书监牛弘所追撰的《周纪》十八篇，润色增删而成。

　　令狐德棻（公元 583 年—公元 666 年），宜州华原（陕西耀县）人，博涉文史，早有文名。高祖时为秘书丞，后迁秘书侍郎兼国史，累迁国子祭酒。

《周书》的内容

　　上自周孝闵帝元年（公元 557 年），下迄静帝大定元年（公元 581 年），共 25 年。

　　1. 本纪，八卷。

　　2. 列传，四十二卷。

　　无志、表，共五十卷。

《南史》

　　李延寿利用参与修《五代史》和《晋书》之便，将宋、齐、梁、陈、元魏诸朝史料抄录出来，又参考杂著一千多种，仿司马迁通史纪传体裁，继父志作《南北史》，而《南史》先成，曾就正于令狐德棻。

　　李延寿将宋、齐、梁、陈四代史实汇为一书，是其特点，且《南史》在当时各朝交替之际，能够据事直书，少所避讳，揭发奸恶，为史家所称道。其叙事也很可观，正如司马光所说：

　　李延寿之书亦近世之佳史也，虽于谶祥诙嘲无所不载，然叙事简净，比如南北正史无烦冗芜秽之辞（司马光《贻刘道原书》）。

李延寿，生卒年不详，字遐龄。贞观中，官御史台主簿，兼值国史。

李延寿之父李大师，因见南北各朝史书，只详本国史实，缺乏彼此关系之记述，乃拟编《吴越春秋编年》，未成而卒。

《南史》的内容

上自宋武帝永初元年（公元 420 年），下迄陈后主祯明三年（公元 589 年），共 170 年。

1. 本纪，十卷。

2. 列传，七十卷。

共八十卷。

《北史》

李延寿继承其父李大师所修撰《北史》的手稿，并参考《魏》、《齐》、《周》、《隋》四书而成《北史》。

综观李延寿修撰的南、北二史，叙事简净得宜，堪称史籍中的佳构。本书可以弥补《北魏》、《北齐》、《北周》三书的残乱之不足。

《北史》的内容

上自北朝魏道武帝登国元年（公元 386 年），下迄隋恭帝义宁二年（公元 618 年），凡三代，233 年。兼叙东魏孝静帝天平元年（公元 534 年），至北齐后主隆化二年（公元 577 年），共 44 年。

1. 本纪，十二卷。

2. 列传，八十八卷。

无表、志，共一百卷。

《隋书》

隋史，自隋文帝开皇、仁寿间，至唐高祖武德中，已有多人先后修撰。唐太宗贞观三年（公元 629 年），重下诏秘书监魏徵等主修隋史，魏徵因奏请颜师古、孔颖达、许敬宗共同修撰，而魏徵为总编，并酌加损益。

唐太宗鉴于五代史均缺志，乃于贞观十九年（公元 645 年），诏于志宁、李淳风、韦安仁、李延寿、敬播同修五代史之"志"，共成十志，后亦编入《隋书》。《隋书·十志》统括了南北朝时典章文物大全，所以甚为后人所推崇。参与修撰者，都是初唐名臣，文章书法均极可观。

魏徵，字玄成，曲城（山东掖县）人，生于陈宣帝太建十二年（公元 580 年），卒于唐太宗贞观十七年（公元 643 年），享年 64 岁。

《隋书》的内容

上自隋文帝开皇元年（公元 581 年），下迄隋恭帝义宁元年（公元 617 年），共 37 年。

1. 本纪，五卷。

2. 志，三十卷。

3. 列传，五十卷。

共八十五卷。

《旧唐书》

《唐书》，相对欧阳修所撰之《新唐书》而言，所以称为《旧唐书》。

初唐之时，令狐德棻始撰武德贞观两朝国史，吴竞撰《唐史》，合而为书，其后，又陆续有所增辑，所以史料甚为丰富。后晋天福五年（公元 904 年）诏张昭远、贾纬、赵熙、郑受益、李为光同修唐史，由宰相赵莹监修。书成之时，正好是刘昫为相，由他书表上奏，故题刘昫撰。此书前半部较为详赡，后半部因杂采传记编缀而成，所以纪事无法，详略失中。到了《新唐书》出来，则此书不传。至明代始有人刻印。

《旧唐书》的内容

上自高祖武德元年（公元 618 年），下迄昭宣帝天佑三年（公元 906 年），共 289 年。

1. 本纪，二十卷。

2. 志，三十卷。

3. 列传，一百五十卷。

共二百卷。

《新唐书》

宋仁宗以刘昫《旧唐书》言简意陋，繁略失中，乃命翰林学士欧阳修、端明殿学士宋祁重加修订，以求简雅。欧阳修主修《新唐书》，历时 17 年，于嘉祐五年（1060 年）完成。此书的优点正如当时的宰相曾公亮所云：其事则增于前，其文则省于旧。

《新唐书》的纪、志由欧阳修撰。列传部分由宋祁撰。欧阳修，字永叔，生于北宋真宗景德四年（1007 年），卒于神宗熙宁五年（1072 年），享年 66 岁。宋祁，字子京，北宋安陆人。生于北宋真宗咸平元年（公元 998 年），卒于仁宗嘉祐六年（1061 年），享年 64 岁。此外尚有范缜、王畴、宋敏求、吕夏卿、刘義叟、梅尧臣、王景彝等都参与其事。

《新唐书》与《旧唐书》各有优、缺点，读史时以逐条对比，相互参证为好。

《新唐书》的内容

1. 本纪，十卷。

2. 志，五十卷。

3. 表，十五卷。

4. 列传，一百五十卷。

共二百二十五卷。

《旧五代史》

　　本书直接采用五代各朝诸帝实录，同时参考了范质修撰的《五代通录》，所以很快就编成了。薛居正等修五代史时，距五代灭亡只有十多年，所以文献与见闻都很丰富。北宋太祖开宝六年（公元 973年），薛居正奉敕监修。

　　北宋薛居正（公元 912 年—公元 981 年），字子平，开封浚仪（今河南开封）人，五代后唐进士，后周时官至刑部侍郎。入宋以后，官至司空，曾兼修国史，参与修史者有卢多逊、扈蒙、张澹、李昉、刘兼、李穆、李九龄等。

　　因有欧阳修《新五代史》的刊行，金章宗泰和三年（公元 1203年），下诏学官除去薛居正《五代史》，本书遂逐渐湮没。清乾隆间修《四库全书》，又从《永乐大典》以及征引之书，如《通鉴考异》、《太平御览》等辑佚而成此《旧五代史》。

　　《旧五代史》的内容

　　上自梁太祖开平元年（公元 907 年），下迄周恭帝显德六年（公元 959 年），共 53 年。

　　1. 梁书，二十四卷。

　　2. 唐书，五十卷。

　　3. 晋书，二十四卷。

　　4. 汉书，十一卷。

　　5. 周书，二十二卷。

　　6. 世袭列传，二卷。

　　7. 僭伪列传，三卷。

　　8. 外国列传，二卷。

　　9. 志，十二卷。

　　共一百五十卷。

《新五代史》

欧阳修在其两次谪官时期私人修撰了这部《五代史》，书成以后，一直收藏于家。欧阳修殁后，神宗熙宁五年（1072 年），诏其家呈入朝廷，乃藏秘阁，并且刊行于世。

欧阳修在薛居正的《五代史》之后，博采新鲜材料，师法《春秋》之笔，著成此书，文笔简净，史论书法谨严，褒贬分明。其体例则仿《史记》。

《新五代史》的内容

1. 本纪，十二卷。
2. 列传，四十五卷。
3. 考，三卷。
4. 世家年谱，十卷。
5. 附录，三卷。

共七十三卷。

《宋史》

自元世祖灭宋之后，中统二年（1261 年）起，累朝诸帝皆诏修宋、辽、金三史，都没有能成书。至元顺帝时，诏右丞相托克托（脱脱）总修三国历史，始开馆修撰。参与修撰《宋史》者 23 人，历时两年零七个月，于至正五年（1345 年），宋、辽、金三史都告完成。由于宋朝的史料记录保管至为周密，每一帝都有日历，每一朝都有实录。易代之际，宋史馆所存的全部史料，都被送到元都藏于国史院，所以《宋史》资料极为丰富。但是本书因全抄宋人实录、传记而成，难免有芜杂、谬误之失。

《宋史》的内容

上自宋太祖建隆元年（公元 960 年），下迄元世祖至元十六年（1279 年），共 320 年。

1. 本纪，四十七卷。
2. 志，一百六十二卷。
3. 表，三十二卷。
4. 列传，二百五十五卷。

共四百九十六卷。

《辽史》

托克托奉诏领修。是根据耶律俨与陈大任旧本，并参考《资治通鉴》及叶隆礼的《契丹国志》等书拼凑而成。历时仅 11 个月。耶律俨和陈大任的史书均已失传，所以这部《辽史》便成了现存的辽代唯一完备的史籍。而且，辽国制度不允许国人著述传于邻境，违者均治罪至死，故书籍流传后世甚少。

《辽史》的内容

上自辽太祖神册元年（公元 916 年），下迄天祚帝保大五年（1125 年），共 210 年。

1. 本纪，三十卷。
2. 志，三十二卷。
3. 表，八卷。
4. 列传，四十六卷。

共一百一十六卷。

《金史》

托克托奉诏领修，预修者六人。顺帝至正四年（1344 年）十一月，《金史》告成。时托克托已罢相，由继任右丞相阿图鲁表奏，仍列都总裁托克托之名。在托克托主修的三史当中，《金史》最为完善。

《金史》的内容

上自金太祖收国元年（1115 年），下迄哀宗天兴三年（1234 年），共 120 年。

1. 本纪，十九卷。

2. 志，三十九卷。

3. 表，四卷。

4. 列传，七十三卷。

共一百三十五卷。

《元史》

《元史》是明太祖时期两次开局修史完成的。第一次是洪武二年（1369 年），在燕京得《元十三朝实录》，乃在天宁寺开局撰修《元史》。因顺帝一朝缺史料，乃命人赴北京采集遗事，次年（洪武三年）下诏重开史局。由宋濂、王祎总裁，预修者 30 人。但是此书对蒙古源流，及太祖、太宗，历定宗、迄宪宗，平定西域诸部落，及三次西征事实，均绝少记载，或语焉不详。对于建邦西域及欧亚大陆之钦察、伊儿、察哈台三汗国之史实，也很少涉及。

宋濂（1310 年—1381 年），字景濂，浦江人，享年 72 岁。

《元史》的内容

上自元世祖至元十六年（公元 1279 年），下迄元顺帝至正二十七年（公元 1367 年），共 89 年。

1. 本纪，四十七卷。

2. 志，五十三卷。（实际上志五十八卷）

3. 表，六卷。（实际上表八卷）

4. 列传，九十七卷。

共二百一十卷。

《新元史》

民国三年（1914 年），当时任清史馆总纂的柯劭忞，意欲纠正《元史》之失，乃综合前人有关元史与蒙古的研究成果，历 30 年之久，修成《新元史》。其长处在于博引旁搜，文章雅洁；短处在于烦琐冗漫。

柯劭忞（1850 年—1933 年），字凤荪，山东胶州人，前清进士，毕生致力于元史之研究。

《新元史》的内容

1. 本纪，二十六卷。

2. 表，七卷。

3. 志，七十卷。

4. 列传，一百五十四卷。

共二百五十七卷。

《明史》

《明史》修撰的依据是王鸿绪的《明史稿》，而王鸿绪的《明史稿》则出于万斯同之手。先是黄宗羲大弟子万斯同，于康熙十七年，力拒清廷之征。后徐乾学（顾炎武外甥）任史局总裁官，极力罗致万斯同。万斯同则拟借官府人力、物力，完成修《明史》的抱负。于是应聘入京，但不做官，不领俸，不署衔，仅住徐乾学家。核定诸纂修官之稿，十余年完成《明史稿》五百卷。万斯同殁后，《明史稿》落入王鸿绪之手。修撰《明史》，自康熙十七年（公元 1678 年）开局，至乾隆初进呈，前后约 60 年。原始总裁官为华芳蔼、张玉书，继任者有汤斌、徐乾学、王鸿绪、陈廷敬、张英诸等人。

还有，顾炎武搜集有明史料一千多卷，黄宗羲则撰有《明史案》二百四十卷。清廷征召二位，遭到拒绝。清廷命徐乾学为史局总裁官，则二位成为幕后指导顾问。

主修者张廷玉（1672 年—1755 年），字衡臣，桐城人，享年 84 岁。时为保和殿大学士。预修者有朱彝尊、毛奇龄、潘耒、施闰章、汪婉、尤侗等。赵翼《二十二史札记》曰："后（张）玉书任志书，（陈）廷敬任本纪，（王）鸿绪任列传。"

《明史》的内容

上自太祖洪武元年（公元 1368 年），下迄崇祯帝十七年（公元 1644 年），共 277 年。

1. 本纪，二十四卷。
2. 志，七十五卷。
3. 表，十三卷。
4. 列传，二百二十卷。
共三百三十二卷。

《清史稿》

民国三年（公元 1914 年）北洋政府设置清史馆，以赵尔巽为馆长，以柯劭忞等为总纂，其余纂修、协修凡数十人，至民国十六年（公元 1927 年）秋修成初稿，此即"关内本"。后运往关外的书，增加了张勋、康有为等列传，此即"关外本"。本书出于满清遗老之手，内容或有失实，书法也有偏颇，但保存史料则有价值。

《清史稿》的内容

上自世祖顺治元年（公元 1644 年），下迄宣统帝宣统三年（公元 1911 年），共 268 年。

1. 本纪，二十五卷。

2. 志，一百四十二卷。

3. 表，五十三卷。

4. 列传，三百一十六卷。

共五百三十六卷。

通览编年体史书

编年体的史书是指按年月顺序编写史书的体裁，以年月为经，以事实为纬，按历史发展过程记述史实。

《资治通鉴》

编年体的史书我们重点介绍《资治通鉴》。

《资治通鉴》是我国古代著名的编年体史书，是由北宋杰出的史学家司马光负责主编的。《资治通鉴》是在北宋建国数十年之后，政通人和，经济繁荣，社会生产力快速增长，文化、科学、技术兴起，刻书印刷事业兴盛的背景下出现的。此书修撰的目的是通览历史，取其"善可为法，恶可为戒"的历史经验，资助为政者实行王道仁政。有人称之为"帝王教科书"。

《资治通鉴》的编纂方法对后世的编年体通史有极为巨大的影响，具有极高的史学价值，同时此书也具有极高的文学价值。

《资治通鉴》的编撰经过。

司马光认为历代史书浩繁，人君无暇周览，于是乃效左氏编年之体，最先编成一部通史，名曰《通志》，以备人君阅览。《通志》修撰战国至秦二世约两百年间的史事，编为八卷，进呈英宗，英宗大为赞赏，于治平三年（公元 1066 年）四月诏令开局，借阅宫廷秘阁图书，继续修撰，历 19 年，书成，英宗已崩。宋神宗因其裨益治道，赐名为《资治通鉴》。

此书的主撰司马光（1019 年—1086 年），字君实，陕西夏县（今属山西）涑水乡人，世称涑水先生。司马光 7 岁时，就能听人讲《左氏春秋》，英宗时进龙图阁直学士。预修此书的还有：刘攽负责战国、两汉部分；刘恕负责三国、南北朝部分；范祖禹负责隋、唐、五代部分。

《资治通鉴》的内容

上自战国三家分晋（公元前 403 年），下终五代（公元 959 年），共 1363 年。以编年为体，记述了周秦至五代所有的重大历史事件和历史人物的情况。

并将历代典章制度在历史的叙述过程中展现出来，将历史人物的活动与性格生动的进行描写，使这一部史学巨著兼具了很高的文学性。全书持论极为平正，删削前史符瑞及神异怪诞之说。

现存本以胡三省注的《资治通鉴》最为著名，最通行的版本是中华书局版《资治通鉴》。

胡三省的《资治通鉴音注》，汇合群书，详加校勘与考证，将难字音义注出，甚为方便读者；明代严衍作《资治通鉴补正》，为《资治通鉴》拾遗、补缺、刊正错误，很有参考价值；明末王夫之《读通鉴论》，史识高卓；以上三书是读《资治通鉴》的人应备的参考。

《资治通鉴》影响巨大，有很多续作者，如：南宋朱子作《通鉴纲目》、李焘作《续资治通鉴长编》、金履祥作《通鉴前编》、清徐乾学作《资治通鉴后编》、毕沅作《续资治通鉴》。

通读纪事本末

我们如果要知道一个历史事件的始末原由，像读故事一样了解一段历史，这就要读"纪事本末体"的史书。

纪事本末体的创立

司马光修撰《资治通鉴》刊行之后，南宋袁枢经常诵读，但苦于书卷浩繁，于是以事件为脉络，重新编排了《资治通鉴》，名为《通鉴纪事本末》。当时的参知政事龚茂良看到其书，奏明并呈给皇上，宋孝宗读了以后十分赞叹，分赐太子和将帅，而且命他们熟读，说："治国之道全在这里了。"

《四库提要》称赞纪事本末体说：

经纬明晰，节目详具，前后始末，一目了然，遂使纪传、编年贯通为一，实前古之所未见也。

下面我们介绍《通鉴纪事本末》

创立纪事本末体的袁枢（1131年—1205年），字机仲，建安（今福建建甄）人。他曾试礼部第一，累官至右文殿修撰。

袁枢编纂的《通鉴纪事本末》将通鉴中的史事，分门别类编排，每个历史事件有始有终，叙述得十分清楚，每篇各编年月，自为标题，使人阅读一目了然。有"文省于纪传，事豁于编年"（见章学诚《文史通义》）的优点。后来仿效袁枢纪事本末体例的人很多，我们这里介绍几种：

《左传纪事本末》

清高士奇撰。高士奇（1645年—1740年），字澹人，号江村，钱塘人。官至礼部侍郎。

以国别为纪，分周、鲁、齐、晋、宋、卫、郑、楚、吴、秦、列国等十一国，自成首尾，大事必书，细事从略，兼采经史诸子作为考证、发挥。

《宋史纪事本末》

明陈邦瞻撰。陈邦瞻，字德远，高安（今属江西）人，官至兵部侍郎。

依《宋史》，上起太祖代周，下迄文天祥之死，共分一百零九目，于一代兴废治乱之迹，列举无遗，条理分明，足资研读。

《元史纪事本末》

明陈邦瞻撰。此书讲述明灭元之史事较为详明。对于科举学校之制，以及漕运、河渠诸大政都记述甚为详细。对于典章制度，条分缕析，清理了元史的杂乱。

《明史纪事本末》

清谷应泰撰。谷应泰，生卒年不详，字赓虞，丰润人。

谷应泰修撰此书时，《明史》尚未刊行，故取材于稗乘野史者多，致于史事难免失实。然而其所记明代典章制度比《明史》更为详尽，且排次得法，叙事清楚，文笔简洁，很方便初学明史者。

必备的几部政书

政书，是纪述制度文物的沿革的史书，创造这种史书体例的是唐朝的杜佑。杜佑编纂《通典》一书。继《通典》之后，宋代郑樵编成《通志》，元代马端临编成《文献通考》。以上《通典》、《通考》、《通志》合称"三通"，是读史的必备政书。

《通典》

是唐杜佑撰。杜佑（公元 735 年—公元 812 年），字君卿，京兆万年（今陕西西安）人，德宗、宪宗时两度为相。《通典》始修于大历元年（公元 766 年），成书于贞元十七年（公元 801 年），前后历时逾 35 年之久。全书叙述了上自传说中的黄帝唐虞，下至唐代天宝之末及肃宗、代宗时的历代制度。分为食货、选举、职官、礼、乐、兵刑、州郡、边防八门。其修书目的在于探讨政经法制的情况与损益，以为后世借鉴。

《通志》

是宋郑樵撰。郑樵（1103 年—1161 年），字渔仲·兴化军蒲田（今福建莆田）人。郑樵好为考据伦类之学，极为博学，著述甚多。高宗时累官至枢密院编修官。《通志》是综合历代史料的通史。全书包括：

1. 帝纪 2. 列传 3. 年谱

4. 二十略：一、氏族，二、六书，三、七音，四、天文，五、地理，六、都邑，七、礼，八、谥，九、器服，十、乐，十一、职官，十二、选举，十三、刑罚，十四、食货，十五、艺文，十六、校雠，十七、图谱，十八、金石，十九、灾祥，二十、草木昆虫。

《文献通考》

元马端临修撰。马端临（1254 年—1324 年），字贯与·乐平（今属江西）人。为人好学，博览群书。他在入元以后，隐居不仕，后起为学官，不久乞归。其编《文献通考》时约 30 岁，历二十余年始成。以杜佑《通典》为蓝本，增益了《通典》事迹，并详加解析。全书内容，包括《田赋考》七卷，《钱币考》二卷，《户口考》二卷，《职役考》二卷，《征榷考》六卷，《市耀考》二卷，《土贡考》一卷，《国用考》五卷，《选举考》十二卷，《学校考》七卷，《职官考》二十一卷，《郊社考》二十三卷，《宗庙考》十五卷，《五礼考》二十二卷，《乐考》二十一卷，《兵考》十三卷，《刑考》十二卷，《舆地考》九卷，《四裔考》二十五卷。而《经籍考》七十六卷，《帝系考》十卷，《封建考》十八卷，《象纬考》十七卷，《物异考》二十卷等都增广了内容。

除了"三通"以外，还有一些政书可资参考，如：

一、《续通典》

宋真宗咸平三年（公元 1000 年），宋白奉诏修撰此书，由于内容过于繁杂，未能流传。清乾隆三十二年（1767 年），敕纪昀为总纂官，撰《续通典》。上起唐肃宗至德元年（756 年），下迄明思宗崇祯末年（1644 年）。

二、《清朝通典》

原名《钦定皇朝通典》，乾隆三十二年敕编。

三、《续通志》

乾隆三十二年敕编。

四、《清朝通志》

原名《钦定皇朝通志》，乾隆三十二年敕编。

五、《续文献通考》

明代王圻才曾撰《续文献通考》，然体例紊乱、内容繁杂，错误很多。乾隆十二年（1747 年）乃令设三通馆，以纪昀、陆锡熊为总撰官，嵇璜、刘墉为总裁，曹仁虎、蔡廷衡为纂修兼校对官，修《续文献通考》。

六、《清朝文献通考》

原名《钦定皇朝文献通考》，乾隆敕撰。

学术史与史评

在《四库全书》中，没有学术史这一类。但历代典籍如《汉书·

艺文志》、《隋书·经籍志》都可以作学术史读。而清初黄宗羲著的《明儒学案》则是一部学术史的名著。

其实，中国很早就有了关于学术史的论著，如《庄子·天下》列举儒、道、墨、名、法各家的代表人物，并叙说各家学说的要点，就是一篇很好的学术论文。其后，《荀子·非十二子》举十二子之学说，一一予以辩驳，言虽偏激，但言之成理。《韩非子·显学》一文专门辩驳儒墨两家之失，其意在论证法家之长。而司马迁《史记·太史公自序》引其父司马谈《论六家要旨》将儒、道、名、墨、法、阴阳之名，先逐一讲明，然后详细评论各家得失，是一篇非常有见识的学术论文。其后，历代都有学术史的论著，如：明宋端《仪考亭渊源录》、周汝登《圣学宗传》、清孙奇逢《理学宗传》等。至于体大思精，取材宏富，内容详实，足以资学者研究学术者，当称下列各书：

《宋元学案》

作者黄宗羲（1610 年—1695 年），字太冲，号南雷，学者尊其为梨洲先生，浙江余姚人，明末为鲁王御史，明亡，隐居不仕，专心于著述。此书原名为《宋元儒学案》。书未成而黄氏卒，由其子百家及门人顾湜、杨开沅等补编，再经全祖望修补。此书述宋元诸儒之师承、派别十分详细，每一学案之前，都例表说明一个学派的师友弟子关系，然后写代表人物小传，接着是学术精义的简要叙述。

《明儒学案》

也是黄宗羲所撰。

本书系统地说明明代各学派的源流、代表人物及其学说的内容，对于王阳明及姚江、江右王门、泰州、东林各派，论说得尤见精彩。黄宗羲对于不同学说、相反意见，都能作客观的纂述，不轻易作主观的批评。黄宗羲撰此书还因为王阳明之学到了末流狂禅，备受攻击，乃为之有所辩诬。

清代的学术有很大的发展，前半期有江藩所著《清朝汉学师承记》及《清朝宋学渊源记》两书，可为学术史的代表作。晚清以后，梁启超著《清代学术概论》，影响很大。现代钱穆著《中国近三百年学术史》流传也很广。

史评

史论，包括三方面内容，一是评论作史方法，可以说是史学方法论。这方面代表作有刘知几的《史通》，章学诚的《文史通义》，二是评论史事，这可说是史评。就是借史事的讨论来表达对时事的意见。这方面的代表作有王船山的《宋论》、《读通鉴论》；三是考证史书记载的异同，以论述各时代史实的特征为主要内容，这可说是史的考证学。这方面的代表作如王鸣盛的《十七史商榷》、赵翼的《廿二史劄记》和钱大昕的《廿二史考异》等书。

以上三种史论，第一种有关史学方法论的著作，是我国社会科学里面的一个重要部门。历史上，成书虽少，但仅有的几册书很值得研读。第一种史评虽然可以帮助我们了解那些评论对象的内容，但这一点无关重要，还不如把它当作研究作者思想的资料。第三种史的考证学对于史实的了解和史书的阅读将有实际帮助，是读史的不可缺少的参考书。

下面重点介绍一下刘知几《史通》这本书。

《史通》，分内外四十余篇，详论作史的方法。刘知几是唐代史官，根据自己的工作和研究经验，对不少问题提出了独到的见解，甚至是尖锐的批评。如他分析唐以前史书的六种体例，指出只有《左传》和《汉书》才可作为作史的标准。他认为《春秋》内容过于简单，好像大事年表一样，所以不能算作标准的编年体。对《史记》这部巨著，他也认为不如《汉书》好。因为《史记》是通史，对秦以前的史实叙述又不甚详细，同时它所根据的经、子、史的古书，也多流传于世，因此《史记》不完备，欠条理，且与别的书重复，不如断代为史的《汉书》好。刘知几的观点在今天看来，当然属于一家之说，司马迁的《史记》虽不是断代史，但从史学和文学诸方面都是一部经过历史检验的巨著。刘氏为提倡断代史而攻击通史，显然是不足为训的。刘知几又主张记载事实的真相，不赞同夹杂主观情绪的"春秋笔法"。他的疑古精神是很突出的。

再来说一下章学诚的《文史通义》。章学诚论史有几点值得注意。一是他认为"六经皆史"。二是他认为史家分记注与撰述两种，记注是搜集并保存史料的，撰述则是史书的著作。三是他认为通史一体，优点甚多，可以通古今之变，成一家之言、肯定《史记》等的成就。四是他认为史学须分科，注意地方志的编修及史料的保存（他曾主修过地方志）。

杂史野史及其他

杂史的体裁和正史不大类似，但内容上有联系，可作正史的参证。杂史的特点是不以正史政权为纲领叙事。

杂史中著名的如《国语》与《战国策》，都是分国叙事的，两本书对司马迁写正史《史记》提供了重要参考。

史书中有一类"传记"体裁，是指《孔子编年》、《朱子年谱》、《名臣言行录》那样的著作。清代李元度著《国朝先生事略》是"传记"史书中较有名的。这本书是清代史的重要参考资料。

史书中属于"载记"范畴的，如《吴越春秋》、《朝鲜志略》等。

史书中属于"史抄"一类的，如《两汉博闻》、《通鉴总类》等。

史书中属于"时令"一种的，如《岁时广记》等。书中不但详细记录了古代的礼仪、风俗，还生动描写了人们过吉日佳节的景象。这里面不但有民俗知识还有物侯学的常识。

史书中属于"职官"一种的，如《历代职官表》等。这类文献对于研究历史是非常重要的。

史书中属于"诏令奏议"一类的，如《两汉诏令》、《历代名臣奏议》等。

在史书中还大量存有私人笔记之类不够正统的"史记"，它们是所谓稗官野史。内容主要是记述掌故轶闻，优点是可以纠正官方史书的错误，补救官方史书的缺失。最有名的是太平天国农民起义失败，它的本身记载，完全被满清朝廷消灭，只有民间保留一些零星笔记，得以披露其一部分真相。

野史的资料有时确实显得珍贵。历代野史中，像宋末《心史》、明末《扬州十日记》，曾唤起民族意识，起到正史无法起到的效果。

古代中国的地理学

章太炎曾在《国学概论》讲演中说道："地理本应包托地质、地文及地志三方面，但我国过去只有地志……"他的话从一个侧面透示出我国地理学在近代之前的现状。

地理学在古代的第一本书是《禹贡》。汉以后正史中也有《地理志》。北魏郦道元的《水经注》是以专书行世的地理学名著。唐代地理学鲜有名著传世，唐代人编的《元和郡县志》等，都不大好。地理学在宋代有些明显的进步。有《太平寰宇记》、《元丰九域志》、《舆地广记》等书及《南北对镜图》、《混一图》等地图都成为后世研究地理的重要文献。

在清末西学输入之前，我国地理学总体发展较慢，研究范围甚小，几乎全是沿革地理，仅备读史书的参考罢了。顺便说一下，清末西学输入前，明代地理学有西洋文本输入，有利玛窦等人著作，但不成规模与气候，对我国地理学发展影响较小，清代康熙年间，又派西洋传教士测绘《皇舆全览图》，十年而成。

古代帝王

我们在讲历史的时候，总会说，自从盘古开天地，三皇五帝到而今，中国历史在古代是以朝代更迭、帝王年号来分期的，所以要了解古代史就要了解古代帝王。在《史记》中，司马迁为历代皇帝所作的"本纪"不仅仅是皇帝的事迹，而且是那一个朝代的历史大纲和大事记。

炎黄二帝

炎帝，是中华民族人文始祖之一，他本姓姜，远古传说中他是牛头人身。大约在公元前三千余年，炎帝氏族部落占据了黄河之东的盐池，从而进入了安居的农耕生活状态，因此被称为神农氏。为了适应盐碱地的生活，炎帝又开始到处品尝百草，并由此发明了医药；同时，他又教部落人民在中午进行集市交易，让部落民们得到各自想要的物品。因为当时的河东盆地温度较高，日照强烈后能晒出盐来，所以认为他是靠火德称王，因此被叫做炎帝。

黄帝，也是中华民族人文始祖之一，他姓姬，有熊氏，出生在轩辕之丘，被称为轩辕氏。他比炎帝稍晚出生，主要活动在黄河之西与河南一带的平原上，因为以土德称王，所以被称为黄帝。在残酷的部落争夺中，黄帝取得了几次大的胜利：首先在为争夺盐池资源的过程中，黄帝征服了中条山西端的风后部落；然后在中条山北的蒲阪与万泉之间展开三年大战，把炎帝赶到到了晋东南一带，后来炎帝更被赶到更远的湖北地区；最后，黄帝又与盐池守护神蚩尤在涿鹿（今解州、运城）大战九年，结果是黄帝夺取了盐池，并把蚩尤族赶往今天的大西南。在这一系列的战争结束以后，黄帝与会养蚕纺织的河东美女嫘祖结婚，开始了生儿育女、男耕女织的文明生活。黄帝继承了炎帝一直重视的养生事业，并且成为古道教和医家崇奉的祖师，他也就为后世的炎黄子孙奠定了文明的基础。

尧舜禅让

尧，是黄帝五世孙，帝喾的儿子，号为陶唐氏。尧继承王位后，在蒲阪（今山西永济西南蒲州镇）建立都城，他手下有四位杰出的大臣羲和、羲仲、和仲、和叔，在他们的辅佐下，尧关爱百姓，勤于政事，因此天下呈现出和谐安宁的景象。在尧长达七十年的统治后，品德高尚、才干出众的舜被他选作为接班人。

舜，出生在河东诸冯，他是颛顼七世孙，号为有虞氏。舜的父亲瞽叟是冥顽不灵、偏听偏信的人；舜的继母嚣张狂妄，心肠毒辣，对待舜非常狠毒，而舜的弟弟在母亲的影响下更是傲慢无礼，经常欺负舜。在这种恶劣的生活环境下，舜依旧保留着本性里的单纯善良，对待亲人的欺侮，他从不埋怨。相反，他对待父母更为恪尽孝道，做任何事情都很尽心尽力：他在河滨制作精美的陶器，在雷泽的水里辛苦地打鱼，在历山早出晚归地耕田。他的种种行动终于感动了天地，因此自然界中的生灵都愿意帮助他：大象给他耕地，鸟儿给他播种，当然这些都有神话传说的色彩，但从侧面反映出舜具有高尚的品德。他心疼父亲无法看见光明，就用舌尖把父亲的瞎眼舔得复明。他不仅自己宽以待人，而且还让二妃与自己一起忍辱负重，孝顺父母。

就是这样一位在人品上足以作众人榜样的舜，又接受了尧给他的一系列的考验，经过三年的艰苦备尝的工作，舜完满地完成了任务，证明了自己有担任部落首领的资格。他的能力与品质受到了全天下百姓的赞誉，人们都希望他能担当首领的重任。后来，舜便接受了尧帝的禅让，登上了帝位。舜即位后，在平阳（今山西临汾市西南）为尧建立行宫，让尧的晚年生活极为安乐平静。

舜本人一直是不计前嫌孝敬父母的模范，因此他特别重视孝道的作用。他从自己的人生经历认识到孝道可以维护家庭团结、保持社会稳定，因此他提出了五教来教化百姓，这五教也被称为是五常，分别是：父义、母慈、子孝、兄友、弟恭。从此以后，以这五教作为基础的孝道，开始成为中华民族道德生活的根底。舜也由此被中国人誉为"德圣孝祖"，在中华民族的文明史上占据光辉灿烂的一页。

大禹治水

禹，是鲧之子，本姓姒，又叫文命，字高密。在尧舜生活的远古时代，洪水泛滥，黄河决堤，中国大地上的百姓因洪水肆虐，经常背井离乡流离失所。在这种危难情况下，鲧接受了艰巨的治水任务。但是，鲧一意孤行采取堵塞的方法治水，根本不能控制住滔天的洪水，因此鲧治水很多年都没有成功。即使后来传说鲧偷取上帝的息壤，试图阻断洪水的蔓延，也没有治理好水患，老百姓依旧因为洪水东挪西走，得不到安宁。舜震怒鲧的治水不力，把鲧治罪杀头。

在当时有一种世袭传统，也就是死去的父亲没有完成的事业要由儿子来继续完成，因此鲧的儿子禹就继续鲧的治水任务。禹是个心胸开阔，以天下为先的人，他没有沉浸在父亲被杀的哀伤情绪中，而是迅速地想办法治理水患。禹在治水的很多年里，发生了不少可歌可泣的感人事迹，其中他三次路过家门口，却没能回家探望亲人的故事流传最为广泛。在上古神话传说中，正是由于禹的励精图治，天地也被他感动，神灵指点禹采用疏导的方法治水。这种方法最终控制了洪水，老百姓也得到了安宁。天下民众都交口称赞禹治水的功劳，舜帝也欣赏禹一心为民的赤胆忠心，于是把帝位禅让给了禹。禹的封地在夏这个地方，所以安邑（今山西夏县）被定为国都。

禹即位以后，为了治理的方便把天下划分为九州。然后他吩咐重工巧匠铸造九个大鼎，后来这九个大鼎被用来象征天下之重。禹的儿子启逐渐掌握了权力，他杀死对他有异议的人，建立了夏朝。从这以后，中国进入家天下的封建社会。

商汤建国

汤，又被称为武王、天乙、成汤。汤不仅是商民族重要首领，而且是商王朝的建立者。

其实，早在舜帝以五常"父义、母慈、子孝、兄友、弟恭"教化百姓的时候，商族的先祖契就率本部落接受了化育。在启建立夏王朝以后，商族也像其他部落一样臣服于夏启。又过了几百年，夏朝最后的统治者桀是一个昏君，他荒淫无耻，残暴凶狠，以惨无人道的手段对待百姓。夏桀还曾无礼地把商族的首领成汤囚禁在夏台，更加加深了夏、商之间的矛盾。

后来成汤设计离开夏台，回到本族。他选拔有才能的伊尹作为相，在伊尹的辅佐下，成汤奠定了商朝发展壮大的基础。在国内，成汤休养生息、宽以待民，积极鼓励百姓发展生产，积聚力量；在国外，与周边国家建立反夏联盟，共同对抗夏桀。成汤韬略过人，在与夏桀大战之前，先剪除了夏朝的几个小附庸国。最后，在河东的鸣条岗，成汤与夏桀进行了一场大战，结果夏桀惨败。成汤平定天下后，建立了商朝。夏朝统治者鱼肉百姓，导致亡国的惨痛教训给成汤以重要的启示。他要求大臣恪尽职守，替百姓办事。商朝初年的政事清平，百姓安居乐业，社会矛盾也趋于缓和，国家也日渐繁荣强大。在这期间，周围的少数民族部落，也向商朝臣服，定期向商王朝纳贡。

盘庚迁殷

商王朝不断扩大，商民族势力也相应东扩，而商朝国都也由于各种原因不断东迁。在商朝的三百年统治中，因为王族内部叛乱，或是因为黄河水灾的泛滥，商朝都城一共搬迁了五次，后来盘庚更是把都城迁到殷。

盘庚非常精明能干，他继承王位以后，就想改变当时社会不安定的局面，让老百姓过上安居乐业的生活。于是他决心再一次迁都。经过详细考察后，他决心把都城迁到殷。当时的都城在亳州，殷距离亳州相当遥远，因此就有不少反对者。盘庚做了各方面的准备工作，排除了反对势力的干扰，带着愿意与他搬迁的平民和奴隶，渡过黄河，搬迁到殷（今河南安阳小屯村）。刚到殷时，条件比较艰苦。盘庚努力整顿国事，发展生产，数年的治理使衰落的商朝重新焕发出新的生机。一直延续到二百年后商纣被灭，殷都被作为商朝的都城。而商因为都城在殷，所以商朝又被称为殷商，或者殷朝。

武王灭商

后稷是周民族的先祖，他与禹、契都曾接受舜帝的教化，并把农耕技术与文明生活传播给万民。一方面夏、商相继称王，另一方面周民族也逐渐向河西拓展，慢慢发展壮大。到周文王姬昌时，由于他任用贤能，仁爱百姓，成为天下万民景仰的领袖。当周民族繁荣昌盛时，殷商的纣王却残暴不仁，荒淫无道，在酒池肉林里大肆挥霍。随着周民族的日渐强大，纣王也日益忌恨，于是他把姬昌拘禁起来。这种残暴行为，不仅使天下诸侯的反叛之心兴起，也使得百姓子民极其忿恨。

后来，文王姬昌侥幸逃离商纣的拘禁，回到本国以后，姬昌遍访贤能，最后任用才能过人的姜子牙为相。公元前 1057 年（一说公元前 1027 年），商纣的暴行更是到了无以复加的地步：忠臣比干被杀挖心、箕子被囚于暗室、微子被逼出走。残害忠良不仅大伤了商朝的国力，也让商纣完全丧尽民心。姬昌敏锐地意识到，推翻商纣的时机已经到来。于是他便传檄中原诸侯，列举商纣罪行，并在孟津与其他国家会师商讨攻打商的具体事宜。当以周为主力的攻商大军不断进攻时，许多深受商纣之苦的商朝子民纷纷倒戈，归降到周军旗下。但是不久文王姬昌去世，其子姬发，继续重用姜子牙，进行讨伐商朝的战争。周朝大军节节胜利，直打到商都城近郊的牧野（今河南淇县以南、卫河以北地区），当时商朝众叛亲离，匆忙中商纣集合了一批包括奴隶在内的混合军队去对抗周朝大军，但在战场上这些奴隶反而掉转方向攻向商军，这样一来商军很快被打败，商纣焚火自尽，姬发建立周朝。

齐桓公称霸

齐桓公（公元前 685 年—公元前 643 年），姜太公十一世孙，因此本姓姜，他名叫小白，是齐襄公的弟弟。襄公登基为王后，他投奔莒国远走避祸，他的哥哥公子纠因为害怕投奔到鲁国。齐襄公被杀后，他与公子纠都抢着回去继承帝位，由于他装死赢得时间得以先一步回国即位。他当上国君后，听从鲍叔的意见，任用了曾任公子纠宰相的管仲为上卿。在管仲的辅佐下，齐桓公在政治上改革行政，促进效率；在官员任命上，选贤举能，重用一大批有本领的人；在国力上发展生产，积聚力量，同时做好武备工作，扩大齐国的军事力量。

齐桓公打着"尊王攘夷"的旗号在诸侯中间称霸，所谓"尊王攘夷"也即是尊周天子之正位，抵御如楚、秦等中原之外的国家，以便维护周王朝的政治权威。齐桓公联合中原各国进攻楚国的同盟国蔡国，使得楚同意在召陵（今河南郾城东北）会盟，这次会盟大大提高了齐国的地位。后来齐桓公多次会盟诸侯，号称"九合诸侯"，他又平定周朝王室内乱，赢得周天子的极大尊崇。所以齐桓公成为历史上第一个充当盟主的诸侯，这也让他成为春秋五霸之首。

卧薪尝胆

卧薪尝胆讲的是是越王勾践十年生息，十年复仇的故事。起初，越王勾践与吴王夫差在会稽决战，吴王夫差打败勾践。勾践听从范蠡的计策，一方面他与妻子以奴仆的身份侍奉夫差，在夫差生病后，还亲自为夫差尝粪探明病源，以取得夫差的绝对信任。另一方面，他让范蠡、文种搜罗美女珍宝献给夫差，贿赂吴国奸臣。夫差被美女珠宝冲昏头脑，不顾忠臣伍子胥的坚决反对，放勾践回到越国。

勾践回到国内后，为了让自己牢记曾经受过的苦难与屈辱。不睡舒适的床铺，而是睡在硬邦邦的干柴上；他还把苦胆放在座位上，每天在坐卧饮食中都要尝一口苦胆，勉励自己奋起。勾践亲自耕种，让妻子带头纺织；鼓励发展人口，安抚孤寡；招贤引才，任用贤能，十年里积聚力量，终于使得越国国力强盛，使得越国百姓团结一致、同仇敌忾。然后勾践号令积聚越国力量攻打吴国，越国百姓都争先恐后奔赴战场，最终勾践消灭夫差，报仇雪耻，并且恢复越国的强大地位。

越王勾践的这种卧薪尝胆，发愤图强的精神，成为千古佳话，后世很多身处逆境的才人志士都以越王勾践作为典范。

秦孝公变法

秦孝公（公元前 381 年—公元前 338 年），姓嬴，名字叫做渠梁。战国时代群雄逐鹿中原，秦孝公是秦国一位有名的君主，他为秦朝的强大奠定了最为坚实的基础。公元前 361 年，秦孝公正式登基时才刚刚二十一岁。当时，秦国因为身处中原之外，实力并不是非常强大。中原一些大国漠视秦国，甚至周天子对秦国都不屑一顾。他说："诸侯卑秦，丑莫大焉！"可见秦国地位的尴尬。秦孝公即位以后积极改变现状，颁布了求贤令四处网罗人才。卫国人公孙鞅富有政治才能，他来到秦国与秦孝公交谈后，秦孝公决定重用他。公元前 356 年，卫鞅被命为左庶长，商君成为他的封号，所以后世又称他为商鞅。商鞅主持秦国的变法革新，史称商鞅变法。变法内容主要有取消贵族的世袭特权，按军功给予爵位和田宅奴隶，通过为国家建功立业能够改变个人的命运，这样就大大促进了普通民众的积极性。商鞅变法以后，生产更为发展，士兵力求建功，秦孝公富国强兵的理想也在几十年的发展中逐步实现。

但是秦孝公死后，继位的秦惠公站在贵族利益一边，对触犯贵族利益的商鞅极为不满。秦惠公以谋反罪将商鞅车裂，虽然变法者付出了惨痛的代价，但是变法所巩固的成果依旧延续下来，并最终帮助秦国统一了天下。

千古一帝秦始皇

秦始皇（公元前259年—公元前210年），是秦国庄襄王的儿子，姓嬴，名政，出生于赵国首都邯郸（今河北邯郸市），登上秦王之位的时候才刚刚十三岁。

从公元前230年左右开始，秦王嬴政采取各种壮大秦国的策略，主要包括：与远邦结交攻击临近国家、分化离间其他联盟国、以合纵对抗连横等等。这些计策在战国瞬息万变的国际关系中取得了很好的效果，韩、赵、魏、楚、燕、齐六国先后被秦国灭掉，公元前221年，嬴政终于统一了中国，而秦朝就成为华夏文明中第一个统一的封建大帝国。秦朝幅员辽阔、民族众多，中央政府几乎集中了国家的所有权力。嬴政也得意于自己建立皇皇大国的功绩，他认为过去的帝王从没有这样的丰功伟绩，甚至连三皇五帝也比不上自己，于是自称为"始皇帝"，而他的子孙世世代代也都做皇帝。秦王嬴政是中国历史上第一个皇帝，在他手上，皇帝尊号、皇帝制度都被创立，更为重要的是，多民族的中央集权帝制时代也从秦朝正式开始。

秦始皇的统治有其两面性：一方面他的统治专制而残暴，实行各种严厉的刑罚，老百姓深受其苦，尤其是他的焚书坑儒的行为使中国文化遭到不小的损失。另一方面，他为中国的大一统做出了卓越的贡献：政治上，一套完整的中央集权制度和政权机构在此时建立，如撤掉封国、建立郡县，这也成为以后两千年封建王朝管理的标准模式；文化上，各国的文字得到统一，货币、度量衡也采用一样的标准；交通上，车同轨，道同距，在原来道路以外，修建大量通往秦国的直道，国内交通四通八达，人民来往频繁便利；水利上，灵渠的修建使得珠江流域乃至南方都加强了与中央的联系，国家治理的范围也延伸到珠江一带；国防上，长城的修建巩固了与游牧民族的天然分界，在北边对匈奴的果断回击，使得河套地区永久地成为中国的一部分。正是因为秦始皇在中国的大一统上的伟大功绩，后世人称呼他为“千古一帝”。

汉武帝的政绩

刘彻（公元前 157 年—公元前 87 年），他是汉景帝的儿子，出生在长安，小名叫彘。刘彻作为汉朝的第七位皇帝，刚刚十六岁就登上皇位。刘彻被称为汉武帝，他让西汉王朝达到辉煌繁荣的顶峰。在五十四年的统治期内，汉武帝开创了几个新纪元：一是他听从董仲舒“罢黜百家，独尊儒术”的建议，把儒家学说作为思想的正统；二是在教育上的新举措，他第一次以太学的方式来进行人才的培养；三是在秦朝幅员辽阔的基础上，更有意识地把中国疆土向外拓展；四是一方面与匈奴作战，抗击外来侵略，另一方面派张骞出使西域与西域各国交好，张骞的西域之行不仅打通了丝绸之路，更是让中国与西域民族的联系更为紧密；五是汉武帝是第一个采用皇帝年号来纪元的统治者，这种纪元方式有利于修史官更为清晰地记载历史；六是汉武帝胸怀宽阔，敢于自我批评，他的罪己诏让人明白皇帝也有犯错要改的时候。汉武帝卓越的治世之才赢得后人的广泛赞誉，人们用“秦皇汉武”来显示他是与秦始皇并肩的伟大皇帝，而汉朝成为当时最先进最繁荣的国家也与他的雄才韬略密不可分。

光武帝刘秀

刘秀（公元前 6 年—公元 57 年），是汉景帝的后裔，他字文叔，南阳蔡阳（今湖北枣阳西南）人。西汉末年，王莽篡位推行改革，但是不切实际的政策给人民带来了深重的苦难，社会矛盾进一步激化，各地都爆发农民起义。在这种混乱的局面中，乘机起兵的刘秀加入了绿林起义军的队伍中。刘秀熟悉兵法，饱读诗书，很快就在农民起义军中脱颖而出。昆阳之战是决定起义军生死存亡的关键一役，刘秀运用计谋打败了王莽的四十多万大军。这一场大战瓦解了王莽的绝大部分军事力量，而起义军却显示出势不可挡的气魄。

刘秀带领一支队伍向河北进军，先把王朗打败，又降服了“铜马"军，经历了千难万险后，终于统一了天下，结束了战乱纷繁的局面。刘秀把都城定在洛阳，作为汉室宗子，他试图恢复大汉朝的赫然巨威。因此他登基后，针对国家百废待兴的凋敝局面，实行了一系列的休养生息政策，如减免赋税、提倡节俭等。同时在文化上，沿袭西汉的做法：太学被大量兴建、儒家地位尊崇、节义观念得到提倡。刘秀的这些措施起到了很好的效果，几年的努力后，国家又呈现出一派欣欣向荣的景象。刘秀在位三十三年，谥号是光武，因此人们把他在位所做的功绩称为"光武中兴"，把由他建立的政权称为"东汉"。

北魏孝文帝改革

孝文帝，拓跋宏（公元 467 年—公元 499 年）是他本来的名字，后来改姓元。北魏孝文帝积极倡导汉化运动，排除阻力亲近中国文化，作为一个少数民族统治者，他是罕见而卓越的政治家与改革家。北魏孝文帝了解并崇尚中国文化，当他即位后，北方地区还停留在相对落后的游牧文化中，他坚决实行汉化政策，推动北魏的文化更新。北魏孝文帝的汉化政策大体有以下方面：把都城搬迁到离汉族更近的地区、参照汉人的政治管理改革官制、禁止百姓说胡语穿胡服、把鲜卑姓改为汉姓、不准同族之间通婚、普及礼乐实行刑法等等。这些政策使得鲜卑人的文明程度大大提高，促进了少数民族与汉族之间的民族交流与融合。另外，佛教在此时的兴盛也与孝文帝有关系，孝文帝迁都洛阳后龙门石窟正式开凿，洛阳龙门石窟后来成为我国三大著名石窟之一，这也更进一步推动了佛教艺术在中国的发展。

唐太宗与贞观之治

李世民（公元 598 年—公元 649 年），是唐高祖李渊的第二个儿子，因为功勋卓著被封为秦王。

李世民为人机智过人，更难得的是文武兼修。在推翻隋朝与平定天下的军事生涯中，李世民卓越的军事才能让人叹为观止；文学上，他一向奖励学士。秦王府邸刚刚落成，他就开设文学馆，并且召集十八个著名的儒士进入其中。通过"玄武门政变"夺得政权后，他又设置弘文馆，让大学士能专心工作学习，为国家效力。

唐太宗有远见卓识更富有治国才能：唐朝初年，不少割据势力很庞大，唐太宗逐一平定之；国家安定以后，他从不奢侈浪费，一切节欲从简；他认为农业是国家发展的重要基础，因此减轻人民赋税的负担，推行均田制和租庸调制，这些修养生息的政策使得农民劳作的积极性大幅提高；他任贤举能，重用房玄龄、杜如晦、魏徵、长孙无忌等能臣，虚怀若谷善于纳谏；国家管理上，他沿用隋朝的三省六部制，使政治管理井然有序，又利用科举制网罗天下英才；推行和睦共处的民族关系，鼓励汉族与少数民族的往来，加强在边陲地区的管辖；国际关系上，重视与亚洲各国的友好往来，派使者出使过日本、印度等国家。由于唐太宗的励精图治，这段时期国家强盛、百姓富裕、社会犯罪减少，历史上把它称为"贞观之治"。"贞观之治"是中国历史上政治最为清平的时期之一，而且唐朝的文化、经济都远远领先于当时的其他国家。

武则天与武周政权

武则天（公元 624 年—公元 705 年），是并州文水人，作为荆州都督武士镬的掌上明珠，从小就聪颖过人。武则天进入后宫成为才人（正五品）时，只有十四岁，因为娇俏可爱，唐太宗赐她名字叫媚，自此以后，武媚娘成为她的名字。后来，她在唐太宗的病榻前与太子李治互生情愫。李治即位成为唐高宗，把武则天从寺庙里接回皇宫。永徽六年被立为皇后（公元 655 年—公元 683 年），唐中宗时为皇太后（公元 683 年—公元 690 年），此时，她的权力已经与皇帝没有两样。公元 690 年，她生造了一个"曌"字，并用此字作为自己的名字，并给自己取号为圣母神皇。没过多久，她改朝换代，定国号为周，并把洛阳作为都城，直至公元 705 年在神都上阳宫病逝，她一直居住在"神都"洛阳。除了掌握实权的几十年，武则天还正式称帝十五年，后人把这段时期称为"武周"。唐中宗肃清武氏同党后，给武则天的谥号是则天皇太后。

武则天作为历史上唯一的女皇帝，她所建立的武周政权对历史贡献不小，她任用狄仁杰等贤能重臣，对门阀贵族予以打击；鼓励生产，在她统治期间，经济大幅度发展；采取各种政策稳定边疆形势；重视文化的作用，她推动了文化，尤其是佛教文化的快速发展。

千古仁君赵祯

赵祯（1010年—1063年），原来的名字叫受益，公元1018年被立为皇太子后，被皇帝赐名为赵祯，后来即位成为北宋的第四位皇帝，史称"宋仁宗"。

宋仁宗登上帝位以后，在名臣王钦若、吕夷简、晏殊、范仲淹、文彦博、宋庠、富弼、韩琦、狄青、包拯等的辅佐之下，精心治理国家，边境太平安宁、经济繁荣昌盛、科学文化发达先进、人民生活幸福安康。宋仁宗在帝位一共有四十二年，一直实行仁政，尤其在嘉祐年间（1056年—1063年），宋朝的政治、经济发展到了一个新的高度，历史上称这个时期为"嘉祐之治"。宋仁宗以仁义治国，百姓对他极为尊崇。他驾崩的消息使得宋朝人"京师罢市巷哭，数日不绝，虽乞丐与小儿，皆焚纸钱哭于大内之前"，甚至连辽国也"燕境之人无远近皆哭"，辽国皇帝耶律洪基哭道："四十二年不识兵革矣"，感慨宋仁宗不动干戈的德政。更有人在仁宗寝宫题诗："农桑不扰岁常登，边将无功更不能。四十二年如梦觉，春风吹泪过昭陵"，以此纪念宋仁宗统治下的国泰民安。

中国传统儒家文化一直提倡仁政，所谓"为人君，止于仁"，宋仁宗的"仁政"实行得法，可以说成为千百年来帝王仁义的典范。

一代天骄成吉思汗

成吉思汗（1162年—1227年），名字叫做铁木真，是孛儿只斤氏。在他很小的时候，父亲就被仇敌杀死，为了躲避仇敌的追杀，他与母亲隐藏在深山老林里。在帮助母亲打猎、采集，挣扎着存活下来的过程中，他的性格锤炼的刚强、坚毅。因为有过一段苦难的人生经历，他对生活有着特殊的认识，他曾如此生动地描述：上战场杀敌立功的时候，要像雄鹰一样勇往直前；平日高兴兴奋的时候，要像三岁牛犊一般欢快无忧，酣畅淋漓；当身处明亮的白昼时，要深沉细心，不能懵懂无知；而在漆黑的夜里，需要坚强的忍耐力帮助自己忍受黑暗，等待时机的到来。

1206 年，铁木真因为突出的功勋被推举为蒙古帝国的大汗，蒙古高原各部落在他的努力下得以统一，人们称呼他为成吉思汗。成吉思汗多次发动战争扩充领土面积，向西达黑海海滨，向东几乎囊括整个东亚，这个横跨欧亚两洲的庞大帝国，在世界历史上都极为罕见。成吉思汗晚年的时候，他邀请全真道士丘处机为自己讲解神仙长寿术，听过丘处机的道家心法后，他对自己以前的杀戮行为非常后悔，于是实施仁政，并劝勉百姓行孝道，讲礼仪。作为世界历史上杰出的政治家、军事家，成吉思汗行军打仗与管理国家的才能让后人极为折服，甚至毛泽东也称呼他为"一代天骄"，将他与秦皇汉武、唐宗宋祖同列为中国封建社会帝王的代表。

明成祖朱棣

朱棣（1360 年—1424 年），他是明太祖朱元璋的第四个儿子，开始被封为燕王，在北平镇守。但因为他兵多将广，当他年轻的侄子登上帝位后，他于 1399 年正式起兵，打着"靖难"的旗号反叛朝廷。在四年的内战后，朱棣的军队最终攻破了当时的都城京师（今江苏南京），夺取了他的侄子的帝位，并杀了顽固守旧反对他的方孝孺等人。1421 年，朱棣把都城迁往北京，把南京作为留都。朱棣登上帝位以后，对内大力整顿内政、任用贤能；对外巩固边防，捍卫边疆；文化事业上，大力扩充、修复国家藏书，同时强调儒家文化的正统地位，这些都很好的维护了国家的统治。

在朱棣的功绩中，《永乐大典》的编纂尤为后人称道。永乐年间，解缙等文人儒臣三千余人听从朱棣的命令，把古今图书八千多种汇聚在一起，编成了二万二千八百七十七卷、一万一千零九十五册的《永乐大典》。《永乐大典》的编撰历时数年，于 1408 年最终完成，收藏在南京有名的文渊阁内。明成祖迁都到北京后，北京宫内东庑南建立了文渊阁储存图书。《永乐大典》也被存放在这个地方。清代以后，因为战乱频繁，人事动荡，《永乐大典》大量丢失，如今存留的只有原来的百分之三。尽管《永乐大典》大量散佚，但是它的编订成功是中国文化史上的一件盛事，在中华文明史上具有特殊的意义。

康熙大帝

清圣祖康熙，是顺治的第三个儿子，他姓爱新觉罗，名字叫玄烨（1654年—1722年）。封建社会医术落后，即使贵为皇子，也屡有夭折，因为康熙很小的时侯就出过天花，避免了将来可能会再出天花引起生命危险，顺治就接受了别人的意见，把玄烨选为自己的继承人。玄烨八岁就登上皇位，年号康熙，做皇帝的时间长达六十一年。

康熙有雄才武略，执政期间的政策多数都利国利民。1673年，撤除吴三桂等三藩势力，维护中央集权；1684年，他当机立断统一台湾。从1688年至1697年，他平定准噶尔汗噶尔丹叛乱，恢复了新疆的和平安宁；针对东北地区一直深受沙俄欺凌的状况，他勇敢抵抗，坚决回击，并使得俄国和中国签订《尼布楚条约》，让东北边境在一百五十多年里没有再燃起战火。

在文化方面，康熙坚决捍卫清朝统治者的绝对利益，针对一些反清活动，他大肆镇压，为此不惜制造文字狱，残酷杀害对覆亡的明朝投注同情的汉族知识分子。同时，他也重用汉族中愿意为清朝政府效力的才能之士，为了笼络汉族人，他做出各种努力：亲临曲阜拜谒孔庙、几次举办博学鸿词科，并创建南书房制度。另外，作为一个有远见有抱负的君主，他编辑出版了一系列图书历法和地图：《康熙字典》、《古今图书集成》、《历象考成》、《数理精蕴》、《康熙永年历法》、《康熙皇舆全览图》，其中有些书至今还在为后人所用。他的文治武功在历史上极为突出，后人尊称他为"康熙大帝"，他奠定了国家发展的良好基础，到他孙子乾隆的时代，国家呈现出繁荣昌盛的局面，这被后人称为"康乾盛世"。

帝王纪年

古人纪年主要有干支纪年、帝王纪年两种。帝王纪年，就是按照帝王即位的年次或年号来纪年的。例如《岳阳楼记》中"庆历四年春"，即指宋仁宗庆历四年（1044年）。由于干支纪年的循环往复，在宏观的时间尺度上容易造成混乱，古人常常帝王纪年和干支并用，例如《兰亭集序》中有"永和九年，岁在癸丑"。

历代王朝，传承数代、数十代，代有年号，自然不会混乱。后人为记住历朝顺序，作了一首歌：三皇五帝夏商周，春战秦汉三国休。两晋南北隋唐继，五代宋元明清收。

重臣名相

中国历史上出现过很多对历史做出重大贡献的大臣和贤明的宰相，几乎每一个盛世、每一个伟大的朝代都会出现影响历史的重臣名相，他们的作用和皇帝的作用是相辅相成的，我们要了解一个朝代的历史，就必须了解那个朝代的总理朝政的人，在他们身上会表现出更具体的历史智慧。

伊尹扶汤

伊尹，原名挚，官号阿衡、保衡，商初汤王的重要辅佐之臣。据说：有侁氏女在伊水边得婴儿于空桑，所以以伊为其姓（见《吕氏春秋》）。相传伊尹曾在"有莘之野"躬耕务农，因为汤娶有莘氏之女为妃，伊尹自愿作为陪嫁之臣，随同到了商。他背负着鼎俎等全套炊具为汤烹饪，并以烹调为喻，分析天下大势，提出了"伐夏救民"的主张，得到汤王的赏识，任其为相，从此开始从政。伊尹辅佐汤攻灭夏桀，建立商朝，并为商朝理政安民六十余载。商汤死后，伊尹又接着辅佐外丙、仲壬相继为王。他们在位时间都很短，伊尹实际上掌握着国家的统治权。仲壬死后，立太甲为王，太甲昏庸暴虐，不遵守商汤建立的法度而乱德败行，被他放逐到桐（今河南虞县东北）。伊尹曾经自行代理国政。三年后，太甲悔过自责，又被接回复位。伊尹死于沃丁时，商代后王为伊尹举行了隆重的祭祀，我们可以从《诗商颂长发》中读到当时商对他的高度赞扬。伊尹是中国历史上第一位著名的贤相。

周公辅政

周公，姓姬名旦，又名叔旦，周文王姬昌第四子，是西周初期杰出的政治家、军事家和思想家，也是儒学奠基人，被尊为"元圣"。他先后辅佐周武王灭商，周成王治国，并制作礼乐，创造了中国历史上的礼乐制度，是孔子一生最崇敬的古代圣人。因其采邑在周，爵为上公，故称周公。周公是周武王姬发的同母胞弟，"常左翼武王，用事居多。"辅佐武王灭商，灭商二年后，武王病死，成王年幼，由周公摄政。武王的另外两个弟弟管叔和蔡叔心中不服，便勾结纣王的儿子武庚，并联合东夷部族造反。周公奉命东征，用三年平定了叛乱，巩固了周朝的统治。为了加强对东方的控制，他建议成王把国都迁到洛邑，并实行了封邦建国之策，将周朝的宗亲和功臣，分封为各部诸侯，以作为保卫周王室的屏藩。他还在封国内普遍推行井田制，将土地统一规划，巩固和加强了周王朝的经济基础。周公制定和推行了一整套维护君臣宗法和上下等级的典章制度，最重要的是嫡长子继承制和贵贱等级制。成王长大后，周公便还政于成王，专心"制礼作乐"。周公死后，成王将他葬在毕邑（今陕西咸阳东北部）文王墓旁，以表示对他的无比尊重。周公在中国历史上也是备受尊敬的人物。

齐相管仲

管仲（约公元前 723 年—公元前 645 年），名夷吾，字仲，又称敬仲，颍上（颖水之滨）人，是春秋前期齐国杰出的政治家。管仲少年丧父，孤儿寡母，生活十分贫困，于是他很早地挑起了家庭重担。在早年，他与鲍叔牙合伙经商，分钱时他常常多取，遇到事情他也是提前走掉，而鲍叔牙并不以为意，反而处处能够理解他，知道他是为了养活母亲，维持生计。一直都视管仲为最好的朋友，传下了"管、鲍之交"的佳话。后来，管仲辅佐齐国公子纠，鲍叔牙辅佐其弟公子小白。公元前686年，齐襄公逝世，他的侄子公孙无知篡位。公元前685年春天，齐国大夫雍廪杀了公孙无知，一时齐国无君，公子小白与公子纠各自赶赴齐国争夺君位，管仲沿途拦截公子小白并一箭射中了齐桓公的带钩，齐桓公装死，才得以骗过管仲而活命。公子小白即位，便是齐桓公。鲁国支持小白之兄公子纠，因此齐国和鲁国交战，后来齐国战胜鲁国，鲍叔牙要求鲁庄公处死公子纠，并把管仲交给齐国。在鲍叔牙极为诚恳的推荐下，齐桓公不计前嫌，拜管仲为相。管仲在齐国实行了一系列卓有成效的改革，帮助齐桓公成就了霸业。管仲重视商业，在淄博设立七处市场。

晏婴相齐

晏婴（？—公元前500年），字仲，谥平，习惯上多称平仲，又称晏子，夷维人（今山东高密），是春秋后期杰出的政治家、外交家、思想家。晏婴以极富智慧著称。他生活节俭、礼贤下士，穿的是"缁布之衣"，上朝坐的是弊车驽骊；住的是"近市湫隘嚣尘，不可以居"的简陋之室。他从政勤奋廉洁，做人清白公正，主张"廉者，政之本也，德之主也"。他虽然身居高官，但是能够既"戒得"，又"戒色"。齐景公见晏子之妻"老且恶"，欲以爱女嫁给他，他坚辞不纳。晏婴很有头脑，且能言善辩。内辅齐王主持国政，提出了很多治国方略。在外交上他也表现出很高的智慧。既富有灵活性，又有原则性，出使能够做到不辱使命，捍卫了齐国的国格和个人的人格。晏婴历仕齐灵公、庄公、景公三朝，辅政长达四十余年，孔子称他："救民百姓而不夸，行补三君而不有，晏子果君子也！"司马迁非常推崇晏婴，将他比作齐相管仲。《晏子春秋》是一部记叙晏婴思想、言行、事迹的书，也是我国最早的一部短篇小说集。相传为晏婴撰，现在一般认为是后人集其言行轶事而成。

范蠡归湖

范蠡（约公元前536年—公元前448年），字少伯，楚国宛（今河南南阳）人。是春秋末期的政治家、军事家和经济学家。在越国，他与文种一起共同辅助越王勾践二十多年，终于协助勾践在公元前473年灭了吴国，他自己也被尊为上将军。范蠡认为盛名之下，难以久居，且知勾践只可共患难，不可共富贵，明智地隐退。相传范蠡离开越国后，与春秋时期的天下第一美女西施携手泛舟江湖，成为历史上"范蠡归湖"的佳话。

范蠡隐居于齐国，戮力经营，后定居于陶（今山东定陶西北），经商积资巨万，世称"陶朱公"。范蠡精于商道，发现市场的供求关系与价格涨落遵循"一贵一贱，极而复反"的规律，据此他提出"积贮之理"：也就是在物价便宜时，要大量收进，"贱取如珠玉"（像重视珠玉那样重视降价的物品，尽量买进囤积）；待涨价之后，就尽量卖出，"贵出如粪土"（像抛弃粪土那样毫不犹豫地抛售一空）。他还根据季节规律，提早储备物资。当地民众皆尊陶朱公为财神，因此他也被奉为我国历史上以遵循经济规律并且坚持道德经商的典范，也是儒商的鼻祖。

范蠡既精于治国用兵，又明于保身齐家，是先秦时期杰出的智士。世人誉之："忠以为国，智以保身，商以致富，成名天下。"

商鞅变法

商鞅（约公元前390年—公元前338年），公孙氏，名鞅，原为卫国公族，又称卫鞅，后封于商，称商鞅。战国时期著名的政治家、思想家和法家代表人物。商鞅少时喜好刑名之学（战国时以申不害为代表的学派，主张循名责实，慎赏明罚），听闻秦孝公下令求贤，决然离魏去秦，以变法强国之术游说秦孝公。秦孝公十分欣赏，便任命商鞅为左庶长，下令变法。变法令下达后，商鞅放了一根三丈长的木杆在都城南门，向社会宣布谁能将木杆搬至北门，就赏十金，但大家都不响应；他又将赏金增至五十金，有一个人抱着试试看的心态将木杆搬到北门，商鞅立即赏赐五十金。通过此举，商鞅变法取得民众的信任。当时太子犯法，商鞅毫不留情面地罚惩了太子的老师公子虔和公孙贾。新法令推行几年后，秦国百姓家给人足，臣民勇于公战而怯于私斗，就是说都为国家努力，而不搞内斗。秦孝公便封商鞅为大良造。两年后，秦从雍（今陕西凤翔）迁都至咸阳，并第二次下变法令。至孝公二十年（公元前342年），秦国已十分富强。秦孝公死后，商鞅也失去了屏障，即位的太子在保守派的支持下，废除了变法，对商鞅进行极为残忍的报复。他们以诬告陷害的方式迫使商鞅谋反，对他施行最残酷的暴刑：五马分尸。商鞅在秦执政凡十九年，秦国大治，史称"商鞅变法"。

"商鞅变法"虽然惨遭失败，但商鞅开创的变法事业却对国家有利并且顺应了历史潮流，对秦朝的统一产生了深远的影响。商鞅以"治世不一道，便国不法古"的改革精神，主动适应社会政治经济变革的要求，强调教育改革，注重培养人才。但商鞅政治手段简单粗暴，焚烧《诗》、《书》，施行愚民政策和文化专制主义，严刑峻罚，推行连坐法而刑及无辜等，不可避免地产生一些负面效果，加上当时历史社会条件的局限，以至于他惨死于反对派的报复而"秦人不怜"。

秦相李斯

李斯（公元前280年—公元前208年），字通古，楚国上蔡（今属河南驻马店市）人，秦代著名政治家、文学家和书法家。早年为乡中小吏，掌管文书，在一次偶然的机会，富有思想的李斯见到厕鼠与仓鼠的不同境遇——厕鼠在肮脏的环境生活艰难，而仓鼠在优裕的环境吃得很肥，他于是大发感慨："人之贤不肖譬如鼠矣，在所自处耳！"于是从荀子学帝王之术，学成入秦。初投吕不韦门下，很快得到器重，任以为郎。后借机说秦王嬴政灭六国、成霸业，深受秦王赏识，被擢为长史。秦王采纳李斯的谋略，遣谋士持金玉游说关东六国，离间各国君臣，收效甚著，遂拜其为客卿。公元前237年，秦王下令驱逐六国客卿。李斯遂上《谏逐客书》劝阻。秦王采纳，取消了逐客令。李斯从此更受重用，旋即官封廷尉。他辅佐嬴政统一天下，与王绾、冯劫共尊秦王为始皇帝；废除分封制，推行郡县制；"书同文，车同轨"，统一全国度量衡和货币制；主张焚烧《诗》、《书》、百家语，禁止私学，以加强专制主义中央集权的统治。嬴政驾崩后，权臣赵高与胡亥、李斯合谋，伪造遗诏，迫令太子扶苏自杀，立胡亥为二世皇帝。后来，李斯为赵高所忌，于秦二世二年（公元前208年）被腰斩于咸阳，并夷灭三族。

萧规曹随

西汉初，协助汉高祖刘邦打天下的萧何为相。惠帝二年（公元前193年），萧何病重临终时，刚即位的汉惠帝询问后继者，萧何极力推荐曹参。看着曹丞相一天到晚都请人喝酒聊天，好像根本就不用心为他治理国家似的，惠帝感到很纳闷。一天下了朝，汉惠帝把曹参留下，责备他不尽心辅佐。曹参问："请陛下好好地想想，您跟先帝相比，谁更贤明英武呢？"惠帝立即说："我怎么敢和先帝相提并论呢？"曹参又问："陛下看我的德才跟萧相国相比，谁强呢？"汉惠帝笑着说："我看你好像是不如萧相国。"曹参接过惠帝的话说："陛下说得非常正确。既然您的贤能不如先帝，我的德才又比不上萧相国，那么先帝与萧相国在统一天下以后，陆续制定了许多明确而又完备的法令，在执行中又都是卓有成效的，难道我们还能制定出超过他们的法令规章来吗？"接着他又诚恳地对惠帝说："现在陛下是继承守业，而不是在创业，因此，我们这些做大臣的，就更应该遵照先帝遗愿，谨慎从事，恪守职责。对已经制定并执行过的法令规章，就更不应该乱加改动，而只能是遵照执行。我现在这样照章办事不是很好吗？"汉惠帝听了曹参的解释后，方才释怀。

曹参在朝廷任丞相三年，极力主张清静无为不扰民，遵照萧何制定好的法规治理国家，使西汉政治稳定、经济发展、人民生活日渐提高。他死后，百姓们编了一首歌谣称颂他说："萧何定法律，明白又整齐；曹参接任后，遵守不偏离。施政贵清静，百姓心欢喜。"史称"萧规曹随"。后人遂用"萧规曹随"形容按照前任的成规办事。

运筹帷幄汉张良

张良（公元前251年—公元前186年），字子房，秦末汉初杰出的政治家、军事家和谋略家。先世原为韩国贵族，五代在韩为相。秦灭韩后，他图谋复国，并于始皇二十九年（公元前218年），在博浪沙和其他刺客一起，以铁椎袭击秦始皇嬴政，误中副车，刺杀不成，遂改名换姓，逃匿于下邳（今江苏睢宁西北）。传说张良曾遇黄石公，得兵书《素书》。秦二世二年，率众投奔刘邦，成为刘邦的重要谋士，运筹帷幄之中，决胜千里之外，助其联合英布，拉拢彭越，重用韩信，终破秦灭楚，创基立汉，封为留侯，与萧何、韩信并称"汉兴三杰"。汉初，高祖刘邦大杀功臣，张良目睹英布、彭越和韩信等人的悲剧，深悟"狡兔死，走狗烹。飞鸟尽，良弓藏。敌国破，谋臣亡"之古训，决然辞官，归隐江湖，得以保身。

诸葛亮治蜀

诸葛亮（公元 181 年—公元 234 年），字孔明，号卧龙（也作伏龙），琅琊阳都（今山东临沂市沂南县）人，蜀汉丞相，三国时期杰出的政治家、战略家、发明家、军事家。在世时被封为武乡侯，谥曰忠武侯；后来的东晋政权推崇诸葛亮的军事才能，特追封他为武兴王。代表作有《前出师表》、《后出师表》、《诫子书》等。发明木牛流马、孔明灯等。东汉末年，隐居邓县隆中（今湖北襄阳西），一面躬耕读书，一面留心世事，等候时机施展抱负，时人称为"卧龙"。建安十二年（公元 207 年），经名士徐庶荐举，刘备"三顾茅庐"，登门求教安定天下大计。诸葛亮献以著名的《隆中对》，分析时势精辟独到，条分缕析统一治国方略。刘备心悦诚服，激赏备至，以为军师，总掌方略。诸葛亮殚精竭虑，辅佐刘备称帝。建安十三年（公元 208 年），联合孙权，在赤壁大败曹操，随即引兵夺取荆、益二州，建立蜀汉政权，形成三国鼎立的局面，官拜丞相，录尚书事。刘备死后，诸葛亮忠贞不二，继续辅佐后主刘禅，封武乡侯，以丞相兼领益州牧，掌握蜀汉军国大权。他持法谨严，赏罚必信，重视人才的选拔和任用；积极发展农业生产，维护都江堰水利工程，鼓励百姓种植棉桑，在汉中大兴屯田；对西南少数民族采取"和抚"政策，改善民族关系，积极推广内地先进生产技术和文化，促进西南各族社会经济的发展，加强西南地区的统一。此外，他还始终坚持蜀吴联盟，以维持三国鼎立的均势。诸葛亮励精图治，使一度民贫势弱的蜀汉成为"天府之国"。从建兴六年（公元 228 年）开始，诸葛亮数次挥师北伐，"六出祁山"，攻击曹魏，以图统一全国。建兴十二年（公元 234 年），与魏将司马懿相拒于渭南时，因积劳成疾，病逝于五丈原（今陕西眉县西），葬于定军山（今陕西勉县东南）。诸葛亮一生鞠躬尽瘁，死而后已，世人钦仰。唐代诗圣杜甫《蜀相》诗赞叹道："三顾频烦天下计，两朝开济老臣心。出师未捷身先死，长使英雄泪满襟。"

东晋名相谢安

谢安（公元 320 年—公元 385 年），字安石，号东山，祖籍陈郡阳夏（今河南太康县），东晋著名政治家、军事家。当时陈郡谢氏家族十分显赫，与琅琊王氏并称"王谢"。谢安出身于这样的名门世家，从小受家庭的影响，在德行、学问、风度等方面都有良好的修养。他自幼聪慧，思维敏捷，酷爱读书，不喜为官。年轻时隐居会稽，常与王羲之、支道林、许询、孙绰、李充等名士相往还，寄意诗文，放情山水。四十多岁时，方才受征西大将军桓温征召，为司马。从此，谢安步入仕途，官至卫将军、开府仪同三司，加封建昌县公。纵观其一生，谢安最大的功绩是在公元 383 年的淝水之战中，以八万人马战胜了前秦大将苻坚的百万大军，创造了我国军事史上以少胜多的光辉战例，留下了"八公山上，草木皆兵"的历史典故。然而，官场险恶，淝水之战烟火尚燃，功名极盛的谢安便遭到一些阴险小人的诬害。谢安明辨时势，功成身退以求自保，上书辞官，不料几日后便病卒于京师建康（今江苏南京市）。谢安死后，晋廷哀悼三天，追封太傅，谥号"文靖"。又念其平定苻坚有功，改封号为"庐陵郡公"。

关中良相王猛

王猛（公元 325 年—公元 375 年），字景略，北海剧县（今山东寿光县东南）人，十六国时期前秦著名政治家、军事家。少时家贫，曾以贩畚为业。王猛英俊魁伟，雄姿英发，为人谨严庄重，深沉刚毅，气度弘远，对琐细之事略不关心，更不屑于与俗人打交道，因而时常遭到浅薄浮华子弟的轻视和耻笑。王猛却悠然自得，从不计较。他隐居华阴山，博学好兵书，怀佐世之志。其时北方正陷入十六国之乱，南方东晋亦是风雨飘摇。前秦大将苻坚欲谋霸业，久闻王猛之名，派人前去恳请王猛出山，两人一见如故。东晋升平元年（公元

357 年），苻坚自立为大秦天王，以王猛为中书侍郎，职掌军国机密。因治绩卓著，很快升为尚书左丞、咸阳内史、京兆尹，再升为尚书左仆射，辅国将军、司隶校尉，一时权倾内外。王猛明法严刑，禁暴锄奸，有罪必罚，有才必任，表现出卓越的政治才能和军事才干；他还兴修水利，奖励农桑，办学重教，协洽周边，关中一时大治。东晋宁康三年（公元 375 年），王猛积劳成疾，终致病危，苻坚亲临探视，并询问后事，王猛遗言不可攻晋。苻坚按照汉朝安葬大司马大将军霍光的规格，隆重安葬了王猛，并追谥他为武侯。后苻坚不听王猛之言，攻东晋，淝水一战被谢安打败。后人有诗赞云："关中良相唯王猛，天下苍生望谢安。"

房谋杜断

房玄龄（公元 578 年—公元 648 年），名乔，字玄龄，杜如晦（公元 585 年—公元 630 年），字克明，均为唐初名相。早先两人皆为秦王李世民幕府属官，常从征伐，参谋划策，典管书记，参与机要、军国之事，为秦王得力谋臣。唐武德九年（公元 626 年）二人参与玄武门之变的策划，与长孙无忌、尉迟敬德、侯君集五人并功第一。秦王即位，为唐太宗，房玄龄为中书令，贞观三年（公元 629 年）迁尚书左仆射；杜如晦为兵部尚书，贞观三年迁尚书右仆射。据《旧唐书房玄龄杜如晦传论》："世传太宗尝与文昭图事，则曰：'非如晦莫能筹之。'及如晦至焉，竟从龄之策也。盖房知杜之能断大事，杜知房之善建嘉谋。"意思是说，两个人在执政上各有所长，房玄龄主意多，善谋划，杜如晦能当机立断。杜如晦为相时，正值唐新建不久。他与房玄龄共掌朝政，典章制度皆两人所定。时称如晦长于断，玄龄善于谋，两人配合默契，同心辅佐太宗，后世论唐代良相，首推房、杜。元人雅勒呼有诗赞曰："房谋兼杜断，萧律继曹遵。"

魏徵善谏

魏徵（公元 580 年—公元 643 年），字玄成，钜鹿曲城（今河北巨鹿）人，初唐杰出政治家。幼年丧父，生活孤贫，雅好读书，深通学术，胸有大志。太宗即位后，擢为谏议大夫。贞观初授秘书监，参掌朝政，校订图籍。后一度任侍中，封郑国公。

魏徵以善谏著称，敢于犯颜直谏，即使在太宗大怒之际，也敢面折廷争，从不退让，所以，太宗有时对他也会产生敬畏之心。有一次，太宗想去秦岭打猎取乐，却终未成行。后来魏徵问及此事，太宗笑答："当初确有此意，但怕你直言进谏，故打消此念。"还有一次太宗得到一只上好的鹞鹰，逗弄玩乐，很是得意，忽见魏徵走来，忙将其藏入怀中。魏徵故意奏事很久，致使鹞鹰闷死在怀中。

魏徵一生以谏净为己任，前后向唐太宗进谏两百余事，大至朝廷大政方针，小至皇帝生活私事，都无所回避。武德九年（公元 626年），冒着被罢官的危险，拒不签署太宗征点中男（16—18 岁）的决定，最后终于谏止，使百姓免于一次兵役负担。贞观六年（公元 632年），力排众议，谏止太宗赴泰山封禅，节约了大量的开支。魏徵病逝，太宗亲临吊唁，痛哭失声，并说："夫以铜为镜，可以正衣冠；以古为镜，可以知兴替；以人为镜，可以明得失。我常保此三镜，以防己过。今魏徵殂逝，遂亡一镜矣。"魏徵在贞观年间先后上疏二百余条，强调"兼听则明，偏听则暗"，对唐太宗开创的"贞观之治"起了重大的作用。

半部《论语》宋赵普

赵普（公元 922 年—公元 992 年），字则成，祖籍幽州蓟县（今北京境内），北宋著名政治家。公元 960 年，赵匡胤得赵普之助发动陈桥驿（位于今河南省新乡市封丘县东南部）兵变，推翻后周，建立宋朝，封赵普为右谏议大夫；次年，依赵普之计，"杯酒释兵权"，削夺了朝中诸将兵权。公元 967 年，赵普加职右仆射兼门下侍郎、同中书门下平章事、昭文馆大学士，成为名副其实的宰相。

公元 963 年，宋太祖想改年号，要求这个年号以前没有用过。有人提议"乾德"，宰相赵普称颂不已。后来发现伪蜀曾用过这个年号，惊问赵普，赵普不能回答。太祖感叹说："宰相须用读书人啊。"赵普惶愧，归家闭门读书。后来每当朝廷有事难决时，赵普便回家读书，第二天就把事情解决了。太宗继位，继续任用赵普为相，有人告诉太宗，赵普只懂《论语》，其他书都没读过。太宗问赵普此话可属实，赵普回答说："臣平生所知，诚不出此，昔以其半辅太祖定天下，今欲以其半辅陛下致太平。"

"半部《论语》"的幽默之说，无非是赵普自明以儒学平治天下的一种形象说法。作为赵匡胤"黄袍加身"的预谋者，"杯酒释兵权"的导演者，赵普三度为相，如此雄才大略，岂是孤陋寡闻者所能及的！

耶律楚材

耶律楚材（1190 年—1244 年），字晋卿，号玉泉，法号湛然居士，出身契丹贵族，世居金中都（今北京），是辽太祖耶律阿保机的九世孙。耶律楚材秉承家族传统，自幼学习汉籍，精通汉文，博览群书，天文、地理、律历、术数及释老医卜之说，无所不涉。初仕金，为开州同知、左右司员外郎。成吉思汗十年（公元 1215 年），蒙古攻占燕京（今北京），耶律楚材受成吉思汗召用，官至中书令，呼为"吾图撒合里"（长髯人）。他随成吉思汗数度出征，常晓以治国安民之道，屡立奇功。（1226 年）二十一年，又随成吉思汗征西夏，谏言禁止州郡官吏擅自征发杀戮，使贪暴之风稍敛。窝阔台汗即位后，耶律楚材倡立朝仪，劝亲王察合台（太宗兄）等人行君臣礼，以尊汗权。官至中书令，被誉为"社稷之臣"。他积极恢复文治，逐步实施"以儒治国"的方案和"定制度、议礼乐、立宗庙、建宫室、创学校、设科举、拔隐逸、访遗老、举贤良、求方正、劝农桑、抑游惰、省刑罚、薄赋敛、尚名节、斥纵横、去冗员、黜酷吏、崇孝悌、赈困穷"的政治主张。在政治、经济、文化各方面殚精竭虑，创举颇多。他任职近三十年，使战争不断的乱世转为和平的盛世，使先进的中原封建农业文明得以保存和继续发展，也为后来忽必烈建立元朝奠定了基础。

张居正改革

张居正（1525 年—1582 年），字叔大，号太岳，湖广江陵（今湖北荆州）人，明嘉靖中叶进士。隆庆元年（1567 年）入阁。万历元年（1573年），神宗即位，张居正为内阁首辅，为挽救明王朝实行了一系列改革措施，是封建社会末期最负盛名的改革家。在政治上，整顿吏治，加强中央集权，创制"考成法"，以"尊主权，课吏职，行赏罚，一号令"和"强公室，杜私门"作为为政方针。在经济方面，张居正的成绩最为突出。他曾任用著名水利学家潘季驯督修黄河，使黄河不再南流入淮，于是"田庐皆尽已出，数十年弃地转为耕桑"，而漕河也可直达北京。他推行"一条鞭法"，把各项赋役合并归一，并按田亩征银，使一向以实物缴纳的赋税和劳役转由货币完纳。"一条鞭法"是张居正在经济改革方面的重要内容，也是中国封建社会赋役史上的重大变革。在军事上，任用戚继光守蓟门，李成梁镇辽东，又在东起山海关、西至居庸关的长城上加修"敌台"三千多座，巩固了北方边防，并在边疆实行互市政策，促进贸易往来。张居正改革的收效明显，强化了中央集权的封建国家机器，基本上实现了"法之必行"、"言之必效"，国家的经济状况有了改善，财政收入有所增加，在国防上增强了反侵略的能力。后来虽被守旧顽固势力清算，改革被否定，但对历史的影响是不可泯灭的。

曾国藩

曾国藩（1811年—1872年），初名子城，字伯涵，号涤生，湖南湘乡人，晚清著名的军事家、理学家、政治家、书法家、文学家，晚清散文"湘乡派"创立人，湘军的创立者和统帅者。他自幼天资聪

曾国藩

颖，勤奋好学。道光十八年（1838年）殿试考中了同进士。官至两江总督、直隶总督、武英殿大学士，封一等毅勇侯。咸丰三年（1853年），借清政府急于寻求力量镇压太平天国之机，曾国藩趁势在家乡湖南一带，建立了一支地方团练，称为湘军，成为中国南方地区与太平天国军事力量作战的主力。在作战中，曾国藩用劫掠财物、封官赏爵的办法来鼓舞士气，养成湘军凶悍残虐的本性。

曾国藩被封为一等勇毅侯，成为清代以文人而封武侯的第一人，后历任两江总督、直隶总督，官居一品。1864 年，湘军在其弟曾国荃的率领下攻下天京（今江苏南京市）。曾国藩对晚清王朝的腐败衰落洞若观火，一方面痛恨西方对中国的侵略，一方面又主张学习西方的先进科学以自强。曾国藩不仅功业显赫，而且博学多才，诗文兼擅，是晚清著名理学大师和散文大家，一生著述颇多，尤以其寄给子弟的《家书》流传最广，影响最大。同治十一年二月初四（1872 年 3 月 20日），曾国藩在南京病逝，朝廷赠太傅，谥曰"文正"。

左宗棠

左宗棠（1812 年—1885 年），字季高，号湘上农人，湖南湘阴人，晚清重臣，洋务派代表人物。左宗棠少时应童子试得首名，写下"身无半文，心忧天下；手释万卷，神交古人"的对联，以铭心志。道光十二年（1832 年）中举，此后屡试不第，转而钻研舆地、兵法，深得当时许多名流显宦的赏识。咸丰初年，左宗棠先后应湖南巡抚张亮基、骆秉章之邀，出佐湘幕，峥嵘渐显，朝野

左宗棠像

注目，时人有"天下不可一日无湖南，湖南不可一日无左宗棠"之语。为抓住展示才能的时机，他经常为一件小事而与人大吵大闹；在当上巡抚，官及二品时，脾气却越来越小。"穷困潦倒之时，不被人欺；飞黄腾达之日，不被人嫉。"这句著名的话就是他说的。咸丰十年（1860 年），左宗棠随同钦差大臣、两江总督曾国藩襄办军务，招募"楚军"，成为镇压太平天国的重要力量。左宗棠是洋务派首领之一，曾创办福州船政局。光绪三年（1877 年），他率军消灭了俄国人支持的阿古柏叛乱政权，收复了除伊犁以外的新疆全部领土。新疆平定后，建议在新疆设省，并提出浚河渠、建城堡、清丈地亩和理正赋税等建议。在中俄伊犁交涉中，他主张"先之以谈判，继之以战争"，并在新疆做了军事部署。后调任军机大臣、任两江总督。中法战争期

间反对李鸿章妥协投降，主张抵抗，被任命督办福建军务。1885 年病故于福州。著有《楚军营制》（附条规），其奏稿、文牍等辑为《左文襄公全集》。

李鸿章

李鸿章（1823 年—1901 年），本名章桐，字渐甫，一字子黻，号少荃，一号少泉，晚年自号仪叟，别号省心，谥文忠，安徽合肥东乡人，洋务派代表人物，淮军的创立者和统帅者。他率领淮军与曾国藩的湘军一起镇压了太平天国，接着又镇压了捻军，保住了即将崩溃的清王朝，被誉为"中兴名臣"。因军功显赫，累迁江苏巡抚、湖广总督，继曾国藩之后出任直隶总督，后又兼北洋通商事务大臣，授文华殿大学士，筹办洋务，参与掌管清政府外交、军事、经济大权，成为清末权势最为显赫的封疆大吏。

李鸿章像

李鸿章在与西方列强的交往中意识到富国才能强兵，故积极发展官办、商办军工企业。他先后创办江南制造局、轮船招商局、开平煤矿、漠河金矿、天津电报局、津榆铁路、上海机器织布局，还建立同文馆，选派留学生出洋。他长期担任直隶总督兼北洋通商事务大臣，坐镇北方最大的通商口岸天津，既积极筹划北方防务，戍卫京畿，又进一步拓展洋务，以增加财赋收人。他还苦心孤诣，编练成一支当时堪称亚洲一流的海军。北洋水师在甲午战争中被日军击败，李鸿章受命赴日本春帆楼媾和，交涉期间遇刺负伤，最后订立《马关条约》，因此背上卖国罪名。李鸿章长期处于内忧外患的夹缝中，处于既不能得罪洋人又要忠于朝廷的夹缝中，处于"弱国无外交"的尴尬境地，虽小心翼翼，东补西贴，如履薄冰，然终未能挽救晚清大厦于将倾。他也成了中国近代史上最有争议的人物之一。

历史典故

不食周粟

不吃周朝的粮食。形容坚守气节，品行高洁。典出《史记·伯夷列传》。商朝末年，周武王准备讨伐荒淫无道的商纣王，商朝贵族伯夷、叔齐出于对商朝的忠诚而坚决反对，武王没有接受他们的意见。他俩便避至首阳山（一说为今河北迁安的岚山，一说在今山西永济市），采薇充饥，不食周粟，最后饿死。

周公吐哺

周公：西周文王之子，武王之弟，曾助兄武王灭商。武王死后，其子成王年幼，周公辅政，竭尽全力。此典形容求贤心切，礼贤下士。典出《史记·周鲁公世家》：周公为了招揽天下贤士，对求见的人不敢怠慢，"一沐三捉发，一饭三吐哺"，一次沐浴要多次握着头发，一餐饭要多次吐出口中的食物。曹操有诗云："周公吐哺，天下归心。"意思是要学习周公那样的勤政，赢得天下的人心。

箪瓢陋巷

箪：盛饭的竹器。饮食简单，居住条件简陋，比喻安贫乐道。典出《论语·雍也》：子曰："贤哉回也！一箪食，一瓢饮，在陋巷，人不堪其忧，回也不改其乐。贤哉回也！"孔子称赞颜回能坚守清贫的生活而自得其乐，是一位贤者。

盗泉

指做任何事都要名正言顺，要保持清白节操。典出《尸子》卷

结缨

指坚持信念、慷慨献身。典出《左传·哀公十五年》：孔子的学生子路在卫国做官，因遇到卫国内乱而坚守职事被攻击，混乱中，子路的帽带被击断。临死前，他把击断的帽带结好，说："君子死，冠不免。"

鸥鸟忘机

机：机心，巧诈之心。鸥鸟忘机比喻心地纯真，无巧诈之心。典出《列子黄帝》：传说海边有个人喜欢鸥鸟，从不侵害它们，成群的鸥鸟也跟他友好相处。后来他父亲让他捉鸥鸟回来赏玩，当他存心捕捉时，鸥鸟便飞翔在天空而不肯停留下来。

尾生抱柱

指坚守信约。典出《庄子·盗跖》：传说古代有名叫尾生的人与一女子相约在桥下相会，结果女子没来。这时洪水来了，水不断上涨，而尾生抱住桥柱不肯离去，最后被水淹死。

许由洗耳

许由：尧时的高洁之士。此典指隐逸之士安贫乐道，志向高洁。典出东汉蔡邕《琴操》：尧时，许由隐居箕山，尧准备将天下让给他，使者把这消息告诉他。许由听后，说他隐居养性，决不为禄位所动摇。还认为使者的话玷污了他，于是就到河边去洗耳。

坐怀不乱

形容在男女相处中品行高洁。典出《荀子·大略》：春秋时，柳下惠夜宿城门，有一女子前来求宿，柳下惠怕她受凉，解开外衣把她裹在怀里，一夜而无任何越轨的行为。

退避三舍

舍：古时行军以三十里为一舍。退避三舍比喻为避免冲突而对人让步。典出《左传·僖公二十三年》：春秋时，晋公子重耳曾逃亡到楚国，楚国国君收留了他，并给予十分优厚的待遇。晋公子重耳答应如果将来回国执政，遇到晋楚交战，一定先退避三舍之地，作为报答。后来重耳当上晋国国君，在晋楚城濮之战中，果然首先后退了三舍之地。

执牛耳

比喻在某一个领域居于领导地位。典出《左传·哀公十七年》：当时各国诸侯订立盟约，必须举行"歃血为盟"的仪式。先将牛耳割下取血，并将牛耳放在盘上，由主盟者执盘，主盟者被称为"执牛耳"。主盟者率先将祭拜过天地神灵的牛血涂在口上，与盟者接着相继歃血，表示有天地神灵为鉴，彼此之间要坚守盟约，要言而有信。倘若有违约者，必将遭受神灵的惩罚，这在古代是十分隆重的"歃血为盟"的仪式。

"执牛耳"原本是指一种仪式，后来泛指在某个领域居于领导地位之人。

问鼎

据《左传》记载，春秋时楚庄王曾率兵北伐至洛水，向周王朝炫耀武力，周定王不得不派王孙满前去犒劳楚军，而楚庄王竟骄横地向王孙满询问周朝传国之宝九鼎的大小轻重。这个问鼎的典故，显示了楚庄王觊觎周王朝天下之意。以后，"问鼎"成了图谋篡夺最高权力的代名词。

孟母断织

相传孟轲年少时很喜欢玩耍，有一次中途辍学回家。正在织布的孟母看着他，拿刀割断了尚未织完的布，说："你读书半途而废，就像我割断这机上织的布一样。"孟轲受到了震动，从此勤学不怠，并师事子思，终于成为天下闻名的大儒。

后以"断织"为母亲督子勤学的典故。孟母断织亦作"孟母断机"。孟母之贤，不仅在于其督子以勤，更在于她善以形象而艺术的方式教育子女。这样的教子方略，值得今天的父母好好学习。

引而不发

引：拉引；发：射箭。拉开弓却不把箭射出去。比喻善于启发引导。也比喻做好准备暂不行动，以待时机。典出《孟子尽心上》："君子引而不发，跃如也。中道而立，能者从之。"

楚囚

楚囚是指春秋时曾为战俘的楚国人钟仪。楚共王在位时，楚国攻打郑国，钟仪随军出征，由于战败，钟仪沦为战俘，郑国把他抓住后，又转送到晋国，成了"楚囚"。在被囚期间，他始终怀念故国，不忘家乡，一直带着自己国家的帽子。后来晋景公感其忠贞，将他释放。此典比喻陷入敌方阵营仍坚贞不二的人。

田横五百士

田横（公元前 250 年－公元前 202 年）是秦末齐国旧王族，齐王田氏的后裔，是我国古代著名义士。陈胜、吴广起义抗秦后，四方豪杰纷纷响应，田横一家也是抗秦的部队之一。汉高祖消灭群雄，统一天下后，田横不顾齐国的灭亡，同他的战友五百人仍困守在一个孤岛上（现名田横岛，在山东）。汉高祖听说田横很得人心，担心为患，便下诏令说：如果田横来投降，便可封王或侯；如果不来，便派兵去把岛上的人通通消灭掉。田横为了保存岛上五百人的生命，便带了两个部下，离开海岛，行至距洛阳三十里左右时，想想自己与汉王都曾南面称王，现在却要俯首称臣，自觉是奇耻大辱，于是沐浴更衣，自杀而死。汉高祖用王礼葬他，并封那两个部下做都尉，但那两个部下在埋葬田横时，也自杀在田横的墓穴中。

汉高祖派人去招降岛上的五百人，但他们听到田横自刎，便都蹈海而死。司马迁在《史记》中感慨地写道："田横之高节，宾客慕义而从横死，岂非至贤！"

羞与哙伍

原意是指以跟樊哙这种人交往为羞耻。樊哙，是汉高祖刘邦的同乡，出身贫穷，以屠狗为业，后因追随刘邦有功而封侯。典出《史记·淮阴侯列传》：在楚汉战争中立有大功的大将军韩信，汉朝开国后被刘邦削去兵权，改封为"楚王"，接着又降为"淮阴侯"。有一次，韩信从樊哙门前走过，樊哙知道了，马上赶出去迎接，仍像以前对待大将军一样对待他，向他跪拜，说："大王光临臣家，非常荣幸！"韩信后来发牢骚说："我竟然和樊哙这样的人平起平坐，真是羞耻啊！"此典也作"羞与为伍"。

沧海桑田

《神仙传》一书中收集了 94 个神仙的传说，麻姑便是其中一位。据说麻姑曾应道士王方平之召，降临蔡经家。虽然这仙女看上去有十八、九岁的样子，可是当王方平问起她实际年龄时，连她自己也说不准到底有多大了，她说："自从得了道接受天命以来，我已经亲眼见到东海三次变成桑田。刚才到蓬莱，又看到海水比前一时期浅了一半，难道它又要变成陆地了吗？"

海变为田，田变为海，这种人世间的巨大变化只有在千年万载的历史时期中才能见到，此典也用于比喻世事变化很大。

马齿徒增

比喻人的年龄不断增长而无所成就。典出《左传·僖公二年》：春秋时，晋国用荀息计，以良马与璧玉为礼品，取得虞国的同意，让晋国借道灭了虢国。五年后，晋国又灭了虞国，荀息手持璧玉说："璧玉没变而马齿加长矣。"

结草衔环

春秋时晋大夫魏武子生病，先遗命死后将其爱妾改嫁；病危时，又命以妾殉葬。魏武子死后，魏颗依照父亲初命，将父妾改嫁。后来魏颗与秦将杜回作战，有一老人结草把杜回绊倒，秦军大败。魏颗夜梦结草老人说，他就是魏颗所嫁之女的父亲，因感魏颗救女之恩，所以结草绊杜回以报答。又传说东汉杨宝九岁时，至华阴山，见一黄雀为鸱枭搏击坠地，便将伤雀带回家，用黄花喂养。百余日后，黄雀伤愈飞去。当天夜里，杨宝梦见黄衣童子对他说："我是西王母使者，承蒙您搭救我，今赠白环四枚，祝您家子孙清白，四代位登三公，一如此环。"

祸起萧墙

萧墙：指古代宫室外靠大门做屏蔽用的短墙。祸起萧墙比喻内部发生祸乱。典出《论语·季氏》：春秋时，鲁国大夫季孙氏权势很大，准备攻打鲁国的附属小国颛臾。孔子知道后说，季氏最大的烦恼和痛苦，不在颛臾这个小国家，而是在萧墙之内，在季氏自己兄弟之间。孔子说了这个话不久，后来季家兄弟果然发生了祸乱。

曲突徙薪

突：烟囱。薪：柴火。曲突徙薪喻有先见之明，防患于未然。典出《汉书·霍光传》：相传古时有人看见一户人家烟囱很直，旁边堆着柴草，就向主人建议："把烟囱改成曲形，把柴堆移到别处，不然会发生火灾。"主人不听。不久，这户人家果然失火。邻人都来救火，把火扑灭了。主人备好酒宴，感谢邻人，请在救火时出大力的人坐上席。有人提醒主人说："你如果依照最先向你提建议的人的话去做，现在就不会花费酒宴之资，更不会失火了。"

苏武节

汉武帝天汉元年（公元前 100 年）派中郎将苏武执节出使匈奴，

被匈奴扣留 19 年，流放北海（即贝加尔湖，今属俄罗斯）牧羊，那里的生活条件十分艰苦。苏武啮雪、吞毡、掘野鼠吃以活命，旄节上的毛尽落，须发尽白。但是他始终坚守汉节，后以"苏武节"为赞美忠贞节操之典。

李广难封

汉将军李广，屡击匈奴，身历 70 余战，战功显赫，有"飞将军"之称。诸部校尉以下，才能、名声居李广之下而因军功封侯者有数十人，惟独李广终未封侯。唐代王勃《滕王阁序》："冯唐易老，李广难封。"后以"李广难封"慨叹功高不酬。

画虎不成反类犬

比喻好高骛远，终无成就，反贻笑柄。也喻仿效失真，反而弄得不伦不类。典出《后汉书·马援传》：东汉伏波将军马援的两个侄子喜欢结交游侠，马援写信告诫他们："你们应当学谦恭好学的龙伯高，而不要学豪侠好义的杜季良。因为如果学伯高不像，还可以变得忠厚，但如果学季良不像，不但豪侠学不到，反而成为轻薄，就像画虎不成反类狗一样。"

好好先生

汉末司马徽在荆州时，知道荆州刺史刘表昏聩无能，不明辨是非，往往会听信谗言加害贤能之人，于是就缄口不言，对时事和世人的好坏都不表态，保持沉默。当时有人问他如何看待和评价时事时，他每次都说"好"，人家都认为他是"好好先生"。妻子劝他说："别人要你解惑，你应当品评优劣，诚恳回答，可你一概都说'好'，这不是辜负了向你讨教问题的人吗？"司马徽又习惯性地回答："你所说的这番话，也很好。"

吴下阿蒙

吴下：吴国，现长江下游一带。吴下阿蒙比喻学识尚浅薄的人。

典出《三国志吴书吕蒙传》裴松之注引《江表传》：三国时，吴国大将吕蒙，因军务繁忙不肯读书，后来接受孙权的劝告，才努力学习。有一次鲁肃同他讨论事情，意见被他驳倒，鲁肃赞道："我原以为你只懂武，现在才知道你学识渊博，不是过去的'吴下阿蒙'了。"

东山再起

东晋谢安（公元 320 年—公元 385 年），字安石，浙江绍兴人，初为著作郎，因病辞官。他在当时的士大夫阶层中名望很大，大家都认为他是个挺有才干的人。但是他宁愿隐居在东山，不愿做官。朝廷多次召请都不出，年四十方任司马这一官职。当时在士大夫中间流传着一句话："谢安不出来做官，叫百姓怎么办？"谢安复出后屡立大功，官至司徒，对东晋的稳定起了很大作用。后以"东山再起"喻重新出仕或失势后再次得势。

难兄难弟

最初是比喻兄弟才德都好，难分高下。后来这个成语指共过患难的人或彼此处于同样困境的人，用于此意时，"难"字要读为去声。这个成语来源于《世说新语·德行》：东汉陈寔有两个儿子，一个叫元方，一个叫季方，品德都很好。有一天，元方和季方的儿子为自己父亲的功德争论起来，都说自己的父亲功德高，相持不下，便一同来请祖父陈寔裁决。陈寔说："元方难为兄，季方难为弟。"意思是他俩的功德都很高，难以分出上下。

请君入瓮

比喻以其人之道还治其人之身。典出《新唐书·周兴传》：唐武则天为女皇时，任用来俊臣和周兴，他们都是有名的酷吏，惯用各种酷刑逼人招供。后来有人告发周兴谋反，武则天派来俊臣审问。来俊臣请周兴吃酒宴，席中问周兴："若遇到犯人不肯招供时怎么办？"周兴说："拿个大瓮，周围用炭火烤，叫犯人站在瓮中，还怕他不招吗？"于是来俊臣叫人拿来大瓮，四面加火，对周兴说："奉旨审问老兄，现在请您入此瓮中。"周兴惶恐之极，只好叩头伏罪。

沆瀣一气

唐朝僖宗年间，书生崔瀣，想参加科考，进取功名，偏巧主考官也姓崔，叫崔沆。当他审阅考卷时，见到崔瀣二字，很是高兴，暗地说："我姓崔，他姓崔。我叫沆，他叫瀣。沆瀣者又是连在一起的。这个考生，我一定录取。"发榜之后，人们议论纷纷。有人就编出俏皮话："座主门生，沆瀣一气。"后指同流合污。

乌台诗案

元丰二年（1079 年）四月，因为苏轼在自己的诗文中表露了对新政的不满。苏轼被抓进乌台，坐牢 103 天，每天遭到严刑拷问，要交代他以前写的诗的由来和词句中典故的出处。御史李定、何正臣、舒亶等人，举出苏轼的《杭州纪事诗》做为证据，罪证是别人为苏轼刻的一部诗集，将这诗集当罪证的正是《梦溪笔谈》的作者沈括。御史李定等人说他"玩弄朝廷，讥嘲国家大事"，他自认难逃死罪。但由于宋朝有不杀士大夫的惯例，所以最后苏轼得以免于一死。"乌台"即御史台。《汉书朱博传》："是时，丠御史府吏舍百余区井水皆竭；又其府中列柏树，常有野乌数千栖宿其上，晨去暮来，号曰朝夕乌。"后世便以御史府为乌府，御史台为乌台。由于这案的发起者都是御史台的言官，他们包括御史中丞李定，监察御史里行（御史台的见习史官）舒亶、何正臣等，因此称为"乌台诗案"。

据说苏轼在狱中曾想自尽，他与儿子约好每天送饭都要有菜和肉，若被判死刑时要送鱼。有一天托亲戚给苏轼送饭，恰恰错送了鱼。苏轼以为死到临头了，就写了两首绝命诗嘱咐狱吏转给他弟弟苏辙，结果被宋神宗看见了，很感动。恰好仁宗皇后病重，神宗决定大赦天下，以求上天保佑，仁宗皇后说："只放苏轼一人我就满足了。"苏轼于是获释，贬到黄州（湖北东部）做官，乌台诗案就此了结。

程门立雪

北宋时，杨时、游酢二人去向当时的大儒程颐求学，适值程颐坐着打瞌睡，二人便侍立等着。待程颐醒来，门外已经雪深盈尺了。后以"程门立雪"比喻尊师重道。

树犹如此

感叹岁月飞逝，人生无常。典出刘义庆《世说新语》：晋桓温率师北伐，途经金城，看见昔日种下的柳树已长得很粗大，便感叹地说："木犹如此，人何以堪！"在古文中，木就指的是树。辛弃疾《水龙吟·登建康赏心亭》词："可惜流年，忧愁风雨，树犹如此。"

挂冠

指辞官或辞官隐居。典出《后汉书逸民传逢萌》：汉代王莽执政时，杀了逢萌的儿子。逢萌见政治黑暗，天下将大乱，就解冠挂在长安东郭城门上，携家眷浮海而去，客居于辽东。

断袖之癖

指帝王或达官贵人喜爱男宠（古称男子同性恋为"男宠"）。典出《汉书·佞幸传·董贤》：西汉的董贤长得很秀美，深得汉哀帝宠爱。两人形影不离，经常同床共枕。有一次哀帝睡觉醒来，衣袖被董贤压住，他怕惊醒董贤，于是用刀将袖子割断，可见其爱恋之深。

弹冠相庆

指即将做官而互相庆贺。多用于贬义。典出《汉书·王吉传》：汉王吉与贡禹很要好，王吉做了官，贡禹也拿出帽子，弹去灰尘，准备出仕。人们说他俩志趣相投。

五日京兆

京兆：即京兆尹，京都行政长官。五日京兆指官吏任职时间短。典出《汉书·张敞传》：汉京兆尹张敞，因与已被治罪的大臣关系密切被迫离职。离职前，他派手下捕盗官絮舜去办事，絮舜认为他即将离职，不肯按他的指示办事，对人说："他不过是五日京兆罢了，还能过问什么事情？"张敞得知，将他逮捕下狱。

捉刀人

捉刀人原指曹操。后来将代人作文者称为"捉刀人"。典出《世说新语·容止》："魏武（曹操）将见匈奴使，自以形陋，不足雄远国，使崔季硅代帝，自捉刀立床头。既毕，令间谍问曰：'魏王何如？'匈奴使答曰：'魏王雅望非常，然床头捉刀人，此乃英雄也。'"

坠楼人

"坠楼人"指晋石崇的宠姬绿珠。典出《晋书·石崇》：石崇宠爱丽姬绿珠，为她造金谷园。绿珠能吹笛，又善舞。石崇自制《明君歌》以教之。孙秀闻其名艳羡其美，故遣使人求绿珠。石崇怒曰："吾所爱，不可得也！"孙秀恼羞成怒，在赵王司马伦前陷害石崇。其时崇正宴于楼上，有士兵来缉拿他。崇谓绿珠曰："我今为尔获罪。"绿珠泣曰："当效死于君前！"遂自投于楼下而死。杜牧有诗：日暮东风怨啼鸟，落花犹似坠楼人。

伴食宰相

伴食：陪着人家一道吃饭。伴食宰相一语用来讽刺无所作为，不称职的官员。典出《旧唐书·卢怀慎传》：唐代官员卢怀慎，与名相姚崇共同处理军机大事。他懦弱无能，遇事都不敢负责任，一切事务全推给姚崇处理。很多人都对卢怀慎的这种吃饭不做事的行为不满，私下送他"伴食宰相"的外号。

唾面自干

指逆来顺受，宽容忍让。典出《新唐书娄师德传》：娄师德的才能得到了武则天的赏识，招来很多人的嫉妒，所以在他弟弟外放做官的时候，他就对他弟弟说："我现在得到陛下的赏识；已经有很多人在陛下面前诋毁我了，所以你这次在外做官一定要事事忍让。"他弟弟就说："就算别人把唾沫吐在我的脸上，我自己擦掉就是了。"娄师德说："这样还不行，你擦掉就是违背别人的意愿，你要能让别人消除怒气，就应该让唾沫在脸上自己干掉。"

掉书袋

讥讽人爱引用古书词句，卖弄才学。现在常称那些好引经据典、卖弄学问的人为"掉书袋"。典出宋马令《南唐书·彭利用传》：五代南唐的彭利用，对家中的小孩和仆人讲话时都要引经据典，人们都说他"掉书袋"。

明末文学家张岱在他著的《陶庵梦忆》中记载一则趣事：有一次他到一个读书人家去做客，天黑时，他要告辞回家，主人挽留他道："请宽心再坐会儿，等看了'少焉'再走吧！"张岱不明白"少焉"是什么意思，便请主人解释。主人说："我们这儿有位官宦先生喜欢掉书袋，因为苏东坡的《赤壁赋》里面有'少焉月出于东山之上'的句子，于是就把月亮叫做'少焉'。刚才我讲的'少焉'，就是指月亮。"

大千世界

大千世界是佛教用语，世界的千倍叫小千世界，小千世界的千倍叫中千世界，中千世界的千倍叫大千世界。后指广大无边的人世。出自宋代释道原的《景德传灯录》卷九："长老身材勿量大，笠子太小生。师云：'虽然如此大千世界总在里许。'"

具体说来是：四大部洲之上，加须弥山半腰的四天王天，及须弥山顶的忉利天，并空间中的夜摩天、兜率天、化乐天、他化自在天等六天为欲界。再加上层的大梵天、梵众天、梵辅天等，色界初禅天为一世界，千个世界为小千世界。又一小千世界，具千日、千月、千须弥山、千四大部洲、千四天王天、千忉利天、千夜摩天、千兜率天、千化乐天、千他化自在天、千梵天等。又千个小千世界为中千世界，具百万日月、百万须弥山、百万四天下、百万六欲天、百万初禅天及千个二禅天。又千个中千世界为大千世界，具百亿日月、百亿须弥山、百亿四天下、百亿六欲天、百亿初禅天、百亿二禅天及千个三禅天。所谓三千世界，乃小千、中千、大千之所指三数目的千世界。又云大千，即指三千之中的大为目标，故说"二千大千世界"，省略为"大千世界"。

历史掌故

皇太后的年用与日用

古代皇室的待遇有等级森严的规定，用度也极为奢靡，且看清朝《国朝宫史经费》中所列皇太后的年用与日用：

年用：金20两，银2000两；蟒缎2匹，补缎2匹，织金2匹，妆缎2匹，倭缎4匹，闪缎1匹，金字缎2匹，云缎7匹，衣素缎4匹，蓝素缎2匹，帽缎2匹，杨缎6匹，宫缎2匹，潞绸4匹，纱8匹，里纱10匹，纺丝10匹，杭细10匹，绵绸10匹，高丽布10匹，三线布5匹，毛青布40匹，粗布5匹；金线20绺，绒10斤，棉线6斤，木棉40斤，2号银纽200，3号银纽200；三等貂皮10，三等貂皮20，五等貂皮70，里貂皮12，海龙皮12。

以上是清朝一个皇太后每年的穿用，一匹的概念是四丈，清代的一丈相当于今天的355厘米，也就是3.55米，也就是说一匹相当于今天的14.2米。

再看日用：猪1口，羊、鸡、鸭各1只；新粳米2升，黄老米1升5合，高丽江米3升；粳米粉3斤，白面51斤，荞麦面、麦子粉各1斤；豌豆3合，芝麻1合5勺；白糖2斤1两5钱，盆糖8两，蜂蜜8两；核桃仁4两，松仁2钱，枸杞4两，干枣10两；猪肉12斤，香油3斤10两，鸡蛋20个；面筋1斤8两，豆腐2斤，粉锅渣1斤；甜酱2斤12两，清酱2两，醋5两；鲜菜15斤，茄子20个，王瓜20条；白蜡7支，黄蜡2支，羊油蜡20支，羊油更蜡1支；红箩炭夏20斤、冬40斤，黑炭夏40斤、冬80斤。

以上这些是皇太后一天的日用，大臣进贡和皇帝赏赐的还不算在内，她一个人一天的食用，已经够寻常三口之家温饱生活一个月了。其它皇后、妃子等都各有待遇规定。

清朝皇子的教育

清朝的皇族教育在制度上比起明朝更加严格、完善。

与明朝相比，清代皇子读书入学年龄早、学习时间长、规矩严、课程多。清朝规定，皇子6岁（虚岁）开始读书，皇子读书的时间为"卯入申出"，也就是早晨5点至下午3点，共计10个小时。皇帝选定良辰吉日为皇子开学，由于皇子地位尊贵，皇子和师傅互相行礼时，双方用长揖代替跪拜。上书房的规矩极严，皇子读书要正襟危坐；夏天不许摇扇子；午饭时候，侍卫送上饭来，老师先吃，皇子们在另一旁吃，吃完不休息，继续功课。上书房只有元旦、端阳、中秋、万寿（皇上的生日）、自寿（自己的生日）这几天放假，一共5天，除夕也不放假。

皇子们学习的内容包括满、蒙、汉等语言文字以及《四书》、《五经》等儒家经典。为了取得良好的教育成果，每个皇子都配有汉人师傅，人数多少不定，总管教学事务的称"总师傅"。学习儒家经典的方法是：师傅读一句，皇子读一句，如此反复诵读百遍后，与前几天所学内容合起来再读百遍，周而复始不间断。除了文化课程以外，清朝对皇子、皇孙的骑射武功的训练也十分重视。每天下午3点半左右皇子们放学后，吃过晚饭，还得练习骑马射箭。

说"使节"

"使"字，有派遣、奉命的意思。我国古代的使臣奉命办理涉外事务，要持"符节"作为信物，以代表国家和君主。据《周礼地官·掌节》载："掌守邦节而辨其用，以辅王命，守邦国者用玉节，守都鄙者用角节。凡邦国之使节，山国用虎节，土国用人节，泽国用龙节……门关用符节，货贿用玺节，道路用旌节，皆有期以反节。"

"节"，汉时用竹制成，柄长八尺，节上缀牦牛尾饰物，故称"节旌"。当年苏武所持的"节"，是皇帝亲授，表示持有者是皇帝的正式代表，对使臣来说，他所持的节又是皇帝和国家的象征，人在节在，苏武在异国十九年一直手持"汉节"，表现了他对国家的忠贞和不辱使命的气节。

正因为古时的使臣持节作为国家代表的信物，因此历代都把"使"与"节"联称，就是近代持"国书"赴任的全权大使、特使，也被世人称为外交使节。

说"唐装"

唐代是中国古代史中的一个辉煌的时代，尤其是盛唐，声誉远及海外，此后世界各国称中国人为"唐人"。《明史外国真腊传》言："唐人者，诸番（外国人）呼华人之称也。凡海外诸国尽然。"在世界很多地方的华人居住区，被称为"唐人街"，而华侨自称唐人。

我们现在所说的"唐装"实际上不是唐代的服装，而是由清代的马褂演变而来的，其款式结构有四大特点：一是立领，上衣前中心开口，立式领型；二是连袖，即袖子和衣服整体没有接缝，以平面裁剪为主；三是对襟，也可以是斜襟；四是直角扣，即盘扣，扣子由纽结和纽袢两部分组成。另外从面料来说，则主要使用织锦缎面料。

真正的唐代服装是"幞头纱帽"和"圆领袍衫"，这是唐代男子最典型的服饰。"幞头"是一种包头用的黑色布帛。唐代是"幞头"盛行的时代，"幞头"的样式也富于变化。唐代男子的服装主要是圆领袍衫。传统的冠冕衣裳只是在隆重的场合，如祭祖天地、宗庙等时偶尔用之，其他则以"幞头袍衫"为尚。

古代大门颜色的讲究

朱漆大门，是至尊至贵的标志，被纳入"九锡"之列。汉代何沐注《公羊传》，说到"礼有九锡"，将朱户排在第四位。黄色之门也很高贵，以至唐代用"黄阁"指宰相府，也指宰相。朱红与明黄，依后世之制而言，"人主宜黄，人臣宜朱"。

明代初年，对于大门的漆色有明确的规定。《明会典》载：洪武二十六（1393年）年规定，公侯"门屋三间五架，门用金漆及兽面，摆锡环"；一品二品官员，"门屋三间五架，门用绿油及兽面，摆锡环"；三品至五品，"正门三间三架，门用黑油，摆锡环"；六品至九品，"正门一间三架，黑门铁环"。同时规定，"一品官房……其门窗户牖并不许用髹油漆。庶民所居房舍不过三间五架，不许用斗拱及彩色妆饰"。

黑色大门是非官宦人家的门色。黑色是"黑煞神"的象征，传说"黑煞神"当门，邪气难侵入。

最简陋的是白板扉。门不施漆，原木色。

"四大古典名园"

我国"四大古典名园"分别是：颐和园、承德避暑山庄、拙政园和留园。

颐和园：颐和园在世界古典园林中享有盛誉，辉煌壮丽与清幽雅静非常合理地结合在一起，浑然一体，布局和谐。在高 60 米的万寿山前山的中央，纵向自低而高排列着排云门、排云殿、德辉殿、佛香阁、智慧海等一组建筑，气象宏伟。以高大的佛香阁为主体，形成了全园的中心线。沿昆明湖北岸横向而建的长廊，长 728 米，共 273 间。昆明湖碧波浩渺，谐趣园宁静幽深，更有长桥、曲径连缀其间。

承德避暑山庄：避暑山庄，又名承德离宫或热河行宫，位于河北省承德市区北部。避暑山庄占地面积 564 万平方米，石砌宫墙周长约 10 公里，别具一格、宏伟壮观的皇家园林和园外汉、蒙、藏等不同民族风格的寺庙为后人留下了珍贵的古代园林建筑杰作。它是中国现存占地最大的古代帝王宫苑。

拙政园：拙政园的特点是因地制宜，以水见长；疏朗典雅，天然野趣；庭院错落，曲折变化；园林景观，林木绝胜，代表了江南私家园林的特点和成就。

留园：留园在苏州阊门外，是明万历年间太仆徐泰时建园，时称东园，清嘉庆时归观察刘恕，名寒碧庄，俗称刘园。同治年间盛旭人购得，重加扩建修葺，取"留"与"刘"的谐音改名留园。1961 年列为全国重点文物保护单位。1997 年列入"世界遗产名录"。

说"五福"

"五福"这个词，原出于《书经·洪范》："一曰寿、二曰富、三曰康宁、四曰修好德、五曰考终命。"

五福合起来能够构成幸福美满的人生。后来由于避讳等原因，"五福"也有了变化，如东汉桓谭在《新论辨惑第十三》中就把"考终命"更改为"子孙众多"，因此，后来的"五福"也就变成了"寿、富、贵、安乐、子孙众多"了。

古代君子的佩玉风尚

古人大都有佩玉的习惯，更是因为它承载了种种文化内涵，它象征着一个人的身份地位、道德修养、品格情操，具有"载道"、"比德"、"达礼"、"显贵"的人文价值。历来有"君子无故玉不离身"、"君子必佩玉"的讲究。东汉许慎《说文解字》称玉"石之美有五德"，《礼记》中春秋时代孔子述"玉有十一德"，主要说的是玉象征着"仁、知、义、礼、乐、忠、信"等好的品德。而且玉还被视为吉祥的器物。

古人的佩戴宝剑的风尚

古人以佩剑显示身份。这种风尚在西周就已流行。在古代只有帝王、诸侯、大臣、武士佩剑，庶民不得佩剑。人们从佩剑之人所悬挂的宝剑制造的精美程度和质地好坏可以判断出佩戴者的身价。《古诗十九首·陌上桑》有诗句："使君（太守、刺史之称）从南来，……腰中鹿卢剑，可值千万余。"即太守所佩之剑的剑首用玉制作，如井上汲水的鹿卢（同辘轳）形，这是玉具剑的一种，表明佩剑之人地位不低。《晋书·舆服制》上记载："汉制，自天子至于百官，无不佩剑，其后惟朝带剑。"《说文》上也记有"古者天子二十而冠带剑，诸侯三十而冠带剑，大夫四十而冠带剑，隶人不得冠，庶人有事则带剑，无事不得带剑"。

古代妇女的"三从四德"

"三从"一词最早见于周、汉儒家经典《仪礼·丧服·子夏传》，"三从"是指未嫁从父、出嫁从夫、夫死随子。"四德"一词见于《周礼·天官·内宰》，"四德"是指妇德、妇言、妇容、妇功。"三从四德"是为适应父权制家庭稳定、维护父权——夫权家庭（族）利益需要，根据"内外有别"、"男尊女卑"的原则，由儒家礼教对妇女一生在道德、行为、修养上进行的规范要求。

我国最早具有大学意义的学堂

战国时期的齐国在其都城临淄设立稷下学宫，是我国最早的官办大学堂。稷下学宫创建于齐桓公田午时期，至齐王建时衰弱，历时一百四十余年，繁盛时达"数百千人"。当时各国著名的文学游说之士多曾先后或长期在此著书讲学，互相切磋驳难，形成了学术文化空前繁荣、百家争鸣的局面。

稷下学宫是战国时期政治咨询、学术文化的交流中心和诸子百家争鸣的重要场所，也是战国之时闻名列国的文化教育中心。稷下学宫的出现，稷下百家争鸣的展开，不仅促进了学术思想的繁荣，而且对我国古代思想、文化、教育的发展产生了重大而深远的影响。

中国古代的十大名医

中国古代的十大名医分别是：

（1）扁鹊，春秋时期人。其真实姓名是秦越人，又号卢医。他善于运用四诊，尤其是脉诊和望诊来诊断疾病。

（2）张仲景，东汉人，名机。他的《伤寒杂病论》是我国最早的理论联系实际的临床诊疗专书，创造性地确立了对伤寒病的"六经分类"的辨证施治原则，奠定了理、法、方、药的理论基础。

（3）华佗，三国时期人，字元化。华佗非常痛恨作恶多端的封建豪强，他不愿做官，宁愿到处奔跑，为人民解脱疾苦。

（4）皇甫谧，东汉人，著有《针灸甲乙经》等医书。

（5）葛洪，两晋时人，字稚川，号抱朴子。他在医学和制药化学上有许多重要的发现和创造，其著作流传至今的主要有《抱朴子》和《肘后救卒方》。

（6）孙思邈，唐代人。著有《千金方》等医书，人们把他当做"医神"，尊称为"药王"。

（7）钱乙，北宋时人，字仲阳。他是我国医学史上第一个著名儿科专家，其撰写的《小儿药证直诀》是我国现存的第一部儿科专著。

（8）朱震亨，字彦修，他是元代最著名的医学家。朱震亨力倡"阳常有余，阴常不足"之说，被后世称为"滋阴派"的创始人。

（9）李时珍，明代人，字东璧，号濒湖。他著有我国历史上十分重要的医书《本草纲目》。

（10）叶天士，清代著名医学家，名桂，号上律老人。

古典文学　含英咀华

　　中华民族有着悠久的历史和源远流长的灿烂文化。早在四五十万年以前的远古时代，我们的祖先就生活在华北、华中、华南、西北、东北、西南辽阔的山川土地之上。在这美丽的山河土地上，产生了博大精深、绚丽多彩的中国古典文学。在中国文学史上，中国古典文学拥有大量闪烁着灿烂光辉的经典作品及优秀作品，它们是中华民族的瑰宝。其形式有诗歌、散文、小说以及词、赋、曲等，呈现出多姿多彩、壮丽辉煌的面貌。

先秦文学

　　据考，我国自夏代已有原始的文字，但并无留存。3000 多年前殷商的甲骨文及稍后的金文是目前可见的最早文字。甲骨卜辞和钟鼎铭文虽是文字但尚称不上文学。《尚书》中保存了可信的商、周文献，《尚书》载言记事，情实文质，简洁典要，为后世师法，为历代散文和诸子散文所引用，前人即称《尚书》其文"昭昭如日月之代明，离离若参辰之错行"（《尚书大传》引子夏语）。《尚书》和《诗经》中的西周时期作品，是古代文学的萌芽。

　　春秋战国时期上承商、周，下启秦、汉，是中国历史上大放异彩的一个时期。经济有巨大发展，社会发生急剧变革，丰富多彩的文化和创新的思想对中国的历史产生了极为深远的影响。

自孔子讲《诗》、《书》，作《春秋》，以"六艺"设教讲学，原局限于贵族掌握的古代文化得以传播于当时的社会及至后世。到了战国时代，诸子涌现，各家著书立说，出现了"百家争鸣"的繁荣景象。我们现在的哲学、经济学、政治学、史学、军事学、法学、教育学和语言学等社会科学和天文学、地理学、数学、物理学以及农学、医学等自然科学的研究都要追溯到那时的源头。那时的文化源头更是我们的文学艺术取之不尽、用之不竭的活水，永远是我们要研究的经典。

《春秋左氏传》叙事完整翔实，刻画人物形象生动，语言简练精严，行文纵横变化；《国语》长于记言，朴质而简括；《战国策》描写人物个性鲜明而生动，语言敷张畅达，辩丽宏肆。三书都具有高度的文学性。《论语》平实质朴、富含哲理；《孟子》气势充沛，雄辩滔滔；《荀子》雄浑而精深；《老子》深邃而清远；至于《庄子》"其文则汪洋辟阖，仪态万方"（鲁迅语），在先秦诸子中文学性最高。《韩非子》以峻削著称；《墨子》的特点是质朴。总之，先秦诸子散文正如《文心雕龙·诸子》所评："炳耀垂文"、"悬诸日月焉"。

我国古籍四部中的集部的内容，大多是我们现在古典文学研究的资料。我们现在从《诗经》说起。

《诗经》与《楚辞》

《诗经》

中国诗歌的传统源远流长，其源头是原始歌谣。在二三千年以前、编成于春秋时代的《诗经》，是我国古代第一部诗歌总集，是中国优秀传统文化中的核心经典之一。其作品一部分为贵族文人所作，另一部分则是采自民间并经乐官加工而成。它们广泛而深刻地反映了周代社会的历史和我们的先民们生活的真实情况，它有天文气象，山川地理，朝野政治，社会经济，祭祀与战争，燕飨与典礼，耕耘狩猎，桑麻渔牧，游子旅途，闺中思妇，纯真初恋，欢会亲昵，送葬迎亲，悼亡怀人，百花草木，奔马鸣禽，风雨如晦，世态人情，内容极为丰富。诗的形式多姿多彩，风格淳朴自然，语言生动优美，感情真挚充沛，这是中国古代诗歌辉煌的开端。中国诗歌的优秀传统就是由《诗经》奠基的。《诗经》我们已经在前面介绍过，这里不再赘述。下面我们说《楚辞》。

《楚辞》

以屈原的《离骚》为代表的《楚辞》的产生，开辟了中国文学史上继《诗经》以后的一个新时代。屈原是我国文学史上第一个伟大诗人，产生于长江流域的《楚辞》，是继产生于黄河流域的《诗经》之后的一种新诗体。它的出现，为中国诗歌的发展开辟了一条新的大道。《诗经》和《楚辞》是我国文学史上两个永远奔腾不息的江河，代表着先秦诗歌的最高成就，《诗经》开创了中国文学的现实主义传统，而《楚辞》则开创了中国文学的浪漫主义先河，都给后世文学以深远的影响。从《诗经》到《楚辞》，清楚地显示了先秦诗歌前进的轨迹。

《离骚》

《离骚》是屈原最伟大的自传性质的抒情诗篇，是光照千古的浪漫主义杰作。全诗 373 行，共 2490 字。《离骚》篇名的含义是"遭忧"的意思。他描写自己遭谗毁，被流放，有志不得伸的苦闷与对崇高理想不屈不挠的追求。全诗分三个阶段，第一段他自述家世、生平、理想、高尚品质与被放逐的历史，并追叙古代的史事，以警示楚国的政治危机，他以"九死未悔"的坚定信念坚持理想与节操，第二段是屈原展开幻想、织入神话传说，上天入地、涉水登山地超越现实的障碍去探索未来的道路。第三段描写激烈的情感，转入波折，因为天门不开，陈志无路，只好向灵氛问卜，向巫咸请示，他们都告以远去，于是他乘龙驾凤，日夜兼程，追求理想，寻找人生道路，忽然从云间望见自己的故乡——楚国，这个让他心碎的地方，此时仆人悲，马不前，他决心用自己的生命来殉他的理想与祖国。

《离骚》尽情而强烈地发挥了为理想的实现而斗争的神圣主题，塑造了一位爱祖国、爱人民、坚持正义、追求真理的伟大诗人的典型形象。其高洁形象和为理想而献身的精神，激励着历史上一代又一代的优秀人物，贾谊、司马迁、李白、杜甫、直至近代龚自珍、现代鲁迅等人物都深受其影响。《离骚》由《诗经》的抒情短篇发

屈原像

展而成了鸿篇巨构，文采华美，想象丰富瑰丽，音韵铿锵，读来既深切感人，又令人产生为理想而奋斗的巨大精神力量。

　　宋玉是屈原的弟子；宋玉的《九辩》的题材和体制都模仿《离骚》和《九章》，到了汉代，模仿《离骚》的更多，东方朔、王褒、刘向、王逸都走着宋玉的路，大概到汉武帝的时候这种风气最盛，以后就渐渐的消靡了。汉代人称这种体制为"辞"，又称为"楚辞"。刘向将这些诗章编辑起来，成为《楚辞》一书。东汉王逸给作注，并加进自己的拟作，叫作《楚辞章句》，成为现存最早、最完整的《楚辞》注本。

《楚辞》精华

　　【汩余若将不及兮，恐年岁之不吾与】出自《楚辞·离骚》。意思是：时光飞逝，我似乎要赶不上了啊，真害怕时光流逝不等我了。

　　【路漫漫其修远兮，吾将上下而求索】出自《楚辞·离骚》。意思是：前路漫漫而遥远啊，我要上天入地去执着寻觅。指要不遗余力地去追求真理。

　　【惟草木之零落兮，恐美人之迟暮】出自《楚辞·离骚》。意思是：想那草木都要凋零了啊，恐怕美人也快要老了。暗指惟恐楚怀王

老了不能进行改革。

【岂余身之惮殃兮，恐皇舆之败绩】出自《楚辞·离骚》。意思是：难道我是害怕自己遭殃么？我害怕的是国家的败亡啊。

【举贤而授能兮，循绳墨而不颇】出自《楚辞·离骚》。意思是：举荐任用贤能的人啊，要按照标准来不偏颇。

【老冉冉其将至兮，恐修名之不立】出自《楚辞·离骚》。意思是：老年慢慢就要到了啊，我担心到那时美名还没有树立。

【长太息以掩涕兮，哀民生之多艰】出自《楚辞·离骚》。意思是：我长叹一声掩住泪水啊，哀叹人生（一种解释为人民的生活）是多么艰难！

【亦余心之所善兮，虽九死其犹未悔】出自《楚辞·离骚》。意思是：只要是我心里向往崇尚的啊，就算为此死去多次也不后悔。

【朝饮木兰之坠露兮，夕餐秋菊之落英】出自《楚辞·离骚》。意思是：早上喝木兰上坠落的露水啊，晚上吃秋菊始开的花瓣。

【民生各有所乐兮，余独好修以为常。虽体解吾犹未变兮，岂余心之可惩】出自《楚辞·离骚》。意思是：人们各有各的爱好啊，我只爱好修养，把修养当成是习惯。就算被肢解我也不会改变啊，又怎能挫败我的心志！

【何方圆之能周兮，夫孰异道而相安】出自《楚辞·离骚》。意思是：方的榫头，和圆孔怎么能互相吻合呢？谁会志趣不同还能够相互安靠？

【何昔日之芳草兮，今直为此萧艾也】出自《楚辞·离骚》。意思是：为什么从前的香草啊，今天简直变成了艾蒿？

【苟中情其好修兮，又何必用夫行媒】出自《楚辞·离骚》。意思是：如果心里的情操是美好的啊，又何必用别人来做媒介？

【恐鹈鴂之先鸣兮，使夫百草为之不芳】出自《楚辞·离骚》。意思是：害怕伯劳提前鸣叫啊，使得百草开始枯凋。此两句是勉励屈原趁着时机，施展抱负，不要老而无成。

【阽余身而危死兮，览余初其犹未悔】出自《楚辞·离骚》。意思是：我挨近险境几乎就要死亡啊，回顾我当初的追求却毫不后悔！

【伏清白以死直兮，固前圣之所厚】出自《楚辞·离骚》。意思是：坚守清白为正直而死啊，本来就是前代的圣贤所赞许的。

【宁溘死以流亡兮，余不忍为此态也】出自《楚辞·离骚》。意思是：宁愿忽然死去使形体消散啊，我也不忍保持这种状态。

【交不忠兮怨长，期不信兮告余以不闲】出自《楚辞·九歌·湘君》。意思是：相交不忠诚啊怨恨真长；约会没有信用啊却骗我说没有空。

【采薜荔兮水中，搴芙蓉兮木末】出自《楚辞·九歌·湘君》。意思是：（我追求湘君就像）到水里去采摘薜荔，到树梢上去摘取荷花（一样没有希望啊）。

【悲莫悲兮生别离，乐莫乐兮新相知】出自《楚辞·九歌·少司命》。意思是：再大的悲伤啊也悲伤不过活生生的别离，再大的快乐啊也快乐不过有了新相交的知己。

【带长剑兮挟秦弓，首身离兮心不惩】出自《楚辞·九歌·国殇》。意思是：佩带着长剑啊拿着强弓，身首分离了啊心也难以改变。

【身既死兮神以灵，子魂魄兮为鬼雄】出自《楚辞·九歌·国殇》。意思是：您身已死啊精神却永不死，您的魂魄啊是鬼中的英雄！

【变白以为黑兮，倒上以为下；凤凰在笯兮，鸡鹜翔舞】出自《楚辞·九章·怀沙》。意思是：把白的变成了黑的啊，把上面的颠倒成了下面的；凤凰困在笼子里啊，鸡鸭却在外面飞翔跳舞。

【苟余心其端直兮，虽僻远其何伤】出自《楚辞·九章·涉江》。意思是：如果我的心正直坦荡啊，就算是身处僻远的地方又有什么好伤心。

【吾不能变心而从俗兮，固将愁苦而终穷】出自《楚辞·九章·涉江》。意思是：我不能改变心志去投合世俗啊，自然会愁苦下去并穷困到老。

【与天地兮同寿，与日月兮争光】出自《楚辞·九章·涉江》。意思是：愿我的生命和天地啊一样长，我发出的光芒和日月啊一样明亮。

【鸟飞反故乡兮，狐死必首丘】出自《楚辞·九章·哀郢》。意思是：鸟飞得再远还是会返回旧巢啊，狐狸死的时候头还朝着它出生的山丘。

【令薜荔以为理兮，惮举趾而缘木。因芙蓉而为媒兮，惮褰裳而濡足】出自《楚辞·九章·思美人》。意思是：想摘薜荔做我的媒人啊，又怕抬起脚步去爬树。想采荷花做我的媒人啊，又怕下水打湿了衣裳和脚。

【宁溘死而流亡兮，恐祸殃之有再】出自《楚辞·九章·惜往日》。意思是：宁愿忽然死亡使形体消亡啊，又担心国家再次遭到灾祸。

【举世皆浊我独清，众人皆醉我独醒】出自《楚辞·渔父》。意思是：全世界的人都是污浊的，只有我是清白的；所有的人都喝醉了，只有我是清醒的。

【圣人不凝滞于物，而能与世推移】出自《楚辞·渔父》。意思是：圣人是不会拘泥外物的，能够随着时势的变化而变化。指能随俗从流。

【安能以皓皓之白，而蒙世俗之尘埃乎】出自《楚辞·渔父》。意思是：怎么能让自己清白的人格，去蒙受世俗的尘埃呢？

【沧浪之水清兮，可以濯吾缨；沧浪之水浊兮，可以濯吾足】出自《楚辞·渔父》。意思是：沧浪的水清澈啊，可以用来洗我的帽带，沧浪的水污浊啊，可以用来洗我的双脚！

【尺有所短，寸有所长；物有所不足，智有所不明】出自《楚辞·卜居》。意思是：尺也会有短的时候，寸也会有长的时候；事物总有它不足的地方，聪明人也有他不明白的地方。

【世溷浊而不清：蝉翼为重，千钧为轻；黄钟毁弃，瓦釜雷鸣；谗人高张，贤士无名】出自《楚辞·卜居》。意思是：世道浑浊不清：本来是轻的蝉翼却被认为是重的，本来是重的千钧却被认为是轻的；珍贵的黄钟被毁坏不敲，却去用瓦锅敲出雷鸣般的声音；进谗献媚的人飞黄腾达，贤能的人却默默无闻。

【悲哉秋之为气也！萧瑟兮草木摇落而变衰】出自《楚辞·九辩》。意思是：多么使人悲哀啊这秋天的气息！萧瑟啊草木零落变衰败了。

秦统一后到汉初的文学

公元前 221 年，秦灭六国，建立统一的中央集权国家。之后，废分封，建郡县，筑长城、修驰道、令车同轨、书同文、划一度量衡。

秦对先秦的百家争鸣局面和士阶层的文化创造精神极为敏感和忌刻，乃实行"燔灭文章，以愚黔首"的文化专制政策，秦的学术与文学，几乎一片荒芜。秦留给后世的，仅有为数不多的刻石之文和诏令奏议一类的应用文字。

汉高祖刘邦及其开国功臣都是兴起于楚地。建国之后，他们对于楚歌、楚舞、楚服、楚声都十分偏爱，影响所及，文人乃以屈原《楚辞》为范本，进而发展成为汉初的骚体辞赋。汉初的政治家和文化人鉴于春秋以来的战乱割据和秦以暴政亡国的教训，十分珍惜国家的统一和文化的发展。所以汉初的文章，大都反思历史，文风雄健，饱含着蓬勃向上的情感力量。贾山、贾谊、晁错等人政论而兼史论的文章，就是这一时期散文的代表。

汉代之初国家空前统一和强盛，实行兼容并包的政策，从而形成了八方荟萃、气度恢宏的文化主流，诗歌清新而又生动，感情极为充沛，如汉之乐府。文章则出现了兼综南北、融汇古今的以描绘帝国声威为主的散体赋。在史学的领域，更出现了雄视千古的极富于会通精神的《史记》。

但随着汉帝国的发展达到鼎盛，社会积累的危机逐渐暴露，汉武帝开始在制度上和理论上都注意强化君主集权制度。董仲舒的"罢黜百家，独尊儒术"建议被采纳，实现思想的大一统成为国家的要求。经学的兴盛，使得生动活泼的"诗三百"蜕变为"诗经学"。古代经典的文学的意义被降到非常次要的地位。

词章之学

从前所说的词章之学，大致就相当于现在我们所说的文学。这里面包括了诗、赋、词、曲、骈文、散文、小说、戏剧等门类。

下面我们分别说说诗学、词学、散曲和文章学。

词章之学的内容相当于四部中的集部。集部的书有总集和别集之分，总集就是汇集很多作家的作品成为一书；别集是仅收录一个人的作品为一书，其实就是专集。

先说中国的诗学

前面说过，《诗经》是我国第一部诗歌总集，《诗经》在中国文学史上的地位，相当于《奥德赛》与《伊利亚特》在希腊乃至整个西方文学史上的地位。《楚辞》也是中国诗歌的重要源头，前面已经介绍过。这里就从汉代文学说起。

乐府诗

由《诗经》、《楚辞》下来，汇流影响到汉代就出现了乐府诗。汉武帝制定郊祀之礼，设立乐府这个机构，采集代、赵、秦、楚的歌谣和乐谱；命李延年作协律都尉，负责整理采集来的歌辞和谱子，以备传习唱奏。当时乐府里养着各地的乐工数百人，由李延年领导他们演奏这些乐歌。歌谣采集来以后，乐府先审查一下。没有谱子的，便给制谱，有谱子的，也得看看合式不合式，不合式的地方，便要改动到音韵和谐，这就是"协律"的工作。"协律"以乐为主，只要合调，要能够歌唱，有时候也创制新曲子。这样一来，能够歌唱的诗，后来就称为"乐府"，不能歌唱的诗，就称为诗，到了后世便称为"古诗"了。汉代从汉高祖刘邦就作乐歌——《大风歌》，令沛中儿童120人歌唱。从西汉到东汉初年乐府逐渐达到全盛，到了东汉末年，摹仿之作增多。隋唐以后乐府诗就逐渐衰落了。

我们所熟知的汉乐府《薤露》、《蒿里》、《陌上桑》、《箜篌引》等，都采自民间，《陌上桑》及《箜篌引》的歌词都写得极其动人。《郊祀歌》是邹阳、司马相如等文人的作品。《短箫铙歌》是军中的鼓吹曲，发声宏远响亮。李延年的《北方有佳人》，蔡邕的《饮马长城窟行》，蔡琰的《胡笳十八拍》，无名氏的《孔雀东南飞》，辛延年的《羽林郎》，繁钦的《定情诗》等，都广为人知。建安时代魏武帝曹操、魏文帝曹丕及曹植的乐府诗，大都流传下来，如《短歌行》、《燕歌行》、《秋胡行》等都成为脍炙人口的名篇。南北朝时，乐府又产生了许多新歌新曲。南朝的《华山畿》、《子夜歌》等民歌，属于柔婉的"清商乐"，北朝乐府是刚健的胡声，歌词质朴，有《琅琊王歌》、《折杨柳歌》、《捉搦歌》、《陇头流水歌》等，南北朝的这些乐府名篇都穿越了时空，至今感动着人们。

北宋太原郭茂倩收集汉乐府以下历代合乐的和不合乐的歌谣，以及模拟之作，编成了一书，题作《乐府诗集》。其所收歌诗，上自陶唐，下迄五代，其中有许多并不是乐府，但真正的汉魏乐府，自可在这部集子中去找。

《韩诗外传》精华

【食方丈于前，所甘不过一肉】意思是：在一丈见方的桌子上吃饭，但人所能吃的不过就几块肉。

【树欲静而风不止】意思是：树想要静下来，风却吹不停。

【独视不若与众视之明也，独听不若与众听之聪也，独虑不若与众虑之工也】意思是：一个人看比不上许多人看得清楚，一个人听比不上许多人听得明白，一个人想比不上许多人想得周到。

【有谔谔争臣者，其国昌；有默默谀臣者，其国亡】意思是：拥有直言进谏的臣子的，这个国家就能昌盛，只有阿谀奉承的臣子的，这个国家就会败亡。

【大成若缺，其用不敝；大盈若冲，其用不穷】意思是：极大的成就却显得像是有些残缺，这是为了使它的作用永不衰败；最充盈的却显得像是溃决，这是为了使它的作用永不穷尽。指做任何事情都要留有余地，不必刻意追求完美。

【贵而下贱，则众弗恶也；富能分贫，则穷士弗恶也；智而教愚，则童蒙者弗恶也】意思是：身居尊贵却能谦待低贱的人，众人就不会厌恶他；富有却能施舍给穷人，穷人就不会厌恶他；智慧却能教育愚钝的人，愚钝的人就不会厌恶他。

【鲍鱼不与兰茝同笥而藏】意思是：腥臭的鲍鱼不会和芳香的兰花和香草放在同一个竹器里。说明好人不会和坏人在一起，否则就是好人也看不出来了。

【非贤者莫能用贤】意思是：本身不贤明的人，是不可能任用贤人的。

【持满之道，抑而损之】意思是：保持满盈的方法，就是要适时减抑。人要保持谦卑。

【君者，民之源也，源清则流清，源浊则流浊】意思是：君主对于百姓而言像是水的源头，源头清澈了支流就会清澈，源头污浊了支流就会污浊。

【与人以实，虽疏必密；与人以虚，虽戚必疏】意思是：如果待人真诚，就算是疏远的人也会亲密起来；如果待人虚伪，就算是亲近的人也会疏远起来。

【剑虽利，不厉不断；材虽美，不学不高】意思是：剑虽然锋利，但不磨就砍不断东西；资质虽然好，但不学习就提高不了智慧。

【内不自诬，外不诬人】意思是：为人处事不要自欺，也不可欺人。

【厄穷而不悯，遗佚而不怨】意思是：困厄贫穷了也不忧愁，被遗弃了也不抱怨。

【居住齐则色姝，食饮齐则气珍】意思是：起居有规律，那么气色就好；饮食有规律，那么精神就好。

【夫明镜者，所以照形也；往古者，所以知今也】意思是：明镜，是用来照人的，历史，是用来认识当今的。

【人善我，我亦善之；人不善我，我则引之，进退而已耳】意思是：别人对我好，我也会对别人好；别人对我不好，我就避开他，或近或远的与他周旋。

【君子尊贤而容众，嘉善而矜不能】意思是：君子能尊敬贤人，也能容纳普通人；能表彰有才能的人，也能体恤缺少才能的人。

【雷电之起也，破竹折木，震惊天下，而不能使聋者卒有闻；日月之明，遍照天下，而不能使盲者卒有见】意思是：雷电的天气一来，就可能导致竹子破裂，树木折断，天下人震惊，但最终却不能使聋子听到；太阳和月亮的光亮，普照天下，但最终却不能使瞎子看见。

【马鸣而马应之，牛鸣而牛应之】意思是：一只马叫了起来，别的马就会跟着叫起来；一只牛叫了起来，别的牛就会跟着叫起来。

【耳不闻学，行无正义，迷迷然以富利为隆，是俗人】意思是：

耳朵听不进学问，行为不符合正义，糊里糊涂地把财富当成是最重要的东西的，是俗人。

【君子之于道也，犹农夫之耕，虽不获年之优，无以易也】意思是：君子对于大道，就像是农民耕种，就算有时不丰收，耕种的信念却不会因此而改变。

【每自多者，出人不远矣】意思是：常常自以为超人一等的人，其实和别人差不多。

【卵之性为雏，不得良鸡覆伏孚育，积日累久，则不成为雏】意思是：鸡蛋是可以孵出小鸡的，但如果没有好的母鸡经过一段时间去孵化，那么就成不了小鸡。这说明外因是成功的一个必不可少的因素。

【禄过其功者削，名过其实者损】意思是：俸禄超过了他的功劳本来应该得到的份额，就会被削减；名声超过了他的实际本事，就会损伤他的声望。

【岂可见利畏诛之故，废义而行诈哉】意思是：怎么能够因为看见财利，或者害怕被杀，就不讲道义干出欺诈的事情来呢？

【蓝有青，而丝假之，青于蓝；地有黄，而丝假之，黄于地】意思是：蓼蓝是青色的，拿它来染丝，丝布的青的颜色就胜过了蓼蓝；泥土是黄色的，拿它来染丝，丝布的黄的颜色就超过了泥土。

【君子洁其身而同者合焉，善其音而类者应焉】意思是：君子洁身自好，同样洁身自好的人就会来和他投好；君子说话动听，同样说话动听的人就会来和他响应。

【君子有三言，可贯而佩之：一曰无内疏而外亲，二曰身不善而怨他人，三曰患至而后呼天】意思是：君子有三句话，要铭记心里：一是不要疏远亲人而亲近外人，二是不要自己不好却抱怨他人，三是不要在灾祸来了之后才呼天喊地。

【凡学之道，严师为难】意思是：大凡为学的道理，尊敬老师是最难做到的。

【任人者佚，任力者劳】意思是：利用别人的人就可以轻松闲逸；只能用自己的力气干活的人就会辛劳。

【善御者不忘其马，善射者不忘其弓，善为上者不忘其下】意思是：擅长驾车的人，是不会忘了自己的马的；擅长射箭的人，是不会忘了自己的弓的；懂得当君主的人，是不会忘了自己的百姓的。

【自古及今，穷其下能不危者，未之有也】意思是：从古到今，耗尽了民力却能没有危险的国家，还从没有过。

【智如泉涌，行可为表仪者，人师也】意思是：智慧像泉涌一样、行为可以做人表率的的人，可以当别人的老师。

【良玉度尺，虽有十仞之土，不能掩其光；良珠度寸，虽有百仞之水，不能掩其莹】意思是：一尺长的美玉，就算是埋在十仞深的地下，也不能掩盖它的光芒；一寸大的明珠，就算沉没在百仞深的水下，也不能掩盖它的光洁。

【水浊则鱼喁，令苛则民乱】意思是：水浊了，鱼就会将嘴露出水面来；政令太过苛刻了，百姓就会动乱。

【比于善者，自进之阶；比于恶者，自退之原】意思是：参照好人，是自己进步的阶梯；参照坏人，是自己退步的根源。

【目者，心之符也；言者，行之指也】意思是：眼睛，是心灵的窗户；言语，是行为的表示。

【智者不为非其所为，廉者不为非其所有】意思是：聪明人不做他不应该做的事，廉洁的人不占有他不应该占有的东西。

【实之与实，如胶如漆；虚之与虚，如薄冰之见昼日】意思是：真挚的人和真挚的人交往，就会像胶和漆一样亲密牢靠，虚伪的人和虚伪的人交往，就会像薄冰见到太阳一样很危险。

【学而不已，阖棺乃止】意思是：学习不要停止，盖上了棺材才算是停止了。

【君子有三忧：弗知，可无忧与？知而不学，可无忧与？学而不行，可无忧与】意思是：君子有三种忧虑：无知，能不忧虑吗？聪明却不学习，能不忧虑吗？学习了却不去实行，能不忧虑吗？

【两瞽相扶，不伤墙木，不陷井穽，则其幸也】意思是：两个瞎子互相搀扶走路，不被墙壁和树木弄伤，不掉进陷阱里去，就算得上是幸运的了。

【君子盛德而卑，虚己以受人】意思是：君子道德高尚却能保持谦卑，虚心地接受别人的意见。

【鸡有五德：首带冠，文也；足搏距，武也；敌在前敢斗，勇也；见食相呼，仁也；守夜不失，信也】意思是：鸡有五种品德：头上带着冠，是文德；脚后有距能打斗，是武德；敌人在前而敢打斗，是勇德；见到食物就招呼同类，是仁德；守夜报晓没有错过时间，是信德。

《说苑》精华

【福生于微，祸生于忽】出自《说苑·谈丛》。意思是：福泽来自点滴的积累，灾祸源自疏忽。

【问讯者，知之本；念虑者，知之道也】出自《说苑·谈丛》。意思是：请教，是增长智慧的根本途径，思考，是增长智慧的重要途径。

【计不设则事不成】出自《说苑·谈丛》。意思是：不去谋划，事情就会很难成功。

【节欲而听谏，敬贤而勿慢，使能而无贱，为人君能行此三者，其国必强大】出自《说苑·说丛》。意思是：节制欲望而能听从劝谏，尊敬贤人而能不去怠慢，任用有才能的人而能不自轻自贱，做君主的做到了这三点，国家就必定能强大起来。

【天将与之，必先苦之；天将毁之，必先累之】出自《说苑·说丛》。意思是：上天要给予他，一定会先让他受苦；上天要毁掉他，一定会先让他积满财富。

【君子不羞学，不羞问】出自《说苑·说丛》。意思是：君子不把学习、请教当成是羞耻的事。

【草木秋死，松柏独在】出自《说苑·说丛》。意思是：别的草木秋来时就枯死了，只有松柏独自存活着。

【出言不当，反自伤也】出自《说苑·说丛》。意思是：话说不得当，反而会对自己不利。

【君子之言，寡而实；小人之言，多而虚】出自《说苑·说丛》。意思是：君子的话，少而真实，小人的话，多却虚妄。

【能言者，未必能行；能行者，未必能言】出自《说苑·说丛》。

意思是：能说的人，未必能做；能做的人，未必能说。

【蠹蟓仆柱梁，蚊虻走牛羊】出自《说苑·说丛》。意思是：蛀虫能使屋梁倾覆，蚊子、牛虻能把牛羊赶跑。

【人才虽高，不务学问，不能致圣】出自《说苑·说丛》。意思是：有的人天分虽然高，但不好好学习，也是不能成才的。

【一言而非，驷马不能追】出自《说苑·说丛》。意思是：一句话说错了，就是用四匹马拉的车也追不回了。

【好称人恶，人亦道其恶；好憎人者，亦为人所憎】出自《说苑·说丛》。意思是：爱说别人坏话，别人也会说他的坏话，爱讨厌别人，也会被别人讨厌。

【谋先事则昌，事先谋则亡】出自《说苑·说丛》。意思是：事先谋算好了再去做就会成功；做起来后才去谋算就会失败。

【能勤小物，故无大患】出自《说苑·贵德》。意思是：能注意细微之处，所以能避免大祸。

【上之变下，犹风之靡草也】出自《说苑·贵德》。意思是：统治者改变子民，就像风吹小草就伏倒一样。

【弗备难，难必至】出自《说苑·贵德》。意思是：不去防备灾难，灾难就一定会来临。

【水广则鱼大，君明则臣忠】出自《说苑·尊贤》。意思是：水域深广，鱼就肥大；君主英明，臣子就忠诚。

【一节见则百节知矣】出自《说苑·尊贤》。意思是：见到局部，全局也就知道了。即见微知著。

【以所见可以占未发，睹小节固足以知大体】出自《说苑·尊贤》。意思是：依据见到的可以推测出还没有发生的；依据局部可以推知全貌。

【朝无贤人，犹鸿鹄之无羽翼也，虽有千里之望，犹不能致其意之所欲至矣】出自《说苑·尊贤》。意思是：朝中没有贤臣，就像大雁没有翅膀，纵然志在千里，也不能到达它想到达的目的地。

【口锐者多诞而寡信】出自《说苑·尊贤》。意思是：夸夸其谈的人，大多荒诞而少信用。

【非其人而欲有功，譬其若夏至之日，而欲夜之长也】出自《说苑·尊贤》。意思是：用人不当却还想成功，就像在夏至那天，却希望夜比白昼要长一样。

【政有三而已：一曰因民；二曰择人；三曰从时】出自《说苑·尊贤》。意思是：为政的原则有三条：一是顺从民意；二是任用贤能；三是顺应时势。

【严则下暗，下暗则上聋，聋暗不能相通，何国之治也】出自《说苑·政理》。意思是：上面的人太苛酷，下面的人就会变成哑巴，下面的人变成了哑巴，上面的人就成了聋子，聋子、哑巴无法互相沟通，还治理什么国家呢？

【布令信而不食言】出自《说苑·政理》。意思是：颁布的政令要有信用，不能说话不算数。

【临官莫如平，临财莫如廉，不可攻也】出自《说苑·政理》。意思是：作为一个官员，没有比公正更重要的；面对金钱，没有比廉洁更重要的，拥有这样品质的人是不可引诱的。

【不偏不党，王道荡荡】出自《说苑·至公》。意思是：不偏袒不结党，王道就会坦荡通畅。

【端悫生达，诈伪生塞】出自《说苑·至公》。意思是：端正诚实使人旷达，欺诈虚伪使人闭塞。

【卑贱贫穷，非士之耻也】出自《说苑·立节》。意思是：卑贱贫穷，并不是一个人的耻辱。

【怒则思理，危不忘义】出自《说苑·立节》。意思是：愤怒的时候要想到冷静，危难的时候不要忘了道义。

【义者轩冕在前，非义弗受；斧钺在后，义死不避】出自《说苑·立节》。意思是：正义的人秉守正义原则，高官厚禄在眼前，如果是不正义的，是不会接受的；但如果是正义的，就算刀斧架在脑后，死都不会逃避。

【人皆知以食愈饥，莫知以学愈愚】出自《说苑·建本》。意思是：人们都知道可以用食物来克服饥饿，却不知道可以用学习来治疗愚昧。

【鱼乘于水，鸟乘于风，草木乘于时】出自《说苑·建本》。意思是：鱼游动是借助了水，鸟飞翔是借助了空气，草木生长是借助了好时令。

【本不正者，末必倚】出自《说苑·建本》。意思是：如果根基不正，枝末的东西就必然不正。

【板筑以时，无夺农功】出自《说苑·建本》。意思是：政府兴土木要看时候，不要占去了农时。

【不慎其前而悔其后，虽悔，何及】出自《说苑·建本》。意思是：事前不谨慎，事后就会懊悔，然而就算懊悔，又哪里还来得及呢？

【砥砺琢磨非金也，而可以利金；诗书璧立非我也，而可以厉心】出自《说苑·建本》。意思是：磨刀石不是金属，却可以磨利金属；汗牛充栋的诗书不是我的，却可以磨练我心。

【多闻善择焉，所以明智也】出自《说苑·建本》。意思是：见闻广博又善于选择，是智慧得以增长的原因。

【反本修迩，君子之道也】出自《说苑·建本》。意思是：回归自己、从身边做起，是君子遵循的原则。

【可以与人终日而不倦者，其惟学乎】出自《说苑·建本》。意思是：能够和人谈论一整天也不感到累的，只有学问了！

【不先正本而成忧于末也】出自《说苑·建本》。意思是：不先端正根本而成事，就会免不了要为细枝末节忧虑了。

【括而羽之，镞而砥砺之，其入不益深乎】出自《说苑·建本》。意思是：把箭尾绑上羽毛，把箭头用磨石磨利了，不是会射得更深吗？

【少而好学，如日出之阳；壮而好学，如日中之光；老而好学，如炳烛之明】出自《说苑·建本》。意思是：年少而好学，就像是日出时的阳光；壮年而好学，就像是中午时的阳光；年老而好学，就像是点亮时的蜡烛光。

【人知粪其田，莫知粪其心】出自《说苑·建本》。意思是：人晓得给他的田地施肥，却不晓得修养他的心。

【不好问询之道，则是伐智本而塞智原也，何以立躯也】出自《说苑·建本》。意思是：不爱请教，就是切断了智慧的根本、堵塞了智慧的源头，怎么立身处世呢。

【亲贤学问，所以长德也】出自《说苑·建本》。意思是：亲近并向贤能的人请教学问，是增长才智和道德的途径。

【兵不可玩，玩则无威；兵不可废，废则召寇】出自《说苑·指武》。意思是：用兵不可以儿戏，儿戏就不会有威力；国防不可废止，废止就会招来敌寇。

【不威小，不惩大】出自《说苑·指武》。意思是：不能威慑小恶，就不能惩治大恶。

【存不忘亡，是以身安而国家可保也】出自《说苑·指武》。意思是：活着时不忘记败亡的危险，所以能够保全自己，国家也能保住。

【丹漆不文，白玉不雕，宝珠不饰】出自《说苑·反质》。意思是：丹漆不必装点，白玉不必雕刻，宝珠不必装饰，它们本身是美的。

【过而改之，是犹不过】出自《说苑·君道》。意思是：犯错后就改正，这就相当于没有过错。

【为禄仕者，不能成政】出自《说苑·君道》。意思是：专门为了功名利禄的人，是不会有好的政绩的。

【得其所利，必虑其所害；乐其所成，必顾其所败】出自《说苑·敬慎》。意思是：得到好处时，一定要想到他的害处；为成功而高兴时，一定要想到失败的可能。

【聪明睿智而守以愚者益；博闻多记而守以浅者广】出自《说苑·敬慎》。意思是：聪明睿智却能以愚钝自守的人能获益；博闻强记却能以浅薄自守的人会变得广博。

【福生于隐约，而祸生于得意】出自《说苑·敬慎》。意思是：福泽来自困厄，灾祸源自得意忘形。

【德行广大而守以恭者荣】出自《说苑·法戒》。意思是：品德高尚又能恭谦的人会获得好的声望。

古体诗

古体诗是自汉代以来，继《诗经》、《楚辞》以后形成的一种诗体，是文人写的诗，只是用来吟诵而不是歌唱的，它与能够歌唱的乐府是不同的，古体诗简称为古诗。

这里我们讲一讲诗的体裁。

广义的诗，包括歌谣、《诗经》、《楚辞》、古诗、乐府、近体诗、宋词、元曲、新诗……

狭义的诗，大体可以分为两类：即古体诗与近体诗。近体诗就是专门指绝句和律诗。请见下表：

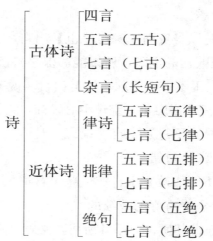

五言古诗

一般认为最早的五言诗，是《古诗十九首》和苏武、李陵诗；实际上，这十九首古诗并非一人之作，也非一时之作。歌咏的多是相思离别，人生无常、当及时行乐，以及知音难得等情感，也有对于邪臣当道、贤人放逐等事的慨叹。钟嵘评十九首古诗，"可谓几乎一字千金"；因为诗中所咏的几乎都是人人心中所有、所要说的，却不是人人口中、笔下所能说出来的，而能够那样平平说出，曲曲说出，能够呼应每个读者的心灵，所以是好。"十九首"只像对朋友说家常话，并在不字面上用工夫，而自然达意，委婉尽情，合于所谓"温柔敦厚"的诗教。到唐代为止，这是五言诗的标准。

五言诗虽不能确定创于何人，而起源于西汉，则无疑义。像著名的《白头吟》、《梁甫吟》、《怨歌行》都是五言诗的源头。直到汉末，一般文体都走向整炼一路，四言五言体的多起来，而最高的成就是《文选》所录的《古诗十九首》。

东汉时，五言诗作家有班固、张衡、傅毅、徐淑、秦嘉夫妇、蔡琰（文姬）等。

汉魏六朝间的诗，多半是五言诗，而建安（汉献帝年号）时代的五言诗尤其丰富而优美，达到了五言诗创作的鼎盛时期。主要作者是曹操、曹丕、曹植等。（因《昭明文选》内多五言诗，人们便称之为"选体"）。

曹操和他的儿子曹丕、曹植兄弟是当时文坛的领袖。这时乐府声调多已失传，他们却用乐府旧题，创作新诗，铺叙游宴之乐，记述荣华与坎坷，他们的诗开了后来应酬诗的先河。诗风明白诚恳，还是歌谣的本色。曹植在其兄曹丕作了皇帝之后，颇受猜忌，忧患的情感时时流露在他的作品里。诗中真挚而有了"我"，所以独成大家。这时候五言诗作者多了起来，也就开始有了工拙的评论：曹丕说刘桢"五言诗之善者，妙绝时人"，便是例子。但是真正继承了建安风格、奠定了五言诗基础的是魏阮籍和嵇康，他们是正始文学的中心人物（"正始"是魏主曹芳的年号）。

晋代的五言诗渐渐注重排偶、多用典故，诗旨也渐渐浅薄了。其中左思的《咏史》诗，郭璞的《游仙诗》，取法《楚辞》，借古人及神仙抒写自己的情怀，为后世所宗。但在这样的时代，却孕育了陶渊明和谢灵运两个大诗人。

陶渊明与南北朝诗

陶渊明（约公元 365 年—公元 427 年），字元亮，别号五柳先生，后改名潜，字渊明。卒后亲友私谥靖节，世称靖节先生。东晋浔阳柴桑（今江西九江市）人。曾祖父陶侃，是东晋开国元勋，军功显著，官至大司马，都督八州军事，荆、江二州刺史、封长沙郡公。祖父陶茂、父亲陶逸都做过太守。陶渊明曾做过几年小官，后辞官回家，从此隐居，田园生活是陶渊明诗的主要题材，因此后来文学史上称"田园诗人"。

他的诗情和诗中的理趣从现实生活里体验得来的，与口头的玄理不同，所以亲切有味，他作诗也只求明白诚恳，不文饰、少用典，却深切动人，这种散文化的诗与当时的潮流不同，但他后来确成了千古"隐逸诗人之宗"。

谢灵运（公元 385 年—公元 433 年），东晋末年刘宋初年的文学家，诗人。祖籍陈郡阳夏（今河南太康），出生于会稽始宁（今浙江上虞）。祖父谢玄，晋车骑将军；其母刘氏为王羲之外孙女。他是中国山水诗的开创者，宋时做到临川太守。他有政治抱负，可是不得志。他倾情于游山玩水，常常领了一群人到处探奇访胜；他作诗用排偶、用典故，却能创造新鲜的句子；陶渊明的诗教给人怎样欣赏品味田园，谢诗则教给人怎样赏味山水。朱自清先生说他们都是发现自然的诗人。陶是写意，谢是工笔。

唐 诗

唐朝是中国诗歌的黄金时代，各种诗体无不具备，诗的风格多姿多彩，名家辈出，群星灿烂，从帝王将相到文人学士，从英雄豪杰到闺中女子，都喜欢诗，能作诗。唐代全面继承了前代所有优良的诗歌传统，还发展出了近体诗，这近体诗就是律诗绝句，律诗绝句被称为近体诗是相对于古体诗而言的。初唐时候，大体上还继续着南朝的风气，盛行浮靡的宫体诗。但是就在这时候，沈佺期、宋之问奠定了律诗的体制。诗人发现诗句中每个字的声调按照一定的规律去写，就和谐而丰富，如："仄仄平平仄，平平仄仄平，平平平仄仄，仄仄仄平平"的格式，两个仄仄之后紧接着两个平平，然后以仄收尾，声调出现了规律的起伏，这种句子叫做律句。沈、宋在一首诗里将律句重复使用；这样，声调便和谐富厚，又不致单调。这就是八句的律诗。

下面我们用五言律诗举例：

五言律诗的格式，有首句入韵的格式和首句不入韵的格式两种。从声调上说有平起和仄起两种。

平起不入韵式

例如常建《题破山寺后禅院》：

首联：（平）平平仄仄，（仄）仄仄平平（散句）

清晨入古寺，初日照高林。

颔联：（仄）仄平平仄，（平）平（仄）仄平（对仗）

曲径通幽处，禅房花木深。

颈联：（平）平平仄仄，（仄）仄仄平平（对仗）

山光悦鸟性，潭影空人心。

尾联：（仄）仄平平仄，平平（仄）仄平（散句）

万籁此皆寂，惟闻钟磬音。

实际上五言律诗的平仄的四个类型，都是由以下两联错综变化而成的：

仄仄平平仄，平平仄仄平；平平平仄仄，仄仄仄平平。

如"仄起式"，即是把上两联重叠而成：

仄仄平平仄，平平仄仄平。平平平仄仄，仄仄仄平平。

仄仄平平仄，平平仄仄平。平平平仄仄，仄仄仄平平。

（字外加圈表示可平可仄。）

而平起入韵式，只需将平起不入韵式第一句尾三字的"平仄仄"改为"仄仄平"，就可以了，例如李商隐《风雨》：

首联：（平）平（仄）仄平，（仄）仄仄平平（散句）

凄凉宝剑篇，羁泊欲穷年。

颔联：（仄）仄平平仄，（平）平（仄）仄平（对仗）

黄叶仍风雨，青楼自管弦。

颈联：（平）平平仄仄，（仄）仄仄平平（对仗）

新知遭薄俗，旧好隔良缘。

尾联：（仄）仄平平仄，（平）平（仄）仄平（散句）

心断新丰酒，销愁又几千。

七律是五律的扩展，在五律的字句的上面加两个字，仄的前面加平，平的前面加仄。七律的平仄也只有四个类型，这四个类型也可以构成两联，即：

平平仄仄平平仄，仄仄平平仄仄平。
仄仄平平平仄仄，平平仄仄仄平平。

由这两联的平仄错综变化，可以成为七律的四种格式。其实只有两种基本格式，另外两种只是在基本格式上稍作变化就是。

七律仄起式

仄仄平平仄仄平，平平仄仄仄平平。
平平仄仄平平仄，仄仄平平仄仄平。
仄仄平平平仄仄，平平仄仄仄平平。
平平仄仄平平仄，仄仄平平仄仄平。

蜀　相（杜甫）

丞相祠堂何处寻？锦官城外柏森森。
映阶碧草自春色，隔叶黄鹂空好音。
三顾频烦天下计，两朝开济老臣心。
出师未捷身先死，长使英雄泪满襟。

七律平起式

平平仄仄仄平平，仄仄平平仄仄平。
仄仄平平平仄仄，平平仄仄仄平平。
平平仄仄平平仄，仄仄平平仄仄平。
仄仄平平平仄仄，平平仄仄仄平平。

《九日登望仙台呈刘明府》（崔曙）

汉文皇帝有高台，此日登临曙色开。
三晋云山皆北向，二陵风雨自东来。
关门令尹谁能识，河上仙翁去不回。
且欲近寻彭泽宰，陶然共醉菊花杯。

说说律诗的用韵

律诗是需要严格地依照韵书来押韵的。韵书就是《诗韵集成》、《诗韵合璧》等。

诗韵共有 106 个韵：平声 30 韵，上声 29 韵，去声 30 韵，入声

17 韵。律诗一般常用的是平声韵，仄声韵极少，所以我们这里只谈平声韵。

上平声 15 韵：

一东二冬三江四支五微六鱼七虞八齐九佳十灰十一真十二文十三元十四寒十五删。

下平声 15 韵：

一先二萧三肴四豪五歌六麻七阳八庚九青十蒸十一尤十二侵十三覃十三盐十五咸。

对仗的种类

律诗由八句组成，每两句称一联，一共有四联，按律诗的要求，中间的两联要对仗。律诗的第一二两句叫做首联，第三四两句叫做颔联，第五六两句叫做颈联，第七八两句叫做尾联。对仗一般用在颔联和颈联，即中间两联——第三四句和第五六句。所谓对仗是指两句中的结构和词性相同，平仄对立。词大约可以分为下列的九类：

1. 名词　2. 形容词　3. 数词（数目字）　4. 颜色词　5. 方位词　6. 动词　7. 副词　8. 虚词　9. 代词

连绵字跟连绵字相对，专名与专名相对，最好是人名对人名，地名对地名。名词还可以细分为以下的一些小类：

1. 天文　2. 时令　3. 地理　4. 宫室　5. 服饰　6. 器用　7. 植物　8. 动物　9. 人伦　10. 人事　11. 形体

唐代有初唐、盛唐、中唐、晚唐四个时期，唐诗也如此分期。初唐期约一百年，代表作家有王（勃）、杨（炯）、卢（照邻）、骆（宾王）"四杰"，及沈佺期、宋之问等，是继承陈隋绮艳风格的，又有陈子昂、张九龄，是清新、质朴、苍劲、高古风格的，可说是开了盛唐诗风的先声。这一时期中，五律、七律，五绝、七绝，都成熟了，还产生了"排律"（扩大律诗的篇幅，任意增加对联句若干韵），诗的各种体裁已经很丰富、很完备。

这时候就要说到我们享有世界声誉伟大的浪漫主义诗人李白。李白（公元 701 年—公元 762 年），字太白，号青莲居士，祖籍陇西成纪（今甘肃省天水县附近）。先世于隋末流徙中亚。李白即生于中亚的碎叶城（今吉尔吉斯坦境内）。李白现存诗九百九十多首。他的诗歌是盛唐奋发向上、自信进取的时代精神的代表，或以豪放的激情表达对建功立业和理想政治的热烈追求，或以清新飘逸的画笔描绘祖国壮丽的山河，他的诗篇，都能够神韵远出，流传千古。他的诗纯任自然。人家称他为"天上谪仙人"。

杜甫（公元712年—公元770年），字子美。祖籍襄阳（今湖北襄樊市），他出生于巩县（今河南巩县）。杜甫年轻时就抱有"致君尧舜上，再使风俗淳"的远大理想。但是他在青年时期的"壮游"生活之后，遭遇了唐朝由盛转衰的时期，生活困苦不堪。安禄山攻陷长安，肃宗在灵武即位，他从长安逃到灵武，作了"左拾遗"的官，因为谏救房琯，被放了出去。那时很乱，又是荒年，他辗转流落到成都，依靠故人严武，做到"检校工部员外郎"，所以后来称为杜工部。杜甫用沉郁顿挫之笔来描写那个变化的大时代，诗的领域扩大了，价值也增高了。他念社稷、忧苍生、哀民瘼的现实主义精神沾溉万代。他的诗各种体裁无不擅长，而且都能各臻极致，他以千锤百炼的精彩语言，千汇万状的多样风格，影响了一代又一代的诗人、文学家和各方面的中华优秀人物。

李白和杜甫两位大诗人是中国文学史上的光芒万千的双子星座，李白是六朝以来浪漫主义文学的最高峰，杜甫是现实主义文学的最高峰。他们二位都经历了盛唐从盛转衰的历史时期。

从盛唐到中唐，也就是从开元、天宝（都是玄宗年号）以至大历（代宗）、元和（宪宗）、长庆（穆宗）间的约一百余年，这是唐诗的最成熟的时期。代表作家除了李白、杜甫之外，还有王维、孟浩然、张九龄、高适、岑参、韦应物、韩愈、柳宗元、孟郊、贾岛、李贺、元稹、白居易等。

王维诗中有画，众体皆工，孟浩然擅写田园，清淡幽雅，他们都长于描写自然美。高适、岑参长于歌咏边塞战争生活。写边塞的诗人还有王昌龄、王之涣等，元白是中唐健将，白居易（字乐天，号香山居士）最为杰出，他的讽喻诗最能反映现实，而又写得人人都能看得懂。元稹（字微之）的《连昌宫词》与白居易的《长恨歌》，都是写天宝史事的名作。除元白外，中唐诗人还有被称为"五言长城"刘长卿，晚唐期诗人以温庭筠（字飞卿）、李商隐（字义山）为代表，李商隐的诗深情绵邈，博雅瑰丽。与杜甫对称为"小杜"的杜牧，字牧之，诗作俊爽豪迈，写景、叙事，抒情、议论，浑然天成。古文家韩愈，学习杜甫将诗进一步散文化，而更造奇喻，押险韵。

唐以后的重要诗人

唐以后的诗人也层出不穷，李白和杜甫的影响直接贯穿到两宋时代，诗人们或直接、或间接地学习他们。欧阳修、梅尧臣都十分赞赏韩愈的文风，开始了宋诗的散文化。欧诗虽学韩，却平易晓畅，没有奇险的地方。梅诗幽深淡远，欧评他"初如食橄榄，真味久愈在"。宋诗散文化，到北宋苏轼而极。苏轼的诗学陶渊明和李白，黄庭坚则学杜甫。黄庭坚的诗是"江西诗派"的开山，南宋的三大诗家都是从江西派变化出来的。杨万里的诗写景最工，譬喻新鲜活泼，能从大处下手。写人的情意，能够曲尽其妙，自然流出。范成大官做的好，他的诗清新中兼有拗峭。陆游是个爱国诗人，他学杜而能得杜的心。他的诗有两种：一种是感激豪宕，沉郁深婉之作；一种是流连光景，清新刻露之作。他作诗也重真率，轻"藻绘"，所谓"文章本天成，妙手偶得之"。他活到八十五岁，诗有万首，最熟于诗律，七言律尤为擅长。宋人的七言律实在比唐人进步。

宋以后的辽金元明历代没有再出伟大的诗人，金代的元好问算是比较杰出。元代有所谓"四大家"，明代有所谓"三杨"的"台阁体"，又有"前七子"、"后七子"，及"公安派"、"竟陵派"等。清初诗人有钱谦益、吴伟业与所谓"江左三大家"，清中叶有袁枚、赵翼、蒋士铨三大家，清末有龚自珍等。

中国诗歌的传统源远流长，《诗经》的风、雅、颂三百篇，是中国诗歌的源头，后来的诗歌都受到《诗经》的影响。以后不断创新，汉代的乐府和五言诗，魏晋古诗，到了唐代诸体具备，诗歌的领域不断扩大，诗人们给我们留下了很多美好的诗篇。诗歌是音乐文学，也是真情的流露和生活的写照，诗歌可以丰富人们的感情，让人心灵纯洁、性格淳厚，可以从内到外美化人们的生活。

《唐诗三百首》

我们都会吟诵"床前明月光，疑是地上霜"，"慈母手中线，游子身上衣"和"蜀道之难难于上青天"，"两岸猿声啼不住，轻舟已过万重山"等名句，这些精妙的诗句和美好的感情，多是从《唐诗三百首》上得来。

"熟读唐诗三百首，不会作诗也会吟"，自从这部书出现以来，可以说是家喻户晓，代代诵读。《唐诗三百首》可以说是流传最广、永不滞销的图书之一了。

我国是一个诗歌的国度。作为博大精深的中华文化中的一树奇葩，唐诗在中国文学史上占有举足轻重的地位，代表着我国诗歌的最高水平。唐朝强盛的国力、兼容并蓄的开明政策及丰厚的文化积累，为唐诗的繁荣发展提供了条件。唐诗继承了汉魏以来的五言和七言古诗的体制，产生了最具特色的新体律诗。作为唐王朝历史的产物和见证，唐诗经历了"初、盛、中、晚"四个时期，王勃、李白、王维、杜甫、白居易、李商隐等诗坛巨匠以他们杰出的创作才华成就了唐诗最壮美的光彩，将唐诗推到前所未有的高度，并形成了流派纷呈、名家辈出的局面。唐诗可以说是无美不具，其内涵深刻、意境高远，折射着深沉丰韵的中华文化底蕴，带给人们的审美愉悦是其他文学形式难以企及的，是国人传承文明的重要途径。

《唐诗三百首》精华

【草木有本心，何求美人折】出自张九龄《感遇》。意思是：草木发出清香是出于天性，并不是希求美人来攀折。比喻贤者行芳志洁，不是为了博取高名，求人赏识。

【花间一壶酒，独酌无相亲。举杯邀明月，对影成三人】出自李白《月下独酌》。意思是：我在花丛间准备好了一壶好酒，独自酌饮着没有知音。举起酒杯来邀请明月，加上影子就有了三个人。

【当君怀归日，是妾断肠时】出自李白《春思》。意思是：当你思念着要归来的那会儿，已经是我思念你思念得肠断的时候了。

【会当凌绝顶，一览众山小】出自杜甫《望岳》。意思是：总有一天我会登上山顶，看着脚下的群山显得小了。

【绝代有佳人，幽居在空谷】出自杜甫《佳人》。意思是：有一位绝世的美人，隐居在空旷的山谷。

【但见新人笑，那闻旧人哭】出自杜甫《佳人》。意思是：他只会在意新人的欢笑，哪里会在意旧人的哀哭呢。

【千秋万岁名，寂寞身后事】出自杜甫《梦李白》。意思是：不朽的名声，也只不过是李白寂寞之身死后的事。

【今朝为此别，何处还相遇】出自韦应物《初发扬子寄元大校书》。意思是：今天在这里离别，以后在什么地方还会重逢呢。

【郎骑竹马来，绕床弄青梅】出自李白《长干行》。意思是：你跨骑竹马而来，绕着井栏奔跑着，拨弄着青梅。这句诗后来演变出成语"青梅竹马"。

【同居长干里，两小无嫌猜】出自李白《长干行》。意思是：一同住在一个地方，两个孩子亲密地互相没有半点猜疑。这句诗后来演变出成语"两小无猜"。

【谁言寸草心，报得三春晖】出自孟郊《游子吟》。意思是：谁说一寸小草的心意，能报答得了春天阳光的滋养呢。形容母亲对孩子的养育之恩，大到难以报答。

【前不见古人，后不见来者，念天地之悠悠，独怆然而涕下】出自陈子昂《登幽州台歌》。意思是：回看过去找不到知心的人，展望未来也没有知心的人，想到悠悠的天地间（就我孤独一人），不禁伤感落泪。

【云青青兮欲雨，水澹澹兮生烟】出自李白《梦游天姥吟留别》。意思是：乌云重重的就要下雨了，水面粼粼生起了茫茫烟雾。

【安能摧眉折腰事权贵，使我不得开心颜】出自李白《梦游天姥吟留别》。意思是：我怎能卑躬屈膝地去讨好权贵，使我自己不快活呢！

【弃我去者，昨日之日不可留；乱我心者，今日之日多烦忧】出自李白《宣州谢朓楼饯别校书叔云》。意思是：抛弃我而逝去了的昨日的时光，已经留不住了；扰乱我的心绪的今日的时光，忧愁真多啊。

【抽刀断水水更流，举杯销愁愁更愁】出自李白《宣州谢朓楼饯别校书叔云》。意思是：抽出刀来斩断水流，水只会流得更急；举起酒杯来以酒销愁，忧愁只会变得更多。

【忽如一夜春风来，千树万树梨花开】出自岑参《白雪歌送武判官归京》。意思是：忽然地就像是一夜之间春风吹来了，千万树雪白的梨花一齐绽开了。指塞北风雪猛烈。

【瀚海阑干百丈冰，愁云惨淡万里凝】出自岑参《白雪歌送武判官归京》。意思是：无边的大漠凝结出了厚厚的寒冰，阴暗的乌云在万里长空上凝聚着。

【回眸一笑百媚生，六宫粉黛无颜色】出自白居易《长恨歌》。意思是：她回眸一笑有着百般妩媚，使后宫的嫔妃都变得黯然失色了。

【后宫佳丽三千人，三千宠爱在一身】出自白居易《长恨歌》。意思是：后宫里有美人三千，君王对三千美人的宠爱都集中在了她一人身上。

【在天愿作比翼鸟，在地愿为连理枝】出自白居易《长恨歌》。意思是：在天上愿意成为比翼双飞的鸟儿，在地上愿意成为根蒂连着的花枝。

【天长地久有时尽，此恨绵绵无绝期】出自白居易《长恨歌》。意思是：天地再长久也会有到头的时候，而这生死离别的怨恨却绵延不断、没有到头的时候。

【千呼万唤始出来，犹抱琵琶半遮面】出自白居易《琵琶行》。意思是：呼唤了千万遍终于出来了，还抱着琵琶挡住了半边脸儿。

【嘈嘈切切错杂弹，大珠小珠落玉盘】出自白居易《琵琶行》。意思是：琵琶弦奏的声音时而沉重舒长，时而细促轻幽。清脆得就像是大大小小的珠子落进玉盘里。

【别有幽愁暗恨生，此时无声胜有声】出自白居易《琵琶行》。意思是：另有幽幽的愁绪和暗暗的哀怨产生，这时没有声音的境界胜过了有声音的境界。

【同是天涯沦落人，相逢何必曾相识】出自白居易《琵琶行》。意思是：同样都是沦落天涯的人，相逢又何必一定要是曾经相识呢？

【战士军前半死生，美人帐下犹歌舞】出自高适《燕歌行》。意思是：战士们在前线拼死拼活，将帅们的营帐里却还有美人正在纵情歌舞。说明军中将士不平等，将帅不能和战士同甘共苦。

【谁怜越女颜如玉，贫贱江头自浣沙】出自王维《洛阳女儿行》。意思是：谁会去怜惜那如花似玉的贫家女子呢，出身贫贱的她只能在江边浣洗纱布。

【剑阁峥嵘而崔嵬，一夫当关，万夫莫开】出自李白《蜀道难》。意思是：剑阁这地方高峻又险恶，易守难攻，只要有一个人在这里把关，就是一万个人也攻不破。

【蜀道之难，难于上青天】出自李白《蜀道难》。意思是：蜀道难走，比登上青天还要难。

【长风破浪会有时，直挂云帆济沧海】出自李白《行路难》。意思是：我总有一天会乘着长风冲破万里的波浪，高高挂起云帆渡过茫茫大海！自信必会有远大的前程。

【人生得意须尽欢，莫使金樽空对月】出自李白《将进酒》。意思是：人生高兴时就要尽情作乐，不要让镶金的酒杯空对着天上的明月。

【天生我材必有用，千金散尽还复来】出自李白《将进酒》。意思是：上天造就了我的才干，一定是有它的用处的；千金耗尽了还会再有。

【五花马，千金裘，呼儿将出换美酒，与尔同销万古愁】出自李白《将进酒》。意思是：这名贵的五花马、价值千金的皮裘，都叫孩儿们拿了换美酒去吧，我要和你一同大醉、浇灭万古的长愁。

【海上生明月，天涯共此时】出自张九龄《望月怀远》。意思是：海上升起了一轮明月，让天各一方的你我来共同欣赏这时的月亮吧。

【海内存知己，天涯若比邻】出自王勃《送杜少府之任蜀州》。意思是：四海之内都有知己，所以哪怕是远在天涯也会像是近在咫尺。

【曲径通幽处，禅房花木深】出自常建《题破山寺后禅院》。意思是：曲折的小路通向幽静的住所，禅房处隐藏着幽深的花木。

【浮云游子意，落日故人情】出自李白《送友人》。意思是：游子的行踪就像是天上的浮云来去不定，落日依恋山峦，不忍与大地告别，就像是老朋友的情谊。

【感时花溅泪，恨别鸟惊心】出自杜甫《春望》。意思是：感伤时事时连花儿也为我落泪了，感伤离别时连鸟儿也惊心动魄起来。

【遥怜小儿女，未解忆长安】出自杜甫《月夜》。意思是：我遥想我们的小儿女，他们还不懂得你（妻子）怀念身在长安的我的心情！

【星垂平野阔，月涌大江流】出自杜甫《旅夜书怀》。意思是：原野辽阔，天上的星星低得像是要垂到地面；大江奔流，月亮像在江水上翻涌着。

【露从今夜白，月是故乡明】出自杜甫《月夜忆舍弟》。意思是：今天正好是白露，我感到月亮还是故乡的更亮啊。

【吴楚东南坼，乾坤日夜浮】出自杜甫《登岳阳楼》。意思是：洞庭湖浩瀚得像是要把吴楚的东边和南边隔开似的，天地仿佛日夜漂浮在湖面上。

【明月松间照，清泉石上流】出自王维《山居秋暝》。意思是：明月透过松林照耀着，清泉静静地从石上流过。

【江流天地外，山色有无中】出自王维《汉江临泛》。意思是：江水好像是流到了天地之外；山色朦胧得似有似无。

【气蒸云梦泽，波撼岳阳城】出自孟浩然《临洞庭上张丞相》。意思是：云、梦二泽上白茫茫的水汽在蒸腾着，汹涌的波涛仿佛要把岳阳城撼动了似的。

【待到重阳日，还来就菊花】出自孟浩然《过故人庄》。意思是：等到重阳节再来的时候，还来您这儿和您共尝菊花酒！

【野火烧不尽，春风吹又生】出自白居易《赋得古原草送别》。意思是：熊熊的野火烧不尽野草，春风一吹就又生起来了。

【晴川历历汉阳树，芳草萋萋鹦鹉洲】出自崔颢《黄鹤楼》。意思是：隔着江水，汉阳的碧树历历在目，鹦鹉洲上的芳草欣欣向荣。

【日暮乡关何处是，烟波江上使人愁】出自崔颢《黄鹤楼》。意思是：黄昏来了不知哪里才是我的故乡？烟波茫茫的大江引起人怀古思乡的惆怅之情！

【出师未捷身先死，长使英雄泪满襟】出自杜甫《蜀相》。意思是：（诸葛亮）出师伐魏还没成功就病死在军中了，常常使得此后的英雄们感慨地眼泪满裳！

【白日放歌须纵酒，青春作伴好还乡】出自杜甫《闻官军收河南河北》。意思是：白天我要高歌痛饮，明媚的春光陪伴着我正好可以返回故乡。

【无边落木萧萧下，不尽长江滚滚来】出自杜甫《登高》。意思是：无边无际的树叶纷纷飘落；无穷无尽的长江滚滚着奔腾而来。

【锦江春色来天地，玉垒浮云变古今】出自杜甫《登楼》。意思是：锦江的春色从天地的边际到来；玉垒山的浮云从古到今在变幻着。

【诚知此恨人人有，贫贱夫妻百事哀】出自元稹《遣悲怀》。意思是：我确实知道死别的哀怨是人人都有的，但一想起我们做贫贱夫妻时的每一件事都让我特别伤心。

【此情可待成追忆，只是当时已惘然】出自李商隐《锦瑟》。意思是：这份感情岂止是今朝回忆才怅惘，当时就已经那么惆怅了。

【相见时难别亦难，东风无力百花残。春蚕到死丝方尽，蜡炬成灰泪始干】出自李商隐《无题》。意思是：相见是不易的，离别也不易；春风就要逝去，百花都凋残了。春蚕到死时才把所有的丝儿都吐尽，蜡烛烧尽了才会把所有的烛泪都滴干。

【苦恨年年压金线，为他人作嫁衣裳】出自秦韬玉《贫女》。意思是：最恨年复一年地做针线活儿，却是替人家做陪嫁的衣裳。暗指作者做幕僚的悲苦心情。即年年写诗作文，多半是为别人做了装点。

【红豆生南国，春来发几枝？愿君多采撷，此物最相思】出自王维《相思》。意思是：红豆生长在南方，春天来了又长出了几枝呢？愿你多多地采摘它，这种东西最能代表相思！

【欲穷千里目，更上一层楼】出自王之涣《登鹳雀楼》。意思是：要想看到千里远的风光，就要登上更高的一层楼。

【未谙姑食性，先遣小姑尝】出自王建《新嫁娘》。意思是：不知道婆婆的口味是什么，先叫小姑来尝一尝。

【孤舟蓑笠翁，独钓寒江雪】出自柳宗元《江雪》。意思是：披戴蓑笠的渔翁坐在江上的一叶孤舟上，独自在冰天雪地中垂钓着。

【夕阳无限好，只是近黄昏】出自李商隐《登乐游原》。意思是：夕阳是无限美好的，只是挨近黄昏而太短暂了。

【只在此山中，云深不知处】出自贾岛《寻隐者不遇》。意思是：他就在这座大山里，只是云深林密不知他的具体行踪。

【近乡情更怯，不敢问来人】出自宋之问《渡汉江》。意思是：越近家乡时心里却越发不安起来；不敢问迎面遇到的人（怕消息不祥）。

【儿童相见不相识，笑问客从何处来】出自贺知章《回乡偶书》。意思是：儿童们见了我却不认识；他们笑着问我是从哪里来的？

【独在异乡为异客，每逢佳节倍思亲】出自王维《九月九日忆山东兄弟》。意思是：独自漂泊异乡做异乡的客人，每到佳节良辰的时候就越发思念亲人了。

【洛阳亲友如相问，一片冰心在玉壶】出自王昌龄《芙蓉楼送辛渐》。意思是：洛阳的亲友要是问起我来了，就说我的心依然像玉壶里的冰一样高洁坚贞！

【春潮带雨晚来急，野渡无人舟自横】出自韦应物《滁州西涧》。意思是：春夜的潮水伴着雨水急急地涌来，野外的渡口上空无一人，船只独自在随波横漂着。

【姑苏城外寒山寺，夜半钟声到客船】出自张继《枫桥夜泊》。意思是：苏州城外就是那美丽的寒山寺了；夜半的钟声幽幽地传到船上我的耳边来。

【旧时王谢堂前燕，飞入寻常百姓家】出自刘禹锡《乌衣巷》。意思是：从前王导、谢安两家堂前的燕子，如今却飞入了寻常百姓家庭的屋檐下。

【妆罢低声问夫婿，画眉深浅入时无】出自朱庆馀《近试上张水部》。意思是：打扮好后轻轻地问一声郎君：我画的眉浓淡深浅合时兴么？

【商女不知亡国恨，隔江犹唱后庭花】出自杜牧《泊秦淮》。意思是：歌女不晓得亡国的悲恨，隔着江岸她们还在唱着《玉树后庭花》。

【二十四桥明月夜，玉人何处教吹箫】出自杜牧《寄扬州韩绰判官》。意思是：月光里扬州的二十四桥上，不知美人是在何处寂寞地吹着箫？

【十年一觉扬州梦，赢得青楼薄幸名】出自杜牧《遣怀》。意思是：扬州十年来的生活竟像是一场春梦；只在青楼女子中间落得了个薄情郎的声名。

【何当共剪西窗烛，却话巴山夜雨时】出自李商隐《夜雨寄北》。意思是：什么时候你我还能够一起在那西窗下剪烛夜谈呢；那时我再告诉你我在这个秋雨绵绵的夜里的深切思念。

【劝君更尽一杯酒，西出阳关无故人】出自王维《渭城曲》。意思是：请你再喝光这一杯酒吧，你出了阳关就再也见不到老朋友们了。

【羌笛何须怨杨柳，春风不度玉门关】出自王之涣《出塞》。意思是：何必用羌笛吹起那哀怨的《杨柳曲》呢，那吹开杨柳的春风从来就吹不到这遥远的玉门关啊。

【花开堪折直须折，莫待无花空折枝】出自杜秋娘《金缕衣》。意思是：花开了该采摘时就要径直去采摘，不要等到花都凋零了，才去折那无花的空枝。

词

词的种类

词最初称为"曲词"或"曲子词"，是要配着音乐来吟咏的。这一点和乐府诗是算同一类文学体裁，也同样是来自民间文学。诗的风格是端庄典雅，词的风格则是柔媚婉约。后来词逐渐脱离了音乐，成为与诗最为接近的一种体裁，所以词又称为"诗余"。词在句法上的特征是长短句，所以又名为"长短句"，全篇的字数和每句的平仄都要符合格律。

宋代是词的全盛时期，朝野上下各层人士都喜爱填词，帝王如宋徽宗，名将名相如晏殊、范仲淹、王安石、岳飞、文天祥等，名臣学士如欧阳修、苏轼、秦观、黄庭坚、周邦彦、陆游、辛弃疾等，还有闺中女子，如李清照、朱淑贞。词的作品内容丰富，题材多种多样。

词牌

词牌，就是词的格式的名称，词的格式多达一千多种，这些便是词谱。

词牌主要有三种来源：

1. 本来是乐曲的名称。例如《菩萨蛮》，据说是由于唐代大中初年，女蛮国进贡，她们梳着高髻，戴着金冠，像菩萨一样满身璎珞，教坊因此谱成《菩萨蛮曲》，当时风行一时，据说唐宣宗就爱唱《菩萨蛮》词。其它如《西江月》、《风入松》、《蝶恋花》等，都属于这一类的来自民间的曲调。

2. 选取一首词中的几个字作词牌。例如《忆江南》本名《望江南》，因白居易有一首咏"江南好"的词，最后一句是"能不忆江南"，所以词牌又叫《忆江南》。《念奴娇》又名《大江东去》，这是由于苏轼的《念奴娇》，第一句是"大江东去"。因为苏轼这首词最后三个字是"酹江月"所以此词又名《酹江月》。

3. 本来就是词是题目，词牌就是本意。《踏歌词》咏的是舞蹈，《舞马词》咏的是舞马，《欸乃曲》咏的是泛舟，《渔歌子》咏的是打鱼，《抛球乐》咏的是抛绣球。

需要注意的是，大多数的词都是不用"本意"的。词牌之外还有词题。一般是在词牌下面用小字注出词题。

词韵、词的平仄和对仗

词韵

关于词韵，不像诗韵一样有严格的规定。词韵使用的是清戈载的《词林正韵》，共十九部。把平上去三声分为十四部，入声分为五部。据说是取古代著名词人的词，参酌而定的。

词的平仄

用律句是词的主要特点之一。很多词的七言律句和五言律句都是从七绝或七律脱胎出来的。例如《浣溪沙》四十二字，就是六个律句组成的，很像一首不粘的七律，而且也有律诗的对仗。

词中的三字句、四字句、六字句、八字句、九字句、十一字句等，也多数是律句。

如：三字句。平平仄，平仄仄，仄平平，仄仄平。平平仄，平仄仄，仄平平。

四字句。平平仄仄，仄仄平平。平平仄仄，仄仄平平。

六字句。仄仄平平仄仄，平平仄仄平平。仄仄平平仄仄，平平仄仄平平。

词的对仗

词的对仗，与律诗不同，其区别是：

1. 律诗对仗是固定的，而词则是自由的，可以在起句、结句或句中。

2. 律诗的对仗是格律规定。词的对仗是艺术手法，全看内容和表达的需要。

3. 律诗的对仗要平仄相对，而词的对仗不一定要以平对仄，以仄对平。

说说填词

唐宋人填词是很自由的，一个词牌往往有几种别体。大致说来，小令的格律最严，中调较宽，长调更宽。我们现在填词，就需要仔细研究唐宋人的词作，对照词谱总结出经验来。现在我们就举几个例子。

忆江南（27 字，又作望江南，江南好）
平平仄
仄仄仄平平
仄仄平平平仄仄

平平仄仄仄平平

仄仄仄平平。

忆江南　〔唐〕白居易

江南好，风景旧曾谙。日出江花红胜火，春来江水绿如蓝。能不忆江南？

忆江南　〔唐〕刘禹锡

春去也，多谢洛城人。弱柳从风疑举袂，丛兰裛露似沾巾。独坐亦含颦。

梦江南　〔唐〕温庭筠

梳洗罢，独倚望江楼。过尽千帆皆不是，斜晖脉脉水悠悠。肠断白蘋洲。

浣溪沙（42字，沙或作纱，或作浣纱溪）

仄仄平平仄仄平，平平仄仄仄平平。平平仄仄仄平平。

仄仄平平平仄仄，平平仄仄仄平平。平平仄仄仄平平。

（下阕头两句往往用对仗。）

浣溪沙　〔宋〕晏殊

一曲新词酒一杯，去年天气旧亭台，夕阳西下几时回？无可奈何花落去，似曾相识燕归来，小园香径独徘徊。

菩萨蛮（44字）

平平仄仄平平仄，平平仄仄平平仄。仄仄仄平平，仄平平仄平。平平平仄仄，仄仄平平仄。仄仄仄平平，仄平平仄平。

菩萨蛮　〔唐〕李白

平林漠漠烟如织，寒山一带伤心碧。暝色入高楼，有人楼上愁。玉阶空伫立，宿鸟归飞急。何处是归程？长亭连短亭。

《花间集》精华

【水精帘里玻璃枕，暖香惹梦鸳鸯锦】出自温庭筠《菩萨蛮》。意思是：水晶帘里、玻璃枕上，绣着鸳鸯图案的锦被温暖而清香，睡觉时就会惹来思念的梦。

【心事竟谁知，月明花满枝】出自温庭筠《菩萨蛮》。意思是：我的心事有谁能知道呢？月光下的花儿这时正开满了枝头。

【杨柳色依依，燕归君不归】出自温庭筠《菩萨蛮》。意思是：杨柳还像从前一样飘拂着，燕子归来了，你却还没有归来。

【时节欲黄昏，无聊独倚门】出自温庭筠《菩萨蛮》。意思是：时候就要到黄昏了，我百无聊赖地独自倚着门口思念你。

【花落月明残，锦衾知晓寒】出自温庭筠《菩萨蛮》。意思是：花儿凋落了，明月就要坠落，卧在锦被中的她感到了清晨的寒意。

【春恨正关情，画楼残点声】出自温庭筠《菩萨蛮》。意思是：她对春光的哀怨正和她思念情人的情思相关，又听到了画楼上那更漏子在一点一滴寂寞地响着。

【倚栏望，还似去年惆怅】出自温庭筠《更漏子》。意思是：倚着栏杆远望，依旧像去年那样满怀惆怅。

【梧桐树，三更雨，不道离情正苦。一叶叶，一声声，空阶滴到明】出自温庭筠《更漏子》。意思是：一株梧桐树，三更时分的雨水，夜雨不顾离别的凄苦还在下着。这一叶叶梧桐，这一声声夜雨，夜雨滴在空荡荡的台阶上，一直滴到了天亮。

【月孤明，风又起，杏花稀】出自温庭筠《酒泉子》。意思是：明月孤零零地照着，春风又吹起来了，杏花落得稀稀疏疏的。

【羌笛一声愁绝，月徘徊】出自温庭筠《定西番》。意思是：凄凉的羌笛声传到耳边，使人忧愁不已，连明月也在天上寂寞地徘徊着。

【偷眼暗形相，不如从嫁与，作鸳鸯】出自温庭筠《南歌子》。意思是：她偷偷地打量他的模样，想着不如就嫁给他，和他做一对双宿双飞的鸳鸯。

【回首两情萧索，离魂何处漂泊】出自温庭筠《河渎神》。意思是：回首从前，如今只剩下冷冷清清，这别离的身躯还不知要在哪里漂泊！

【花花，满枝红似霞】出自温庭筠《思帝乡》。意思是：花儿开了，满树满枝红艳得就像是天边的彩霞。

【夜船吹笛雨潇潇，人语驿边桥】出自皇甫松《梦江南》。意思是：潇潇夜雨里，船上飘来幽幽的笛声，她就在驿站边的小桥上和他窃窃私语。

【暗想玉容何所似，一枝春雪冻梅花，满身香雾簇朝霞】出自韦庄《浣溪沙》。意思是：暗想她那美丽的容颜像什么呢，就像是一枝凝结着春雪的梅花，梅花枝上白雪团团仿佛是在簇拥着朝霞。

【春水碧于天，画船听雨眠】出自韦庄《菩萨蛮》。意思是：那里春天的水面比天还要碧蓝，人在画船里听着淅淅的雨声入眠。

【未老莫还乡，还乡须断肠】出自韦庄《菩萨蛮》。意思是：还没老时还是不要回到那战乱的家乡去吧，回去只会令人更加伤心断肠。

【劝君今夜须沉醉，樽前莫话明朝事】出自韦庄《菩萨蛮》。意思是：请你今夜尽情地沉醉吧，酒杯前不要谈论以后的事。

【遇酒且呵呵，人生能几何】出自韦庄《菩萨蛮》。意思是：有酒喝就要快乐一番，人一生中能有几回这样的欢乐呢？

【别后只知相愧，泪珠难远寄】出自韦庄《归国遥》。意思是：离别后我只有愧恨，（愧恨那次别离）可是如今我的心意却难以寄送给她啊。

【如今俱是异乡人，相见更无因】出自韦庄《荷叶杯》。意思是：如今我们都成了异乡人了，以后相见更加没有一定了。

【一日日，恨重重，泪界莲腮两线红】出自韦庄《天仙子》。意思是：过了一天又一天，怨恨越来越重，思念的泪水和着胭脂流下来，在莲花般的脸颊上流出了两条红色的痕迹。

【须劝，珍重意，莫辞满】出自韦庄《上行杯》。意思是：劝君珍惜这送别的情意吧，不要推辞这杯斟满的美酒。

【暮雨轻烟魂断，隔帘栊】出自韦庄《相见欢》。意思是：黄昏时的烟雨纷纷扬扬，帘栊里的人相思得黯然魂断。

【早是相思肠欲断，忍教频梦见】出自韦庄《谒金门》。意思是：早知道相思这么令人伤心断肠，又怎么会忍心让我和他在梦里频频相见？

【无端袅娜临官路，舞送行人过一生】出自牛峤《柳枝》。意思是：婀娜的柳枝无端长在大路旁，在送别远行人的忙碌中度过一生。

【眼看唯恐化，魂荡欲相随】出自牛峤《女冠子》。意思是：看到美丽的她竟担心她会飞仙而去，不由神魂颠倒地想跟着她去。

【香阁掩，杏花红，月明杨柳风】出自牛峤《更漏子》。意思是：香阁掩上了，外边的杏花红艳着，月光下杨柳在风中飘拂。

【倚门立，寄语薄情郎，粉香和泪涕】出自牛峤《望江怨》。意思是：倚着门站着，想着要和渐行渐远的心上人倾诉衷情，泪水和着胭脂一起流下来。

【金凤小帘开，脸波和恨来】出自牛峤《菩萨蛮》。意思是：绣着金色凤凰的的小帘拉开了，露出她那哀怨的脸色和目光。

【旧欢新梦觉来时，黄昏微雨画帘垂】出自张泌《浣溪沙》。意思是：过去的恋人又出现在了新梦中，醒来后却只见黄昏微雨纷纷，画帘低垂着。

【回首隔江烟火，渡头三两人家】出自张泌《河渎神》。意思是：回头看见江岸那边炊烟袅袅，渡头旁边住着两三户人家。

【人不见，梦难凭，红纱一点灯】出自毛文锡《更漏子》。意思是：见不着心上人了，连梦也做不好，只看见红纱罩着的灯盏在夜里寂寞地亮着。

【休相问，怕相问，相问还添恨】出自毛文锡《醉花间》。意思是：不要去问，害怕去问，怕问了只会增添更多的怨恨。

【水无情，六代繁华，暗逐逝波声】出自欧阳炯《江城子》。意思是：江水是无情的，六朝的繁华，都已暗暗随着流水逝去了。

【换我心，为你心，始知相忆深】出自顾夐《诉衷情》。意思是：把你的心和我的心相换过来，你才会晓得我的思念有多深。

【江边一望楚天长，片帆烟际闪孤光】出自孙光宪《浣溪沙》。意思是：站在江边远望，只见楚地的天空一片辽阔，远去的孤帆在烟云朦胧的水天交接处闪动着一点白光。

【天涯一去无消息，终日长相忆】出自孙光宪《虞美人》。意思是：心上人远走天涯之后就没了音讯，我终日沉浸在相思里不能自拔。

【如何，遣情情更多】出自孙光宪《思帝乡》。意思是：怎么办呢，愁情越排遣越多了。

【留不得，留得也应无益】出自孙光宪《谒金门》。意思是：留不住他！留住了又有什么用呢。

【阊门风暖落花干，飞遍江城雪不寒】出自孙光宪《杨柳枝》。意思是：温暖的春风吹过阊门来，落花都干枯了；柳絮像雪一样飞满江城而毫无寒意。

【皓月泻寒光，割人肠】出自魏承班《诉衷情》。意思是：明月射下清寒的光芒来，这样的景象让人伤心断肠。

【烟雨晚晴天，零落花无语】出自魏承班《生查子》。意思是：烟雨纷纷的黄昏放晴了，凋零的花瓣默默无语。

【小庭花露泣浓香】出自阎选《浣溪沙》。意思是：小院里浓香的花瓣上的露水，就像是花瓣的泪水。

【秋雨，秋雨，无昼无夜，滴滴霏霏】出自阎选《河传》。意思是：秋雨，秋雨，不分昼夜，一点又一滴地下着。

【残红落地碎香钿，蕙风飘荡散轻烟】出自毛熙震《浣溪沙》。意思是：花瓣落地了，就像是破碎的钗钿，一阵轻烟随着清风飘散了。

【正是销魂时节，东风满树花飞】出自毛熙震《清平乐》。意思是：正是这令人惆怅的暮春时节啊，满树的花瓣在春风中纷飞。

《宋词三百首》精华

【碧云天，黄叶地，秋色连波，波上寒烟翠】出自范仲淹《苏幕遮》。意思是：碧云飘浮的天空，满地黄叶的地面，秋色一望无际绵延到水边，水波上的寒烟带着翡翠色。

【明月楼高休独倚，酒入愁肠，化作相思泪】出自范仲淹《苏幕遮》。意思是：明月之夜的高楼啊，不要独自去倚靠，浓酒进了愁肠，都化成了一滴一滴相思的眼泪。

【沙上并禽池上暝，云破月来花弄影】出自张先《天仙子》。意思是：沙滩上有两只鸳鸯栖息在一起，水池昏暗朦胧；清风吹开白云露出明月来，摇曳的花枝在卖弄着她的倩影。

【那堪更被明月，隔墙送过秋千影】出自张先《青门引》。意思是：哪里能忍受那厢墙的秋千，明月把它的影子送过墙那边去了。

【无可奈何花落去，似曾相识燕归来】出自晏殊《浣溪沙》。意思是：无可奈何地春天的花儿凋落了，那似曾相识的燕子又翩翩飞回来了。

【落花风雨更伤春，不如怜取眼前人】出自晏殊《浣溪沙》。意思是：风雨中花儿飘零了，消逝的春天更催人感伤；（恋旧是没有用的），还不如来怜爱就在眼前的美人吧。

【劝君莫作独醒人，烂醉花间应有数】出自晏殊《浣溪沙》。意思是：劝君不要独做清醒的人，人生有限不如烂醉在花丛里啊。

【无情不似多情苦，一寸还成千万缕。天涯地角有穷时，只有相思无尽处】出自晏殊《浣溪沙》。意思是：无情的人毕竟不像多情的人太愁苦，一寸的相思变成了剪不断的千丝万缕。天涯地角会有到头的时候，只有相思是没有尽头的。

【鸿雁在云鱼在水，惆怅此情难寄】出自晏殊《清平乐》。意思是：鸿雁飞在云上，鱼儿游在水里，只有我无限惆怅，这番情意没法传寄给她啊。

【泪眼问花花不语，乱红飞过秋千去】出自欧阳修《蝶恋花》。意思是：泪眼汪汪问花懂我么，花儿却不说话，凌乱的红花一片一片地飞过秋千去了。

【念去去，千里烟波，暮霭沉沉楚天阔】出自柳永《雨霖铃》。意思是：想这一次离去后，千里的烟波弥漫，傍晚云霭沉沉，楚地的天空无边无际。

【多情自古伤离别，更那堪，冷落清秋节！今宵酒醒何处？杨柳岸，晓风残月】出自柳永《雨霖铃》。意思是：多情人自古以来伤感的是离别，哪里能忍受这冷落凄清的深秋啊！今宵酒醒后我会身在何处？就在清风残月的早上、杨柳垂垂的岸边。

【衣带渐宽终不悔，为伊消得人憔悴】出自柳永《蝶恋花》。意思是：衣带渐渐宽松了我也依然不悔，为了她我相思得人也憔悴了。

【真个别离难，不似相逢好】出自晏几道《生查子》。意思是：别离真是难熬啊，还是不如相逢来得好。

【人有悲欢离合，月有阴晴圆缺，此事古难全。但愿人长久，千里共婵娟】出自苏轼《水调歌头》。意思是：人有悲欢离合的不同，月亮有阴晴圆缺的变迁，这种事情自古以来就是很难周全的。只是希望你我能够长久健康，远隔千里来共享这一片皎洁的明月。

【细看来不是杨花，点点是离人泪】出自苏轼《水龙吟》。意思是：仔细看来，那不是杨花，点点飘落下来的是离别人的眼泪。

【回首向来萧瑟处。归去，也无风雨也无晴】出自苏轼《定风波》。意思是：回头看看来时风雨潇潇的路，归去吧，不管它是风雨还是放晴。

【十年生死两茫茫，不思量，自难忘。千里孤坟，无处话凄凉】出自苏轼《江城子》。意思是：十年来生死隔绝两处茫茫。不必思量，自是难以忘怀。你那孤零零的坟冢远在千里之外，无处倾诉我满腹的凄凉。

【困倚危楼，过尽飞鸿字字愁】出自秦观《减字木兰花》。意思是：独自倚在高楼上，大雁都飞过去了，却没有捎来书信令人发愁。

【自在飞花轻似梦，无边丝雨细如愁】出自秦观《浣溪沙》。意思是：自在飘落的飞花轻柔得就像是梦境，无边的雨丝细得就像是离愁。

【且将此恨，分付庭前柳】出自李之仪《谢池春》。意思是：姑且将这份相思别恨，交托给庭前的垂柳吧。

【只愿君心似我心，定不负相思意】出自李之仪《卜算子》。意思是：只愿你的心也像我的心一样，我一定不会辜负你思念我的情义。

【试问闲愁都几许？一川烟草，满城风絮，梅子黄时雨】出自贺铸《青玉案》。意思是：要问我愁绪有多少？它就像那一川烟雨笼罩的青草、满城里随风飘摇的柳絮、梅子黄时连绵不绝的细雨。

【到得再相逢，恰经年离别】出自张元幹《石州慢》。意思是：等到我们再度相逢的时候，恐怕又是离别了一年以后了。

【二十余年如一梦，此身虽在堪惊】出自陈与义《临江仙》。意思是：二十多年的岁月就像是一场梦，这个身躯虽然还建在，但世事的变换也够让人心惊的了。

【欲黄昏，雨打梨花深闭门】出自李重元《忆王孙》。意思是：黄昏就要到了，雨水打得梨花四处飘零，闺门深深闭着。

【莫等闲，白了少年头，空悲切】出自岳飞《满江红》。意思是：不要虚度了年华，少年的青发变白后，徒自悲伤痛切。

【怡然心会，妙处难与君说】出自张孝祥《念奴娇》。意思是：怡然地心领神会，这美妙的景象很难向你说清。

【无意苦争春，一任群芳妒。零落成泥碾作尘，只有香如故】出自陆游《卜算子》。意思是：（梅花）无意在春天争艳，任凭其他的花忌妒。凋零后变成泥碾作尘土，只有清香一如既往。

【惜春长怕花开早，何况落红无数】出自辛弃疾《摸鱼儿》。意思是：我爱惜春光常常担心花儿开早了，更何况如今是落花满地。

【众里寻他千百度，蓦然回首，那人却在，灯火阑珊处】出自辛弃疾《青玉案》。意思是：在人群里寻找她千百次，忽然回首，却发现她正站在那灯火将尽的地方。

【任满身花影，犹自追寻】出自张镃《满庭芳》。意思是：任凭花影映满全身，还是要去追寻。

【落日解鞍芳草岸，花无人戴，酒无人劝，醉也无人管】出自无名氏《青玉案》。意思是：落日时分我在芳草萋萋的河岸边解鞍驻马，这里有花枝却没人佩戴，有美酒却没人劝酒，醉了也没人管。

【生怕离怀别苦，多少事、欲说还休】出自李清照《凤凰台上忆吹箫》。意思是：生怕离别时痛苦难过，多少心事、想诉说又开不了口。

【惟有楼前流水，应念我、终日凝眸。凝眸处，从今又添，一段新愁】出自李清照《凤凰台上忆吹箫》。意思是：唯有楼前潺潺的流水，晓得我整日倚窗凝望的原因。我凝望的地方，从今又平添了一段新的离愁。

【莫道不消魂？帘卷西风，人比黄花瘦】出自李清照《醉花阴》。意思是：不要说不黯然神伤，西风卷起了帷帘，人比黄色的菊花还要消瘦。

【寻寻觅觅，冷冷清清，凄凄惨惨戚戚。乍暖还寒时候，最难将息】出自李清照《声声慢》。意思是：寻寻觅觅，冷冷清清，凄凄惨惨戚戚。正是忽暖忽寒的时节，最是难以调养休息了。

【梧桐更兼细雨，到黄昏、点点滴滴。这次第，怎一个愁字了得】出自李清照《声声慢》。意思是：梧桐凄凄，又加上细雨沥沥，到了黄昏时分，雨水还在点点滴滴响着，这情景，怎么是一个"愁"字可以概括得了的呢？

【如今憔悴，风鬟雾鬓，怕见夜间出去。不如向帘儿底下，听人笑语】出自李清照《永遇乐》。意思是：如今容貌憔悴，鬓发就像是风吹雾散似的蓬乱，怕夜间出去了人家看见。倒不如靠在帘儿底下，听外边人家的欢声笑语。

【风烟雨雪阴晴晚，更何须春风千树】出自彭元逊《疏影》。意思是：多少风烟雨雪、阴晴早晚之后，却找不到梅花的倩影，更不要说那沐浴着春风的千树盛开的红梅了。

【莫开帘，怕见飞花，怕听啼鹃】出自张炎《高阳台》。意思是：不要掀起帷帘啊，怕看见落花纷飞，怕听见杜鹃悲伤的啼叫。

【离肠未语先断，算犹有、凭高望眼。更那堪、衰草连天，飞梅弄晚】出自卢祖皋《宴清都》。意思是：离别的愁肠还未倾诉就已经先断了，就算能凭高望远，又哪里能忍受得了那芳草连向天边、黄昏梅花纷飞的景色。

《沧浪诗话》精华

【大抵禅道惟在妙悟，诗道亦在妙悟，且孟襄阳学力下韩退之远甚，而其诗独出退之之上者，一味妙悟而已】出自《沧浪诗话·诗辩》。意思是：大概禅道看的是妙悟，诗道看的也是妙悟。孟浩然的学识比起韩愈来相差很远，但是他的诗却有很多胜过韩愈的地方，唯一的原因就是妙悟而已。

【惟悟乃为当行，乃为本色。然悟有浅深、有分限、有透彻之悟，有但得一知半解之悟】出自《沧浪诗话·诗辩》。意思是：只有"悟"，才是内行，由"悟"写出的诗才是本色。但是悟的程度有浅有深，有不同的领域，有的人悟得透彻，有的人只是一知半解。

【天下有可废之人，无可废之言，诗道如是也】出自《沧浪诗话·诗辩》。意思是：天下有可以废弃不用的人，却没有足以废弃不管的意见，诗道也是这样。

【夫学诗者以识为主，入门须正，立志须高，以汉魏晋盛唐为师，不作开元天宝以下人物】出自《沧浪诗话·诗辩》。意思是：学写诗的人要以见识为主：入门要正，效法的榜样要高；应该把汉、魏、晋、盛唐时代的诗人树为榜样，不必把开元、天宝以后的诗人树为榜样。

【行有未至，可加工力；路头一差，愈紧愈远，由入门之不正也】出自《沧浪诗话·诗辩》。意思是：走路没有走到，可以再加一把劲；但如果起步的地方就错了，就只会走得越快，差得越远——这就是因为入门不正。

【见过于师，仅堪传授；见与师齐，减师半德也】出自《沧浪诗话·诗辩》。意思是：见识胜过老师，才可以接受老师的传授；见识和老师一个水平，往往只能接受老师的一半才德。

【诗而入神至矣！尽矣！蔑以加矣】出自《沧浪诗话·诗辩》。意思是：诗歌入神，这是最高的境界了！最完美的境界了！再没有什么可要求的了！

【夫诗有别材，非关书也；诗有别趣，非关理也】出自《沧浪诗话·诗辩》。意思是：写诗需要别样的才能，和学问的多少没有关系；写诗需要别样的意趣，和抽象的说理没有关系。

【诗者，吟咏情性也】出自《沧浪诗话·诗辩》。意思是：诗，是用来吟咏人的性情的。

【盛唐诸人惟在兴趣，羚羊挂角，无迹可求。故其妙处，透彻玲珑，不可凑泊，如空中之音、相中之色、水中之月、镜中之象，言有尽而意无穷】出自《沧浪诗话·诗辩》。意思是：盛唐诗人重视的是诗的意趣，就像羚羊挂角一样，找不到踪迹。所以盛唐诗歌的妙处就是，透彻玲珑，不能直接把握，就像是空中的声音、脸上的神色、水中的月亮、镜中的形象，诗句是有限的，意韵却是无穷的。

【看诗须着金刚眼睛，庶不眩于旁门小法】出自《沧浪诗话·诗法》。意思是：读诗要有一双火眼金睛，这样才能不被旁门小道迷惑了。

【辨家数如辨苍白，方可言诗】出自《沧浪诗话·诗法》。意思是：辨别它的源流派别，就像是辨别青色和白色一样清楚，这才可以谈论诗。

【诗之是非不必争，试以己诗置之古人诗中，与识者观之而不能辨，则真古人矣】出自《沧浪诗话·诗法》。意思是：诗是好是坏不必争论，试着把你自己的诗放在古人的诗中，给有见识的人看看，如果他分辨不出来，那你就堪称一个真正的古人了。

【读骚之久，方识真味；须歌之抑扬，涕泪满襟，然后为识离骚，否则如戛釜撞瓮耳】出自《沧浪诗话·诗评》。意思是：读《离骚》久了，才能读真味来，必须要抑扬顿挫地朗诵直到泪洒衣襟，然后才算得上是读懂了《离骚》，否则读起来就会像是敲击釜瓮一样沉闷无味。

【世之技艺犹各有家数市缣帛者，必分道地，然后知优劣，况文章乎】出自《沧浪诗话·答出继叔临安吴景仙书》。意思是：世上的技艺，就像是各有招牌的卖丝织物的人，一定要分清产地，然后才能清楚优劣——何况是文章呢。

曲

人们称曲为"词余"，这是说曲是最接近词的一种配乐的韵文体裁，诗词无法包含的，都能从曲表现。那些曲曲折折的情意，坦率直爽地表达出来，措意深而用字浅，即是"深入浅出"，使读者欣赏之后，感到它词语虽浅而意境辽阔。

曲的产生，是在元朝，王国维在他的《宋元戏曲考自序》中所说："凡一代有一代之文学：楚之骚、汉之赋、六代之骈语、唐之诗、宋之词、元之曲，皆所谓一代之文学，而后世莫能继焉也。"

从韵文的发展来看，一直与音乐有着渊源。诗三百，孔子弦歌不绝；楚辞九歌，是湘沅祀歌；往下汉乐府、唐诗、宋词，都可以配管弦以歌唱。而"曲"就从名字来讲，便于音乐有更为密切的关系。曲的语言更为通俗、更为生动、更为率真、更加妙趣横生。正如王国维先生所说："以为能道人情，状物态，词采俊拔，而出乎自然，盖古所未有，而后人所不能髣也！"（《宋元戏曲史自序》）

曲与词的不同

写曲与填词一样都要照曲牌的规定，每个曲牌的字数、句式、平仄押韵，都有规定。这是曲与词的相似处。曲与词不同之处是：词不可任意加衬字，但曲可以有衬字，也就是说曲牌对每句的字数规定比较灵活，作者可以根据需要增加衬字。如关汉卿的《南吕一枝花不伏老》中的一段：

我是个蒸不烂、煮不熟、捶不扁、炒不爆、响当当一粒铜豌豆。恁子弟每谁教你钻入他锄不断、斫不下、解不开、顿不脱、慢腾腾千层锦套头。我玩的是梁园月，饮的是东京酒，赏的是洛阳花，攀的是章台柳。我也会围棋，会蹴鞠，会打围，会插科，会歌舞，会吹弹，会咽作，会吟诗，会双陆。你便是落了我牙，歪了我嘴，瘸了我腿，折了我手，天赐与我这几般儿歹症候，尚兀自不肯休。则除是阎王亲自唤，神鬼自来勾，三魂归地府，七魄丧冥幽。天哪！那其间才不向烟花路儿上走。（《雍熙乐府》卷十）

这段曲文如果去掉衬字便成为：

我是一粒铜豌豆，子弟钻入锦套头，梁园月，东京酒，洛阳花，章台柳，会双陆。便折我手，天赐症候不肯休，阎王唤，神鬼勾，归地府，丧冥幽，不向烟花路上走。

虽然曲的意思没变，文句也完整，但已经远不如原曲的生动传神。

散曲

散曲又叫清曲，因为只用来清唱，是对剧曲而言。剧曲有宾白，而散曲则无，所以称为"散"或"清"。在散曲中无论南北曲。

戏曲

现在通常把"戏曲"解释为"由演员扮演角色，在舞台上当众表演故事情节的一种艺术"。戏曲是一种高度综合的艺术，兼备了诗歌、音乐、绘画、雕刻、建筑、舞蹈等艺术的要素，加以融合。我国古典戏剧，大体可分为杂剧、南戏、传奇三种。

杂剧

杂剧名称，最早见于晚唐李德裕的文章中，不过当时杂剧的样子并无详细记载。以后在宋金杂剧普遍流行，元代是杂剧成熟期，佳作如林，名家辈出，至明杂剧衰落，代之以明传奇，杂剧体制稍有变化。

历代文学名著和文论名著

文学的产生是从谣谚与诗歌开始的，所以在先秦文献里面的《诗经》、《楚辞》等都已是高度成熟的纯文学，而《尚书》、《左传》、《国语》和先秦诸子的文章虽然都已经有相当高的文学性，但是散文文学的高度成熟是在汉代。

前面我们已经讲了前秦文学，在讲文章的时候我们就从汉代讲起。

朱自清先生说："汉代司马迁的《史记》才是第一部有自己的系统的史书。他创造了"纪传"以剪裁与组织见长。但是它的文字最大的贡献，还在描写人物。左氏只是叙述事，司马迁进一步描写人；写人更需要精细的观察和选择，更难些。班彪论《史记》"善叙事理，辩而不华，质而不野，文质相称"，这是说司马迁行文委曲自然。他写人也是如此。他又往往即事寓情，低徊不尽，他的悲愤的襟怀，常流露在字里行间。明代茅坤称他"出《风》入《骚》"是不错的。

汉代以司马迁的《史记》为代表的记事文学达到了巅峰，论说散文也十分可观。国势强盛，作者论文也都壮大严整。贾谊《过秦论》情感充沛，才情横溢；晁错诸疏，严谨深刻；枚乘、邹阳等人文章也文采与气势兼胜。至汉武帝时，经学文风兴起，董仲舒、刘向之文也典雅雍容。此时并盛行辞赋；后世说"楚辞汉赋"，是的，汉代简直可以说是赋的时代，所有的作家几乎都能创作铺衍时空、洋洋洒洒的辞赋。赋的特色是铺张、排偶、用典。西汉普通文字，句子很短，最短有两个字的。东汉的句子，便长起来了，最短的是四个字；魏代更长，往往用上四下六或上六下四的两句以完一意。所谓"骈文"或

"骈体"，便这样开始发展。

梁昭明太子萧统（公元 501 年—公元 531 年），字德施，梁武帝长子。他在《文选》里第一次提出"文"的标准，他主持编纂的《文选》不录经、史、子等学术著作，即使是历代著名的应用文章，如果没有丰盛的情采，也不在入选的范围。

这时有两种新文体的发展。朱自清先生说："一是佛典的翻译，一是群经义疏……到了唐代的玄奘，更求精确，才能'信'、'达'兼尽，集佛典翻译的大成。这种新文体一面增扩了国语的词汇，也增扩了国语的句式。词汇的增扩……，如现在口语里还用着的'因果'、'忏悔'、'刹那'等词，便都是佛典的译语。句式的增扩……像文言里常用的'所以者何'、'何以故'等也都是佛典的译语。"

在这个时候，出现了一部体大思精的文艺理论著作——《文心雕龙》。

《文心雕龙》系统地阐示了文与道的关系，而且辨明文体，评论作者，说明各种文体的美学原则，极为详明。《文心雕龙》本身的文体是最一流的骈文，词采飞扬，寓理于象，结构精严，音韵铿锵，全书正是一部十分杰出的文学作品。

《文心雕龙》精华

【句有可削，足见其疏；字不得减，乃知其密】出自《文心雕龙·熔裁》。意思是：句子如果还有可以删减的，说明考虑得还太粗疏；如果字句不能再减省了，才算是写得周密了。

【字删而意缺，则短乏而非核；辞敷而言重，则芜秽而非赡】出自《文心雕龙·熔裁》。意思是：字句删减了，意思却残缺了，这样是短缺，不是凝练；词句增多了，却使得语句重复，这样是繁杂，不是丰富。

【规范本体谓之熔，剪截浮词谓之裁。裁则芜秽不生，熔则纲领昭畅，譬绳墨之审分，斧斤之斫削矣】出自《文心雕龙·熔裁》。意思是：规范文章内容，这就是熔；削减不必要的词句，这就是裁；裁剪了文句才会不杂乱；熔炼了纲领才会分明，这就像是木匠用绳墨来选择材料，用斧子来削凿材料一样。

【一意两出，义之骈枝也；同辞重句，文之肬赘也】出自《文心雕龙·熔裁》。意思是：同一意思再次出现，这是意思上的多余；同一词句重复出现，这是文辞上的累赘。

【精论要语，极略之体；游心窜句，极繁之体。谓繁与略，适分所好。引而申之，则两句敷为一章，约以贯之，则一章删成两句】出自《文心雕龙·熔裁》。意思是：论点精当、语言简要，这是极其精约的风格；情思放纵、文辞铺张，这是极其繁缛的风格。是繁缛还是精约，是随作家的爱好而定的。如果铺张一下，那么两句可以敷衍成一段；如果简要一点，那么一段也可以压缩成两句。

【草创鸿笔，先标三准：履端于始，则设情以位体；举正于中，则酌事以取类；归余于终，则撮辞以举要。然后舒华布实，献替节文】出自《文心雕龙·熔裁》。意思是：想要写好文章，先要遵循三条准则：首先，是根据所要表达的情感来确定主体，其次，选择和内容相关的素材，最后，要选用适当的语言来突出重点。然后才能去安排文辞，用上必要的而省略掉不必要的。

【文之思也，其神远矣。故寂然凝虑，思接千载；悄焉动容，视通万里】出自《文心雕龙·神思》。意思是：文章在构思时，精神活动的范围是十分广阔的。所以静静地凝神思索，思绪就可以上接千年；悄悄动了容，视线好像通到了万里之外。

【登山则情满于山，观海则意溢于海】出自《文心雕龙·神思》。意思是：登上了山顶，登顶的豪情也会弥满山头；观看大海，广阔的想象也会充满大海。

【意授于思，言授于意，密则无际，疏则千里】出自《文心雕龙·神思》。意思是：文意来自构思，语言又受制于文意。三者结合紧密了就能天衣无缝，疏漏了就会相去千里。

【意翻空而易奇，言征实而难巧】出自《文心雕龙·神思》。意思是：想象天马行空而容易出奇，但要用语言把它切实表达出来，运用巧妙，就很难了。

【繁采寡情，味之必厌】出自《文心雕龙·情采》。意思是：形式华美却缺乏情思，读起来肯定会让人生厌。

【夫水性虚而沦漪结，木体实而花萼振，文附质也。虎豹无文，则鞟同犬羊；犀兕有皮，而色资丹漆，质待文也】出自《文心雕龙·情采》。意思是：水性柔和，涟漪才可能产生；树木坚实，花朵才可能生出，这是辞采依附于文章的情意；虎豹没有斑纹，它的毛皮就和犬羊的毛皮没有差别；犀牛虽然有毛皮，但做成甲胄之后还需要涂上丹漆，这是文章的情意离不了辞采。

【为情者要约而写真，为文者淫丽而烦滥。而后之作者，采滥忽真，远弃风雅，近师辞赋，故体情之制日疏，逐文之篇愈盛】出自《文心雕龙·情采》。意思是：为真情而写文章的人，往往能简约并能写出真情；为文章而虚造真情的人，文章往往浮华而辞采泛滥。而后世的作者，却往往效法诗人泛滥的一面，忽略了诗人真情的一面，抛弃了风雅传统，把辞赋文采当成榜样，所以寄托着真情的文章日益少了，而追逐形式的文章却日益多起来。

【夫桃李不言而成蹊，有实存也；男子树兰而不芳，无其情也。夫以草木之微，依情待实；况乎文章，述志为本。言与志反，文岂足征】出自《文心雕龙·情采》。意思是：桃李不说话，树下却一样会被人们踏出一条小路来，是因为桃李的硕果就挂在那里；相传男子种出的兰花是不香的，那是因为他们没有细腻的感情。像草木那样微小的事物，尚且要依赖感情、要有果实，何况文章是以抒情述志为根本的。写出的作品和自己的情志完全相反，这样的作品难道还值得效法么？

【情者，文之经；辞者，理之纬。经正而后纬成，理定而后辞畅，此立文之本源也】出自《文心雕龙·情采》。意思是：情思，是文章的经线，文辞，是内容的纬线；经线确定了，然后纬线才能形成。内容确定了然后文辞才能畅通，这就是文学创作的基本原则。

【诗有恒裁，思无定位，随性适分，鲜能通圆】出自《文心雕龙·明诗》。意思是：诗歌有一定的体裁，情思却没有固定的规矩，要按着个人性情去取用，很少有各种体裁都擅长的。

【谈欢则字与笑并，论戚则声共泣偕】出自《文心雕龙·夸饰》。意思是：说到欢乐，字句里就仿佛都带着欢笑；谈到悲伤，字里行间都仿佛带着哭泣。说明文章的内容和形式要一致。

【夸而有节，饰而不诬】出自《文心雕龙·夸饰》。意思是：文章可以夸张但要有节制，可以润饰但不可以违背事实。

【酌奇而不失其真，玩华而不坠其实】出自《文心雕龙·辩骚》。意思是：选择奇伟的内容而不丧失真义，赏玩花朵但不弄毁它的果实。比喻学习古代作品要注重真义，不能只注重形式。

【善为文者，富于万篇，贫于一字，一字非少，相避为难也】出自《文心雕龙·练字》。意思是：擅长写文章的人，可以写到万篇那么多，有时却感到写不出一个字；并不是没有这一个字，而是要避免重复是很难的。

【缀字属篇，必须练择：一避诡异，二省联边，三权重出，四调单复】出自《文心雕龙·练字》。意思是：写文章，必须对文字加以选择组合：第一要避免古怪，第二要减少联边，第三要权衡是否重出了，第四要协调简单和繁复的搭配。

【比者，附也；兴者，起也。附理者切类以指事，起情者依微以拟议。起情故兴体以立，附理故比例以生】出自《文心雕龙·比兴》。意思是：比，是比附事理；兴，是用来引起情感的修辞手法。比附事理的，要根据类似的地方来说明事物；引起情感的，要从微妙的地方来寄托情感。能引起情感，所以"兴"才能成立；能比附事理，所以"比"才能形成。

【深文隐蔚，余味曲包】出自《文心雕龙·隐秀》。意思是：深刻的文章含蓄又多文采，余韵深藏。

【夫缀文者情动而辞发，观文者披文以入情，沿波讨源，虽幽必显。世远莫见其面，觇文辄见其心】出自《文心雕龙·知音》。意思是：文学创作，是心里先有所触动了，然后才表现在作品上；文学批评，是先看作品，然后才深入到作者的内心。沿着外在的去追溯本质的，就算隐晦的也可以变得明朗起来。虽然年代久远没法见到作者，但读了他的作品，也就可以看到他的内心了。

【一人之辨，重于九鼎之宝；三寸之舌，强于百万之师】出自《文心雕龙·论说》。意思是：（战国时毛遂）一人的辩辞，比作为传国之宝的钟鼎还要贵重，他的一张嘴巴，比百万军队还要强大。

【凡说之枢要，必使时利而义贞，进有契于成务，退无阻于荣身】出自《文心雕龙·论说》。意思是：大凡议论文的关键，是必须使它对时政有利而又意义正当，要能对政务的完成发挥作用，又要不妨碍自己荣显。

【物色之动，心亦摇焉】出自《文心雕龙·物色》。意思是：（四季）景物变化了，人的心境也跟着波动起来。

【丹青初炳而后渝，文章岁久而弥光】出自《文心雕龙·指瑕》。意思是：一副图画，开始的时候是鲜亮的，过后就会暗淡下去了，但好的文章年代越久，却会越加鲜明。

【主佐合德，文采必霸】出自《文心雕龙·事类》。意思是：才和学相得益彰，作品就一定能称雄众人。

【繁略殊形，隐显异术；抑引随时，变通会适】出自《文心雕龙·征圣》。意思是：写文章有详略、隐显的区别；所以是压缩还是加详要看情况，要变通以便适应情况。

【诗为乐心，声为乐体。乐体在声，瞽师务调其器；乐心在诗，君子宜正其文】出自《文心雕龙·乐府》。意思是：诗句是乐府的中心，声律是乐府的形体。乐府的形体在于声律，那么乐师就一定要调整好乐器；乐府的核心在于诗句，那么君子就应当写出好的歌辞来。

【逍遥以针劳，谈笑以药倦】出自《文心雕龙·养气》。意思是：通过逍遥自得来治疗劳累，通过谈笑风生来对治疲倦。

【凡群言发华，而降神务实，修辞立诚，在于无愧。祈祷之式，必诚以敬；祭奠之楷，宜恭且哀】出自《文心雕龙·祝盟》。意思是：大凡文章都追求文采，但用于降神的祝文却追求朴实。写作祝词要真诚，要内心无愧。祈祷文的要求，是必须诚恳而恭敬；祭奠文的要求，是应该恭敬而哀伤。

【苗而不秀，自古斯恸】出自《文心雕龙·哀吊》。意思是：幼苗不能成长，从来都是令人心痛的。

【虽有丝麻，无弃菅蒯】出自《文心雕龙·谐隐》。意思是：即使有了丝和麻了，也不应当抛弃野草。说明凡事物都有它有作用的一面。

【震雷始于曜电，出师先乎威声】出自《文心雕龙·檄移》。意思是：雷鸣是从耀眼的闪电开始的；出师先要张扬声势。

【操千曲而后晓声，观千剑而后识器】出自《文心雕龙·知音》。意思是：练习过了众多乐曲之后，然后才能学会音乐；看过了众多剑器之后，然后才能知道如何识别剑器。

《诗品》精华

【动天地，感鬼神，莫近于诗】出自《诗品·序》。意思是：能够惊动天地、感动鬼神的，没有比诗歌更有威力的了。

【东京二百载中，唯有班固《咏史》，质木无文】出自《诗品·序》。意思是：东汉二百年中，只有班固的《咏史》诗，木讷质朴，没有文采。

【元嘉中，有谢灵运，才高词盛，富艳难踪，固已含跨刘、郭，凌轹潘、左】出自《诗品·序》。意思是：元嘉时期，有谢灵运，诗才高超，诗作丰富，富丽得无人能及，确实是已经超越了刘琨、郭璞，压倒了潘岳、左思。

【陈思为建安之杰，公干、仲宣为辅；陆机为太康之英，安仁、景阳为辅；谢客为元嘉之雄，颜延年为辅】出自《诗品·序》。意思是：曹植是建安时期的英杰，刘桢、王粲的才华紧跟在他的左右；陆机为太康时期的俊杰，潘岳、张协的才华紧跟在他的左右；谢灵运是元嘉时期的雄杰，颜延年的才华紧跟在他之后。

【五言居文词之要，是众作之有滋味者也】出自《诗品·序》。意思是：五言诗是诗歌中的重要体裁，是众多诗歌体裁中最有滋味的一种。

【宏斯三义，酌而用之，干之以风力，润之以丹采，使味之者无极，闻之者动心，是诗之至也】出自《诗品·序》。意思是：张扬（赋、比、兴）这三种表现手法，斟酌着来使用，用风骨来做主干，用文采来润饰，使读者读起来趣味无穷，使听众听起来心神摇动，这是诗歌的最高境界。

【使穷贱易安，幽居靡闷，莫尚于诗矣】出自《诗品·序》。意思是：能够使人做到安贫乐道，独处起来却毫不苦闷的，没有比诗更有用的了。

【余谓文制，本须讽读，不可塞碍，但令清浊通流，口吻调利，斯为足矣】出自《诗品·序》。意思是：我所说的诗歌，原本就是要吟诵的，不要弄得艰涩不通，只要清亮的声音与重浊的声音协调，出口爽利，这就足够了。

【其源出于李陵。《团扇》短章，词旨清捷，怨深文绮，得匹妇之致】出自《诗品·卷上》。意思是：班婕妤的诗歌渊源在李陵那里，《团扇》这首小诗，主旨清婉精巧，哀怨很深，辞藻华美，是深得普通妇女的情致的。

【陈思之于文章也，譬人伦之有周、孔，鳞羽之有龙凤，音乐之有琴笙，女工之有黼黻】出自《诗品·卷上》。意思是：曹植对诗坛来说，他的地位就像是人类中的周公孔子、动物中的龙凤，音乐中的琴笙，女工活计中的漂亮刺绣。

【真骨凌霜，高风跨俗】出自《诗品·卷上》。意思是：（刘桢的诗）真实的精神胜过霜雪了，高洁的诗风超脱了凡俗。

【厥旨渊放，归趣难求】出自《诗品·卷上》。意思是：（阮籍《咏怀诗》）诗境高远放达，旨趣难以琢磨。

【才高词赡，举体华美】出自《诗品·卷上》。意思是：（陆机诗）才气高超，辞藻丰赡，通体都是华美的。

【陆才如海，潘才如江】出自《诗品·卷上》。意思是：陆机的才华就像大海，潘岳的才华就像长江。

【嵘谓若人兴多才高，寓目辄书，内无乏思，外无遗物】出自《诗品·卷上》。意思是：我觉得此人（谢灵运）感兴丰富，诗才高超，什么东西进了他的眼睛都能成为诗歌，胸中不缺少情思，没有什么东西是不能进入他的诗中的。

【讦直露才，伤渊雅之致】出自《诗品·卷中》。意思是：（嵇康的诗）直论是非，显露才华，是有损敦厚雅正的。

【文体省净，殆无长语。笃意真骨，词兴婉惬】出自《诗品·卷中》。意思是：（陶潜的诗）文字、风格俭省，几乎没有多余的字句。诗中情感纯真有风骨，感兴运用得委婉而令人惬意。

【动无虚散，一句一字，皆致意焉】出自《诗品·卷中》。意思是：（颜延之的诗）行文没有散漫的毛病，一字一句，都是有具体的意思的。

【小谢才思富捷，恨其兰玉夙凋，故长辔未骋】出自《诗品·卷中》。意思是：小谢（谢惠连）的诗才、思考丰赡而敏捷，可惜英年早逝了，所以说他是人未尽其才。

【一章之中，自有玉石】出自《诗品·卷中》。意思是：在一首诗中，优点和缺点是共同存在的。

【文通诗体总杂，善于模拟】出自《诗品·卷中》。意思是：江淹的诗文体风格繁杂，擅长摹拟。

【范诗清便宛转，如流风回雪】出自《诗品·卷中》。意思是：范云的诗清新便捷，婉转有致，就像是风吹雪转一样。

【丘诗点缀映媚，似落花依草】出自《诗品·卷中》。意思是：丘迟的诗妆点衬托后，就相映生辉起来，像是草木开出了花一样。

【孟坚才流，而老于掌故】出自《诗品·卷下》。意思是：班固是博学富才的那类人，精通掌故一类的东西。

【白马与陈思答赠，伟长与公干往复，虽曰以莛扣钟，亦能闲雅矣】出自《诗品·卷下》。意思是：白马王曹彪和陈思王曹植的赠答诗，徐干和刘桢互相往还的赠答诗，虽然说就像拿草茎去敲打铜钟一样是难以发声的，但也还算是闲淡雅致啊。

【汤休谓远云："我诗可为汝诗父。"以访谢光禄云："不然尔，汤可为庶兄"】出自《诗品·卷下》。意思是：汤惠休对吴迈远说："我的诗可以做你的诗的老子了。"并拿这样的意见去访问谢庄，谢庄说："不是这样的，你的诗只够得上做他的表兄。"

建安文学

建安是东汉末年汉献帝的年号，从公元 196 年—公元 220 年。这时期的实际统治者是曹操。曹操、曹丕、曹植这"三曹"和"七子"及蔡琰等人，是建安文学的代表。

建安文学的文风特点是清峻、通脱、骋词、华靡。

晋人的作风与文风

魏晋南北朝是中国历史上分裂动荡时间最长，政权更迭最频繁的时期，但也是我国文化艺术的大发展时期。美学家宗白华先生说："这是中国人生活史里点缀着最多的悲剧，富于命运的罗曼司的一个时期，八王之乱、五胡乱华、南北朝分裂，酿成社会秩序的大解体，旧礼教的总崩溃、思想和信仰的自由、艺术创造精神的勃发，使我们联想到西欧十六世纪的'文艺复兴'。这是强烈、矛盾、热情、浓于生命彩色的一个时代。"

两晋 150 余年间，祸乱迭起，而享有政治与经济特权的士族门阀却极尽世俗的享乐，不顾王室兴衰、国家命运，因而也不再有建安文人在社会离乱中的慷慨进取，正始文人在政治恐怖中的忧愤两极。两晋士族型的人格风貌与文学风貌由此形成。

晋人之文，趋向雅化。炫博学识，务求典雅，谈玄亦有深致。晋人之文，更尚真情。注重个人的世俗生活与情感体验。

六朝文

三国时的吴，晋时的东晋，南北朝时的宋、齐、梁、陈，一共六个朝代，都建都在金陵，偏安于江左，称为六朝。六朝在江南风物秀丽的地方，君臣们习惯了浮华奢靡，便到了文风绮丽的骈文时代，所谓标准的六朝文，就是骈文。在三国两晋时，还没有完全成熟，但是已经有了很优秀的散文家，如写《前出师表》、《后出师表》的诸葛亮，写《陈情表》的李密，写《归去来辞》、《桃花源记》的陶渊明，写《兰亭集序》的王羲之。南北朝写《水经注》的郦道元及写《洛阳伽蓝记》的杨衒之都是颇有特色的散文家。著名的骈文作家是南朝的谢灵运、颜延之、沈约、任昉、徐陵，北朝的温子升、邢邵、庾信、王褒等，而徐陵、庾信的骈文是六朝文的代表。在骈文的时代，无论什么文章，如论说、书信、辞赋，通通都用漂亮的骈语写成。这时期出现了很多著名的作品，如鲍照的《芜城赋》、梁元帝的《荡妇秋思赋》、江淹的《恨赋》、《别赋》以及庾信的《枯树赋》、《小园赋》、《哀江南赋》等。庾信的骈文以南人而寄迹北朝，常有乡关之感，所以《哀江南赋》诸作，哀感动人。六朝文的华美风格一直影响到唐朝初年，著名作家为王（勃）杨（炯）卢（照邻）骆（宾王）四杰，王勃的《滕王阁序》文采昭然，骆宾王的《讨武曌檄》流传千古。

骈文时代的文艺思潮，是唯美主义的，艺术至上主义的，沈约提倡"为文必协宫商"，即注重音调之美。

唐宋八大家

所谓唐宋古文八大家是明朝人选定的，唐代的韩愈、柳宗元占两家，宋代的欧阳修、王安石、曾巩及三苏（苏洵及其二子苏轼、苏辙），占了六家，古文运动的领袖是韩愈（字退之，世称昌黎先生），后世说他"文起八代之衰"，八代系指从东汉、魏、晋、宋、齐、梁、陈至隋。自东汉以至唐初，文章之作不断地向形式美方面发展，风格萎靡绮丽，最后发展到完全成为花前月下，玉暖花香的文字游戏，与现实脱离。韩愈提倡古文，提出了一套系统的"以文载道"的理论，他最高明的地方是重道而不轻文，这也是他高于以后宋代理学家的地方，他主张于六经、诸子散文、骚赋、史传以及骈文中的精华，兼收并蓄，含英咀华，出奇创新，开创了古文创作的繁荣局面，他提出"唯陈言之务去"的原则。

实际上所谓古文，只是从骈体解放出来的自由活泼的散体文字，这种形式的解放，从唐初陈子昂等人就已经注意到了，到了韩愈、柳宗元时代，古文运动便成熟了。柳宗元早年也学习骈文，而且功底极深，直到他投入到现实的政治生活中后才改写古文，他主张文道统一，吸收形式美的优点，但反对言之无物的浮藻夸饰。

以韩、柳为代表的唐代的古文运动把古代文言散文提高到更加精炼畅达，更加富于表现力的水平，形成了继先秦两汉之后，散文创作的又一高峰。

前面说过，唐宋八大家，宋人独占其六，宋代散文以古文为主干，骈文也相应得到发展。宋文有言道之文，就是颇富哲思的讲学之文；有论证之文，就是博古通今、解决现实问题的政论文；有笔记之文，就是以记录见闻为主的学术性、趣味性都很强的小品文字。欧阳修是宋代文坛的领袖，曾巩、王安石、苏洵、苏轼、苏辙相继而起，把宋文发展到辉煌阶段。欧阳修的《泷冈阡表》、《释惟俨文集序》、《苏氏文集序》、《江邻几文集序》、《梅圣俞诗集序》、《释秘演诗集序》、《岘山亭记》等篇，都是很好的抒情之作。其余五大家，都是欧阳修提拔出来的，其中苏轼的作品兼有雄浑和清新、流转与新奇的特点，可谓集前人之大成。

三苏都长于论说，承继纵横策士的传统。苏洵喜欢研究《战国策》、《韩非子》和兵法之书。苏轼最喜欢研究《孟子》、《庄子》、《礼记·檀弓》。有宋一代的名臣文章都做得很好，如司马光、范仲淹等。宋朝还有程朱等理家学的"语录"文字，用白话写的，明朝王阳明的《传习录》也仿这种体裁，后人称为"语录体"，这种文体原系佛家所创。这要说到唐代的两种新文体：一是语录，一是"传奇"，都是佛家的影响。语录起于禅宗。禅宗只说法而不著书。他们大胆地将师父们的话参用当时的口语记下来。后来称这种体制为语录。禅宗到宋代有很大发展，禅宗富于机辩、富于哲理的思维方法，善于以小见大、融理于景的论辩方法和幽默机智都丰富了宋代文学。

《古文观止》精华

【人固有一死，或重于泰山，或轻于鸿毛，用之所趋异也】出自司马迁《报任安书》。意思是：人本来就都是有一死的，有的死比泰山还重，有的死却比鹅毛还轻，这是因为赴死的原因不同。

【究天人之际，通古今之变，成一家之言】出自司马迁《报任安书》。意思是：探究天和人之间的关系，通晓从古到今的变化，成就属于我自己的独特的观点。

【人之相知，贵相知心】出自李陵《答苏武书》。意思是：人和人相互了解，贵在能够知心。

【亲贤臣，远小人】出自诸葛亮《前出师表》。意思是：君主要亲近贤人，疏远小人。

【鞠躬尽力（一作瘁），死而后已】出自诸葛亮《后出师表》。意思是：全心全意地效劳，直到死亡了为止。

【悟已往之不谏，知来者之可追。实迷途其未远，觉今是而昨非】出自陶渊明《归去来兮辞》。意思是：醒悟到过去了的是挽回不了了，也知道未来的还是可以补救的。幸好迷途得还不是太远，醒悟到今天辞官的决定是对的，而以前为官求禄的决定是错了。

【云无心以出岫，鸟倦飞而知还】出自陶渊明《归去来兮辞》。意思是：云朵无心飘出山来，鸟儿飞累了就回家。

【潦水尽而寒潭清，烟光凝而暮山紫】出自王勃《滕王阁序》。意思是：积水退尽，寒冷的潭水变得清澈起来；烟霭凝聚，傍晚的山峦带着紫色。

【落霞与孤鹜齐飞，秋水共长天一色】出自王勃《滕王阁序》。意思是：落霞和孤单的鹜鸟一齐向天边飞去，秋水和长空呈现同一种颜色。

【萍水相逢，尽是他乡之客】出自王勃《滕王阁序》。意思是：萍水相逢，都是来自异乡的过客。

【老当益壮，宁移白首之心；穷且益坚，不坠青云之志】出自王勃《滕王阁序》。意思是：老了应当更加豪壮，怎能因为头白了就没有了雄心？困穷时应当更加坚定，不放弃凌云的壮志。

【山不在高，有仙则名；水不在深，有龙则灵】出自刘禹锡《陋室铭》。意思是：山看的不是它是高是低，有仙人居住就会有名；水看的不是它是深是浅，有蛟龙潜藏就能显出神灵来。

【谈笑有鸿儒，往来无白丁】出自刘禹锡《陋室铭》。意思是：和我谈笑的是博学的鸿儒，往来的人中没有白丁。

【取之尽锱铢，用之如泥沙】出自杜牧《阿房宫赋》。意思是：剥夺钱财时锱铢毕尽，使用时却像对待泥沙一样毫不珍惜。

【坐井而观天，曰天小者，非天小也】出自韩愈《原道》。意思是：坐在井底里看天，就说天是小的，其实并不是天小。

【古之君子，其责己也重以周，其待人也轻以约】出自韩愈《原毁》。意思是：古代的君子，他们要求起自己来是既严格又全面，要求起别人来却是既宽容又平易。

【焚膏油以继晷，恒兀兀以穷年】出自韩愈《进学解》。意思是：夜里还点油灯继续用功，一直努力不懈直到老年。

【沉浸醲郁，含英咀华】出自韩愈《进学解》。意思是：沉浸在内容醇厚的书籍里，玩味书中的精华。

【跋前踬后，动辄得咎】出自韩愈《进学解》。意思是：身在困顿的处境中，动不动就受到责难。

【业精于勤，荒于嬉；形成于思，毁于随】出自韩愈《进学解》。意思是：学业能精进是因为勤奋，学业会荒废是因为玩乐；德行能成就是因为常思考，德行会败坏是因为随波逐流。

【纪事者必提其要，纂言者必钩其玄】出自韩愈《进学解》。意思是：（读书的时候）对记叙事件的部分，一定要抓住它的要点；对作者发表的观点，一定要理解其中道理。

【贪多务得，细大不捐】出自《进学解》。意思是：学习要不怕多，一定要学到，大的小的都不放弃。

【世有伯乐，然后有千里马，千里马常有，而伯乐不常有】出自韩愈《杂说》。意思是：世上是先有了伯乐，然后才有了千里马。千里马是常有的，但伯乐却不是常有的。

【大凡物不得其平则鸣】出自韩愈《送孟东野序》。意思是：一般来说，事物有不平的的时候就会发泄。

【圣人无常师】出自韩愈《师说》。意思是：圣人没有固定不变的老师。

【师者，所以传道授业解惑也】出自韩愈《师说》。意思是：老师，是传授道理、讲授学业、解决学生的疑难问题的。

【人非生而知之者，孰能无惑】出自韩愈《师说》。意思是：人不是一生下来就能知道什么的，谁能没有疑难问题呢？

【闻道有先后，术业有专攻】出自韩愈《师说》。意思是：懂得道理是有先有后的，技艺各有各的专长。

【麟之所以为麟者，以德不以形】出自韩愈《获麟解》。意思是：麒麟之所以是麒麟，是因为它注重的是真正的品德而不是外表。

【云山苍苍，江水泱泱，先生之风，山高水长】出自范仲淹《严先生祠堂记》。意思是：云山苍茫，江水浩荡。先生的品德啊，和山一样高，和水一样长。

【不以物喜，不以己悲】出自范仲淹《岳阳楼记》。意思是：不因为外在环境的好坏、自己的得失，而欢喜或悲伤。

【先天下之忧而忧，后天下之乐而乐】出自范仲淹《岳阳楼记》。意思是：在天下人忧虑之前就先忧虑，在天下人欢乐之后再快乐。

【出淤泥而不染，濯清涟而不妖】出自周敦颐《爱莲说》。意思是：莲花出自淤泥却一尘不染，被清水洗净后也不显得妖艳。

【醉翁之意不在酒，在乎山水之间也】出自欧阳修《醉翁亭记》。意思是：醉翁的意趣不在酒上，而是在山水之间的意趣！

【君子与君子，以同道为朋；小人与小人，以同利为朋】出自欧阳修《朋党论》。意思是：君子和君子，是因为理想相同而结成朋友的；小人和小人，是因为利益一致才结成朋党的。

【盛衰之理，虽曰天命，岂非人事哉】出自欧阳修《五代史伶官传序》。意思是：国家盛衰的原因，虽然说是因为天命，难道不也是因为人为吗？

【忧劳可以兴国，逸豫可以亡身】出自欧阳修《五代史伶官传序》。意思是：忧虑辛劳可以促进国家兴盛，安逸享乐却会导致自身灭亡。

【祸患常积于忽微，而智勇多困于所溺】出自欧阳修《五代史伶官传序》。意思是：祸患往往是从细微的地方积累发展起来的，聪明勇敢的人大多会受到他所溺爱的人或事的困扰。

【非诗之能穷人，殆穷者而后工也】出自欧阳修《梅圣俞诗集序》。意思是：不是诗歌使人不得意，而是不得意的人在历经困厄之后才写得出好诗来。

【为善无不报，而迟速有时】出自欧阳修《泷冈阡表》。意思是：做好事没有得不到回报的，只是时间的快慢不一定。

【同心而共济，始终如一】出自欧阳修《朋党论》。意思是：齐心协力共渡难关，从开始到结束都是这样。

【草木无情，有时飘零】出自欧阳修《秋声赋》。意思是：草木是没有感情的，季节到了就会凋零了。

【为将之道，当先治心，泰山崩于前而色不变，麋鹿兴于左而目不瞬，然后可以制利害，可以待敌】出自苏洵《心术》。意思是：作为一个将领，应该首先培养智谋胆略，就算泰山倒在面前也要面不改色；麋鹿出现在身边也要不眨一眼，具备了这样的智谋胆略之后，才足以掌握战争的利害形势，才可以应付敌人。

【不忮不求，与物浮沉】出自苏洵《辨奸论》。意思是：不嫉妒、不妄求，只是顺其自然。

【古之所谓豪杰之士者，必有过人之节】出自苏轼《留侯论》。意思是；古代所说的豪杰之士，一定有胜过众人的节操。

【寄蜉蝣于天地，渺沧海之一粟。哀吾生之须臾，羡长江之无穷】出自苏轼《前赤壁赋》。意思是：在天地之间寄托着蜉蝣一样短暂的生命，我们渺小得就像是大海中的一粒粟米。哀叹我们生命的短暂，羡慕长江的流水无穷无尽。

【古之立大事者，不惟有超世之才，亦必有坚忍不拔之志】出自苏轼《晁错论》。意思是：古代能干大事的人，不仅有超出世人的才能，也一定有坚忍不拔的意志。

【金玉其外，败絮其中】出自刘基《卖柑者言》。意思是：这橘子外面就像是金玉一样有着华美的颜色，里面的橘肉却像是破败的棉絮一样糟糕。

【忿必争，争必败】出自方孝孺《豫让论》。意思是：愤怒一定会引起争斗，争斗一定会招来失败。

【吾于是益有以信人性之善】出自王守仁《象祠记》。意思是：我于是更加相信人性是善良的了。

【夫人之相与，俯仰一世】出自王羲之《兰亭集序》。意思是：人生在世，俯仰之间就是百年了。

【固知一死生为虚诞，齐彭殇为妄作】出自王羲之《兰亭集序》。意思是：所以知道了认为死和生是一样的观点是虚妄的，认为长寿和短命是一样的观念是荒唐的。

【求木之长者，必固其根本】出自魏徵《谏太宗十思疏》。意思是：要想树木长得高大，就一定要使树根扎得牢固。

【念高危，则思谦冲而自牧】出自魏徵《谏太宗十思疏》。意思是：想到身居高位会有危险，就会想到要谦虚平和，加强自我修养了。

【外无期功强近之亲，内无应门五尺之童】出自李密《陈情表》。意思是：在外没有血缘较近的亲戚，在家没有看门答应的小童仆。

【茕茕孑立，形影相吊】出自李密《陈情表》。意思是：孤零零地活在人世，身和身影互相安慰。

【生当陨首，死当结草】出自李密《陈情表》。意思是：活着时自当誓死尽忠，死了后自当结草报恩。

【夫天地者，万物之逆旅；光阴者，百代之过客】出自李白《春夜宴从弟桃李园序》。意思是：天地，是种种事物的旅舍；光阴，是历朝历代的过客。

【浮生若梦，为欢几何】出自李白《春夜宴从弟桃李园序》。意思是：人生就像是梦一样，享受欢乐的日子能有多少呢？

【况阳春召我以烟景，大块假我以文章】出自李白《春夜宴从弟桃李园序》。意思是：况且暖春用烟花绚烂的景色来召唤我们，大地把缤纷的花纹和色彩借给我们。

【世之奇伟瑰怪非常之观，常在于险远，而人之所罕至焉】出自王安石《游褒禅山记》。意思是：世上奇妙雄伟、瑰丽怪异的不同寻常的景观，常常是在危险、遥远、人们很少到达的地方。

【清泠之状与目谋，瀯瀯之声与耳谋】出自柳宗元《钴鉧潭西小丘记》。意思是：清凉的景色映入眼帘来，瀯瀯的水声传进耳朵来。

【屠牛坦一朝解十二牛，而芒刃不顿者，所排击剥割，皆众理解也】出自贾谊《治安策》。意思是：宰牛的屠夫坦一天宰杀十二头牛，而锋利的刀刃却没有受损，这是因为他在分解牛的尸体时，都是顺着牛的肌体的构造来分解的。

【贤者于其所至，不独使其人之不忍忘而已，亦不能自忘于其人也】出自归有光《吴山图记》。意思是：贤能的人对于他所到过的地方，不仅会使那里的百姓不忍心忘了他，他自己也不会忘了那里的百姓。

《省心录》精华

【礼义廉耻，可以律己，不可以绳人。律己则寡过，绳人则寡合，寡合则非涉世之道。故君子责己，小人责人】意思是：礼义廉耻，可以拿来要求自己，但不能拿去苛求别人。要求自己，就能少犯错误；苛求别人，就会很难和人相处。很难和人相处，这不是恰当的处世之道。所以君子只严格要求自己，小人才会苛求别人。

【骄富贵者戚戚，安贫贱者休休】意思是：因富贵而骄傲的人将有忧愁；安守贫贱的人才能快乐。

【为善易，避为善之名难；不犯人易，犯而不校难】意思是：行善举容易，但是要躲过行善举的美名就难了；不冒犯别人容易，但是能够做到被别人冒犯了却不去计较就难了。

【岁月已往者不可复，未来者不可期，见在者不可失】意思是：已经过去的时光是不可能再回来的了，未来的日子没法预料，现在的日子不能失去了。

【涉世应物，有以横逆加我者，譬犹行草莽中，荆棘之在衣，徐行缓解而已，所谓荆棘者，亦何心哉！如是则方寸不劳，而怨可释】意思是：处世待人，碰上了有对我蛮横无理的人，就要像行走在草莽中一样，荆棘挂住了衣服，只要慢慢前行小心地拨开荆棘就是了。所谓荆棘，也不是要存心妨碍人的啊！这样的话就可以做到心里不累了，仇怨也就可以化解了。

【行坦途者肆而忽，故疾走则蹶；行险途者畏而惧，故徐步则不跌】意思是：走平坦大道的人因为肆意而疏忽，所以走得快就会跌倒；走艰险道路的人因为恐惧，所以慢慢走反而不会跌倒。

【责人者不全交，自恕者不改过】意思是：苛求别人的人很难和人全面深交，自我原谅人永远改正不了错误。

【自满者败，自矜者愚，自贼者害】意思是：自满的人一定会失败，自夸的人是愚蠢可笑的，伤害自己的人一定也会害别人。

【为善如负重登山，志虽已确，而力犹恐不及；为恶如乘马走坡，虽不鞭策，而足亦不能制】意思是：行善举就像是背着重东西爬山，志向虽然已经确定了，力量却还恐怕不够要勉励自己不断努力；作恶事就像是骑着马匹走下山坡，就算不鞭打，马的脚步也不会停下来。

【多言获利，不如默而无害】意思是：用花言巧语来拿到好处，不如沉默而不受伤害。

【豺狼能害人，其状易别，人得以避之；小人深情厚貌，毒人不可防范，殆其甚于豺狼也】意思是：豺狼会害人，从外表就看得出来，人容易躲避；小人却外表忠厚真挚，害起人来很难防范，他们比起豺狼来还要危险。

【务名者害其身，多财者祸其后】意思是：追求声名的人，会损害自己；太多财富的人，会给后代带来灾祸。

【德有余而为不足者谦，财有余而为不足者鄙】意思是：德行极高却还认为不够的人，是谦虚；财富很多了却还觉得不够的人，是贪鄙的人。

【善恶报缓者非天网疏，是欲成君子而灭小人也】意思是：善恶的报应来得迟，不是天网疏漏了，而是上天想成全君子、灭掉小人。

【结怨于人，谓之种祸；舍善不为，谓之自贼】意思是：和别人结怨，就是种下祸根；放弃善举不做，就是伤害自己。

【祸福者天地所以爱人也。如雷雨雪霜，皆欲生成万物。故君子恐惧而畏，小人侥幸而忽。畏其祸则福生，忽其福则祸至，《传》所谓"祸福无门，惟人所召"也】意思是：祸福，是上天用来表示慈爱世人的方式，就像是雷雨雪霜一样，都是想要化养万物。所以君子能戒惧敬畏，小人却抱着侥幸而疏忽不顾。敬畏灾祸反而会带来福泽，无视福泽反会招致灾祸，这就是《左传》所说的"祸福无门，惟人所召"。

【必出世者，方能入世，不则世缘易堕；必入世者，方能出世，不则空趣难持】意思是：一定要有出世的心，才能入世，否则就会受到尘世的诱惑而容易堕落；一定要有入世的深刻体验，才能出世，否则就会变得空虚无趣而难以坚持。

【父善教子者，教于孩提】意思是：擅长教导孩子的父亲，一定是在孩子年幼的时候就教导上了。

【士君子尽心利济，使海内少他不得，则天亦少他不得，即此便是立命】意思是：士君子去尽心尽力地利益众生，使世人少了他不行，这样上天也会少了他不行，这样就是安身立命了。

【人之生也，无德以表俗，无功以及物，于禽兽草木之不若也】意思是：人生在世，如果没有足以为人表率的品德，没有惠及他人的功德，就连禽兽草木都不如了。

【如今休去便休去，若觅了时了无时】意思是：现在能够去休息就去休息，如果要找一个工作都干完了的时刻去休息，那就没有尽头了。

【事有急之不白者，宽之或自明，毋躁急以速其忿；人有切之不从者，纵之或自化，毋操切以益其顽】意思是：事情有时候会有着急得让人搞不明白的，放松一下也许就一目了然了，不要太过着急，以致加重当事人的恼怒；人有时候会你再着急也不顺从的，放开一下也许他就自己悔悟了，不必要强制逼迫，以致使他更加冥顽不化。

【盖棺始能定士之贤愚，临事始能见人之操守】意思是：人死后才能断定一个人是好还是坏；面临困厄时才能看出一个人是有操守还是没操守。

【人胜我无害，彼无蓄怨之心；我胜人非福，恐有不测之祸】意思是：人家胜过我是没有害处的，这样他就没有对我的积怨的心思了；我胜过人家不是好事，这样恐怕会有难以预料的灾祸。

【利可共而不可独，谋可寡而不可众】意思是：利益要共享，不可独占；谋略只能让少数人来进行，不能众人一起决定。

【士君子贫不能济物者，遇人痴迷处，出一言提醒之；遇人急难处，出一言解救之，亦是无量功德】意思是：士君子在贫穷而没法用物资救济他人的时候，碰上别人迷惑的地方，就说一两句好话来提醒他们；碰上别人急难的时候，就说一两句好话来解救他们，这也是功德无量。

【耳不闻人之非，目不视人之短，口不言人之过】意思是：耳朵不去探听别人的错误，眼睛不去盯住别人的短处，嘴巴不去责备别人的过失。

【情尘既尽，心镜遂明，外影何如内照；幻泡一消，性珠自朗，世瑶原是家珍】意思是：对尘世的眷恋没有了，心灵之镜就会明亮起来，从外部看自己怎么能比得上从内部自我反省呢；尘俗的各种欲念一消灭，本性就会像明珠一样自然明朗起来，这颗人人都有的心原来才是自家的珍宝啊。

【穷不易操，达不患失】意思是：穷困时也不改变操守，显达时也不担心失去。

【昼之所为，夜必思之】意思是：白天干的事，晚上必须好好反思一下。

【常有小不快事，是好消息，若事事称心，即有大不称心者在其后，知此理可免怨尤】意思是：人常常会碰上一些小小的不如意事，这是好兆头，如果件件事都称心如意，就一定会有巨大的不如意的挫折等在后头。晓得了这个道理，就不会再怨天尤人了。

【勿以人负我而隳为善之心，当其施德，第自行吾心所不忍耳，未尝责报也。纵遇险徒，止付一笑】意思是：不能因为别人辜负了我，就打消行善举的念头，当初我帮助别人的时候，只是心里不忍而自然做出的行为，并未想到要报答。就算碰上了忘恩负义的人，付之一笑就可以了。

【人有过失，己必知之；己有过失，岂不自知】意思是：别人有了过失，自己都一定知道，自己有了过失，又怎么会自己不知道呢？

【千斤之石，置之立坂之上，一力可以落九仞；万斛之舟，溯于急流之中，片帆可以去千里】意思是：千斤重的石头，放在陡直的山坡上，使小劲儿一推就可以落到深渊去了；货物满当的大船，逆行在湍急的水流中，挂上一片帆儿就可以航行到千里远了。

【知不足者好学，耻下问者自满】意思是：知道不足的人会勤奋好学，觉得请教别人是耻辱的人会自满。

【正人之言，明知其为我也，感而未必悦；邪人之言，明知其佞我也，笑而未必怒。于此知从善之难】意思是：正派人的话，我们明明知道是为了我们好，心里感激但却不一定会高兴；奸邪人的话，我们明明知道是在奉承我们，嘴上讥笑但是心里却不一定愤怒——由此可知想要做好事是多么艰难。

【保生者寡欲，保身者避名。无欲易，无名难】意思是：养生就要清心寡欲，保护自己就要躲开名望。清心寡欲是容易的，不要名望可就难了。

【面有点污，人人匿笑，而已不知，有告之者，无不忙忙拭去。若曰：点污在我，何与若事？必无此人情。至告以过者，何独不然】意思是：脸上有点污迹，别人看见了都偷偷发笑，而自己还不知道，一旦有人说出来了，没有一个人不会赶紧用手擦去的。如果还说："污迹是在我的脸上，干你什么事？"肯定就不合常情了。可是当有人指出人们的过失时，为什么独独就不是这样呢？

【事后论人，局外论人，是学者大病。事后论人，每将智人说得极愚；局外论人，每将难事说得极易，二者皆从不忠不恕生出】意思是：事后议论别人，身在局外议论别人，是做学问的人的大毛病。事后议论别人，往往会把聪明人说得非常愚蠢；身在局外议论别人，往往把困难说得非常容易，这两种毛病都是因为不能推己及人、不能宽容人而导致的。

【读古人书，与贤人交游，最不可苟为同，又不可苟为异。二者之失，总是胸无定力，学问中便有时势趋附，非谄即矫耳】意思是：读古人的著作，和贤能的人交游，最不能苟且附和，也不能随便地就表示异议。这两种过失，都是因为心里没有主见，做学问时杂入了趋炎附势的成分，不是谄媚就是矫情了。

【人作事极不可迁滞，不可反复，不可烦碎；代人作事又极要耐得迁滞，耐得反复，耐得烦碎】意思是：人做事绝不能拖拉，不要反反复复，不要琐碎烦乱；但是替人做事却又要特别耐得住耽搁，耐得住反反复复，耐得住琐碎烦乱。

【猛虎能食人，不幸而遇之，必疾走以避；小人能媚人，人喜与之亲，不幸而同利害，必巧为中伤】意思是：猛虎是会吃人的，不幸撞上了，肯定会快跑避开它；小人是会谄媚人的，人们却喜欢和这种人亲近，不幸和这种人产生了利益冲突，肯定会变着手段来中伤你。

【口腹不节，致病之因；念虑不正，杀身之本】意思是：饮食不节制，是引起疾病的原因；念头不正当，是招致杀身之祸的渊源。

【己所有者，可以望人，而不敢责人也；己所无者，可以规人，而不敢怒人也】意思是：自己所具备了的东西，可以希望他人也具备，但不能苛求他人具备；自己所没有具备的，可以规劝他人具备，但却不能恼火他人没有具备。

【恕者推己以及人，不执己以量人】意思是：宽容的人能够推己及人，设身处地地为他人着想，不会拿着自己的标准来衡量别人。

【驰群马于平陆，集多士于大庭，非骏足奇才不得先】意思是：把马匹都赶到平原上，把众人都集中到一处，这样不是良马和贤才的就没法脱颖而出。

【不自重者取辱，不自畏者招祸，不自满者受益，不自是者博闻】意思是：不自重的人会招来侮辱，没有畏惧心的人会招来灾祸，不自满的人会受益，不自以为是的人会变得博识起来。

宋以后的古文家

宋代之后只有金的元好问颇有文名。明清两代，散文作者很多。明初期有刘基、宋濂、高启、方孝孺等。稍后有三杨，所作文称台阁体。因台阁体把文章作得呆板而没有生气，李东阳及李梦阳、何景明发起了两次复古运动。后来有唐顺之、茅坤、归有光继起。唐顺之编印《唐宋八大家文钞》，茅坤把唐氏所选之文加以圈点与批评。归有光评点《史记》，讲求所谓古文义法，以后的清代桐城派就是沿着这一条路走开的。

文学家兼书画家的徐渭（字文长），文章别具风格；思想家、政治家、军事家王守仁（王阳明），文章明白晓畅、富含哲理，自另成一家。后来又有以公安人袁中郎（名宏道）及其兄伯修（宗道）、弟小修（中道）为代表的所谓"公安派"，他们的文风是浅白诙谐、标新立异，又有竟陵人钟惺（字伯敬）、谭元春认为公安体太浅率，便创造出一种冷峻清高的文体，号竟陵体。现代文学家林语堂就是以公安、竟陵的小品文为号召，创造出一种文白夹杂、又喜欢幽默、说些俏皮话的文体。

清代初年的侯方域等人，因有明朝亡国之恨，写的散文情动于衷，是很感人的。钱谦益、吴伟业、龚鼎孳，号称"江左三大家"，但是他们的文章中的"情"、"义"、"道"都无足称道。当时享有文名的还有彭士望、邵长蘅、施闰章、姜宸英、朱彝尊等人。

清朝中期的文坛，几乎为"桐城派"所独占。桐城派的开山祖师是方苞，而姚鼐集其大成。他们都是安徽桐城人，当时有"天下文章在桐城"的话，所以称为桐城派。方苞论古文以为六经和《论语》、《孟子》是根源，得其枝流而义法最精的是《左传》、《史记》，其次是《公羊传》、《谷梁传》、《国语》、《战国策》，两汉的书和疏，唐宋八家文再下怕就要数到归有光了。这就是方苞的、也是桐城派的文统论。

姚鼐是桐城派大师，他的文章以韩愈为初祖，而认归有光与方苞为近世模范，方苞虽然是从学《史记》入手，但是他受八股文的束缚太甚，所以他的文章只是严整而不雄浑，又缺乏情韵。而姚鼐学习《史记》和欧阳修等大家文章注意追求神气和情韵，因此他的文章出达到了新境界。他最主张诵读，又最讲究虚助字，都是为此。姚鼐是乾隆进士，是用功八股文的。

鉴于当时汉学家提倡考据，都不免繁琐的毛病，姚鼐因此主张义理、考据、词章三端相济，认为偏废的就是"陋"儒。但朱自清先生说他："义理不深，考据多误，所有的还只是词章本领。"他编选了《古文辞类纂》，从此书中，后人可以学习到很多作文章组织文字的技巧和言情的本领。但是桐城派的文章却是越作越窄。

曾国藩横空出世，中兴了桐城派。那时候的读书人，只知道作八股文；所谓学术文章也往往陷入汉学、宋学的门户之争，各走偏锋，文风都趋于狭隘。曾国藩看到这种现象，便就姚鼐的义理、考据、词章三端相济之说加以发扬光大，力救时弊。他以渊博深湛的学问、弘通远大的见识、雄强质直的气势，把文章之道纳入大本大源。他选编了《经史百家杂钞》，将经、史、子也收入选本里，让学者知道古文的源流，文经的一贯，眼光比姚鼐远大得多。后来还有吴汝纶、黎庶昌、薛福成以及译著家严复、林纾等（严氏文章比桐城派更古奥），继承桐城派。可说自清中叶以至民国初年，大部分的散文作者都受桐城派的支配，但后期实际是受曾国藩的影响。

到了清末，梁启超先生的"新文体"影响巨大，他的文章于古今则贯通，于中西则交汇，而且俗雅兼备且时时杂以俚语，条理明晰，"笔锋常带情感"，对于当时处于时代的新旧之交的读者，别有一种"魔力"。朱自清先生说："但这种'魔力'也不能持久，中国的变化实在太快，这种'新文体'又不够用了。胡适之先生和他的朋友们这才起来提倡白话文，经过五四运动，白话文是畅行了。这似乎又回古代言文合一的路。然而不然。这时代是第二回翻译的大时代。白话文不但不全跟着国语的口语走，也不全跟着传统的白话走，却有意的跟着翻译的白话走。这是白话文的现代化，也就是国语的现代化，中国一切都在现代化的过程中，语言的现代化也是自然的趋势，并不足怪的。"

《呻吟语》精华

【德性以收敛沉着为第一，收敛沉着中又以精明平易为第一】出自《呻吟语·性命》。意思是：品德、性情中，收敛沉着是最重要的；收敛沉着中，精明平易又是最重要的。

【六合原是个情世界，故万物以之相苦乐，而至人圣人不与焉】出自《呻吟语·性命》。意思是：宇宙原本是个充满感情的世界，所以万物都会因为它而痛苦、快乐，但是超凡脱俗达到无我境界的人和圣人却能不被其左右。

【父母全而生之，子全而归之，发肤还父母之初，无些毁伤，亲之孝子也】出自《呻吟语·性命》。意思是：父母把子女完好地生了出来，子女就要把自己完好地归还父母，不能有半点损伤，这才是父母的孝子。

【收放心，休要如追放豚，既入笠了，便要使他从容闲畅，无拘迫懊侬之状】出自《呻吟语·存心》。意思是：收起放纵的心，不要像追放开的猪一样，既然收进笼中了，就要让他镇静沉着，悠闲舒畅，没有拘束烦闷的感觉。

【常使精神在心目间，便有主而不眩。于客感之交，只一昏昏，便是胡乱应酬】出自《呻吟语·存心》。意思是：人应当经常保持心眼明亮，这样才能有主见而不受迷惑。否则思想混乱，脑子浑浑噩噩，就是稀里糊涂做人了。

【防欲如挽逆水之舟，才歇力便下流；力善如缘无枝之树，才住脚便下坠】出自《呻吟语·存心》。意思是：克制欲望就像拉逆水中的船，一歇劲就会顺流飘走；努力向善就像爬没有树枝的树木，一歇脚就会掉下去。

【一念收敛，则万善来同；一念放恣，则百邪乘衅】出自《呻吟语·存心》。意思是：一个私念收住了，那么各种善念就会同时出现；一个私念放纵了，那么各种邪念就会乘虚而入。

【自家好处掩藏几分，这是含蓄以养深；别人不好处要掩藏几分，这是浑厚以养大】出自《呻吟语·存心》。意思是：自己好的地方要掩藏几分，这是用含蓄的方式来培养自己的深沉；别人不好的地方要掩饰几分，这是用宽厚的方式来培养自己的博大。

【士君子要养心气，心气一衰，天下万事分毫做不得】出自《呻吟语·存心》。意思是：士君子要修心养气，心气一衰颓了，天下万事就一件也做不得。

【人只是心不放肆，便无过差；只是心不怠忽，便无遗忘】出自《呻吟语·存心》。意思是：人只要心不放肆，就不会有什么过错；只要心不懈怠疏忽，就不会遗忘。

【心一松散，万事不可收拾；心一疏忽，万事不入耳目；心一执著，万事不得自然】出自《呻吟语·存心》。意思是：心一松散了，就会什么事情都会变得无法收拾起来；心一疏忽了，就会什么东西都听不见、看不见；心一固执了，就会什么事情都不能顺其自然。

【久视则熟字不识，注视则静物若动。乃知蓄疑者乱真知，过思者迷正应】《呻吟语·存心》。意思是：盯久了，就是熟悉的字也会认不出来；目不转睛地看，就会连静止的东西也好像在运动。于是就知道抱着怀疑态度的人会搞混真实情况，思虑太多的人会找不出正确的答案。

【殃咎之来，未有不始于快心者。故君子得意而忧，逢喜而惧】

出自《呻吟语·存心》。意思是：灾祸的到来，没有哪个不是因为图一时痛快才开始的。所以君子在得志的同时会抱着忧虑，碰上高兴事的同时会怀着畏惧。

【心要虚，无一点渣滓；心要实，无一毫欠缺】出自《呻吟语·存心》。意思是：心灵要虚净，不能有一点污秽；心灵要充实，不能有丝毫欠缺。

【圣、狂之分，只在苟、不苟两字】出自《呻吟语·存心》。意思是：圣明和狂妄的分别，只在苟（随便）和不苟（谨慎）两个词上面。

【欲理会七尺，先理会方寸；欲理会六合，先理会一腔】出自《呻吟语·存心》。意思是：想要了解一个人，先要了解他的心；想要了解世界，先要了解人。

【士君子一出口无反悔之言，一动手无更改之意，诚之于思故也】出自《呻吟语·存心》。意思是：士君子一开口就绝没有反悔的话，一动手做事就绝没有废止的念头，这确实是因为深思熟虑了的缘故。

【俭则约，约则百善具兴；侈则肆，肆则百恶具纵】出自《呻吟语·存心》。意思是：勤俭能形成约束，约束了，各种美善就都会出现；奢侈会导致放纵，放纵了，各种邪恶就都会泛滥。

【人子之事亲也，事心为上，事身次之，最下事身而不恤其心，又其下事之以文而不恤其身】出自《呻吟语·伦理》。意思是：子女侍奉双亲，体恤他们的心情是最重要的，照料身体在其次；最不好的是只知道照料他们的身体，却不懂得体恤他们的心情；更不好的是只说空话，连他们的身体都不照料。

【曲木恶绳，顽石恶攻，责善之言不可不慎也】出自《呻吟语·伦理》。意思是：弯曲的木料厌恶用绳墨来规范它，顽固的石头厌恶被打磨，可见劝人向善的话不能不慎重。

【道在天地间，不限于取数之多，心力勤者得多，心力衰者得少，昏弱者一无所得】出自《呻吟语·谈道》。意思是：大道就在天地之间存在，并不限制人们从中拿走多少，勤奋的人拿到的就多，懒惰的人拿到的就少，昏弱的人就什么也拿不到。

【吾常望人甚厚，自治甚疏，只在口吻上做工夫，如何要得长进】

出自《呻吟语·谈道》。意思是：我们常常要求别人过高，要求自己却很轻，只在嘴巴下工夫，怎么会有长进！

【道非淡不入，非静不进，非冷不凝】出自《呻吟语·谈道》。意思是：学习处世的道理，不用平淡的态度去对待就不能进入，不用沉静的态度去对待就不能深入，不用冷静的态度去对待就不能巩固。

【只隔一丝，便算不得透彻之悟，须是入筋肉、透骨髓】出自《呻吟语·谈道》。意思是：只要还差一点点，就算不上是透彻的理解，一定要像进入筋骨、透进骨髓那样才算。

【攻己恶者，顾不得攻人之恶。若哓哓尔雌黄人，定是自治疏底】出自《呻吟语·修身》。意思是：忙着改正自己恶习的人，是顾不上去挑剔别人的毛病的。如果喋喋不休地去议论人家，肯定是自身修养底子差劲的人。

【清人不借外景为襟怀，高士不以尘识染情性】出自《呻吟语·修身》。意思是：内心静明的人是用不着拿外在的景物来点缀自己的襟怀的，高尚的人是不会被世俗的见识污染了自己的真性情的。

【弘器度以养德也，省怨怒以养气也，绝仇雠以远祸也】出自《呻吟语·修身》。意思是：可以通过拓展气度来培养道德，可以通过减少怨恨来静心养气，可以通过杜绝仇敌来远离灾祸。

【学者只把性分之所固有，职分之所当为，时时留心，件件努力，便骎骎乎圣贤之域】出自《呻吟语·修身》。意思是：做学问的人，只要把自己天性中所固有的东西，把自己分内应该做的事，都时时放在心上，件件努力做好，就能够迅速达到圣贤的境界了。

【人一生大罪过，只在自是自私四字】出自《呻吟语·修身》。意思是：人一生中的最大罪过，就在于自以为是和自私自利。

【试点检终日说话有几句恰好底，便见所养】出自《呻吟语·修身》。意思是：能够试着检点一下自己一天里说的话中有几句是恰到好处的，就能看出自己的修养来了。

【修身不以护短为第一长进。人能不护短，则长进至矣】出自《呻吟语·修身》。意思是：修身养性，不掩饰短处是最有效的方式。如果人能够不掩饰自己的短处，就会有长进了。

【心无留言，言无择人，虽露肺肝，君子不取也】出自《呻吟语·

修身》。意思是：如果心里藏不住话，说话不分对象，这样就算是披肝沥胆的话，君子也是不信的。

【与其喜闻人之过，不若喜闻己之过；与其乐道己之善，不若乐道人之善】出自《呻吟语·修身》。意思是：与其爱去打听别人的过失，不如去探求自己的过失；与其得意地去宣扬自己的善举，不如快乐地去宣扬别人的善举。

【为学第一工夫，要降得浮躁之气定】出自《呻吟语·问学》。意思是：做学问最重要的功夫，是要压得住浮躁气、定下心来。

【役一己之聪明，虽圣人不能智；用天下之耳目，虽众人不能愚】出自《呻吟语·问学》。意思是：如果只是依靠个人的聪明，那么就算是圣人也算不上是智慧；如果能依靠天下人的力量，那么就算是普通人也算不上是愚蠢了。

【要体认，不须读尽古今书，只一部《千字文》，终身受用不尽。要不体认，即三坟以来卷卷精熟，也只是个博学之士】出自《呻吟语·问学》。意思是：如果能体察认识道理，不需要去读遍古往今来的书籍，只需要一部《千字文》，就能让自己终身受益无穷了。如果不去体认，就算把夏、商、周三代以来的每一卷书都读得烂熟，也不过只是个博学的人。

【实见得是时，便要斩钉截铁，脱然爽洁，做成一件事，不可拖泥带水，靠壁倚墙】出自《呻吟语·应务》。意思是：如果认定某一件事了，就要斩钉截铁，爽快利落，要做成一件事，就不能够拖泥带水，依赖别人。

【水之流行也，碍于刚，则求通于柔；智者之于事也，碍于此，则求通于彼。执碍以求通，则愚之甚也，徒劳而事不济】出自《呻吟语·应务》。意思是：水流动时，被硬物阻挡了，就会绕道而行；聪明人办事，这里受阻了，就会转向别处。顽固坚持要在受阻的地方找到出路，是极其愚蠢的，是白费工夫并且事情也不会成功。

【理直而出之以婉，善言也，善道也】出自《呻吟语·应务》。意思是：有理有据，又能用委婉的方式表达出来，这就是善于说话，善于讲道理。

【干天下事无以期限自宽。事有不测，时有不给，常有馀于期限之内，有多少受用处】出自《呻吟语·应务》。意思是：做任何事情，都不要因为有了一个确定的期限在那里，（认为可以到了最后的时刻再去做，）就放松自己。事情是难以预测的，时间也会有不充裕的时候，所以要在确定的期限内，给自己留下一些余地，这多多少少是有用的。

【字经三书，未可遽真也；言传三口，未可遽信也】出自《呻吟语·应务》。意思是：一个字被三本书传抄过，就不能完全认定它还是原来的那个字了；一句话被三个人传说过，就不能完全去相信了。

【临义莫计利害，论人莫计成败】出自《呻吟语·应务》。意思是：大义当前的时候，不要计较个人的得失利害；评论一个人，不能拿成功或失败来论定。

【遇事不妨详问、广问，但不可有偏主心】出自《呻吟语·应务》。意思是：碰上有事时，不妨去详细地、广泛地询问清楚，但不能有偏袒之心。

【柔而从人于恶，不若直而挽人于善；直而挽人于善，不若柔而挽人于善妙也】出自《呻吟语·应务》。意思是：柔和地听任人去作恶，不如直率地劝谏他向善；直率地劝人向善，不如委婉地劝人向善来得高明。

【处人、处己、处事都要有馀，无馀便无救性】出自《呻吟语·应务》。意思是：待人、待己、处事都要留有余地，没有余地就丧失了挽救的可能。

【悔前莫如慎始，悔后莫如改图，徒悔无益也】出自《呻吟语·应务》。意思是：与其事后后悔，不如在开始时就慎重；与其一味后悔，不如立刻改变方法，只是后悔是没有用的。

【再之略，不如一之详也；一之详，不如再之详也，再详无后忧矣】出自《呻吟语·应务》。意思是：疏忽了两次，还不如一次就仔细；仔细一次，还不如仔细两次，仔细两次就不会有什么后顾之忧了。

【事到手且莫急，便要缓缓想；想得时且莫缓，便要急急行】出自《呻吟语·应务》。意思是：事情接到手后不要急，先好好想想；想好了就不能再拖延了，就要快快行动起来。

【善用明者，用之于暗；善用密者，用之于疏】出自《呻吟语·

应务》。意思是：擅长运用明的人，会把明用在暗的地方；擅长运用密的人，会把密用在疏的地方。

【对忧人勿乐，对哭人勿笑，对失意人勿矜】出自《呻吟语·应务》。意思是：在忧愁的人面前不要显出快乐来，在哭泣的人面前不要欢笑，在失意的人面前不要自夸。

【涵养不定的，恶言到耳先思取气，气平再没错的。一不平，饶你做得是，也带着五分过失在】出自《呻吟语·应务》。意思是：一个人如果涵养还不够好，那么一旦坏话传到自己的耳朵时，就要先想着压住脾气，气定下来再思虑就不会错。如果一有不平，就算你做得对，也会带着五分过失在里面。

【先事体怠神昏，事到手忙脚乱，事过心安意散，此事之贼也】出自《呻吟语·应务》。意思是：事前身体懈怠、精神浑噩，事来了就手忙脚乱，事后却心安理得、心思散漫——这是做事的大毛病。

【善用力者，举百钧若一羽；善用众者，操万旅若一人】出自《呻吟语·应务》。意思是：善于使用力气的人，举起百钧重的东西就像是举起一根羽毛一样；善于用兵的人，指挥千军万马就像是指挥一个人一样。

【上才为而不为，中才只见有为，下才一无所为】出自《呻吟语·品藻》。意思是：上等的人才知道该做什么事，不该做什么事，中等的人才只知道该做什么事，下等的什么也做不了。

【狃浅识狭闻，执偏见曲说，守陋规俗套，斯人也若为乡里常人，不足轻重，若居高位有令名，其坏世教不细】出自《呻吟语·品藻》。意思是：被自己浅薄的见识所局限，坚持偏见和邪说，墨守陈规陋习——这种人如果是乡下人，那是无足轻重的，但如果是身居高位、把持权柄的人，就会对社会的教风产生巨大的破坏。

【士气不可无，傲气不可有】出自《呻吟语·品藻》。意思是：清高的品性不能没有，骄横的习气不应该有。

【圣贤之乐在心，故顺逆穷通随处皆泰】出自《呻吟语·品藻》。意思是：圣贤的快乐在于心，所以无论是顺境、逆境、困穷、显达，随时随地都能泰然自若。

【学者不能徙义改过，非是不知，只是积懦久惯】出自《呻吟语·品藻》。意思是：做学问的人不能学好、不能改正缺点，并不是自己不知道，只不过是懒惰久了成了习惯。

【才随遇长，识以穷经】出自《呻吟语·品藻》。意思是：才能是随着阅历而增长的，见识通过深入才能精进。

【观操存在利害时，观精力在饥疲时，观度量在喜怒时，观存养在纷华时，观镇定在震惊时】出自《呻吟语·品藻》。意思是：看一个人的操守如何，最好是在利害攸关的时候；看一个人的精力如何，最好是在他饥饿疲惫的时候；看一个人的气量如何，最好是在他欢喜或愤怒的时候；看一个人修身养性如何，最好是在他周围环境繁华富丽的时候；看一个人的镇定力如何，最好是在他震惊的时候。

【尽聪明底是尽昏愚，尽木讷底是尽智慧】出自《呻吟语·品藻》。意思是：太过聪明的人，其实是十分愚蠢的人；极其木讷的人，反而是非常智慧的人。

【小人亦有好事，恶其人则并疵其事；君子亦有过差，好其人则并饰其非】出自《呻吟语·品藻》。意思是：小人也是会做好事的，如果憎恶他的为人，就会连他所做的好事也会一起指责；君子也是会有过失的，如果喜欢他的为人，就会连他的过失也一起掩饰。

【苟可以柔道理，不必悻直也；苟可以无为理，不必多事也】出自《呻吟语·治道》。意思是：如果可以用温和的方式来表达道理，就不要用刚直的方式来表达；如果无欲无求能成为常理，世上就不会有那么多事了。

【圣人以权行道，小人以权济私】出自《呻吟语·治道》。意思是：圣人用权力来推行道义，小人却用权力来谋私营利。

【宽人之恶者，化人之恶者也；激人之过者，甚人之过者也】出自《呻吟语·治道》。意思是：能够宽恕别人罪恶的人，也是消除别人罪恶的人；教唆别人犯错的人，是比犯错的人还罪恶。

【礼繁则难行，卒成废阁之书；法繁则易犯，益甚决裂之罪】出自《呻吟语·治道》。意思是：礼数太繁杂了，就会难以实行，最终变成废书阁里的书本；法度太繁杂了，人们就容易触犯，伏诛的罪就会增多。

【为政要使百姓大家相安，其大利害当兴革者，不过什一。外此，只宜行所无事，不可有意立名建功，以求垣赫之誉】出自《呻吟语·治道》。意思是：从事政治，要使百姓能够安居乐业，其中因为涉及到大的利害关系而需要兴建或革除的东西，不过十分之一，此外，只需要无为而治，不要去刻意建立功名，来博取显赫的声誉。

【罚人不尽数其罪，则有余惧；赏人不尽数其功，则有余望】出自《呻吟语·治道》。意思是：惩罚人，不把他的罪过一一说尽，他就还会怀有恐惧；奖赏人，不把他的功劳一一指出，他就还会抱有期待。

【圣人不以天下易一人之命，后世乃以天下之命易一人之尊】出自《呻吟语·治道》。意思是：圣人不会拿天下去换取他自己一人的性命，后世的人却拿天下人的性命去换取他一人的尊贵。

【迷莫迷于明知，愚莫愚于用智，辱莫辱于求荣，小莫小于好大】出自《呻吟语·人情》。意思是：最糊涂的莫过于明知故犯，最愚蠢的莫过于耍小聪明，最可耻的莫过于卖身求荣，最不值一提的莫过于好大喜功。

【以患难时心居安乐，以贫贱时心居富贵，以屈局时心居广大，则无往而不泰然】出自《呻吟语·人情》。意思是：用患难时的心境去过安乐的生活，用贫贱时的心境去过富贵的生活，用卑贱时的心境去过宽广阔大的生活，这样就无论何时何地都能泰然自若。

【一薪无焰，而百枝之束燎原；一泉无渠，而万泉之会溢海】出自《呻吟语·广喻》。意思是：一根木材烧不出火焰，但许多木材捆成的柴团却能燃掉整个草原；一眼泉水汇不成一条水沟，但许多眼泉水汇合起来却能使大海满溢。

【极必反，自然之势也。故绳过绞则反转，掷过急则反射】出自《呻吟语·广喻》。意思是：物极必反，是自然的趋势，所以绳子绞得太紧了就会反转过来，东西扔得太急了就会反弹回来。

【以肥甘爱儿女而不思其伤身，以姑息爱儿女而不恤其败德，甚至病以死，患大辟而不知悔者，皆妇人之仁也】出自《呻吟语·养生》。意思是：用山珍海味来溺爱儿女，却不去想想这样会损害他们的身体；用姑息纵容的方式来溺爱儿女，却不去担心这样会败坏他们的品德，甚至导致他们生病、死掉、犯了死罪还不知道悔改——这种爱是妇人之仁啊！

《菜根谭》精华

【涉世浅，点染亦浅；历事深，机械亦深。故君子与其练达，不若朴鲁；与其曲谨，不若疏狂】意思是：涉世较浅，被世风污染的程度也就较轻；阅历较深，心计也就较深。所以君子与其世故圆滑，不如朴实笃厚；与其屈心谨慎，不如坦荡狂放。

【君子之心事，天青日白，不可使人不知；君子之才华，玉韫珠藏，不可使人易知】意思是：君子的心事，就像是青天白日，没必要掩盖着不让人知道；君子的才华，就像珍藏的珠宝，不要炫耀出来让人轻易知道。

【完名美节，不宜独任，分些与人，可以远害全身；辱行污名，不宜全推，引些归己，可以韬光养德】意思是：完美的名誉和节操，不宜独占，分一些给旁人，这样才可以全身避免祸害；耻辱的行为和名声，不宜完全推卸，承揽一些给自己，这样才能深藏不露并修养德性。

【攻人之恶，毋太严，要思其堪受；教人以善，毋过高，当使其可从】意思是：攻击别人的过错时，不要太严厉，要想想对方是否能承受；教导别人向善时，不要期望太高，应当使对方能够做到。

【待小人，不难于严，而难于不恶】意思是：对待小人，难的不是苛求他们，难的是不讨厌他们。

【待善人宜宽，待恶人当严，待庸众之人宜宽严互有】意思是：对待好人要宽容一些，对待坏人要严厉一些，对待普通人，要宽容和严厉相辅相成。

【欹器以满覆，扑满以空全。故君子宁处无不居有，宁居缺不处完】意思是：倾斜的容器是因为装满了才倾覆的，存钱罐因为空空的这才得以保全。所以君子宁愿处在无为的境地下，也不愿处在有争斗的境地下，宁愿处在欠缺的境地下，也不愿处在全美无缺的境地下。

【不责人小过，不发人阴私，不念人旧恶。三者可以养德，亦可以远害】意思是：不责难人家所犯的小错误，不揭发人家的隐私，不对人家从前的错处念念不忘——这三者可以帮助培养自己的品德，也可以避免祸害。

【遇朋友交游之失，宜剀切，不宜优游】意思是：看到朋友在交往中犯了错，要诚恳规劝，不能犹犹豫豫。

【遇沉沉不语之士，且莫输心；见悻悻自好之人，应须防口】意思是：碰到阴沉不说话的人，不要和他交心；碰到满脸怒气高傲自大的人，一定要防止自己乱说。

【君子宜净拭冷眼，慎勿轻动刚肠】意思是：君子应当用冷静的眼光细心观察事物，不要轻易暴露自己刚直的心思。

【休与小人仇雠，小人自有对头；休向君子谄媚，君子原无私惠】意思是：不要去和小人结仇，小人自然会有死对头；不要向君子献媚，君子本来就不会私自给人好处。

【宁为小人所忌毁，毋为小人所媚悦】意思是：宁愿被小人嫉妒诽谤，也不要被小人献媚取悦。

【天运之寒暑易避，人生之炎凉难除】意思是：大自然的寒冬和炎夏容易躲开，人世的冷暖炎凉却难以消除。

【家人有过，不宜暴怒，不宜轻弃】意思是：家里的人有了过失，不宜大发脾气，也不要随便丢开不管。

【毋因群疑而阻独见，毋任己意而废人言，毋私小惠而伤大体，毋借公论以快私情】意思是：不要因为众人的猜疑而影响了自己的主见，不要固执己见而抛掉了别人的意见，不要因为自己的私利而损害了集体的利益，不要借公众的舆论来发泄个人的私欲。

【交友须带三分侠气，做人要存一点素心】意思是：交朋友要抱有一点侠义精神，做人要保留一点赤子情怀。

【饱后思味，则浓淡之境都消；色后思淫，则男女之见尽绝】意思是：吃饱了再去体味美味，就什么味道都体会不出了；泄欲之后再去回想淫荡的事，也不会再对男女的情事产生欲望了。

【我有功于人不可念，而过则不可不念；人有恩于我不可忘，而怨则不可不忘】意思是：我们对别人的恩惠，不要去念叨不忘，但自己的过失却不能不记住；别人对我们的恩惠，不要忘记，但我们对别人的怨恨却不能不忘掉。

【耳目见闻为外贼，情欲意识为内贼】意思是：耳朵听到的、眼睛看到的喜欢的东西，是外来的侵害；情感、欲望，是藏在内心的贼。

【小处不渗漏，暗处不欺隐，末路不怠荒，才是个真正英雄】意思是：处理小的细节也要不留漏洞，在没人看见的地方也不自我欺骗，穷途末路了也不懈怠荒废——这才算得上是个真正的英雄。

【德者事业之基，未有基不固而栋宇坚久者】意思是：品德是事业的基础，还从没有过地基不牢固而建筑却能坚固耐久的。

【人之过误宜恕，而在己则不可恕；己之困辱宜忍，而在人则不可忍】意思是：别人的过失要宽恕，但如果是自己的过失就不能宽恕；自己招来的穷困和屈辱要尽量忍受，但如果是别人的穷困和屈辱就要给予帮助。

【标节义者，必以节义受谤；榜道学者，常因道学招尤】意思是：标榜节义的人，一定会因为节义而遭人诽谤；标榜道德学问的人，往往会因为道德学问而招来怨尤。

【谗夫毁士，如寸云蔽日，不久自明；媚子阿人，似隙风侵肌，不觉其损】意思是：进谗的小人毁谤人，就像是一小块浮云遮挡太阳一样，不久自然会重现光明的；谄媚的小人奉承人，就像是从门缝中吹进的寒风侵入肌肤，不知不觉中就被损害到了。

【俭，美德也，过则为悭吝，为鄙啬，反伤雅道；让，懿行也，过则为足恭，为曲谨，多出机心】意思是：节俭，是美德，但是如果过分节俭就会变成吝啬、变成小气，反倒伤了雅趣；谦让，是善行，但是如果过分谦让就会变成卑躬屈膝、变成谨小慎微，反而给人有心机的感觉。

【不可乘喜而轻诺，不可因醉而生嗔，不可乘快而多事，不可因倦而鲜终】意思是：不要乘着一时兴起就随便许下诺言，不要因为醉酒而乱发脾气，不要贪爽快而惹是生非，不要因为疲惫就半途而废。

【无风月花柳，不成造化；无情欲嗜好，不成心体】意思是：大自然如果没有清风明月、花草树木，就算不上是大自然；人心如果没有感情欲望、兴趣嗜好，就算不上是一颗完整的心。

【热闹中着一冷眼，便省许多苦心思；冷落处存一热心，便得许多真趣味】意思是：如果能在喧闹中保持冷静，就可以省去许多不必要的忧虑了；当一个人穷困潦倒寂落时，仍能保持一股奋斗向上的精神，就可以获得许多真正的乐趣了。

【纵欲之病可医，而势理之病难医】意思是：放纵欲望的毛病可以医治，固执己见的毛病就很难医治了。

【读书不见圣贤，如铅椠庸；居官不爱子民，如衣冠盗】意思是：读书却不去吸取古代圣贤的思想情操，就像是一个写字匠；做官却不爱护百姓，就像是一个穿着官服的强盗。

【人心有一部真文章，都被残篇断简封锢了；有一部真鼓吹，都被妖歌艳舞淹没了】意思是：人人心里都有一部真正的文章，却都被支离破碎、断章取义的解释给阻碍了；人人心里都有一支真正的鼓吹曲，却都被那社会上妖艳的歌舞给淹没了。

【心不可不虚，虚则义理来居；心不可不实，实则物欲不入】意思是：心不能不留下一些空间，留下一些空间才能容纳学问真理；心又不能不满足，满足了才能阻止物欲的入侵。

【磨砺当如百炼之金，急就者，非邃养；施为宜似千钧之弩，轻发者，无宏功】意思是：磨炼自己就像是千锤百炼的真金，急于炼成的，不会获得深厚的修养；做事就像是拉千斤重的强弓，草率发射的，不会取得巨大的功效。

【善读书者，要读到手舞足蹈处，方不落筌蹄】意思是：擅长读书的人，要读到忘形地手舞足蹈的境界，才不会落入只会背诵词章文句而不明书中真理的境地。

【文以拙进，道以拙成，一拙字有无限意味】意思是：文章讲究质朴才能获得进步，道义是凭真诚才锻造成功的，一个拙字蕴含了无穷的意味。

【天地有万古，此身不再得；人生只百年，此日最易过】意思是：天地会万古常存，人的生命却不会再有一次；人生只有百年左右的光景，时光是很容易逝去的。

【事事留个有余不尽的意思，便造物不能忌我，鬼神不能损我】意思是：每件事都要留有余地，这样造物主就不会猜忌我了，鬼神也不会损害我了。

【图未就之功，不如保已成之业；悔既往之失，不如防将来之非】意思是：与其贪求尚未完成的功业，不如维护已经建成的功业；与其后悔过去的错误，不如好好预防将来的错误。

【谢事当谢于正盛之时，居身宜居于独后之地】意思是：引退事业，最好是在事业鼎盛的时候引退；为人处世，最好是在与人无争的情况下处世。

【至人何思何虑，愚人不识不知，可与论学亦可与建功】意思是：智慧与道德都高人一等，超脱于世俗之外的人心境淡然无忧无愁，因此遇事不会存戒心，愚钝的人糊里糊涂，遇事不懂勾心斗争——这两种人都可以和他讨论学问、可以建功立业。

【花看半开，酒饮微醉，此中大有佳趣。若至烂漫酕醄，便成恶境矣】意思是：赏花要赏半开的花，喝酒喝到微醉就好，这里头都有着很大的美好的情趣。如果花已烂漫，酒已烂醉，就成了大煞风景了。

【真廉无廉名，立名者正所以为贪；大巧无巧术，用术者乃所以为拙】意思是：真正清廉的人会连清廉的名声也不要，而树立名声的人正是因为贪图名声；真正有才华的人不会去卖弄才华，卖弄才华的人正是因为自己拙劣。

【人知名位为乐，不知无名无位之乐为最真；人知饥寒为忧，不知不饥不寒之忧为更甚】意思是：一般人只知道有名声、地位令人快乐，却不知道没有名声、没有地位束缚的快乐才是真正的快乐；一般人只知道饥饿、寒冷使人忧愁，却不知道那些不挨饿、不挨冻却精神空虚的忧愁更厉害。

【水不波则自定，鉴不翳则自明，故心无可清，去其混之者而清自现；乐不必寻，去其苦之者而乐自存】意思是：水不起波浪就自然会安静，镜子不被灰尘遮蔽就自然是明净的，所以人的心灵没有什么可清洁的，去除了私心杂念，清净自然就出现了；快乐不必去寻找，去除了痛苦哀愁，快乐自然就形成了。

【知成之必败，则求成之心不必太坚】意思是：如果懂得了有成功就一定会有失败，那么追求成功的心就没必要太执着了。

【炎凉之态，富贵更甚于贫贱；妒忌之心，骨肉尤狠于外人】意思是：炎凉的世态，在富贵的人身上会比在贫穷的人身上表现得更加明显；妒忌的心理，在亲人的身上会比在外人的身上表现得更加厉害。

【饥则附，饱则扬，燠则趋，寒则弃，人情通患也】意思是：饥寒时就去依附人家，吃饱了就走人，富贵的就去巴结，贫寒的就掉头而去——这些都是一般人的通病。

【信人者，人未必尽诚，己则独诚矣；疑人者，人未必皆诈，己则先诈矣】意思是：能信任别人的人，别人虽然未必都是真诚的，但是他自己却独自做到了真诚；常怀疑别人的人，别人虽然未必都是虚诈的，但是他自己却首先变得虚诈了。

【处富贵之地，要知贫贱的痛痒；当少壮之时，须念衰老的辛酸】意思是：处在富贵的情况下，要了解贫贱的痛苦；当年轻力壮的时候，要想到衰老时的辛酸。

【冷眼观人，冷耳听语，冷情当感，冷心思理】意思是：要用冷静的眼光来观察人，用冷静的耳朵来听别人的话，用冷静的情绪来感受事物，用冷静的心来思考。

【口乃心之门，守口不密，泄尽真机；意乃心之足，防意不严，走尽邪蹊】意思是：口是心灵的大门，防口不严密的话，就会泄露全部机密；欲望是心灵的双脚，防守欲望不严密的话，就会走入邪路。

【居卑而后知登高之为危，处晦而后知向明之太露；守静而后知好动之过劳，养默而后知多言之为躁】意思是：处在低处然后才知道登上高处是危险的；处在黑暗的地方然后才知道在光明的地方是过于暴露了；守住了安静然后才知道四处奔波是过于辛劳了；习惯了沉默然后才知道话多是令人烦躁的。

【福莫福于少事，祸莫祸于多心。惟苦事者，方知少事之为福；惟平心者，始知多心之为祸】意思是：世上的幸福，没有什么是比事情不多来得大的了；世上的灾祸，没有什么是比多疑猜忌来得厉害的了。只有那些为事奔波的人，才会知道事情不多是一种福气；只有那些平心静气的人，才会知道多疑猜忌是一种祸患。

【矜名不若逃名趣，练事何如省事闲】意思是：夸耀名声比不上逃避名声来得有趣，去做事比不上省去一事来得清闲。

【恩里由来生害，故快意时须早回首；败后或反成功，故拂心处莫便放手】意思是：捞到好处的同时往往也会招来祸害，所以在事情顺心的时候要及时回头检点；失败之后反而会有成功，所以在事情不顺心的时候也不要轻易放弃。

【性躁心粗者，一事无成；心和气平者，百福自集】意思是：性情暴躁、心思粗疏的人，往往会一事无成；平心静气的人，各种福分就会自然到来。

【洁常自污出，明每从晦生也】意思是：洁净往往是从污秽之中产生的，光明往往是从黑暗之中诞生的。

【风恬浪静中，见人生之真境；味淡声稀处，识心体之本然】意思是：处在风平浪静的环境中，才能发现人生的真谛；过着粗茶淡饭的生活，才能认识到心性的本来样子。

【鱼得水游，而相忘乎水；鸟乘风飞，而不知有风】意思是：鱼是有了水才能游动的，却忘记了水；鸟是借着风力才能飞翔的，却不知道还有风。

【盖世功劳，当不得一个矜字；弥天罪过，当不得一个悔字】意思是：就算是超过世上一切的功劳，也不值得自夸；就算是滔天的罪过，也可以悔改掉。

【心体光明，暗室中有青天；念头暗昧，白日下有厉鬼】意思是：如果心地光明，就算是处在黑屋子里，也会感到像是处在晴天下；如果心思邪恶，就算是处在光天化日之下，也会觉得好像有厉鬼。

【为恶而畏人知，恶中犹有善路；为善而急人知，善处即是恶根】意思是：做坏事却怕人知道，那么这个人在坏的同时尚且还可能走回正道；做好事却急着让人知道，那么这个人在好的同时却已经种下了恶根。

【君子而诈善，无异小人之肆恶；君子而改节，不若小人之自新】意思是：行为像君子却假装善良，就和放肆作恶的小人没什么区别；自称君子却改变操守，就还比不上小人改过自新。

【文章做到极处，无有他奇，只是恰好；人品做到极处，无有他异，只是本然】意思是：文章写到最高的境界时，就没什么特别的了，只是恰到好处；人品培养到最高的境界时，就没什么奇异的了，只是表现本性。

【千金难结一时之欢，一饭竟致终身之感】意思是：再多的财富也难以换来一时的欢乐，一顿粗茶淡饭的救济却能让人终生感激。

【谨德须谨于至微之事，施恩务施于不报之人】意思是：道德修养一定要注意细节，施恩行善一定要施给那些无法回报的人。

【不昧己心，不尽人情，不竭物力，三者可以为天地立心，为生民立命，为子孙造福】意思是：不昧着良心，不绝情绝义，不浪费物力财力——这三件事可以为世间树立为社会普遍接受的伦理道德的精神体系，为百姓选择正确的命运方向，实现其生命的价值。为后代造福。

【闻恶不可就恶，恐为谗夫泄怒；闻善不可即亲，恐引奸人近身】意思是：听说谁干坏事了，不要马上就讨厌人家，因为恐怕这是进谗的小人为发泄愤怒而故意诬陷的；听说谁做好事了，不要马上就去亲近人家，因为恐怕会把奸人招来身边。

【金自矿出，玉从石生，非幻无以求真】意思是：黄金是从矿砂冶炼来的，美玉是从石头雕琢来的，不除去假的就不能得到真的。

【隐逸林中无荣辱，道义路上无炎凉】意思是：隐逸山林的人，是没有荣耀和耻辱的担忧的；怀着仁义道德的人，是不会受到世态炎凉的折磨的。

《小窗幽记》精华

【倚高才而玩世，背后须防射影之虫；饰厚貌以欺人，面前恐有照胆之镜】出自《小窗幽记·醒》。意思是：倚仗才华横溢而游戏人世，要提防背后含沙影射的小人；伪装成厚道老实去骗人，在他的面前恐怕会有能照出肝胆来的镜子。

【怪小人之颠倒豪杰，不知惯颠倒方为小人；惜吾辈之受世折磨，不知惟折磨乃见吾辈】出自《小窗幽记·醒》。意思是：责怪小人对豪杰颠倒黑白，却不知惯于颠倒黑白的才正是小人；感叹我辈受到世事折磨，却不知只有熬得住折磨才能显出我辈的英勇来。

【淡泊之守，须从浓艳场中试来；镇定之操，还向纷纭境上勘过】出自《小窗幽记·醒》。意思是：淡泊名利的操守，一定要从浓艳的名利场中考验得来；镇定自若的品质，还得经过出生入死的复杂环境的检验。

【市恩不如报德之为厚，要誉不如逃名之为适，矫情不如直节之为真】出自《小窗幽记·醒》。意思是：卖人小恩小惠，不如知恩报德来得笃厚；沽名钓誉，不如逃避虚名来得合适；矫揉造作，不如刚直坦率来得真实。

【使人有面前之誉，不若使人无背后之毁；使人有乍交之欢，不若使人无久处之厌】出自《小窗幽记·醒》。意思是：做到让人当面赞美自己，不如做到让人不在背后毁谤自己；做到让新朋友初次结交就感到欢乐，不如做到让人和你长久相处却依然不厌烦。

【事穷势蹙之人，当原其初心；功成行满之士，要观其末路】出自《小窗幽记·醒》。意思是：对穷途末路的人，要想办法恢复他最初的志气；对功成名就的人，要看看他后面的路怎么走。

【了心自了事，犹根拔而草不生；逃世不逃名，似膻存而蚋还集】出自《小窗幽记·醒》。意思是：心无杂念，自然就没有事了，这就像是草根拔除了，草也就生不起来了一样；想逃离世事，却又不想逃离名声，这就像是臭味还在着，蚊蝇还会聚集起来一样。

【情最难久，故多情人必至寡情；性自有常，故任性人终不失性】出自《小窗幽记·醒》。意思是：感情是最难持久的，所以多情的人肯定会变得薄情起来；心性是自然常在的，所以放任心性的人最终也不会丢了心性。

【喜传语者，不可与语；好议事者，不可图事】出自《小窗幽记·醒》。意思是：爱传布流言的人，不要和他说话；爱议论是非的人，不可和他共事。

【从冷视热，然后知热处之奔驰无益；从冗入闲，然后觉闲中之滋味最长】出自《小窗幽记·醒》。意思是：在冷落的时候回看热闹的那会，然后才知道造就热闹的奔波是无益的；从繁忙的状态进入闲暇的状态，然后才觉悟出闲暇状态中的趣味是最悠长的。

【伏久者，飞必高；开先者，谢独早】出自《小窗幽记·醒》。意思是：飞前蛰伏的鸟，飞得一定高；开在前面的花，凋谢得也一定早。

【凡情留不尽之意，则味深；凡兴留不尽之意，则趣多】出自《小窗幽记·醒》。意思是：大凡情感还留有没有抒发完的，那么回味就会深长；大凡兴致还留有没有表达完的，那么趣味就会丰富。

【留七分正经以度生，留三分痴呆以防死】出自《小窗幽记·醒》。意思是：要用七分正经的态度去过日子，用三分糊涂的态度去预防死亡。

【轻与必滥取，易信必易疑】出自《小窗幽记·醒》。意思是：轻易就能付出的，一定会无度地索取；轻易相信别人的，也一定会轻易怀疑别人。

【智者不与命斗，不与法斗，不与理斗，不与势斗】出自《小窗幽记·醒》。意思是：聪明人不和命运对抗，不与法律对抗，不和道理对抗，不和社会历史发展的大趋势对抗。

【处事不可不斩截，存心不可不宽舒，持己不可不严明，与人不可不和气】出自《小窗幽记·醒》。意思是：处理事情不能不斩钉截铁，培养心境不能不从容，对待自己不能不严明，和人共处不能不和气。

【先淡后浓，先疏后亲，先远后近，交友道也】出自《小窗幽记·醒》。意思是：先平淡后浓烈，先生疏后亲密，先疏远后亲近，这是交朋友的一般过程。

【病至，然后知无病之快；事来，然后知无事之乐。故御病不如却病，完事不如省事】出自《小窗幽记·醒》。意思是：得病了，然后才知道没有病的时候的爽快；事来了，然后才知道没有事的时候的欢乐。所以治病不如防病，干成一事不如省掉一事。

【事忌脱空，人怕落套】出自《小窗幽记·醒》。意思是：做事忌讳的是脱节而空洞，做人害怕的是落进俗套里。

【欲不除，似蛾扑灯，焚身乃止；贪无了，如猩嗜酒，鞭血方休】出自《小窗幽记·醒》。意思是：如果欲望不去除，就会像是飞蛾扑灯，要烧死了才会停止；如果贪得无厌，就会像是猩猩嗜酒，要鞭打到流血了才能会罢休。

【谈空反被空迷，耽静多为静缚】出自《小窗幽记·醒》。意思是：谈论虚无的人，反而会被虚无迷惑，沉溺安静的人，大多会被安静束缚。

【博览广识见，寡交少是非】出自《小窗幽记·醒》。意思是：博览群书可以使自己见识广博，减少交际可以减少是非。

【贫不足羞，可羞是贫而无志；贱不可恶，可恶是贱而无能；老不足叹，可叹是老而虚生；死不足悲，可悲是死而无补】出自《小窗幽记·醒》。意思是：贫穷没什么值得羞耻的，值得羞耻的是贫穷的同时没有志气；卑贱没什么值得厌恶的，值得厌恶的是卑贱的同时没有才能；衰老没什么值得叹息的，值得叹息的是衰老了才发现虚度了一生；死亡没什么值得悲哀的，值得悲哀的是就是死了也于事无补。

【径路窄处，留一步与人行；滋味浓时，减三分让人嗜。此是涉世一极安乐法】出自《小窗幽记·醒》。意思是：道路狭窄的地方，要留下一点地儿给别人走；滋味浓郁的时候，要拿出三分来让别人品尝。这是为人处世一种极好的能够使人安乐的方法。

【有大通必有大塞，无奇遇必无奇穷】出自《小窗幽记·峭》。意思是：有大的顺利，就必定会有大的困穷；没有得到出人意料的遇合，就必定没有出人意料的贫穷。

【才智英敏者，宜以学问摄其躁；气节激昂者，当以德性融其偏】出自《小窗幽记·峭》。意思是：才智英伟敏捷的人，应当通过研究学问来压制他的浮躁；气节激烈昂扬的人，应当通过修养道德来化解他的偏执。

【无事如有事时提防，可以弥意外之变；有事如无事时镇定，可以销局中之危】出自《小窗幽记·峭》。意思是：平安无事的时候，要像是有事那样去提防，这样才可以消除意外变故；发生变故的时候，要像是没事那样镇定自若，这样才可以化解事情的危险。

【要做男子，须负刚肠；欲学古人，当坚苦志】出自《小窗幽记·峭》。意思是：要做男子汉，就一定要有刚正的心肠；要效法古人，就应当坚定、苦练意志。

【荷钱榆荚，飞来都作青蚨；柔玉温香，观想可成白骨】出自

《小窗幽记·峭》。意思是：财物金钱，到了手里都是要像青蚨一样又飞去的；美女美色，想想也不过是一堆白骨。

【伤心之事，即懦夫亦动怒发；快心之举，虽愁人亦开笑颜】出自《小窗幽记·峭》。意思是：使人伤心的事，就算是懦夫也会怒发冲冠起来的；大快人心的行为，就算是愁苦的人也会喜笑颜开。

【风流易荡，佯狂易颠】出自《小窗幽记·峭》。意思是：风流容易变成放荡，装狂容易导致疯癫。

【志要高华，趣要淡泊】出自《小窗幽记·灵》。意思是：志向要高大光辉，情趣却要淡泊。

【无端妖冶，终成泉下骷髅；有分功名，自是梦中蝴蝶】出自《小窗幽记·灵》。意思是：时时打扮妖媚，最终也免不了成为九泉下的白骨；分内应得的功名，也只不过是梦中虚幻的蝴蝶。

【人生莫如闲，太闲反生恶业；人生莫如清，太清反类俗情】出自《小窗幽记·灵》。意思是：人生在世，没有什么比闲逸更快乐的事情了，但是太闲逸了反而会导致人干出坏事；人生在世，没有比清高更高尚的境界了，但是太清高了反而像矫揉造作，沽名钓誉。

【烦恼之场，何种不有？以法眼照之，奚啻蝎蹈空花】出自《小窗幽记·灵》。意思是：摆放烦恼的地方，什么样的烦恼没有？但是如果用法眼来观察它们，就都不过像是蝎子在虚幻的鲜花上跳舞罢了！

【闭门阅佛书，开门接佳客，出门寻山水，此人生三乐】出自《小窗幽记·灵》。意思是：关起门来静静读佛经，打开门来接待好友，走出门去寻访山水——这是人生的三件乐事。

【不作风波于世上，自无冰炭到胸中】出自《小窗幽记·灵》。意思是：如果不在社会兴风作浪，心里就自然不会有煎熬了。

【冬起欲迟，夏起欲早，春睡欲足，午睡欲少】出自《小窗幽记·灵》。意思是：冬天要晚起，夏天要早起，春天睡眠要充足，午睡要少些。

【闻人善则疑之，闻人恶则信之，此满腔杀机也】出自《小窗幽记·灵》。意思是：听到别人的好就怀疑，听到别人的坏就相信，这样的人满心都是杀机。

【读书不独变气质，且能养精神，盖理义收摄故也】出自《小窗幽记·灵》。意思是：读书不仅能改变气质，而且能培育精神，这是因为读书可以吸收到义理的缘故。

【君子虽不过信人，君子断不过疑人】出自《小窗幽记·灵》。意思是：君子虽然不会过度相信人，但绝不会过度怀疑人。

【看书只要理路通透，不可拘泥旧说，更不可附会新说】出自《小窗幽记·灵》。意思是：读书只要道理弄通就可以了，不能拘泥过去的说法，更不要随便附会新说。

【饥寒困苦，福将至已；饱饫宴游，祸将生焉】出自《小窗幽记·灵》。意思是：饥寒、困苦——这预示着福泽就要到来了；饱食、宴游——这预示着灾祸就要降临了。

【过分求福，适以速祸；安分远祸，将自得福】出自《小窗幽记·灵》。意思是：过分贪求幸福，恰恰会导致灾祸快速来临；安分守己、远离灾祸，就自然会得到幸福。

【闻谤而怒者，谗之囮；见誉而喜者，佞之媒】出自《小窗幽记·灵》。意思是：一听到毁谤就发怒的人，这种脾性正是他被进谗言的原因所在；一听到奉承就高兴的人，这种人正是导致奸佞产生的媒介。

【处父兄骨肉之变，宜从容不宜激烈；遇朋友交游之失，宜剀切不宜优游】出自《小窗幽记·灵》。意思是：面对亲人之间的仇变，应当从容应付，不能意气用事；碰上朋友在交往中犯了错，应当诚恳劝导，不能犹犹豫豫。

【但看花开落，不言人是非】出自《小窗幽记·素》。意思是：只是静静地看看花开花落就够了，不去谈论人世的是是非非。

【莫恋浮名，梦幻泡影有限；且寻乐事，风花雪月无穷】出自《小窗幽记·素》。意思是：不要贪恋浮名，它们就像是梦幻泡影，存在是短暂的；姑且去找找乐趣，它们就像是风花雪月，趣味是无穷的。

【采茶欲精，藏茶欲燥，烹茶欲洁】出自《小窗幽记·素》。意思是：采摘茶叶，要采摘优质的；贮藏茶叶，要注意干燥；烹煮茶叶，要注意洁净。

【逢人不说人间事，便是人间无事人】出自《小窗幽记·素》。意思是：碰上什么人都不谈论世间的事，这就是世间的无事人了。

【闲中觅伴书为上，身外无求睡最安】出自《小窗幽记·素》。意思是：清闲时寻找伴侣，书籍是最好的；身外一无所求，睡觉就会最安稳。

【当乐境而不能享者，毕竟是薄福之人；当苦境而反觉甘者，方才是真修之士】出自《小窗幽记·素》。意思是：身在快乐的环境中却不懂得享受的人，毕竟是福薄的人；身在艰苦的环境中反而感到甘甜的人，才是真正有修为的人。

【填不满贪海，攻不破疑城】出自《小窗幽记·韵》。意思是：贪欲的海洋是填不满的，猜疑的城池是攻不破的。

【春光浓似酒，花故醉人；夜色澄如水，月来洗俗】出自《小窗幽记·韵》。意思是：春光浓郁地就像是酒一样，所以花也香得醉人；夜色澄澈得就像是水一样，月光也来涤净尘俗的心。

【观山水亦如读书，随其见趣高下】出自《小窗幽记·韵》。意思是：观赏山水也像读书一样，随着每个人的见识、情趣的高下不同而不同的。

【花看水影，竹看月影，美人看帘影】出自《小窗幽记·奇》。意思是：赏花要赏花在水中的影子，赏竹要赏竹子在月光下的影子，欣赏美人要欣赏美人映在窗帘上的影子。

【君子不傲人以不如，不疑人以不肖】出自《小窗幽记·奇》。意思是：君子不会因为别人不如自己就蔑视别人，不会因为别人和自己不一样就怀疑别人。

【友遍天下英杰之士，读尽人间未见之书】出自《小窗幽记·绮》。意思是：要交遍天下的英雄豪杰，读尽人间的还没有见过的书。

【须眉之士在世，宁使乡里小儿怒骂，不当使乡里小儿见怜】出自《小窗幽记·豪》。意思是：堂堂男子汉活在世上，宁愿让乡里小儿愤怒咒骂，也不愿让乡里小儿可怜。

【一心可以交万友，二心不可以交一友】出自《小窗幽记·法》。意思是：一心一意，才能交上成千上万的朋友；三心二意，就会一个朋友也交不上。

【眼界愈大，心肠愈小；地位愈高，举止愈卑】出自《小窗幽记·法》。意思是：人眼界越大，越明白自己的渺小；地位越高，举止往往越谦卑。

【少年人要心忙，忙则摄浮气；老年人要心闲，闲则乐余年】出自《小窗幽记·法》。意思是：年轻人心要忙起来，心忙起来了才可以压住浮躁气；老年人心要闲起来，心闲起来了才可以安享晚年。

【莫行心上过不去事，莫存事上行不去心】出自《小窗幽记·法》。意思是：不要去做心里过意不去的事，不要保留道理上行不通的念头。

【白沙在泥，与之俱黑，渐染之习久矣；他山之石，可以攻玉，切磋之力大焉】出自《小窗幽记·法》。意思是：白色的沙子混在泥土里，就会和泥土一样都变黑掉，这是因为渐渐染上泥土的习气久了；别的山上的石头，可以用来打磨玉器，这是因为别的山上的石头打磨的力量够大。

【芳树不用买，韶光贫可支】出自《小窗幽记·法》。意思是：芬芳的树木不用买也能看到；青春的时光在贫穷时正好可以好好使用。

【寡思虑以养神，剪欲色以养精，靖言语以养气】出自《小窗幽记·法》。意思是：减少不必要的忧虑思考才能休养精神，去除情欲才能蓄养精力，克制说话才能培养精气。

【立身高一步方超达，处世退一步方安乐】出自《小窗幽记·法》。意思是：立身处世，站得高一些才能超脱通达，懂得退一点才能平安快乐。

【毋以小嫌而疏至戚，勿以新怨而忘旧恩】出自《小窗幽记·法》。意思是：不要因为一点芥蒂就疏远了亲友，不要因为来了新的怨恨就忘了别人过去的恩惠。

【凡事韬晦，不独益己，抑且益人；凡事表暴，不独损人，抑且损己】出自《小窗幽记·法》。意思是：大凡做事能韬光养晦的，不仅对自己有好处，而且对别人也有好处；大凡做事表现得张狂暴露的，不单对别人有坏处，而且对自己也有坏处。

【觉人之诈，不形于言；受人之侮，不动于色。此中有无穷意味，亦有无穷受用】出自《小窗幽记·法》。意思是：觉察到了别人的欺诈，但不要说出来；遭到了别人的侮辱，但要不动声色。这里面有无穷的深意，也有无穷的令人受用的地方。

【爵位不宜太盛，太盛则危；能事不宜尽毕，尽毕则衰】出自《小窗幽记·法》。意思是：官爵职位不宜太显赫了，太显赫了会有危险；能做的事不宜都做光，都做光了人就会无所事事了。

【用人不宜刻，刻则思效者去；交友不宜滥，滥则贡谀者来】出自《小窗幽记·法》。意思是：用人不宜太苛求，太苛求，想效力的人就会跑掉；交友不宜太滥，太滥，阿谀奉承的人就来了。

【病中之趣味，不可不尝；穷途之景界，不可不历】出自《小窗幽记·法》。意思是：生病时的趣味，不可不亲自体验一下；穷途末路时的情景，不可不亲身经历一下。

【祸莫大于纵己之欲，恶莫大于言人之非】出自《小窗幽记·法》。意思是：世上的灾祸，没有什么是比放纵自己的欲望更大的了；世上的罪恶，没有什么是比谈论别人的是非更大的了。

【处心不可着，着则偏；作事不可尽，尽则穷】出自《小窗幽记·法》。意思是：念头不能太执着，太执着就会偏颇了；做事不能做绝，做绝了就没有退路了。

【喜时之言多失信，怒时之言多失体】出自《小窗幽记·法》。意思是：兴奋时候说出的话，大多是会失信的；狂怒时候说出的话，大多是有失体面的。

【泛交则多费，多费则多营，多营则多求，多求则多辱】出自《小窗幽记·法》。意思是：广泛结交，花费就多；花费多了，就会多方经营；多方经营，就会多方求索；多方求索，就会招来更多的耻辱。

【一字不可轻与人，一言不可轻语人，一笑不可轻假人】出自《小窗幽记·法》。意思是：就算是一个字，也不能随便赠给别人；就算是一句话，也不能随便许诺给别人；就算是一个笑脸，也不要随便展示给别人。说明待人接物应谨慎。

【圣人成大事业者，从战战兢兢之小心来】出自《小窗幽记·

国学常识 国学经典 国学精粹一本通

Guo Xue Chang Shi Guo Xue Jing Dian Guo Xue Jing Cui Yi Ben Tong

法》。意思是：做成大事的那些圣明之人，都是从小心谨慎开始的。

【酒入舌出，舌出言失，言失身弃。余以为弃身不如弃酒】出自《小窗幽记·法》。意思是：酒喝多了，舌头就想动了；舌头一动，说话就会出错；说话一出错，就可能丢掉性命了。所以我认为丢掉性命还不如放弃饮酒。

【交友之先宜察，交友之后宜信】出自《小窗幽记·法》。意思是：交朋友之前，应该先考察一番；交上朋友之后，就要信任他。

【惟书不问贵贱贫富老少。观书一卷，则增一卷之益；观书一日，则有一日之益】出自《小窗幽记·法》。意思是：只有书是不分贵贱、贫富、老少的。读书一卷，就会获得读一卷书的好处；读书一天，就会获得读一天书的好处。

【开口讥诮人，是轻薄第一件，不惟丧德，亦足丧身】出自《小窗幽记·法》。意思是：开口就讥笑人，这是最轻佻浮薄的行为，不仅仅会丧失道德，也足以让人丢掉性命。

【性不可纵，怒不可留，语不可激，饮不可过】出自《小窗幽记·法》。意思是：心性不能放纵，怒气不要强忍，说话不能偏激，饮食不要过量。

《围炉夜话》精华

【教子弟于幼时，便当有正大光明气象；检身心于平日，不可无忧勤惕厉工夫】意思是：教导子弟要从幼年开始，要培养出他们正直、宽广、光明磊落的气概，教导他们平常就要懂得反省，不能没有忧患意识、勤勉的品德，以及自我警惕和自我砥砺的修养。

【与朋友交游，须将他好处留心学来，方能受益；对圣贤言语，必要在平时照样行去，才算读书】意思是：和朋友交游，一定要留心观察并学习他的长处，这样才能受益；对圣贤的言论，一定要在日常中照样去实行，这样才算得上是真正的读书。

【贫无可奈惟求俭，拙亦何妨只要勤】意思是：贫穷是没辙的，只有努力节俭；笨拙又有什么关系，只要勤奋。

【稳当话，却是平常话，所以听稳当话者不多；本分人，即是快活人，无奈做本分人者甚少】意思是：稳当的意见，其实只是平常的意见，所以听稳当意见的人是不多的；本分的人，其实就是快乐的人，无奈能够本分做人的却很少。

【处事要代人作想，读书须切己用功】意思是：处理事情要懂得替人着想，读书做学问一定要自己老实用功。

【一信字是立身之本，所以人不可无也；一恕字是接物之要，所以终身可行也】意思是：一个"信"字，是人立身处世的根本原则，所以人不能没有信用；一个"恕"字，是待人接物的重要品德，所以值得终身奉行。

【教小儿宜严，严气足以平躁气；待小人宜敬，敬心可以化邪心】意思是：教导孩子要严格，严肃的态度才足以平息他们的浮躁之气；对待小人要敬重，敬重之心可以化解他们邪恶之心。

【名利之不宜得者竟得之，福终为祸；困穷之最难耐者能耐之，苦定回甘】意思是：不该得到的名利竟得到了，就是福分也终究会变成灾祸；最难忍耐的困穷都能忍耐，困苦就一定会变成甘甜。

【人心统耳目官骸，而于百体为君，必随处见神明之宰】意思是：人心控制着五官和身体，是各种器官的主宰，一定要随时随地保持清醒的心。

【有才必韬藏，如浑金璞玉，暗然而日章也；为学无间断，如流水行云，日进而不已】意思是：有才华的人，一定会韬光养晦，就像没有经过加工的金玉一样，暗淡之后就会渐渐放出光芒；做学问一定不要间断，要像行云流水一样一以贯之，就会每天不停地进步。

【积善之家，必有余庆；积不善之家，必有余殃】意思是：积累善行的人家，一定能给后代带来福泽；积累恶行的人家，一定会给后代留下灾殃。

【每见待子弟，严厉者，易至成德；姑息者，多有败行，则父兄之教育所系也。又见有子弟，聪颖者，忽入下流；庸愚者，转为上达，则父兄之培植所关也】意思是：常常看在对待子孙的问题上，严厉的人，他们的子孙往往容易养成好的品德；而那些姑息迁就的人，他们的子孙大多会有败家的行为——这完全是父亲、兄长的教育的关系；又看到有些本来聪明的子孙，后来堕落成了品行低劣的人；有些平庸愚钝的子孙，反而成为了品德高尚的人——这也都是和父亲、兄长的培养有关。

【读书无论资性高低，但能勤学好问，凡事思一个所以然，自有义理贯通之日】意思是：读书做学问，不论资质高低，只要能勤奋好问，凡事都能想想为什么，自然会有通晓道理心无滞碍的那一天。

【打算精明，自谓得计，然败祖父之家声者，必此人也】意思是：精打细算、自以为很成功，然而败坏了先人遗留下来的好名声的，一定就是这种人。

【心能辨是非，处事方能决断；人不忘廉耻，立身自不卑污】意思是：心里能够辨别是非，处理事情才能果断；人能不忘廉耻，立身处世处就不会变得卑贱污浊。

【忠有愚忠，孝有愚孝，可知忠孝二字，不是伶俐人做得来】意思是：忠诚里有一种愚忠，孝行里有一种愚孝，由此可见"忠孝"两个字，不是那些伶俐取巧的人做得来的。

【权势之徒，虽至亲亦作威福，岂知烟云过眼，已立见其消亡】意思是：倚仗权力威势的人，就算在至亲好友面前也要作威作福，哪里晓得权势就像是烟云飘过眼前，立刻就看到它消失无踪了。

【大丈夫处事，论是非，不论祸福；士君子立言，贵平正，尤贵精详】意思是：大丈夫处理事情，只问对错，并不问这样做给自己带来的究竟是福还是祸；读书人著书立说，贵在公平正直，尤其贵在精当详尽。

【存科名之心者，未必有琴书之乐；讲性命之学者，不可无经济之才】意思是：抱着追求功名利禄心思的人，未必会有享乐琴棋书画的雅兴；讲求心性天命的学者，不能没有经世济国的才能。

【泼妇之啼哭怒骂，伎俩要亦无多，唯静而镇之，则自止矣。谗人之簸弄挑唆，情形虽若甚迫，苟淡而置之，是自消矣】意思是：泼妇哭闹咒骂，手段也不过就是这些，只要镇定自若不去理会，那么哭闹自然会停止。进谗言的小人搬弄是非、挑起纷争，情势虽然好像很急迫，但如果能淡然处之，谗毁就自然会消失。

【肯救人坑坎中，便是活菩萨；能脱身牢笼外，便是大英雄】意思是：肯去救助陷入困境的人，就是活菩萨；能够超脱世俗的困扰，就是大英雄。

【气性乖张，多是夭亡之子；语言尖刻，终为薄福之人】意思是：脾性乖僻执拗的人，大多是短命的人；说话尖酸刻薄的人，终究是福分浅薄的人。

【志不可不高，志不高，则同流合污，无足有为矣；心不可太大，心太大，则舍近图远，难期有成矣】意思是：一个人的志向不可不高远，志向不高远，那么就会受不良环境的影响，堕入庸俗低级之流，不可能有什么大作为；一个人野心不能太大，野心太大，那么就会舍弃切近可行的事情，而去追逐遥不可及的目标，就难有希望取得成功。

【贫贱非辱，贫贱而谄求于人者为辱】意思是：家境贫困地位低下不可耻，但因为贫贱而去献媚求人才可耻。

【古人比父子为乔梓，比兄弟为花萼，比朋友为芝兰，敦伦者，当即物穷理也】意思是：古人把父子比作是乔木和梓木，把兄弟比作是花和萼，把朋友比作是芝兰香草——因此敦睦人伦的人，就应当从万物中穷究其理。

【父兄有善行，子弟学之或不肖；父兄有恶行，子弟学之则无不肖】意思是：父亲、兄长有好的行为，后辈学起来也许会学得不像；但如果父亲、兄长有不好的行为，后辈学起来却没有不像的。

【守身不敢妄为，恐贻羞于父母；创业还须深虑，恐贻害于子孙】意思是：洁身自好而不敢乱来，是怕因此而使父母蒙羞；创建事业时要深思熟虑，是怕因此而给后代留下祸害。

【无论做何等人，总不可有势利气；无论习何等业，总不可有粗浮心】意思是：不管做哪一种人，都不能有势利的习气；不管干什么事业，都不能有粗率浮躁的心。

【知道自家是何等身份，则不敢虚骄矣；想到他日是那样下场，则可以发愤矣】意思是：清楚自己是什么能力，就不敢虚浮骄傲了；想到日后会落得惨淡的下场，就能发奋努力了。

【常人突遭祸患，可决其再兴，心动于警惕也；大家渐及消亡，难期其复振，势成于因循也】意思是：普通人突然遭到灾祸，还可以痛下决心、东山再起，因为他心里能够警戒激励自己；但是如果大家都渐渐消沉了，就很难期待会重新振作起来，因为因循守旧的习惯已经养成，难以改变。

【天地无穷期，生命则有穷期，去一日，便少一日；富贵有定数，学问则无定数，求一分，便得一分】意思是：天地没有结束的时候，人的生命却有结束的时候，过去一天，生命就少一天；富贵是有定数的，学问却没有定数，下一分功夫，就会收获一分成绩。

【气性不和平，则文章事功，俱无足取；语言多矫饰，则人品心术，尽属可疑】意思是：一个人如果不能心平气和，那么不管是做学问还是建功业，都会一无可取；一个人如果说话经常虚伪造作，那么这个人的品德心性，都是可疑的。

【误用聪明，何若一生守拙；滥交朋友，不如终日读书】意思是：聪明用在歧途，还不如终生谨守愚拙；随便结交朋友，还不如整天闭门读书。

【看书须放开眼孔，做人要立定脚跟】意思是：读书要放开眼界，做人要踏踏实实。

【财不患其不得，患财得而不能善用其财；禄不患其不来，患禄来而不能无愧其禄】意思是：不要担心钱财赚不着，担心的是钱财赚到了，却不能好好地使用；不要担心俸禄得不到，担心的是俸禄得到了，却不能问心无愧于所得的俸禄。

【交朋友增体面，不如交朋友益身心；教子弟求显荣，不如教子弟立品行】意思是：为了增加自己的面子而结交朋友，不如为了有益身心而结交朋友；教导子孙追求显达，不如教导子孙树立品行。

【一言足以召大祸，故古人守口如瓶，唯恐其覆坠也；一行足以玷终身，故古人饬躬若璧，唯恐有瑕疵也】意思是：一句错话就足以招来大祸，所以古人说话十分谨慎，唯恐招来杀身之祸；一件错事就足以玷污一生的清白，所以古人做事谨小慎微，守身如玉唯恐给自己留下污点。

【行善济人，人遂得以安全，即在我亦为快意；逞奸谋事，事难必其稳便，可惜他徒自坏心】意思是：做好事救济别人，别人因此得到平安保全，那么自己也会感到快乐；放纵奸邪的心思去谋划一件事，事情也未必能很稳当便利，只可惜他白白地坏了自己的心肠。

【不蹶于山，而蹶于垤，则细微宜防也】意思是：没有在高山上摔倒，却在小丘上摔倒了——这说明细微之处也应当防范。

【十分不耐烦，乃为人大病；一味学吃亏，是处事良方】意思是：做事不能忍受麻烦，是做人的一个大毛病；处处抱着吃亏的态度，这才是处理事情的好办法。

【习读书之业，便当知读书之乐；存为善之心，不必邀为善之名】意思是：读书就要懂得读书的乐趣；抱着做好事的念头，就不必贪求做好事的美名。

【敬他人，即是敬自己；靠自己，胜于靠他人】意思是：尊敬别人，就是尊敬自己；依靠自己，胜过依靠别人。

【庸愚之覆事，犹为小咎；而精明之覆事，必见大凶】意思是：由于愚笨而坏了事，还只是小过失；精明却还坏了事，就一定会出现大的灾难。

【纵容子孙偷安，其后必至耽酒色而败门庭；专教子孙谋利，其后必至争赀财而伤骨肉】意思是：纵容子孙苟且享乐，日后子孙一定会发展到沉迷酒色、败坏家门的地步；专门教导子孙去谋利，日后子孙一定会发展到因为争夺财产而骨肉相残的地步。

【家纵贫寒，也须留读书种子；人虽富贵，不可忘稼穑艰辛】意思是：家境就算贫寒，也要让子孙里面有读书的；人就算富贵，也不能忘记耕种庄稼的艰辛。

【饱暖人所共羡，然使享一生饱暖，而气昏志惰，岂足有为】意思是：吃饱穿暖的生活是人人都羡慕的，但是就算一生都吃饱穿暖了，却意志松懈、浑浑噩噩，又怎么能有所作为呢？

【人生不可安闲，有恒业，才足收放心；日用必须简省，杜奢端，即以昭俭德】意思是：人生在世不能太安闲了，要有稳定的事业，才足以收回放纵的心；日常的花费一定要简单节省，杜绝奢侈的习气，这样才能展现出节俭的美德。

【成大事功，全仗着秤心斗胆；有真气节，才算得铁面铜头】意思是：能够干成大事的人，完全凭的是坚定的意志、超人的胆识；真正有气节的人，才能刚强坚韧。

【但责己，不责人，此远怨之道也；但信己，不信人，此取败之由也】意思是：只责备自己，不责备别人，这是远离怨恨的办法；只相信自己，不相信别人，这是导致失败的原因。

【有生资，不加学力，气质究难化也；慎大德，不矜细行，形迹终可疑也】意思是：一个人有很高的天资，却不努力，他的性格气质终究还是难以被教化；一个人只在大的德行上谨小慎微，却不注意小节，他的言行终究还是可疑的。

【能结交直道朋友，其人必有令名；肯亲近耆德老成，其家必多善事】意思是：能够交上正直的朋友，这样的人一定也会获得好的名声；肯亲近德高望重的老者，这样的人家一定也会变成常做善事的人家。

【自奉必减几分方好，处世能退一步为高】意思是：对待自己（不能太过珍爱），一定要减去几分才好；为人处世，能够退一步才算得上是高明。

【人生境遇无常，须自谋一吃饭本领；人生光阴易逝，要早定一成器日期】意思是：人一生的境遇变化无常，要掌握可以谋生的一技之长；人一生的光阴容易流逝，要尽早确定成就事业的期限。

【与其使乡党有誉言，不如令乡党无怨言；与其为子孙谋产业，不如教子孙习恒业】意思是：与其让乡邻赞赏自己，不如让乡邻对自己没有怨言；与其为子孙去谋求财富产业，不如教给他们可以长期谋生的本领。

【多记先圣格言，胸中方有主宰；闲看他人行事，眼前即是规箴】意思是：多多铭记先贤们的格言，心里才会有主见；从容看待别人如何处事，把眼前别人处事的得失作为自己处事的规箴。

【何谓享福之人，能读书者便是；何谓创家之人，能教子者便是】意思是：什么可以称得上是享福的人呢，擅长读书的人就是；什么可以称得上是创立了家业的人呢，擅长教导儿女的人就是。

【人虽无艰难之时，却不可忘艰难之境；世虽有侥幸之事，断不可存侥幸之心】意思是：人就算没有艰难的时候，也不要忘记了艰难的处境；世上就算有侥幸的事，却千万不能抱有侥幸的念头。

【正而过则迂，直而过则拙，故迂拙之人，犹不失为正直；高或入于虚，华或入于浮，而虚浮之士，究难指为高华】意思是：过分端正了会显得迂腐，过分率直了会显得笨拙，但迂腐、笨拙的人，仍然不失为端正、率直的人；高远不切实际的目标有时会变成虚妄，豪华有时会变成浮华，但虚妄、浮华的人，却终究难以称得上是高明的有才华的人。

【图功未晚，亡羊尚可补牢；浮慕无成，羡鱼何如结网】意思是：求取功业是算不上晚的，羊跑掉了尚且还来得及修补羊圈呢；徒然羡慕水中的鱼是得不到鱼的，羡慕水中的鱼怎么比得上回家编织渔网呢。

【淡中交耐久，静里寿延长】意思是：平淡交往才能长久，平静生活才能长寿。

【山水是文章化境，烟云乃富贵幻形】意思是：好文章出神入化的境界，就像是美妙的山水；富贵有着虚无的幻象，就像是缥缈的烟云。

【天下无憨人，岂可妄行欺诈；世上皆苦人，何能独享安闲】意思是：天下没有真正愚蠢的人，怎能任意欺诈人呢？世上都是受苦的人，怎能够独享闲适的生活呢？

【神传于目，而目则有胞，闭之可以养神也；祸出于口，而口则有唇，阖之可以防祸也】意思是：精神是由眼睛来传达的，而眼睛有眼皮，合上眼皮就可以休养精神了；灾祸是由嘴巴说话造成的，但嘴巴有嘴唇，闭上嘴巴就可以防止灾祸了。

【人犯一苟字，便不能振；人犯一俗字，便不可医】意思是：人一旦随便了，就很难振作起来；人一旦庸俗了，就不可救药了。

【知过能改，便是圣人之徒；恶恶太严，终为君子之病】意思是：知道做错了并能改正过来，就是圣人的弟子；厌恶邪恶太过极端，终究是君子的一种毛病。

【把自己太看高了，便不能长进；把自己太看低了，便不能振兴】意思是：好高骛远，心高气傲，就不能长进了；低估自己就不能振作起来了。

【和气迎人，平情应物；抗心希古，藏器待时】意思是：要和气地待人，平心静气地处理事情；要将古人的高尚心志当做榜样，积蓄实力，等待时机。

【薄族者，必无好儿孙；薄师者，必无佳子弟】意思是：冷漠对待族人的人，一定培养不出好儿孙；鄙薄老师这种职业的人，一定教育不出好弟子。

【粗粝能甘，必是有为之士；纷华不染，方称杰出之人】意思是：粗衣劣食都能够快乐享用的人，一定是能有作为的人；没有染上奢华淫逸的恶习的人，才称得上是杰出的人。

《幽梦影》精华

【经传宜独坐读；史鉴宜与友共读】意思是：经书及其注释著作，适宜一个人独自坐着阅读，历史著作适宜和朋友共同阅读。

【天下有一人知己，可以不恨。不独人也，物亦有之】意思是：天下要有一人能够成为知己，就可以毫无遗憾了。不只人是这样，物也是这样。

【若恶少斥辱，悍妻诟谇，真不若耳聋也】意思是：如果被恶少呵斥和辱骂，被蛮横的妻子咒骂，真还不如耳朵聋了好。

【对渊博友，如读异书；对风雅友，如读名人诗文；对谨饬友，如读圣贤经传；对滑稽友，如阅传奇小说】意思是：与博学的朋友相处，就像是阅读一部奇特的书；和风雅的朋友相处，像读名诗佳作；

与行事谨慎有条不紊的朋友相处，就像是阅读圣贤的经传著作；和风趣幽默的朋友相处，就像是阅读传奇小说。

【楷书须如文人；草书须如名将，行书介乎二者之间，如羊叔子缓带轻裘，正是佳处】意思是：楷书要写得有文人味，草书要写得有名将味，行书在两者之间，如果能写得像羊叔子那样轻裘缓带地去监督军事，正是最高境界。

【少年人须有老成之识见；老成人须有少年之襟怀】意思是：年轻人要有老年人那样老成稳重的见识，老年人要有年轻人那样积极的胸怀。

【庄周梦为蝴蝶，庄周之幸也；蝴蝶梦为庄周，蝴蝶之不幸也】意思是：庄子梦见自己变成了蝴蝶，是庄子的幸运；蝴蝶梦见自己变成了庄子，就是蝴蝶的不幸了。

【景有言之极幽，而实萧索者，烟雨也；境有言之极雅，而实难堪者，贫病也；声有言之极韵，而实粗鄙者，卖花声也】意思是：有一种被说成是十分清幽，实际上却十分萧索的景物，就是烟雨；有被说成是十分雅致，实际上却十分难堪的境遇，就是贫病；有一种被说成是十分动听，实际上却十分粗鄙的声音，就是卖花的声音。

【花不可以无蝶，山不可以无泉，石不可以无苔，水不可以无藻，乔木不可以无藤萝，人不可以无癖】意思是：鲜花不能没有蝴蝶，山峰不能没有泉水，石头不能没有苔藓，池水不能没有浮萍，乔木不能没有藤萝，人不能没有自己的癖好。

【赏花宜对佳人，醉月宜对韵人，映雪宜对高人】意思是：观赏鲜花适宜和美人一起，对月畅饮适宜和诗友一起，观赏白雪适宜和高雅的君子一起。

【艺花可以邀蝶，垒石可以邀云，栽松可以邀风，贮水可以邀萍，筑台可以邀月，种蕉可以邀雨，植柳可以邀蝉】意思是：种上花草可以招来蝴蝶，堆砌山石可以招来云彩，种下松树可以招来清风，贮存池水可以招来浮萍，筑起高台可以招来明月，种上芭蕉可以招来细雨，种上柳树可以招来鸣蝉。

【楼上看山，城头看雪，灯前看月，舟中看霞，月下看美人，另是一番情景】意思是：从高楼上看山，从城头上看雪，在灯前观赏明月，在船上观看晚霞，在月下欣赏美人，就会另有一番情境了。

【镜不幸而遇嫫母，砚不幸而遇俗子，剑不幸而遇庸将，皆无可奈何之事】意思是：镜子不幸让丑陋的嫫母使用，砚台不幸落入了俗人之手，宝剑不幸让平庸的将帅佩带——都是无可奈何的事。

【当为花中之萱草，毋为鸟中之杜鹃】意思是：要做花草中美好可赏的萱草，不要做鸟类中催人心酸的杜鹃。

【花不可见其落，月不可见其沉，美人不可见其夭】意思是：观赏鲜花，不要观赏它枯萎零落的景色；观赏明月，不要观赏它落下的景色；欣赏美人，不忍心看到她青春夭折。

【美人之胜于花者，解语也；花之胜于美人者，生香也。二者不可得兼，舍生香而取解语者也】意思是：美人胜过鲜花的地方，是能善解人意，鲜花胜过美人的地方，是能发出清香。二者不能同时得到，就舍弃鲜花而追求美人了。

【少年读书如隙中窥月；中年读书如庭中望月；老年读书如台上玩月；皆以阅历之浅深，为所得之浅深耳】意思是：年少时读书，就像从云缝中窥探月亮；中年时读书，就像在庭院中仰望月亮；老年时读书，就像在高台上玩赏月亮。这些都是因为阅历的深浅，而致使每个年龄阶段获得相应体味的深浅不同。

【为浊富不若为清贫，以忧生不若以乐死】意思是：做一个污浊的富人，不如做一个清正的穷人；忧愁地活着，不如快乐地死去。

【雨之为物，能令昼短，能令夜长】意思是：雨这样的东西，能够使白天好像变短了，也能够使黑夜好像变长了。

【富贵而劳悴，不若安闲之贫贱；贫贱而骄傲，不若谦恭之富贵】意思是：如果富贵却换来了劳碌憔悴，那就比不上虽然贫贱却安闲自在；如果贫贱又以此为骄傲，就比不上虽然富贵却谦虚恭敬。

【目不能识字，其闷尤过于盲；手不能执管，其苦更甚于哑】意思是：有眼睛却不识字，这种烦闷比眼睛瞎了还要厉害；有手却不能拿笔，这种痛苦比哑了还要厉害。

【养花胆瓶，其式之高低大小，须与花相称，而色之浅深浓淡，又须与花相反】意思是：插花的花瓶，它们样式的高低大小，要和所插的鲜花相称，而花瓶颜色的深浅浓淡，又要和鲜花的颜色相反。

【春雨如恩诏，夏雨如赦书，秋雨如挽歌】意思是：春天的雨水就像是皇帝施恩的诏书，夏天的雨水就像是朝廷颁布的赦书，秋天的雨水就像是哀悼死者的挽歌。

【武人不苟战，是为武中之文；文人不迂腐，是为文中之武】意思是：武人不随便攻占掠夺，那他就是武人中的儒将；文人不迂腐，那他就是文人中的武人。

【文人讲武事，大都纸上谈兵；武将论文章，半属道听途说】意思是：文人谈论打仗，大都是纸上谈兵；武人谈论诗词文章，多半是道听途说。

【情必近于痴而始真；才必兼乎趣而始化】意思是：情感必须要到接近痴迷的时候，才算得上是真诚；才华必须要兼具情趣，才算得上是有境界。

【春雨宜读书，夏雨宜弈棋，秋雨宜检藏，冬雨宜饮酒】意思是：下春雨的时日里适合读诗书，下夏雨的时日里适合和人下棋，下秋雨的时日里适合翻检收藏的东西，下冬雨的时日里适合畅饮美酒。

【诗文之体，得秋气为佳；词曲之体，得春气为佳】意思是：诗歌散文的创作，带有秋天的气息是最好的；词曲的创作，带有春天的气息是最好的。

【藏书不难，能看为难；看书不难，能读为难；读书不难，能用为难；能用不难，能记为难】意思是：藏书不困难，能去看才困难；看书也不困难，能点读吟诵才困难；点读吟诵也不困难，能运用才困难；能运用也不困难，能记住变成自然而然的行为习惯才困难。

【求知己于朋友易，求知己于妻妾难，求知己于君臣则尤难之难】意思是：在朋友中寻找知己是容易的，在妻妾中寻找知己就比较难了，在君臣之间寻找知己就更是难上加难。

【文章是案头之山水，山水是地上之文章】意思是：文章是摆在案头上的山水，山水是写在大地上的文章。

【《水浒传》是一部怒书；《西游记》是一部悟书；《金瓶梅》是一

部哀书】意思是：《水浒传》是一部表达愤怒的书；《西游记》是一部讲领悟的书；《金瓶梅》是一部表达哀艳的书。

【发前人未发之论，方是奇书；言妻子难言之情，乃为密友】意思是：著书，能谈出前人没有谈过的东西，才称得上是奇书；能坦白连对妻子都很难启齿的情感，才称得上是密友。

【种花须见其开，待月须见其满，著书须见其成，美人须见其畅适，方有实际。否则皆为虚设】意思是：种花一定要见到花开，赏月一定要观赏圆满的，著书立说一定要做到成一家之言，见美人一定要见她畅快舒适的样子，这样才实际，否则就都和虚设没有区别。

【玩月之法，皎洁则宜仰观，朦胧则宜俯视】意思是：观赏月亮的方法是，皎洁的时候就应该仰观，朦胧的时候就应该从高处俯视月光下的大地。

【凡事不宜刻，若读书则不可不刻；凡事不宜贪，若买书则不可不贪；凡事不宜痴，若行善则不可不痴】意思是：凡事都不宜太过苛求，但读书就不能不苛求一些；凡事都不宜贪婪，但买书就不能不贪婪一些；凡事都不宜太痴迷，但行善就不能不痴迷一些。

【酒可好不可骂座，色可好不可伤生，财可好不可昧心，气可好不可越理】意思是：酒是可以爱的，但不能酒后骂人；美色是可以爱的，但不能伤身；钱财是可以爱的，但不能丧失良心；逞强是可以的，但不能毫无道理。

【妾美不如妻贤，钱多不如境顺】意思是：妾虽然美丽，但比不上正妻的贤惠；拥有很多财富但比不上境遇顺利。

【创新庵不若修古庙，读生书不若温旧业】意思是：建造新的庙宇，不如修缮旧的寺院；阅读不熟悉的书，不如温习旧书。

【不得已而谀之者，宁以口，毋以笔；不可耐而骂之者，亦宁以口，毋以笔】意思是：不得不违心地去奉承别人时，宁可嘴上说，不要用笔写成文章；忍无可忍非要痛骂不可时，也是宁可嘴上痛骂，不要用笔写成文章。

【多情者必好色，而好色者未必尽属多情；红颜者必薄命，而薄命者未必尽属红颜；能诗者必好酒，而好酒者未必尽属能诗】意思是：多情的人必然喜欢美色，喜欢美色的人却未必都是多情的；红颜必然命运不好，命运不好的女子却未必都是红颜；会作诗的人必然都喜欢喝酒，喜欢喝酒的人却未必都能作诗。

【涉猎虽曰无用，犹胜于不通古今；清高固然可嘉，莫流于不识时务】意思是：泛泛浏览虽然说是没用的，但还是比那些不通古今的人强些；清高固然是值得赞赏的，但不要弄得不识时务了。

【所谓美人者，以花为貌，以鸟为声，以月为神，以柳为态，以玉为骨，以冰雪为肤，以秋水为姿，以诗词为心】意思是：所谓美人，那要用花来形容她的美貌，用鸟鸣来形容她的声音，用月亮来形容她的神态，用垂柳来形容她的身姿，用美玉来形容她的骨质，用冰雪来形容她的肌肤，用秋水来形容她的多情，用诗词来形容她的心思。

【五色有太过有不及，惟黑与白无太过】意思是：红、黄、蓝、黑、白这五种颜色中，有的太浓了，有的太淡了，只有黑和白是不过度的。

【春风如酒，夏风如茗，秋风如烟，如姜芥】意思是：春天的风使人陶醉就像是酒；夏天的风清爽宜人就像是茶；秋天的风浓烈得就像是烟，像姜和芥末。

【不治生产，其后必致累人；专务交游，其后必致累己】意思是：不去劳动生产，到头来肯定会拖累别人；一心扑在交友游历上，到头来肯定会拖累自己。

【昔人云："妇人识字，多致诲淫。"予谓此非识字之过也。盖识字则非无闻之人，其淫也，人易得而知耳】意思是：过去有人说："女人识了字，大多会导致淫荡。"我认为这并非识字的过错。大概识字的就不能算是默默无闻的人了，她们如果淫荡，人们就很容易知道。

【官声采于舆论。豪右之口与寒乞之口，俱不得其真；花案定于成心，艳媚之评与寝陋之评，概恐失其实】意思是：当官的人的声誉，可以从舆论中看出来。从富贵人家和贫贱小民嘴里说出来的话，都不是实情；当官的把桃色案件判定成是有心为之，但艳媚的结论和猥琐的结论恐怕都是有失实情的。

【胸藏丘壑，城市不异山林；兴寄烟霞，阎浮有如蓬岛】意思是：只要胸怀山林丘壑，住在城市中也会像是住在山林中一样；只要兴趣放在了烟霞云雾上，置身尘世中也会像是置身蓬莱仙境一样。

【蛛为蝶之敌国，驴为马之附庸】意思是：蜘蛛是蝴蝶的敌人，驴是马的附庸。

【牛与马，一仕而一隐也；鹿与豕，一仙而一凡也】意思是：牛和马，一个象征官吏，一个象征隐士；鹿和猪，一个象征神仙，一个象征凡人。

【古今至文，皆血泪所成】意思是：从古至今的好文章，都是作者用血和泪写成的。

【情之一字，所以维持世界；才之一字，所以粉饰乾坤】意思是：一个情字，是维持世界的所在；一个才字，是粉饰乾坤的所在。

【媸颜陋质，不与镜为仇者，亦以镜为无知之死物耳。使镜而有知，必遭扑破矣】意思是：相貌丑陋、皮肤粗糙的人，即使不和镜子有仇，也只会把镜子当成是一个没有知觉的死物罢了。如果镜子是有知觉的，就一定会被打碎了。

【买得一本好花，犹且爱怜而护惜之，矧其为解语花乎】意思是：买了一枝好花，尚且还会爱惜它，何况是那些能够善解人意的鲜花——美人呢？

【貌有丑而可观者，有虽不丑而不足观者；文有不通而可爱者，有虽通而极可厌者。此未易与浅人道也】意思是：对于容貌，有的虽然丑陋却还是可以看看的，有的虽然不丑陋却不值一看；对于文章，有的虽然不够通顺却平实可爱，有的虽然通顺却极其面目可憎。这里面的道理是不容易向浅薄之人说得明白的。

【宁为小人之所骂，毋为君子之所鄙；宁为盲主司之所摈弃，毋为诸名宿之所不知】意思是：宁可做一个被小人咒骂的人，也不做一个被君子鄙弃的人；宁可做一个被没眼光的上司抛弃的人，也不做一个不被德高望重的人知道的人。

【傲骨不可无，傲心不可有。无傲骨则近于鄙夫，有傲心不得为君子】意思是：高傲的品性不能没有，但傲慢的心就不要有。没有高傲的品性就和鄙陋的小人差不多了，有傲慢的心就做不成君子。

【能读无字之书，方可得惊人妙句；能会难通之解，方可参最上禅机】意思是：能够品读没有文字的书，才能写出惊人的妙句；能够领会很难理解的思想，才能参破最精妙的禅机。

【才子遇才子，每有怜才之心；美人遇美人，必无惜美之意】意思是：才子碰上才子，往往会有惺惺相惜的心情；美人碰上美人，却一定没有爱惜对方美貌的念头。

【镜与水之影，所受者也；日与灯之影，所施者也。月之有影，则在天者为受而在地者为施也】意思是：镜子和水面的影像，是它们接受了外在的东西而形成的；太阳和灯下的影像，是它们照射了外在的东西而出现的。月亮有影子，那么在天上就是接受了外在的东西而形成的，在地上就是照射了外在的东西而出现的。

【能闲世人之所忙者，方能忙世人之所闲】意思是：能够在人们忙碌的事情上闲下来，才能够在人们闲荡的事情上有所作为。

【臭腐化为神奇，酱也，腐乳也，金汁也；至神奇化为腐臭，则是物皆然】意思是：从腐臭转化成了神奇的东西的，有酱、腐乳和金汁；至于从神奇转化成了臭腐的，一切东西都是这样。

【黑与白交，黑能污白，白不能掩黑；香与臭混，臭能胜香，香不能敌臭。此君子小人相攻之大势也】意思是：黑和白碰上了，黑能污染白，白却不能掩盖黑；香和臭搅混了，臭能压过香，香却不能压过臭。这就是君子和小人较量时的一般趋势。

【耻之一字，所以治君子；痛之一字，所以治小人】意思是：一个耻字，是用来管治君子的；一个痛字，是用来管治小人的。

【镜不能自照，衡不能自权，剑不能自击】意思是：镜子没法自己照见自己，秤没法自己称量自己，宝剑没法自己击打自己。

【胸中小不平，可以酒消之；世间大不平，非剑不能消也】意思是：胸中有点小小的不平，可以用酒去消除它；世间有巨大的不公平，不用剑就没法消除了。

【一日之计种蕉，一岁之计种竹，十年之计种柳，百年之计种松】意思是：如果从一天来着想，就种植芭蕉；如果从一年来着想，就种植竹子；如果从十年来着想，就种植杨柳；如果从一百年来着想，就种植苍松。

3000个中国人必知的国学知识点

国学常识
国学经典
国学精粹
一本通

（第四卷）

《国学常识 国学经典 国学精粹一本通》编委会 主编

中国华侨出版社

从“话本”到小说

宋代的“话本”是白话小说的老祖宗。“说话”大致相当于后来的“说书”。这里面有说历史故事的，有说神怪故事的，有说社会故事的。讲故事的时候不能够一次讲完，必须分成若干次，连续地讲，每讲一次，就是一回。而在每次讲故事之前都要用题目总说一下故事梗概，这就是“回目”了，章回小说就这样出现了。

经过宋元两代长期的孕育、民间的积累加上文人的介入，从明初至清代出现了几部影响极为深远的经典小说，这就是《三国演义》、《水浒传》、《西游记》。

罗贯中的《三国演义》不仅是我国章回小说中的开山作品，也是我国最有成就的长篇历史小说。它结构宏伟壮阔而又严密精巧，展开了三国的历史，人物众多，事件复杂，却能脉络分明，极尽变化。人物形象鲜明生动，深入人心，影响到千秋万代。

施耐庵的《水浒传》是写社会生活的杰出作品。它描写了众多性格各异的人物形象，有血有肉，栩栩如生，跃然纸上。小说情节极为生动曲折，变化多端，引人入胜。语言明快、洗炼，绘声绘色，形神毕肖。《水浒传》的人物典型已经融入人们对社会生活的认识之中。

《西游记》虽是由吴承恩最终完成，其实它的成书已经酝酿了七百多年。从唐太宗贞观三年（公元 629 年），玄奘前往天竺取经，故事就发生了，以后一直在民间传说。南宋时的《大唐三藏取经诗话》就已经把神话和取经故事串联起来讲说了。到了元代，唐僧、孙悟空、猪八戒和沙僧师徒四人取经的形象就已经塑造完成。最后由明代的吴承恩集合众说，创造性的完成了这部最优秀的神魔小说。

《西游记》从孙悟空出世、“大闹天宫”开始写起，一开始就以冲破一切束缚，追求“绝对自由”的理想吸引着读者，充分激发了人们的想象力。书中的唐僧留有历史人物玄奘虔诚取经求法的真实一面。

猪八戒毛病很多，但憨态可掬，十分可爱。沙僧忠实厚道，令人起敬。此书成为每个时代的人们都喜欢一读的文学经典。

《红楼梦》是我国古代最伟大的长篇小说，也是世界文学经典巨著之一。作者曹雪芹（1715 年—1763 年）名霑，是我国伟大的现实主义作家，他亲身经历了极为显赫的贵族之家盛极而衰的整个过程，从一个过着"锦衣纨袴"、"饫甘餍肥"生活的贵族少年，沦落为困顿潦倒的无业青年，这种独特的生活经历加上他无比渊博的知识和才华，促使他创作了《红楼梦》。

《红楼梦》以贾宝玉和林黛玉的爱情和贾府由盛而衰的过程为线索，把各色各样的人物和复杂纷繁的事件交织在一起，创造出了极为宏伟、极为严密的艺术巨构。

曹雪芹以他所独具的广阔社会视角，描绘了从宫廷到民间、从达官贵人到闺中女子等众多栩栩如生的典型形象。他能够描摹出同一环境中性别相同、年龄相仿的少女之间细微的性格差别。《红楼梦》的语言是古典小说中最简洁、最生动、最优美的，完全臻于炉火纯青的境界。这部书真可说是"包罗万有"而又"一以贯之"，是中国古典小说的集大成之作。

《闲情偶寄》精华

【吾谓技无大小，贵在能精；才乏纤洪，利于善用】出自《闲情偶寄·词曲部·结构》。意思是：我认为技艺是没有大小的分别的，贵在精通；才能是没有大小的分别的，贵在善用。

【文章者，天下之公器，非我之所能私；是非者，千古之定评，岂人之所能倒】出自《闲情偶寄·词曲部·结构》。意思是：文章，是天下人人共读的东西，不是我一个人可以独占的；是非，是由历史来评定的，难道是可以被某一个人任意颠覆的么。

【有奇事，方有奇文，未有命题不佳，而能出其锦心、扬为绣口者也】出自《闲情偶寄·词曲部·结构》。意思是：有奇事，才会有奇文，还从来没有过思想内容不好，却能写出好作品来的人。

【刀能杀人，人尽知之；笔能杀人，人则未尽知也】出自《闲情偶寄·词曲部·结构》。意思是：刀能杀人，是人人都知道的；但笔也能杀人，就不是人人都能知道的了。

【凡作传世之文者，必先有可以传世之心，而后鬼神效灵，予以生花之笔，撰为倒峡之词，使人人赞美，百世流芬】出自《闲情偶寄·词曲部·结构》。意思是：大凡写传世文章的，先要有可以传世的思想，然后把鬼神感动了，送给他一支生花之笔，写出滔滔的文词来，使得人人赞美、百世流芳。

【后人作传奇，但知为一人而作，不知为一事而作。尽此一人所行之事，逐节铺陈，有如散金碎玉。以作零出则可，谓之全本，则为断线之珠、无梁之屋】出自《闲情偶寄·词曲部·结构》。意思是：后人写传奇剧本，只知道围绕着一个人来写，却不知道应该围绕着一件事来写。所以他们把这个人所做过的事，一件不漏地都详细写出来，就像是零碎的金玉一样，当成是剧本的片段还可以，说是完整的剧本，这可就像是断了线的珍珠、没有大梁的房屋一样了。

【东施之貌，未必丑于西施，止为效颦于人，遂蒙千古之诮】出自《闲情偶寄·词曲部·结构》。意思是：东施的容貌，未必比西施丑，只是因为她模仿西施皱眉头，才遭到了千百年来的嘲讽。

【编戏有如缝衣，其初则以完全者剪碎，其后又以剪碎者凑成。剪碎易，凑成难】出自《闲情偶寄·词曲部·结构》。意思是：编戏就像缝衣一样，开始时要把完整的布剪成小块，然后又把小块的布缝成一件完整的衣服。剪碎是容易的，拼凑起来可就难了。

【世间奇事无多，常事为多；物理易尽，人情难尽】出自《闲情偶寄·词曲部·结构》。意思是：世上奇异的事情是不多的，平常的事情却很多；道理是容易讲光的，世态人情却难以讲得光。

【作文之最乐者莫如填词，其最苦者亦莫如填词】出自《闲情偶寄·词曲部·音律》。意思是：写文章最叫人快乐的，没有什么是比得上写剧本了；但最叫人痛苦的，也没有什么是比得上写剧本了。

【曲谱者，填词之粉本，犹妇人刺绣之花样也，描一朵，刺一朵，画一叶，绣一叶，拙者不可稍减，巧者亦不能略增】出自《闲情偶寄·词曲部·音律》。意思是：曲谱，是填词的粉底，就像女人刺绣时设计的花朵的样式一样。描一朵，就刺一朵；画一叶，就绣一叶；笨拙的人也没法稍减一针，灵巧的也不能略增一针。

【文字之最豪宕，最风雅，作之最健人脾胃者，莫过填词一种】出自《闲情偶寄·词曲部·宾白》。意思是：文字当中最豪爽、最风雅的，写起来最能够健壮人的脾胃的，莫过于戏剧了。

【文字短长，视其人之笔性，笔性遒劲者，不能强之使长，笔性纵肆者，不能缩之使短】出自《闲情偶寄·词曲部·宾白》。意思是：文章是长是短，看的是各人的写作风格。笔力健劲的人，不能强迫他拖长来写；笔力纵横的人，不能让他缩着写短些。

【传奇之为道也，愈纤愈密，愈巧愈精】出自《闲情偶寄·词曲部·宾白》。意思是：传奇剧本的写作原则是，越纤细就会越严密，越灵巧就会越精妙。

【科诨之妙，在于近俗，而所忌者又在于太俗。不俗则类腐儒之谈，太俗即非文人之笔】出自《闲情偶寄·词曲部·科诨》。意思是：插科打诨的妙处，在于接近俗气，但又忌讳太过粗俗。不俗，就会像是老学究的谈话；太粗俗了，却又不像是文人的手笔了。

【予谓文字之新奇，在中藏不在外貌，在精液不在渣滓】出自《闲情偶寄·词曲部·格局》。意思是：我认为文字的新奇特征，是体现在内涵上而不是字面上；是体现在精髓上而不是渣滓上。

【词曲佳而扮演不得其人，歌童好而教率不得其法，皆是暴殄天物，此等罪过，与裂缯毁璧等也】出自《闲情偶寄·演习部·选剧》。意思是：剧本虽好却找不到适合的演员，或演员合适却教导得不对头，都是暴殄天物，这些罪过，和撕裂绸缎、毁坏玉璧是一样的。

【听古乐而思卧，听新乐而忘倦】出自《闲情偶寄·演习部·选剧》。意思是：听古乐让人想睡觉，听新乐却会让人忘掉疲惫。

【才人所撰诗赋古文，与佳人所制锦绣花样，无不随时更变】出自《闲情偶寄·演习部·变调》。意思是：文人所写的诗赋文章，和妇人所绣的锦绣花样，没有一样不是随着时代的变化而变化的。

【传奇妙在入情，即使作者至今未死，亦当与世迁移，自龂其舌，必不为胶柱鼓瑟之谈，以拂听者之耳】出自《闲情偶寄·演习部·变调》。意思是：剧本妙在能够反映人情，就算作者到现在还没死，也会按着时代的变化来修改剧本，一定不会拘泥不变，从而违反观众的审美心理。

【声音之道，幽渺难知】出自《闲情偶寄·演习部·授曲》。意思是：音乐的真谛，深奥悠远难以形容。

【虽然，山民善跋，水民善涉，术疏则巧者亦拙，业久则粗者亦精】出自《闲情偶寄·演习部·授曲》。意思是：尽管住在山里的人擅长走山路，住在水边的人擅长游泳，但一旦技术生疏了，便是灵巧的人也会变得笨拙起来；如果能经常练习，门外汉也会变得内行起来。

【善传者以之成事，不善传者以之偾事】出自《闲情偶寄·演习部·教白》。意思是：擅长传话的人能把事情办好，不会传话的人会搞砸事情。

【妇人妖媚多端，毕竟以色为主】出自《闲情偶寄·声容部·选姿》。意思是：女子的妖媚多种多样，但毕竟还是以美色为主的。

【面为一身之主，目又为一面之主】出自《闲情偶寄·声容部·选姿》。意思是：脸是展现一个人精神状态的关键，一双眼睛又是展现脸的精神状态的关键。

【妇人惟仙姿国色，无俟修容；稍去天工者，即不能免于人力矣】出自《闲情偶寄·声容部·修容》。意思是：女人中只有长得天姿国色的，才不用去妆扮；离天姿国色稍差一点的，就免不了要人为地妆扮了。

【妇人之衣，不贵精而贵洁，不贵丽而贵雅，不贵与家相称，而贵与貌相宜】出自《闲情偶寄·声容部·治服》。意思是：女人的衣服，看的不是精致而是洁净；看的不是华丽而是雅致；看的不是是否和家势相称，而是是否和外貌相衬。

【人之不能无屋，犹体之不能无衣。衣贵夏凉冬燠，房舍亦然】出自《闲情偶寄·居室部·房舍》。意思是：人不能没有住所，就像是身体不能没有衣服。好的衣服是夏天穿着凉爽、冬天穿着暖和，住所也是这样。

【无事不妙于虚，实则板矣】出自《闲情偶寄·居室部·联匾》。意思是：没有一件事情的妙处不是在于虚处的，太实了就呆板了。

【口腹具，而生计繁矣；生计繁，而诈伪奸险之事出矣；诈伪奸险之事出，而五刑不得不设】出自《闲情偶寄·饮馔部·蔬食》。意思是：有了嘴巴和肚子，生计就多起来了；生计多起来，诈伪奸险的事情就产生了；诈伪奸险的事情产生了，刑罚就不能不设置了。

【食之养人，全赖五谷】出自《闲情偶寄·饮馔部·谷食》。意思是：食物能养活人，全靠的是五谷。

【果者酒之仇，茶者酒之敌，嗜酒之人必不嗜茶与果，此定数也】出自《闲情偶寄·饮馔部·肉食》。意思是：水果是酒的仇人，茶是酒的敌人。嗜酒的人一定不爱茶和水果，这是肯定的。

【花之一日，犹人之百年。人视人之百年，自觉其久，视花之一日，则谓极少而极暂矣。不知人之视人，犹花之视花，人以百年为久，花岂不以一日为久乎】出自《闲情偶寄·种植部·木本》。意思是：花的一天，就像是人的百年。人看他自己的百年，觉得是长久的，看花的一天，就认为是非常少、非常短暂的。却不知道人看人，就像花看花一样，人认为百年是长久的，花难道就不会认为一天也是长久的么？

【人以杨花喻命薄之人，不知其命之厚也】出自《闲情偶寄·种植部·众卉》。意思是：人们用杨花来比喻薄命的人，却不知道杨花的命是厚的。

【乐不在外而在心，心以为乐，则是境皆乐，心以为苦，则无境不苦】出自《闲情偶寄·颐养部·行乐》。意思是：快乐不在身外而在内心。内心认为是快乐的，到处都会觉得快乐；内心认为是痛苦的，在什么环境中都是痛苦的。

【劝贵人行乐易，劝富人行乐难】出自《闲情偶寄·颐养部·行乐》。意思是：劝尊贵的人行乐是容易的，劝富人行乐就困难了。

【世间第一乐地，无过家庭】出自《闲情偶寄·颐养部·行乐》。意思是：世界上最快乐的一个地方，莫过于家庭了。

人人必背的诗文名篇

《诗经·周南·关雎》

关关雎鸠，在河之洲。窈窕淑女，君子好逑。
参差荇菜，左右流之。窈窕淑女，寤寐求之。
求之不得，寤寐思服。悠哉悠哉，辗转反侧。
参差荇菜，左右采之。窈窕淑女，琴瑟友之。
参差荇菜，左右芼之。窈窕淑女，钟鼓乐之。

《诗经·秦风·蒹葭》

蒹葭苍苍，白露为霜。所谓伊人，在水一方。
溯洄从之，道阻且长。溯游从之，宛在水中央。
蒹葭萋萋，白露未晞。所谓伊人，在水之湄。
溯洄从之，道阻且跻。溯游从之，宛在水中坻。
蒹葭采采，白露未已。所谓伊人，在水之涘。
溯洄从之，道阻且右。溯游从之，宛在水中沚。

《诗经·周南·桃夭》

桃之夭夭，灼灼其华。之子于归，宜其室家。
桃之夭夭，有蕡其实。之子于归，宜其家室。
桃之夭夭，其叶蓁蓁。之子于归，宜其家人。

《诗经·邶风·柏舟》

泛彼柏舟，亦泛其流。耿耿不寐，如有隐忧。微我无酒，以敖
以游。
我心匪鉴，不可以茹。亦有兄弟，不可以据。薄言往愬，逢彼
之怒。

我心匪石，不可转也。我心匪席，不可卷也。威仪棣棣，不可选也。

忧心悄悄，愠于群小。觏闵既多，受侮不少。静言思之，寤辟有摽。

日居月诸，胡迭而微？心之忧矣，如匪浣衣。静言思之，不能奋飞。

《诗经·卫风·淇奥》

瞻彼淇奥，绿竹猗猗。有匪君子，如切如磋，如琢如磨。瑟兮僩兮，赫兮咺兮。

有匪君子，终不可谖兮！瞻彼淇奥，绿竹青青。有匪君子，充耳琇莹，会弁如星。

瑟兮僩兮，赫兮咺兮。有匪君子，终不可谖兮。瞻彼淇奥，绿竹如箦。

有匪君子，如金如锡，如圭如璧。宽兮绰兮，猗重较兮。善戏谑兮，不为虐兮。

《诗经·邶风·静女》

静女其姝，俟我于城隅。爱而不见，搔首踟蹰。
静女其娈，贻我彤管。彤管有炜，说怿女美。
自牧归荑，洵美且异。匪女之为美，美人之贻。

《楚辞·国殇》战国·屈原

操吴戈兮被犀甲，车错毂兮短兵接。
旌蔽日兮敌若云，矢交坠兮士争先。
凌余阵兮躐余行，左骖殪兮右刃伤。
霾两轮兮絷四马，援玉枹兮击鸣鼓。
天时怼兮威灵怒，严杀尽兮弃原野。
出不入兮往不反，平原忽兮路超远。
带长剑兮挟秦弓，首身离兮心不惩。

诚既勇兮又以武，终刚强兮不可凌。
身既死兮神以灵，子魂魄兮为鬼雄。

《楚辞·橘颂》战国·屈原

后皇嘉树，橘徕服兮。受命不迁，生南国兮。
深固难徙，更壹志兮。绿叶素荣，纷其可喜兮。
曾枝剡棘，圆果抟兮。青黄杂糅，文章烂兮。
精色内白，类任道兮。纷缊宜修，姱而不丑兮。
嗟尔幼志，有以异兮。独立不迁，岂不可喜兮？
深固难徙，廓其无求兮。苏世独立，横而不流兮。
闭心自慎，不终失过兮。秉德无私，参天地兮。
愿岁并谢，与长友兮。淑离不淫，梗其有理兮。
年岁虽少，可师长兮。行比伯夷，置以为像兮。

《楚辞·离骚》战国·屈原

帝高阳之苗裔兮，朕皇考曰伯庸。
摄提贞于孟陬兮，惟庚寅吾以降。
皇览揆余初度兮，肇锡余以嘉名：
名余曰正则兮，字余曰灵均。
纷吾既有此内美兮，又重之以修能。
扈江离与辟芷兮，纫秋兰以为佩。
汩余若将不及兮，恐年岁之不吾与。
朝搴阰之木兰兮，夕揽洲之宿莽。
日月忽其不淹兮，春与秋其代序。
惟草木之零落兮，恐美人之迟暮。
不抚壮而弃秽兮，何不改乎此度？
乘骐骥以驰骋兮，来吾道夫先路！
昔三后之纯粹兮，固众芳之所在；
杂申椒与菌桂兮，岂维纫夫蕙茝？
彼尧舜之耿介兮，既遵道而得路；

何桀纣之猖披兮，夫唯捷径以窘步！
惟夫党人之偷乐兮，路幽昧以险隘；
岂余身之惮殃兮，恐皇舆之败绩！
忽奔走以先后兮，及前王之踵武；
荃不察余之中情兮，反信馋而齌怒。
余固知謇謇之为患兮，忍而不能舍也；
指九天以为正兮，夫唯灵修之故也！
曰黄昏以为期兮，羌中道而改路。
初既与余成言兮，后悔遁而有他；
余既不难夫离别兮，伤灵修之数化。
余既滋兰之九畹兮，又树蕙之百亩。
畦留夷与揭车兮，杂杜衡与芳芷。
冀枝叶之峻茂兮，愿竢时乎吾将刈；
虽萎绝其亦何伤兮，哀众芳之芜秽！
众皆竞进以贪婪兮，凭不猒（厌）乎求索；
羌内恕己以量人兮，各兴心而嫉妒。
忽驰骛以追逐兮，非余心之所急；
老冉冉其将至兮，恐修名之不立。
朝饮木兰之坠露兮，夕餐秋菊之落英。
苟余情其信姱以练要兮，长顑颔亦何伤！
揽木根以结茝兮，贯薜荔之落蕊；
矫菌桂以纫蕙兮，索胡绳之纚纚。
謇吾法夫前修兮，非世俗之所服；
虽不周于今之人兮，愿依彭咸之遗则！
长太息以掩涕兮，哀民生之多艰；
余虽好修姱以鞿羁兮，謇朝谇而夕替。
既替余以蕙纕兮，又申之以揽茝。
亦余心之所善兮，虽九死其犹未悔。
怨灵修之浩荡兮，终不察夫民心。
众女嫉余之蛾眉兮，谣诼谓余以善淫。

固时俗之工巧兮，偭规矩而改错；
背绳墨以追曲兮，竞周容以为度。
忳郁邑余侘傺兮，吾独穷困乎此时也；
宁溘死以流亡兮，余不忍为此态也！
鸷鸟之不群兮，自前世而固然；
何方圜之能周兮，夫孰异道而相安！
屈心而抑志兮，忍尤而攘诟；
伏清白以死直兮，固前圣之所厚。
悔相道之不察兮，延伫乎吾将反；
回朕车以复路兮，及行迷之未远。
步余马于兰皋兮，驰椒丘且焉止息；
进不入以离尤兮，退将复修吾初服。
制芰荷以为衣兮，集芙蓉以为裳；
不吾知其亦已兮，苟余情其信芳！
高余冠之岌岌兮，长余佩之陆离；
芳与泽其杂糅兮，唯昭质其犹未亏。
忽反顾以游目兮，将往观乎四荒；
佩缤纷其繁饰兮，芳菲菲其弥章。
民生各有所乐兮，余独好修以为常；
虽体解吾犹未变兮，岂余心之可惩！
女嬃之婵媛兮，申申其詈予；
曰："鲧婞直以亡身兮，终然殀乎羽之野。
汝何博謇而好修兮，纷独有此姱节？
薋菉葹以盈室兮，判独离而不服。
众不可户说兮，孰云察余之中情？
世并举而好朋兮，夫何茕独而不予听？"
依前圣以节中兮，喟凭心而历兹；
济沅湘以南征兮，就重华而陈辞：
"启《九辩》与《九歌》兮，夏康娱以自纵；
不顾难以图后兮，五子用失乎家巷。

羿淫游以佚畋兮，又好射夫封狐；

固乱流其鲜终兮，浞又贪夫厥家。

浇身被服强圉兮，纵欲而不忍；

日康娱以自忘兮，厥首用夫颠陨。

夏桀之常违兮，乃遂焉而逢殃；

后辛之菹醢兮，殷宗用而不长。

汤禹俨而祗敬兮，周论道而莫差。

举贤而授能兮，循绳墨而不颇。

皇天无私阿兮，览民德焉错辅；

夫维圣哲以茂行兮，苟得用此下土。

瞻前而顾后兮，相观民之计极；

夫孰非义而可用兮，孰非善而可服？

阽余身而危死兮，览余初其犹未悔；

不量凿而正枘兮，固前修以菹醢。

曾歔欷余郁邑兮，哀朕时之不当；

揽茹蕙以掩涕兮，霑余襟之浪浪。”

跪敷衽以陈辞兮，耿吾既得此中正；

驷玉虬以乘鹥兮，溘埃风余上征。

朝发轫于苍梧兮，夕余至乎县圃；

欲少留此灵琐兮，日忽忽其将暮。

吾令羲和弭节兮，望崦嵫而勿迫；

路曼曼其修远兮，吾将上下而求索。

饮余马于咸池兮，总余辔乎扶桑；

折若木以拂日兮，聊逍遥以相羊。

前望舒使先驱兮，后飞廉使奔属；

鸾皇为余先戒兮，雷师告余以未具。

吾令凤鸟飞腾兮，继之以日夜；

飘风屯其相离兮，帅云霓而来御。

纷总总其离合兮，斑陆离其上下；

吾令帝阍开关兮，倚阊阖而望予。

时暧暧其将罢兮，结幽兰而延伫；
世溷浊而不分兮，好蔽美而嫉妒。
朝吾将济于白水兮，登阆风而绁马；
忽反顾以流涕兮，哀高丘之无女。
溘吾游此春宫兮，折琼枝以继佩；
及荣华之未落兮，相下女之可诒。
吾令丰隆乘云兮，求宓妃之所在；
解佩纕以结言兮，吾令蹇修以为理。
纷总总其离合兮，忽纬繣其难迁；
夕归次于穷石兮，朝濯发乎洧盘。
保厥美以骄傲兮，日康娱以淫游；
虽信美而无礼兮，来违弃而改求。
览相观于四极兮，周流乎天余乃下；
望瑶台之偃蹇兮，见有娀之佚女。
吾令鸩为媒兮，鸩告余以不好；
雄鸠之鸣逝兮，余犹恶其佻巧。
心犹豫而狐疑兮，欲自适而不可；
凤皇既受诒兮，恐高辛之先我。
欲远集而无所止兮，聊浮游以逍遥；
及少康之未家兮，留有虞之二姚。
理弱而媒拙兮，恐导言之不固；
世溷浊而嫉贤兮，好蔽美而称恶。
闺中既已邃远兮，哲王又不寤；
怀朕情而不发兮，余焉能忍与此终古。
索藑茅以筵篿兮，命灵氛为余占之。
曰："两美其必合兮，孰信修而慕之？
思九州之博大兮，岂唯是其有女？"
曰："勉远逝而无狐疑兮，孰求美而释女？
何所独无芳草兮，尔何怀乎故宇？"
世幽昧以眩曜兮，孰云察余之善恶？

民好恶其不同兮，惟此党人其独异；
户服艾以盈要兮，谓幽兰其不可佩。
览察草木其犹未得兮，岂珵美之能当？
苏粪壤以充帏兮，谓申椒其不芳！
欲从灵氛之吉占兮，心犹豫而狐疑；
巫咸将夕降兮，怀椒糈而要之。
百神翳其备降兮，九疑缤其并迎；
皇剡剡其扬灵兮，告余以吉故。
曰："勉升降以上下兮，求矩矱之所同；
汤禹严而求合兮，挚咎繇而能调。
苟中情其好修兮，又何必用夫行媒；
说操筑于傅岩兮，武丁用而不疑。
吕望之鼓刀兮，遭周文而得举；
宁戚之讴歌兮，齐桓闻以该辅。
及年岁之未晏兮，时亦犹其未央；
恐鹈鴂之先鸣兮，使夫百草为之不芳！"
何琼佩之偃蹇兮，众薆然而蔽之；
惟此党人之不谅兮，恐嫉妒而折之。
时缤纷其变易兮，又何可以淹留？
兰芷变而不芳兮，荃蕙化而为茅。
何昔日之芳草兮，今直为此萧艾也？
岂其有他故兮，莫好修之害也！
余以兰为可恃兮，羌无实而容长；
委厥美以从俗兮，苟得列乎众芳。
椒专佞以慢慆兮，樧又欲充夫佩帏；
既干进而务入兮，又何芳之能祗！
固时俗之流从兮，又孰能无变化？
览椒兰其若兹兮，又况揭车与江离？
惟兹佩之可贵兮，委厥美而历兹；
芳菲菲而难亏兮，芬至今犹未沫。

和调度以自娱兮，聊浮游而求女；

及余饰之方壮兮，周流观乎上下。

灵氛既告余以吉占兮，历吉日乎吾将行。

折琼枝以为羞兮，精琼爢以为粮。

为余驾飞龙兮，杂瑶象以为车；

何离心之可同兮，吾将远逝以自疏！

邅吾道夫昆仑兮，路修远以周流；

扬云霓之晻蔼兮，鸣玉鸾之啾啾。

朝发轫于天津兮，夕余至乎西极；

凤皇翼其承旂兮，高翱翔之翼翼。

忽吾行此流沙兮，遵赤水而容与；

麾蛟龙使梁津兮，诏西皇使涉予。

路修远以多艰兮，腾众车使径待；

路不周以左转兮，指西海以为期。

屯余车其千乘兮，齐玉轪而并驰；

驾八龙之婉婉兮，载云旗之委蛇。

抑志而弭节兮，神高驰之邈邈；

奏《九歌》而舞《韶》兮，聊假日以媮乐。

陟升皇之赫戏兮，忽临睨夫旧乡；

仆夫悲余马怀兮，蜷局顾而不行。

乱曰：已矣哉！国无人莫我知兮，又何怀乎故都？

既莫足与为美政兮，吾将从彭咸之所居。

《迢迢牵牛星》汉·无名氏

迢迢牵牛星，皎皎河汉女。纤纤擢素手，札札弄机杼。

终日不成章，泣涕零如雨。河汉清且浅，相去复几许？

盈盈一水间，脉脉不得语。

《报任安书》汉·司马迁

太史公牛马走司马迁再拜言，少卿足下：曩者辱赐书，教以慎于接物，推贤进士为务，意气勤勤恳恳，若望仆不相师用，而用流俗人之言。仆非敢如是也。仆虽罢驽，亦尝侧闻长者遗风矣！顾自以为身残处秽，动而见尤，欲益反损，是以独抑郁而无谁语。谚曰："谁为为之，孰令听之！"盖钟子期死，伯牙终身不复鼓琴。何则？士为知己者用，女为悦己者容。若仆大质已亏缺矣，虽材怀随、和，行若由、夷，然终不可以为荣，适足以见笑而自点耳。

书辞宜答，会东从上来，又迫贱事，相见日浅，卒卒无须臾之间，得竭志意。今少卿抱不测之罪，涉旬月，迫季冬，仆又薄从上雍。恐卒然不可为讳，是仆终已不得舒愤懑以晓左右，则长逝者魂魄私恨无穷。请略陈固陋。阙然久不报，幸勿为过。

仆闻之：修身者，智之符也；爱施者，仁之端也；取予者，义之表也；耻辱者，勇之决也；立名者，行之极也。士有此五者，然后可以托于世，列于君子之林矣。故祸莫憯于欲利，悲莫痛于伤心，行莫丑于辱先，而诟莫大于宫刑。刑余之人，无所比数，非一世也，所从来远矣！昔卫灵公与雍渠同载，孔子适陈；商鞅因景监见，赵良寒心；同子参乘，袁丝变色：自古而耻之。夫中材之人，事有关于宦竖，莫不伤气，而况于慷慨之士乎！如今朝虽乏人，奈何令刀锯之余荐天下豪隽哉！仆赖先人绪业，得待罪辇毂下，二十余年矣。所以自惟：上之不能纳忠效信，有奇策材力之誉，自结明主；次之又不能拾遗补阙，招贤进能，显岩穴之士；外之不能备行伍，攻城野战，有斩将搴旗之功；下之不能累日积劳，取尊官厚禄，以为宗族交游光宠。四者无一遂，苟合取容，无所短长之效，可见于此矣。向者仆亦尝厕下大夫之列，陪奉外廷末议。不以此时引维纲，尽思虑，今已亏形为扫除之隶，在阘茸之中，乃欲仰首伸眉，论列是非，不亦轻朝廷、羞当世之士邪！嗟乎！嗟乎！如仆尚何言哉！尚何言哉！

且事本末未易明也。仆少负不羁之材，长无乡曲之誉。主上幸以先人之故，使得奏薄伎，出入周卫之中。仆以为戴盆何以望天，故绝宾客之知，忘室家之业，日夜思竭其不肖之才力，务一心营职，以求亲媚于主上，而事乃有大谬不然者。夫仆与李陵俱居门下，素非能相善也，趋舍异路，未尝衔杯酒接殷勤之余欢。然仆观其为人，自守奇士，事亲孝，与士信，临财廉，取与义，分别有让，恭俭下人，常思奋不顾身以徇国家之急。其素所蓄积也，仆以为有国士之风。夫人臣出万死不顾一生之计，赴公家之难，斯已奇矣。今举事一不当，而全躯保妻子之臣，随而媒孽其短，仆诚私心痛之。且李陵提步卒不满五千，深践戎马之地，足历王庭，垂饵虎口，横挑强胡，仰亿万之师，与单于连战十有余日，所杀过当，虏救死扶伤不给。旃裘之君长咸震怖，乃悉征其左右贤王，举引弓之人，一国共攻而围之。转斗千里，矢尽道穷，救兵不至，士卒死伤如积。然李陵一呼劳军，士无不起，躬自流涕，沫血饮泣，更张空弮，冒白刃，北向争死敌者。陵未没时，使有来报，汉公卿王侯皆奉觞上寿。后数日，陵败书闻，主上为之食不甘味，听朝不怡，大臣忧惧，不知所出。仆窃不自料其卑贱，见主上惨怆怛悼，诚欲效其款款之愚。以为李陵素与士大夫绝甘分少，能得人之死力，虽古名将不能过也。身虽陷败，彼观其意，且欲得其当而报汉。事已无可奈何，其所摧败，功亦足以暴于天下矣。仆怀欲陈之，而未有路，适会召问，即以此指推言陵之功，欲以广主上之意，塞睚眦之辞。未能尽明，明主不晓，以为仆沮贰师，而为李陵游说，遂下于理。拳拳之忠，终不能自列，因为诬上，卒从吏议。家贫，财赂不足以自赎；交游莫救视，左右亲近不为一言。身非木石，独与法吏为伍，深幽囹圄之中，谁可告愬者！此真少卿所亲见，仆行事岂不然邪！李陵既生降，隤其家声，而仆又佴之蚕室，重为天下观笑，悲夫！悲夫！事未易一二为俗人言也。

仆之先人非有剖符丹书之功，文史星历近乎卜祝之间，固主上所戏弄，倡优所畜，流俗之所轻也。假令仆伏法受诛，若九牛亡一毛，与蝼蚁何以异？而世又不与能死节者比，特以为智穷罪极，不能自免，卒就死耳。何也？素所自树立使然也。人固有一死，死或重于泰山，或轻于鸿毛，用之所趋异也。太上不辱先，其次不辱身，其次不辱理色，其次不辱辞令，其次诎体受辱，其次易服受辱，其次关木索、被箠楚受辱，其次鬄毛发、婴金铁受辱，其次毁肌肤、断支体受辱，最下腐刑，极矣。传曰："刑不上大夫"，此言士节不可不勉厉也。猛虎处深山，百兽震恐，及其在阱槛之中，摇尾而求食，积威约之渐也。故士有画地为牢，势不可入，削木为吏，议不可对，定计于鲜也。今交手足，受木索，暴肌肤，受榜箠，幽于圜墙之中，当此之时，见狱吏则头抢地，视徒隶则心惕息。何者？积威约之势也。及已至此，言不辱者，所谓强颜耳，曷足贵乎！且西伯，伯也，拘于羑里；李斯，相也，具于五刑；淮阴，王也，受械于陈；彭越、张敖，南乡称孤，系狱具罪；绛侯诛诸吕，权倾五伯，囚于请室；魏其，大将也，衣赭衣关三木；季布为朱家钳奴；灌夫受辱于居室。此人皆身至王侯将相，声闻邻国，及罪至罔加，不能引决自裁。在尘埃之中，古今一体，安在其不辱也！由此言之，勇怯，势也；强弱，形也。审矣，曷足怪乎！夫人不能蚤自裁绳墨之外，以稍陵迟至于鞭箠之间，乃欲引节，斯不亦远乎！古人所以重施刑于大夫者，殆为此也。夫人情莫不贪生恶死，念亲戚，顾妻子，至激于义理者不然，乃有不得已也。今仆不幸，蚤失二亲，无兄弟之亲，独身孤立，少卿视仆于妻子何如哉？且勇者不必死节，怯夫慕义，何处不勉焉！仆虽怯耎欲苟活，亦颇识去就之分矣，何至自沉溺缧绁之辱哉！且夫臧获婢妾犹能引决，况若仆之不得已乎！所以隐忍苟活，函粪土之中而不辞者，恨私心有所不尽，鄙陋没世而文采不表于后世也。

古者富贵而名磨灭，不可胜记，唯俶傥非常之人称焉。盖西伯拘而演《周易》；仲尼厄而作《春秋》；屈原放逐，乃赋《离骚》；左丘失明，厥有《国语》；孙子膑脚，《兵法》修列；不韦迁蜀，世传《吕览》；韩非囚秦，《说难》、《孤愤》。《诗》三百篇，大抵贤圣发愤之所为作也。此人皆意有所郁结，不得通其道，故述往事，思来者。及如左丘明无目，孙子断足，终不可用，退而论书策以舒其愤，思垂空文以自见。仆窃不逊，近自托于无能之辞，网罗天下放失旧闻，略考其事，稽其成败兴坏之纪，凡百三十篇，亦欲以究天人之际，通古今之变，成一家之言。草创未就，会遭此祸，惜其不成，是以就极刑而无愠色。仆诚已著此书，藏之名山，传之其人通邑大都，则仆偿前辱之责，虽万被戮，岂有悔哉！然此可为智者道，难为俗人言也。

且负下未易居，下流多谤议。仆以口语遇遭此祸，重为乡党所戮笑，以污辱先人，亦何面目复上父母之丘墓乎？虽累百世，垢弥甚耳！是以肠一日而九回，居则忽忽若有所亡，出则不知其所往。每念斯耻，汗未尝不发背沾衣也。身直为闺阁之臣，宁得自引深藏于岩穴邪？故且从俗浮沉，与时俯仰，以通其狂惑。今少卿乃教之以推贤进士，无乃与仆之私心刺谬乎？今虽欲自雕瑑，曼辞以自饰，无益，于俗不信，适足取辱耳。要之死日，然后是非乃定。书不能尽意，故略陈固陋。谨再拜。

《过秦论》汉·贾谊

秦孝公据殽函之固，拥雍州之地，君臣固守以窥周室；有席卷天下、包举宇内、囊括四海之意，并吞八荒之心。当是时也，商君佐之，内立法度，务耕织，修守战之具；外连衡而斗诸侯。于是秦人拱手而取西河之外。

孝公既没，惠文、武、昭蒙故业，因遗策，南取汉中，西举巴蜀，东割膏腴之地，收要害之郡。诸侯恐惧，会盟而谋弱秦，不爱珍器、重宝、肥饶之地，以致天下之士，合从缔交，相与为一。当此之时，齐有孟尝，赵有平原，楚有春申，魏有信陵。此四君者，皆明智而忠信，宽厚而爱人，尊贤而重士，约从离横，兼韩、魏、燕、赵、宋、卫、中山之众。于是六国之士，有宁越、徐尚、苏秦、杜赫之属为之谋，齐明、周最、陈轸、召滑、楼缓、翟景、苏厉、乐毅之徒通其意，吴起、孙膑、带佗、倪良、王廖、田忌、廉颇、赵奢之伦制其兵。尝以十倍之地，百万之众，叩关而攻秦。秦人开关而延敌，九国之师逡巡而不敢进。秦无亡矢遗镞之费，而天下诸侯已困矣。于是从散约解，争割地而赂秦。秦有余力而制其弊，追亡逐北，伏尸百万，流血漂橹。因利乘便，宰割天下，分裂河山。强国请服，弱国入朝。

施及孝文王、庄襄王，享国之日浅，国家无事。

及至始皇，奋六世之余烈，振长策而御宇内，吞二周而亡诸侯，履至尊而制六合，执敲扑以鞭笞天下，威振四海。南取百越之地，以为桂林、象郡，百越之君，俯首系颈，委命下吏。乃使蒙恬北筑长城而守藩篱，却匈奴七百余里。胡人不敢南下而牧马，士不敢弯弓而报怨。于是废先王之道，焚百家之言，以愚黔首；隳名城，杀豪俊，收天下之兵聚之咸阳，销锋镝，铸以为金人十二，以弱天下之民。然后践华为城，因河为池，据亿丈之城，临不测之溪以为固。良将劲弩，守要害之处；信臣精卒，陈利兵而谁何。天下已定，始皇之心，自以为关中之固，金城千里，子孙帝王万世之业也。

始皇既没，余威震于殊俗。然陈涉瓮牖绳枢之子，氓隶之人，而迁徙之徒也。材能不及中人，非有仲尼、墨翟之贤，陶朱、猗顿之富；蹑足行伍之间，俛起阡陌之中，率罢弊之卒，将数百之众，转而攻秦。斩木为兵，揭竿为旗，天下云集而响应，赢粮而景从，山东豪俊遂并起而亡秦族矣。

且夫天下非小弱也，雍州之地，殽函之固，自若也；陈涉之位，不尊于齐、楚、燕、赵、韩、魏、宋、卫、中山之君也；锄、耰、棘矜，不铦于钩、戟、长铩也；谪戍之众，非抗于九国之师也；深谋远虑，行军用兵之道，非及向时之士也。然而成败异变，功业相反。

试使山东之国与陈涉度长絜大，比权量力，则不可同日而语矣。然秦以区区之地，致万乘之势，序八州而朝同列，百有余年矣。然后以六合为家，殽函为宫。一夫作难而七庙隳，身死人手，为天下笑者，何也？仁义不施，而攻守之势异也。

《出师表》 三国·诸葛亮

先帝创业未半而中道崩殂（cú）。今天下三分，益州疲（pí）弊，此诚危急存亡之秋也。然侍卫之臣不懈于内，忠志之士忘身于外者，盖追先帝之殊遇，欲报之于陛下也。诚宜开张圣听，以光先帝遗德，恢弘志士之气，不宜妄自菲薄，引喻失义，以塞（sè）忠谏之路也。

宫中府中，俱为一体；陟（zhì）罚臧（zāng）否（pǐ），不宜异同；若有作奸犯科及为忠善者，宜付有司论其刑赏，以昭陛下平明之理；不宜偏私，使内外异法也。侍中、侍郎郭攸（yōu）之、费祎（yī）、董允等，此皆良实，志虑忠纯，是以先帝简拔以遗（wèi）陛下。愚以为宫中之事，事无大小，悉以咨之，然后施行，必能裨（bì）补阙（quē）漏，有所广益。将军向宠，性行淑均，晓畅军事，试用于昔日，先帝称之曰能，是以众议举宠为督。愚以为营中之事，悉以咨之，必能使行（háng）阵和睦，优劣得所也。

亲贤臣，远小人，此先汉所以兴隆也；亲小人，远贤臣，此后汉所以倾颓也。先帝在时，每与臣论此事，未尝不叹息痛恨于桓、灵也。侍中、尚书、长（zhǎng）史、参军，此悉贞良死节之臣，愿陛下亲之信之，则汉室之隆，可计日而待也。

臣本布衣，躬耕于南阳，苟全性命于乱世，不求闻达于诸侯。先帝不以臣卑鄙，猥（wěi）自枉屈，三顾臣于草庐之中，咨臣以当世之事，由是感激，遂许先帝以驱驰。后值倾覆，受任于败军之际，奉命于危难之间，尔来二十有（yòu）一年矣。先帝知臣谨慎，故临崩寄臣以大事也。受命以来，夙（sù）夜忧叹，恐托付不效，以伤先帝之明，故五月渡泸，深入不毛。今南方已定，兵甲已足，当奖帅三军，北定中原，庶（shù）竭驽（nú）钝，攘（rǎng）除奸凶，兴复汉室，还于旧都。此臣所以报先帝而忠陛下之职分也。至于斟酌损益，进尽忠言，则攸之、祎、允之任也。愿陛下托臣以讨贼兴复之效，不效，则治臣之罪，以告先帝之灵。若无兴德之言，则责攸之、祎、允等之慢，以彰其咎（jiù）。

陛下亦宜自谋，以咨诹（zōu）善道，察纳雅言，深追先帝遗诏。臣不胜受恩感激。今当远离，临表涕零，不知所言。

《陈情表》晋·李密

臣密言：臣以险衅（xìn），夙（sù）遭闵（mǐn）凶。生孩六月，慈父见背；行（xíng）年四岁，舅夺母志。祖母刘悯（mǐn）臣孤弱，躬亲抚养。臣少（shào）多疾病，九岁不行（xíng），零丁孤苦，至于成立。既无伯叔，终鲜（xiǎn）兄弟。门衰祚（zuò）薄，晚有儿息。外无期（jī）功强（qiǎng）近之亲，内无应门五尺之僮（tóng）。茕茕（qióng）孑立，形影相吊。而刘夙婴疾病，常在床蓐（rù），臣侍汤药，未尝废离。

逮（dài）奉圣朝，沐浴清化。前太守臣逵（kuí），察臣孝廉；后刺史臣荣，举臣秀才。臣以供养无主，辞不赴命。诏书特下，拜臣郎中。寻蒙国恩，除臣洗（xiǎn）马。猥（wěi）以微贱，当侍东宫，非臣陨首所能上报。臣具以表闻，辞不就职。诏书切峻，责臣逋（bū）慢。郡县逼迫，催臣上道；州司临门，急于星火。臣欲奉诏奔驰，则刘病日笃（dǔ）；欲苟顺私情，则告诉不许：臣之进退，实为狼狈。

伏惟圣朝以孝治天下，凡在故老，犹蒙矜（jīn）育，况臣孤苦，特为尤甚。且臣少仕伪朝，历职郎署，本图宦达，不矜名节。今臣亡国贱俘，至微至陋。过蒙拔擢（zhuó），宠命优渥（wò），岂敢盘桓，有所希冀（jì）。但以刘日薄西山，气息奄奄，人命危浅，朝不虑夕。臣无祖母，无以至今日；祖母无臣，无以终余年。母孙二人，更（gēng）相为命，是以区区不能废远。

臣密今年四十有（yòu）四，祖母今年九十有（yòu）六，是臣尽节于陛下之日长，报养刘之日短也。乌鸟私情，愿乞终养。臣之辛苦，非独蜀之人士及二州牧伯所见明知，皇天后土，实所共鉴。愿陛下矜悯（mǐn）愚诚，听臣微志。庶刘侥幸，保卒余年。臣生当陨首，死当结草。臣不胜犬马怖惧之情，谨拜表以闻。

《兰亭集序》东晋·王羲之

永和九年，岁在癸丑，暮春之初，会于会（kuài）稽山阴之兰亭，修禊（xì）事也。群贤毕至，少长（zhǎng）咸集。此地有崇山峻岭，茂林修竹，又有清流激湍，映带左右，引以为流觞（shāng）曲水，列坐其次。虽无丝竹管弦之盛，一觞一咏，亦足以畅叙幽情。是日也，天朗气清，惠风和畅。仰观宇宙之大，俯察品类之盛，所以游目骋怀，足以极视听之娱，信可乐也。

夫人之相与，俯仰一世。或取诸怀抱，晤言一室之内；或因寄所托，放浪形骸之外。虽取舍万殊，静躁不同，当其欣于所遇，暂得于己，快然自足，曾不知老之将至；及其所之既倦，情随事迁，感慨系之矣。向之所欣，俯仰之间，已为陈迹，犹不能不以之兴怀，况修短随化，终期于尽！古人云："死生亦大矣。"岂不痛哉！

每览昔人兴感之由，若合一契，未尝不临文嗟悼（jiē dào），不能喻之于怀。固知一死生为虚诞，齐彭殇（shāng）为妄作。后之视今，亦犹今之视昔，悲夫！故列叙时人，录其所述，虽世殊事异，所以兴怀，其致一也。后之览者，亦将有感于斯文。

《桃花源记》东晋·陶潜

晋太元中，武陵人捕鱼为业。缘溪行，忘路之远近。忽逢桃花林，夹（jiá）岸数百步，中无杂树，芳草鲜美，落英缤纷。渔人甚异之，复前行，欲穷其林。

林尽水源，便得一山，山有小口，仿佛若有光。便舍（shě）船，从口入。初极狭，才通人。复行数十步，豁（huò）然开朗。土地平旷，屋舍（shè）俨（yǎn）然，有良田美池桑竹之属。阡（qiān）陌（mò）交通，鸡犬相闻。其中往来种作，男女衣着（zhuó），悉如外人。黄发垂髫（tiáo），并怡然自乐。

见渔人，乃大惊，问所从来。具答之。便要（yāo）还家，设酒杀鸡作食。村中闻有此人，咸来问讯。自云先世避秦时乱，率妻子邑（yì）人来此绝境，不复出焉，遂（suì）与外人间隔。问今是何世，乃不知有汉，无论魏晋。此人一一为（wèi）具言所闻，皆叹惋（wǎn）。余人各复延至其家，皆出酒食。停数日，辞去。此中人语（yù）云："不足为（wèi）外人道也。"

既出，得其船，便扶向路，处处志之。及郡（jùn）下，诣（yì）太守，说如此。太守即遣（qiǎn）人随其往，寻向所志，遂迷，不复得路。

南阳刘子骥（jì），高尚士也，闻之，欣然规往。未果，寻病终。后遂无问津者。

《木兰辞》南北朝

唧唧复唧唧，木兰当户织。不闻机杼声，惟闻女叹息。
问女何所思，问女何所忆。女亦无所思，女亦无所忆。
昨夜见军帖，可汗大点兵。军书十二卷，卷卷有爷名。
阿爷无大儿，木兰无长兄。愿为市鞍马，从此替爷征。
东市买骏马，西市买鞍鞯，南市买辔头，北市买长鞭。

旦辞爷娘去，暮宿黄河边。

不闻爷娘唤女声，但闻黄河流水鸣溅溅。

旦辞黄河去，暮至黑山头，不闻爷娘唤女声，但闻燕山胡骑鸣啾啾。

万里赴戎机，关山度若飞。朔气传金柝，寒光照铁衣。

将军百战死，壮士十年归。归来见天子，天子坐明堂。

策勋十二转，赏赐百千强。

可汗问所欲，木兰不用尚书郎；愿驰千里足，送儿还故乡。

爷娘闻女来，出郭相扶将。阿姊闻妹来，当户理红妆。

小弟闻姊来，磨刀霍霍向猪羊。开我东阁门，坐我西阁床。

脱我战时袍，著我旧时裳。当窗理云鬓，对镜帖花黄。

出门看伙伴，伙伴皆惊忙："同行十二年，不知木兰是女郎。"

雄兔脚扑朔，雌兔眼迷离。双兔傍地走，安能辨我是雄雌？

《滕王阁序》唐·王勃

南昌故郡，洪都新府。星分翼轸（zhěn），地接衡庐。襟三江而带五湖，控蛮荆而引瓯越。物华天宝，龙光射牛斗之墟；人杰地灵，徐孺下陈蕃之榻。雄州雾列，俊采（又作彩）星驰，台隍（huáng）枕夷夏之交，宾主尽东南之美。都督阎公之雅望，棨（qǐ）戟（jǐ）遥临；宇文新州之懿（yì）范，襜（chān）帷（wéi）暂驻。十旬休暇，胜友如云；千里逢迎，高朋满座。腾蛟起凤，孟学士之词宗；紫电青霜，王将军之武库。家君作宰，路出名区；童子何知，躬逢胜饯。

时维九月，序属三秋。潦（lǎo）水尽而寒潭清，烟光凝而暮山紫。俨（yǎn）骖騑（cān fēi）于上路，访风景于崇阿。临帝子之长洲，得天人之旧馆。层峦耸翠，上出重霄；飞阁流丹，下临无地。鹤汀凫（fú）渚，穷岛屿之萦（yíng）回；桂殿兰宫，列冈峦之体势。披绣闼，俯雕甍（méng）。山原旷其盈视，川泽纡（yū）其骇瞩。闾阎扑地，钟鸣鼎食之家；舸舰弥津，青雀黄龙之舳（轴）（zhú）。虹销雨霁（jì），彩彻云衢。落霞与孤鹜齐飞，秋水共长天一色。渔舟唱晚，响穷彭蠡（lǐ）之滨；雁阵惊寒，声断衡阳之浦。遥襟俯畅，逸兴遄（chuán）飞。爽籁发而清风生，纤歌凝而白云遏（è）。睢（suī）园绿竹，气凌彭泽之樽（zūn）；邺（yè）水朱华，光照临川之笔。四美具，二难并。穷睇眄（miǎn）于中天，极娱游于暇日。天高地迥，觉宇宙之无穷；兴尽悲来，识盈虚之有数。望长安于日下，目（又作指）吴会于云间。地势极而南溟深，天柱高而北辰远。关山难越，谁悲失路之人；萍水相逢，尽是他乡之客。怀帝阍（hūn）而不见，奉宣室以何年？

嗟乎，时运不齐，命途多舛（chuǎn）；冯唐易老，李广难封。屈贾谊于长沙，非无圣主；窜梁鸿于海曲，岂乏明时？所赖君子安贫，达人知命。老当益壮，宁移白首之心；穷且益坚，不坠青云之志。酌贪泉而觉爽，处涸辙以犹欢。北海虽赊，扶摇可接；东隅已逝，桑榆非晚。孟尝高洁，空余报国之心；阮籍猖狂，岂效穷途之哭？

勃，三尺微命，一介书生，无路请缨，等终军之弱冠；有怀投笔，慕宗悫之长风。舍簪笏于百龄，奉晨昏于万里。非谢家之宝树，接孟氏之芳邻。他日趋庭，叨（tāo）陪鲤对；今兹捧袂（mèi），喜托龙门。杨意不逢，抚凌云而自惜；钟期既遇，奏流水以何惭。

呜呼！胜地不常，盛筵（yán）难再；兰亭已矣，梓泽丘墟。临别赠言，幸承恩于伟饯；登高作赋，是所望于群公。敢竭鄙诚，恭疏短引；一言均赋，四韵俱成；请洒潘江，各倾陆海云尔：

滕王高阁临江渚，佩玉鸣鸾罢歌舞。画栋朝飞南浦云，珠帘暮卷西山雨。

闲云潭影日悠悠，物换星移几度秋。阁中帝子今何在？槛外长江空自流。

《春江花月夜》唐·张若虚

春江潮水连海平，海上明月共潮生。
滟滟随波千万里，何处春江无月明。
江流宛转绕芳甸，月照花林皆似霰。
空里流霜不觉飞，汀上白沙看不见。

江天一色无纤尘，皎皎空中孤月轮。

江畔何人初见月？江月何年初照人？

人生代代无穷已，江月年年只相似。

不知江月照何人，但见长江送流水。

白云一片去悠悠，青枫浦上不胜愁。

谁家今夜扁舟子？何处相思明月楼？

可怜楼上月徘徊，应照离人妆镜台。

玉户帘中卷不去，捣衣砧上拂还来。

此时相望不相闻，愿逐月华流照君。

鸿雁长飞光不度，鱼龙潜跃水成文。

昨夜闲潭梦落花，可怜春半不还家。

江水流春去欲尽，江潭落月复西斜。

斜月沉沉藏海雾，碣石潇湘无限路。

不知乘月几人归，落月摇情满江树。

《将进酒》唐·李白

君不见，黄河之水天上来，奔流到海不复回。

君不见，高堂明镜悲白发，朝如青丝暮成雪。

人生得意须尽欢，莫使金樽（zūn）空对月。天生我材必有用，千金散尽还（huán）复来。

烹羊宰牛且为乐，会须一饮三百杯。岑（cén）夫子，丹丘生，将（qiāng）进酒，杯莫停。

与君歌一曲，请君为我侧（也有作"倾"）耳听。钟鼓馔（zhuàn）玉何（也可作"不"）足贵，但愿长醉不复醒。

古来圣贤皆寂寞，惟有饮者留其名。陈王昔时宴平乐（lè），斗酒十千恣（zì）欢谑（xuè）。

主人何为言少钱，径（jìng）须沽（gū）取对君酌（zhuó）。

五花马，千金裘（qiú），呼儿将（jiāng）出换美酒，与尔同销万古愁。

《蜀道难》唐·李白

噫吁嚱（yī xū hū）！危乎高哉！蜀道之难，难于上青天！蚕丛及鱼凫（fú），开国何茫然！尔来四万八千岁，不与秦塞（sài）通人烟。西当太白有鸟道，可以横绝峨眉巅。地崩山摧壮士死，然后天梯石栈（zhàn）相钩连。

上有六龙回日之高标，下有冲波逆折之回川。黄鹤之飞尚不得过，猿猱（náo）欲度愁攀援。青泥何盘盘，百步九折萦（yíng）岩峦。扪（mén）参（shēn）历井仰胁（xié）息，以手抚膺（yīng）坐长叹。

问君西游何时还，畏途巉（chán）岩不可攀。但见悲鸟号（háo）古木，雄飞雌从绕林间。又闻子规啼夜月，愁空山。蜀道之难，难于上青天，使人听此凋朱颜！连峰去天不盈尺，枯松倒挂倚绝壁。飞湍瀑流争喧豗（huī），砯（pēng）崖转（zhuǎn）石万壑（hè）雷。

其险也如此，嗟（jiē）尔远道之人胡为（wèi）乎来哉。

剑阁峥嵘而崔嵬（wéi），一夫当关，万夫莫开。

所守或匪（fēi）亲，化为狼与豺。朝避猛虎，夕避长蛇，磨牙吮（shǔn）血，杀人如麻。锦城虽云乐，不如早还家。蜀道之难，难于上青天，侧身西望长咨（zī）嗟（jiē）。

《石壕吏》唐·杜甫

暮投石壕村，有吏夜捉人。老翁逾墙走，老妇出门看。
吏呼一何怒，妇啼一何苦！听妇前致词："三男邺城戍。
一男附书至，二男新战死。存者且偷生，死者长已矣。
室中更无人，惟有乳下孙。有孙母未去，出入无完裙。
老妪力虽衰，请从吏夜归。急应河阳役，犹得备晨炊。"
夜久语声绝，如闻泣幽咽。天明登前途，独与老翁别。

《丽人行》唐·杜甫

三月三日天气新，长安水边多丽人。

态浓意远淑且真，肌理细腻骨肉匀。

绣罗衣裳照暮春，蹙金孔雀银麒麟。

头上何所有？　翠微匐叶垂鬓唇。

背后何所见？　珠压腰衱稳称身。

就中云幕椒房亲，赐名大国虢与秦。

紫驼之峰出翠釜，水精之盘行素鳞。

犀箸厌饫久未下，鸾刀缕切空纷纶。

黄门飞鞚不动尘，御厨络绎送八珍。

箫鼓哀吟感鬼神，宾从杂遝实要津。

后来鞍马何逡巡，当轩下马入锦茵。

杨花雪落覆白蘋，青鸟飞去衔红巾。

炙手可热势绝伦，慎莫近前丞相嗔。

《陋室铭》唐·刘禹锡

山不在高，有仙则名。水不在深，有龙则灵。斯是陋室，惟吾德馨。苔痕上阶绿，草色入帘青。谈笑有鸿儒，往来无白丁。可以调素琴，阅金经。无丝竹之乱耳，无案牍之劳形。南阳诸葛庐，西蜀子云亭。孔子云："何陋之有？"

《长恨歌》唐·白居易

汉皇重色思倾国，御宇多年求不得。

杨家有女初长成，养在深闺人未识。

天生丽质难自弃，一朝选在君王侧。

回眸一笑百媚生，六宫粉黛无颜色。

春寒赐浴华清池，温泉水滑洗凝脂。

侍儿扶起娇无力，始是新承恩泽时。

云鬓花颜金步摇，芙蓉帐暖度春宵。

春宵苦短日高起，从此君王不早朝。

承欢侍宴无闲暇，春从春游夜专夜。

后宫佳丽三千人，三千宠爱在一身。

金屋妆成娇侍夜，玉楼宴罢醉和春。

姊妹弟兄皆列土，可怜光彩生门户。

遂令天下父母心，不重生男重生女。

骊宫高处入青云，仙乐风飘处处闻。

缓歌慢舞凝丝竹，尽日君王看不足。

渔阳鼙（pí）鼓动地来，惊破《霓裳羽衣曲》。

九重城阙烟尘生，千乘万骑西南行。

翠华摇摇行复止，西出都门百余里。

六军不发无奈何，宛转蛾眉马前死。

花钿委地无人收，翠翘金雀玉搔头。

君王掩面救不得，回看血泪相和流。

黄埃散漫风萧索，云栈萦纡登剑阁。

峨嵋山下少人行，旌旗无光日色薄。

蜀江水碧蜀山青，圣主朝朝暮暮情。

行宫见月伤心色，夜雨闻铃肠断声。

天旋日转回龙驭，到此踌躇不能去。

马嵬（wéi）坡下泥土中，不见玉颜空死处。

君臣相顾尽沾衣，东望都门信马归。

归来池苑皆依旧，太液芙蓉未央柳。

芙蓉如面柳如眉，对此如何不泪垂？

春风桃李花开夜，秋雨梧桐叶落时。

西宫南内多秋草，落叶满阶红不扫。

梨园弟子白发新，椒房阿监青娥老。

夕殿萤飞思悄然，孤灯挑尽未成眠。

迟迟钟鼓初长夜，耿耿星河欲曙天。

鸳鸯瓦冷霜华重，翡翠衾寒谁与共？

悠悠生死别经年，魂魄不曾来入梦。

临邛道士鸿都客，能以精诚致魂魄。

为感君王辗转思，遂教方士殷勤觅。

排空驭气奔如电，升天入地求之遍。

上穷碧落下黄泉，两处茫茫皆不见。

忽闻海上有仙山，山在虚无缥缈间。

楼阁玲珑五云起，其中绰约多仙子。

中有一人字太真，雪肤花貌参差是。

金阙西厢叩玉扃，转教小玉报双成。

闻道汉家天子使，九华帐里梦魂惊。

揽衣推枕起徘徊，珠箔银屏迤逦开。

云鬓半偏新睡觉（jué），花冠不整下堂来。

风吹仙袂飘飖举，犹似霓裳羽衣舞。

玉容寂寞泪阑干，梨花一枝春带雨。

含情凝睇谢君王，一别音容两渺茫。

昭阳殿里恩爱绝，蓬莱宫中日月长。

回头下望人寰处，不见长安见尘雾。

惟将旧物表深情，钿合金钗寄将去。

钗留一股合一扇，钗擘黄金合分钿。

但教心似金钿坚，天上人间会相见。

临别殷勤重寄词，词中有誓两心知。

七月七日长生殿，夜半无人私语时。

在天愿作比翼鸟，在地愿为连理枝。

天长地久有时尽，此恨绵绵无绝期。

《琵琶行》唐·白居易

浔阳江头夜送客，枫叶荻花秋瑟瑟。

主人下马客在船，举酒欲饮无管弦。

醉不成欢惨将别，别时茫茫江浸月。

忽闻水上琵琶声，主人忘归客不发。

寻声暗问弹者谁，琵琶声停欲语迟。

移船相近邀相见，添酒回灯重开宴。

千呼万唤始出来，犹抱琵琶半遮面。

转轴拨弦三两声，未成曲调先有情。

弦弦掩抑声声思，似诉平生不得志。

低眉信手续续弹，说尽心中无限事。

轻拢慢捻抹复挑，初为《霓裳》后《六幺》。

大弦嘈嘈如急雨，小弦切切如私语。

嘈嘈切切错杂弹，大珠小珠落玉盘。

间关莺语花底滑，幽咽泉流冰下难。

冰泉冷涩弦凝绝，凝绝不通声暂歇。

别有幽愁暗恨生，此时无声胜有声。

银瓶乍破水浆迸，铁骑突出刀枪鸣。

曲终收拨当心画，四弦一声如裂帛。

东船西舫悄无言，唯见江心秋月白。

沉吟放拨插弦中，整顿衣裳起敛容。

自言本是京城女，家在虾蟆陵下住。

十三学得琵琶成，名属教坊第一部。

曲罢曾教善才伏，妆成每被秋娘妒。

五陵年少争缠头，一曲红绡不知数。

钿头银篦击节碎，血色罗裙翻酒污。

今年欢笑复明年，秋月春风等闲度。

弟走从军阿姨死，暮去朝来颜色故。

门前冷落鞍马稀，老大嫁作商人妇。

商人重利轻别离，前月浮梁买茶去。

去来江口守空船，绕船月明江水寒。

夜深忽梦少年事，梦啼妆泪红阑干。

我闻琵琶已叹息，又闻此语重唧唧。

同是天涯沦落人，相逢何必曾相识。

我从去年辞帝京，谪居卧病浔阳城。

浔阳地僻无音乐，终岁不闻丝竹声。

住近湓江地低湿，黄芦苦竹绕宅生。

其间旦暮闻何物？杜鹃啼血猿哀鸣。

春江花朝秋月夜，往往取酒还独倾。

岂无山歌与村笛？呕哑嘲哳难为听。

今夜闻君琵琶语，如听仙乐耳暂明。

莫辞更坐弹一曲，为君翻作琵琶行。

感我此言良久立，却坐促弦弦转急。

凄凄不似向前声，满座重闻皆掩泣。

座中泣下谁最多？江州司马青衫湿。

《进学解》唐·韩愈

国子先生晨入太学，招诸生立馆下，诲之曰："业精于勤，荒于嬉；行成于思，毁于随。方今圣贤相逢，治具毕张，拔去凶邪，登崇俊良。占小善者率以录，名一艺者无不庸。爬罗剔抉，刮垢磨光。盖有幸而获选，孰云多而不扬？诸生业患不能精，无患有司之不明。行患不能成，无患有司之不公。"

言未既，有笑于列者曰："先生欺余哉！弟子事先生，于兹有年矣。先生口不绝吟于六艺之文，手不停披于百家之编，纪事者必提其要，纂言者必钩其玄。贪多务得，细大不捐。焚膏油以继晷，恒兀兀以穷年。先生之业，可谓勤矣。抵排异端，攘斥佛老。补苴罅漏，张皇幽眇。寻坠绪之茫茫，独旁搜而远绍。障百川而东之，回狂澜于既倒。先生之于儒，可谓劳矣。沉浸醲郁，含英咀华，作为文章，其书满家。上规姚姒，浑浑无涯，周《诰》殷《盘》，佶屈聱牙，《春秋》谨严，《左氏》浮夸，《易》奇而法，《诗》正而葩。下逮《庄》、《骚》，太史所录，子云、相如，同工异曲。先生之于文，可谓闳其中而肆其外矣。少始知学，勇于敢为，长通于方，左右具宜。先生之于为人，可谓成矣。然而公不见信于人，私不见助于友，跋前踬后，动辄得咎。暂为御史，遂窜南夷。三年博士，冗不见治。命与仇谋，取败几时。冬暖而儿号寒，年丰而妻啼饥。头童齿豁，竟死何裨？不知虑此，反教人为？"

先生曰："吁，子来前！夫大木为杗，细木为桷，欂栌、侏儒，椳、闑、扂、楔，各得其宜，施以成室者，匠氏之工也。玉札、丹砂、赤箭、青芝，牛溲、马勃，败鼓之皮，俱收并蓄，待用无遗者，医师之良也。登明选公，杂进巧拙，纤余为妍，卓荦为杰，校短量长，惟器是适者，宰相之方也。昔者孟轲好辩，孔道以明，辙环天下，卒老于行。荀卿守正，大论是弘，逃谗于楚，废死兰陵。是二儒者，吐辞为经，举足为法，绝类离伦，优入圣域，其遇于世何如也。今先生学虽勤而不繇其统，言虽多而不要其中，文虽奇而不济于用，行虽修而不显于众。犹且月费俸钱，岁靡廪粟，子不知耕，妇不知织，乘马从徒，安坐而食，踵常途之役役，窥陈编以盗窃。然而圣主不加诛，宰臣不见斥，兹非其幸欤！动而得谤，名亦随之。投闲置散，乃分之宜。若夫商财贿之有亡，计班资之崇庳，忘己量之所称，指前人之瑕疵，是所谓诘匠氏之不以杙为楹，而訾医师以昌阳引年，欲进其豨苓也。"

《马说》唐·韩愈

世有伯乐，然后有千里马。千里马常有，而伯乐不常有。故虽有名马，祇（zhǐ）辱于奴隶人之手，骈（pián）死于槽（cáo）枥（lì）之间，不以千里称也。

马之千里者，一食（shí）或尽粟（sù）一石（dàn）。食（sì）马者不知其能千里而食（sì）也。是马也，虽有千里之能，食（shí）不饱，力不足，才美不外见（xiàn），且欲与常马等不可得，安求其能千里也？

策之不以其道，食（sì）之不能尽其材，鸣之而不能通其意，执策而临之，曰："天下无马！"呜呼！其真无马邪（yé）？其真不知马也。

《小石潭记》唐·柳宗元

从小丘西行百二十步，隔篁（huáng）竹，闻水声，如鸣佩环，心乐之。伐竹取道，下见小潭，水尤清冽（liè）。全石以为底，近岸，卷（quán）石底以出，为坻（chí）为屿（yǔ），为嵁（kān）为岩。青树翠蔓（wàn），蒙络摇缀，参（cēn）差（cī）披拂。

潭中鱼可百许头，皆若空游无所依。日光下澈，影布石上，怡

（yǐ）然不动；俶（chù）尔远逝，往来翕（xī）忽，似与游者相乐。

潭西南而望，斗折蛇行，明灭可见。其岸势犬牙差（cī）互，不可知其源。

坐潭上，四面竹树环合，寂寥（liáo）无人，凄神寒骨，悄（qiāo）怆（chuàng）幽邃（suì）。以其境过清，不可久居，乃记之而去。

同游者：吴武陵，龚（gōng）古，余弟宗玄。隶（lì）而从者，崔氏二小生：曰恕己，曰奉壹。

《阿房宫赋》唐·杜牧

六王毕，四海一。蜀山兀，阿房出。覆压三百余里，隔离天日。骊山北构而西折，直走咸阳。二川溶溶，流入宫墙。五步一楼，十步一阁；廊腰缦回，檐牙高啄；各抱地势，钩心斗角。盘盘焉，囷囷（qū 屈）焉，蜂房水涡，矗（chù）不知其几千万落。长桥卧波，未云何龙？复道行空，不霁（jì）何虹？高低冥迷，不知西东。歌台暖响，春光融融；舞殿冷袖，风雨凄凄。一日之内，一宫之间，而气候不齐。

妃嫔媵（yìng）嫱，王子皇孙，辞楼下殿，辇（niǎn）来于秦。朝歌夜弦（xián），为秦宫人。明星荧荧，开妆镜也；绿云扰扰，梳晓鬟（huán）也；渭流涨腻，弃脂水也；烟斜雾横，焚椒兰也。雷霆乍惊，宫车过也；辘辘（lù）远听，杳（yǎo）不知其所之也。一肌一容，尽态极妍，缦立远视，而望幸焉。有不得见者，三十六年。燕赵之收藏，韩魏之经营，齐楚之精英，几世几年，取掠其人，倚叠如山。一旦不能有，输来其间。鼎铛（chēng）玉石，金块珠砾，弃掷逦（lǐ）迤（yǐ），秦人视之，亦不甚惜。

嗟乎！一人之心，千万人之心也。秦爱纷奢，人亦念其家。奈何取之尽锱（zī）铢（zhū），用之如泥沙。使负栋之柱，多于南亩之农夫；架梁之椽（chuán），多于机上之工女；钉头磷磷，多于在庾（yǔ）之粟粒；瓦缝参差，多于周身之帛缕；直栏横槛（jiàn），多于九土之城郭；管弦呕哑，多于市人之言语。使天下之人，不敢言而敢怒。独夫之心，日益骄固。戍（shù）卒叫，函谷举，楚人一炬，可怜焦土！

呜呼！灭六国者六国也，非秦也；族秦者秦也，非天下也。嗟夫！使六国各爱其人，则足以拒秦；使秦复爱六国之人，则递三世可至万世而为君，谁得而族灭也？秦人不暇自哀，而后人哀之；后人哀之而不鉴之，亦使后人而复哀后人也。

《爱莲说》北宋·周敦颐

水陆草木之花，可爱者甚蕃。晋陶渊明独爱菊。自李唐来，世人甚爱牡丹。予独爱莲之出淤泥而不染，濯清涟而不妖，中通外直，不蔓不枝，香远益清，亭亭净植，可远观而不可亵玩焉。

予谓菊，花之隐逸者也；牡丹，花之富贵者也；莲，花之君子者也。噫！菊之爱，陶后鲜有闻。莲之爱，同予者何人？牡丹之爱，宜乎众矣！

《前赤壁赋》北宋·苏轼

壬戌之秋，七月既望，苏子与客泛舟游于赤壁之下。清风徐来，水波不兴。举酒属客，诵《明月》之诗，歌《窈窕》之章。少焉，月出于东山之上，徘徊于斗牛之间。白露横江，水光接天。纵一苇之所如，凌万顷之茫然。浩浩乎如冯虚御风，而不知其所止；飘飘乎如遗世独立，羽化而登仙。

于是饮酒乐甚，扣舷而歌之。歌曰："桂棹兮兰桨，击空明兮溯流光。渺渺兮予怀，望美人兮天一方。"客有吹洞箫者，倚歌而和之。其声呜呜然，如怨如慕，如泣如诉；余音袅袅，不绝如缕。舞幽壑之潜蛟，泣孤舟之嫠妇。

苏子愀然，正襟危坐，而问客曰："何为其然也？"客曰："'月明星稀，乌鹊南飞。'此非曹孟德之诗乎？西望夏口，东望武昌，山川相缪，郁乎苍苍，此非孟德之困于周郎者乎？方其破荆州，下江陵，顺流而东也，舳舻千里，旌旗蔽空，酾酒临江，横槊赋诗，固一世之雄也，而今安在哉？况吾与子渔樵于江渚之上，侣鱼虾而友麋鹿，驾一叶之扁舟，举匏樽以相属。寄蜉蝣于天地，渺沧海之一粟。哀吾生之须臾，羡长江之无穷。挟飞仙以遨游，抱明月而长终。知不可乎骤得，托遗响于悲风。"

苏子曰："客亦知夫水与月乎？逝者如斯，而未尝往也；盈虚者如彼，而卒莫消长也。盖将自其变者而观之，则天地曾不能以一瞬；自其不变者而观之，则物与我皆无尽也，而又何羡乎？且夫天地之间，物各有主，苟非吾之所有，虽一毫而莫取。惟江上之清风，与山间之明月，耳得之而为声，目遇之而成色，取之无禁，用之不竭。是造物者之无尽藏也，而吾与子之所共适。"

客喜而笑，洗盏更酌。肴核既尽，杯盘狼藉。相与枕藉乎舟中，不知东方之既白。

《岳阳楼记》北宋·范仲淹

庆历四年春，滕子京谪守巴陵郡。越明年，政通人和，百废具兴，乃重修岳阳楼，增其旧制，刻唐贤今人诗赋于其上，属予作文以记之。

予观夫巴陵胜状，在洞庭一湖。衔远山，吞长江，浩浩汤汤，横无际涯；朝晖夕阴，气象万千；此则岳阳楼之大观也，前人之述备矣。然则北通巫峡，南极潇湘，迁客骚人，多会于此，览物之情，得无异乎？

若夫淫雨霏霏，连月不开；阴风怒号，浊浪排空；日星隐曜（耀），山岳潜形；商旅不行，樯倾楫摧；薄暮冥冥，虎啸猿啼；登斯楼也，则有去国怀乡，忧谗畏讥，满目萧然，感极而悲者矣。

至若春和景明，波澜不惊，上下天光，一碧万顷；沙鸥翔集，锦鳞游泳，岸芷汀兰，郁郁青青。而或长烟一空，皓月千里，浮光跃金，静影沉璧，渔歌互答，此乐何极！登斯楼也，则有心旷神怡，宠辱偕忘，把酒临风，其喜洋洋者矣。

嗟夫！予尝求古仁人之心，或异二者之为，何哉？不以物喜，不以己悲，居庙堂之高则忧其民，处江湖之远则忧其君。是进亦忧，退亦忧；然则何时而乐耶？其必曰："先天下之忧而忧，后天下之乐而乐"欤。噫！微斯人，吾谁与归？

《五代史伶官传序》北宋·欧阳修

　　呜呼！盛衰之理，虽曰天命，岂非人事哉！原庄宗之所以得天下，与其所以失之者，可以知之矣。

　　世言晋王之将终也，以三矢赐庄宗而告之曰："梁，吾仇也。燕王，吾所立；契丹与吾约为兄弟，而皆背晋以归梁。此三者，吾遗恨也。与尔三矢，尔其无忘乃父之志！"庄宗受而藏之于庙。其后用兵，则遣从事以一少牢告庙，请其矢，盛以锦囊，负而前驱，及凯旋而纳之。

　　方其系燕父子以组，函梁君臣之首，入于太庙，还矢先王，而告以成功。其意气之盛，可谓壮哉！及仇雠已灭，天下已定，一夫夜呼，乱者四应，仓皇东出，未见贼而士卒离散。君臣相顾，不知所归，至于誓天断发，泣下沾襟，何其衰也！岂得之难而失之易欤？抑本其成败之迹，而皆自于人欤？

　　《书》曰："满招损，谦得益。"忧劳可以兴国，逸豫可以亡身，自然之理也。故方其盛也，举天下之豪杰莫能与之争；及其衰也，数十伶人困之而身死国灭，为天下笑。夫祸患常积于忽微，而智勇多困于所溺，岂独伶人也哉？

《醉翁亭记》北宋·欧阳修

　　环滁（chú）皆山也。其西南诸峰，林壑（hè）尤美。望之蔚然而深秀者，琅琊（lángyá）也。山行六七里，渐闻水声潺（chán）潺而泻出于两峰之间者，酿泉也。峰回路转，有亭翼然临于泉上者，醉翁亭也。作亭者谁？山之僧智仙也。名之者谁？太守自谓也。太守与客来饮于此，饮少辄（zhé）醉，而年又最高，故自号曰醉翁也。醉翁之意不在酒，在乎山水之间也。山水之乐，得之心而寓之酒也。

　　若夫（fú）日出而林霏开，云归而岩穴（xué）暝（míng），晦（huì）明变化者，山间之朝（zhāo）暮也。野芳发而幽香，佳木秀而繁阴，风霜高洁，水落而石出者，山间之四时也。朝而往，暮而归，四时之景不同，而乐亦无穷也。

至于负者歌于途，行者休于树，前者呼，后者应，伛（yǔ）偻（lǚ）提携，往来而不绝者，滁人游也。临溪而渔，溪深而鱼肥。酿泉为酒，泉香而酒洌（liè）；山肴野蔌（sù），杂然而前陈者，太守宴也。宴酣（hān）之乐，非丝非竹，射者中，弈者胜，觥（gōng）筹交错，起坐而喧哗者，众宾欢也。苍颜白发，颓然乎其间者，太守醉也。

　　已而夕阳在山，人影散乱，太守归而宾客从也。树林阴翳（yì），鸣声上下，游人去而禽鸟乐也。然而禽鸟知山林之乐，而不知人之乐；人知从太守游而乐，而不知太守之乐其乐也。醉能同其乐，醒能述以文者，太守也。太守谓谁？庐陵欧阳修也。

中华医药　人生百科

　　中国文化除了有儒家、道家、法家和佛家学说等观念文化以外，还包括历史文物，如陶器、瓷器、青铜器、玉器等；含艺术品，如书法、绘画、古建筑等；还包括医药养生、农学、天文历算、科学技术等古代书籍。中华医药也是一个伟大的宝库，5000年来对中华民族的发展有巨大贡献，现在和将来还将对人类做出巨大贡献。中国文化包括了文化生活的方方面面，从所有这些方面都可以看出，中华民族创造了丰富多彩的文明。

《黄帝内经》精华

　　《黄帝内经》是中国传统医学四大经典著作之一，（其它三部是《难经》、《伤寒杂病论》、《神农本草经》），是我国医学宝库中现存成书最早的一部医学典籍。是中医的理论基础。它用古代天人合一的观念，将"阴阳五行学说"运用于医学，建立了"脉象"、"藏象"、"经络"、"病因"、"病机"、"病症"、"诊法"、"论治"及"养生"等中医的基础理论。

　　《黄帝内经》成编于战国时期，总结了上古以来的医疗经验和学术理论，并总结了秦汉以前先民们的天文、历算、地理、动物、植物等方面与人的生活与健康相关的知识，并研究了社会环境与自然环境对人的影响。对人体的解剖、生理、病理以及疾病的诊断、治疗与预防，做了全面的阐述，成为中国医药学发展的智慧之源。

【不知持满，不时御神，务快其心，逆于生乐，起居无节，故半百而衰也】出自《黄帝内经·素问》。意思是：不懂得保持精气充沛，不擅长蓄养精神，贪图一时快心，背离了养生的真正乐趣，起居作息没有规律——所以（这样的人）才到五十岁就衰老了。

【夫道者能却老而全形，身年虽寿，能生子也】出自《黄帝内经·素问》。意思是：懂得养生之道的人，一定程度上能够抵御衰老，保持身体的健全，年纪虽然大了，仍然能够生育孩子。

黄帝像

【阴之所生，本在五味，阴之五宫，伤在五味。是故味过于酸，肝气以津，脾气乃绝；味过于咸，大骨气劳，短肌，心气抑；味过于甘，心气喘满，色黑，肾气不衡；味过于苦，脾气不濡，胃气乃厚；味过于辛，筋脉沮弛，精神乃央】出自《黄帝内经·素问》。意思是：精血的产生，来自对饮食五味的摄取。但是贮藏精血的五脏，又可能因为摄取五味过度而受损。所以吃进太多味酸的东西，会导致肝气凑聚，脾气因此变衰弱；吃进太多味咸的东西，会导致骨气疲乏，肌肉枯槁，心气也抑滞了。吃进太多味甜的东西，会导致心气难喘，气色变坏，肾气也不平衡了；吃进太多味苦的东西，会导致脾气濡滞，胃气也变薄了；吃进太多味辛的东西，会导致筋脉渐衰，精神也颓靡不振了。

【善治者治皮毛，其次治肌肤，其次治筋脉，其次治六腑，其次治五脏】出自《黄帝内经·素问》。意思是：擅长治病的医生，在病刚刚侵入皮毛时就能及时给予治疗，次一等的医生，在病侵入肌肤时才去治疗；再次一等的医生，在病侵入筋脉时才去治疗；又次一等的医生，在病侵入到六腑时才去治疗；最差的医生，直到病侵入了五脏才去治疗。

【多食咸，则脉凝泣而变色；多食苦，则皮槁而毛拔；多食辛，则筋急而爪枯；多食酸，则肉胝䐢而唇揭；多食甘，则骨痛而发落】出自《黄帝内经·素问》。意思是：吃进太多味咸的东西，会导致血脉凝滞、面上失去光泽；吃进太多味苦的东西，会导致皮肤干燥、毛发脱落；吃进太多味辛的东西，会导致筋肉拘挛、手脚干枯；吃进太多味酸的东西，会导致肉变硬变厚、嘴唇皱缩；吃进太多味甜的东西，会导致骨骼生疼、头发脱落。

【面黄目青，面黄目赤，面黄目白，面黄目黑者，皆不死也。面青目赤，面赤目白，面青目黑，面黑目白，面赤目青，皆死也】出自《黄帝内经·素问》。意思是：面色黄眼睛青、面色黄眼睛红、面色黄眼睛白、面色黄眼睛黑——这些都不是死的迹象。面色青眼睛红、面色青眼睛黑、面色黑眼睛白、面色红眼睛青——这些都是死的迹象。

【胃者，水谷之海，六腑之大源也】出自《黄帝内经·素问》。意思是：胃，又叫做水谷之海，是六腑的源泉。

【五脏六腑，固尽有部，视其五色，黄赤为热，白为寒，青黑为痛，此所谓视而可见者也】出自《黄帝内经·素问》。意思是：五脏六腑，在面部都有各自所属的部位。观察面部的气色，如果是黄色和赤色，就表示得了热症；是白色，就表示得了寒症；是青色和黑色，就表示得了痛症——这个道理就叫做视而可见。

【其寒也则衰食饮，其热也则消肌肉，故使人怢栗而不能食，名曰寒热】出自《黄帝内经·素问》。意思是：得了寒症就会不思饮食，得了热症就会身体消瘦，所以使人打寒战、不想吃东西的病，就叫做寒热病。

【脾气热，则胃干而渴，肌肉不仁，发为肉痿】出自《黄帝内经·素问》。意思是：脾脏过热，就会导致胃液干燥、口渴、肌肉麻痹，以至恶化成痿缩。

【治热以寒，温而行之；治寒以热，凉而行之；治温以清，冷而行之；治清以温，热而行之】出自《黄帝内经·素问》。意思是：治热症要用寒药，但要温一下再喝下去；治寒症要用热药，但要凉一下再喝下去；治温症要用凉药，但要冷一下再喝下去；治冷症要用温药，但要热一下再喝下去。

【肺气虚，则使人梦见白物，见人斩血藉藉，得其时则梦见兵战】出自《黄帝内经·素问》。意思是：肺气虚弱，就会使人梦见刀剑之类的兵器，或者梦见有人被杀流血、尸体交横，当（金旺）的时候就会梦见打仗。

【肾气虚，则使人梦见舟船溺人，得其时则梦伏水中，若有畏恐】出自《黄帝内经·素问》。意思是：肾气虚弱，就会使人梦见船翻淹死人，当（水旺）的时候就会梦见自己潜伏在水里，好像很恐惧的样子。

【肝气虚则梦见菌香生草，得其时则梦伏树下不敢起】出自《黄帝内经·素问》。意思是：肝气虚弱，就会梦见菌香草木；当（木旺）的时候就会梦见伏在树下不敢起来。

【心气虚则梦救火阳物，得其时则梦燔灼】出自《黄帝内经·素问》。意思是：心气虚弱，就会梦见救火的场景以及雷电；当（火旺）的时候就会使人梦见大火熊熊。

【脾气虚则梦饮食不足，得其时则梦筑垣盖屋】出自《黄帝内经·素问》。意思是：脾气虚弱，就会梦见吃不饱饭，当（土旺）的时候就会使人梦见筑墙壁、盖房子。

【粗守形，上守神】出自《黄帝内经·灵枢》。意思是：拙劣的医生只能根据表面的症状死板下药，高明的医生却能根据病情的变化来对症下药。

【凡用针者，虚则实之，满则泄之，宛陈则除之，邪胜则虚之】出自《黄帝内经·灵枢》。意思是：大凡使用针刺，气虚弱时就要用补法，气太盛时就要用泻法，气血瘀结时就要除瘀，邪气太盛时就要予以减弱。

【持针之道，坚者为宝】出自《黄帝内经·灵枢》。意思是：持针，持得紧而有力是最重要的。

【夫善用针者，取其疾也，犹拔刺也，犹雪污也，犹解结也，犹决闭也】出自《黄帝内经·灵枢》。意思是：擅长用针的人，治疗疾病时，就像是拔掉刺儿、涤洗污秽、解开绳结、疏通淤塞一样。

【夫百病之所始生者，必起于燥温、寒暑、风雨、阴阳、喜怒、饮食、居处】出自《黄帝内经·灵枢》。意思是：各种疾病的产生，都是由于感染了燥湿、寒暑、风雨，或阴阳、喜怒、饮食、居处失调而引起的。

《神农本草经》精华

【上药一百二十种为君，主养命以应天，无毒，多服久服不伤人】出自《神农本草·序录》。意思是：《神农本草经》里的上等药材有一百二十种，是药中的君王，主要功效是通过调养人的生命来顺应天道，没有毒性，多服、长期服用也不会伤害人身。

【中药一百二十种为臣，主养性以应人，无毒有毒，斟酌其宜】出自《神农本草序录》。意思是：《神农本草经》里的中等药材有一百二十种，是药中的臣子，主要功效是通过调养人的性情来顺应人道，有的没有毒性，有的有毒性，使用时要斟酌是否恰当。

【下药一百二十五种为佐使，主治病以应地，多毒，不可久服】出自《神农本草·序录》。意思是：《神农本草经》里下等药材有一百二十五种，是药中的佐使，主要功效是通过治疗疾病来应和地气，大多数有毒性，不能长期服用。

【药有君臣佐使，以相宣摄合和】出自《神农本草·序录》。意思是：药材中有君王、臣下、佐使的分别，这是为了仿效像君王下诏书那样使各种药物合理配合。

【欲疗病，先察其源，先候病机】出自《神农本草·序录》。意思是：想要治病，先要检查出病源、判断出病症的关键之处。

【菊花，叶苦，平。主诸风，头眩，肿痛，目欲脱，泪出；皮肤死肌，恶风湿痹】出自《神农本草·上品》。意思是：菊花，味苦，性平。主治各种风邪所致的头晕胀痛、眼睛胀痛流泪、死皮、风湿痹痛、恶风等症。

【人参，味甘，微寒。主补五脏，安精神，定魂魄，止惊悸，除邪气，明目、开心、益智】出自《神农本草·上品》。意思是：人参，味甘，性微寒。主要功效是补益五脏、安定心神、魂魄克服惊悸、祛除邪气、明目、开心窍、益神智。

【甘草，味甘，平。主五脏六腑寒热邪气；坚筋骨，长肌肉，倍力；金疮肿，解毒】出自《神农本草·上品》。意思是：甘草，味甘，性平。主治五脏六腑内的寒热邪气，有强健筋骨、坚实肌肉、增加气力、消除刀枪所致的疮肿并解毒的功效。

【车前子，味甘，寒。主气癃，止痛，利水道小便；除湿痹。久服轻身耐老】出自《神农本草·上品》。意思是：车前子，味甘，性寒。主要功效是治气淋、止痛、利尿、祛除湿痹。长期服用能使身体灵巧，延缓衰老。

【木香，味辛，温。主邪气，辟毒疫温鬼；强志，主淋露】出自《神农本草·上品》。意思是：木香，味辛，性温。主治邪气，能祛除毒疫所导致的传染病，增强记忆力，主治小便淋漓不止。

【薏苡仁，味甘，微寒。主筋急拘挛，不可屈伸，风湿痹；下气；久服轻身益气】出自《神农本草·上品》。意思是：薏苡仁，味甘，性微寒。主治筋肉拘挛、不能屈伸的风湿痹痛，可使湿气下行。长期服用能使身体灵巧，补益气血。

【黄连，味苦，寒。主热气目痛，眦伤泣出，明目；肠澼，腹痛下痢；妇人阴中肿痛。久服令人不忘】出自《神农本草·上品》。意思是：黄连，味苦，性寒。主治眼热胀痛、眼角损伤流泪，有明目的作用；可治腹泻、腹痛、痢疾及妇女阴中肿痛。长期服用可以增强记忆力。

【蒺藜子，味苦，温。主恶血，破症结积聚；喉痹；乳难】出自《神农本草·上品》。意思是：蒺藜子，味苦，性温。主治淤滞死血，可清除症结淤积，也能治咽喉肿痛、女子难产。

【黄芪，味苦，微温。主痈疽久败疮，排脓止痛；大风癞痫；五痔鼠瘘；补虚，小儿百病】出自《神农本草·上品》。意思是：黄芪，味甘，性微湿。主治长期痈疽导致的破损伤烂，排脓止痛；也可治严重风邪所致的皮肤病、各种痔疮、鼠瘘；具有补虚作用，对多种小儿疾病也有功效。

【决明子，味咸，平。主青盲；目淫肤赤白膜，眼赤痛、泪出。久服益精光，轻身】出自《神农本草·上品》。意思是：决明子，味咸，性平。主治眼睛外观正常而看不见东西，眼球上有红色、白色翳膜，眼睛红肿疼痛、流泪不止。长期服用可以使目光明亮、身体灵巧。

【五味子，味酸，温。主益气；咳逆上气；劳伤羸瘦，补不足；强阴，益男子精】出自《神农本草·上品》。意思是：五味子，味酸，性温。主要功效为补益气血；可治咳嗽气喘、过度劳累导致的身体受损、瘦弱，补充体力不足；可补虚强阴，使男子精液增多。

【蛇床子，味苦，平。主妇人阴中肿痛；男子阳痿；湿痒；除痹气，利关节；癫痫；恶疮】出自《神农本草·上品》。意思是：蛇床子，味苦，性平。主治妇女阴部内肿痛，男子阳痿，下阴湿痒；可除痹气，通利关节，可治癫痫、恶疮。

【枸杞，味苦，寒。主五内邪气，热中消渴；周痹。久服坚筋骨，轻身不老】出自《神农本草·上品》。意思是：枸杞，味苦，性寒。主治体内五脏的邪气，解除热症，可治全身麻痹。长期服用可使筋骨强健，身体灵巧，延年益寿。

【茯苓，味甘，平。主胸胁逆气忧恚；惊邪恐悸；心下结痛，寒热烦满，咳逆，口焦舌干，利小便】出自《神农本草·上品》。意思是：茯苓，味甘，性平。主治忧郁引发的胸胁间气逆上行、惊吓引发的恐慌心悸、心下胃部的滞结疼痛、身体发寒发热、烦闷、咳嗽气逆、口干舌燥；利尿。

【酸枣仁，味酸，平。主心腹寒热邪结气聚；四肢酸疼湿痹】出自《神农本草·上品》。意思是：酸枣仁，味酸，性平。主治胸腹内寒热邪气瘀滞、四肢酸疼的湿痹症。

【大枣，味甘，平。主心腹邪气，安中养脾，助十二经，平胃气，通九窍，补少气、少津液、身中不足，大惊，四肢重；和百药】出自《神农本草·上品》。意思是：大枣，味甘，性平。主治心腹内邪气瘀滞，可安定内脏、调养脾气；有助于人体十二经脉流通，平调胃气，利通九窍，补益体内气血津液虚少、体力不足；可治严重的惊恐、四肢沉重；可调和其他各种药搭配使用。

【葡萄，味甘，平。主筋骨湿痹；益气倍力；强志；令人肥健，耐饥；忍风寒】出自《神农本草·上品》。意思是：葡萄，味甘，性平。主治筋骨湿痹症；可补益血气，增加气力，增强记忆力，可使人肥胖健壮，忍耐饥饿和风寒。

【白瓜子，味甘，平。主令人悦泽，好颜色；益气不饥】出自《神农本草·上品》。意思是：白瓜子，味甘，性平。主要功效是润泽肌肤，使人容颜靓丽；可补益血气，令人耐饿。

【苦菜，味苦，寒。主五脏邪气，厌谷胃痹】出自《神农本草·上品》。意思是：苦菜，味苦，性寒。主治五脏内邪气瘀滞、厌食、胃病。

【阿胶，味甘，平。主心腹内崩，劳极洒洒如疟状，腰腹痛，四肢酸疼；女子下血，安胎】出自《神农本草·上品》。意思是：阿胶，味甘，性平。主治心腹内的脏腑虚损，劳累过度而造成的皮肤恶寒病如疟疾；可消除腰腹疼痛、四肢酸痛；可治女子下阴出血、安胎。

【龟甲，味咸，平。主漏下赤白；破症瘕，痎疟，五痔，阴蚀，湿痹，四肢重弱，小儿囟不合】出自《神农本草·上品》。意思是：龟甲，味咸，性平。主治女子白带异常而赤白相间，可除女子腹中的淤血可治久疟不愈、各种痔疮、女子阴部瘙痒溃烂、风湿痹痛、四肢沉重无力、小儿囟门不合等症。

【雄黄，味苦，平。主寒热鼠瘘、恶疮，疽、痔死肌；杀精物恶鬼邪气；百虫毒；胜五兵】出自《神农本草·中品》。意思是：雄黄，味苦，性平。主治伤寒发热、鼠瘘、恶疮，疽、痔症导致的皮肤坏死；可治精神失常、驱除邪气、杀灭虫毒；雄黄的功效胜于五种兵器。

【干姜，味辛，温。主胸满，咳逆上气；温中止血；出汗，逐风湿痹；肠澼下痢。生者尤良】出自《神农本草·中品》。意思是：干姜，味辛，性温。主治胸闷、咳嗽气逆，可滋补中气、制止流血，可使人发汗，清除风湿痹痛，治愈肠泻痢疾。生姜的功效尤其好。

【当归，味甘，温。主咳逆上气；温疟寒热洗洗在皮肤中；妇人漏下绝子；诸恶疮疡、金疮】出自《神农本草·中品》。意思是：当归，味甘，性温。主治咳嗽气逆，以及温疟引起的发冷发热、皮肤凉痛、妇女非经期阴道出血、不孕、各种恶疮、刀剑创伤。

【麻黄，味苦，温。主中风、伤寒头痛；湿疟，发表出汗，去邪热气；止咳逆上气，除寒热，破症坚积聚】出自《神农本草·中品》。意思是：麻黄，味苦，性温。主治中风、伤寒导致的头痛、湿疟，可解表发汗，驱除热邪之气，止咳消喘，除去寒热症，攻克体内肿块、去除郁结聚积。

【百合，味甘，平。主邪气腹胀心痛，利大小便，补中益气】出自《神农本草·中品》。意思是：百合，味甘，性平。主治邪气滞塞引起的腹胃胀痛，可通利大小便，补养内脏和增益血气。

【白芷，味辛，温。主女人漏下赤白；血闭阴肿；寒热；风头侵目泪出；长肌肤润泽，可作面脂】出自《神农本草·中品》。意思是：白芷，味辛，性温。主治妇女非经期阴道出血、赤白带下，经闭、阴道肿痛，寒热症，风邪入侵头目、流泪不止；充实润泽肌肤，可以制作成面膜使用。

【栀子，味苦。主五内邪气；胃中热气，面赤；酒疱齄鼻、白癞、赤癞、疮疡】出自《神农本草·中品》。意思是：栀子，味苦。主治五脏内邪气滞塞，胃部热气充滞，面部发红、酒糟鼻、白癞、赤癞、疮疡等。

【桃核仁，味苦，平。主淤血、血闭症瘕；邪气；杀小虫。桃花，杀注恶鬼，令人好颜色】出自《神农本草·中品》。意思是：桃核仁，味苦，性平。主治淤血症、闭经、症瘕，可祛除邪气、杀灭小虫。桃花，可杀除鬼邪，使人容颜变好。

【杏核仁，味甘，湿。主咳逆上气雷鸣；喉痹，下气；产乳；金疮；寒心贲豚】出自《神农本草·中品》。意思是：杏核仁，味甘，性湿。主治咳嗽气逆，声如雷鸣的哮喘，喉痹；可使气下行、催产；可治金属器械疮伤，寒气冲逆心胸引起的贲豚症。

【鹿茸，味甘，温。主漏下恶血；寒热；惊痫；益气强志；生齿；不老】出自《神农本草·中品》。意思是：鹿茸，味甘，性温。主治女子漏下恶血、寒热症、惊痫，可以增益气血、增强记忆力、帮助牙齿生长、延缓衰老。

【牛黄，味苦，平。主惊、痫；寒热，热盛狂痓，除邪逐鬼】出自《神农本草·中品》。意思是：牛黄、味苦，性平，主治惊恐、癫痫、寒热症、高烧导致的发狂症、四肢及全身盘脉强急痉挛，可祛邪安神。

【桔梗，味辛，微温。主胸胁痛如刀刺；腹满，肠鸣幽幽；惊恐，悸气】出自《神农本草·下品》。意思是：桔梗，味辛，性微温。主治胸胁如刀刺般的疼痛，腹胀，肠鸣不断，惊恐，心悸。

【连翘，味苦，平。主寒热；鼠瘘；瘰疬；痈肿；恶疮；瘿瘤；结热；蛊毒】出自《神农本草·下品》。意思是：连翘，味苦，性平。主治寒热症、鼠瘘、瘰疬、痈肿、恶疮、瘿瘤、结热、蛊毒等。

【蛇蜕，味咸，平。主小儿百二十种惊痫、瘛疭、癫疾、寒热、肠痔、虫毒、蛇痫】出自《神农本草·下品》。意思是：蛇蜕，味咸，性平。主治小儿多种惊痫、瘛疭、癫疾、寒热症、肠内生痔；可祛除虫毒，治疗蛇痫。

【蜈蚣，味辛，温。主鬼疰；蛊毒；啖诸蛇、虫、鱼毒；杀鬼物老精；温疟；去三虫】出自《神农本草·下品》。意思是：蜈蚣，味辛，性温。主治鬼疰、蛊毒，可祛除蛇、虫、鱼等各种毒，可治神志虚妄、温疟，可除蛔、赤、蛲等各种寄生虫。

古代工艺百科全书——《天工开物》

《天工开物》初刊于 1637 年（明崇祯十年）。是中国古代一部关于农业和手工业生产的百科全书式的科学技术著作，近代以来，受到广泛关注，先后被翻译成多种文字，外国学者称它为"中国 17 世纪的工艺百科全书"。

本书作者明朝科学家宋应星（1587 年—1661 年），字长庚，江西奉新县人。他屡试不第，并且对经义八股文毫无兴趣，但是对被当时称为"实学"的科技知识特别热爱，在屡次应试的跋涉中，他的见闻大增，他说："为方万里中，何事何物不可闻。"他在田间、作坊调查到许多生产知识。他鄙弃那些"知其味而忘其源"的"纨绔子弟"与"经士之家"。崇祯七年（1634 年）他任江西分宜县教谕，就把主要精力投入到撰写《天工开物》上面。他自己明白"此书于功名进取毫不相关也"（见《天工开物序》）。《天工开物》于崇祯十年（1637 年）由其朋友涂绍煃资助刊行。此后，他出任过福建汀州（今福建长汀县）推官、亳州（今安徽亳州）知府。明亡后他弃官还乡，甘作大明遗民，约在清顺治年间（公元 1661 年前后）去世。

《天工开物》强调人类要和自然相协调、人力要与自然力相配合，以中国特有的天人合一的思想对中国古代的各项技术进行了系统地总结。

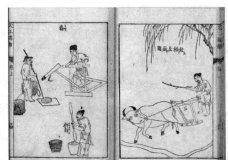

《天工开物》

《齐民要术》精华

【勤力可以不贫，谨身可以避祸】出自《齐民要术·序》。意思是：勤勉就可以不贫困，谨慎就可以躲过祸患。

【饥者有过甚之愿，渴者有兼量之情】出自《齐民要术·序》。意思是：挨饿的人就会有想大吃一顿的愿望，口渴的人就会有想狂饮的心情。

【既饱而后轻食，既暖而后轻衣】出自《齐民要术·序》。意思是：吃饱了后，对食物的渴望就会减弱了；穿暖了后，对衣服的渴求也就会减弱了。

【夫治生之道，不仕则农，若昧于田畴，则多匮乏】出自《齐民要术·杂说》。意思是：谋生的途径，不是做官就是务农，如果不懂得农业生产，那么财物就会缺乏了。

【凡人家营田，须量己力，宁可少好，不可多恶】出自《齐民要术·杂说》。意思是：大凡经营田地，需要量力而行，宁可种得少些把它种好，也不要种得很多却很粗劣。要讲求精耕细作。

【耕锄不以水旱息功，必获丰年之收】出自《齐民要术·杂说》。意思是：耕地和锄地不因为碰上了水灾、旱灾而停止，就一定能有好收成。

【凡开荒山泽田，皆七月芟艾之，草干即放火，至春而开】出自《齐民要术·耕田》。意思是：大凡开垦荒山和水泽里的田地，都要在七月里就清除杂草，草干了就放火烧掉，来年春天时就可以开辟了。

【湿耕泽锄，不如归去】出自《齐民要术·耕田》。意思是：在土地潮湿时就耕种和除草，（这只会帮助杂草再长）还不如回家休息去。

【凡耕高下田，不问春秋，必须燥湿得所为佳。若水旱不调，宁燥不湿】出自《齐民要术·耕种》。意思是：凡是耕种高处或低洼的田地，不管春天还是秋天，都必须要不干不湿最好。如果水旱没法调节，宁可选择干燥的时候去耕种，也不选择土壤太过湿润的时候去耕种。

【耕而不劳，不如作暴】出自《齐民要术·耕田》。意思是：耕种却不去翻田，把地面平整好，还不如让它在那里晒着。

【欲得谷，马耳镞】出自《齐民要术·种谷》。意思是：想要收获粮食，就要在秧苗长到马耳朵大的时候去锄草。

【有闰之岁，节气近后，宜晚田】出自《齐民要术·种谷》。意思是：有闰月的年份，节气靠后，适宜晚一些耕种。

【五月及泽，父子不相借】出自《齐民要术·种麻》。意思是：到了五月份种麻的时候，（这时是非常忙的）就是父亲和儿子之间也不会互相请来帮忙了。

【触露不掐葵，日中不剪韭】出自《齐民要术·种葵》。意思是：露水还没散去时不要去掐葵菜叶，太阳正中时不要去剪韭菜。

【鲁桑百，丰绵帛】出自《齐民要术·种桑、柘养蚕附》。意思是：鲁桑（地桑）长势好，绵帛就能丰足了。

【供厨者，子鹅百日以外，子鸭六七十日，佳，过此肉硬】出自《齐民要术·养鹅、鸭》。意思是：作为供应厨房的材料，长到百天之后的小鹅和长了六七十天的小鸭，肉质最佳，过了这两个时间段肉质就硬了。

【凡作鱼酱、肉酱，皆以十二月作之，则经夏无虫】出自《齐民要术·作酱等法》。意思是：凡是做鱼酱、肉酱，都要在十二月的时候做，这样到了夏天才不会生虫子。

《梦溪笔谈》精华

【馆阁新书净本有误书处，以雌黄涂之。尝校改字之法：刮洗则伤纸，纸贴之又易脱，粉涂则字不没，涂数遍方能漫灭。唯雌黄一漫则灭，仍久而不脱】出自《梦溪笔谈·故事》。意思是：馆阁里新誊清的本子有写错的地方时，往往用雌黄粉来涂抹错处。我曾经比较过一些涂改错字的方法：刮洗会损伤纸，另外贴上一张纸又容易脱落，用粉涂不能一次就把字涂掉，要涂几遍才能涂掉，只有雌黄可以一涂就涂掉了，而且过了很久都不会脱落。

【大卤之水，不得甘泉和之，不能成盐】出自《梦溪笔谈·辩证》。意思是：盐池里的卤水，如果用甘泉水去掺和，就不能生成食盐。

【其叶极芬香，秋后叶间微白如粉污，辟蠹殊验。南人采置席下，能去蚤虱】出自《梦溪笔谈·辩证》。意思是：（芸的）叶子非常芳香，秋后叶子微微发白，就像用面粉涂过一样，用它来防蛀虫很有效。南方人把它采来放置在席子下，可以除跳蚤、虱子。

【唐以来，士人文章好用古人语，而不考其意】出自《梦溪笔谈·补笔谈辩证》。意思是：唐代以来，读书人做文章爱用古人的词语句子，却并不考究这些词语句子的真正含义。

【琴虽用桐，然须多年木性都尽，声始发越】出自《梦溪笔谈·乐律》。意思是：琴体虽然是用桐木制成的，但是需要很多年后木性全都褪尽了，弹出的琴声才会激扬。

【旧传有虞美人草，闻人作《虞美人曲》，则枝叶皆动，他曲不然。景舒试之，诚如所传】出自《梦溪笔谈·乐律》。意思是：旧时传说有一种虞美人草，听到有人演奏《虞美人曲》时，就会枝叶全都摇动，演奏其他的曲子时就不是这样了。桑景舒作了试验，确实就像传说的那样。

【熙宁中，宫宴，教坊伶人徐衍奏稽琴，方进酒而一弦绝，衍更不易琴，只用一弦终其曲。自此始为"一弦稽琴格"】出自《梦溪笔谈·补笔谈乐律》。意思是：熙宁年间，在一个宫廷宴会上，教坊伶人徐衍演奏稽琴，才刚进酒时一根琴弦就断了，徐衍没有另换新琴，而是只用一根琴弦演奏完了这首曲子。打这以后就开始有了用一根琴弦演奏稽琴的方法。

【庆历中，有一术士姓李，多巧思。尝木刻一"舞钟馗"，高二三尺，右手持铁简，以香饵置钟馗左手中。鼠缘手取食，则左手扼鼠，右手用简毙之】出自《梦溪笔谈·象数》。意思是：庆历年间，有一个姓李的术士，有很多巧妙的构思。他曾经用木头刻制了一个"舞钟馗"，这个东西高二三尺，刻制的钟馗右手持着铁简，把香饵放在钟馗的左手中。老鼠爬到手上来吃食，钟馗就左手扼住老鼠，右手举起铁简把老鼠打死。

【王元泽数岁时，客有以一獐一鹿同笼以问元泽："何者是獐，何者是鹿？"元泽实未识，良久对曰："獐边者是鹿，鹿边者是獐。"客大奇之】出自《梦溪笔谈·权智》。意思是：王元泽几岁时，有个客人把一只獐和一只鹿装在同一个笼子里问他："哪只是獐，哪只是鹿？"王元泽确实不知道，过了好一会回答说："獐旁边的是鹿，鹿旁边的是獐。"客人对他的聪慧感到惊异。

【诗人以诗主人物，故虽小诗，莫不挺蹂极工而后已。所谓句锻月炼者，信非虚言】出自《梦溪笔谈·艺文》。意思是：诗人主要通过作诗来表现人物故事，所以就算是一首小诗，也无不是锤炼到高度工巧的境界才罢休。所谓句锻月炼，确实不是空话。

【枣与棘相类，皆有刺。枣独生，高而少横枝；棘列生，卑而成林，以此为别】出自《梦溪笔谈·艺文》。意思是：枣树和荆棘相似，都有刺。枣枝往往单独生长，长得高，枝条较少；棘往往丛生，长得矮，密集得形成树丛，这就是它们的区别。

【书字极须用意，不用意而用意，皆不能佳。此有妙理，非得之于心者，不晓吾语也】出自《梦溪笔谈·补笔谈艺文》。意思是：写字要非常用心，不用心却假装用心，就写不好字。这其中有着精妙的道理，没有心得体会的人，是不会懂得我说的话的。

【医者所论人须发眉，虽皆毛类，而所主五脏各异，故有老而须白眉发不白者，或发白而须眉不白者，脏气有所偏故也】出自《梦溪笔谈·技艺》。意思是：医生认为，人的胡须、头发、眉毛，虽然都是毛发类，但它们所从属的五脏各有不同，所以有的人年老时胡须白了而眉毛、头发不白，有的人头发白了而胡须、眉毛不白，这是由五脏的气不平衡导致的。

【医之为术，苟非得之于心，而恃书以为用者，未见能臻其妙】出自《梦溪笔谈·技艺》。意思是：医作为一门技艺，如果不是深有体会，而仅仅靠着书本来行医，这种人从没见过能达到精妙境界的。

【唐人诗多有言吴钩者。吴钩，刀名也，刃弯】出自《梦溪笔谈·器用》。意思是：唐朝人的诗中，很多地方都提到"吴钩"。吴钩，是刀的名字，刀刃是弯的。

【古人以剂钢为刃，柔铁为茎干；不尔则多断折。剑之钢者，刃多毁缺，"巨阙"是也。故不可纯用剂钢】出自《梦溪笔谈·器用》。意思是：古人用剂钢来铸造刀刃，用熟铁来铸造剑身，如果不这样就往往会折断。只用剂钢铸成的剑，剑刃经常会出现缺口，"巨阙"剑就是这样，所以铸剑不能只用剂钢。

【古人铸鉴，鉴大则平，鉴小则凸。凡鉴洼则照人面大，凸则照人面小。小鉴不能全观人面，故令微凸，收人面令小，则鉴虽小而能全纳人面】出自《梦溪笔谈·器用》。意思是：古人铸造铜镜时，如果是大镜子就铸成平的，如果是小镜子就铸成凸的。凡是凹面镜，能把人面孔放大，凸面镜能把人的面孔缩小。小的镜子没法把人脸全都照到，所以让它微微凸起来，把人的面孔缩小，这样镜子虽然小，却也一样能把人的面孔全都照到了。

【古物至巧，正由民醇故也。民醇则百工不苟。后世风俗虽侈，而工之致力不及古人，故物多不精】出自《梦溪笔谈·器用》。意思是：古代的器物极其精巧，正是因为当时的人淳朴。人淳朴，工匠们做工就不会马虎。后世的风俗虽然崇尚华丽，但是花在做工上的工夫比不上古人，所以制作出来的器物大多都不精巧。

【今人地中得古印章，多是军中官。古之佩章，罢免迁死皆上印绶；得以印绶葬者极稀。土中所得，多是没于行阵者】出自《梦溪笔谈·器用》。意思是：现在的人从地下找到的古代印章，大多是军队中的将官所用的印章。古人所佩的印章，在官员遭到罢免、调动，或者逝世时，都要上交，能够把印章、绶带等作为陪葬的极少。地下所找到的这些，大多都是死于战斗中的将官所佩的印章。

【菜品中芜菁、菘、芥之类，遇旱其标多结成花，如莲花，或作龙蛇之形。此常性，无足怪者】出自《梦溪笔谈·神奇》。意思是：蔬菜中的芜菁、菘、芥之类，碰上干旱时，大多会在顶端上开出花来，有的像莲花，有的像龙蛇的形状。这是它们的本性使然，没什么好奇怪的。

【海物有车渠，蛤属也，大者如箕，背有渠垄，如蚶壳，故以为器，致如白玉。生南海】出自《梦溪笔谈·谬误谲诈附》。意思是：海洋生物中有一种叫做车渠的，属于蛤类动物，大的能像簸箕那么大，背上有凹凸起伏的沟渠，就像蚶壳一样。所以可以把它加工成器物，细致得就像白玉一般。这种生物生长在南海中。

【士人应敌文章，多用他人议论，而非心得。时人谓之语曰："问即不会，用则不错。"】出自《梦溪笔谈·谬误谲诈附》。意思是：士人在写应对文章时，大多喜欢借用他人的现成议论，而不是出于自己的心得体会。当时的人评论这种现象说："问即不会，用则不错。"

【信安、沧、景之间，多蚊虻。夏月，牛马皆以泥涂之，不尔多为蚊虻所毙。郊行不敢乘马，马为蚊虻所毒，则狂逸不可制】出自《梦溪笔谈·谬误谲诈附》。意思是：信安、沧、景一带，蚊虻很多。夏季时，当地的牛马都要用烂泥来涂抹身体，不然大多都会被蚊虻咬死。人们到郊外去时不敢骑马，一旦马中了蚊虻的毒，就会狂奔不止。

【契丹北境有跳兔，形皆兔也，但前足才寸许，后足几一尺。行则用后足跳，一跃数尺，止则蹶然扑地】出自《梦溪笔谈·杂志》。意思是：契丹北部有一种跳兔，模样和兔子一样，但是跳兔的前足才一寸来长，后足却长达将近一尺。走路时就用后足跳着走，一跃能有好几尺，停止时就会猛然扑倒在地。

【北方有白雁，似雁而小，色白，秋深则来。白雁至则霜降，河北人谓之"霜信"】出自《梦溪笔谈·杂志》。意思是：北方有一种白雁，模样像雁，形体很小，是白色的，深秋时飞来。白雁飞来时就会出现霜降，黄河北面的人把它叫做"霜信"。

【方家以磁石磨针锋，则能指南，然常微偏东，不全南也；水浮多荡摇；指爪及碗唇上皆可为之，运转尤速，但坚滑易坠，不若缕悬为最善】出自《梦溪笔谈·杂志》。意思是：方术家用磁石摩擦针尖，针就能指示出南方，但是经常会微微偏向东方，不能完全指向南方；用水浮针来指示方向，又会经常摇动；指甲上和碗沿上也都可以进行这种操作，指针运转得尤其迅速，但是指甲和碗沿都是坚硬光滑的，指针容易掉下来，不如用丝挂住指针，这种方法最好了。

【今茶之美者，其质素良，而所植之土又美，则新芽一发，便长寸余，其细如针。唯芽长为上品，以其质干、土力皆有余故也】出自《梦溪笔谈·杂志》。意思是：现在好的茶叶，它的品质向来优良，而用来培养它的土壤又肥沃，这样新芽才生长出来，就有一寸多长了，细得就像针尖一样。只有芽长的才是茶叶中的上品，这是因为它的品质、土壤环境都极其优越。

【元丰中，庆州界生"子方虫"，方为秋田之害。忽有一虫生，如土中狗蝎，其喙有钳，千万蔽地，遇"子方虫"，则以钳搏之，悉为两段。旬日，子方皆尽，岁以大穰】出自《梦溪笔谈·杂志》。意思是：元丰年间，庆州地区出现了一种"子方虫"，当时正在危害秋田里的庄稼。忽然又出现了另外一种虫，像土狗子，嘴上长有钳子，成千上万，遍地都是。这种虫遇上"子方虫"，就会用钳子搏杀它，咬成两段。过了十多天，"子方虫"全部被消灭了，年成因此获得大丰收。

【宣州宁国县多枳首蛇，其长盈尺，黑鳞白章，两首文彩同，但一首逆鳞耳】出自《梦溪笔谈·杂志》。意思是：宣州宁国县有很多两头蛇，长度超过一尺，长着黑色的鳞、白色的花纹，两个蛇头的文彩、颜色相同，但有一个蛇头的鳞片是倒着生长的。

【建茶皆乔木；吴、蜀、淮南唯丛茭而已，品自居下】出自《梦溪笔谈·杂志》。意思是：福建的茶树都是乔木属的；而吴、蜀、淮南等地区的茶树只不过是低矮的灌木而已，品质自然低于前者。

【用人者莫不欲尽天下之才，常患近己之好恶而不自知也。能用度外人，然后能周大事】出自《梦溪笔谈·杂志》。意思是：用人的人，没有不想网尽天下人才的，但是却常常拿一己好恶来做标准而不自知。能够任用关系不密切的人，然后才能够成就大事。

【校书如扫尘，一面扫，一面生。故有一书每三四校，犹有脱谬】出自《梦溪笔谈·杂志》。意思是：校勘书籍就像打扫灰尘，一面打扫，一面灰尘又积起来。所以往往一部书校勘了三四次，还是会有脱字和错字。

【金罂子止遗泄，取其温且涩也。世之用金罂者，待其红熟时，取汁熬膏用之，大误也。红则味甘，熬膏则全断涩味，都失本性。当今取半黄时采，干，捣末用之】出自《梦溪笔谈·药议》。意思是：金罂子可以治疗遗尿、泻痢之类的病，这是应用了金罂子药性温和而涩的特征。一般的人用金罂子，是等到它红熟了，就捣出它的汁液来熬成膏使用，这是大错。金罂子红熟时味道是甜的，熬成膏后其中的涩味就都没有了，丧失了原来的药性。应当在金罂子半黄时就摘取下来，晒干后，再捣碎成末服用。

【《本草》注："橘皮味苦，柚皮味甘。"此误也。柚皮极苦，不可向口，皮甘者乃柑耳】出自《梦溪笔谈·药议》。意思是：《本草》注："橘皮味苦，柚皮味甘。"这是错误的。柚皮非常苦，没法进口的，皮甘甜的是柑不是柚。

【枸杞，陕西极边生者，高丈余，大可作柱，叶长数寸，无刺，根皮如厚朴，甘美异于他处者】出自《梦溪笔谈·药议》。意思是：枸杞，生长在陕西最边缘的地带，一丈多高，其中粗大的树干可以用来做梁柱，叶子长达几寸，没有刺，根皮很粗厚、朴质，果实甜美得和其他的地方不一样。

【甘草枝叶悉如槐，高五六尺，但叶端微尖而糙涩，似有白毛，实作角生，如相思角，四五角作一本生，熟则角坼。子如小扁豆，极坚，齿啮不破】出自《梦溪笔谈·药议》。意思是：甘草的枝叶和槐树的枝叶完全相似，有五六尺高，只是叶片上端有点尖、粗糙毛涩，像是长着白毛。果实长有棱角，像是相思树的豆荚，四五个角状的荚果长在一个枝上，成熟之后荚果就裂开来，里面的种子像小扁豆，极其坚硬，用牙齿都咬不破。

【石龙芮今有两种：水生者叶光而末圆，陆生者叶毛而末锐。入药用水生者。陆生者亦谓之天灸，取少叶揉系臂上，一夜作大泡如火烧者是也】出自《梦溪笔谈·药议》。意思是：石龙芮现在有两种：一种是水生的，叶面光滑，叶端滚圆；一种是陆生的，叶上长有毛，叶端尖锐。作药用的，就要用水生的。陆生的又叫做"天灸"，拿来几枚叶子揉碎了敷在手臂上，一个晚上手臂上就会隆起大泡，热辣辣的像是火烧一样的，就是这种东西。

【黄环，即今之朱藤也，天下皆有。叶如槐，其花穗悬，紫色，如葛花。可作菜食，火不熟亦有小毒】出自《梦溪笔谈·补笔谈药议》。意思是：黄环，也就是今天的朱藤，各个地方都有。叶子像是槐叶，花穗是倒悬的，紫色，像是葛花，可以当做菜来食用，煮得不够熟的话也会有少许毒性。

建筑技术经典——《营造法式》

《营造法式》是由北宋李诫奉敕编著而成的建筑技术专书，被学界誉为"中国古代建筑宝典"。

《营造法式》始编于宋神宗熙宁年间（1068年—1077年），成书于宋哲宗元符三年（1100

宋　李诫《营造法式》

年），刊行于宋徽宗崇宁二年（1103年），是李诫在两浙工匠喻皓的《木经》的基础上编成的。是北宋官方颁布的一部建筑设计、施工的规范书，这是我国古代最完整的建筑技术书籍，标志着中国古代建筑技术的高超水平。

北宋建国以后百余年间，大兴土木，宫殿、衙署、庙宇、园囿的建造越来越多，而且日趋豪华铺张，负责工程的官吏贪渎日甚，致使国库吃紧。亟待制定建筑的各种设计标准、规范和材料、施工定额。并要明确房屋建筑的等级制度、建筑的艺术形式。宋哲宗元祐六年（1091年），将作监第一次编成《营造法式》，由皇帝下诏颁行，此书史称《元祐法式》。

《营造法式》主要分为5个主要部分，即释名、制度、功限、料例和图样共34卷，前面还有"看样"和目录各1卷。

茶文化的奠基之作——《茶经》

《茶经》，是中国现存最早、最系统、最全面介绍茶的一部专著，全书讲述了茶文化的历史、源流、生产技术以及饮茶技艺，它不仅将茶的生产作了专业化论述，还将茶事升华为美妙的茶文化。

《茶经》的作者陆羽（公元 733 年—公元 804 年），字鸿渐，复州竟陵（今湖北天门市）人，他生活在盛唐时代，一生嗜茶，精于茶道，对茶有浓厚的兴趣，并进行了长期的调查研究，熟悉茶树栽培、育种和加工技术，并擅长品茶。

唐肃宗上元初年（公元 760 年），陆羽隐居江南各地，撰《茶经》三卷，成为世界上第一部茶叶专著。对中国茶业和世界茶业发展做出了卓越贡献，被誉为"茶仙"，尊为"茶圣"，祀为"茶神"。

《茶经》精华

【茶者，南方之嘉木也。一尺，二尺，乃至数十尺。其巴山、峡川有两人合抱者，伐而掇之】出自《茶经·一之源》。意思是：茶，是南方的一种优良木本植物。茶树有高一尺、两尺，乃至几十尺的。在巴山、峡川一带，有两人合抱才能抱住的大茶树，要砍下茶树枝条，才能采茶。

【其树如瓜芦，叶如栀子，花如白蔷薇，实如栟榈，蒂如丁香，根如胡桃】出自《茶经·一之源》。意思是：茶树就像是皋芦，茶叶像是栀子，茶花像白蔷薇，茶种子像棕榈子，茶的蒂像是丁香的蒂，茶树的根像是胡桃树的根。

【其地，上者生烂石，中者生砾壤，下者生黄土】出自《茶经·一之源》。意思是：种茶的土壤，上等的茶树长在风化石碎烂的土壤上，中等的茶树长在砾壤土上，下等的茶树长在黄泥土上。

【野者上，园者次；阳崖阴林，紫者上，绿者次；笋者上，牙者次；叶卷上，叶舒次；阴山坡谷者，不堪采掇，性凝滞，结瘕疾】出自《茶经·一之源》。意思是：从茶叶的品质来说，野生的是上等，园圃栽培的就次一等；生长在向阳山坡上、林荫下，茶叶带紫色的是上等，绿色的就次一等；茶芽肥壮像竹笋一样的是上等，茶芽细小像牙齿一样的就次一等；茶叶卷曲鲜嫩的是上等，完全展平的较熟的就次一等；生长在背阴的山坡上、深谷中的茶叶，不值得采摘，这种茶性质凝滞，喝了容易胀腹。

【茶之为用，性至寒，为饮，最宜精行俭德之人】出自《茶经·一之源》。意思是：茶能饮用，因为它属寒性物质，饮茶，对品行端正、节俭有德的人最合适。

【若热渴、凝闷、脑疼、目涩、四肢烦、百节不舒，聊四五啜，与醍醐、甘露抗衡也】出自《茶经·一之源》。意思是：碰上发热口渴、胸闷、头疼、眼睛枯涩、四肢无力、关节不畅等症状时，如果喝上四五口茶汤，效果就和喝下醍醐、甘露不相上下。

【茶为累也，亦犹人参】出自《茶经·一之源》。意思是：茶的质量是有差别的，甚至可能带来不利影响，这和人参的情况相似。

【茶之笋者竿烂石沃土，长四五寸，若薇蕨始抽，凌露采焉】出自《茶经·三之造》。意思是：肥壮像竹笋一样的芽叶，生长在有风化石碎烂的土壤上，长达四五寸，就像刚刚抽芽的薇、蕨一样，可以在清晨带着露水时采摘它。

【茶有千万状，卤莽而言，如胡人靴者蹙缩然，犎牛臆者廉襜然，浮云出山者轮菌然，轻飚拂水者涵澹然。有如陶家之子罗，膏土以水澄泚之。又如新治地者，遇暴雨流潦之所经，此皆茶之精腴】出自《茶经·三之造》。意思是：茶有多种形状，粗略说来，有的像胡人的靴子，皮革皱缩着；有的像野牛的胸部，有细小的褶皱的痕迹；有的像云朵浮出山峰时团团盘曲的样子；有的像轻风吹拂水面时水波荡漾的样子；有的像陶匠筛出细土后，再用清水沉淀而成的泥膏那样润泽；又有的像最新整治过的土地，遇上暴雨急流冲刷后的凹凸不平。这些都是精美上等的茶。

【有如竹箨者，枝干坚实，艰于蒸捣，故其形籭簁然；有如霜荷者，茎叶凋沮，易其状貌，故厥状委悴然，此皆茶之瘠老者也】出自《茶经·三之造》。意思是：有的茶叶像笋壳，枝干坚硬，很难蒸、捣，所以制成的茶叶形状像箩筛；有的茶叶像被秋霜打过的荷叶，叶子凋萎，变了模样，所以制成的茶叶模样枯干。这些都是老茶、坏茶。

【或以光黑平正言嘉者，斯鉴之下也；以皱黄坳垤言佳者，鉴之次也。若皆言嘉及皆言不嘉者，鉴之上也】出自《茶经·三之造》。意思是：有的人把光亮、色黑、平整的成茶作为好茶的特征，这是下等的鉴别方法。把蜷皱、色黄、凸凹不平的成茶作为好茶的特征，这是次等的鉴别方法。如果既能说出成茶的佳处，又能说出不佳处，才是上等的鉴别方法。

【出膏者光，含膏者皱，宿制者则黑，日成者则黄，蒸压则平正，纵之则坳垤，此茶与草木叶一也】出自《茶经·三之造》。意思是：压出茶汁了的茶叶就光亮，还含着茶汁的茶叶就皱缩；过了夜制成的茶叶就会色黑，当天制成的茶叶就会色黄；蒸后压得紧的茶叶就平整，任其自然的茶叶就会凸凹不平。这是茶和其他草木叶子共有的特征。

【其火用炭，次用劲薪。其炭曾经燔炙，为膻腻所及，及膏木败器不用之】出自《茶经·五之煮》。意思是：烤饼茶的火最好用木炭，其次可以用火力强劲的柴（如桑、槐之类）。曾经烤过肉、染上了腥膻油腻的炭，以及染上了油烟的柴、朽烂的木器，都不能用。

【其水，用山水上，江水中，井水下】出自《茶经·五之煮》。意思是：煮茶用的水，用山上的泉水最好，江河里的水其次，井水是最差的。

【第一煮水沸，而弃其沫，之上有水膜如黑云母，饮之则其味不正。其第一者为隽永，或留熟以贮之，以备育华救沸之用。诸第一与第二第三碗次之，第四第五碗外，非渴甚莫之饮】出自《茶经·五之煮》。意思是：第一次煮开的水，水沫上有一层像黑云母模样的膜状物，要把它去掉，饮用这种水煮的茶会发现味道不好。此后从锅里舀出的第一道水，味道隽永，通常贮放在"熟盂"里，作为育华止沸之用。接着的第一、第二、第三碗，味道又差些。第四、第五碗之后，如果不是渴得很厉害，就不值得喝了。

【茶性俭，不宜广，广则其味黯澹，且如一满碗，啜半而味寡，况其广乎】出自《茶经·五之煮》。意思是：茶的性质"俭"，水不宜放太多，否则它的味道就淡薄了。就像一碗满满的茶，喝了一半就觉得味道差些了，何况水放多了呢！

【至若救渴，饮之以浆；蠲忧忿，饮之以酒；荡昏寐，饮之以茶】出自《茶经·六之饮》。意思是：为了解渴，就要喝水；为了消愁解闷，就要喝酒；为了克服瞌睡，就要喝茶。

【或用葱、姜、枣、橘皮、茱萸、薄荷之等，煮之百沸，或扬令滑，或煮去沫，斯沟渠间弃水耳，而习俗不已】出自《茶经·六之饮》。意思是：或者加葱、姜、枣、橘皮、茱萸、薄荷等，煮很久，把茶汤扬起变清，或煮好后去掉上面的一层沫，这样的茶相当于沟渠里的废水，可是通常的习惯都这么做！

【茶有九难：一曰造，二曰别，三曰器，四曰火，五曰水，六曰炙，七曰末，八曰煮，九曰饮】出自《茶经·六之饮》。意思是：茶有九种困难：一是制作，二是识别，三是器具，四是火力，五是水质，六是烘烤，七是捣碎，八是烤煮，九是品饮。

【夫珍鲜馥烈者，其碗数三；次之者，碗数五】出自《茶经·六之饮》。意思是：称得上是珍美馨香的茶，最好的是（一炉）只出三碗。其次是五碗。

《山海经》精华

【有草焉，其状如韭而青华，其名曰祝余，食之不饥。有木焉，其状如榖而黑理，其华四照。其名曰迷榖，佩之不迷】出自《山海经·南山经》。意思是：（招摇山）山中有一种草，模样像是韭菜，开着青色的花，这种草名叫祝余，人吃了它就不会感到饥饿。山中又有一种树，模样像是构树，有着黑色的纹理，开的花光鲜照耀，这种花名叫迷榖，人把它佩带在身上就不会迷失方向。

【其中有虎蛟，其状鱼身而蛇尾，其音如鸳鸯，食者不肿，可以已痔】出自《山海经·南山经》。意思是：（浪水）水中有一种虎蛟，模样像是鱼的身子，长着一条蛇似的尾巴，叫声像是鸳鸯，人吃了它的肉就能不生痛肿疾病，并且可以治愈痔疮。

【有木焉，其状如榖而赤理，其汁如漆，其味如饴，食者不饥，可以释劳，其名曰白䓘，可以血玉】出自《山海经·南山经》。意思是：（仑者山）山中有一种树，模样像是榖树，有着红色的纹理，流出来的汁液像是漆，汁液的味道像糖一样是甜的，人吃了它就不会感到饥饿，还可以缓解疲劳，它名叫白䓘，可以用它来染红玉石。

【有兽焉，其状如羊而马尾，名曰羬羊，其脂可以已腊】出自《山海经·西山经》。意思是：（钱来山）山中有一种野兽，模样像是羊，长着马的尾巴。这种野兽名叫羬羊，羬羊的油脂可以用来治愈皮肤干裂病。

【其草有䓖荔，状如乌韭，而生于石上，亦缘木而生，食之已心痛】出自《山海经·西山经》。意思是：（小华山）山中有一种草——䓖荔，模样像是乌韭，生长在石头上，也攀缘树木而生长，人吃了它可以治愈心痛病。

【丹水出焉，东南流注于洛水，其中多水玉，多人鱼】出自《山海经·西山经》。意思是：丹水从这座山（竹山）里发源，向东南流入洛水，水中有很多水晶石、很多人鱼。

【有草焉，其叶如蕙，其本如桔梗，黑华而不实。名曰蓇蓉，食之使人无子】出自《山海经·西山经》。意思是：（幡冢山）山中有一种草，它的叶子像是蕙草的叶子，茎干像是桔梗，花朵是黑色的，不结果实。这种草名叫蓇蓉，吃了它就会使人丧失生育能力。

《山海经》图

【有草焉，其状如葵，其臭如蘼芜，名曰杜衡，可以走马，食之已瘿】出自《山海经·西山经》。意思是：（天帝山）山中有一种草，模样像是葵菜，散发出的气味和蘼芜一样，名叫杜衡，插戴在马上可以使马跑得很快，人吃了它可以治愈脖子上的肉瘤。

【有鸟焉，其状如鹗而人面，蜼身犬尾，其名自号也，见则其邑大旱】出自《山海经·西山经》。意思是：（崦嵫山）山中有一种禽鸟，模样像是猫头鹰，长着人似的面孔，有着蜼似的身子、狗似的尾巴，它叫的是自己的名字，出现在哪里，哪里就会有大旱灾。

【其中多儵鱼，其状如鸡而赤毛，三尾、六足、四首，其音如鹊，食之可以已忧】出自《山海经·北山经》。意思是：（彭水）水中有很多儵鱼，模样像鸡，长着红色的羽毛，有着三条尾巴、六只脚、四个脑袋，它的叫声和喜鹊的叫声相似，人吃了它的肉可以治愈忧郁病。

【其中多何罗之鱼，一首而十身。其音如吠犬，食之已痈】出自《山海经·北山经》。意思是：（谯明水）水中生有很多何罗鱼，长着一个脑袋、十个身子，它的叫声像是狗叫，人吃了它的肉可以治愈痈肿病。

【有兽焉，其状如禺而文身，善笑，见人则卧，名曰幽鴳，其鸣自呼】出自《山海经·北山经》。意思是：（边春山）山中有一种野兽，模样像是猿猴，身上有花纹，爱笑，一看见人就假装睡着，名叫幽鴳，它叫的是自己的名字。

【其中有山焉，曰帝都之山，广员百里，无草木，有金玉】出自《山海经·北山经》。意思是：（泰泽）中有一座山，叫帝都山，方圆一百里地，不生花草树木，出产金属矿物和玉石。

【其兽焉，其状如夸父而彘毛，其音如呼，见则天下大水】出自《山海经·东山经》。意思是：（犲山）山中有一种野兽，模样像是猿猴，长着一身猪似的毛，它的叫声像是人呼叫，一跑出来，天下就会发生水灾。

【其中多美贝；多茈鱼，其状如鲋，一首而十身，其臭如蘼芜，食之不】出自《山海经·东山经》。意思是：（泚水）水中有很多美丽的贝，还有很多茈鱼，模样像是鲫鱼，长着一个脑袋、十个身子，它身上发出的气味和蘼芜相似，人吃了它就不会放屁。

【有兽焉，其状如彘而人面。黄身而赤尾，其名曰合窳，其音如婴儿。是兽也，食人，亦食虫蛇，见则天下大水】出自《山海经·东山经》。意思是：（剡山）山中有一种野兽，模样像猪，长着人似的面孔，有着黄色的身子、红色的尾巴，名叫合窳。它的叫声像是婴儿啼哭。这种合窳兽，是吃人的，也吃虫、蛇，一跑出来，天下就会发生水灾。

【有草焉，其状如葵叶而赤华，荚实，实如棕荚，名曰植楮，可以已癙，食之不眯】出自《山海经·中山经》。意思是：（脱扈山）山中有一种草，模样像是葵菜的叶子，开红色的花，结带荚的果实，果实的荚像是棕树果实的荚，这种草名叫植楮，可以治愈精神抑郁症，人服用它可以不做噩梦。

【有草焉，名曰鬼草，其叶如葵而赤茎，其秀如禾，服之不忧】出自《山海经·中山经》。意思是：（牛首山）山中有一种草，名叫鬼草，它的叶子像是葵菜的叶子，长着红色的茎干，开的花像是禾苗吐穗时的花絮，人服用它可以无忧无虑。

【有草焉，其状如蘪，而方茎、黄华、赤实，其本如藁本，名曰茴草，服之美人色】出自《山海经·中山经》。意思是：（青要山）山中有一种草，模样像是兰草，长着方形的茎干、黄色的花朵、红色的果实，它的根部像是藁本的根部，这种草名叫茴草，人服用它可以使肤色变得漂亮。

【有兽焉，名曰山膏，其状如逐，赤若丹火，善詈】出自《山海经·中山经》。意思是：（苦山）山中有一种野兽，名叫山膏，模样像小猪，身子红得像丹火一样，爱骂人。

【其木多椒楮，多封石。其阳多赤金，其阴多铁】出自《山海经·中山经》。意思是：（虎尾山）山上的树木中，有很多花椒树、楮树，有很多封石。山南面有丰富的黄金，山北面有丰富的铁。

【长臂国在其东，捕鱼水中，两手各操一鱼。一曰在焦侥东，捕鱼海中】出自《山海经·海外南经》。意思是：长臂国在它（周饶国）的东面，那里的人在水中捕鱼，左右两只手各捉着一条鱼。又一种说法认为长臂国是在焦侥国的东面，那里的人在海中捕鱼。

【三身国在夏后启北，一首而三身。一臂国在其北，一臂一目一鼻孔】出自《山海经·海外西经》。意思是：三身国在夏后启所在的地方的北面，那里的人长着一个脑袋三个身子。一臂国在三身国的北面，那里的人长着一条胳膊一只眼睛一个鼻孔。

【刑天与帝争神，帝断其首，葬之常羊之山，乃以乳为目，以脐为口，操干戚以舞】出自《山海经·海外西经》。意思是：刑天和天帝争神位，天帝砍断了刑天的头，把他的头埋在常羊山。于是刑天就把乳头当做眼睛，把肚脐当做嘴巴，一手拿着盾牌，一手操着大斧而舞动。

【女丑之尸生而十日炙杀之。在丈夫北，以右手鄣其面。十日居上，女丑居山之上】出自《山海经·海外西经》。意思是：有一具女丑的尸体，她生前是被十个太阳晒死的。她横卧在丈夫国的北面，死时用右手遮盖住她的脸。十个太阳高高悬挂在天上，女丑的尸体横卧在山顶上。

【白民之国在龙鱼北，白身被发】出自《山海经·海外西经》。意思是：白民国在龙鱼所在地的北面，那里的人都是白皮肤、披头散发。

【钟山之神名曰烛阴，视为昼，瞑为夜，吹为冬，呼为夏。不饮，不食，不息，息为风，身长千里】出自《山海经·海外北经》。意思是：钟山的山神名叫烛阴，他睁开眼睛就是白昼，闭上眼睛就是黑夜，一吹气就是寒冬，一呼气就是炎夏，不喝，不吃，不呼吸，一呼吸就生成风，身子长达一千里。

【无肠之国在深目东，其为人长而无肠。聂耳之国在无肠国东，使两文虎，为人两手聂其耳】出自《山海经·海外北经》。意思是：无肠国在深目国的东面，那里的人身子很长、肚里没有肠子。聂耳国在无肠国的东面，那里的人能使唤两匹花斑老虎，那里的人行走时要用两只手托着他们的大耳朵。

【夸父与日逐走，入日，渴欲得饮，饮于河、渭；河渭不足，北饮大泽。未至，道渴而死】出自《山海经·海外北经》。意思是：夸父和太阳赛跑追逐，追到了太阳近前。这时夸父渴了想喝水，于是喝黄河水、渭河水，黄河水、渭河水喝完了还是不解渴，又往北走去喝大泽中的水，还没走到，就在半路上渴死了。

【奢比之尸在其北，兽身、人面、大耳，珥两青蛇】出自《山海经·海外东经》。意思是：奢比尸国在大人国的北面，那里的人都长着野兽似的身子、人似的面孔、巨大的耳朵，耳朵上穿戴着两条青蛇。

【君子国在其北，衣冠带剑，食兽，使二文虎在旁，其人好让不争】出自《山海经·海外东经》。意思是：君子国在奢比尸国的北面，那里的人穿衣、戴帽、佩剑，能吃野兽，供人使唤的两只花斑虎就伏在身边，为人喜欢谦让、不和人争斗。

【黑齿国在其北，为人黑（齿），食稻啖蛇，一赤一青，在其旁】出自《山海经·海外东经》。意思是：黑齿国在它的北面，那里的人牙齿是黑色的，吃稻米、蛇，还有一条红蛇和一条青蛇，围在他们的身旁。

【汤谷上有扶桑，十日所浴，在黑齿北。居水中，有大木，九日居下枝，一日居上枝】出自《山海经·海外东经》。意思是：汤谷边上有一株扶桑树，是十个太阳洗澡的地方，汤谷在黑齿国的北面，座落在水中，上面长着一株大树，有九个太阳栖息在树的下枝，一个太阳栖息在树的上枝。

【氐人国在建木西，其为人人面而鱼身，无足】出自《山海经·海内南经》。意思是：氐人国在建木的西面，那里的人都长着人似的面孔、鱼似的身子，没有脚。

【巴蛇食象，三岁而出其骨，君子服之，无心腹之疾】出自《山海经·海内南经》。意思是：巴蛇能吞下大象，吞下三年后吐出大象的骨头。君子吃了巴蛇的肉，就不会患上心痛或肚子痛之类的病了。

【开明兽身大类虎而九首，皆人面，东向立昆仑上】出自《山海经·海内西经》。意思是：开明神兽的身子像老虎一般大小，长着九个脑袋，都长着人似的面孔，朝着东面立在昆仑山顶。

【蛔犬如犬，青，食人从首始。穷奇状如虎，有翼，食人从首始，所食被发】出自《山海经·海内北经》。意思是：蛔犬模样像狗，身子是青色的，吃人的时候是从头开始吃起的。穷奇的模样像老虎，长着翅膀，吃人的时候是从头开始吃起的，而被吃的人则是披头散发。

【有司幽之国。帝俊生晏龙，晏龙生司幽。司幽生思士，不妻；思女，不夫】出自《山海经·大荒东经》。意思是：有个国家叫司幽国。帝俊生了晏龙，晏龙生了司幽。司幽生了思士，思士不娶妻子；司幽还生了思女，思女不嫁丈夫。

【有羽民之国，其民皆生毛羽。有卵民之国，其民皆生卵】出自《山海经·大荒南经》。意思是：有个国家叫羽民国，那里的人都长着羽毛。又有个国家叫卵民国，那里的人都是产卵的。

【东海之外，甘水之间，有羲和之国。有女子，名曰羲和，方浴日于甘渊。羲和者，帝俊之妻，生十日】出自《山海经·大荒南经》。意思是：在东海之外，甘水之间，坐落着一个羲和国。那里有个女子，叫做羲和，正在甘渊中给太阳洗澡。羲和这个女子，是帝俊的妻子，生了十个太阳。

【有鱼偏枯，名曰鱼妇，颛顼死即复苏。风道北来，天乃大水泉，蛇乃化为鱼，是为鱼妇。颛顼死即复苏】出自《山海经·大荒西经》。意思是：有一种鱼，半边身子是干枯的，名叫鱼妇，是颛顼死了之后又立即复活而变化来的。风从北方吹来，天于是涌出泉水一样的大水，蛇于是变成鱼，这鱼就是所谓的鱼妇。而死去的颛顼就是托着鱼躯死而复生的。

【有继无民，继无民任姓，无骨子，食气鱼】出自《山海经·大荒北经》。意思是：有一种人——继无民，继无民姓任，是无骨民的子孙后代，吃空气、鱼类。

【炎帝之孙伯陵，伯陵同吴权之妻阿女缘妇，缘妇孕三年，是生鼓、延、殳。始为侯，鼓、延是始为钟，为乐风】出自《山海经·海内经》。意思是：炎帝的孙子叫伯陵，伯陵和吴权的妻子阿女缘妇私通，阿女缘妇怀孕三年，生下鼓、延、殳三个儿子。殳最初发明了箭靶，鼓、延发明了钟，创造了乐曲、音律。

【南方有赣巨人，人面长唇，黑身有毛，反踵，见人笑亦笑，唇蔽其面，因即逃也】出自《山海经·海内经》。意思是：南方有一种赣巨人，长着人似的面孔、长嘴唇，黑色的身上有毛，脚踵是反长的，看见人笑也跟着笑，一发笑，嘴唇就会遮住了他的脸，于是人就趁机马上逃掉。

《搜神记》精华

【神农以赭鞭鞭百草，尽知其平毒寒温之性，臭味所主，以播百谷，故天下号神农也】出自《搜神记·卷一》。意思是：神农拿着赭色的鞭子鞭打各种草木，完全了解了各种植物有毒无毒、寒热温凉的性质，以及这些植物的味道，然后根据这些经验播种谷物，所以百姓叫他"神农"。

【偓佺者，槐山采药父也，好食松实，形体生毛，长七寸，两目更方，能飞行逐走马】出自《搜神记·卷一》。意思是：偓佺，是槐山中的一位采药老人，爱吃松果，身上长着毛，长七寸，两只眼睛是方形的，飞跑起来能追得上奔马。

【有人入焦山七年，老君予之木钻，使穿一盘石，石厚五尺，曰："此石穿，当得道。"积四十年，石穿，遂得神仙丹诀】出自《搜神记·卷一》。意思是：有一个人进入焦山七年了，太上老君送他一个木钻，让他去钻一块石头，石头厚达五尺，并对他说："这块石头钻穿了，就能得道成仙了。"他一钻就钻了四十年，石头钻穿了，于是得到了炼丹成仙的秘诀。

【鲁少千者，山阳人也。汉文帝尝微服怀金过之，欲问其道。少千拄金杖，执象牙扇，出应门】出自《搜神记·卷一》。意思是：鲁少千，是山阳县人。汉文帝曾穿着普通百姓的装扮，揣着黄金前去拜访他，想问他道术。鲁少千拄着黄金拐杖，拿着象牙扇子，走出门来迎接。

【徐登、赵昺，贵尚清俭，祀神以东流水，削桑皮以为脯】出自《搜神记·卷二》。意思是：徐登、赵昺，都崇尚清贫节俭，他们用东流水来祭祀鬼神，削下桑树皮来当作祭祀用的干肉。

【陈节访诸神，东海君以织成青襦一领遗之】出自《搜神记·卷二》。意思是：陈节去拜访各位神仙，东海龙王送给他一件用丝织品制成的青色短袄。

【商纣之时，大龟生毛，兔生角，兵甲将兴之象也】出自《搜神记·卷六》。意思是：商纣王时期，有一只大乌龟身上长出毛来，一只兔子头上长出角来——这是战争将要爆发的迹象。

【原周宣王三十三年，幽王生，是岁，有马化为狐】出自《搜神记·卷六》。意思是：周宣王三十三年（公元前795年），周幽王出生，这一年，有一匹马变成了狐狸。

【晋献公二年，周惠王居于郑，郑人入玉府，多脱化为蜮，射人】出自《搜神记·卷六》。意思是：晋献公二年（公元前675年），周惠王在郑国居住。有个郑国人到藏玉的府库中为他拿玉，（这些玉）大多都变成了蜮，会含沙射人。

【周烈王六年，林碧阳君之御人产二龙】出自《搜神记·卷六》。意思是：周烈王六年（公元前370年），林碧阳的侍女生下了两条龙。

【鲁定公元年，有九蛇绕柱，占，以为九世庙不祀，乃立炀宫】出自《搜神记·卷六》。意思是：鲁定公元年（公元前509年），有九条蛇盘绕在柱子上，于是占卜，结果说已经持续了九代的祖庙不能继续祭祀了，于是就在那里建造了炀宫。

【汉章帝元和元年，代郡高柳乌生子，三足，大如鸡，色赤，头有角，长寸余】出自《搜神记·卷六》。意思是：汉章帝元和元年（公元84年），代郡高柳的乌鸦生下孩子来，有三只脚，大得像鸡，是红色的，头上长有角，长一寸多。

【桓帝延熹五年，临沅县有牛生鸡，两头四足】出自《搜神记·卷六》。意思是：汉桓帝延熹五年（公元162年），临沅县有一头牛生出一只鸡来，长着两个头四只脚。

【灵帝光和元年，南宫侍中寺雌鸡欲化为雄，一身毛皆似雄，但头冠尚未变】出自《搜神记·卷六》。意思是：灵帝光和元年（公元178年），南宫的侍中府里，有一只母鸡快要变成雄的了，全身的毛都像是雄鸡的毛，只是鸡冠还没有变化。

【晋武帝太熙元年，辽东有马生角，在两耳下，长三寸，及帝晏驾，王室毒于兵祸】出自《搜神记·卷七》。意思是：晋武帝太熙元年（公元 290 年），辽东郡有一匹马生出角来，角长在两只耳朵的下面，长三寸，到晋武帝逝世时，朝廷便遭了兵灾了。

【元康五年三月，临淄有大蛇。长十许丈，负二小蛇，入城北门，径从市汉阳城景王祠中，不见】出自《搜神记·卷七》。意思是：元康五年（公元 295 年）的三月，临淄县出现了一条大蛇，长十来丈，身上还背着两条小蛇，沿着北门爬进县城，通过街市一直到了汉阳城景王祠中，就不见了。

【元康五年三月，吕县有流血，东西百馀步，其后八载，而封云乱徐州，杀伤数万人】出自《搜神记·卷七》。意思是：元康五年（公元 295 年）的三月，吕县出现了流淌着的鲜血，从东到西有一百来步长，打这以后的第八年，封云起兵攻打徐州，杀伤了好几万人。

【晋怀帝永嘉元年，吴郡吴县万详婢，生一子，鸟头，两足，马蹄，一手，无毛，尾黄色，大如碗】出自《搜神记·卷七》。意思是：晋怀帝永嘉元年（公元 307 年），吴郡吴县万详的婢女，生下一个孩子，长着鸟头，有两只脚，长着马蹄，只有一只手，没有毛，尾巴是黄色的，像碗一样大。

【武王伐纣，至河上，雨甚，疾雷，晦冥，扬波于河。众甚惧。武王曰："余在，天下谁敢干余者！"风波立济】出自《搜神记·卷八》。意思是：周武王进攻商纣王，来到黄河边上，这时雨很大，雷声很响，天地昏暗，黄河被大风掀起了大波浪。大家都很害怕。周武王说："我在！天下有谁敢来冒犯我！"风波就立刻平息了。

【吴成将邓喜，杀猪祠神，治毕，悬之，忽见一人头，往食肉。喜引弓射中之，咋咋作声，绕屋三日。后人白喜谋叛，合门被诛】出自《搜神记·卷九》。意思是：吴国的守将邓喜，杀了猪祭神，祭祀完了，就把猪给挂起来。忽然看见一个人头，前去吃猪肉，邓喜张开弓箭射中了这个人头，这个人头咋咋怪叫着，绕着邓喜的房子转了三天。后来有人告发邓喜谋反，他满门都被抄斩了。

【夏阳卢汾，字士济。梦入蚁穴，见堂宇三间，势甚危豁，题其额曰"审雨堂"】出自《搜神记·卷九》。意思是：夏阳人卢汾，字士济。梦见自己进了蚂蚁洞，见到三间厅堂，高大开阔，于是写下了

"审雨堂"这块匾额。

【吴选曹令史刘卓,病笃,梦见一人,以白越单衫与之,言曰:"汝着衫污,火烧,便洁也。"卓觉,果有衫在侧。污,辄火浣之】出自《搜神记·卷十》。意思是:吴国的选曹令史刘卓,有一次病重时,梦见一个人,拿了件白衣给他,对他说:"你穿的这件衣服脏了,用火来烧,就会干净了。"刘卓醒来,果然看见有一件单衣在身旁。从此每次衣服穿脏了,都用火来烧。

【淮南书佐刘雅,梦见青刺蜴从屋落其腹内,因苦腹痛病】出自《搜神记·卷十》。意思是:淮南国书佐刘雅,有一次梦见一只青色的蜥蜴从屋上掉到他的腹部里去,从此他就患上了腹痛病。

【周灵王时,苌宏见杀,蜀人因藏其血,三年,乃化而为碧】出自《搜神记·卷十一》。意思是:周灵王时期,苌宏被杀,蜀国的人把他的鲜血收藏起来,过了三年,血变成了青白色的玉石。

【曾子从仲尼在楚,而心动,辞归问母。母曰:"思尔啮指。"孔子曰:"曾参之孝,精感万里。"】出自《搜神记·卷十一》。意思是:曾参追随孔子周游列国,在楚国时,心跳得厉害,于是辞别孔子回去询问母亲这件事。母亲说:"我想念你,把自己的手指咬了。"孔子事后说:"曾参的孝心,使他能感觉到万里之外的事情。"

【罗威,字德仁。八岁丧父,事母性至孝。母年七十,天大寒,常以身自温席,而后授其处】出自《搜神记·卷十一》。意思是:罗威,字德仁。八岁时他的父亲就去世了,他侍奉母亲十分孝顺。母亲七十岁了,天气非常寒冷,他就常常用自己的身子把席子焐暖了,然后再请母亲入席睡觉。

【南海之外,有鲛人,水居,如鱼,不废织绩。其眼泣,则能出珠】出自《搜神记·卷十二》。意思是:南海郡境外的大海中,有一种鲛人,生活在水里,就像鱼,她们不停地纺织着东西。她们的眼睛在哭泣的时候,就会流出珍珠来。

【樊口之东,有樊山。若天旱,以火烧山,即至大雨,今往有验】出自《搜神记·卷十三》。意思是:樊口的东边,有一座樊山。如果天旱了,放火去烧山,天就会立刻下大雨。迄今这种做法还常常有效。

【湘穴中有黑土，岁大旱，人则共壅水以塞此穴，穴淹，则大雨立至】出自《搜神记·卷十三》。意思是：湘东郡新平县境内的一个洞穴里藏有黑土，有一年大旱，人们就一起堵住其他的水道来专门灌注这个洞穴，洞穴淹了后，大雨立刻就降下来了。

【木蠹，生虫，羽化为蝶】出自《搜神记·卷十三》。意思是：木头被蛀坏了，就会生出虫子来，虫子长出翅膀就变成了蝴蝶。

《官经》精华

【圣人之量，道也；常人之量，天资也。天资之量须有限】意思是：圣人的肚量，是大道使然；普通人的肚量，是天生的。天生的肚量往往是有限的。

【用人当明示以赏，不可暗受其欺。盖赏则感恩而生劝，欺则揖盗而长奸也】意思是：任用人才，应当公开奖赏他们，不能偷偷地欺诈他们。因为奖赏能使他们感恩使他们互相劝勉，而欺诈却是开门欢迎盗贼纵容奸诈。

【农工商贾仆隶之流，有天资忠厚，可任以事，可委以财者，所谓小人中之君子，不可不知，宜稍抚之以恩，不复虑其诈欺也】意思是：农夫、工匠、商人、仆隶之流，有天生忠厚的，可以把事情交给他，可以把钱财托付给他，这就是所谓小人中的君子，不可不知道，最好用恩惠来安抚他们，这样就不用为他们可能的欺诈而担心了。

【人有才而露只是浅，深则不露；方为一事，即欲人知，浅之尤者】意思是：人如果自以为有才能而把它暴露出来，这是浅薄的表现，真正有才能是不会暴露出来的；才做了一件事，马上就想让人人都知道，这是特别浅薄的表现。

【论世事曰：须是心度大方，包裹得过，运动得行】意思是：对待世事，必须心胸豁朗，能包容人，这样做起事来才能畅通无阻。

【百种奸伪，不如一实；反覆变诈，不如慎始；防人疑众，不如自慎；智数周密，不如省事】意思是：众多奸诈虚伪，还不如一点点实在；反复变来变去，还不如从一开始就慎重行事；防范怀疑别人，还不如自己谨小慎微；周密地谋划一件事，还不如简便行事。

【欲当大任，须是笃实】意思是：想要担当得起大任，必须忠厚老实。

【凡有陋规之处，必多应酬】意思是：一般说来，有陋规的地方，敷衍应付的事就肯定多。

【善人要奖劝之，恶人先戒谕之，不改，则惩儆之。元恶则剪除之。】意思是：对好人要奖赏劝勉他们；对坏人要警诫他们，如果不改，就严惩他们。如果是罪魁祸首，就要铲除他。

【惟知道者，量自然宏大】意思是：明白事理的人，气量自然会大。

【前辈尝言："凡事只怕待。"待者，详处之谓也。盖详处之，则思虑自出，人不能中伤也】意思是：前人曾经说过："凡事最怕等待。"所谓等待，就是说要仔细琢磨。因为仔细琢磨了，办法自然会找到，人家就不能中伤你了。

【河东薛氏曰："为官最宜安重，下所瞻仰。"又曰："接物大宜含宏。如行旷野，而有展步之地，不然太狭，无自容矣。"】意思是：河东薛氏说："做官最重要的是稳重，要有领导者应有的威仪，这样下属才会佩服你。"又说："待人接物最应该宽宏大量，就像走在旷野上一样，有可以随意迈开脚步的地方，不然太狭窄了，自己就无处容身了。"

【倘应出而吝，象齿之焚，不必专在贿矣】意思是：如果本来应该花费的却很吝啬，那么政治风气浑浊的责任，就不全在官吏收受贿赂这一件事情上了。

【忍之一字，众妙之门。当官处事，尤是先务。若能清、慎、勤之外，更行一忍，何事不办】意思是：一个忍字，是各种精妙的法门。当官的处理事情，尤其先要有一个忍字。如果能够在清正、谨慎、勤勉之外，再加上忍耐，那么还有什么事情是办不到的呢。

【人主不察而用其言，则忠臣无罪而困死，奸臣无功而富贵】意思是：君主如果不经过明察就听信臣子的意见，那么忠臣就会无罪而被杀，奸臣却会无功而受赏。

【量随识长。亦有人识高，而量不长者，是识实未至也】意思是：气量随着见识的增长而增长。也有见识高超、却气量不大的人，这是因为他的见识确实还没成熟啊！

【市井街巷，茶坊酒肆，皆小人杂处之地。吾辈或有经由，须当严重其辞貌，则远轻侮之患。或有狂醉之人，宜即回避，不必与之较可也】意思是：市井街巷，茶坊酒家，都是市井百姓混杂的地方。我们从那些地方经过的时候，必须要言行庄重，这样才能远离被羞辱的危险。如果有时遇到发酒疯的人，就要马上回避，不必和他计较。

【闻人毁己，即艴然而怒，其量小甚矣】意思是：一听到有别人毁谤自己，就立刻变脸发怒起来，那他的气量也太小了。

【今此何为人上而不能治其下？为人下而不能事其上？则是上下相贼也。何故以然？则义不同也】意思是：现在为什么为官的治理不好百姓？为什么百姓不顺服官吏的？这是因为为官者和百姓之间相互敌视啊。什么原因导致了这样呢？是对道义的理解不同啊。

【取之于民，用之于官。谚所谓以公济公，非实宦囊也】意思是：从百姓身上得来的，却用在官吏身上。然而谚语里所说的"以公济公"，可不是说官吏可以中饱私囊啊。

【《书》曰："必有忍，乃有济。"此处事之本也】意思是：《尚书》中说："一定要能忍耐，才能成大事。"——这是为人处事的根本。

【或日前所为，未免害人，若能幡然悔悟，去恶从善，如汤沃雪，旧迹都消】意思是：有的人过去的行为，未免危害过人，但是如果能够幡然悔悟，去恶从善，这就好比是把热水倒进雪里，过去的劣迹都消灭掉了。

【当官者，先以暴怒为戒。事有不可当，详处之，必无不中。若先暴怒，只能自害，岂能害人】意思是：当官的人，首先要防范暴怒。遇到事情有不当的地方，要仔细琢磨它，这样一来肯定不会不成功。如果先暴怒了，只能是损害自己，怎么能够损害到别人呢？

【君子任职则思利民，达上则思进贤，功孰大焉】意思是：君子身任官职，就要想着如何为百姓谋利，处于高位要谋虑进献贤士给君主，还有什么能比这种功劳更大呢？

【赤子之生，无有知识。然母之者，常先意得其所欲焉，其理无他，诚然而已矣。诚生爱，爱生智。惟其诚，故爱无不周；惟其爱，故智无不及。吏之于民，与是奚异哉】意思是：人刚出生时，是没有什么知识的。但是做母亲的，却能首先猜到他的欲求，这原因不是别的，只是出自真心罢了。真心能产生爱，爱能产生智慧。有了真心，所以爱无处不在；有了爱，所以智慧无所不到。——官吏和百姓的关系，和这又有什么区别呢？

【人之生也直，与武员之交接，尤贵乎直。文员之心，多曲多歪，多不坦白，往往与武员不相水乳，必尽去歪曲私衷，事事推心置腹，使武人粗人，坦然无疑，此接物之诚也】意思是：人生来就耿直，和武将交往，尤其看重耿直的品质。文官的心思，大多绕来绕去，不够坦白，往往和武将相处不融洽，必须要除去了心机，事事都推心置腹，使那些武将粗人，能够坦然没有疑虑，这才算是有了待人接物的诚意。

【衣服举止异众，不可游于市，必为小人所侮】意思是：打扮、举止和一般人不同的人，不要在街市上游逛，不然一定会被市井小人指手划脚，横加议论。

【王沂公尝说："吃得三斗酽醋，方做得宰相。"盖言忍受得事也】意思是：王沂公曾经说过："吃得三斗酽醋，方做得宰相。"这说的是只有忍耐才能成事。

【夫人之性，易发而难制者，惟怒为甚。第能于怒时，遽忘其怒，而观理之是非，亦可见外诱之不足恶，而于道，亦思过半矣】意思是：人的习性中，容易发作而又很难控制的，以愤怒是最厉害的了。所以等到愤怒的时候，一定要赶紧忘了惹人愤怒的原因，想想事情的是非错对，这样也就可以发现这件事并不值得愤怒，而道理，自己也就想得差不多了。

【当官处事，常思有以及人】意思是：担任官职处理政事，要常常想到推己及人。

【治无成局，以为治者为准，能以爱人之实心，发为爱人之实政，则生人而当谓之仁。杀人而当亦谓之仁。不然姑息者养奸，刚愎者任性，邀誉者势必徇人】意思是：治政没有固定不变的法则，要以治政的人为准。能够用真正爱民的心，去实施真正爱民的政策，这样的话，帮助百姓生存就称得上是仁，诛杀不法之徒也应当称得上是仁。不然的话，姑息纵容就会养奸，刚愎自用的人就会放任自流，沽名钓誉的人就会徇私枉法了。

【谚云："不聪不明，不能为王；不瞽不聋，不能为公。"】意思是：谚语说："不聪慧不明白，就不能做皇帝；不懂得装聋作瞎，宽宏大量，就不能做公卿。"

【以诚为之本，以勤字慎字为之用，庶几免于大戾，免于大败】意思是：把诚心作为根本原则，把勤奋、谨慎作为手段，这样或许就能避免大的灾害和大的失败了。

【若心地先未光明，则治术总归涂饰。有假爱人之名而滋厉民之弊者，恶在其为民父母也。故治以实心为要，尤以清心为本】意思是：如果心地不够光明，那么治国的政策就会变成装饰。有一种人，他假借爱护百姓的名目来搞出损害百姓的弊端，他的可恶之处，就在于他是人民的父母官。所以治国治民，诚实的心是最重要的，尤其清正明察的心最根本。

【身居民上，操得为之权，必须做有益生民之事】意思是：地位在百姓之上，操纵着大权的人，必须要做一些能为百姓谋利的益事。

【不与人争者，常得利多；退一步者，常进百步；取之廉者，得之常过其初；约于今者，必有垂报于后】意思是：不和别人争的人，常常得利最多；懂得退让一步的人，常常能前进百步；索取很少的人，得到的常常会多过他最初想要的；今天约束自己的人，将来肯定会得到回报。

【帝王之所尊敬，天之所甚爱者，民也。今人臣受君之重位，牧天之所甚爱，焉可以不安而利之，养而济之哉?】意思是：帝王所尊敬的，上天所爱护的，都是百姓！如今臣子接受君主的重任，来治理上天所爱护的百姓，怎能不去安定和福利百姓、养护和帮助百姓呢？

【爵位不宜太盛，太盛则危；能事不宜尽毕，尽毕则衰；行谊不宜过高，过高则谤兴而毁来】意思是：官爵地位不宜太高，太高了就会有危险；才能不宜全部暴露，全部暴露就会衰落；品行道义不宜太清高，太清高了就会惹来毁谤。

【计国事者，则当审量权；说人主，则当审揣情，避所短，从所长】意思是：谋划国家大事，应当胸中有丘壑，了解国家的总体形势，游说君主，应当揣摸他的心思，避开他不喜欢的，投合他喜欢的。

【当官大要，直不犯祸，和不害义，在人精详斟酌之尔，然求合于道理，本非私心专为己也】意思是：当官最重要的原则是，耿直而不惹祸，团结众人而不失道义，对人要详细考察他，这样做是为了要符合道理，本来就不是私底下为了自己。

【乡曲士夫，有挟术以待人，近之不可，远之则难者，所谓君子中之小人，不可不防，虑其信义有失，为我之累也】意思是：乡里的士大夫中，有恃才傲物的，亲近他不行，疏远他又很困难，这就是所谓君子中的小人，不能不防范，要想到他可能会有失信义，成为我的累赘。

【当官处事，但务着实。如涂擦文书，追改日月，重易押字，万一败露，得罪反重，亦非所以养诚心事君不欺之道也】意思是：担任官职处理政事，但求务实。如果涂改文件，篡改日期，重改判案结果，万一事情败露了，罪状反而会加重，这也不是忠诚侍奉君主、不欺骗君主的臣子应该有的原则。

【如诚君子，虽有小过，亦不必言，何则？其平日之善者多也。况刑宪本以待小人之过，苟不至甚殆，不宜轻易害之，使数十年作养之功，扫地于一旦也。盖人才难得，全才为尤难得】意思是：如果确实是君子，就算有小的过失，也不必说什么，为什么呢？因为他平常做过的好事很多。况且法律本来就是用来纠正小人的过失的，如果还不至于很严重，就不宜轻易伤害他们，使他们几十年的功绩，一朝就毁掉了。因为人才是难得的，全才尤其难得。

【世有莫盛之福，又有莫痛之祸。处莫高之位者，不可以无莫大之功；窃亢龙之极贵者，未尝不破之也；成天地之大功者，未尝不蕃昌也】意思是：世上有大福气，也有大痛苦。处在极高地位上的人，不能没有极大的功劳；偷得极大富贵的人，没有不破败的；建立过极大功劳的人，没有不后代昌盛繁荣的。

【官不洁己，则境之无赖偕官为孤注，扰富人以逞其欲。官利其驱富办，而讼可以生财也。阳治之而阴亮之。至富人不能赴诉于官，不得不受无赖之侵凌，而小人道长，官为民仇矣】意思是：官吏自己不廉洁，那么在他所管辖的地区里，无赖之徒就会把他当成赌注，去侵扰富人来满足他们的贪欲。官吏为了谋利就鼓动富人打官司，打官司对官吏来说是可以生财的。（在打官司过程中）官吏表面上惩治那些无赖，暗地里却纵容他们。等到富人再也不向官府报案了，不得不继续忍受无赖的欺凌时，小人的势力就增长了，而官吏也就成了百姓的仇人。

【上下司，势分统属，亦要情意流通。有地方公事，不妨面禀，盖文移往复，未能完结者，得一指陈晓畅，案可立定。且时常见面，谗慝不生，而才品可观，亦在上游睹记中矣】意思是：上司和下属是主从关系，但也要有感情交流。下属有地方上的公事，不妨当面禀报，因为公文来来往往，没有完结，如果这时得到一个清楚晓畅的当面陈述，那么公事就可以当场决定了。况且如果上司和下属时常见面，谗言就不会产生，而下属的品质才干，也就可以被上司看在眼里了。

【官之与民，谊同一家，休戚利害，合相体恤。为有司者，不当以非法扰民；为百姓者，不当以非理扰官】意思是：官员和百姓，按照道理是一家子，利害息息相关，要相互体恤。作为官员，不应该干非法扰民的事；作为百姓，也不应该无理骚扰官员。

【人谁无过？改之为贵】意思是：人谁没有过失呢？能够改正过来就是可贵的。

【做大事，岂可以小不忍为心】意思是：干大事，怎么可以抱有不忍之心呢？

《曾国藩家书》精华

【得不足喜，失不足忧，总以发愤读书为主。史宜日日看，不可间断】出自《与父亲书》。意思是：（四弟、六弟考试）成功了不值得高兴，失败了也不值得忧愁，要以发奋读书为主。历史著作应当天天看，不能间断了。

【且苟能发奋自立，则家塾可读书，即旷野之地、热闹之场，亦可读书，负薪牧豕，皆可读书；苟不能发奋自立，则家整不宜读书，即清净之乡、神仙之境，皆不能读书，何必择地？何必择时？但自问立志之真不真耳】出自《与诸弟书》。意思是：如果能够发奋自立，那么在家塾可以读书，就是在旷野、热闹的场所，也可以读书，背柴、放猪的时候，也都可以读书。如果不能发奋自立，那么不仅家塾没法读书，就是清净的乡间、神仙居住的地方，也没法读书——有什么必要选择地点、选择时间呢？只要问问自己是不是真的要立志读书就够了！

【君子之立志也，有民胞物与之量，有内圣外王之业，而后不忝于父母之生，不愧为天地之完人】出自《与诸弟书》。意思是：君子立志，要有把人类与万物看作是自己同胞的度量，要创立内圣外王的大事业，这样才不会辱没生养我的父母，才不愧是天地之间一个完美的人。

【盖士人读书，第一要有志，第二要有识，第三要有恒。有志，则断不甘为下流。有识，则知学问无尽，不敢以一得自足，如河伯之观海，如井蛙之窥天，皆无识者也。有恒，则断无不成之事。此三者缺一不可】出自《与诸弟书》。意思是：士人读书，第一要有志气，第二要有见识，第三要有恒心。有了志气，就必然不会甘心做普通人；有了见识，才能知道学问是无穷无尽的，不敢因为有了一点收获就自足了，像河伯观海，像井底的青蛙看天，都是没有见识的行为；

有了恒心，就绝没有办不成的事。——这三者缺一不可。

【凡事皆贵专，求师不专，则受益也不入；求友不专，则博爱而不亲。心有所专宗，而博观他途以扩其识，亦无不可；无所专宗，而见异思迁，此眩彼夺，则大不可】出自《与诸弟书》。意思是：凡事都贵在专一，向老师求学不专一，那么受益就深不了；结交朋友不专一，那么结交就会流于泛泛而不亲近。心里有了专一的对象，再去广泛接触别的东西来扩大见识，也没什么不可以。心里没有专一的东西，还见异思迁，被这个迷惑被那个驱使，就大不应该了。

【吾人只有进德、修业两事靠得住。进德，则孝弟仁义是也；修业，则诗文作字是也。此二者由我做主，得尺则我之尺也，得寸则我之寸也。今日进一分德，便算积了一升谷；明日修一分业，又算余了一文钱；德业并增，则家私日起】出自《与诸弟书》。意思是：我们这些人只有修养道德、修习学业这两件事靠得住。修养道德，就是要谨守孝、悌、仁、义，修习学业，就是写文章、作诗、写字。这两件事是由我们自己做主的，进步了一尺，我就得到一尺，进步了一寸，我就得到一寸。今天修成了一分道德，就当是积累了一升米；明天掌握了一分学业，就当是又攒了一文钱。这样道德、学业一起进步，家当就会渐渐富足起来了。

【学问之道无穷，而总以"有恒"为主】出自《与诸弟书》。意思是：做学问的方法是很多的，但总是以有恒心为主。

【虽极忙，亦须了本日功课，不以昨日耽搁而今日补做，不以明日有事而今日预做】出自《与诸弟书》。意思是：就算很忙，也一定要把每天的功课完成，不要因为昨天耽搁了今天才来补做，也不要因为明天有事今天就提前做了。

【凡大员之家，无半字涉公庭，乃为得体】出自《与诸弟书》。意思是：大凡大官的家庭，要一点也不涉及公事，这才是适合的。

【总之不贪财，不失信，不自是，由此三者，自然鬼服神钦，到处人皆敬重】出自《与诸弟书》。意思是：总之不贪财、不失信、不自以为是，做到了这三样，自然连鬼神都会佩服，并且到处都能受人敬重。

【看书不必求多，亦不必求记，但每日有常，自有进境，万不可厌常喜新，此书未完，忽换彼书耳】出自《与诸弟书》。意思是：看书不必贪多，也不必要求自己记住，只要每天都能有规律地看书，自然会有进步，千万不要喜新厌旧，这本还没读完，又忽然换了那本。

【大抵世之乱也，必先由于是非不明，白黑不分】出自《与诸弟书》。意思是：大凡世道混乱，原因一定首先是是非不明，黑白不分。

【毁誉之至，如飘风然，蓬蓬然起于北海，蓬蓬然入于南海，而不知其所自，人力固莫能挽回也】出自《与诸弟书》。意思是：毁谤和赞美所能到达的地方，就像是飓风一样，猛烈地从北海生起，又猛烈地卷进南海，不知道它是从哪里来的，——这是人力本来就难以挽回的东西。

【凡一家之中，勤敬二字能守得几分，未有不兴；若全无一分，未有不败。和字能守得几分，未有不兴，不和未有不败者】出自《与诸弟书》。意思是：大凡一个家庭，勤敬二字能守得住几分的，就没有不兴盛的；如果一点也没有，就没有不衰落的。一个和字能守得住几分的，就没有不昌盛的；守不住和就没有不衰败的。

【然祸福由天主之，善恶由人主之。由天主者无可如何，只得听之；由人主者，尽得一分算一分，撑得一日算一日】出自《与诸弟书》。意思是：祸福是由上天决定的，善恶是由人自己决定的。由上天决定的是没辙的，只得听它了；而由人自己决定的，能够做好一分就算一分，坚持住一天算一天。

【书、疏、鱼、猪，一家之生气；少睡多做，一人之生气。勤者生动之气，俭者收敛之气。有此二字，家运断无不兴之理】出自《与诸弟书》。意思是：书籍、蔬菜、鱼、猪是一个家庭的朝气所在，少睡多干是一个人的朝气所在。"勤"是生动之气，"俭"是沉稳之气。有了这两个字，家里的福运绝没有不兴盛的道理。

【为人子者，若使父母见得我好些，谓诸兄弟俱不及我，这便是不孝；若使族党称道我好些，谓诸兄弟俱不如我，这便是不弟】出自《与诸弟书》。意思是：做人的儿子的，如果使父母觉得他更好一些，而说别的兄弟都不如他，这就是不孝；如果使家族同乡都称赞他更好一些，而说其他兄弟都不如他，这就是对兄弟不友爱。

【凡人必有师，若无师，则严惮之心不生】出自《与诸弟书》。意思是：一般说来，人一定都有老师，如果没有老师，那么严格要求自己的意识就不会有。

【一生之成败，皆关乎朋友之贤否，不可不慎也】出自《与诸弟书》。意思是：人一生的成功和失败，都和朋友是否贤能息息相关，交友不能不慎重。

【兄弟和，虽穷氓小户必兴；兄弟不和，虽世家宦族必败】出自《与父母书》。意思是：兄弟和睦的话，就算是穷苦百姓也一定会发达起来；兄弟不和睦的话，就算是世家大族也一定会衰败下去。

【我家既为乡绅，万不可入署说公事，致为官长所鄙薄。即本家有事，情愿吃亏，万不可与人构讼】出自《与父母书》。意思是：我家既然是乡绅家庭，就千万不要到衙门去论说公事，会惹来当地官员的鄙视。就是自己家里有事，情愿吃亏，也千万不要和人打官司。

【盖天下之理，满则招损，亢则有悔；日中则昃，月盈则亏，至当不易之理也】出自《与父母书》。意思是：天下的道理是，满了就会招来亏损，过度了就会导致悔恨，太阳升到顶了就会西落，月亮圆了就会缺，这些都是不可改变的道理。

【功课无一定呆法，但须专耳】出自《与温弟书》。意思是：学习没有一成不变的死法，但必须专一。

【君子之处顺境，兢兢焉常觉天之过厚于我，我当以所余补人之不足；君子之处啬境，亦兢兢焉常觉天之过厚于我，非果厚也，以为较之尤啬者，而我固已厚矣】出自《与国华国荃书》。意思是：君子身处顺境时，常常会觉得上天太厚爱我了，我应当用自己的余力去帮助别人弥补不足；君子身处逆境时，也会常常觉得上天太厚爱我了，不是真的厚爱我，只是比起那些更悲惨的人，我已经是很受厚爱了。

【大凡做官的人，往往厚于妻子而薄于兄弟，私肥于一家而刻薄于亲戚族党。予自三十岁以来，即以做官发财为可耻，以宦囊积金遗子孙为可羞可恨，故私心立誓，总不靠做官发财以遗后人】出自《与诸弟书》。意思是：大凡做官的人，往往对妻子儿女就宽厚，对兄弟就刻薄，好处都留给自家，对亲族就刻薄。我从三十岁以来，就把靠做官来发财看作是可耻的事，把做官积累起来的钱留给子孙看作是可羞可恨的事，所以私底下立下誓言，绝不靠做官来发财并留给后人。

【商贾之家，勤俭者能延三四代；耕读之家，勤朴者能延五六代；孝友之家，则可以绵延十代八代】出自《与诸弟书》。意思是：做买卖的人家，勤俭的能够延续三四代；耕读的人家，勤劳淳朴的能够延续五六代；孝顺友爱的人家，则仁爱友善可以延续十代八代。

【凡人一身，只有"迁善改过"四字可靠；凡人一家，只有"修德读书"四字可靠。此八字者，能尽一分，必有一分之庆；不尽一分，必有一分之殃】出自《与诸弟书》。意思是：大凡人的一生，只有"迁善改过"这四个字是可靠的；大凡一个家庭，只有"修德读书"这四个字是可靠的。这八个字，能做到一分，就必定会有一分的福庆；做不到一分，就必定会有一分的灾殃。

【无故而怨天，则天必不许；无故而尤人，则人必不服】出自《与诸弟书》。意思是：无缘无故却去抱怨天，天肯定是不以为然的；无缘无故却去埋怨人，人肯定是不会服气的。

【受人恩情，当为将来报答之地，不可多求人也】出自《与纪泽书》。意思是：领受了人家的恩情，就要在将来报答人家，不要领受人家的恩情太多。

【至于做人之道，圣贤千言万语，大抵不外敬恕二字】出自《与纪泽书》。意思是：至于做人的道理，圣贤们千言万语讲了很多，大体上都不外乎敬、恕这两个字。

【惟读书则可变化气质】出自《与纪泽书》。意思是：只有读书能改变人的气质。

【心常用则活，不用则窒；常用则细，不用则粗】出自《与纪泽书》。意思是：心思经常动动就会变得灵活，不动就会变得迟滞；经常动动就会变得细致，不动就会变得粗疏。

【勤俭自持，习劳习苦，可以处乐，可以处约，此君子也】出自《与纪鸿书》。意思是：勤俭自立，习惯了劳苦，就可以变得安乐、节约起来，这就是君子。

【近世人家，一入宦途，即习于骄奢】出自《与四弟国潢书》。意思是：现在的人，一当上官，就染上了骄奢的习气。

【子弟不可学大家口吻，动辄笑人之鄙陋，笑人之寒村，日习于骄纵而不自知】出自《与四弟国潢书》。意思是：做子弟的不要学那些名门大族的口气，动不动就嘲笑人家鄙陋，嘲笑人家寒碜，越来越染上了骄纵的习气，而自己还不知道。

【余在外无他虑，总怕子侄习于“骄、奢、逸”三字。家败，离不得个“奢”字；人败，离不得个“逸”字；讨人嫌，离不得个“骄”字】出自《与四弟国潢书》。意思是：我在外头没有其他的忧虑，就怕子侄们习惯了“骄、奢、逸”这三个字。家族败落，离不开一个“奢”字；人堕落，离不开一个“逸”字；遭人嫌弃，离不开一个“骄”字。

【天地间，惟谦谨是载福之道，骄则满，满则倾矣。凡动口动笔，厌人之俗，嫌人之鄙，议人之短，发人之覆，皆骄也】出自《与四弟国潢书》。意思是：天地之间，只有谦虚、谨慎是获得幸福的方法，骄傲了就会好运到头，好运到头了就会倾覆。凡是一动口一动笔，就讨厌人家俗气，嫌弃人家鄙陋，议论人家的短处，宣扬人家的失败，这些都是骄傲。

【凡畏人不敢妄议论者，谦谨者也；凡好讥评人短者，骄傲者也】出自《与四弟国潢书》。意思是：凡是懂得敬畏别人而不敢妄加议论的人，是谦逊谨慎的人；凡是爱讥笑和评论他人短处的人，是骄傲的人。

【读书以训诂为本，作诗文以声调为本，事亲以得欢心为本，养生以戒怒为本，立身以不妄语为本，居家以不晏起为本，做官以不要钱为本，行军以不扰民为本】出自《与四弟国潢书》。意思是：读书要把训诂作为根本，写作诗文要把声调韵律作为根本，侍奉父母要把博得他们的欢心作为根本，养生要把戒除愤怒作为根本，立身要把不说谎话作为根本，居家要把不晚起作为根本，做官要把不收贿赂作为根本，行军要把不惊扰百姓作为根本。

【余不能禁人之不苟取，但求我身不苟取】出自《与四弟国潢书》。意思是：我不能禁止别人白拿，但只要求我自己不白拿。

【古之成大事者，规模远大与综理密微，二者缺一不可】出自《与九弟国荃书》。意思是：自古以来能成大事的人，规划的远大和处理的细致，两者是缺一不可的。

【军事变幻无常，每当危疑震撼之际，愈当澄心定虑，不可发之太骤】出自《与九弟国荃书》。意思是：打仗的事变幻无常，每当危急困难的时候，越应该镇定思考，不要轻率出动。

【进兵须由自己做主，不可因他人之言而受其牵制。非特进兵为然，即寻常出队开仗，亦不可受人牵制】出自《与九弟国荃书》。意思是：是否进兵一定要由自己做主，不能受他人意见的牵制，不光进兵是这样就算是平常的出队开仗，也不能受他人的牵制。

【凡军气宜聚不宜散，宜忧危不宜悦豫，而气渐散矣】出自《与九弟国荃书》。意思是：一般说来军队的士气，应该凝聚不应该涣散，应该具有担心危机的意识，而不应该染上贪图欢乐的习气。不然士气就渐渐涣散了。

【凡将才有四大端：一曰知人善用，二曰善觇敌情，三曰临阵胆识，四曰营务整齐】出自《与九弟国荃书》。意思是：一般说来将领都有四种大的才能：一是知人善用；二是善于窥测敌情；三是临阵时有胆识；四是能保持营中军务严整。

【凡人做一事，便须全副精神注在此一事，首尾不懈，不可见异思迁，做这样想那样，坐这山望那山。人而无恒，终身一无所成】出自《与九弟国荃书》。意思是：大凡人要做一件事，就一定要把全部精神都放在一件事上，从头到尾毫不松懈，不能见异思迁，做着这样却想那样，坐在这座山上却望着那山。人如果没有恒心，就会一生一事无成。

【凡人为一事，以专而精，以纷而散。荀子称耳不两听而聪，目不两视而明，庄子称用志不纷，乃凝于神，皆至言也】出自《与九弟国荃书》。意思是：一般说来人干一件事，专注了就能精进，纷繁了就散乱。荀子说，耳朵不去听太多的声音才是灵敏的，眼睛不去看太多的东西才是明亮的，庄子说，志向不杂多，精神才能集中，这些都是至理名言。

【凡与人晋接周旋，若无真意，则不足以感人；然徒有真意而无文饰以将之，则真意亦无所托之出】出自《与九弟国荃书》。意思是：凡是和人打交道，如果不是一腔真心，就不足以感动人。但是只有一腔真心而没有一定的形式辅助它，那么真心也就难以表现出来。

【惟做事贵于有恒，精力难于持久，必须日新又新，慎而加慎，庶几常葆令名，益崇德业】出自《与九弟国荃书》。意思是：做事贵在有恒心，人的精力本来就是很难持久的，一定要天天取得新的进步，有新的收获，谨慎再谨慎，或许才能长期维持住你的美名，更加光大你的事业。

【凡傲之凌物，不必定以言语加人，有以神气凌之者矣，有以面色凌之者矣】出自《与九弟国荃书》。意思是：大凡盛气凌人的，不一定是用语言来凌人，也有拿神气来凌人的，有拿面色来凌人的。

【大抵胸多抑郁，怨天尤人，不特不可以涉世，亦非所以养德；不特无以养德，亦非所以保身】出自《与九弟国荃书》。意思是：大体上如果心胸郁闷，怨天尤人，就不仅不能处世，也不能修养道德，更不能保全自己。

【精神愈用而愈出，不可因身体素弱，过于保惜；智慧愈苦而愈明，不可因境遇偶拂，遽尔催泪】出自《与九弟国荃书》。意思是：精神是越用越有，不要因为身体向来弱，就过于爱惜；智慧是越钻越明，不要因为境遇不如意，就马上伤心哭泣。

【余前年所以废弛，亦以焦躁故尔。总宜平心静气，稳稳办去】出自《与九弟国荃书》。意思是：我前年之所以荒废了光阴，也是因为焦躁的缘故。总还是应该平心静气、稳稳妥妥地办事才好。

【吾辈不幸生当乱世，又不幸而带兵，日以杀人为事，可为寒心，惟时时存一爱民之念，庶几留心田以饭子孙耳】出自《与国荃国葆书》。意思是：我们不幸生逢乱世，又不幸要带兵打仗，天天把杀人当成是事业一样，真是令人寒心，只有时时刻刻抱着一点爱护百姓的念头，或许还可以留下些安慰给后代子孙。

【才识平常，断难立功，但守一勤字，终日劳苦，以少分宵旰之忧】出自《与国荃国葆书》。意思是：我这个人才识普通，绝对是很难立功的，只有谨守一个"勤"字，整天劳苦，以便稍微减轻一些内心的忧虑。

【然不轻进人，即异日不轻退人之本；不妄亲人，即异日不妄疏人之本】出自《与九弟国荃书》。意思是：不轻易举荐人，也就是日后不轻易罢免人的根本；不妄自去亲近人，也就是日后不妄自去疏远人的根本。

【大约军事之败，非傲即惰，二者必居其一；居室之败，非傲即惰，二者必居其一】出自《与国荃国葆书》。意思是：大概军事上的失败，不是骄傲就是懒惰造成的，两者必定有一个（是根源）；大家族的衰败，同样不是骄傲就是懒惰造成的，同样两者中必定有一个（是原因）。

【凡军行太速，气太锐，其中必有不整不齐之处，唯有一静字可以胜之】出自《与国荃国葆书》。意思是：凡是军队行动太快，气势锋芒毕露的，其中一定有不够整齐的地方，只有一个"静"字可以克服它。

【银钱、田产，最易长骄气逸气，我家中断不可积钱，断不可买田，尔兄弟努力读书，绝不怕没饭吃】出自《与纪泽纪鸿书》。意思是：银钱、田产这些东西，最容易滋长骄傲逸乐的习气，我们家里决不能积存银钱，决不能买田产，你们兄弟只要努力读书，决不怕没饭吃。

【处兹乱世，银钱愈少，则愈可免祸；用度愈省，则愈可养福】出自《与纪泽纪鸿书》。意思是：身处这个乱世，钱财越少，就越可以避免灾祸；使用越节省，就越可以涵养福气。

【自古君子好与小人为缘，其终无不受其累者】出自《与九弟国荃书》。意思是：自古以来君子爱和小人攀缘的，最终没有不受到他们拖累的。

【以余阅历多年，见事之成功与否，人之得名与否，盖有命焉，不尽关人事也】出自《与九弟国荃书》。意思是：凭着我多年的阅历，看一件事情能不能成功，人能不能成名，是有定数的，不是完全只和人事有关系。

【凡办大事，半由人力，半由天事】出自《与九弟国荃书》。意思是：大凡干大事，一半看的是人力，一半看的是天意。

【凡好名当好有实之名，无实则被人讥议，求荣反辱】出自《与九弟国荃书》。意思是：凡是爱功名的，就应当爱有实际的功名，名不符实就会遭人讥讽议论，想求荣耀反而惹来了耻辱。

【凡看地势、察贼势，只宜一人独往，所带极多不得过五人。如贼来追抄，则赶紧驰回，贼见人少，亦不追之】出自《与九弟国荃书》。意思是：凡是观察地势、侦探敌情，只适合一个人单独前去，所带的人最多也不要超过五个。如果敌人来追击包抄了，就赶快赶回去，敌人看见人少，（以为有诈）也不敢追上来。

【用兵人人料必胜者，中即伏败机；人人料必挫者，中即伏生机】出自《与九弟国荃书》。意思是：用兵这事，如果人人都预计一定会胜利时，这里面就潜伏着失败的可能；人人都以为一定会失败时，这里面却潜伏着存活的可能。

中国书法

　　书法就是汉字书写的艺术，它书写的是汉字。汉字本身起源于象形，天生就有艺术美的元素。汉字的书写又可以用万物万象作比拟，用笔墨来抒情，在结构中含艺术，在意境中蕴哲理。汉字纯粹由线条构成，纯是一种心迹流淌为笔迹的艺术，书法，就是我们从心中流淌出来的真情真意所留下的笔迹，它其实是我们的心迹。我们欣赏古人的书法，也是在欣赏古人的心迹，我们欣赏一个时代的书法，也是在欣赏那一个时代人的心迹。

怎样欣赏中国书法

　　大家知道，写字不是艺术，但是书法是艺术，而且是世人公认的中国文化中的最高艺术。正如现代书法家沈尹默先生说的，它无色而有图画的灿烂，无声而有音乐的旋律，引人欣赏，心畅神怡。美籍华裔学者蒋彝先生也曾指出："我们认为书法本身居于所有各种艺术之首位，如果没有欣赏书法的知识，就不可能真正理解中国的美学。"其实也可以说，不懂得中国书法，就不能贯通中国的文化和艺术。

　　今天，爱好中国书法艺术的人越来越多。或欣赏、或鉴评、或书写，在这三种不同追求中，欣赏是基础。首先要会看，懂得欣赏中国书法美在哪里？我们懂得的东西，就会更加热爱它，而我们热爱的东西，我们总想去了解它。学习书法首先要对书法的美能够欣赏。

我们将中国书法在美学上的四大特征总结为中国书法的"四美"，这就是"生命活力之美"、"结构规律之美"、"物象与质地之美"和"精神与意境之美"。

书法的"生命活力之美"

　　宇宙间大凡有生命的物体，都会焕发一种蓬勃的活力，有生命才会给人感受，有活力则是一种美。杜甫有诗云："亲故伤老丑"。杜甫诗中多次将老和丑联在一起，老不一定丑，老而衰才显丑，为什么？血气已衰，肌体干瘪，自己的感觉与别人的感觉都不好，所以"自古英雄如美人，不许人间看白头"。中国汉字的书写之所以成为了艺术，也是因为它表现了一种青春的活力、生命的活力。这种活力具体表现在三点上。

　　第一点是健康、优美的线条运动。古人将杰出书法比作龙的飞腾，凤的舞蹈，挺拔的长松，飞翔的大雁，还有插花的舞女，映水的红莲……即是赞美它们线条运动生机勃勃。梁武帝说王羲之书法"字势雄逸，如龙跳天门，虎卧凤阙"，也是在赞美它充满健康、优美的生命感。好的书法，线条都是活着的，有神、有气、有骨、有肉、有血，有立体感、力量感和速度感。例如王珣《伯远帖》中的"不"字，就充满了活力和动态之美；王羲之《快雪时晴帖》的线条血气充盈，骨肉均适。

《伯远帖》中的"不"字，极有动态之美，如舞蹈的回旋。

　　可以这样说，只要线条是血脉充盈的，结构是饱满的，无论何种书体，都会富于生命光彩；而一切败笔都如失去生命之美的事物，如枯折的树枝、挂树的死蛇，给人不愉快的体验。所以僵死、呆板是书法之忌，不会写字的人下笔是没有骨肉的，更不用说神采了。古人《败笔图》中所列举的现象即是如此。

东晋　王羲之《快雪时晴帖》

人类生命活力之美的体现之一就是舞蹈。全世界各民族都有舞蹈——人类感情迸发时最直接的运动，语言不通，但是歌舞却能相通。而全世界能把舞蹈韵味化为文字书写的，只有中国的汉字。中国书法最富有舞蹈精神，所以常被人们形容为"龙飞凤舞"。唐代大书家张旭见公孙大娘剑器舞而悟笔法，最优美的舞蹈都有和谐的韵律，这种韵律都可以和中国书法艺术相通。比如张旭《古诗四帖》中的一段："北阙临丹水，南宫生绛云。龙泥印玉简，大火炼真文。上元风雨散"，从中可以想见公孙大娘舞蹈的神韵。

中国书法生命活力的第二点表现是：它的字、句、行、篇往往饱含感情。世上生命从低级到高级具有各种形式，人类是最高级的生命，拥有丰富的内心世界，因此好的书法在表现人类的生命活力时，自然饱含书写者的内心情感。现代书家吕凤子就主张书法线条要表达"某种激情或热爱"。音乐诗歌能直接抒发情感，书法也能表现这种内心的情感，而且表现得更为恒久。如怀素《自叙帖》线条，就抒发了暴风雨般的激情。特别是"满壁纵横千万字，戴公又云"、"狂来轻世界，醉里得真如，皆辞旨激切，理识玄奥"两句抒情性极强，不识汉字的人和不识草书的人也可以感受到其热烈的激情。颜真卿的《刘中使帖》是他得知两处军事胜利、感到非常快慰时所作，全帖笔势纵横奔放，最后一字"耳"的末笔贯穿全行，正如杜甫听说官军收复河南河北时所唱名句"即从巴峡穿巫峡，便下襄阳向洛阳"，表现了欣喜欲狂的心情，而"英风烈气"见于笔端。

中国书法生命活力的第三点表现是：它可以成为一段生命历程不

可复制的写照。这段历程往往是人的一段美好时光，一段铭心刻骨的生活经历。如今西安碑林进门第一通碑是唐玄宗隶书《孝经》，那丰腴美妙的书法，让我们想到他和杨贵妃的爱情故事。盛唐以壮丽为美；杨贵妃以丰腴妩媚著称。我们从唐玄宗书法中可以看出盛唐审美之风，壮美与丰润之美都不是肥胖，因为杨贵妃还是当时第一流的舞蹈家。

唐 李隆基《石台孝经》（部分）

事实上，中国书法对生命活力的执着追求不仅表现在一幅幅具体书作中，同时还表现在中国书法的整个发展过程中。只要仔细观察一下，我们就会发现：从甲骨文、金文、小篆、隶书到草书、楷书、行书，汉字书法的线条、结体从稚拙到灵动、从象形之美到纯造形的抽象之美，一直在成长、发展着，生命活力表现得越来越明显，越来越激昂。

从甲骨文、金文、行书、草书字体的演变，可以看出中国书法线条在静穆向飞动之势变化，而线条的美，也在不断地丰富、发展之中。

书法的"结构规律之美"

宇宙间的物体都有自己的结构规律，生命越高级结构越复杂。很多大科学家都曾感叹物质世界的结构之美，从宏观宇宙到微观的原子结构，仿佛造物主有特别精心的设计。中国书法具有鲜明的形式美，它们表现出来的，同样是一种结构规律之美。

首先，中国书法的形式美完全符合美的普遍规律。物体的结构规律，往往具体体现为对称、平衡、和谐、有序、节奏、韵律、错综、协调、对立、统一等秩序与法则。大凡体现了这些秩序、法则的事物，都会有一种形式美。中国书法的"法"表现在字的点、画、行、篇之间，它们既是书法形式美的法则，又完全符合客观事物所普遍具有的美的规律。例如，中国书法的五种造形规律即是如此。

平正。如欧阳询《九成宫》中的"台"字。

对称。如《峄山刻石》中的"高"字（全对称），"分"字（总体对称，局部不对称）。

参差。如王献之《洛神赋十三行》。

连贯。如王羲之《兰亭序》。

飞动。如汉代《孔宙碑》。

唐　欧阳询《九成宫》

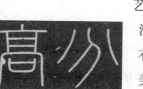

《峄山刻石》

汉代《孔庙碑》

其次，中国书法的形式美与西方发现的科学之美是完全吻合的。凡是美的事物都符合美的规律，但中西方对美的规律往往具有不同的理解。"美是和谐与比例"，这是西方传统的认识。西方艺术一直都在寻求美的客观法则，这和西方的科学精神有密切关系。古希腊的毕达哥拉斯学派是这种美学理论的最早倡导者，他们把美看做数字关系，和内容表现无关。他们测度琴弦的长短，把音乐上和谐的美感用数字的比例来表示。"黄金分割"便是他们提出来的。这种能够测试出来的具有美感的比例，在建筑、雕刻、绘画、音乐以及人体上都能得到验证和应用。有意思的是，中国书法的

形式美在许多方面都和"黄金分割"相吻合。秦《泰山刻石》中的"斯"字也是如此。（见右图）

中国书法不仅体现出西方艺术追求的科学之美，更直接展现了中国传统文化特别强调的"中和之美"。"中和"就是各种不同事物间的和谐。"致中和"是中国艺术最根本的规律。中和之美就是要形神兼备、轻重得宜、疏密有致、虚实相生、动静相和、刚柔相济、多姿多彩而又浑然一体。这就是中国传统的中庸之道。"中庸"不是平庸，而是高度的和谐状态。孔子说："质胜文则野，文胜质则史，文质彬彬，然后君子。"王羲之的《兰亭序》就称得上"文质彬彬"，因为他的书法既沉劲入骨、天真拙朴、有自然之趣，又风神飘洒、婀娜妍美，尽得形式之美。这种美，就是中和之美。

"黄金分割"，调和长方形原理。其中的关系也是一些生物成长的原理，并且成为许多建筑与艺术结构的基础。黄金分割被视为"完美"的长方形比例。

书法的"物象与质地之美"

所谓"物象之美"，是指好的书法，它的字体、字形、字象往往都暗合于同一类事物的形迹，有的像云天，有的像花木，有的像高山仰止，有的像龙飞凤舞……美感彼此相通。所以古人认为"纵横有可象者方可谓之书"，就是说好的书法必有物象之美。这是因为书家在艺术实践中，能够将汉字"博采众美，合而为字"的特点充分发挥，撷取各种物象的形迹，暗示其中的美。

中国书法在表现字的物象之美时，不仅能提炼相应物象的"形迹"，还可传达其"意态"。相比之下，西方文字本身是没有表情的，如某一英文商店的招牌；中国汉字却有生动的表情，如"喜"字像喜悦，"怒"字像愤怒；这就是汉字的"字容之美"。好的中国书法都能把这字容之美发挥到极致，传达出字的某种"意态"。如王羲之的"奔驰"二字，苏东坡《罗池庙碑》中写的"鹤飞"二字，真像要飞

起来；韩愈写的"鸢飞鱼跃"四个字，有锦鳞翩翩，悠然自得之态，表现了自己的凌云壮志。（见下图）

所谓"质地之美"，是指好的书法不用色彩，只用水墨就能焕发光彩，因为它的线条能表现出一种独特的质感。这是一种本色的美、真正的美，就像高级服装色彩都比较单调，只突出衣料本身的质地一样。王羲之、王珣、王献之的书法线条都有玉的质地之美，如《伯远帖》。中国文化极重视玉，因为它有"五德"，极坚硬而极温润，极绚烂而又极平淡，内部富有光彩，但这光彩是含蓄的光彩。从唐太宗到清代帝王都喜欢王家的字，与其具有玉质之美是有关系的。颜真卿书法有松柏苍劲的质地、壮士健硕的质地，如其《自书告身》中"为天下之本，乃元良之教"10字。苏东坡书法具有美人丰润的质地，如《前赤壁赋》中"望美人兮天一方"7个字。元代张雨的书法很像深山老林中苍翠的植物，如《题画诗卷》。

书法的"精神与意境之美"

这里所说的"精神之美"，是指书法家的个性气质和精神世界。中国书法是心手相应的艺术。书法家带着创作时的愉悦，书写内涵深厚的汉字，让作品出现气势、气韵、神采，这就是心手相应。在这一过程中形成的书法作品，必会融进书法家的主体风采。这种风采与书法家的个性气质、精神世界乃至整个文化修养都息息相关，它也是一种美。如王羲之的《兰亭序》表现了他的绝代文采风流；颜真卿的《颜家庙碑》显现了他的忠烈正直之气。

那么，中国书法的"意境之美"又是什么呢？意境是一种"情"与"景"高度融汇的艺术境界。宗白华先生在自问自答"什么是意境"这个问题时说："以宇宙人生的具体为对象，赏玩它的色相、秩序、节奏、和谐，借以窥见自我的最深心灵的反

唐　颜真卿《颜家庙碑》（部分）

映，化实景为虚境，创形象以为象征，使人类最高的心灵具体化、肉身化，这就是'艺术境界'"；而"中国特有的艺术——书法，尤能传达这空灵动荡的意境"。书法有物象之美，但它又能大大超越物象的束缚，表达出一种形象之外的深远的艺术境界。例如，王献之的《鸭头丸帖》便有"风行雨散，润色生花"之美；《虢季子白盘》如群星丽天；《华山庙碑》则万象在旁，真气弥满。

在这里要强调一点，就是对中国书法"意境之美"的把握与欣赏，是离不开联想的。书法带给人的联想胜于其它艺术形式。例如杜甫的著名诗句"即从巴峡穿巫峡，便下襄阳向洛阳"所表达的那种心境，表现为绘画，就不如写成书法更耐看。

懂得欣赏中国书法之美以后，人们往往还要对一幅书法作品做出进一步鉴评，即评判它的优劣与好坏。那么，评判一幅书作的优劣是否有具体标准呢？下面就来说说这个问题。

评判一幅书法作品的优劣

当我们面对一幅中国书法作品时，常常会有人问：这幅字到底好在哪里？怎样才能看出一幅字的好坏呢？

中国书法作为一门成熟的而且被公认为高雅的艺术，与绘画、音乐、歌舞等一样，是有严格的技艺规范和品评标准的。这些标准归纳起来，不外以下三点：一是看作品的笔墨技巧；二是看作品的气象和韵味；三是看书法作品的艺术源流。

书法的笔墨技艺，它包括用笔用墨和字的结构章法两个方面。

先看用笔和用墨。中国的书法和绘画有时可以简要地称为"笔墨"，笔墨是中国书画的艺术语言。"笔"是指作者用笔的运动方式，用笔有轻重、疾徐、起伏、断续之分。"墨"是指作者对水墨的运用效果，墨色有浓淡、干湿、飞白、涨晕之不同，如齐白石的《四言联》，每一个字的线条笔墨都有丰富的表现力，笔墨的作用可以使书法线条有生命的感觉，也就是有立体感和质感（即古人说的"骨"、"肉"），有活力和情调（即古人说的"气"、"血"、"神"）。总起来说，看笔墨，就是看书法线条是否有活力。好的书法，线条都是立体的、生动的，感觉是健康的、美的。至于是"壮美"还是"优美"，只是风格不同而已。例如王羲之的《兰亭序》，笔墨如春风万里，自然和美。再看颜真卿的《东方朔画赞》，笔墨撑天立地，雄伟壮丽。

所谓线条的立体感，就是一种"三维空间"感，即俗话说的"鼓出来了"，隆起来了。绘画要用透视关系才能表现空间感；书法通过线条的用笔技巧就可以展示出三维空间的感觉。"万毫齐力"的毛笔，在书法大家手中，使用起来往往千变万化，好似琴弦上灵动的手指，"轻拢慢捻抹复挑"，可以让线条在纸面上活起来，让笔墨自然流淌出心的律动、灵魂的闪光、丰富的感情。我们来看《兰亭序》，320余字，每一个字都在动，每一个线条都是活的，立体的。我们再来看同样负有盛名的陆机《平复帖》，每一个字都凸出于纸面。书法史上强

东晋 王羲之《兰亭序》（部分）

调的"中锋用笔"、"屋漏痕"、"锥画沙"、"印印泥"、"折钗股"等，其实都是说明怎样把线条写得有立体感、有活力、有张力。

书法线条有外部轮廓线，也有内部骨线。骨线是随着笔毫运动的轨迹出现的，运动的轨迹在线条外部轮廓线的中央，这就是中锋用笔。如果做到了这一点，线条就会有立体感。当然，好的书法并不一定要将"中锋"贯彻始终，而是以中锋为主，兼用侧锋、绞锋笔法，这才有丰富的表现力。王羲之被称为"书圣"，就是因为他的用笔技艺达到了登峰造极的高度。中锋、藏锋、露锋、绞锋等笔法都被他运用得出神入化、恰到好处；后人的绞锋再也没有达到他的高度。请看《丧乱帖》，线条内部的运动比《兰亭序》还要复杂。而到了唐代，孙过庭《书谱》中的线条就比王羲之简化了。

墨法对中国书法是极为重要的，因为墨色就像一个人的血肉和肤色，表现了他的气血之色；一幅书作墨色好，就如一个人血色丰润、神气光华，所以墨法也称"血法"，人的气色就是书法的墨色。纵观一部中国书法史，凡是好作品，墨色都有五彩之妙，里面蕴含着丰富的东方情致和美妙的中华气韵，温润含蓄，变幻多端。我们欣赏它，不但可以接触到五光十色的神采，还会感觉到轻重、疾徐等音乐节奏之美。例如苏东坡的《前赤壁赋》即是善用墨法的典范。董其昌说："《赤壁赋》是坡公之《兰亭》。每波画尽处，隐隐有聚墨痕，如黍米珠琲，非石刻所能传耳。"

北宋　苏轼《前赤壁赋》(部分)

再具体一点讲，凡是好的书法作品，水墨都是浓淡适宜的。墨"浓"而不凝，因为凝则笔画呆板、干涩；墨"淡"而不死，因为死则伤神，所以淡墨要活，要有情韵。可以说，墨浓淡适宜、燥润相杂，是书法艺术的一大关键。有功力的书法家都会根据书体而掌握墨色的浓淡、燥润，使字有血有肉，色彩光鲜。浓墨作品可以焕发精神，淡墨作品也可以别具神采。清代的刘墉善用浓墨，精华内含；王文治善用淡墨，风流儒雅，人称"浓墨宰相，淡墨探花"。

好的用笔，可以破空杀纸，好的用墨，可以五色生辉。笔与墨的完好结合，会让一幅书作的线条富有质感和情调，生生不息。我们看王羲之的《兰亭序》、怀素的《自叙帖》，那挥洒的笔墨简直是浑然天成。如今，作者早已消形于大化，可这些作品依然展现着晋人山水的春风，奔腾着盛唐豪迈的激情。

说完用笔和用墨，我们再来看字的章法结构。

在中国书法中，笔墨彼此结合而成线条，不同线条的结合而构成"字"，最后结字成"篇"，便有了章法。其中，"字"的结构即是书法的艺术空间。中国书法的线条看起来很简单，但它的组合千变万化，可以形成无数奇妙的结构。一幅好的书作，字的结构可以是平正的、安然的、舒展的，也可以是庄重的、飞动的、壮美的；可以是刚劲的，也可以是优美的……而书作的形式美，就是通过这些字结构形态的无穷变化来体现的。我们看欧阳询《九成宫》那样峻整、虞世南《孔子庙堂碑》那样平和、褚遂良《雁塔圣教序》似有飞动之意、颜真卿《勤礼碑》的壮美、柳公权《玄秘塔》的刚劲，里面的字全都具有这种丰富的结构形态。

　　章法，是指一幅书法作品中，由单字与单字之间、行与行之间的空间构成和连缀方法所形成的整篇艺术结构。我们知道，点、线、形等图案如果有秩序地出现反复，便会产生一种节奏感；某种动势图形如果有秩序地出现反复，便会产生一种韵律感。人们喜欢把书法比成音乐，这是很有道理的。因为凡是好书作，其章法都含有完美的节奏和韵律。例如王羲之的《兰亭序》，不仅每个字都结构优美，全篇的章法布白，更是注重前后相管领、相接应，有主题、有变化。全篇中有十八个"之"字，每个都结体不同，神态各异，既暗示着变化，又贯穿联系着全篇。它们执行着管领众字的任务，于变化中前后接应，构成了全篇的联络，使书作从第一字"永"到末一字"文"一气贯注。书作风神潇洒，不粘不脱，表现王羲之的精神风度，也标示出晋人对于美的最高理想。唐太宗和唐代各大书家都万分喜爱它，他们临写兰亭时，各有不同笔意，褚摹与欧摹可谓神情两样，但全篇章法即分行与布白，却不敢稍有移动。

　　有隋碑第一之称的《龙藏寺碑》，其间架结构特别富于审美意味。在空间使用上有"相间得宜，错综为妙"的艺术特色。这种开放型的空间美，加上它用笔上的特色，就显得秀韵芳情，虚和雅洁。康有为《广艺舟双楫》评此碑"有洞达之意"，"如金花遍地，细碎玲珑"。

　　评判一幅书法作品好坏的第二点，是看它的气象和韵味。这一点涉及的是作品的文化含量与作者的人品与修养。

　　打开一幅好的书法作品，看上第一眼，往往就会感到一种艺术魅力扑面而来。好的书作都能抓住人、留住人，让人往下看，使人玩味无穷。看过之后，印入脑海，久久不能忘怀，而且还想看第二遍，第三遍……正像唐太宗赞美王羲之书法时所说的："玩之不觉为倦，览之莫识其端。"这是因为作品含有一种独特的气象与韵味，它带着作者自身特有的"气息"。

唐　颜真卿《祭侄季明文稿》

气息近乎品格，它往往和作者的人品修养相一致。一种书法的个人风格，是其作品中最核心的特质，它反映了书家本人的气质、修养、性格在作品形式构成中结合最紧密的那一部分。所以前人说："人品既高，书品不得不高。"柳公权说："心正则笔正"。如果书作有一种纯正不凡的气息、健康向上的气象，就一定能让观赏者陶情悦性、变化气质，把人深深吸引过去。前人评价颜真卿书法说：有忠烈之风、壮美之气。如《祭侄季明文稿》为祭其英年遭难于安史之乱的侄季明而书，悲愤交加，忠烈之气和哀思之情交融激荡，沉郁而勃发，一泻千里。《争座位帖》是致仆射郭英乂的书信，因郭在宴集中将权奸宦官鱼朝恩排于首位，既斥郭英乂之佞，又折鱼朝恩之骄，正直之气，粲然现于字里行间。黄庭坚在论述苏东坡书法时说："余谓东坡书，学问文章之气，郁郁芊芊，发于笔墨之间，此所以他人终莫能及耳。"关于苏东坡，我们只要把他的墨迹和以后的赵孟𫖯、文徵明……乃至极爱题字的乾隆等人书法放在一起，明眼人一看就能看出最富于才情、最有文化气质、人品学问都属第一的，就是苏东坡。

一幅书法作品的艺术魅力还来自于它的品味，而品味又来自于书作的文化含量。书作高贵华美也好、高雅纯美也好、古拙质朴也好、不衫不履也好，就是不能"俗"。"俗"是什么？这里的"俗"不是通俗，而是低俗、卑下、萎琐、平庸、呆板。以王羲之为代表的魏晋书法之所以是永恒的经典，不仅是因为王羲之全面而登峰造极地发展了书法技法，更是因为他代表了晋人的潇洒风神，表现出一种不滞于物，对自然、对探求哲理、对友谊、对人生、对艺术"一往情深"的品味！它韵高千古，"事外有远致"，美之极，雄强之极。

评判一幅书法作品的好坏时，还要看它的艺术源流，就是看来历，看内涵，看底蕴。

我们在书法爱好者中常会遇到一些异想天开或急于求成的人，他们总爱说：我可以自成一体；我不需要学习前人的书法。他们几乎完全脱离了前人的传统，把自己为所欲为的作品自命为"创新之作"。这里我们不评论其作品的优劣，只想说：他运用的不是书法艺术的语言，和书法艺术不适用同一评价体系。

世界上每门独立的艺术都有自己的艺术语言系统与评价标准，而一切创新都要在继承传统的基础上才能发展起来。正如在音乐艺术领域，有人用钢板锯条做出了模仿钢琴或提琴的乐器，并为自己的创造沾沾自喜。这无可厚非，但是它终究不能和钢琴、提琴在一个艺术系统内来相提并论。西方古典音乐从 1600 年开端，近 300 年，正像美国音乐史家理查德列奥纳多所说："是整个音乐史中最为辉煌的时代，当代社会演奏的就是这个时代的作品，今天大众对这些作品的兴趣有增无减"。中国书法从象形文字到唐宋这 3000 年中涌现了很多大师和书法经典。我们书法中的《毛公鼎》、《礼器碑》、王羲之和《兰亭序》正如西方古典音乐的巴赫、莫扎特、贝多芬与他们创作的名曲。德国学者雷德侯谈到中国书法的传统时说："每个书法家都熟谙那些经典名作，学习这些作品，并在此基础上发展个人的书风。每个书法家也因此可以用衡量自己的书法的同一标准去评断其他书法家。当一个可以体现风格和美学标准的经典系统建立后，不同时代的书法家都会用相同物质材料，遵守相同的规则，展开一场竞技。"这也就是说，中国书法和许多中国传统艺术一样，是讲究技艺传承、要求"笔笔有来历"的。也正因如此，中国书法才形成了一个生生不息的艺术家园，一个源远流长的艺术体系。所以说，大凡好的书法作品，它的每一笔、每一个字、每一种结构、每一种审美形式，首先都会有历史渊源、有经典出处。

当然，在这"笔笔有来历"的基础上，好的书作还要追求千变万化、自创新貌。

例如，清代邓石如、吴昌硕的篆书具有明显的"金石气"，就是因为它们继承了金文和石鼓文瑰丽典雅、高古浑穆的艺术底蕴，并在这些经典的基础上加以卓越的创新。唐玄宗的隶书是在继承汉隶厚重博大风格的基础上，发展了典雅壮丽的风格；今人王遐举得《张迁碑》之坚实；刘炳森得《乙瑛碑》的典雅。

总之，艺术的生命总是起于它的活水源头，后代继承者无论走到多远，他的艺术生命也依然需要源头活水的滋养与抚育。人们只有不断回到艺术原点，才能真正有效地进一步创新。任何无源之水都是没有生命力的。

提高书艺必须广习经典

前人都说"书画同源"，即书画出于同一个源头，但书法和绘画的学习路径完全一样吗？不。绘画是一种再现的艺术。中国画虽然注重写意，但也讲"像物象"，讲"外师造化"，就是以大自然为师。书法艺术则不同，它不是再现性的，不需要"写生"。张旭见公孙大娘舞剑器而书法长进，颜真卿问道于张旭，得到"夏云多奇峰"、"飞鸟出林，惊蛇入草"的回答，这都是艺术灵感取象，而非情景再现。例如张旭的《古诗四帖》，其气象峥嵘的字迹不是再现夏天如奇峰峥嵘的浓云，而是得到了浓云的气象。具体到线条也不是画只飞鸟或惊蛇，而是得到了"飞鸟出林，惊蛇入草"那一瞬间的灵动惊奇的美感。

书法艺术既然不需要写生，那么学习书法究竟该从哪里入门，提高书艺又有怎样的途径呢？

学习书法的要诀就在这以下几点。

临摹古代大家法书

临摹古代大家的法书，从来都是学习书法的不二法门，是历来学书者的必由之路。

我们知道，任何一门文化或艺术传统都有它的黄金时代或全盛时期。在这一时期，一些思想文化巨人会创造出奠基性的、不可逾越的精神财富来。以后每当历史发展到重要关头，都会有新的反本文化活动兴起，不断回顾自己民族悠久传统的最初源头，以汲取新生的创造力量。这就是孔子说的"温故而知新"，以及西方文艺复兴所强调的再生精神。我们追问大师，重温经典，都是为了面向新时代的创新。所以我们如果准备走进书法艺术的殿堂，如果期望自己的书法造诣能达到一个较高水准，首先就要知道中国书法艺术的本源在哪里，何为"经典"，大师又是谁。

中国书法艺术的本源在哪里？它不在别处，就在中国汉字。中国始于象形的汉字是中国书法的大本大源。正是由这大本大源，才演生出篆、隶、草、楷、行等各种书体。我们学习书法，就要懂得回到汉字流变的各个始发点上：写篆书要回到金文乃至甲骨文的始发点上；写隶书要回到篆书的始发点上；写草书要回到章草的始发点上，写行书要回到楷书的始发点上。这样练就的书法艺术，才是有本之木、有源之水，源远而流长。例如清代文字学发达，对这一点认识得十分清楚，金文铭文便成为人们学习篆书的不二法门。

什么是中国书法的经典？它是那些万古流传的绝妙法本。中国书法的每一种书体都有自己的经典法本。如大篆是金文、石鼓文，小篆是《泰山刻石》、《峄山碑》，楷书是钟繇、王羲之和欧、颜、柳、赵的书作以及南北朝碑，草书是二王、孙过庭的《书谱》、张旭、怀素等大师作品。

要讲中国书法艺术的大师，当然首推王羲之。王羲之生活的魏晋时期是中国精神史上极自由、极解放，最富于智慧、最浓于热情的时

颜真卿《勤礼碑》

代，也是最富有艺术精神的时代。中国书法是从晋人风韵中产生的。王羲之集历代书法之大成，他的书作为我们树立了楷书、行书的最高典范。所以自魏晋之后，几乎所有学书者都从学王羲之入手：学行书的人没有不临《兰亭序》的；欧阳询、颜真卿都是从学习王羲之入手而成为大师的。宋苏轼说，颜真卿的《东方先生画赞》完全出自王羲之的经典，并称它"气韵良是"。史称唐太宗"心慕手追"王羲之书法到了如痴如狂的程度。最深的爱慕是模仿，唐太宗力学王羲之不能至，便向虞世南请教。有个故事说他临王书的"戈"字总不像，一次写"戩"字把"戈"旁空出，让虞世南补上，然后给魏徵看，魏徵看过说："圣上之作，惟戈法最为逼真。"可见虞世南学习王羲之书法的功力之深。

魏晋之后，唐代又出现了一个书法高峰，学书者有了更多的经典选择。比如苏轼的书法，既承继了王羲之又得颜真卿的神髓。颜真卿的书法把壮美推向了巅峰，以后所有写大字的人，无不学习颜真卿。

当然，除了王羲之、颜真卿之外，历代还有许多书法大师。对于一个中国书法的实践者来说，不论是学习大师的经典之作还是研习某一法本，都非常重要。大家知道，南宋书法无大家，这固然是当时国情使然，也与众多书法家只注重"尚意"，而缺少对魏晋古典技艺的锤炼相关。到了元代，赵孟頫以复古为旗帜，高扬魏晋之法，可以说是匡正时弊，影响深远。元赵孟頫、明文徵明、董其昌学习书法的路径几乎一样，都是学魏晋钟王，又选学唐宋名家。明末清初以风格特异著称的书法家王铎说："书未宗晋，终入野道。"他们都知道经典的力量。

溯本求源，学习大师和经典极为重要，但中国书法的各类经典之作众多，有些名碑连作者的名字都没有留下。面对如此丰富的书法经典，我们到底该从哪里着手呢？

我的回答是：从精于"一"开始。

从精于"一"开始

我们讲书法艺术，之所以先讲欣赏，就是希望大家提高自己的选择能力。因为只有经过选择的学习目标，才能专心致志坚持到底。最怕的是今天临《九成宫》，过几天又临《多宝塔》，临来临去最后还是打不下基础。而且起手择帖也非常重要。取法乎上，仅得乎中。一般来讲，我们学习书法不能将近人书法作为基础练习。比如说要学欧体楷书，就一定要从《九成宫》练起。有人图容易，从学欧体楷书的近代黄自元的书法练起，那是不行的。黄自元的欧体字比起《九成宫》来逊色得多。

那么，我们怎样选择入门的经典呢？我的回答是：选择自己最喜爱的，与自己的性情、审美最为相符的，当然必须是最一流的经典作品。选定之后就要遵循"择善固执"的原则，坚持练下去，直到把经典融化到自己身上。

古来每一位有成就的书法家都是从精于"一"开始的。邓石如篆书从《泰山刻石》入手，兼习《石鼓文》，融合汉碑篆额书法，将篆书写得生动流畅。他的隶书将《华山》、《史晨》、《张迁》等融为一体，自成一家。伊秉

吴昌硕临《石鼓文》

绶隶书从《衡方碑》化出，将笔画线条挺直伸展，气度博大，而又以线的巧妙组合表现出独特的韵味。何绍基遍临汉名碑，各上百遍，尤其用功于《张迁碑》，将隶书写得雍容典雅，圆润多姿。有的人还从精于一开始到专精一生，近人吴昌硕醉心《石鼓文》，自称："数十载从事于此，一日有一日之境界。"他以数十年的精力，专心致志，始终不懈地临习《石鼓文》，晚年将篆书越发写得精神饱满，气度沉雄，

烂漫恣肆。

从精于"一"开始是为了打下坚实的基础，但是写得再像经典也终究不是艺术的目标。所以有了基础之后，我们还要"泛滥百家"，"博涉多优"。

有了基础，"泛滥百家"

所谓"泛滥百家"，就是在已经有一家的坚实基础上广收博采众家之长，以期最终形成自己的艺术风貌。这就是出新创新了。不从"精于一家"开始，永远打不下基础；但是如果不能"泛滥百家"——取众家之长，也不可能在艺术上创新。

例如欧阳询书学二王，又从北朝吸取险峻之风，从而形成他森然凛然、精密俊逸的欧体。"五绝"名臣虞世南，书法直接承智永传授，得二王之法，但又广学北碑，"接魏晋之绪，启盛唐之作"。宋代的米芾，也是书法崇尚二王，他又在此基础上遍临晋唐诸家法帖，以至于人戏称他为"集古字"。米芾先学颜真卿《争座位帖》，下了很深的功

北宋　米芾《蜀素帖》（部分）

夫，米芾不少特殊的笔法，如"门"部"口"部右肩部的顺势圆转而下，钩的陡起，都来自该帖。米芾又学欧阳询如："满"字等。他尤其用力学的是褚遂良用笔的变化多端的活泼生动，直到苏轼点拨他要"学晋"，进一步上溯本源，他又经七年学习，终于在 39 岁时创作出了辉映古今的杰作《蜀素帖》。

宋徽宗闻名于世的瘦金书是取法于唐代的薛稷，薛稷是魏徵的外孙，他专学褚遂良书法而能得其神韵，所以当时人有"买褚得薛，不失其节"之语。但是宋徽宗的瘦金书艺术成就远在薛稷之上，这是学习前人而能创新的范例。

赵之谦楷书人称"颜底魏面"，是以颜真卿书法为基础，广学魏碑，将唐楷与魏碑融为一体，形成了自己的面貌。现代草圣于右任先生先从赵孟頫入手，中年专攻魏碑，于右任先生在《杂忆》诗中回忆了研习《石门铭》和《龙门二十品》的辛苦历程，诗曰："朝临《石门铭》，暮写《二十品》。辛苦集为联，夜夜泪湿枕。"

清代是书法的集大成时代。此时的文字学取得了空前的成就，这些文字学家们都同时又是书法家，这为他们研究文字学和提高书法艺术都创造了前所未有的条件。清代又是碑学帖学交相辉映的时代。许多书法家跨越唐宋，直取晋人风韵，而又遍学南北朝生机勃勃的各碑。每一位有成就的书法家，都在自己最喜爱的经典上下了超人的功夫：郑簠隶书从《曹全》、《史晨》化出，益之以行草笔法，所以把隶书写得活泼灵动。金农写《天发神谶碑》数百遍，又在汉隶诸多名碑上深下功夫，终于创出了独具特色的漆书。

董其昌说："字须熟后生，画须熟外熟。"熟是什么？熟就是熟悉这门艺术的观念、法则、审美标准和理论体系，还有是熟练掌握这门艺术的基本经典的技艺。每一位学艺者都无一例外的要经历这一熟的过程，就像宋代书法大师米芾也经历过"集古字"的阶段一样。但仅仅熟是不够的，还要创新，别开生面，就是所谓熟后生，所谓有法入，有法出，如果米芾仅仅停留在"集古字"的阶段，那他也就不能成为宋四家之一的"八面出锋"的书法大师了。

要想真正提高自己的书法技艺，除了一定要做到以上三点，即临摹古代大家法书、从精于"一"开始，有了基础后再"泛滥百家之外"，还必须明白：基本功的练习要坚持一生。

基本功的练习要坚持一生

我们知道，无论是京剧艺术家、舞蹈艺术家还是歌唱艺术家都要将基本功练习坚持一生的，书法家也是如此。

很多大书画家都有毕生坚持临帖的习惯。国画大师也是大书法家李苦禅先生，就一直坚持临帖，直到晚年还一本一本地临习魏碑。刘海粟先生直到九十多高龄还在临写《散氏盘》。

南朝 梁 陶弘景（传）《瘗鹤铭》出水前拓本，是为国家一级文物。宋代黄庭坚认为"大字无过《瘗鹤铭》"，此铭被誉为"大字之祖"。

艺术大师徐悲鸿先生在书法上的成就评论的人不多，但是徐先生的书法是深入经典而别开生面的又一典范。徐悲鸿先生在《瘗鹤铭》上下了很深的功夫。《瘗鹤铭》以涩的行笔美为重要特色，它的前行之势的"阻力"和"与之争"的笔力，是楷书中少有的。它既雄强又秀逸，每一笔画都足以使人味之不尽。而徐悲鸿先生的书法深得《瘗鹤铭》之妙，有当代文艺史家评论说，徐悲鸿先生的书法处处有古意，其魄力之雄强，气象之浑穆，笔法之超逸，气势之磅礴，结构之自然，精神之飞动，无人能过，时下全国的著名书法家能与他比并的绝无。

总之，学习书法和学习所有艺术一样，都要经过"有本源，能创新"的历程。因为任何一种艺术都在其最辉煌的阶段奠定了它的理论体系、艺术规范和审美标准，由一位或几位大师的作品作为永恒的典范。人们将这些大师称为"乐圣"、"书圣"等，后来的学者都要回到他们所创造的经典，不断地再出发，不断创新。

书法之初甲骨文

谈书法肯定要从中国文字谈起，追溯我国的文字起源于何时，创始于何人，古代文献有一些记载，伏羲氏仰观天象，俯察万物，创为太极八卦。《周易系辞》中说："上古结绳而治，后世圣人易之以书契。"中国历来有"书画同源"的说法。也就像鲁迅在《门外文谈》所说，"写字就是画画"。我们今天能看到的最早的古文字是3000多年前诞生的甲骨文。最早写字就是画画。先民们就对照着世间的事物画成图画，用这些图画做记录。这些图画孕育了最古老的汉字——甲骨文，甲骨文是汉字起源时代进入成熟期的文字。

汉字的起源与甲骨文

1. 汉字的起源与"六书"。

汉字是世界上寿命最长的文字，到今天已有四千余年的历史了。关于汉字的起源，流行着"仓颉造字"的传说。相传黄帝身边一个的史官叫仓颉，他是一个留心观察生活的人，传说中，他有四只眼睛。一天，他看见地上野兽的蹄印和鸟爪印时，激发了灵感，悟到纹理有别而鸟兽可辨，便造出文字来。文献称仓颉"仰观奎星圆曲之势，俯察龟文鸟迹之象，博采众美，合而为字"。

讲解"六书"、象形、指事、会意、形声、转注、假借。

2. 发现甲骨文的意义

1899年，王懿荣首先发现甲骨文的价值。

1903年，《老残游记》的作者刘鹗出版《铁云藏龟》，罗振玉、王国维、董作宾、郭沫若等人对于甲骨文的研究都取得了丰富的成果。

商代的甲骨文是占卜时刻在龟甲和兽骨上的文字，亦称卜辞，主要出土于安阳殷墟。字体结构有象形字、会意字、假借字和形声字，已经具备了汉字结构的基本形式，是一种发展到成熟阶段的文字。卜辞的内容有商朝的职官、军队、刑罚、农业、田猎、畜牧、手工业、商业、科学技术、宗教、祭祀等资料。

总起来讲解甲骨文书法的风格和特征

（1）劲峭型

（2）奇肆型

（3）婉丽型

（4）雄浑型

郭沫若先生在《殷契粹编》中感叹说：甲骨文书法"其契之精而字之美，每令吾辈数千载后人神往，……凡此均非精于其技者绝不能为。"

我们向甲骨文学什么

上文说过，卜辞的内容有商朝的职官、军队、刑罚、农业、田猎、畜牧、手工业、商业、科学技术、宗教、祭祀等资料，甲骨文是研究古代史的重要资料。这里要说的是，站在艺术的殿堂里，我们向甲骨文学什么？

1. 甲骨文质朴、古雅的艺术美

甲骨文的美，主要表现在造型上——用线条描画的形象美和线条组合的形式美。这样的书法不是一种简单的图解，它已经成为一种深具哲学意味的艺术。

商　祭祀狩猎涂朱牛骨刻辞

（1）有象形美，也有形式美。用抽象手法表现物象，从具象到抽象，给人以想象的空间。如"贞"、"岳"、"雨"把贞、岳、雨等物象抽象成了字，却增加了形式美。

（2）线条组合之美，线条组合成不同形状，形成虚实、疏密、方圆的对比，出现了奇致和趣味。

（3）总体对称中含局部不对称的中和之美，如"其"、"不"在平衡中含不平衡，总体和谐。而"黍"、"年"等字虽非对称，但重心稳固，也很美。

这些形式美的原则，在现代的美术设计中普遍适用。

今天，书法界都在探讨继承和创新问题，论者纷纷，天下滔滔，而甲骨文书法恰好能为这些问题的实践提供借鉴。

从唐宋以后，中国书法不断出现定型（艺术上叫"结壳"）的现象，现代又不断颁布汉字的标准写法，从艺术上得到一个结果：字体书写渐趋一律，书法家的造型想象力受严重压抑，现代书法因此而难于变形，难以建立起具有丰富对比性的构成关系。要改

图为甲骨文拓片，右侧为例字：岳、雨。

变这种状况，开掘甲骨文书法，吸取其多变的结体形式，被公认为是一个非常有效的方法。

溯源至金文和甲骨文书法，借鉴它那更单纯质朴、古雅蕴藉的艺术境界。其实，新兴的现代书法，讲究结体造型的构成关系，它希望所写字的形体能有较大的可塑性。学习甲骨文的书法艺术，是让我们保持那最初的质朴、单纯和生动，让"高度发展"、简单呆板的"一律"变得丰富，让繁琐变得单纯，让质朴代替矫揉造作。

2. 对艺术要有敬畏之情，虔诚之心

很多人一提到甲骨文就说是殷人高度迷信的产物。须知，人类对于宇宙的认识永无止境，有未知就有迷信。这些哲学问题不予讨论，这里想说的是甲骨文是殷商书契者——贞人，充满虔诚的作品。

现代技术可以轻易地复制甲骨文，但是无法复制那甲骨文的神韵，那是只有对作品充满虔诚之心，敬畏之情，才能出现的。艺术的生命是真诚，当真诚枯竭时才会以"作秀"填补。

习练甲骨文的要点

很多艺术家都注意到了从甲骨文中吸取艺术创新的养份。大家都想学会写甲骨文，我们现在就来演示一下。

写甲骨文要把住两个关键：

一是线条稚拙但要有象形的意味，注意，甲骨文是契刻上去的，我们现在是用毛笔写，一定要写出契刻时的那种阻力、那种涩劲儿来，这正好是练习"疾涩"二法的时候（古人云："得'疾涩'二法则书法之妙尽矣"）；

二是结构极其自然而又疏密、大小、直曲、方圆……错综有致。

金文之美

辉煌的青铜文明

1. 从向鬼神问卜到礼乐文明

王国维有一部代表作《殷商制度论》中说："中国政治与文化之变革，莫剧于殷周之际。"他认为周公改革政治的目的，是从周代开始要建立一个"道德之团体"，要用道德把贵族、平民和其他的人维系起来。这个转变的实质，是实现了由鬼道向人道的一个飞跃，从殷商人们世世向鬼神问卜，建立起道和德的观念，礼乐的文明，这是一个了不起的飞跃。

2. 藏礼于器

夏、商、周三代是中国的青铜时代，在世界范围内，三代的青铜文明极其辉煌，并独具特色。三代铸造了世界上最精美的青铜器，这些器物集雕刻、绘画、书法艺术于一身；而其中的书法——金文艺术，其精湛与力度自诞生之日便不曾被后世所超越。

金文就是青铜器上的铭文。古人把铜称为"金"，所以铸在青铜器上的文字叫"金文"，也叫"吉金文字"，因为青铜器以钟鼎为多，所以也叫"钟鼎文"，又称作"大篆"或"籀文"。铭文凹进去的称为"款"，凸出来的称为"识"，合起来称为"款识"。我们现在说学金文书法，实际上主要是研习从青铜器上拓下来的铭文拓片。

周代以后，青铜器的制作更加兴盛，类型更多，铭文也加长了。盘、簋、彝、钟、鼎等器物上都铸有铭文。据《礼记》所记，铭文的主要内容为："论撰其先祖之有德善、功烈、勋劳、庆赏、声名，列于天下，而酌之祭器，自成其名焉，以祀其先祖者矣。显扬先祖，所以崇孝也；身比焉，顺也；明示后世，教也。"这是说铭文是用先祖的功德教化后人。铭文字体是大篆。周宣王的时候，太史籀著有大篆十五篇，这就是史官教学童们识字用的字书《史籀篇》，也是大篆又称为籀文的由来。

3. 书法艺术的基石

现在，我们要认识古文字，要认识隶书的根、现代汉字的源，要理解书法的中锋用笔和艺术结构原理，都非得研习金文不可。入门者可以不练金文而直接写楷书，但是从书法知识上不能绕过这一块书法基石。

金文风格的变化大约可分为三个时期：

第一时期为商金文和西周前期金文。商金文很少，铭文也不长，长达十几字或几十字的铭文多见于帝乙、帝辛时期，其书朴茂自然，多见肥壮的笔迹。西周前期武王、成王、康王三代，书风质朴凝重，显现了一种阔大气派，给人一片浑然天成之感。如《司母戊鼎铭》、《戍嗣子鼎铭》、《天亡簋铭》、《四祀邲其卣铭》、《利簋铭》、《大盂鼎铭》等铭文。

金文发展的第二时期是西周中期，历经穆王、恭王、懿王、孝王、夷王五世书风趋向端庄遒丽，铭文渐渐增长，有些是长达数百字的诰命典谟，文字也整齐雄浑、雍容典雅，显示了宗周气象。如《大克鼎铭》、《墙盘铭》等。

金文发展的第三时期为西周晚期的厉王、幽王时代，金文达到最成熟的阶段，书风也显得绚丽多彩，如《散氏盘铭》奇古生动，《毛公鼎铭》圆劲雄强，《虢季子白盘铭》圆匀修长，这些杰作把金文艺术推向了顶峰。

金文的四部经典

1. 成康盛世之作——大盂鼎

此鼎记康王二十三年（公元前982年）王对盂赐命之辞，康王告诫盂说，殷因酗酒而亡国，周因忌酒而兴，请盂好好辅佐自己。周康王庄严郑重的告诫和励精图治的形象、西周初期社会兴盛前进的气氛全都显现在这篇浩大的铭文里了。其体势雄伟，气度恢弘，将近三百字的浩浩铭文，壮美瑰丽，实为西周前期金文的最高典范。

西周　墙盘

西周共王（公元前 927 年—公元前 908 年）金文。1977 年陕西扶风县庄白窖藏出土，铭文 18 行 284 字。

书法艺术的特点之一是要用"方块字"表现出大千世界各种各样造型的美。此铭文可称是集造型美之大成。

2. 史诗般的《墙盘铭》

这是西周中期青铜器铭文比较长的。铭文为史官墙的手笔，有史料价值。史墙用近三百字的篇幅记述了西周文、武、成、康、昭、穆六王的重要史迹以及自己的家世。其书笔画圆润遒美，结体均衡，通篇风格端庄静穆，在端庄中又有活泼灵动之感，章法齐整，行气贯通，显得婉丽和谐，是共王时代金文的佳作。

西周《墙盘铭》

一篇书法艺术，不仅有每个字的美，还要有整体的感人气象，如果通篇气象体现了一个时代的精神，那就可称之为经典，《墙盘铭》就是这样的经典。

3. 生机勃勃《散氏盘铭》

《散氏盘铭》厚重质朴，结字寓奇于正，蕴巧于拙，字里行间洋溢着壮实豪迈的气象。全篇气韵生机勃勃，体势错落摇曳如珊瑚碧树交相辉映。章法潇潇洒洒，在自然而然中达到浑然天成的艺术境界。其风格雄奇健美，而又给人一种自由活泼的艺术感受。在众多金文中，此铭文书法极富个性，能体现出书写者的情趣。线条浑圆有力且有稚拙之趣。结体开阔却更显出茂密蓬勃的生机。

在周代金文中，《散氏盘铭》得到书法界的高度重视。近世很多大书画家都坚持临写它，如刘海粟先生在九十多岁的时候还在写《散氏盘铭》，他的书画浑厚朴茂的风格明显得益于此。

4. 金文《尚书》毛公鼎

《毛公鼎铭》是西周宣王（公元前 827 年—公元前 782 年）时金文，498 字，是先秦青铜器中铭文最长的鸿篇巨制。内容记天下四方动乱，周王命毛公忠心辅佐国事，并赐予他大量物品，毛公为感谢周王，特铸鼎记其事。铭文书法精严细密，圆劲遒美，结体劲健，井然有序，通篇布局有若群鹤游天，蛟龙戏海，气势流贯磅礴，神采绚丽飞动。正如郭沫若所赞："铭全体气势颇为宏大，泱泱然存周宗主之风烈。"全文笔画圆匀均衡，首尾如一，不露锋芒，是为金文书法的经典。

清李瑞清说："毛公鼎为周庙堂文字，其文则尚书也。学书不学毛公鼎，犹儒生不读《尚书》也。"

金文给我们的艺术启示

生活离不开放松，但是也要有庄严的时刻。艺术是生活的升华，艺术可以带来娱乐，但是也要保留庄严的内涵，因为我们是人，我们是自强不息，日臻完美的人。这里就说到了为什么要学习金文艺术，一是因为它有一种高古浑穆、极其典雅的美，二是它体现了一种高贵的庄严，而这一种庄严，是所有艺术的重要基石。

1. 金文高古浑穆、极其典雅的美

金文，它有着浓郁的文化气息，周代重礼，文化深厚，所以孔子说"吾从周"。从金文审美上看：

（1）文字"纵横有可象"，文似高古但因其象形而倍加亲切，而且是中国艺术"妙在似与不似之间"的审美思想的根源之一。

（2）有线条的曲线之美。西方曾有美学家作过研究，所有线条之中，曲线最美。金文的曲线，以其线条不同的粗细、力度和质感，表现了或遒劲，或婉丽，或精整，或恣肆的丰富的艺术风格。而且曲线之美有极大的装饰性。

（3）有古雅之美。金文历经千年岁月，古色斑驳，有一种令人怀想的特殊的精致与辉煌，其淳厚与沧桑意态，就是书法追求的金石味。

2. 著名学者邓以蛰在《书法之欣赏》中说："钟鼎彝器之款识铭词，其书法之圆转委婉，结体行次之疏密，虽有优劣，其优者使人见之如仰观满天星斗，精神四射。"清代袁克文在论书法艺术时说，学书要从金文开始，可以避免"弱、俗、荒"的毛病。

社会不会总是让孱弱、病态（无性别，不见阳刚和阴柔之美）、萎琐充斥于艺术之中，总会呼唤高贵的、健康的艺术。金文艺术以其精美和高雅总会给我们以启迪。

以吴昌硕为例，他是典型的金石派艺术家，当代艺术评论家郎绍君说的好："吴昌硕承赵之谦，而诗、文、书、印各方面都胜一筹，乃成'金石派'艺术的一代宗师。厚重有力、浓郁深沉、自然稚拙、大气磅礴的新风，使得时尚的轻飘浮华、纤巧、做作画风相形见绌。其影响所及，超过近代以来任何一个画家。陈师曾、王一亭、齐白石、潘天寿、赵叔孺、陈半丁、王个簃、钱瘦铁、来楚生、朱屺瞻、吴茀之、诸乐三等，莫不从他的绘画受到启示。三十年代后，吴氏画风成为风尚乃至'正统'。在清末民初那个充满孱弱、腐败的时代，对力量与气魄的向往成为一种时代心理，是很自然的。当然，吴昌硕艺术中的力量与气魄是传统式、复古式，充满了书卷气、儒雅风的。它含蓄、温文尔雅，寓气魄与内力于圆浑单纯，是一种刚正的古风，体现着倔强自守的士大夫知识分子的清高与沉静。这正是以儒家为本、以民族本位为中心的清末民初知识阶层所愿意接受和能够接受的。面对衰微纤柔的现实，儒家文化的代表者们呼唤的不是西方的科学技术与人文文化，而是曾经辉煌过、有力过的古代雄风。康有为的尊碑卑帖，扬魏抑唐，他对'雄奇角出''茂密雄强'之美的推崇，以及盛赞院画之精工而痛斥文人画之'超逸淡远'，也大体基于斯。"

习练金文的要点

1. 线条比甲骨文要圆润，更富于张力，开始具有骨肉匀适，血气充盈的感觉，用笔一定要用中锋。金文的线条非常简单，只有直线和弧线，但是，要用这简单的直线和弧线表现出千变万化的形态和丰富的神韵，却是非常不简单的事，关键是线条要有丰富的表现力，轮廓要"毛"，行笔要"涩"，线条骨线要有力，笔势要贯气到底，最忌讳软、光、偏锋、断气。

2. 结构更富于形式美感。

大篆经典——《石鼓文》

石刻书法以石鼓文最为有名，浑厚古朴，是古籀文向小篆演变过程中的书体。

我国现存最早的石刻文字，因为文字是刻在鼓形石头上的，所以称"石鼓文"。

唐初在天兴三畤原（在今陕西宝鸡凤翔县）发现了十只高 90 厘米、直径约 60 厘米的花岗岩石鼓，随即被迁入凤翔孔庙，五代时曾散于民间，宋代几经周折，始复聚齐，现藏北京故宫博物院。石鼓出土后，杜甫、韦应物等诗人即为其赋诗，韩愈还写下了著名的《石鼓歌》。石鼓文原文应在七百字以上，由于历史悠久，水侵风蚀，现仅存二百七十二字，有的鼓上一字无存。石鼓文所刻均为四言诗，内容是记述秦国国君游猎的，所以又名"猎碣"。唐人认为石鼓是周宣王时期刻石，宋人欧阳修提出怀疑，但还是认为是周宣王时史籀所作，宋人郑樵则认为是先秦之物，惠文王之后、秦始皇之前，罗振玉和马叙伦都认为是秦文公时物，郭沫若、马衡、唐兰等人都认为是战国后期秦人所刻。

从字体上看，石鼓文为古籀体（大篆），书法浑厚自然，方正浑圆，匀称秀美，集大籀之成，开小篆之先河，明显具有大篆向秦小篆转变的特征，在书法史上起着承前启后的作用。石鼓文还是历代书家研习篆书的重要范本，康有为誉为"书家第一法则"。

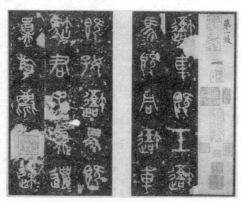

春秋晚期至战国早期的《石鼓文》大篆

《石鼓文》，内容是记秦国国君的游猎活动，也有学者指出石鼓文是先秦史诗。关于刻石年代，前人多以为系周宣王时所刻，现在认为《石鼓文》为秦刻这一论点已无疑义，但确切年代尚不统一。大多数意见认为刻于秦襄公八年（公元前770年）至秦惠文王十三年（公元前325年）之间。《石鼓文》书体为大篆体，已经摆脱象形图画的痕迹。这是我国已发现的最早的石刻文字，为先秦石刻文字中的杰作。《石鼓文》的书法浑穆高古，大气堂皇；中锋运笔，创造出圆润饱满、精细遒劲、刚柔相济的笔画特征。结体多取方或长方形，体势整齐，端庄凝重，笔力稳健，雍容和穆，形成参差错落，疏密有致，生动自然的完美造型。在章法上，上下留有天地，行距适宜，字距匀称，分布和谐，体现了上下左右、偃仰向背的呼应关系。其书法风格既沉着又灵动，气韵深厚而又妙趣横生，具有追魂夺魄的艺术魅力。《石鼓文》的高度艺术成就赢得了历代欣赏者的赞叹和推崇，唐代韩愈在《石鼓歌》中称赞它"年深岂免有缺画，快剑斫断生蛟鼍。鸾翔凤翥众仙下，珊瑚碧树交枝柯。金绳铁索锁纽壮，古鼎跃水龙穿梭。"清康有为称赞它如"金钿落地，芝草团云，不烦整裁，自有奇采"。近代吴昌硕数十年临习《石鼓文》不辍，以《石鼓文》笔法入篆刻，入绘画，成为了一代金石书画大师。《石鼓文》是秦国统一文字之前篆书走向规范化的一个里程碑，已成为后世习篆者必学的经典。石鼓自唐初发现以来，已经有一千多年了，其间几经迁徙辗转，现全部收藏在故宫博物院。

秦书八体和标准小篆

秦始皇统一中国以后实行"车同轨，书同文"的重大措施，在大篆的基础上把繁复的字加以省改，六国的异体字统一，成为小篆，也叫秦篆。秦相李斯作的《仓颉篇》、中车府令赵高作的《爰历篇》、太史令胡毋敬作的《博学篇》，这些都被定为秦篆即小篆的标准范本。秦代是中国书法史上实现古今之变的最重要的时期。小篆和秦隶成为当时通行全国的主要文字形态，前者为官方正体文字，后者是在下层官吏与民间使用的便捷字体。小篆是古文字的总结，而秦隶则成为今文字的开端。

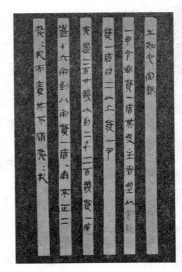

《云梦睡虎地秦简》

秦代留下的主要书迹是秦始皇巡行天下时的七块刻石（原石保存至今仅《琅琊台刻石》和《泰山刻石》两种，其余为后人摹刻本）。刻石、权量诏版文字及瓦当文字。书体除小篆、隶书外，还保留了秦国曾经使用的大篆，以及刻符、虫书、摹印、署书、殳书，历史上称为"秦书八体"。

鸟虫书

这说明秦代除了官方统一使用的小篆之外，还有多种书体并存。

刻符是小篆文字的标准作品，如虎符；
而简牍则是实用便捷的秦隶了。

秦书八体

书法史上所谓"秦书八体"是：1.
大篆，即籀书，是西周时期一种文体；
2. 小篆；3. 刻符，是官方常用于军事
调度的符信，刻于金银、铜、玉上，剖
分为两半，彼此各持一半；4. 虫书，
是在书写幡旗和刻在青铜器上的象征性

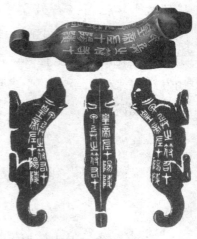

刻符，如上图的虎符

的虫、鱼、鸟图画文字，其实是装饰性的金文美术字；5. 摹印，是
制印的一种书体；6. 署书，是题写门上匾额用的书体，亦称"榜
书"；7. 殳书，殳为兵器，这类书体是刻在干戈上的字体；8. 隶书，
是在秦篆的基础上，为书写公文方便，人们创造的一种今文。

秦代原石——《琅邪台刻石》

《琅邪台刻石》刻于秦始皇二十八年（公元前219年），经历两千
多年的风雨，此石已经风化剥蚀严重；唯西面13行86字清晰。文为
小篆，系秦代原石，极为珍贵。作为体现出秦王朝大一统风范的典型
的小篆石刻，其书刻严谨，气魄宏大，有雄视天下的气概，书风庄
严，这是最经典的传世小篆作品，真正的秦代石刻，传为李斯所书。

在肃穆神秘而又多姿多彩的金文之后，小篆以一种全新的庄严面
貌走上了历史舞台。

下真迹一等的《峄山刻石》

《峄山刻石》传说被魏太武帝所推倒，又被烈火烧毁，唐代时有
木刻翻板。杜甫有"峄山之碑野火焚，枣木传刻肥失真"的诗句，可
惜唐木刻本也失传了，我们也不知道肥成什么样。宋淳化四年（公元
993年）郑文宝据南唐徐铉摹本重刻于长安，世称《长安本》。清杨

守敬跋《长安本》说："笔画圆劲，古意毕臻，以《泰山》29字及《琅邪台碑》校之，形神俱肖，所谓下真迹一等"。《峄山刻石》用笔婉转流畅，均匀端正，实为李阳冰、徐铉篆书的先导。

如果说《峄山刻石》毁于野火真是遗憾，那么，战国烽火所毁的各国文物更可痛惜，看着这整齐如一的秦风小篆，想想那周代金文的郁郁文彩，楚文化的瑰丽雄奇，丰富多彩的先秦文化更值得我们追寻！

纪念碑式的《泰山刻石》

《泰山刻石》现在仅存29个字，对于它的真伪，近世以来颇有争论，多数学者认为它虽然历经辗转，但历史清楚，当系真品。

这是秦始皇东巡时为"颂秦德而立"，据说是李斯所书，文字显示出秦统

《峄山刻石》

一天下以后，"书同文"所产生的极为规范的风格，字体平正，笔线均匀流畅，字呈长方形，端庄有致，字形的结构与黄金律暗合。而且它直接继承了石鼓文的雄浑朴厚的艺术特点，用笔劲健，风格大气，这是标准的小篆书法，为后世留下了极为珍贵的典范。

统一度量衡的秦诏版

秦始皇兼并六国，统一天下以后，诏令全国统一度量衡制度，在统一制造的度量衡器上都刻上相关诏书，或者镶嵌上刻有诏书的铜诏版，这就是秦诏版。

这组书法，是凿刻出来的，所以笔线刚劲方折；竖有行，横无列，每行多弯曲，其书法字体大小不一，或二字仅占一字之格，或一字独占二字之格，极富情趣。其结字亦奇正间出，不拘成法，用笔长短疏密，任意安排，有"如水在方圆之妙"（虞世南《笔髓论契妙》），

具有一种自然适意的朴素质实之美。

　　与庄严肃穆的纪念碑式的刻石小篆不同，这些刻在诏版、铜量和权上的小篆完全是用于公示的应用文，所以通篇字写得质朴大方，不拘泥于形式，从这里我们似乎可以看出秦代行政风格中务实的一面。

历代书法欣赏

　　汉代是我国书法艺术承先启后、蕴古开今的光辉灿烂的时期，居主导地位的典型书体是隶书，所以人们常用"汉隶"来称呼这个光辉时期的典型书体。篆书在汉代承秦之势又有新的发展，如《袁安碑》等端重宏伟，气势豪迈，成为后世学习篆书的典范，章草也达到了成熟阶段，汉代还孕育了行书和楷书，至此则四体齐备。

　　隶书从秦统一中国以前就出现了，四川青川郝家坪战国墓出土的木牍文字，湖北云梦睡虎地十一号秦墓出土的竹简文字都证明了这一点。相传秦人程邈创造了隶书，这可能是因为他搜集整理过这种字体，方便了隶书的推广和流传。

　　隶书至西汉日臻成熟，它逐渐摆脱了篆书的笔意，变得更加整齐、端正，出现了波磔，字形完全趋于扁平。近年出土的马王堆帛书、银雀山汉简、居延汉简等让我们看到了西汉隶书的墨迹实物，非常生动，展现了西汉文化雄强的风貌。

　　东汉时代，隶书艺术臻于鼎盛。这一时期立碑之风盛行，各种碑碣（方的是碑，圆的是碣）大量出现，此外还有石表、石阙，都有精彩隶书刻于其上。优秀的书法家大量涌现，各种风格的隶书异彩纷呈，美不胜收，蔚为大观。写字的技法也完全成熟了，提按顿挫，蚕头雁尾，俯仰之变，波磔之美，都极大增强了隶书艺术的独特魅力，特别是篆书中圆转的笔画，在隶书中分成了横、折两笔，为了便捷，书写的方法发生了变化。

　　从传世的东汉名碑上我们可以看到古朴方整、丰茂厚重的风格，如《张迁碑》、《鲜于璜碑》；可以看到遒劲凝练、斩截爽利的风格，如《礼器碑》、《史晨碑》；可以看到飘逸秀丽、妩媚多姿的风格，如《曹全碑》、《朝侯小子残石》；可以看到华美堂皇、端庄典雅的风格，如《乙瑛碑》、《孔宙碑》。更有雄放豪迈的《石门颂》。真可谓千姿百态，各具特色，一碑有一碑之结构，一碑有一碑之风神。正如清代书法家王澍所说的"隶法以汉为极，每碑各出一奇，莫有同者"。

我们现在能够看到的汉代书法遗存大致有五种：1. 碑刻，即美不胜收的汉碑；2. 印玺，即在中国篆刻学史上占有极重要地位的汉印；3. 瓦当，所谓秦砖汉瓦，也有很高的艺术价值；4. 金文，汉代青铜器铭文。5. 简牍。大量的简牍传世、出土，保存了汉代书法的笔墨真迹。

端庄博雅《乙瑛碑》

此碑为东汉极成熟的隶书代表作品之一，与《礼器碑》、《史晨碑》并称为孔庙著名三碑。此碑的最大特点是肃穆端庄、文雅大方，所以清代书家万经曾把它比喻成为"冠裳佩玉"的君子，令人肃然起敬。翁方纲评此碑"骨肉匀适，情文流畅，汉隶之最可师法者"。这是最有法度可循的隶书名碑。

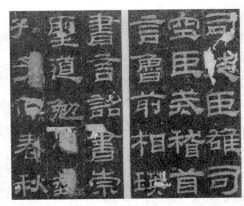

东汉《乙瑛碑》（部分）

碑中文字结体端庄，且有起伏顿挫之致，用笔方圆兼备，笔画俊美生动，长笔画多成弧线曲势，雁尾波笔动态非常优美。

世人爱习此碑的很多。但学习此碑要注意：既不要过于纤巧，也不要过于呆板，恐伤于靡丽或甜俗，宜取其妙而去其俗，方能得法。

飘逸秀丽的《曹全碑》

《曹全碑》全称《汉郃阳令曹全碑》。东汉中平二年（公元 185 年）刻，碑在陕西西安碑林。此碑书法风格属秀丽一格，平和简静，

东汉《曹全碑》（部分）

内清刚而外俊美，有人说它如少女簪花，十分文静秀雅可爱，又有人说它如雅人高士，潇洒自如，风流自赏。其笔画圆润而精气内含，从容飘逸如行云流水，风神颇为俊逸。其结构匀整，秀美多姿，间有狭长之笔，变动灵活，饶有篆意。所有的线条都是中锋用笔，显得十分精美，在美学上属于优美的范畴。此碑在众多以厚重雄强为特点的汉隶中显得分外引人注目，历来极负盛名，被人们视为临习汉隶的上乘范本。

古朴雄强《张迁碑》

东汉《张迁碑》（部分）

《张迁碑》书法方整刚劲、雄厚古茂。运笔朴拙、刚健，十分厚重，直笔不板，粗笔不肥，殊多变化，极有生趣，浑然一体，自然天成，结体以方取胜，其形质如璞玉浑金，显示出骨力雄健之独特风采。它大气磅礴，森罗万象，在汉隶中极富个性，颇能体现出汉代文化朴实、厚重、生动的气质。

在汉碑中此碑以雄强厚重著称于世，清代书法家何绍基曾临此碑过百遍。后世学者常叹习此碑者得其厚重者多，得其含蓄内蕴精神者少。

楷书的先驱钟繇

钟繇（公元151年—公元230年），字元常，颍川长社（今河南长葛东）人。汉末官至尚书仆射，魏明帝时为太傅，人称"钟太傅"，死后谥成侯。他是魏的开国名臣，但他名垂青史则因为他是我国书法史上有突出成就和深远影响的重要书法家，他与汉末张芝，东晋王羲之、王献之父子合称"四贤"。其书法学曹喜、蔡邕、刘德升等人，各体兼备，楷书最优，人称"正书之祖"。钟繇的字结体自然，茂密幽深，被形容为"如云鹄游天，群鸿戏海"。传世作品有《宣示表》、《荐季直表》、《力命表》、《墓田丙舍帖》等。

《宣示表》

此帖书法高古朴质，温文尔雅。楷则与隶法并存，古趣盎然。用笔刚柔兼备、点画之间，顾盼有情，穿插有致，可谓幽森含蓄，韵味无尽。此帖历来为人所重，据王僧虔《书隶》云："太傅《宣示》墨迹，为丞相王导所宝爱，丧乱狼狈，犹以此表置衣带。过江后，在右军处，右军借王修。修死，其母以其子平生所爱，纳置棺中，遂不传。所传者乃右军临本。"

清代张廷济评《宣示表》的八个字十分允当，那就是"清瘦如玉，姿趣横生"。"清瘦"是指点画的精劲，而强调"清瘦如玉"，玉的最美之处在于温润，这是坚硬之质而能呈现温润之感，最属难得，这也是《宣示表》笔法的特色。"姿趣横生"是指字形，体势的美妙，试看此帖，字形有长形、方形、三角形……随字之宜，自然变化。

书圣王羲之

王羲之（公元303年—公元361年），字逸少，原籍琅琊临沂（今属山东），居会稽山阴（今浙江绍兴）。官至右军将军、会稽内史，人称"王右军"。王羲之在书法方面做出了划时代的重要贡献。他早年从卫夫人学书，后广泛涉猎前代名家，他的草书师法张芝，正书得力于钟繇，博采众长，推陈出新。他精研体势，最终使楷书完全独立

三国　魏　钟繇《宣示表》

于隶书，并进一步革新和发展了行书和草书艺术，创建了可供后世效法的楷、行、草书的规范模式。他把书法的实用性和艺术性完美地结合起来，极大地丰富了书法的艺术表现力，把书法技法提升到前所未有的高度，使书法艺术进入到多姿多彩的境界。从另一方面说，两汉朴厚之风也至此一变。他是中国书法史上最有影响的人物，被人们尊为"书圣"。他书法刻本很多，以《乐毅论》、《兰亭序》、《十七帖》等最为著名。存世摹本墨迹有《姨母帖》、《快雪时晴帖》、《奉橘帖》、《孔侍中帖》等。

《平安三帖》

《平安帖》是向对方报告平安的消息，且对对方不能参加朋友聚会而表遗憾。《何如帖》是向对方问好的信函。《奉橘帖》是因奉送对方柑橘 300 枚而致函。

此三帖风格较近，因系家常信件，心平气和，书法温文尔雅。用笔中锋，或逆锋而入，或凌空而下，提笔如小舟沂急流，按笔如凌空坠巨石，结体雍容典雅、遒劲秀逸，布局疏密得宜，富于节奏感。虽然笔势雄强但是不激不厉，有平和庄静之美。全帖结字严谨，富于变化，虚实相间，骨力内涵。转折处方圆兼用，变化多端，如"当、赖、百、得"几个字的转折，个个不同，耐人寻味。

东晋　王羲之《平安三帖》

书法优雅之极的王献之

王献之（公元344年—公元386年），字子敬，小字官奴，琅琊（山东临沂）人。王羲之第七子，也是最小的儿子。官至中书令，世称"王大令"。他十七岁学书，少时即有盛名，高迈不羁，史书称其"风流为一时之冠"。幼承家学时，即深得其父叹赏，以为长大必能有成。长成后善书之名直追其父，与其父并称"二王"。献之初学父书，后又学张芝，变通古法，勇于创新，进一步改变了汉魏古朴书风。王羲之书法丰润劲健，雅逸端庄，而献之书法则显得

东晋　王献之《中秋帖》

华美流畅，仪态万方，将书法的优雅之美发挥到了极致，是中国古典文化中所谓"文彩风流"的风貌在书法上的最具代表性的体现。传世著名书迹有：《洛神赋十三行》、《中秋帖》、《地黄汤帖》、《廿九日帖》、《鹅群帖》、《授衣帖》、《东山帖》、《鸭头丸帖》等。

《中秋帖》

此帖笔势奔放，圆转流畅，如长河瀑布飞流而下，又如风行雨散，润色生花。其笔法体势，奇逸豪放，连绵流美，一气呵成，上继东汉张芝的"一笔书"，下开后世连绵草的先河。神韵超然象外，便捷简淡而生奇彩。上承张芝、右军之法，下启张旭、怀素之门，草法至此，真令人叹为观止。宋米芾叹曰："大令《十二月帖》，运笔如火箸画灰，连属无端末，如不经意，所谓一笔书，天下子敬第一帖也"。

晋韵书风的代表作《伯远帖》

清乾隆帝将《伯远帖》列入"三希"之一。王珣（公元350年—公元401年），字元琳，琅琊临沂（今山东临沂）人，小名法护，王洽之子，王导之孙，而王导是西晋豪门士族之首，执政时号为"仲

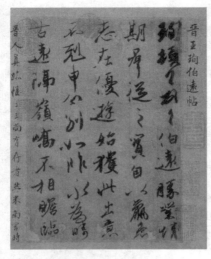

东晋　王珣《伯远帖》

父"，晋元帝曾经邀请他同升御座。当时人称："王与马，共天下。"马是司马氏。官至尚书令。王珣出身于这样的名门望族，三世均以书法著称，王献之是其族兄弟。

王珣所书《伯远帖》，用笔洒脱自然，峭劲秀丽，潇洒古淡，转折处变化多端；结字近扁方，略带横势。全篇随其本字之形，顺其自然之态，而又通篇和悦，自然一体，有如天成。看笔画，处处平中见奇；章法是"字里金生，行间玉润"。每个字都有动态表情，或顾、或盼、或瞻望、或俯视、或回望。字里行间有金子般的精美，宝玉一样玉的温润。每行字距有远有近，有疏有密，行间素地黑白相间得宜，气脉贯通。一切优秀的书法作品，都少不了气脉，正因为它们有连续不断的气脉，一字字、一行行，才能累累如贯珠，圆润流转而又璀璨夺目。

明董其昌跋此帖云："珣书潇洒古淡，长安所见墨迹，此为尤物。"王肯堂亦跋此帖："笔法遒逸，古色照人。"

魏碑圆笔的代表——《郑文公碑》

北魏　郑道昭《郑文公碑》（部分）

此碑是魏碑中圆笔的代表，结字宽博，笔力雄强，带有浓厚的篆隶笔意。康有为说他学的是《郑文公碑》人们以为是赵孟頫，可见《郑文公碑》的秀美风格。

在这里我们该说说魏碑书法发展的简史。公元439年，北魏太武帝统一北方，从此取得了一百多年政治安定的局面，使经济、文化得到空前的发展，北魏的书法艺术也就在这样的环境中迅速地发展起来。特别是孝文帝于公元 494 年迁都洛阳，推行鲜卑文化汉化的政策，促进了与汉文化的交流。同时，大力倡导佛教，使佛教大盛，风靡一时，龙门石窟也于此时开凿。两千余块的造像题记，成为北魏的书法宝库。

魏碑书法具有鲜明的艺术特色。由于造像规模大，题记数量多，工匠们采取直刀切入的方法刻凿文字，所以产生的字形放纵天真，线条方直，起笔都呈三角形，显示了雄强泼辣、豪放拙朴的风貌。

魏碑书法也有一个发展的过程。早期的魏碑以方笔为主，后来受到南方书风的影响，字体也趋圆秀。总体分析，魏碑有方、圆、方圆并用三类。方笔有《龙门二十品》等，圆笔如《郑文公碑》等，方圆结合，有《张猛龙碑》等。

雄秀精绝的《张猛龙碑》

山东曲阜孔庙的《张猛龙碑》为北魏著名碑刻之一。碑额方笔大字"魏鲁郡太守张府君清颂之碑"，方峻劲挺，气势非凡。其书法已开隋唐楷书之先河，此碑用笔以方为主，兼用圆笔可谓方圆兼备。其结体以纵取势，略呈欹侧

北魏《张猛龙碑》（部分）

之态，中宫紧密，结体严谨，字形趋长，横画坚实，方起方落；笔势呈左低右高、左紧右松状，正中见奇，敛而能纵，刚峻险劲，精能造极，为魏碑书体之精品，后世书家多推崇此碑。

清人王瓘称："《张猛龙清颂碑》书体雄秀俊伟，在元魏石中，固应首屈一指。"康有为更称其："如周公制礼，事事皆美善。"

一代重臣褚遂良

唐 褚遂良《雁塔圣教序》（部分）

褚遂良（公元 596 年—公元 659 年）为"初唐四家"之一。字登善，钱塘（今浙江杭州）人。出身江南望族，太宗时历任秘书郎、起居郎、谏议大夫、黄门侍郎、中书令等职。太宗病危时，遂良与长孙无忌同为顾命托孤大臣。高宗时封河南郡公，故称"褚河南"。

累迁吏部尚书、尚书右仆射。及高宗欲立武则天为后，遂良抗争最为激烈，武则天当时于帘内听见，恨恨地说："何不扑杀此獠！"此后被贬放，死于贬所。一生博涉文史，工隶楷。据说唐太宗购王羲之书迹后，褚遂良详加评鉴，甚得太宗称誉。其书初学虞世南，后学二王，且融会汉隶，体势劲逸，字形方扁，点画较细，一波三折。节奏鲜明。又往往以行入楷，有流畅飞动之致。传世作品有《伊阙佛龛碑》、《孟法师碑》、《雁塔圣教序》、《倪宽赞》、《大字阴符经》、《枯树赋》等。

《雁塔圣教序》

此碑是褚遂良 58 岁时所书，是其盛年杰作。此碑一出，风靡天下，当时学习褚书成为一时的风尚，对后世影响也极大。其吸收欧、虞之长，融汉隶之意，间有行书之用笔，神完气足，清雅俊逸，似美人顾盼有姿，实则劲气内敛，有百炼钢如绕指柔的精劲。比起欧阳询书法和虞世南书法则更多笔画的变化，结体更为舒展，有更生动的韵律感。其气韵直追王羲之，但用笔、结体自成面貌。在唐代楷书中，它貌似无法实则有法。褚书用的是空灵飞动而又沉劲入骨的笔法，开创的是起伏多姿、跌宕有致、仪态万方的艺术境界。褚遂良是一代大家，并非刻意从形式上追求妍美流动而忽视了楷字本身的精严，他不经意间留下了一个很容易让人误解的地方，就是用笔似乎是柔和婉媚，其实不是的，用物理学来说明：他运笔到细微处，力度未减，纸的受力面积小了，线条的压强大了。

雄秀独出的大师颜真卿

颜真卿（公元709年—公元785年），字清臣，京兆万年（今陕西西安）人。主要活动在盛唐到中唐之际，历玄宗、肃宗、代宗、德宗四朝，官至吏部尚书、太子太师，封鲁郡公，人称"颜鲁公"。玄宗时为杨国忠所恶。安史之乱中，抗贼有功，出任平原太守，世称"颜平原"。德宗时李希烈叛乱，朝廷命他前去解决问题而遭贼威胁，因忠直不屈，被缢杀。

颜真卿是中国书法史上一位变古开今的大师，他的书法艺术博大精深，开创雄强书风，倡导了一种新的审美趣味，使书法从崇尚清瘦走向雄强，成为盛唐气象的代表之一。其楷书宽博雄伟，行书、草书亦遒劲高古有篆籀气，对后世影响深远。颜真卿曾访张旭求授书学，并著有书论《述张长史

唐　颜真卿《多宝塔感应碑》（部分）

笔法十二意》。传世书迹有碑刻《多宝塔感应碑》、《东方朔画赞》、《麻姑仙坛记》、《颜家庙碑》、《颜勤礼碑》等，墨迹《自书告身》、《祭侄文稿》、《刘中使帖》等，刻帖《争座位帖》、《送裴将军诗》等。

颜真卿的《东方朔画赞》，雄伟厚重，每一个字都有"充塞于天地之间"的气象。就像庄重的朝臣或威严的壮士，有顶天立地的气概。颜字在美学上属于壮美范畴，所以后世在巍峨的建筑上配以书法时，多从颜字取法。此碑对宋代苏东坡的字影响很大。宋黄庭坚评此碑书法"笔圆而劲，肥厚得中"。

心正笔正的柳公权

柳公权（公元 778 年—公元 865 年），字诚悬，京兆华原（今陕西耀县）人。自幼笃好书法，元和三年（公元 808 年）登进士科，又登博学宏词科，官至太子少师、太子太保，历任穆宗、敬宗、文宗三朝侍书，担任宫廷中最高级书法教师 20 年之久（翰林侍书学士），名声显赫。穆宗曾问用笔之法，公权对曰："用笔在心，心正则笔正。"穆宗为之改容。因为当时穆宗执政荒纵，公权用笔法进谏。其书初学二王，

唐 柳公权《玄秘塔碑》（部分）

后又学欧学颜，融会贯通，形成自家面目。尤以楷体著名，其字形挺拔劲峭，内紧外松，笔力凌利劲健，点画顿挫规整，法度谨严，世称"柳体"。传世书迹有《玄秘塔碑》、《金刚经》、《神策军碑》、《兰亭诗帖》、《送梨帖跋》等。

柳体是一种清劲美。挺拔清劲，体势刚健而神态清朗，骨格清奇而肌肤丰腴，后人多以"颜柳"并称，评说是"颜筋柳骨"。颜体之美是雄伟壮丽，柳体之美是清刚遒美，颜书是博大的，柳书是清正的。柳公权不像王羲之那样，身为贵族，王谢子弟，天纵风流，对书法有一种形而上的美的追求，也不像颜真卿那样，忠臣烈士，官高位重，字品系乎人品。柳公权是对书法本身的近乎专业的求索创新，以一种研究者的冷静、专家的准确，既不率意，也不任情，在名家林立的唐代书坛，最后走上了唐人尚法的高峰。

由于柳体风格的清劲与遒美，在书写时，始终要撑着一股劲儿，不容丝毫放逸。

《玄秘塔碑》

此碑用笔吸取北碑方笔雄强之势和颜真卿圆笔遒润之法。笔法利落，引筋入骨，寓圆厚于清刚，是此碑最大特色。其书结体严谨，恪守法度，用笔劲健，点画方整，结体谨严而疏朗，章法上行间茂密，为唐楷代表作之一。柳体用笔是"方圆并用"的，如"玄"字的首头用"圆笔"，"宇"字的首点用"方笔"。圆笔：起笔裹锋，不使笔锋散形，收笔一回锋即可，点画呈圆形。方笔：起笔要逆锋，比圆笔多一个转折，就是有两个转折，点画外形呈现出棱角，清刚的风格就形成了。

才华横溢的苏轼

苏轼（1037年—1101年），字子瞻，号东坡居士，眉州眉山（今四川眉山）人。少负才名，博通经史。嘉祐二年（1057年）举进士，时年21岁。不久即参加"直言极谏科"考试，他的政治见解得到宋仁宗赞赏，被认为是宰相之材。此时王安石主政，推行新法。苏轼上书论其不便，得罪了王安石，被放外任。任中被诬陷入狱，罹难"乌台诗案"文字狱，几乎丧命。哲宗朝高太后临政期间，以司马光为首的"旧党"执政，苏轼被召回朝廷，连续升官，最高做到翰林学士和中书舍人。但苏轼从国计民生出发，并不同意"旧党"尽废新法的主张，结果又得罪司马光等人，再次被贬。哲宗亲政后，"新党"重新执政，苏轼又一贬再贬，直到远走琼州（今海南岛）。徽宗即位，苏轼遇赦，病逝于北归途中。

作为"唐宋八大家"之一，苏轼无论散文、诗词、绘画都有极深造诣。其书法更是位列"宋四家"之首，历来备受称誉。他和黄庭坚、米芾等人开创了尚意书风。其书广泛汲取前人营养，得颜鲁公的丰雄，李邕的豪纵，杨凝式的任意，柳公权的清劲，又以二王风姿妩媚为基础，兼融汉碑之宽厚、北魏之刚健。理论上强调"意"和"韵"，不拘古法，力主创新，作品体现了他作为一位大文学家、大书法家的深厚素养。传世书作有《治平帖》、《归安丘园帖》、《新岁展庆帖册页》、《一夜帖》、《前赤壁赋》、《醉翁亭记》、《黄州寒食诗帖》、《答谢民师论文帖》、《渡海帖》、《洞庭春色赋》、《中山松醪赋》等。

《黄州寒食诗帖》

《黄州寒食诗帖》的内容为作者自作诗，诗作是苏轼罹难文字狱后被贬黄州，生活困顿潦倒的真实写照。该帖为手卷形式，其用笔如行云流水，一气呵成。可谓"端庄杂流丽，刚健复婀娜"，故有"苏书第一"之称。

诗文全篇洋溢着起伏的情绪。诗写得苍凉惆怅，书法也正是在这种心情和境况下，有感而出的。通篇起伏跌宕，迅疾而稳健，痛快淋漓，苏轼将诗句中的心境情感变化，寓于点画线条的变化中，或正锋，或侧锋，转换多变，顺手断连，浑然天成。其结字亦奇，或大或小，或疏或密，有轻有重，有宽有窄，参差错落，恣肆奇崛，变化万千。难怪黄庭坚为之折服，叹曰："东坡此诗似李太白，犹恐太白有未到处。此书兼颜鲁公、杨少师、李西台笔意，试使东坡复为之，未必及此。"（《黄州寒食诗跋》）董其昌也有跋语赞云："余生平见东坡先生真迹不下三十余卷，必以此为甲观"。《黄州寒食诗帖》是苏轼书法作品中的上品，在书法史上影响很大，元朝鲜于枢把它称为继王羲之《兰亭序》、颜真卿《祭侄稿》之后的"天下第三行书"。

北宋 苏轼《黄州寒食诗帖》

雄放奇肆的黄庭坚

黄庭坚（1045 年—1105 年），"宋四家"之一，字鲁直，号涪翁、山谷道人。洪州分宁（今江西修水）人。幼警敏，治平四年（1067

年）举进士，官至吏部员外郎。早年与张耒、晁补之、秦观俱游苏轼门下，人称"苏门四学士"。工诗文，为江西诗派代表。尤工书法，富有创新精神，与苏东坡同为"尚意"书风的倡导者。其楷书取法颜真卿、褚遂良而自成一家，行书效法颜真卿、杨凝式，尤得力于《瘗鹤铭》，以侧险取势，显得雄强茂美。其草书造诣最高，从张旭、怀素、高闲墨迹得笔法之妙，结体变化多端，如行云流水，一泻千里。传世书迹有《范滂传》、《松风阁诗》、《伏波神祠诗卷》、《李白忆旧游诗帖》、《诸上座帖》、《花气诗帖》、《廉颇蔺相如传》、《王长者墓志铭》等。书论有《论古人书》、《论近世书》、《论书》、《论虫书》等。

《诸上座帖》通篇是禅宗语言，晦涩难懂。结构则雄放奇肆，笔画变化纵横，其一泻千里之势，开创了独特的草书风格。黄庭坚是继颠张醉素之后深得"草书三昧"者。此帖用笔生犷刚劲，随意曲折，堪称代表黄庭坚狂草体裁风格的佳作。

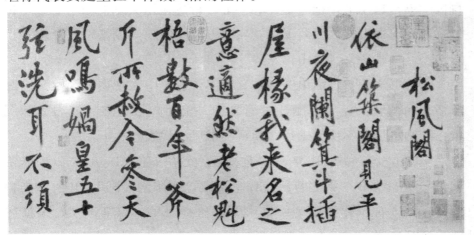

北宋　黄庭坚《松风阁诗》（部分）

《松风阁诗》

松风阁在湖北省鄂州市之西的西山灵泉寺附近，宋徽宗崇宁元年（1102 年）九月，黄庭坚与朋友游鄂城樊山，途经松风阁，在此过夜，听松涛而成韵。《松风阁诗》，歌咏当时所看到的景物，并表达对朋友的怀念。《松风阁诗》是黄庭坚晚年的作品。黄庭坚一生创作了数以千百的行书精品，其中最负盛名者当推《松风阁诗》。其风神潇洒，长波大撇，提顿起伏，一波三折，意韵十足，在清新优美的《兰亭序》和郁勃苍劲的《祭侄稿》之外另创一种健爽英杰的书风，堪称行书之精品。

八面出锋的米芾

米芾（1051年—1107年），"宋四家"之一，原名黻，字元章。祖籍太原，徙居襄阳。官至礼部员外郎，人称"米南宫"。其天资高迈，为人狂放，又称"米颠"。能诗文，工画，山水人物自成一家，世称"米家云山"。其书法崇尚二王，提倡在二王书风基础上创新，对唐人则多有讥贬。米芾遍临晋唐诸家法帖，融汇众家之长，人戏称他为"集古字"，但他能集古创新，终于形成自己的独特风格。其字如风樯阵马，沉着痛快，有"八面出锋"之誉，苏轼谓其超迈入神。自言学书贵在用笔，把笔轻，心手虚，自然振迅天真而出于意外。传世书迹有《蜀素帖》、《苕溪诗卷》、《方圆庵记》、《珊瑚帖》、《多景楼诗帖》、《虹县诗》、《研山铭》等。

米芾书法的"八面出锋"在《苕溪诗卷》中表现得淋漓尽致。其风格秀润劲利，轻灵迅捷，用笔取法二王而险峻过之。笔力老辣沉雄，潇洒自然，不愧为宋代"尚意"书风的代表。

全卷35行，共394字，作于宋哲宗元祐三年（1088年），时米芾38岁。开首有句"将之苕溪戏作呈诸友，襄阳漫仕黻"，知所书为自撰诗，共6首。此卷用笔中锋直下，秋纤兼出，落笔迅疾，纵横恣肆。尤其运锋，正、侧、藏、露变化丰富，点画波折过渡连贯，提按起伏自然超逸，毫无雕琢之痕。其结体舒畅，中宫微敛，保持了重心的平衡。同时长画纵横，舒展自如，富抑扬起伏变化。通篇字体微向左倾，多攲侧之势，于险劲中求平夷。全卷书风真率自然，痛快淋漓，变化有致，逸趣盎然，反映了米芾中年书法的典型面貌。吴其贞《书画记》评此帖曰："运笔潇洒，结构舒畅，盖教颜鲁公化公者。"道出了此书宗法颜真卿又自出新意的艺术特色。

北宋　米芾《苕溪诗卷》

当国的昏君、艺术的全才赵佶

赵佶（1082年—1135年），即宋徽宗。在位25年，政治上极端昏庸，艺术造诣却颇为不凡。他精通音律，兼擅书画。其书初学黄庭坚，上溯初唐薛稷，并变其法度，独创了"瘦金书"体。宋徽宗还建立了翰林书画院，征召书画人才，开科取士，网罗书画与鉴赏名家，繁荣创作，为宫廷服务。蔡京、蔡卞、米芾等都在书画院供过职。其传世代表作有《瘦金书千字文》、《欲借风霜二诗帖》、《夏日诗帖》、《欧阳询〈张翰帖〉跋》、《芙蓉锦鸡图题诗》等。

下面这篇《秾芳诗》在告诉我们：芳香浓艳的花朵依着翠绿的叶子，绚烂得开满庭院。花朵上沾着零星的露珠，娇羞如醉，黄昏的霞光照得它似乎要融化一般。这样美的景致画家难以描绘，只有天地造化才能留下如此醉人美景。

此作与其内容意境相生，似有翠竹、瑶草、灿烂鲜花、摇曳于春风晚照中。这是瘦金体大字硕果仅存的一幅杰作。瘦金书法写大字最难，而此作在此书体的艺术表现上已经是登峰造极。用笔极其精美，笔带牵丝，毫厘不爽，并增添了运笔的潇洒情致与卷面的活力。章法结体更是与大自然的美相契合，真是"以画法作书，脱去笔墨畦径，行间如幽兰茂竹，泠泠作风雨声"。

复古求新的艺术大师赵孟頫

赵孟頫（1254年—1322年），字子昂，号松雪道人、鸥波道人、

北宋　赵佶《秾芳诗》（部分）

水精宫道人。宋太祖十一世孙，湖州（今浙江吴兴）人，官至翰林学士、荣禄大夫。他学识渊博，天资聪颖，雅善诗词文赋、精通音律，尤以书画著称于世。书法早期学隋僧智永、唐代褚遂良，后致力研习钟、王笔法。中年以后，转益多师，逐渐自成姿韵婉约、中和遒美的风貌，成为中国书法史上卓有贡献的书法大家。赵孟頫诸体兼擅，他以复古为号召，宗法晋唐，力矫宋人一味尚意之风，博涉古法，使几乎失传的章草及篆隶等书体重新焕发生机。尤以行楷书著名。赵书雍容华美，不乏骨力，潇洒中见高雅，秀逸中见清气。楷书方面与颜真卿、柳公权、欧阳询齐名，并称为"颜、柳、欧、赵"楷书四大家，为历代学书者所崇尚，影响深远。

元　赵孟頫《胆巴碑》

赵孟頫一生作品流传很多，较著名的有《胆巴碑》、《三门记》、《洛神赋》、《烟江叠嶂图诗卷》等。《胆巴碑》用笔圆润丰满，结体略取横势，重心安稳，撇捺舒展。通篇法度严谨，神采焕发，为赵孟頫力作。其用笔多方，结体取法李邕、徐浩，遒密稳健，疏朗有致。被后人誉为"天下赵碑第一"。

南宋灭亡，忽必烈江南求贤，鸿儒硕学受到重视。身为宋皇室宗亲、博学多才的赵孟頫应召出仕，这是他无可奈何的选择，为人所诟病，但是在传承文化方面，他正是那个时代无可替代的人物。

中国书法的字体

中国书法就是汉字书写的艺术，书法产生于中国，它书写的是汉字。汉字本身起源于象形，天生就有艺术美的元素。汉字的书写又可以用万物万象作比拟，用笔墨来抒情，在结构中含艺术，在意境中蕴哲理。汉字纯粹由线条构成，纯是一种心迹流淌为笔迹的艺术。

中国书法有线条美、结构美，还有形神兼备的中和之美、生机勃勃的意境之美，是中国文化的中心艺术，中国书法如沈尹默先生所言："世人公认中国书法是最高艺术，就是因为它能显出惊人的奇迹，无色而有图画的灿烂，无声而有音乐的和谐，引人欣赏，心畅神怡。"宗白华先生也说："中国乐教衰落，建筑单调，书法成了表现各时代精神的中心艺术。"著名的美籍华裔学者蒋彝先生曾说："我们认为书法本身居于所有各种艺术之首位，如果没有欣赏书法的知识，就不可能真正理解中国的美学。"

什么是篆书

篆书是大篆、小篆的统称。从广义讲，大篆包括甲骨文、金文、籀文、六国文字，它们保存着古代象形文字的特点。一般来讲，大篆就是籀文。

甲骨文是中国现存最古老的一种成熟文字。甲骨文是最早的篆书。

金文是泛指在三代（夏商周）青铜器上铸铭的文字，因为先秦称铜为金，所以后人把古代铜器上的文字也叫做金文。由于钟和鼎在周代各种有铭文的铜器中占有比较重要的地位，所以也称金文为"钟鼎文"。

籀文又叫"籀书"。卫恒《四体书势》说："昔周宣时史籀始著大篆十五篇……世谓之籀书也。"籀书也称大篆。

小篆又称秦篆，是由大篆省略改变而来的一种字体，产生于战国后期的秦国，通行于秦代和西汉前期。战国时代，列国割据，各国文字没有统一，字体相当复杂，于是秦始皇便以秦国文字篆体，履行"书同文"来统一天下的文字，废除六国文字中各种和秦国文字不同的形体，加以规范，就成为一种新的字体——小篆。

中国文字发展到小篆阶段，逐渐开始定型（轮廓、笔画、结构定型），象形意味少了，这是我国历史上第一次规范文字的产物。

名家谈学习书法的顺序

清代袁克文在论书法时曾说："书法始于篆，学书者必以篆始。篆书体划整肃，行白谨严，习之而后攻他，庶免弱、俗、荒之病。"

什么是隶书与分书

隶书相传为秦末程邈在狱中所整理。隶书是把小篆删繁就简，笔画由圆转变为方折，线条出现波磔的字体。出现于先秦，成熟于东汉。我们现在学习的汉隶著名碑刻大都是东汉晚期的，如《孔宙碑》、《华山庙碑》、《礼器碑》、《张迁碑》、《乙瑛碑》等。

分书又称"八分书"，历来解释纷纭，比较公认的说法是，隶书的字形像"八"字分布，所以称隶书为"八分书"，又称分书。

隶书继承了篆书的曲线美，创新出了隶书特有的"波磔"笔画的线条美。

隶书是与汉代其他文化艺术同步的，它的最主要特点是：大气，厚重，生动，而且不乏精致。汉代是隶书艺术的高峰，已形成了丰富多彩的风格，大致可分为遒劲凝炼、飘逸秀丽、工整精严、端庄博雅、古朴厚重、奇逸恣肆等。

怎样写隶书

学写隶书当然是从临摹汉碑入手，选择一种自己最喜欢的碑，然后临写，先学笔画，次得结体，最后要得到汉隶的气韵。

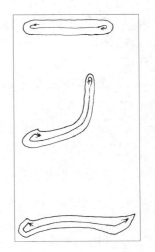

（1）隶书的基本笔画实际上就三种：平画、弯勾画和波磔画，其他点、撇、捺等笔画都是这三种笔画伸、缩变化而成。

平画：这是完全从篆书中继承下来的。历来书家主张习隶必习篆，就是这个道理。

弯勾画：起笔藏锋，行锋中锋，转折时中锋逆行，收笔回锋护尾。

波磔画：这是隶书最具特征的笔画，俗称"蚕头雁尾"，有一波三折之势，展现了汉代文化的一种博大飞动的气势。

（2）隶书结体的突出特点是扁方取横势。笔画结体的最重要原则是"雁不双飞"，就是一个字只能有一个波磔笔画，一个雁尾，不能有两个波磔画。此外还有因字立形、点画避让、偏旁错落、形断意连等要点。

什么是章草

章草是一种隶书的草写。它是从秦代的草隶中演化出来的新书体。西汉元帝时史游整理后编写了《急就章》，使这一新书体规律化，这就有了章草书体的范本。它的笔画特点圆转如篆，点捺如隶。一字之内笔画间有牵丝萦带，但是字各各独立。

想　身

友　及

仪　过

历史上草书名家都精通章草，章草上通隶书、简牍，下开今草，学习它可以两通。

"目不寓章草，落笔多荒唐。"

这是《章草草诀》中的话，说的是实情。章草奠定了草书的基本规范，如果不经过章草学习，很容易把规范草书写成潦草之书。

章草书法特点：章草省掉隶书的蚕头却保留了雁尾，这雁尾用重笔挑出。

怎样写章草

1. 以点代画。很多笔画，甚至部首都用"点"来代替，如："想"的"目"、"心"部首，"身"的上半部，都用"点"代替。

2. 隶法的波磔明显，如：友、及等。

3. 使用已经形成的规范"草法"，如：仪、过等。

什么是魏碑

魏碑，狭义地说是北魏时期的书体，其实一般指的是广义，即指北朝碑刻，包括了魏、齐、周三朝，直至隋统一南北之前。这是一种隶书过渡到楷书时的书体，属于楷书范畴。它出现于当时的北方，多民族融合、汉文化与少数民族文化交流、佛教盛行，造像记发达，从体裁上还包括碑碣、摩崖、墓志。

魏碑书法质朴雄强，粗犷自然，存隶书的雄厚之气，比唐楷多质朴之姿，有鲜明的艺术特色，康有为对之推崇备至："魏碑有'十美'：'古今之中，唯南碑与魏碑为可宗。可宗为何？曰有十美：一曰魄力雄强，二曰气象浑穆，三曰笔法跳越，四曰点画峻厚，五曰意态奇逸，六曰精神飞动，七曰兴趣酣足，八曰骨法洞达，九曰结构天成，十曰血肉丰美，是十美者，唯魏碑南碑有之。'"（康有为《广艺舟双楫》）

怎样写魏碑

魏碑出现于南北朝，它主要见于当时的石刻，书体可分为摩崖、造像记、碑碣、墓志 4 种。刻在山崖石壁上的文字称为摩崖；造像的铭文称为造像记；记事刻碑就是碑碣；刻石埋入墓中的称为墓志。南朝书法多见于书信，北朝则流行石刻，所以有"南朝重尺牍，北朝重石刻"的说法。写魏碑都应练习悬肘悬腕书写，圆笔也如此，凝聚心神，放松手臂，力量节节贯穿到笔端，在藏锋、转折处要善于使转，裹锋使笔毫如绳相绞。这种用笔自然会无方笔的棱角，笔力凝于线中而又起伏有致，表现出浑穆俊逸的美感。

今人丁文隽《书法精论》云："作圆笔书，须提笔上升，使笔毫由散而聚，墨液点随毫内含，势如以锥画沙，其迹自能泯其棱角，故曰'圆用提笔'或曰'提笔中含'。""圆用提笔，然提而不顿，如鸢断线，其失也飘，飘则力无所用。"

以上是《始平公造像记》中的方笔写法

（1）选范本

学造像书法当从《龙门二十品》入手，其中又以《始平公造像记》、《孙秋生造像记》、《杨大眼造像记》、《魏灵藏造像记》为上选。碑碣可选《张猛龙碑》、《郑文公碑》，墓志可选《张玄墓志》等。

以上是《郑文公碑》中的圆笔写法

（2）定方圆

魏碑用笔有方、圆两种。方笔以骨力取胜，要厚重、茂密，《龙门二十品》就是典型的方笔魏碑。圆笔以内在的力度取胜，是一种圆转力、弹性力。

方笔和圆笔的根本区别是：方笔须顿笔下按，要铺毫；圆笔须提笔上行，要裹毫，笔力中含。

（3）明结构

古人说得好："北碑字有定法，而多出之自在。"结体要顺应字本身结构之自然，精神饱满、气势飞动，是其要点。

什么是楷书

楷书又称正书，或称真书，是在减省隶书的基础上发展而成的，是隶书的变体，其特点是：形体方正，笔画平直，可作楷模，故名。始于东汉，盛行于东晋并一直沿用至今。

魏晋之间，凡工楷书者，都称之为善于隶书。《晋书王羲之传》："（王）善隶书，为古今之冠。"《晋书李充传》："充善楷书，妙参钟（繇）索（靖），世咸重之。"初期"楷书"，仍残留极少的隶笔，结体略宽，横画长而直画短。魏晋钟繇的《宣示表》、《荐季直表》仍存隶书的遗意，然已备尽楷法，公认为正书之祖，其书可为楷书的代表作。

什么是草书

草书有章草、今草、狂草之分。章草最早形成于汉代。当时通行的是草隶，即草率的隶书，又名"隶草"、"古草"，其后发展成为"章草"。正如刘熙载《艺概书概》所说："解散隶体，简略书之，此犹未离乎隶也。""章则劲骨天纵，草则变化无方。"至汉末，张伯英（芝）把章草里面的隶书笔意省去，将上下字体之间的笔势连带、偏旁连接，从而创造出了"今草"。唐代的张旭、怀素在"今草"的基础上，写得更加狂放不羁，称之"狂草"。欣赏草书时要注意：

1. 观气象，草书是最能体现人的气质、情感及精神风貌的书体，以有高情逸韵为上，潦草粗俗为下。宋代米芾曰："草书不入晋人格，辄结成下品。"可为参考。

2. 观笔墨，草书是典型的线条艺术。不论中锋、侧锋，方笔、圆笔，都要内含情致，外具形质。墨法则要浓淡润枯，五色焕发，俱见神采。

历来人们形容草书佳作都说是"笔走龙蛇"，美术上称为蛇形线，那么蛇形线有什么样的艺术魅力呢？英国画家荷加斯通过各种线条类型的美学研究，认为：蛇形线赋予美以最大的魔力……蛇形线是一种弯曲的并朝着不同方向盘绕的线条，能使眼睛得到满足，引导眼睛去追逐其无限多样的变化……这不仅使想象得以自由，从而使眼睛看着舒服……它是动人心目的线条。

怎样写草书

（1）选好帖，练笔法

学习草书首先要练习草书的基础写法，认识草书，并学会怎样下笔，怎样运笔。初入门者，取法乎上，最好从王羲之的各帖和孙过庭《书谱》入手，要反复练习，打好基础。

然后，悬肘练习张旭《古诗四帖》，以增加控制笔墨、书写复杂线条的能力。悬肘练习怀素《自叙帖》，以练习中锋行笔的力度、速度和质感。

（2）明源流，记标准

有的草书直接来源于篆书，如"方"，篆书 $\mathbf{\textit{为}}$ ，草书是 $\mathbf{\textit{为}}$ ；有的直承隶法，因为今草书出于章草，章草出于隶书。草书有很多标准部件和标准字，要记牢。于右任先生学草心得值得借鉴，他自述说："余中年学草，每日仅记一字，两三年间，可以执笔"。

（3）要能分辨细节的差别

草书中有很多不同的字写法几近相同，要注意其细微的差别。可以准备一部《草诀百韵歌》（本书附有），常写常背常记。

（4）草书四忌

写草书有一些问题需要避免。

1. 草书忌交，就是线条尽量不要十字交叉，如"车"。

2. 忌触，连笔的牵丝末笔不要触到字体，如"奉"。

3. 忌眼多，就是字中不能出现很多圆圈，如"理"。

4. 忌平行，一个字当中不能有很多平行线，如"天"。

什么是行书

行书出现在汉末，是介于楷书、草书之间的一种字体，是楷书的草化。它不像楷书的书写速度太慢也不像草书的难于辨认，笔势不像草书那样潦草，也不要求楷书那样端正。行书点画常常强调游丝引带，写起来如行云流水。楷书稍加连贯，点画略带呼应，就是行书。

写起来比楷书快，又比草书容易识读，所以行书是应用最广的书体。东晋以后历代书家都擅长行书。行书，如同人的行走，从容自得，自由自在；又如行云流水，不激不厉，有一种流动的美；又如音乐中如歌的行板，悠扬婉转，韵味久远。唐代张怀瓘在《书议》中说得好："夫行书，非草非真，离方遁圆，在乎季孟之间。兼真者，谓之真行；带草者，谓之行草。子敬之法，非草非行，流便于草，开张于行，草又处其中间。无藉因循，宁拘制则，挺然秀出，务于简易；情驰神纵，超逸优游，临事制宜，从意适便。有若风行雨散，润色开花，笔法体势之中，最为风流者也。"

晋人的行书是历代书法家所仰慕学习的经典。前人论为"书以晋人为最工，亦以晋人为最盛，晋之书亦犹唐之诗、宋之词、元之曲，皆所谓一代之尚也。"晋人书法又以王羲之、王献之父子为代表。王羲之的行书方圆兼备、刚柔相济，达到了中和之美的极致，而且又天真烂漫、尽合自然之美，极尽变化之能事。以后的唐代颜真卿用裹锋，参以篆书笔意，行书郁勃遒劲；李邕以纵横之势写峻健之书；五代杨凝式在刚健厚重中见灵动逸气；宋代苏东坡丰腴而雄健，神采焕发；米芾字有八面，沉着痛快；他们的行书都是以二王为基础的。元以后书家在前人的基础上，或在极熟上见功力、或在能生上出变化，形成自家行书的不同面貌。

怎样写行书

（1）笔法多变。行书可以中锋、侧锋交互为用，肥笔瘦笔务要相宜，以使骨肉匀称。

（2）点画得法。得法就是有规律。在丰富中求规律，在规则中求变化。

（3）结构对立统一：奇正、疏密、参差，既要对比，又要和谐。

（4）创造意境，神完气足。

（5）牵丝自然，行气贯通。

中国绘画

什么是中国画？它与众不同的根本特征是什么？美学家宗白华先生在《美学散步》一书中，对我们说出了他的真知灼见。他说："传统西画植根于雕塑和建筑，中国画则植根于文学和书法。因而西画重立体感、空间感、科学性和工艺性；中国画重意境、情感和书法笔致。"作为一个完全独立的画种，中国画充分体现了中华民族的文化价值观、审美观以及独特的思维方式与艺术创作方法。

中国画的根本特征

中国绘画理论的"传神论"

中国画和西方绘画最大的区别就在于，后者努力的目标，是精心细致地再现事物的原貌（其现代派的"变形"只是变形而已），前者则力图传达出事物的内在神韵。比如画人物，西洋画讲究在三维空间（上下、左右、前后）中描绘出人物的真实影像，其创作往往凭借科学的人体解剖，以具体深入的形象刻画为胜，有时甚至毛发毕现。中国画呢，它不是忽视人物的外形描绘，但相比起外貌写真来，它更强调表现人物内在的精神风貌，就是所谓"传神"，这是中国画的画家们一直坚守的艺术表现原则。

早在 4 世纪，东晋大画家顾恺之就提出了"以形写神"说。他曾讲到，楼台亭榭等建筑静物画起来费时间，但画好比较容易；而画人物最难了，难就难在要"迁想妙得"，就是要用思想去捕捉表现对象的心理活动，以巧妙地传达出人物的精神风貌。据记载，顾恺之画成人物后，常常几年都不点眼睛。有人问原因，他回答说："四体妍蚩，本无关于妙处。传神写照，正在阿堵中。""阿堵"为六朝人口语，相当于现代汉语里的"这个"，此处指眼睛。顾恺之的意思是说，表现人物时，身体四肢的美好与丑陋都无关紧要，只有画好这眼睛才能传达出人物的内在神韵。可见，中国画的画家对人物传神是多么重视！

到了现代，有了照相技术，摄什么是什么，可是要传达对象的内在之美与独特神韵，还是要靠绘画艺术，中国绘画尤其讲究神韵。

中国画的审美标准"气韵说"

南北朝时期，我国古典文艺批评空前繁荣，此时生活在南齐的谢赫，全面系统地总结了古代绘画的创作实践，提出了品评画作优劣的"六法"。这"六法"最大的贡献，就是将"气韵生动"创立为观赏、衡量中国画好坏的首要标准。

所谓"气韵生动"，是讲绘画作品要有生气、有神气而不呆板，要能表现出描写对象的精神特质。这好比是看一个人，从中国画的审美标准出发，就要先看她的气质风韵，而不只是看形体。

"气韵生动"是作品精神的自然流露。"气"是思想观念、感情和想象，"韵"是个性与情调。它要求艺术家无论画人物、山水、花鸟，都要表现出它们的精神之美。

一幅画只有气韵生动，才能焕发出感人的生命力量。比如齐白石老人笔下的一头牛，就绝不是动物的简单再现，而是他心里能与之对话且充满个性活力的牛。据廖静文先生回忆，徐悲鸿先生有一次给白石老人送去新鲜的桃子，老人十分高兴，一定要让捧桃人走前面，并恭敬地说："桃子先走！"老先生礼待桃子如一令人尊敬的生命，他笔下的桃子自然就有了鲜活的生命力，让人十分喜爱。

看一幅画作，首先看它的整体气韵，这就是懂画了。懂画，就是会欣赏；会欣赏，学画才能成为高手。

中国画"外师造化，中得心源"

中国画的名画家，往往要刻一方印印在画作上，内书"师造化"几个字。这里的"造化"是指大自然。"师造化"不是简单地描绘大自然，而是以大自然为师，领悟大自然的气质与内在精神；然后艺术家再以心中最美好、最真实、最感动的激情，对这大自然加以重新创造。这样的作品才能感动万古千秋的世人。

上述创作过程，唐代画家张璪曾以"外师造化，中得心源"来概括。这八个字言简意赅，向我们阐明了在中国画的艺术实践中，创作主体与被表现客体、画家主观创造与自然物象之间的辩证关系。

这一点，在一些艺术大师的创作中体现得非常典型。如黄宾虹画山水画时，一般都要仔细体会所表现山水的精神，以深入领悟其神韵，揣摩其内在结构。这就是"外师造化"。因为大自然千变万化，画作就是要表现其变化的形态与永恒的内在美。但这表现又离不开画家丰富的心灵。画家内心越丰富，画作就越有美的内涵。这就是"中得心源"。

所以，我们欣赏黄宾虹的画作，那些高山大泽远远看去可谓浑厚华滋，气象万千；可贴近画作审视，眼前却只是一些笔墨点线，似乎"什么都没有"（李可染语）。这就是国画大师实践"外师造化，中得心源"这一辩证艺术观得到的艺术境界——他抓住的不是山水的简单外形，而是其神气精髓。在西方，塞尚的油画创作也有同此相似的情况，即表面不求形似，却更为逼近艺术的本质。

"诗中有画，画中有诗"的意境

北宋大文豪苏轼，在评论唐朝著名诗人与画家王维（字摩诘）的作品时，曾说过这样一段名言："味摩诘之诗，诗中有画；观摩诘之画，画中有诗。"这句话点出了诗歌与绘画创作互相渗透、彼此融合、相得益彰的内在联系。事实上，中国的诗歌也好，绘画也好，其创作都是相通的——它们均以抒情寄兴为主，其过程均须品察万物，然后再通过思维活动把作者的感情色彩"形象化"，把物象"意象化"。北宋的张舜民讲"诗是无形画，画是有形诗"。后来经过苏东坡的提倡，"诗情画意"便成了品评中国画意境美的一个重要美学原则。

所谓"诗情画意"，就是要融诗心、诗境于画境，做到画有诗意。只有做到这一点，画作才具有意境美，才达到了比较高的艺术境界。除此以外，中国画还很讲究绘画与诗文、书法、篆刻的完美结合，这在元代以后的文人画中非常普遍。

在这些艺术追求的带动下，历代画家都十分注重自己的文化修养。他们讲究"宏道"、"人品"，追求"古意"、"士气"、"逸气"，将自己的艺术之根深深植于中华文化的丰厚土壤之中。因为只有做到这一点，其画作才会既有艺术美又有文化美。

在绘画史上，思想有深度、学问渊博、修养高的人往往更容易达到中国画创作的高水平。赵孟頫、董其昌都是如此。"扬州八怪"之一的金农，五十多岁才学画，可是由于他在学问、书法、金石等方面的修养极高，出手即不凡，绘画创作很快就达到了高超境界。

需要一提的是，欣赏画作的能力也直接来源于文化艺术修养。苏东坡曾说，观马要看其神骏之气。中国画的上品佳作一般都具有很深的文化内涵，我们要想真正欣赏它，读懂它，既要明白其文化背景，又要知道其艺术源流。

中国绘画讲究骨法用笔

在作画方式上，中国画讲究"意存笔先"。画家下笔之前，一定要心有意境，成竹在胸，创作一气呵成。因此，其表现手法往往倾向于写意性、抒情性，把立意置于造型之上，更强调画家的艺术创造。

至于具体画法，中国画则是强调"写"。

线条，是中国画的基本造型手段。画家要表现大千世界的万物之象，必须学会用手中的毛笔画出有骨力、有血肉、有生命力的流动的线条。"从这一画之笔迹，流出万象之美，也就是人心内之美。"（宗白华语），这些线条重笔骨，有书法美的内涵。所以中国画创作时的"画"实际上就是"写"，这叫"用笔"。而用笔时，画家还要配合以"墨法"，即注意墨色的干、湿、浓、淡等多种层次，这叫"用墨"。

笔、墨都用得好，称为"有笔有墨"。它要求笔、墨、色应互相生发，不能互相妨碍。

由于中国画是用毛笔一笔一笔"写"出来的，线条即是其整体美的基础。所以，我们要看一幅中国画的作品美不美，就要看它的每一笔线条美不美。线条美是支撑一幅好画的基础。线条挺拔，形象就有了风采，线条软弱浮薄，形象就会立不起来。大画家吴昌硕写了几十年石鼓文，中年学画，就用石鼓文的笔法、线条来画画。结果，他的画作极富金石气，无论藤萝、树干、花卉都充满了书法的张力和韵味，笔力足，墨气酣，成为一代大家。

中国画的其他特点

除了以上几个根本的美学与创作特征之外，中国画还有许多不同于西方绘画的地方，例如：

其技法形式，有工笔、写意、勾勒、没骨、设色、水墨等。

其取景布局，一般都视野广阔，而不拘泥于焦点透视。

其描绘物象与经营构图，往往采用勾皴点染、干湿浓淡、阴阳向背、虚实疏密和留白等手法。

其分类，有人物、山水、界画、花卉、禽鸟、走兽、鱼虫等画科。

其画幅形式，有壁画、屏幛、卷轴、册页、扇面等，并以特有的装裱工艺来装潢画幅。

其工具材料，则使用中国特制的笔、墨、砚、纸和绢。

最早的中国绘画

我们今天所能见到的最早的绘画，不是纸上的，也不是布上的，而是岩石上的。那时候还没有发明纸，也没有布，那是在几万年以前，我们的先民们主要靠狩猎和采集食物生活。他们对于风雨、水土、鸟兽、植物等自然景物的直接知识日益丰富，但是无法解释，因而在面临生死或遭遇洪水、地震或捕获不到动物时，往往陷入困惑和恐惧，无法用自然力去对付自然力，就只好求助超自然的神力——他们有表达的冲动，他们希望通过一场集体的祈求来获得神的保佑，让自己生得富足，死得心安。先民们相信，通过把一种令人敬畏

新石器时代 广西左江岩画

的动物或植物作为本群体的图腾能让大家都得到护佑。有很多岩画表现的就是这种图腾崇拜。被认为是能和自然之神沟通的专管祈神、祭祀的巫师就是我们现在说的魔法师。在原始绘画中他们往往是面目奇特、常常没有耳朵的神秘形象。面对茫茫的宇宙，无所不在的自然的力量，身处原野和山谷的洪荒，先民们用自己的劳作和想象创造生活的幸福。岩画中表现狩猎、采集食物，是为了祈祷生存；男女交媾、夸大的性器官是祈求生息繁衍、种族延续。

在5世纪，北魏地理学家郦道元写出了传世地理学名著《水经注》，他在书里告诉人们，在北方山中，"山石之上，自然有文，尽若虎马之状，粲然成著，类似图焉"。那时候，他只是发现了山上一种好像自然形成的图像花纹，像虎的、像马的，煌煌然十分可观。他虽然没有说清楚这是什么，但是他却是全世界最早记载岩画的人。以后直到20世纪初，才有一位黄仲琴教授研究这种现代考古学称为"岩画"的象形图像。

现在著名的岩画点广西宁明县的"花山"，其实就是取"画山"的意思。

20世纪50年代以后，中国开始大量发现岩画，主要有内蒙古阴山岩画、新疆阿尔泰岩画、天山岩画、甘肃黑山岩画等。专家们展开研究，不断取得新的成果。阴山岩画内容丰富、形象生动，画出了北

方狩猎民族的社会生活。西南地区以沧源岩画、左江岩画和花江岩画等为代表。东南岩画以江苏连云港将军崖岩画、福建仙字潭石刻等为代表。从总体上看，北方多画动物，表现狩猎与游牧生活，西南、东南方多画人物，表现农耕生活。

全世界都有岩画的遗迹。有人生存过的地方，大多都有岩画的留存。岩画可以说是整个人类最原始的艺术语言，虽然在创作时不是为了艺术，只是为了实用。在我国，一直到了近代，一些少数民族还保持着刻绘岩画的传统，先民的文化生活方式在那些地方保留了下来。

流丽的彩陶

历史上谈到中华文明的起源，有人文始祖黄帝创造中华文明之说：制衣冠、造舟车、养蚕桑、创文字、定算数……也包括了图形，描画出人物和五岳，创造了绘画。这个时期是距现在 5000 到 10000 年的新石器时代。

这时候，先民们已经定居下来，由食物的采集者变成了食物的生产者。过去的几十万、上百万年，过着流浪生活的狩猎者随身携带的东西有限，得以聚族而居的人们发明了制作陶器的方法。陶器可以贮存谷物，煮熟食物，存放水，甚至还用来安葬人。

先民们聚集生活的黄河上、中游地区是彩陶最繁盛的地区，1921 年在河南省渑池县仰韶村首先发现 6000 年以前的文化遗存，考古学上称之为仰韶文化，仰韶文化中的彩陶见证了当时中国绘画的艺术水平。

仰韶文化分为两种类型，一种称为半坡型，一种称为庙底沟型，都是以出土地点命名的。半坡型彩陶以动物的形象和纹样居多，尤其是鱼最多，这可以想见当时渔猎经济中人与鱼的亲密程度。专家们说鱼纹的含义是图腾，是祈求捕鱼多多，是希望生殖繁盛，此言不虚，在以后几千年中，鱼确实也被中国人视为是子孙绵绵，富富有余的象征。

人面纹也属半坡型彩陶的特色，而且经常是和鱼纹画在一起，这可能表示这个民族和鱼的亲密关系。人面有神秘的变形，像是在施一种魔法。当年主持发掘半坡文化的考古学家石兴邦先生就说这含有巫觋（xí）意义。

舞蹈彩盆　马家窑文化

我们来看马家窑文化中这一著名的"舞蹈彩盆"。盆内画有手拉手跳舞的人们，每组五个人，一共画了三组。遥想那远古的黄河边上，在一个喜庆的夜晚，围绕着篝火，人们载歌载舞。透过篝火，一排舞动的身影生动活泼、纯朴而天真。他们跳的是简单而热烈的图腾歌舞，有节奏的歌舞声随着黄河水一波一波传来。千万年过去了，直到现在，有些少数民族部落还保留着这种类型的原始歌舞。

公元前3000年至公元前2000年（距今4000年—5000年），仰韶文化的中心逐渐往西北转移，到了今天的甘肃、青海一带，在那里又产生了马家窑文化。这是上古游牧民族羌人生活的地方，所以马家窑文化的创造者应该是羌人。

青铜器之美

自公元前21世纪（约公元前2070年）起到公元前221年秦统一六国，这将近20个世纪的时间里，中国经历了夏、商、周三个朝代，历史上称作"三代"，连同与周朝相交织的春秋战国时期，也称"先秦"。"三代"是中国的青铜器时代，青铜文明极其辉煌。这个时代的中国，创造出了世界上最精美的青铜器。商周青铜器纹饰精严威重，造型、纹饰形变到有一种惊肃瑰丽之美，这让人们联想到当时以天命构建的礼制的神圣与威严。周代自春秋中期以后周王室衰弱下去，各诸侯国互相争霸，天下礼崩乐坏，青铜器的礼器大为减少，日用的器皿多了起来。战国的青铜器错彩镂金、精巧繁富，纹饰图形生动有神，有一种华丽之美。天命的威严让位给了人世的精彩。著名的四川成都百花潭出土的射礼采桑宴乐攻战纹壶更是呈现了当时社会的生活气息。顺艺术之流看去，这正是开了汉代画像石艺术的先河。

商周青铜器上最主要的纹饰是饕餮纹。《吕氏春秋》里这样说："周鼎著饕餮，有首无身，食人未咽，害及其身，以言报更也。"这种奇异狞厉的神兽纹饰大量用于国家礼器，可能是先人借助神话，让人间的政教权力获得合法的威严。

毛公鼎

青铜器的整体美，可以用威重、精美、瑰丽来形容。直到今天，如果我们要在一个厅堂，一个广场营造威重、壮丽的气氛，复制一件青铜器是个好办法，它是重器，压得住大场面，至今仍不失其礼器的尊严。

从青铜器也可以看出中国绘画的意象特点。就青铜器常见的纹饰夔龙来说：对比一下，龙，西方是根据恐龙化石和巨型爬行怪兽的形象，努力复原恐龙的原形画出来的，是那样的凶恶、丑怪、恐怖！而中国的龙是集众兽之美，表现出的是威严、壮丽、神圣。

青铜器作为国家贵重的礼器，是中华文明进程中一个时代的美术（包含了绘画）的代表之一，表明了中国绘画不以具象的美为最高标准，而以内含的善为最高境界，所以，有学者也称青铜器为中国艺术之源。

神秘而瑰丽——秦汉帛画

　　帛画，是画在丝织的帛上的。我们现在考古发掘出来的帛画都是古代丧礼用的"铭旌"，是为死者的灵魂升天引路用的，入葬时覆盖在灵柩之上。帛画起源于战国中期的楚国，到东汉就消失了。因它源于楚国，所以帛画充满着楚文化"琦玮谲诡"的浪漫主义色彩。

　　1972年从湖南长沙马王堆一号汉墓出土了汉文帝时期（公元前179年—公元前157年）的帛画，使我们看到了汉代帛画描绘精妙华美的艺术特点。这幅"非衣"帛画，构图严谨，纵横一体，大体中轴对称，局部不对称，主次分明，疏密繁简错落有致。线描细劲如游丝，着色厚重而典雅。以朱砂、青绿、银粉等石色的精妙使用，使得帛画至今还鲜艳夺目，而且代表了汉代艺术总体色调热烈而沉着、华丽而厚重的特点。从这幅帛画

这已经是可以独立观赏的艺术品，是后世绢画绘画的滥觞。

我们看到了非常瑰丽的艺术想象，天上、人间，过去、未来，神与人，灵与兽，传说与现实，浑然一体，贯通三界，跨越时空，天人合一，人神和谐，构建成一个井然有序的想象中的世界。我们从这里看到了帛画作者高超的艺术组织能力。

　　这幅帛画呈"T"字形，从上而下分三级描绘了天上、人间、地下的景象。上部分是天界，右角是经日与金乌，左角是新月、玉兔与

蟾蜍，正中是人首蛇身的天国主宰烛龙（一说是人类始祖女娲）。新月下有一女子飞升，一说是"嫦娥奔月"，一说是"死者灵魂升天"。下面有双龙相对腾起，两位兽首人身的司铎骑在异兽上振铎作响，鸿雁飞、群鹤舞，天界里万灵欢悦、祥云缥缈、气象万千。

帛画中部，是人间世界，只见衣着华丽的墓主——一位老年贵妇，拄杖前行，前有仙吏跪迎，后有侍女随侍，这里还原墓主在世的生活，可谓是栩栩如生。她将这样升入天界。玉璧有巨龙交缠，帐幔、流苏、悬磬下有列鼎，这是祭飨的场面。

汉画像石与画像砖

汉代绘画的实物留存最多的是画像石和画像砖。汉代时兴厚葬，墓室、祠堂十分讲究，都用雕刻有画像的砖石构件来建造，这些构件就被后世研究金石学的学者称为画像石砖。画像内容有三皇五帝、圣贤名士、忠臣孝子、烈女、艺伎、神鬼、奇禽、异兽、厨师、刺客、百工，有战争、有宴乐、有车马出行等。

汉画像石（砖）始于战国，盛于两汉，衰于魏晋时。盛于两汉的画像石（砖）体现尚未受佛教文化影响以前的中国文化，全是中国本有的神话传说、历史故事、生产生活和文艺民俗等，形象丰富而生动，实可视为真实记载和反映先秦文化和汉代社会文化的百科全书。

画像石（砖）主要分布在山东、河南、陕西、四川、江苏等地。我们现在是用拓本来鉴赏汉画像石（砖）的，画像石（砖）拓本纸墨精良，阳处厚重光洁，阴处纤毫毕现，虚实相映、质朴感人，这种大朴大素的气息，只属于汉画像石（砖），但却可以感动现代的我们，置身光电闪烁的现代世界，静下来时欣赏一下纯素的汉画像石（砖），会发现朴素中的绚烂。

《荆轲刺秦王》展现的是荆轲刺秦王时最惊心动魄的一幕：秦王在荆轲的追刺下绕柱仓皇而逃，荆轲已经被殿上武士拦腰抱住，决然地奋力一掷，剧毒而又无比锋利的那把著名匕首竟然穿透了宫柱，此

汉画像砖　荆轲刺秦王

时秦王已经回过神来，旁边的夏无且正在提醒地叫喊："王负剑！"而一向有勇士之名的荆轲的助手秦舞阳已经吓倒在地。

《荆轲刺秦王》画像石人物表现主要用的是"形"，不是"线"，用线表现细部的画像，岁月消磨了细部的线。用形，就是以块、面为基本造型手段。用形，是通过剪影式的人物动态表现场面和气氛。场面选的是冲突式的，这个刺秦的故事在这一幅颇为洗练的画像中被刻画得大气磅礴。

这些引而不发的艺术作品，给观看的人们留下了足够的想象空间，使人神思飞扬。

历代绘画欣赏

文图绝代《洛神赋》

《洛神赋》是曹操卓有才华的三儿子曹植创作的文学名篇。赋的本意历来说法不一。旧说是曹植爱恋求婚于甄逸之女，甄女却为曹丕所得成为皇后，后来又被谗言致死，曹植痛感而作此赋。还有两说：一说，此赋是仿宋玉《神女赋》赞美神女；一说，此赋隐喻曹植与曹丕的"君臣大义"。我们有理由相信这赋肯定源于一个真实的爱情故事，否则不会写得这样凄美，这样能够穿越历史的时空！

作品用 6 米长卷的形式表现了一个优美而凄切感人的故事。全画气氛缠绵悱恻，飘渺哀艳。可分三部分：1. 洛神初现，曹植仁车马随从于洛水之滨，凝神怅望，洛神如惊鸿初现，仙裳飘举，凌波而来。她美妙多情，天地生辉。2. 一诉衷情。曹植与洛神约会同游，曹植解玉佩以陈情，洛神顾盼有情，心有所会。3. 含恨分别。终因人神道殊，难以如愿，只好怅然而别。洛神回望不已，深情无限，曹植雍容自持，此恨绵绵。

顾恺之《洛神赋图》画成之前，魏晋也有几位名家画《洛神赋图》，顾恺之画成此图之后，千百年来，再也无人敢画《洛神赋图》，在这样的杰作面前，后人无法超越，只好搁笔。因为虽然技法可以青出于蓝，但是与《洛神赋》同调的意境无法再现。

《洛神赋图》是顾恺之依据三国时魏国的文学家曹植的《洛神赋》创作的。

这是《洛神赋图》第一段，洛神初现"睹一丽人，于岩之畔"。《洛神赋》中这样形容洛神："其形也，翩若惊鸿，婉若游龙。荣曜秋菊，华茂春松。仿佛兮若轻云之蔽月，飘飖兮若流风之回雪。远而望之，皎若太阳升朝霞；迫而察之，灼若芙蕖出渌波。秾纤得衷，修短合度。肩若削成，腰如约素。延颈秀项，皓质呈露。芳泽无加，铅华弗御。云髻峨峨，修眉联娟。丹唇外朗，皓齿内鲜，明眸善睐，辅靥承权。瓌姿艳逸，仪静体闲。柔情绰态，媚于语言。奇服旷世，骨像应图。披罗衣之璀粲兮，珥瑶碧之华琚。戴金翠之首饰，缀明珠以耀躯。践远游之文履，曳雾绡之轻裾。微幽兰之芳蔼兮，步踟蹰于山隅。"

百代画圣吴道子

吴道子（约公元680年—公元759年），又名道玄，阳翟（今河南禹县）人，他少小孤贫，当过小吏，曾从张旭、贺知章学习书法，后专攻绘画，师法前朝大家，博采佛教艺术，技法精熟，创作活跃，声名大振，被唐玄宗召入宫廷，授内教博士，并为之改名为道玄，供奉内廷。他的创作期，就是大唐最鼎盛的时期——开元、天宝（公元

713 年—公元 756 年）年间。吴道子精力充沛，才能卓越，于人物、佛道、鬼神、山水、宫殿、草木、禽兽，无所不精，在唐代已有"冠绝于世，国朝第一"的称誉。

吴道子从唐代起被尊为画圣，一千多年来还一直被民间画师奉为行业祖师供奉着。从一个贫困少年，成长为独步古今不可复制的艺术大师，是什么造就了他？是那个辉煌的时代，是他超人的勤奋、杰出的创新精神。吴道子身处富强进取、兼容并蓄的盛唐时代，那么多的优秀人物和大师，那么丰厚的传统和新鲜的外来文化，整个社会都在敞开胸怀鼓励创造！据文献记载，吴道子在长安、洛阳等地制作的壁画有"三百余间"之多。

他早年学顾恺之、陆探微，用笔紧密精致，中年学张僧繇"笔不周而意周"，并大胆吸收西域传来的外来画风，将传统的匀细联绵的用笔创新为波折起伏的用笔，使线条更富张力，有更强的运动感和节奏感。画中人物衣裳裙带好似被清风吹起，所以有"吴带当风"之称。这和曹仲达画人物衣纹紧贴人称"曹衣出水"正好对比，是他运用线条臻于穷极造化的境界。

他在兴善寺中门画神像，长安人不分老少士庶都来观看。只见他画直线不用直尺，画佛顶的圆光也不用圆规，都是一笔而就，丝毫不差，围观的人们不断喝彩，声传远近（《宣和画谱》）。吴道子博闻、广见、善思、强识。有一次唐玄宗让吴道子准备画嘉陵江山川景色于大同殿壁，吴道子入川考察。回到长安后玄宗要看他的粉本（画稿），他说："臣无粉本，并记在心。"然后一日之内画出了嘉陵江三百余里的壮丽风光。就像盛唐出现了诗人李白、杜甫一样，盛唐也出现了画圣吴道子，在中国美术史上，吴道子的地位是不可替代的。虽然我们已不能见到他的真迹，但是不断创新的中国绘画线条里一直有他的血脉。

今传《送子天王图》系宋人仿作，《八十七神仙卷》即使是仿本也保存了吴派画风，较诸吴道子的真迹恐怕也不遑多让。无怪乎徐悲鸿先生将它视为生命。

前后八十七人，尽雍容华妙，比例相称，动作变化如行云，余如旌旛、明器、冠带、环佩，无一懈笔，游行自在，庄严、典雅、炫耀、焕烂的群神。

八十七神仙衣带飘飘，似在春风中行进，线条尽"衣带当风"之妙。纯用线条，却出现了渲染的效果，富于立体感。

唐　吴道子（传）《八十七神仙卷》（局部）

绮罗富丽画盛唐——张萱

每当我们说到"盛唐气象"，就是在说唐代社会的极度繁荣、唐代文化的极其辉煌，那不是梦，那是我们曾经有过的长达一百多年的历史。盛唐崇创新，"唐尚新题"成为风气，在绘画领域，突破前代画列女道德教材式的画法，出现了专门画妇女日常生活的画家——称为"绮罗人物"的画家，这是绘画史上的一个进步，绮罗人物画家中最杰出的代表人物就是张萱。他是京兆（今陕西西安）人，玄宗时的宫廷画家，以善画贵公子、鞍马，尤其是妇女儿童名重于时。《捣练图》与《虢国夫人游春图》，相传是宋徽宗所摹的张萱的作品。

妇女、儿童的生活状态是一个时代繁荣度的标志之一。而且，社会越富足，妇婴的日常生活就越会受到关注。

《捣练图》

练，是一种丝织品，织成后质地生硬，要经过杵捣、络线、熨平、缝制等几个工序的劳动才能使用。画中人物活动前后联系、自然合理，细节刻画极其生动，如挽袖、扯绢、女孩煽火，非有过细致观察者不能画得如此逼真。全卷构图颇富匠心，动静相间，疏密有致，众女子杵捣、络线、缝制，动作参差而密集，随着四女子展练、熨烫，画卷随白练而舒展开来。

此图设色华丽而雅致，用石青、石绿、朱砂、花青、藤黄、赭石等颜色精妙安排涂染，色彩单纯而出现了绚丽的效果。

唐　张萱《捣练图》

隋唐山水画

中国的山水画，在先秦时期就已经出现了，但那是作为人物的背景，不是独立的山水画作。到了魏晋南北朝时期山水画已经初具模样了，看看《女史箴图》和《洛神赋图》就能知道。

到了隋唐时期，山水画已经脱离了前期山水画只作人物背景和技法幼稚的初级形态，形成完整独立的画种，这就是青绿重彩山水画。以展子虔、李思训、李昭道为代表的画家，发展和完善了"青绿重彩"的山水画形态和技法，并为后世树立了楷模。而王维等人创造的"水晕墨章"的山水画法，不仅是对山水画技法的重要拓展，而且成为宋元以后水墨山水兴盛的重要开端，所以王维被称为"南宗之祖"。

山水画杰作——《游春图》

下面这幅《游春图》，是中国第一幅独立、完整的山水画作品，是隋代展子虔所作。

展子虔（约公元550年—公元604年），渤海（今山东阳信）人，历仕北齐、北周，入隋后官至朝散大夫。他一生主要从事绘画活动，所以以记载政事为主的正史没留下多少关于他的记载，只知道他大约生活在公元531年至公元604年之间。据文献记载，北宋时宫廷还藏有他的佛教、历史、人物、鞍马等19件作品，今仅存世这一件青绿山水《游春图》，距今已经一千四百多年了。

《游春图》首先让我们认识了中国山水画的本质特点是自然山水对人怡悦身心的"畅神"作用。与西方风景画的自然风景写生不同，《游春图》的山水既是自然的山水，又是画家心灵中的艺术山水。人在天地间，青山碧水历历在目，桃红柳绿，春意盎然，有人临波远望，有人平坡策马，还有女子们漫乘游船。不是画似江山，而是江山

隋 展子虔《游春图》

如画，这样一种艺术高度，影响了往后千余年至今的中国山水画。在《游春图》中，中国山水画的空间画法已经成熟，在咫尺之长的卷幅中画出宽阔无尽的湖光山色，所以《宣和画谱》说展子虔画山水"远近之势尤工，故咫尺有千里之趣"。

与全面繁荣同步——隋唐鞍马画

秦汉以来人们就重视描绘和塑造马的艺术形象，马英勇豪迈，是强盛富有的象征。唐代的鞍马画达到了登峰造极的水平，这是因为唐代社会普遍热爱骏马。唐太宗的战马被塑成"昭陵六骏"，唐三彩中的骏马多有后世难以超越的艺术造型。诗圣杜甫特善咏马，他的咏马诗都成为千古佳句，他把马比做龙，说是"斯须九重真龙出，一洗万古凡马空"。唐玄宗有好马40万匹，贵族看马舞、打马球，妇女出游也乘马。在这样的社会氛围中，自然产生了很多画马名家，其中最杰出的是韩幹、曹霸、韦偃等。

唐　韩幹《牧马图》

韩幹，京兆（今陕西西安）人，少时家贫，得王维资助，师从曹霸学画，成名后成为玄宗的宫廷画家，擅长人物、鬼神画，尤善画马。杜甫称赞他"韩幹画马，毫端有神"。

韩幹以画马名震天下，天宝初年被唐玄宗召进宫，成为宫廷画家。玄宗命他师从前辈宫廷画家陈闳，韩幹回答说："臣自有师，陛下内厩之马皆臣师也。"玄宗的许多名马如"玉花骢"、"照夜白"等，韩幹都画过。当时相马、品马也蔚然成风，大诗人杜甫写下了许多著名的品马诗篇。当时对马的品相有两种看法：一种是以骨骼清奇为良马，品相如铜筋铁骨，"竹批双耳骏，风入四蹄轻"；一种是以雄健壮美为良马。前者瘦些，后者肥些，杜甫称赞前者，所以曾写过"幹惟画肉不画骨，忍使骅骝气凋丧"。韩幹画的是御马，自然要肥壮一些。

《牧马图》描绘黑白二骏马，一奚官虬髯狮鼻，头戴幞头，手勒丝缰，状貌从容威武，两马矫健壮美，全图笔墨精微，风格宏大，虽只是一人二马，却表现了盛唐气象。

韩滉与《五牛图》

画中的五头牛，是最常见的五种牛的颜色，而且表现了五种最常见的牛的动作，神态各异，造型准确，极为生动。

韩滉曾经有过田园生活的经历，对牛十分熟悉，画出这样的杰作，可知他对牛充满了感情。他把牛画出了人格化的魅力。五头牛都画得十分逼真。牛，憨厚、驯良、朴实，既有高贵的单纯，又有静穆的伟大，五头牛同样可爱！但牛也是很有性格的啊！看，它们的眼神和神态，有的活泼、有的沉静、有的爱玩、有的庄重，神态上完全画活了。

历代鉴赏家都高度评价此图。明代李日华说："韩滉《五牛图》，虽着色取相，而骨骼转折筋肉缠裹处，皆以粗笔辣手取之，如吴道子佛像衣纹，无一弱笔求工之意，然久对之，神气溢出如生，所以成为千古绝迹也。"（《六研斋笔记》）清代画家金农也赞其"愈见愈妙，真神物也"。

他们说得很准，韩滉《五牛图》正是以很粗很淡的笔，表现出了极精极工的形象，尤其使神采焕发了出来。

宋末元初，《五牛图》归大书画家赵孟𫖯珍藏，他视如拱璧，在画后题赞："神奇磊落，希世名笔。"

唐　韩滉《五牛图》

《韩熙载夜宴图》

风华绝代的词人南唐后主李煜，从他父亲李璟手中接过来的就是一个无可奈何的帝位，当时北宋对南唐已经形成了强敌压境之势，南唐皇帝已经在北宋的威慑之下生活了。生于深宫之中，长于妇人之手的李后主，多才多情，有一颗赤子之心。他天真浪漫，有极高的文学修养与天赋，作为词人，堪称绝代。他的传世词作不多，篇篇都是流传千古的绝唱。但是作为君主，他确实无力也无奈，亡国后他写的词道出了他的心声："问君能有几多愁？恰似一江春水向东流。"

这种无可奈何的忧愁，在他在位时就日益加深。他想到了颇有政治抱负的中书侍郎韩熙载，能不能有办法抵御北宋？听说韩熙载沉溺于声色之中，夜夜笙歌，就派大画家顾闳中夜间前去观察韩熙载。顾闳中以其大画家惊人的目识心记的能力，默记下了韩熙载在郁闷中征歌逐舞过夜生活的实况，创作了这卷传世杰作《韩熙载夜宴图》。看图中韩熙载的心情非常忧郁，愁如春水，只能任其东流！

五代　顾闳中《韩熙载夜宴图》（局部）

国学常识　国学经典　国学精粹一本通

Guo Xue Chang Shi　Guo Xue Jing Dian　Guo Xue Jing Cui Yi Ben Tong

此图以情节的进展分段，画的每段中心人物都是韩熙载，全卷宛如一首纪事诗，叙述夜宴的全过程。第一段是听琵琶。长髯、戴高巾、坐在床上的人，就是韩熙载，身边穿绯袍的是状元郎粲。

这幅五代名作的绘画技巧在表现范围和表现力上比唐代又有发展。画中的韩熙载等人，更换了几次衣服，一认便能识出，画中没有画夜色，而有夜里的气氛。画面色彩浓郁，与五代时《花间词》靡丽哀婉的格调可以并读。

宽厚自然、立意创新的大师范宽

范宽，生卒年不详，名中正，字仲立，因性情宽和，人呼"范宽"。陕西华原（今陕西耀县）人。他嗜酒好道，深受"天地有大美"的道家美学影响，长住终南山和太华山，终日危坐，纵目四顾以求画趣。其画作构图严谨而完整，崇山雄厚，巨石突兀，树林繁茂，画面丰满宽远，气势逼人，充分表现出秦陇间的自然景象。存世作品有《雪景寒林图》、《溪山行旅图》等。

《雪景寒林图》千里冰封，群峰积雪，山下茂密的古树和背景深远的雪峰，衬托出主峰的高旷、雄厚与突兀。大块山石后面还有弯曲的山路、陈旧古朴的小桥和密林、茅屋、河流等。画面真实生动，北国严冬宁静而梦幻般的意境油然而生。

北宋　范宽《溪山行旅图》

《溪山行旅图》描绘了秦陇山川的雄伟景色。高岫巨嶂上，崇山巨峰，屏障天汉，使人犹觉石破天惊。涧中飞泉一线，直落千仞，下临深谷，山断云横，空蒙一片，俯窥而不能知其深。山脚下石径斜级，逶迤于密林荫底。一队赶驴行人，由左侧穿林得得而来，点出

"溪山行旅"主题，极富关陕地方特色和生活气息。用笔坚劲有力，用浓墨皴擦点画，不加晕染。这种画法，成功地表现了山石、林木、屋宇、流水的质感和空间感，体现了范宽所特有的艺术境界。

《清明上河图》

《清明上河图》的作者张择端（1085年—1145年），字正道，东武（今山东诸城）人。他早年游学汴京后（今河南开封）专攻界画，尤擅舟车、市肆、桥梁、街衢、城郭。代表作《清明上河图》真实而生动地展现了北宋时期的首都汴京（今河南开封）清明时节从郊外到城里的早春风光和繁华景象。

北宋是中国历史繁荣和创造的黄金时代之一，在农业文明、城市文明和物质文明（如手工业）方面都取得了巨大成就。打开《清明上河图》，历史的光芒仍然会从画卷深处放射出来。《清明上河图》有着独一无二的艺术价值和不可替代的历史价值。这是一见即知的杰作，早在南宋京城临安，已有画院画家摹作的复制品出售。元明清三代的摹本更多，而张择端的原本，在南宋末年曾落入奸相贾似道手中。明代奸相严嵩父子为谋得此图，大兴冤狱，株连无辜，也未如愿。在清代，此卷归皇室珍藏，现藏于北京故宫博物院。

此图作于北宋末期，当时的汴京人口达到150万，富庶空前，是当时世界第一的大都市。记载北宋末年汴京盛况的第一手资料——北宋人孟元老写的《东京梦华录》中的商铺、街衢、正店、算命铺、彩楼观门等，在图中都能见到具体、生动的形象。真实展现了12世纪中国大都市的社会风貌。计有各种人物五百多，各色建筑上百座，动物植物、村舍田庄、城门彩楼、车船路桥无所不有，构成一幅宋代社会生活长卷，具有极高的历史价值。

此图以汴京为主线，采用散点透视，展开一个时代的社会面貌。首先是艺术视角与写实视角的高度统一，即使用现代的录像设备也不能得到这样有永恒艺术价值的现实主义杰作。张择端抓住了那个时代的典型风貌，创造了能令人永远欣赏的人间画卷。作品的笔墨技巧炉火纯青，线条质朴，却恰到好处地表现了万千物象的丰富质感；色彩单纯，却生动地表现了繁华人间的多彩生活。他确立的这种风俗画长卷形式为以后历代所沿用，如清代的《姑苏繁华图》等，但无论历史价值和艺术价值都不能与《清明上河图》相比。

北宋　张择瑞《清明上河图》（局部）

黄公望：元四家之冠

在"元四家"中，成就最高的要说是黄公望。

黄公望（1269年—1354年），本姓陆名坚，平江常熟（今属江苏）人，因过继浙江永嘉黄氏做养子，所以改了姓名。黄公望字子久，号一峰、大痴道人、井西老人等。他幼年聪敏，以后又博览群书，广学才艺，有很高的文化艺术修养。《录鬼簿》作者钟嗣成说他："公之学问，不在人下，天下之事，无所不知，薄技小艺亦不弃。"这与他在绘画艺术上取得高度成就是很有关系的。他曾经做过小官，但是受人连累而入狱，险些丢掉性命。出狱后的黄公望心灰意懒，放弃了仕途之念，他先在松江一带卖卜，后来回到了故乡常熟，隐居在小山头（今虞山西麓）。

黄公望后半生大部分时间在苏州、杭州、虞山、太湖、富春江一带云游，或泛舟江上，或徒步山行，携酒览胜，独饮清吟，自由自在，将自己全部身心融会于大自然中。他五十岁左右才开始学画，幸运的是，由同时代大画家、好友王蒙介绍，得到了当时画坛名宿赵孟頫的亲自指导。黄公望每到一处游览，只要发现美丽奇异的自然景色，都会当场把它们画下来，他自叙观察自然、勤于写生的经历时曾说："皮袋中置描笔在内，或于好景处，见树有怪异，便当模写记之，分外有生发之意。"（《写山水诀》）

黄公望的山水画常写虞山、富春江一带的景色，早期画作格调温润柔和，晚年大变其法，以书法中的草籀笔法入画，笔墨简远逸迈，风格苍劲高旷，气势雄秀。他始创浅绛山水，所谓浅绛山水（又名赭墨山水），主要是指在水墨山水的基础上，薄薄地施上赭色。后来的画家画浅绛山水时，往往都题上"用大痴画法"。

黄公望一生画了许多画，流传至今的有《富春山居图》、《天池石壁图》、《快雪时晴图》、《富春大岭图》、《九峰雪霁图》、《江山胜览图》、《秋山幽居图》、《两岩仙观图》等名作，都代表着元代山水画成熟时期的新面貌。其中《富春山居图》最具代表性，尤为人所称道。

黄公望以造化为师，形成平淡天真、萧散简远的艺术风貌，下图山的线条看似简淡自然，实则有精严的韵律。可见他的绘画已达到纯任自然的境界。请看黄公望是怎样在自然生活中进行创作的：

黄公望画《富春山居图》的时候已近八十岁，用了三四年的时间才将这幅画作完成。《富春山居图》表现了秋初之时富春江两岸的景色。画面上层峦叠嶂，松石挺秀，在云木掩映的山间，有江流、村落、亭台、渔舟、小桥、飞泉，使人恍若置身其间，特别是赋予了连绵浩渺的江南山水以一种富有韵律感的深远意境。笔简而意豪，神采烂漫。明代著名画家董其昌称赞道："展之得三丈许，应接不暇。"还曾说他在长安看这画时，顿时觉得"心脾俱畅"。无怪乎后人喻此图为"画中兰亭"。

《富春山居图》流传到现在是有过一番不平凡的经历的，这幅画题款是送给无用上人的，后来多次易主，清顺治年间为收藏家吴鸿裕所得，他专门筑造了"富春轩"秘藏之。这个人临死的时候，嘱咐家人将《富春山居图》等书画烧掉，作为他的殉葬物。幸好他的侄儿吴静庵不忍名画成灰，从火中救出此画，但前段已经烧坏数处。吴静庵将画截为前后两段，画的后段为清朝皇室收藏，现收藏于台北故宫博物院；画的前段辗转于民间藏家之手，现存于浙江省博物馆。

元　黄公望《富春山居图》

逸笔第一的倪瓒

"元四家"中，倪瓒的成就是仅次于黄公望的。倪瓒（1301年—1374年），字元镇，号云林，常州无锡梅里祇陀村（今江苏无锡市梅里镇）人。他的别号很多，有朱阳馆主、幻霞子、荆蛮民等，但是他题画常用云林之名，所以人们都称他云林先生，因他性格奇特，人又称他倪迂。

倪瓒出身吴中有名的富户，他幼年丧父，由大兄抚养长大。倪瓒天资聪慧，过目不忘，从小受到良好的教育，他读书也努力，却一生不仕。40岁以前优游岁月，过着富裕而风雅的名士生活，后半生20余年的时间，正值元末社会动荡、战乱频仍之际，他的思想日趋消极，疏散家财，游荡在太湖一代。元末的农民起义中，富家悉数遭祸，倪瓒得以幸免，人们都说他有远见。

倪瓒其人清眉秀目，生性孤僻好洁，巾服日洗数次，就连房前屋后的树木也常冲洗。他的绘画风格简淡优雅，萧散超逸，擅画山水、

元　倪瓒《幽涧寒松图》

竹石、枯木等，他的山水从董源、巨然入手，而从荆浩、关仝化出并加以发展，构图平远，意境荒寒空寂。倪瓒作画善用侧锋，枯笔干擦，笔力似嫩实苍。他认为绘画应表现作者的"胸中逸气"，他曾说："仆之所谓画者，不过逸笔草草，不求形似，聊以自娱耳。"恽寿平评价他的画说："云林画天真简淡，一木一石皆有千岩万壑之趣。"

倪瓒的诗、文、书、画在明清两代享誉极高，清代《一峰道人遣集序》中评价道："元代人才，虽不若赵宋之盛，而高士特著。高士之中，首推倪黄。"

倪瓒的画省去了一切可以省去的外在之物，直接以山水写心灵，用笔墨抒情，墨色莹然，不沾丝毫渣滓，画出了一个远离尘嚣的清凉世界。他已经注意到了艺术本体和人的自身价值。后人学他的艺术，容易得其外貌，难以得其神髓，原因在于没有他那样高度的艺术观，可以说他是已具有现代意味的大师。

倪瓒的传世作品较多，代表作有《渔庄秋霁图》、《容膝斋图》、《虞山林壑图》、《幽涧寒松图》等，著有《云林诗集》、《清闷阁集》。

水利专家的艺术家任仁发

任仁发（1255年—1327年），松江府青龙镇（今上海市）人，画马能与赵孟齐名，他的人物、花鸟画也有很高成就。他通晓水利，曾参加修治通惠河，主持浙东、吴淞江及黄河治水工程，对元代水利事业贡献很大。

《二骏图》的艺术水平很高，完全继承了唐宋鞍马的精华，并有所发展。当代"摹画状元"常保立先生曾临摹此图，陈佳冉为之作记的一段文字可做为此图最好的鉴赏说明：

常保立摹画的开门之作就是那张有名的《二骏图》。……从来没有如此零距离接触国宝，常保立睁大了眼睛。"怎么也看不出来是一张画，倒觉得好像是有两匹御马站在我的面前。"

《二骏图》铁线金钩，行笔处如剑拔弩张，顿笔时，如挂定风声，似铁线又高古游丝，马后臀一笔而就，起落行笔恰到好处地落到了腰间，然后峰回路转地来了个往收之笔，再顿，再次拖出，细笔劲送至马肩，至此，马的后臀及腰部全部神采都已跃然纸上，马腿的朗朗节奏，前裆的肌肉隆起，连马蹄也分明勾出了"得得"的声音。

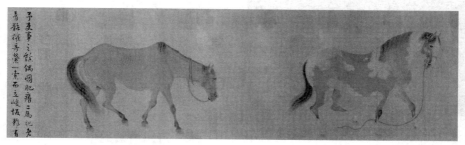

元　任仁发《二骏图》

永乐宫壁画

永乐宫是中国现存最早的道教宫观，也是目前保存最为完整的一组元代建筑。它位于今山西芮城县城北约三公里处的龙泉村东，建在原西周魏国都城遗址上，占地80多万平方米，是为奉祀中国古代道教"八洞神仙"之一全真教五祖之一的吕洞宾而建的，那里是他的家乡，原名"大纯阳万寿宫"。蒙古定宗二年（1247年）动工兴建，至元顺帝至正十八年（1358年）竣工，施工期长达110多年。

这组宫殿规模宏伟，布局轩朗，气势恢弘，而真正让它闻名于世的，是几座主要宫殿内保存下来的世所罕见、精美绝伦的元代壁画。永乐宫壁画的总面积达960多平方米，这些壁画作者的详细情况已经无从稽考，只知道是河南洛阳马君祥、张遵礼等人绘制的。壁画继承了唐、宋以来优秀的绘画技法，与吴道子、武宗元的画风一脉相承，用笔行云流水，刻画细致入微，人物形象栩栩如生，而所使用的敷色方式较前代更加复杂多样。

永乐宫元代壁画所呈现的世俗生活气息也更为浓厚。除传统道家诸仙之外，在画面情节展开过程中，贵官、学士、商贾、平民、农夫、乞儿等各类世俗人物形象，以及酒肆茶舍、园林私塾等生活场景无不入画，虽然画面情节还是表现道教传统，但同时也妙趣横生地展现了元代社会中人们的日常活动，是研究元代社会生活情况的珍贵资料。

永乐宫三清殿壁画《朝元图》（部分）

至永乐宫壁画止，中国绘画壁画艺术已然登峰造极，此后逐渐转向衰落。后世壁画的绘画技法也许可以达到那样的水平，但却再难追摹表现那静穆端庄、安详自得而又丰富多彩的古代宗教气氛。

永乐宫三清殿的壁画《朝元图》（截图），描绘的是大型仪仗朝拜阵容。全图以八个帝后主像为中心，近300 众神排列周围，男女老幼形态神色各异，衣冠服饰各不相同，人物形象端庄丰满，仪态万方，气象不凡。壁画的主像高 3 米以上，诸神也有 2米多高，前后排列有四五层之多，场面开阔，气势雄伟。

《朝元图》从唐代的细密和宋代的顿挫变为圆浑、沉着有力，吸取"吴带当风"的神韵。色彩方面，在富丽堂皇的青绿色基调下，有层次地使用石黄、朱砂等矿物质颜色，用堆金沥粉来重点加工细部，装饰性极强。四壁五光十色，金碧辉煌，到近 700 年后的今天依然艳丽夺目。

吴门画派之首——沈周

明代中期，四位全才式的画家同时享誉于社会，他们是沈周、文徵明、唐寅、仇英，画史上称他们为"明四家"，因为他们都是江苏吴县（今苏州）人，所以又称为"吴门画派"。吴门画派是以沈周为首。

沈周（1427 年—1509 年），字启南，号石田，晚号白石翁，江苏长洲（今苏州吴县）人。他出身书香门第，祖上收藏甚丰，父、伯都是文人画家。沈周博览勤学，却淡泊功名，一生不仕，居家读书，吟诗作画，优游林泉，追求精神上的超脱和自由。

沈周自幼学画，人物、山水、花鸟无不精通。早年承受家学，兼师杜琼。后来博取众长，取法元人黄公望、吴镇等人，上溯董源、巨然及北宋诸家，融会贯通，刚柔并用，形成粗笔水墨的新风格，自成一家。他早年多作盈尺小品，表现田园生活恬适自在、自得其乐的情致意趣，作品饱含画家对大自然真切生动的感受和对生活的热爱。中年以后始画大幅，画法严谨深秀，用笔苍劲沉着，墨色浓厚，气韵雄逸。沈周是吴门画派的旗帜人物，一代宗师，其成就之巨，在

明　沈周《庐山高图》

明代中叶画坛骤立巨峰，影响所及，数百年来为后人仰止，彪炳画史。

沈周为人质朴平易，待朋友诚挚笃厚。胸襟廓落，乐于济人之难。他曾经说："余固不能独饱也。"沈周的画风行一时，追摹者不在少数，造假的人也很多。据祝枝山记述，沈周的画"片楮朝出，午已见副本"。沈周的画名极大，求画者众多。每天清早，他家门外的河道里就挤满了求画人所乘的船只。他有时到苏州城，虽寄住在僻静的寺院里，但被好事者探到，就又"屡满户外"了。他为人慷慨，"有求辄应"，即便是"贩夫牧竖"持纸来索画，也慨然答应，即便普通乡民向他求画，他也不拒绝。

沈周的花鸟画题材广泛，技法多变，或工或写，或赋色或水墨，样样精通。方薰说："白石翁蔬果得元人之法，墨气浑沦，自是有明独步。"可以说，沈周是文人写意花鸟画的真正开启者，之后的陈淳、

徐渭等人的泼墨写意创作，均受到他的强烈影响；而周之冕的"勾花点叶派"、恽南田没骨写生的"常州画派"也与他有一定的渊源。沈周在中国山水画史上具有崇高的地位，而他的花鸟画创作，意义或许更为深远。

沈周传世作品很多，名作有《庐山高图》、《夜坐图》、《三桧图》、《东庄图册》、《卧游图册》等。

他41岁时为老师陈宽祝寿而作的《庐山高图》，是他最著名的代表作。画作以巍峨的庐山比喻老师崇高的人格，构图饱满，画面上层峦叠嶂，草木繁盛，蔚然深秀，将宏伟瑰丽的庐山形象表现得淋漓尽致，气足神完。此作虽是为师所画，却充分体现了画家开阔的胸襟、充沛的情感、丰富的想象和所追求的理想境界。

写意大繁荣——明代花鸟画

明　边景昭《三友百禽图》（部分）

明代的花鸟画比较繁荣，为什么呢？这与明代的文化专制不无关系。鸟语花香，是大家都需要的一种美的享受，无论是写生、创作，还是欣赏，都有广阔的空间。和元代不重视文治不一样，明代是重视文治的，特别是明代初年，朱元璋直接抓文化艺术的教化之事，实际也是抓控制之事。这样，画花鸟尤其是继承两宋的院体花鸟最容易"称旨"，相对安全了。所以画花鸟的人特多，比较著名的有边景昭、吕纪，都是画宫廷绘画的黄筌富贵那一派的工丽花鸟。与之相对应的，是明代文人雅趣派的水墨写意花鸟，由林良开路，沈周、陈淳、周之冕更是在天然花鸟与精妙笔墨的完美结合上积极创造。徐渭则是任意挥洒地把大写意花鸟发挥到淋漓尽致。

边景昭，生卒年不详，字文进，沙县（今属福建）人。他继承两宋院体画风以工笔重彩，达到了典雅妍丽的效果，禽鸟、花果都画得很好。他是因为画儿画得好被召进宫廷的，后来，他近水楼台做了点越出画画职责的事，被皇帝骂一顿，削职为民。

下笔如风的大家——徐渭

徐渭（1521年—1593年），字文长，号天池山人、青藤道人等，山阴（今浙江绍兴）人。他是集文学家、戏曲家、书画家于一身的文化奇才。他终身坎坷，他的才华使得他的一生充满传奇色彩，但他横绝一世的个性却使得他在社会生活中演绎了悲剧人生。他自幼聪慧，九岁能文。勤学博览，又好弹琴、击剑、研究佛理并雅好南词北曲，艺文之事堪称全能。二十岁为生员，后连续八次科考落第。才华出众，胸怀大志，却报国无门。直到中年，浙闽军务总督胡宗宪慕他的才名，召他入府为幕僚。徐渭为他起草上奏朝廷的表章，受到嘉靖皇帝的称许，一时名动京师。同时，他还为沿海抗倭军事献谋献策，"尝身匿兵中，环舟贼垒，度地形为方略"。后来胡宗宪因严嵩案发而入狱，徐渭的好友沈炼等也遇害，徐渭因惊恐而"脑风"病复发。"晚年愤益深，佯狂益甚，显者至门，或拒不纳。时携钱至酒肆，呼下隶同饮。或自持斧击破其头，血流被面，头骨皆折，揉之有声。或以利锥锥其双耳，深入寸余，竟不得死。"

《驴背吟诗图》是用潇洒精练之笔"写"出来的。很多画家作画往往称"写"，这幅画是"写"的典范。且看那驴，点画连绵、顿挫，笔无虚下，动态如生，如听其"得得"蹄声。

明　徐渭《驴背吟诗图》（部分）

（袁宏道《徐文长传》）他自残九次不死，又因误杀继妻而入狱七年。为友人张元汴营救出狱后，曾漫游金陵（今南京），居京师数年，后回乡养病，以卖画和变卖藏书为生，诚如他自况的"几间东倒西歪居，一个南腔北调人"，穷愁潦倒，忧愤而死。

徐渭博学多才，他做的诗曾令袁宏道激动道"读复叫，叫复读"，他著的《南词叙录》，是中国最早、宋元明清四代唯一专论宋元南戏的论著，另外还创作有杂剧《四声猿》等。

徐渭专长于花鸟，兼作人物、山水，他以奔放潇洒的笔法，饱醮澎湃如潮水的激情，创作出生机勃勃的作品。作画时情感泄于笔锋，水墨淋漓，干湿浓淡变化出神入化，洋溢着豪迈、率真之气。有时如电闪雷发，风雨骤至，有时如春雨润花，潇潇洒洒。看他的画，总能感觉到有一种激越的音乐旋律伴着笔墨行走。他虽然生前遭遇极坎坷，但身后备受推崇，几百年来学他的艺术有成就者代不乏人。

徐渭传世画作甚多，代表作有《墨葡萄图》、《榴实图》、《水墨花卉图》、《山水花鸟人物图》等。

明 徐渭《墨葡萄图》

《墨葡萄图》作者画水墨葡萄一枝，藤条错落，枝叶纷披，意趣横生。画叶先泼墨，酣畅而变幻出彩，显现茂叶的生意正浓，葡萄粒粒用炉火纯青之醮墨法，在浑然一气中完成，晶莹欲滴，饱满生动。画上题诗曰："半生落魄已成翁，独立书斋啸晚风。笔底明珠无处卖，闲抛闲掷野藤中。"表达了画家穷困失意、托足无门的满腔郁愤。

江南第一风流才子——唐寅

唐寅（1470年—1523年），初字伯虎，更字子畏，号六如居士、桃花庵主等。吴县（今江苏苏州）人，出身商家。他年少时便因才得名，读书非常用功，诗文书画都有较为深厚的功底，16岁中秀才，

29 岁参加南京应天乡试，获中第一名"解元"。次年赴京参加会试，因科场舞弊案受牵连入狱，出狱后又投宁王朱宸濠幕下，但发现朱有谋反之意，即装疯而脱身返回苏州。从此绝意仕途，醉心书画，形迹放纵，疏狂不羁。自称江南第一风流才子。

唐寅擅画山水、人物、花鸟，山水画早年师从周臣，后取法宋人李唐、刘松年，兼采元人画法，加以变化，寓雄健于隽秀之中，布局疏繁得当，行笔秀润缜密，具有潇洒清逸的韵度。他书法和文学的功底都很好，能融合院体画和文人画两个传统而自成面貌。唐寅的山水画用笔以中锋为主，能用温润绵密的笔墨表现山岭岩石的坚硬质感，有较强的真实性而又不乏笔墨情趣。

唐寅的人物画除表现文人生活外，也喜欢画历史故事，借古讽今，揭露社会的阴暗面。实际上是发泄牢骚，为自己的遭遇鸣不平。他还有大量以仕女为题材的画作，表现歌伎生活的作品占有相当比重。《李端端乞诗图》和《陶谷赠词图》等描绘文人墨客与歌伎间有违名教礼法的风流韵事，大胆向封建礼教挑战。唐寅的工笔人物远宗唐人，线条细劲，多取琴弦、铁线描，设色妍丽，形象俊俏清雅。晚年多作水墨人物，逸笔草草，写意传神，饶有意趣。

唐寅晚年因为身体健康的原因不能经常作画，加上又不会持家，生活艰难，总要靠朋友接济，贫病而终。他在《言怀》一诗中说："笑舞狂歌五十年，花中行乐月中眠。漫劳海内传名字，谁论腰间缺酒钱。"

唐寅绘画的代表作品有《落霞孤鹜图》、《骑驴思归图》、《山路松声图》、《事茗图》、《王蜀宫妓图》、《秋风纨扇图》等传世。他的诗文多写闲情琐事，著有《六如居士全集》。

《孟蜀宫妓图》

《孟蜀宫妓图》取材于五代西蜀后主孟昶的宫廷生活，精心描绘了四个盛装宫妓的神情状貌，并题诗云："莲花冠子道人在，日侍君王宴紫微。花柳不知人已去，年年斗绿与争绯。"

此图属工笔重彩，图中绘宫妓四人，皆柳眼樱唇，下巴尖俏，衣

明 唐寅《孟蜀宫妓图》

着华贵，云髻高耸，青丝如墨，头饰花冠，互相对语。人物衣饰线条流畅，服饰上的花纹都刻画得十分精细。宫妓的服饰在颜色上对比强烈，产生了生动的艺术效果。人物面部描绘用传统的"三白法"，既表现出宫妓施朱粉"盛妆"的化妆效果，又烘托出她们弱不禁风的娇媚情态，晕染细腻，生动传神。作者描绘孟蜀宫廷的富贵生活，借以讽喻富贵表象下糜烂荒颓的实质，画上题跋云："蜀后主每于宫中裹小巾，命宫妓衣道衣，冠莲花冠，日寻花柳以侍酣宴，蜀之谣已溢耳矣。而主之不挹注之，竟至滥觞，俾后想摇头之，令不无扼腕。"

在明代开国以来人物画不振的情势下，唐寅的人物画成绩不俗，这幅画尤其表现了他上追唐宋又自创新风的高超水平。

自辟乾坤陈洪绶

陈洪绶（1598 年—1652 年），字章侯，号老莲，后改号悔迟，诸暨（今属浙江）人。他幼年早慧，接受过良好的诗文训练，曾经自许："读书五行齐下，过目俱能成诵。"他在四岁的时候，就能画出高十余尺的关公像，令观者惊讶不已。少年时曾到杭州拜名画家蓝瑛为师。年轻时热衷功名，但屡试不第。45 岁捐为国子监生，曾为皇帝临摹历代帝王图像。清兵入关后他于绍兴云门寺削发为僧。只一年多，又还俗，在绍兴、杭州等地卖画为生。

陈洪绶一直在思念故国。他做诗曰："国破家亡身不死，此身不死不胜哀。"他为明王朝的覆灭有一种深深的苟且偷生的耻辱感，时而吞声哭泣，时而纵酒狂呼，他天性就不是一个循规蹈矩的人，此时更被人视为狂士。他乐于为小夫稚子、歌妓老卒、不得志的寒士作画，而权势新贵求画则经常不应。

陈洪绶自幼师从著名画家蓝瑛，打下了良好的绘画基础。他善山水，工花鸟虫鱼，精细清丽，沉郁苍古，富有装饰味，而诗文书法亦佳。其人物画成就最高，学李公麟、赵孟頫，能创新自成一家。他曾拓得杭州府学中李公麟《孔门七十二贤》石刻图像，闭门潜心临摹，开始人家说画得像，他高兴；再临摹，人家说不像了，他更喜出望外，如此反复研习，"易圆以方，易整以散"，终于形成自己的艺术面貌。他所画人物，躯干伟岸。衣纹细劲清圆，设色古雅，是一种新奇高古的风格。晚年作品造型更趋夸张，学古法而能变，变圆为方，化整为散风格尤显奇特。陈洪绶的人物画在当时就影响很大。

"师其意思，自辟乾坤。"这是陈老莲在其所作《王叔明画记》中说的话，原话是"见古人文，发古人品，示现于笔楮（纸）间者，师其意思，自辟乾坤。"这就是陈老莲艺术的精髓，即创新精神。他有鲜明的个性、渊博的学识，高深的艺术修养，而由创新精神来推动、升华，故而形成了他的"高、古、奇、绝"的艺术特点。

陈洪绶画的《水浒叶子》、《博古叶子》、《九歌》、《西厢记》等绣像，由精工镌刻后，成为明清间复制版画的杰作。

陈洪绶 19 岁时为萧山来钦之所著的《楚辞述注》作插图，绘《屈子行吟图》一帧，凭着想象画出了行吟泽畔的屈原心志高洁而又充满了忧愤的形象，他画的屈原，成为后世塑造屈原形象的最早依据。

《西厢记》20 幅插图的《窥简》，也一向受人称道。图中的莺莺正聚精会神地阅读张生的书信，背后四幅屏风画巧妙地烘托着她的心情，屏风后的红娘则右手按住嘴唇，探身回头偷看着莺莺，表现了对女主人的关心，为成功传递了情书的欣慰，还有几分调皮的神情。整幅画用笔虽然细劲高古，但是注意到了日常生活中的细节和情趣，人物美而不俗，清新而妩媚。屏风春夏秋冬的四季花鸟画，更增加了画面的想象空间。插图《惊梦》描绘张生登程赴试，路宿于草桥店，倦极而眠，却梦见莺莺遭遇不测，不禁惊醒的一幕。疏密有致的 S 形构图突出了线形的韵律和对比，大片空白与对梦境紧密而细致的刻画，生动地表现了主人公对爱人夙夜梦寐不尽的思恋惦念，虚幻而真实的梦境，正因主人公心中的深刻挚爱，现实的好事多磨，曲折而宛转地发挥弥散开来。

明　陈洪绶《西厢记插图·惊梦》

千古清新的恽寿平

恽寿平（1633 年—1690 年），原名格，字寿平，后以字行，改字正叔，号南田，江苏武进（常州）人。少年随父参加南明抗清斗争，15 岁时在建宁遭闽浙总督陈锦军围攻，城破，父散兄死，本人被俘。由于他会画首饰花样，又丰神俊朗，竟被陈锦的夫人收养，从阶下囚变成了堂前玉树。四年后陈锦死，他即将继承爵位，但母子二人在杭

清　恽寿平《牡丹图》

州灵隐寺超度陈锦亡灵时，巧遇生父，灵隐寺的长老帮助他以命相之说说动陈夫人让恽寿平出家，乃得父子团聚。恽寿平一生不止一次有荣华富贵的机会，但他坚守气节，甘心以卖画为生。他的品格与他的画格一样，柔中有骨，淡而醇厚，散发着自然的馨香。他的山水画成就也很高，但他是清初六家中唯一以花鸟画开宗立派的人。他的花卉从两宋院体没骨画法化出又吸取了明代周之冕的"勾花点叶"法，兼工带写，有笔有墨，创"色染水晕"之法，淡雅中见绚丽，精致中见自然。王翚称他的花之"生香活色"。恽寿平的艺术创作对后世产生了巨大影响，在清代中期，就出现了"无论江南江北，莫不家家南田，户户正叔"的盛况（张庚语）。

恽寿平不但善于画清新淡雅的花卉，而且善画牡丹，他笔下的牡丹，极其绚丽而又高贵不俗，右为恽寿平《牡丹图》，兹引海外方家评论一段，可助人理解此图：牡丹最易近俗，殆难下笔，如近世工徒，涂红抹绿，虽千花万蕊，总一形势，都无神明。惟北宋徐熙父子、赵昌、王友之伦，创意既新，变态斯备，其赋色极妍，气韵极厚，盖能不守陈规，全师造化，故称传神（《中华国宝》）。

墨点无多泪点多的"八大山人"

八大山人（1626年—1705年），姓朱，名统鍪，明宁献王朱权九世孙，弋阳王孙，世居江西南昌。清初曾参加抗清斗争，失败后，隐姓埋名，为避祸，于23岁落发为僧，法名传綮，字刃庵，中年又用过雪个、个山、驴、驴屋、人屋等号。他取名"朱耷"，"耷"乃"大耳为驴"的意思。晚年还俗结婚，靠笔砚养家糊口，从59岁用"八大山人"号，一直到去世。

八大山人有深厚的家学渊源，又受明末流行的董其昌画风的影响。笔墨精微、气韵醇厚，笔法得董其昌、黄公望、倪瓒之妙，把他们的秀逸优雅化成了奇逸苍茫。在花鸟画上，他创造性地发展了大写意花鸟画法。他精研明代前期的林良、吕纪，明中期的沈周、文徵明、陈淳，明后期的徐渭等各家画法，以他高超的眼界、高深的学养，融各家精华为一炉，以自己极其鲜明的艺术风貌，把水墨写意花鸟画的抒情能力，发挥到空前的高度，他把花鸟画"缘物抒情"的传统推到极致。

八大山人毕生推崇董其昌，这是非常有意思的现象。生活优越的董其昌努力集合文人画中优雅的笔墨趣味，终身都在做书画贵族化的事情，而身为旧王孙的真正的贵族八大山人，在落入国破家亡的危难境地之后，悲

清　朱耷《荷花翠鸟图》

愤无声，却呈现了凝练蕴藉、博大精深的艺术风格。高深的学养，高贵的真情，汇聚一起，如深埋高山峻岭的浑金朴玉，琢成面世，便发出惊人的光芒。

八大山人不但善于画大写意花鸟，他的山水画也萧散淡泊、气韵高古，经常把我们带到宇宙八荒的空间和终古无尽的时间里边去。像他这样深植于历史和文明的人，面对大自然的美景，自会有不同寻常的感动。

《荷花翠鸟图》呈现的是一种平和清静的气氛，构图疏密有致，有开合，能平衡，下面是清爽通透的空间，上面丰富的墨色写出了茂盛荷叶的苍绿，双鸟，上有呼、下回首相应，留下了无穷韵味与想象空间。

在画法上，八大山人学习了宋、元、明一些大家的笔意，在师法前人时注重创造。例如对董其昌，取其秀逸之长，避其柔媚之短，从而形成自己笔墨苍劲古拙而又超逸华滋的独特风格。

历来多有论者往往过多强调了八大山人的冷、倔、怪，实则八大山人的高深不可企及之处是他的作品温润、蕴藉、冲和，没有丝毫躁气。

八大山人喜欢荷花，也画得最好，长卷一展，如一片荷塘尽收眼底，他画的荷，叶叶生动，有擎天作盖的、有临风而立的、有横逸斜出的。笔墨出神入化，浓墨活、淡墨更活。叶子画得如此之好，花则更妙。正如宗白华先生评八大山人说，他的画是最超越自然而又最切近自然，是最心灵化的艺术，而同时又是自然本身。

现代大师的先行者——石涛

石涛（1642 年—1707 年），本姓朱，名若极，先祖为明太祖朱元璋的侄子，从十世祖朱赞仪起袭封靖江王，石涛就是这位靖江王的十世孙。这位明代末世的王孙，清初的和尚，为什么说他是现代大师的先行者？这是因为在他生前身后三百年间虽有名声，但学他的人不多。可是他的"我手写我法"的艺术思想和满怀感情的新奇画法到了现代却启发出来了中国绘画的多位大师。如张大千、傅抱石、吴冠中等。可以说，石涛是在清初画坛植木已满的情况下，另辟道路、披荆斩棘的人，所以吴冠中先生说，西方推崇塞尚为"现代艺术之父"，那么石涛这位18世纪的中国僧人，应恢复其历史长河中应有的地位：世界现代艺术之父。我们这里只谈中国绘画，那么可以说石涛是中国现代艺术开山的人。

石涛的父亲在明亡之后的内乱中被杀，他这位年仅4岁的王子由内官救往广西全州。为避难求生，不久这个内官带着他一起作了和尚。若极法名原济，字石涛，后来的别号有大涤子、清湘老人、清湘陈人（因全州地近湘水之源而取号）、苦瓜和尚、瞎尊者等。他和八大山人一样都经历了末代王子的命运悲剧，他忘不掉王子的身份，却记不得童年的荣华富贵。但他却要为这个王孙的身份东躲西藏、出家求生。

石涛在以宣城为中心的地区活动，多次游览黄山，以黄山为题材画了许多作品，他和师兄喝涛云游全国各地，出潇湘，越洞庭，住庐山，访道交友。结识了名人钱谦益并与梅清成为好友。他的青少年时代虽然很艰苦，但是得到了高层次的诗书画的艺术修养。

39岁时石涛来到南京，居住了八年，与居游当地的画家、文人，包括龚贤的弟子王概、广东屈大均、休宁戴本孝等交游，切磋诗画，眼界大开，艺术逐渐成熟。康熙二十三年（1684年）康熙帝南巡到南京，拜谒了明孝陵，朝野震动。石涛眼见清朝的统治日益巩固而且宽大怀柔，于是不再心存芥蒂，在长干寺接驾。康熙二十八年（1689年），康熙帝再次南巡时，石涛又在扬州平山堂接驾。康熙帝的传见，使他心情甚为激动。之后，石涛北上京师，交接贵族、官僚、文人，饱览古代法书名画，但终于未得重用，三年后他离开北京，废"臣僧元济印"，晚年定居扬州卖画。

石涛是极富创造性的一位文人画家。他在绘画艺术上巨大的、独具特色的成就，影响其后300多年的画坛。

他主要的艺术特色有以下几点：1. 脱尽窠臼、构图新奇。以不同的视角、多变的构图去传达自然山水奇丽的面貌和神韵。2. 用笔雄健恣肆，细笔粗笔，具得自然真趣。3. 善用墨法，淋漓洒脱，枯

清　石涛《细雨虬松图》

湿浓淡兼用，尤喜用湿笔，通过水墨的渗化和笔墨的融合，表现出山川的氤氲气象和浑厚之态。墨气淋漓，纵横挥洒。

《细雨虬松图》是石涛的代表作之一。图写秋日黄昏一场细雨过后的山居小景。画中景物由近及远，首先映入眼帘的，是宽阔的溪水和水中磐石上的两株虬松，两株松树已经枯了，却还盘根错节地纠结在一起。在远处的山石上，几处清新湿润的树木，几处新雨洗过的竹丛，山间小桥上，一位头戴隐士冠的隐者正策杖徐行。再向远处眺望，崇山峻岭，飞泉下涧，在林木掩映的山腰坐落着几间书屋，一位文士临窗而坐，像是在等待着什么人。极目处天高云淡，远山朦胧。这幅画以圆润之笔勾画点染，层次分明，线条清劲细秀，柔中带刚。山石不加皴擦，用墨非常清淡，使画面呈现出一派雨后清新爽净之气，典雅别致，令人心旷神怡。

标新立异的郑燮

扬州八怪之一的郑燮（1693 年—1765 年），字克柔，号板桥，扬州府属兴化县人。他幼年丧母，其父为私塾先生，早年家境比较贫寒。郑燮自幼聪敏好学，雍正十年（1732 年）中举，乾隆元年（1736 年）中进士，乾隆七年（1742 年）出任山东范县知县，乾隆十一年（1746年）调任潍县知县。郑燮为政有干才，痛恨官场腐败作风，同情底层群众，但却触犯了一些豪绅富户和腐朽官吏的利益，最终被诬罢职。郑燮性格旷达，不拘小节，喜高谈阔论，臧否人物。当时即被人称为"狂"和"怪"。罢官后居扬州，以卖画为生。

郑燮的绘画受徐渭、石涛、八大山人影响较深，又发挥了自己的独创精神。擅画兰、竹、石、松、菊等，而画兰、竹五十余年，成就最为突出。他善于观察，取法自然，曾说："凡吾画竹，无所师承，多得于纸窗粉壁日光月影中耳。"所以他的画都是随手写去，自尔成局，多而不乱，少而不疏，笔下竹石花卉纵逸多姿，清灵秀挺，体现出雅致高怀、正直高洁的君子风度。

郑燮的书法以画法入笔，折中行书隶书之间，自称"六分半书"。纵横错落，整整斜斜，如乱石铺街，不落前人窠臼，别具一番风味。他书有一幅对联"删繁就简三春树，立异标新二月花"。正是他艺术风格的写照。

郑燮存世的代表作品有：《修竹新篁图》、《清光留照图》、《兰竹芳馨图》、《甘谷菊泉图》、《丛兰荆棘图》、《画竹留赠图》等，著有《板桥文集》、《板桥诗钞》等。

清　郑燮《丛竹图》

"海上画派"的大师——任伯年

任颐（1840年—1896年），初名润，字小楼，后改字伯年。浙江山阴（今绍兴）人，寄寓浙江萧山。他的父亲是个画师，幼承家教，他很早便显露出绘画天才。他早年曾参加太平军，后到上海，以卖画为生。他常冒任熊之名作画，后被任熊发现，并不见怪，反而介绍他到苏州任薰处学画。半年后任颐回到上海，声誉日高。他学过石涛、八大山人、华嵒，也受过西画造型的训练。他善于吸取中国艺术的精华，在用笔中贯注书法笔意，既精微严整，又奔放跌宕，他重视写生，勾勒、点染、泼墨交替互用，赋色鲜活明丽，形象生动活泼，别具一种清新格调。他的绘画艺术已经到了炉火纯青的化境，人物、肖像、花鸟、山水，全精全能，而且他的作品雅俗共赏，在江南一带影响很大。其肖像画，在传统写真技法的基础上吸收外来画法，显得新颖别致。

清　任伯年《蕉荫纳凉图》
这是任伯年为好朋友吴昌硕所画的肖像画。

任伯年精于肖像画，就清末画坛而言，他的肖像画成就极为突出，卓尔不群，所产生的影响也胜于他的花鸟山水画。传说他曾经坐在城隍庙茶馆中观察往来各色人物，深得捕形传神之道。

花鸟画是任伯年的另一强项，他的花鸟画早年以工笔见长，后吸取恽寿平的没骨法和陈淳、徐渭、朱耷的写意法，兼工带写，笔墨简纵，设色明丽，给人以天然率真、清新俊逸之感。他画的燕子是一绝，不仅外形极像，高妙处在于把燕子一掠而过的瞬间姿态表现得极为生动传神。任伯年善于速写，《海上画语》记载他："急笔，则疾好风雨，勾勒法，亦极精熟。"

以朴茂沉雄开新风的吴昌硕

吴昌硕（1844年—1927年），原名俊卿，字昌硕，一作仓石，浙江安吉人。他出生于书香门第，十岁开始学习做诗、刻印成年后寓居苏州、上海。曾任丞尉，并做过一个月的安东县令。早年攻习书法、篆刻，成就卓著。34岁开始学画，当时曾求教于任伯年，任伯年叫他画一张看看，吴昌硕就画了几笔，任伯年对他的笔力雄厚大加称赞。吴昌硕就是以极其深厚的书法成就入画，创造出了自己的崭新面貌。他博取徐渭、朱耷、石涛、赵之谦等诸家之长，兼取篆、隶、狂草笔意入画，特别是他写了几十年的石鼓文，以沉厚、古拙、朴茂、雄强的书法笔力，用于画中，形成了他的笔墨苍劲、古拙浑朴、气势磅礴、色彩明丽的艺术特色。他喜画梅竹、松

清　吴昌硕《牡丹图》

石、荷花等，寓意清香高洁、刚直不阿；所画瓜果、笋菜，肥硕茁壮，气息清新；其他如牡丹、葡萄、紫藤、天竹、菊花等，都是人们日常所见之物，给人以平凡亲切之感。作品重整体，尚气势，色酣墨饱，雄健古拙，有金石气。布局力求新意，款题、印章的经营更是煞费苦心。传世作品有《乱石山松图》、《桃实图》、《墨荷图》、《天竹图》、《荔枝图》等。

吴昌硕精擅大写意花卉，其画作气势磅礴，深厚老到。《墨梅图》取梅数株，梅树干光挺而不取一般的主干盘虬、枝翘而繁乱的画法，衬托出繁花簇簇，给人以眼花缭乱之感。其梅树枝梢画出纸外，更表现出一种无拘无束的自由气势。用笔潇洒劲健，与书法用笔相协调，

体现出吴作尚气势的特点。图左上的书、印与梅花相得益彰，深化了图中诗意。

在融各家之长的基础上，吴昌硕贯通其书、印之力，创造出一种雄健大度的写意风格。

吴昌硕喜爱梅、松、兰和竹，也爱葡萄、蔷薇、葫芦这些平常农家之物，尤其擅长画这类植物的藤蔓。

吴昌硕作画的最大特点是把他几十年书写石鼓文的深厚书法功力用之于画中。《珠光图》很典型地体现了他的这一特点。画的是紫藤，紫藤花盛开，在春日的阳光下如珍珠之光，鲜艳而可爱。点花如珠，这得需要多大的笔下功夫！吴昌硕最善于画的还是藤蔓，一支健笔，如矫龙盘旋，笔下藤萝立刻生意盎然！

在《牡丹图》中画家突出表现了其以作书之法作画的特点，笔墨酣畅，遒劲刚挺，气势磅礴，浑厚老到。干的挺拔与叶的繁密构成对比，花朵饱满明丽，生机勃勃，尤其是叶筋的勾勒、石与苔的画法，都具有金石味道。左侧竖题从天而下，与画面浑然一体。

童心未泯的艺术家齐白石

齐白石（1863年—1957年），本名纯芝，号渭青，又名瑞林，字濒生，后取名璜，号白石山人，湖南湘潭人。他从小由祖父、外祖父启蒙读书识字，喜欢画画。但由于家里贫穷，直到26岁才有机会拜师学画，又习诗文，刻印章。中年"五出五归"，游历名山大川，结识各地人物，

齐白石《牵牛花》（局部）

57岁后定居北京。推崇徐渭、八大山人、石涛、吴昌硕各位大家，主要是敬慕他们的创造精神。

白石老人擅画花鸟虫鱼，笔墨纵横雄健，造型简练质朴，神态活泼，色彩鲜明强烈。他善于把阔笔写意花卉与微毫毕现的草虫巧妙结

合，亦画山水、人物。创作取材广阔，题材充满民间情味，举凡农具及日常生活中的平凡物象，在他笔下皆能变为不平凡的艺术。年逾九十，仍作画不辍。他历任中国文学艺术界联合会主席团委员，中国美术家协会主席。1953年被授予"人民艺术家"称号。

白石老人出身贫寒，早年做过工匠，也许是下层社会接触较多的缘故，使其对民间的草虫瓜果充满了感情。他笔下的蔬果，笔墨酣畅且工写结合。他所画《荔枝图》中的荔枝圆润深厚又红艳水灵，逼真如生。白石老人以简洁、醇厚的笔法，用寥寥数笔便勾画出了荔枝天然的野趣。可谓味拙而秀，画简而厚，醇和质朴，浑然天成。

白石老人不画没有观察过的画，这方面故事很多，且说他老人家画牵牛花吧！

梅兰芳曾拜齐白石为师学画，也时常请齐白石到家里坐。一天，齐白石在梅兰芳家里发现了大如碗口的牵牛花，这是一般人都没有见过的，原来，梅兰芳养的牵牛花品种很多，这是最大的一种，从此，齐白石先生画出了这举世闻名的牵牛花。

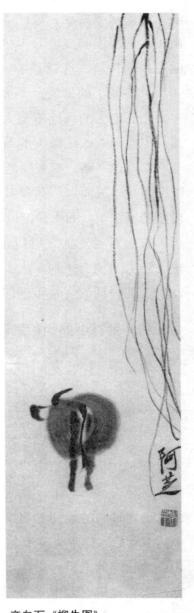

齐白石《柳牛图》

白石老人吃透了传统，又极善于运用、变化。他把八大山人冷逸的笔墨用来画牛，却出现了让人亲切的感觉。右图是他老人家画的《柳牛图》。生动的几根柳丝自然垂下，干墨渴笔更见柳丝的质感。两笔淡墨画出了牛的庞大身躯，几笔浓墨画出了牛角、牛嘴、牛蹄和牛尾。可不要小看这两笔淡墨，这是需要几十年精心摸索、日夜练习才能把握的水墨之度。请仔细看，这淡墨能够很厚、很润，又很毛，画出了牛的肌肉和皮毛，再仔细看淡墨中有笔的痕迹，这笔的痕迹，分明是牛的骨骼。这就是中国绘画讲究的"有笔有墨"，这笔墨表现了转头远望的牛的神情。

白石老人的画绝不与人相同，这是他的艺术个性。画荷花的人很多，但他老人家画秋天的荷花，也富有生气。荷花走的是八大山人笔墨含蓄冷逸一路。后来他老人家"衰年变法"，画荷就变冷逸为热烈的红荷碧叶，进而画红荷墨叶。用笔也不用八大山人的绵里裹针的外柔内刚的笔法了，而纵横挺拔，极见气势，真正是"一花一叶远凡胎"。

齐白石老先生之所以不可企及，不仅仅是他的笔墨技巧超群绝伦，还因为他有一颗常人少有的童心，在他的心中眼中，青蛙这等小动物是能说话的，是可爱的，所以才能画得如此生动。

画马驰誉中外的徐悲鸿

徐悲鸿（1895年—1953年），江苏宜兴人。少年勤奋，曾随身为画师的父亲学画，之后在乡村中小学任教。在上海期间，拜康有为为师。1917年留学日本。1919年赴法国，1923年入巴黎国立美术学校。留学8年，从名师学画，饱览文艺复兴以来的名作，心摹手追，吸取精华。1927年回国后在南京中央大学艺术系任教。1933年，曾携中国近代绘画作品赴法、德、比、意、英及苏联展览。游历瑞士和意大利，饱览文艺复兴时期的雕塑和名画。抗战开始后，回重庆中央大学任教。新中国成立后，任中央美术学院院长、中国美术工作者协会主席。

徐悲鸿的画贯通中西，对中国民族绘画和欧洲传统美术均深有研究。作画提倡"尽精微、致广大"，擅长油画、中国画，尤精素描。强调重视人物画，人物造型，注重写实和传神。早期多取材于中国古代经、史，后期多取材于现实生活。所画花鸟、风景、走兽，简练明快，富有生气，尤以画马驰誉中外。在表现手法上，能融合中西技法而自成一家。代表作有油画《田横五百壮士》、《奚我后》等，国画《愚公移山图》、《九方皋》、《群马图》等。

徐悲鸿创作《愚公移山图》（1940年）的动机，在于以愚公的精神鼓舞民众抗日的决心。画家有意采用横卷，使画中人物顶天立地，场面壮阔。前排裸体壮男是画面的主体，表现出了开山造福的主力军全身使劲的紧张状态。后排精神矍铄的老人、妇女和儿童轻松自如的气氛，与前排的紧张气氛构成对比。再远处是赶车运送土石的姑娘。人物的组合排列构成了主次、远近三

徐悲鸿《群马图》

个层次。技法上融汇中西，称得上是一件中西合璧的佳作。

　　徐悲鸿的马享誉中外。1940年5月，在印度讲学和举办画展的他从报上获悉中国军队在鄂北同日军展开激战，于是乘兴挥毫，创作了这幅《群马图》。全图为四匹"瘦骨铜声"的马所占满。两匹背向观众，一匹侧立，一匹在低首觅食。徐悲鸿在此画中，没有画马的奔腾之姿，而是画几匹背向观者的马仿佛听到了什么，正竖耳凝视着远方，又像在期待着什么。表面虽静，却蕴涵着内在的动力。他用刚劲稳健的线条勾勒马的形体，用饱醮奔放的墨色挥写马的鬃尾，以淡墨表现明暗变化，使其笔下的马既充满了勃勃生机，又富于笔墨情趣。

山水画大师黄宾虹

　　黄宾虹（1864年—1955年），名质，字朴存，号宾虹。安徽歙县人，生于浙江金华，寓居杭州。自幼攻读诗文经史，学习金石书画，支持过维新变法，参加过辛亥革命的反清活动。后在上海、北京、杭州等地从事过研究、编辑、出版、教育和美术教学工作。新中国成立后历任中国美术家协会华东分会副主席、中央美术学院民族美术研究所所长等职。

　　黄宾虹工画山水，上追唐宋，驰纵百家，屡经变革，自成一家。他初学"四王"，再学元四家，后学髡残，平生遍游山川，重视写生，积稿盈万。中年严于用笔，晚年精于用墨，70岁以后始自创艺术风格，是一位大器晚成的、学者型的山水画大师。他早年的作品学习渐江、查士标、恽向笔墨，清疏淡雅，人称"白宾虹"；晚年发挥厚重

的北宋山水之长，层层积墨，变为墨色浓郁的风格，又被人称为"黑宾虹"。他创为"五笔七墨"之说。所作山水元气淋漓，墨华飞动，浑厚华滋，意境深邃。偶作花鸟草虫，亦奇崛有致。代表作有《蜀江归舟图》、《谢灵运诗意图》、《居池阳旧作》等。

黄宾虹的《居池阳旧作》（1925年），描绘了一幅秋山环湖的景色：山峦重叠，林木扶疏，山清水秀。溪桥、泉流、栈道、帆影、屋宇、杂树点缀于山水之间，山腰栈道上凭栏观湖，画的行人视线与孤帆相一致，更加协调了画面。构思平中见奇，树干、山石、小舟等均用干笔勾轮廓，层层点染，虚实相间。笔墨枯润相宜，设色古雅，满纸氤氲，湖光山色毕现。

黄宾虹的山水画从早期到晚期经历了由白到黑，由淡到浓，由清逸到厚重，由疏到密的发展完善过程，最终达到了"浑厚华滋"的美学境界——《西泠小景》即是这种风格的代表。

黄宾虹是一位早学晚熟的大画家，6岁开始学画，80年如一日。他先后游历大江南北，每到一处，均以诗画记游。从《青城山雨》中，我们既可领略他的画风，又可感受到祖国山川之壮美。

艺术评论家卢辅圣先生对黄宾虹的绘画艺术有极为精辟的评论，他说："若论才情之旺盛，黄宾虹不如齐白石。齐白石朴实刚健、乐观幽默、纵横开阖的绘画风格……寓含着作为一个现实中的人真率可感的喜怒哀乐。若论思想之谨严，黄宾虹也不如潘天寿。潘天寿大气磅礴的奇险造境，是其从中国画内部发现问题并提出改革方案的自觉选择，寓含着某种以天下为己任的士大夫悲剧意识。然

黄宾虹《山水》

而，要论体悟之深邃，则谁也不如黄宾虹。他那混迹于笔墨意象、会心于艺术真谛而不知老之将至的'个性物质'，是追求使然，学养使然，生活使然，寓含着人的审美个性对于审美的对象全面占有时所焕

发出来的灵性之光……一切都不假造作，一切都不期而然，一切都从心所欲不逾矩，恰如得'道'的修道者。"

知此，可以加深我们对黄宾虹的理解。

中国历代名迹、名画，是中华文明和历史的重要载体，读一幅名作，让我们对自己民族的历史充满了敬意。孔子说过"游于艺"，一个有良好教养的中国人，也应该有一定的书法与绘画的艺术修养。

历代名迹还表现了自然、万象之美，激发我们对生于斯、长于斯的山河的热爱。历代名迹还具体而微地表现了中国文化的精意——诸子百家、经史子集的精华形象化了。它们还蕴含着人生哲理，让人增长智慧，而且还会怡情、养性，让生命健康、长寿，也让江山名胜增添文采。宗白华先生说："中国人这支笔，界破了虚空，流出了万象之美，也流出了人心之美……。"可以说，只有欣赏过名迹、名画，才有能力去旅游风景名胜，才懂得领略人间之美。

学画指南——《芥子园画传》

《芥子园画传》，通称《芥子园画谱》，是一部风行海内三百余年、"丹青家罔不家置一编"（何镛《序》）的中国画技法入门教程。在清代以来流传的诸多画传、画谱中，此书的影响尤其是此书在民间的影响，可以说首屈一指。

清代著名的戏剧理论家李渔（1610年—1680年），字笠鸿，号笠翁，浙江兰溪人。芥子园是他在南京的别墅。李渔婿沈心友家藏明代画家李流芳课徒山水画稿，沈请山水画家王概（安节）整理增编，首列"画学浅说"，末附"摹仿各家昼谱"，于康熙十八年（1679年）以"芥子园"的名义，用开化纸木板五色套印成书，是为《芥子园画传》的第一集（初集）。后来，沈心友又请杭州画家诸升（曦庵）编绘"兰竹谱"、王质（蕴庵）编绘"梅菊谱"与"草虫花卉谱"，王概、王蓍（宓草）、王臬（司直）三兄弟又对上述诸谱进行增删论订，配上"画学浅说"及"摹仿各家画谱"，被李渔誉之为"有观止之叹"、"不可磨灭之奇书"，陈扶摇誉之为"画学之金针""艺林之宝玩"的《芥子园画传》，因能"上穷历代，近辑名流，汇诸家所长"（李渔《序》），足为"初学宗式"（同上），加之"其摹绘之精、锈刻之工，世无其匹"（何镛《序》），故自康熙后期到嘉庆间的百余年裹，书坊辗转翻刻，流布极广。

中国画理论总纲是六法

谢赫提出的"六法"为：一、气韵生动；二、骨法用笔；三、应物象形；四、随类赋彩；五、经营位置；六、传移摹写。

这六法涉及了绘画艺术的所有问题。其第一条讲的是精神表现；第二条讲的是线条画法；第三条讲的是形象创作；第四条讲的是色彩；第五条讲的是构图；第六条讲的是临摹。它们可以看做是中国画的理论总纲。历来论画者均谓之"千古不移"。

好画的标准

怎样看一幅中国画的艺术水平高低呢？也就是说，一幅好画的标准是什么呢？好画的标准其实也就是中国画的艺术特征，简要地就可以用"六法"去衡量。

每有人问：这画好在哪里？然而归纳起来，就是三点：就是看它的气象、笔墨、韵味，这三点如果达到较高标准，即是好画，否则就不算好画。我们看一幅画，拿第一个标准去衡量，看它的构图皴法是否壮观，气象是否高华，有没有矫揉造作之处，来龙去脉，是否交代清楚，健壮而不粗犷，细密而不纤弱，做到这些，就差不多达到了第一个标准。

接下来第二个标准看它的笔墨风格是不是有新意，既不同于古人或并世的作者，又能在自己的独特风格中，多有变异，摒去陈规旧套，自创新貌。而在新貌之中，却又笔笔有来历，千变万化，使人猜测不到，捉摸不清，寻不到规律，但自有规律在。做到这些，第二个标准也就通过了。

第三个标准要有气韵和趣味。一幅画打开来，第一眼就有一种艺术的魅力，能抓住人，往下看，使人玩味无穷。看过之后，印入脑海，不能即忘，而且还想看第二遍。气韵里面，还包括气息。气息近乎品格，每每和作者的人格调和一致。所以古人说："人品既高，画品不得不高。"一种纯正不凡的气味，健康向上的力量，看了画，能陶情悦性，变化气质，深深地把人吸引过去，这样第三个标准也就通过了。

苏轼评论唐朝诗人兼画家王维时说了一句流传千古的精彩的艺术评论名言："味摩诘之诗，诗中有画；观摩诘之画，画中有诗。"据传当时的山水画家郭熙也曾经说："诗是无形画，画是有形诗。"

中国画确实和诗有着密切的关系。唐代诗人曾经说诗有三境：一曰物境，二曰情境，三曰意境。中国画也是这样，用笔墨表现物象，描绘的物象要有气韵情致，整幅作品要有诗一样的深厚宽广的意境。

中国画不能有哪些毛病

画中国画首先用笔要过关，也就是下笔有力，透入纸背，笔不虚发。用墨要丰富多彩而又层次分明。笔墨都没有毛病，还要追求章法合理、气韵生动和意境深远。

元代大画家黄公望在他的《写山水决》说："作画大要，去邪、甜、俗、赖四个字。"

"邪"，就是不符合画理、物理、生理，违反中国画的法则，"笔端错杂，妄生枝节，不理阴阳，不辨清浊"（明王绂语）。画要合乎自然规律，画人要符合人的生理，画动植物要符合动植物的生理，画任何事物都要符合其物理，整幅画在章法上要合情合理。不能牵强做作。

"甜"，就是浮华、柔媚，工巧雕琢，用笔无骨，用墨不活，用色不沉着透亮。主要是用笔的力量不能透入纸背，没有沉着痛快之感，疲疲沓沓，甜俗腻人。

"俗"，是指作品没有文化内涵，没有意境，只是追求表面工细、色彩堆砌，格调低下，所谓"功愈到而格愈卑"（明王履语）要想克服"俗"的毛病，就必须多读好书，提高艺术修养和思想境界，也就是一些大艺术家所说的：要想画品高，必须人品高。

"赖"，是指学古人而泥古不化，拘谨于古人的法度不能创新，没有自家面目，没有鲜明的艺术风格，不能学到古人的精华，只能学到古人的皮毛甚至糟粕。就像王绂所说："赖者，藉也，是暗中依赖也。"

什么是山水画

中国绘画中的山水形象在战国以前的玉器图案上就有了，魏晋之后，士人们"澄怀观道"，山水诗、田园诗兴起，山水画作为人物背景大量出现。隋代山水画以青绿山水的面貌独立。

中华文化讲"天人合一"，孔子说："仁者乐山，智者乐水。"这些是中国山水画的人文精神。

隋代到初唐，山水画基本上是青绿画法，这是中国山水画早期的画法和风格。类似人物画的勾勒设色，就是先用中锋勾画出景物的轮廓、结构，然后分层填染石青、石绿，石青是孔雀石研粉，石绿是松绿石研粉，都是矿物质颜料，层染得法便亮而润，厚而鲜，富丽而有装饰意味。

金碧山水是在青绿山水上用泥金勾线，"青绿为质、金碧为纹"，使画面更加富丽堂皇。青绿、金碧山水的美告诉我们，在一千三百多年以前，中国艺术家眼中的山水不仅仅是自然风景，还是金碧辉煌的锦绣河山。唐代水墨山水出现，五代风格流派形成，两宋达到全盛。元代写意，艺术个性化。明清综合，以后须温故而创新，方能发展。

什么是中国花鸟

中国花鸟画是一门独立的画科，它不同于西方的静物画，中国花鸟画和山水画一样都是以六法论为基础强调师造化和人与自然相和谐的人文思想。写意花鸟画随着时代的变易与发展，越来越受到普遍欢迎，它可以不拘一格、自由舒畅地表达感情和一定的思想寓意。

我国花鸟画有着悠久的历史渊源，从远古彩陶、商周青铜器、玉器图案、战国帛画，到汉画像砖、魏晋南北朝壁画都可以看到花鸟画发展的痕迹。到了唐代开始走向成熟。花鸟画到了五代、两宋更加繁荣发达，与山水画有着同样强的声势，西蜀的黄筌和南唐的徐熙成为当时赫赫有名的代表作家，黄筌的《写生珍禽图》，那惟妙惟肖的严谨而工整的写实笔法和栩栩如生的生动神采，非常令人神往。徐熙画草木虫鱼妙夺造化，画风野逸。宋代的花鸟画基本上由黄、徐发展而来。花鸟画到了元明清仍保持着与山水画发展相一致的趋势，这时花鸟画已由宋代工整严谨秀丽的风貌渐趋潇洒简逸写意，虽如此，却尚留写实之风。明代相继出现了"妍丽派"边文进、吕纪、陆治，"写意派"林良，"钩花点叶派"周之冕，"文人水墨派"陈淳、徐渭等。清代花鸟画除工整秀丽的作品之外，洒脱奔放、气势宏大的写意画一开新风，如当时有名的代表作家朱耷（八大山人）、石涛（道济）、扬州八怪中的李鲜（李复堂）、任伯年和吴昌硕等。沿着这样的历史线索觅宗寻源，可以清楚的了解到我国花鸟画悠远而漫长的发展历史，同时也不难发现花鸟画的题材虽说纷纭繁杂，但就以表现技法而论不外乎工笔与写意。工笔花鸟中又可分白描（线描）与重彩（勾勒填色和直接以色点染的没骨法），写意花鸟中包容了大写意、小写意、兼工带写等等。

什么是泼墨画

中国水墨画的一种技法，即先将墨泼于纸或绢上，然后以水和墨的融和晕化随意表现人物、树木和花鸟。泼墨一般是画家对水墨的一种激情的处理手法，即用大笔饱墨画出如"泼"的效果。据说此法始于唐代王洽，五代的石恪将其用于人物画。到了南宋，梁楷又在此基础上变化发展，扩大了水墨写意的表现手法。泼墨讲究墨的气韵，用笔大胆敏捷，奔放自然，因势利导，随机应变。同时要求墨色应有浓淡干湿变化和墨中见笔，然后细心收拾。其人物造型高度概括，给人以形式美感。

什么是人物画与肖像画

　　人物画以人物为描绘对象，又可以再分为肖像画、人物故事画及风俗画。肖像画又可分为头像、半身像、全身像、自画像、群像等。历代肖像画都很重视表现帝王将相、宫廷生活，客观上反映了那个时代上层人物的精神面貌和生活侧面。这一切都使肖像画成了他们历史活动的记录。为了适应肖像画的发展，帝王们还给予宫廷肖像画家以特别的封号——"翰林写貌待诏"。《历代帝王图》就是肖像画，《韩熙载夜宴图》是历史故事画，《清明上河图》是风俗画。

什么是中国画的白描

　　白描以单线勾勒塑造对象，不用色彩渲染，所以也称"白画"。白描是中国画最基础的画法，着色的工笔画，就是先要画好白描稿再着色的。白描以线的提按、转折、轻重、粗细等变化来勾勒对象，所以特别强调线的表现力，产生了各种不同的线描方式，如铁线描、游丝描、兰叶描等。由于李公麟发挥了白描的丰富表现力，也使白描成了一个独立的画种。

什么是十八描

　　明代邹德中在其《绘事指蒙》中总结性地记载了十八描，分别为：高古游丝描、琴弦描、铁线描、行云流水描、蚂蟥描、钉头鼠尾描、混描、橛头钉描、曹衣描、折芦描、橄榄描、枣核描、柳叶描、竹叶描、战笔水纹描、减笔描、枯柴描、蚯蚓描等。这些线描方法，只可作为参考，初学打基础还是要多临摹名人名作，多写生。

　　一般人们最常用的为粗细均匀的高古游丝描、铁线描类和用笔起伏的兰叶描类及减笔描类四种，这些线描方法也在不断的发生变化，在此基础上发展出越来越多的线描方法。

　　同样一种线描方法，不同时代、不同作者都会有不同的个人风格，所以，我们所见到的人物画线描远不止是十八种。

　　实际上中国画是不断向前发展的，中国画的线描也越来越丰富，我们要多学习古人积累的经验和技艺，也要在实践中不断的创新线描的表现力。

高古游丝描　用尖笔圆匀细描拖出要有秀劲古逸之气相合

鐵線描　用中鋒圓勁之筆描寫無絲毫柔軟之病方勁合作

釘頭鼠尾描　畫衣有大蘭葉小蘭葉兩種畫法如寫蘭葉描法

橛頭釘描　用禿筆堅強挺拔中要含有嫩嬾之意最忌粗惡

折蘆描 此由圓筆轉爲方筆之法仍須方中有圓用糙法爲之

枣核描 亦如橄欖描法釋石濤畫筆中往往有之是著於學古者惟不可於形迹拘之多觀古畫自得

橄欖描 用筆最忌兩頭有力中間虛弱起如蓴菜經中極沈着如敦煌發現唐人佛象正用此意

馬蝗描 伸屈自然柔而不弱無擁腫斷續之迹

柳葉描

書中有倒暈文李後主金錯
刀書法忌於浮滑輕薄之習

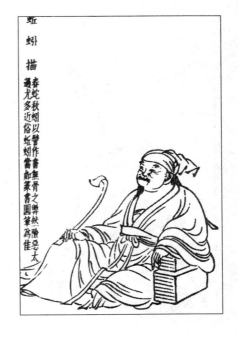

蚯蚓描

春蛇秋蚓以譬作書無骨之弊然隘惡太
過尤多近俗蚯蚓當如篆書圓筆爲佳

枯柴描

山水畫有亂柴皴人物衣摺亦有
枯柴描階中有柔整而不亂爲合

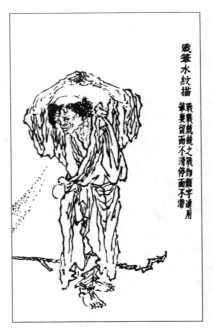

戰筆水紋描

戰戰兢兢之戰與顫字通用
筆要留而不滑停而不滯

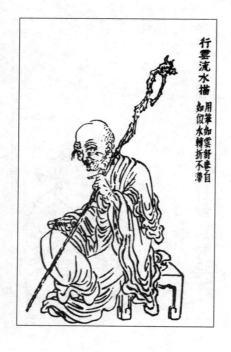

行雲流水描

用筆如雲舒卷自
如似水輕折不滯

減筆描

馬遠梁楷多兵減筆以少
許勝人多許少難於多

竹葉描

視蘆葉為鍼如柳葉秀長仍
用金錯刀書法中鋒寫之